NEW ORLEANS SUR SEINE

DU MÊME AUTEUR

De l'acculturation du politique au multiculturalisme (sociabilités musicales contemporaines), Honoré Champion, 1999.

Ludovic Tournès

NEW ORLEANS SUR SEINE

Histoire du jazz en France

Fayard

© Librairie Arthème Fayard, 1999.

Introduction

Bien que le jazz soit maintenant reconnu comme un phénomène musical majeur du XXe siècle, une large part de son histoire reste dans l'ombre. Certes, de nombreuses études musicologiques et biographiques ont fort bien balisé son évolution musicale et identifié ses créateurs marquants, mais l'histoire du jazz n'est pas seulement celle des musiciens qui lui ont donné vie, elle est aussi celle des médiateurs qui l'ont fait connaître, ainsi que celle du public qui l'a reçu. Or, le contexte socioculturel dans lequel s'inscrit cette musique reste le plus souvent traité sur le mode de l'anecdote, alors qu'il est fondamental pour mieux saisir l'originalité d'un art né à La Nouvelle-Orléans entre 1890 et 1910 et dont les différentes déclinaisons se sont diffusées dans le monde entier à partir des années vingt. Bien que la France ait été l'une de ses principales terres d'accueil, et que sa diffusion constitue l'un des exemples les plus évidents de ce que l'on a coutume d'appeler l'américanisation de la culture française, aucune étude précise n'a été consacrée jusqu'à présent à l'histoire du jazz dans l'Hexagone [1]. Le présent ouvrage vient combler cette lacune en retraçant les circonstances de son apparition sur notre sol et les modalités de sa réception depuis l'arrivée des premiers musiciens américains en 1917 jusqu'à nos jours, un processus jalonné par trois phénomènes majeurs.

Diffusion

C'est d'abord, et de la manière la plus évidente, la diffusion à grande échelle dans notre pays d'une musique importée des États-Unis. Les protagonistes en sont évidemment les musiciens : depuis James Reese Europe jusqu'à Wynton Marsalis en passant par Louis

Armstrong, Duke Ellington, Count Basie, Charlie Parker, John Coltrane, l'Art Ensemble of Chicago et tant d'autres, ce sont presque tous les acteurs de la musique noire américaine qui sont venus une fois ou plus en France, voire s'y sont installés définitivement. Si la chronologie de cette diffusion est relativement bien connue, ne serait-ce que dans les souvenirs des amateurs qui ont assisté à leurs concerts, ses modalités le sont moins. Or, elles méritent d'être analysées car elles éclairent un chapitre important de l'histoire culturelle de la France contemporaine. Celui-ci a été écrit en grande partie par une avant-garde d'amateurs qui, à partir de la fin des années vingt, ont pris en charge l'organisation de la diffusion de cette musique qu'ils ont, parmi les premiers au monde, considérée comme un art à part entière. À partir de 1932, ils ont en effet jeté les bases d'un projet volontariste : celui de faire connaître le jazz en créant une association (le Hot club de France), une revue (*Jazz hot*) et une compagnie de disques exclusivement consacrée au jazz (Swing), tout en organisant des concerts grâce auxquels les musiciens américains ont pu se faire entendre du public français. Initiée par des amateurs avec des moyens rudimentaires, cette diffusion organisée va se professionnaliser à partir des années quarante parallèlement au succès croissant du jazz dans la France d'après guerre, avant de s'épanouir dans les années soixante-dix en devenant l'entreprise culturelle que nous connaissons aujourd'hui et dont les multiples festivals qui existent sur l'ensemble du territoire sont la manifestation la plus immédiatement visible.

Acculturation

Cette diffusion est une illustration parmi d'autres de l'ouverture croissante de la France à des formes de création et à des pratiques culturelles venues d'ailleurs, dans un XXᵉ siècle mondialisé où la culture américaine a conquis une position dominante. L'histoire du jazz en France est donc aussi celle d'une acculturation, phénomène jadis défini par les anthropologues comme « l'ensémble des phénomènes qui résultent d'un contact continu et direct entre des groupes d'individus de cultures différentes et qui entraînent des changements dans les modèles culturels initiaux de l'un ou l'autre des deux groupes[2] ». Loin de se limiter à une mode éphémère, la musique noire américaine a en effet connu dans l'Hexagone une diffusion constante et importante depuis le début du siècle (si l'on excepte la période de l'Occupation, marquée par la rupture des contacts entre la France et les États-Unis). Véhiculée par plusieurs générations d'artistes ayant traversé l'Atlantique, elle a progressivement pris place de manière durable dans notre culture nationale dont elle a contribué à modifier les contours.

La réalité de cette acculturation est particulièrement nette dans le domaine de la création : elle se manifeste par l'apparition dès la fin des années vingt d'une population nouvelle, les musiciens de jazz français, qui ont reconnu comme leur ce langage musical d'origine américaine et s'en sont inspirés, avant de s'émanciper des modèles musicaux élaborés outre-Atlantique pour produire une musique originale. Après le Quintette du Hot club de France animé par Django Reinhardt et Stéphane Grappelli, ce sont de nombreux musiciens qui se sont affirmés à partir des années cinquante : Martial Solal, Barney Wilen, André Hodeir, puis Michel Portal, Daniel Humair, Jean-François Jenny-Clark ou François Janneau, et enfin de plus jeunes comme Michel Petrucciani, Louis Sclavis ou Didier Lockwood. Après avoir longtemps subi l'influence des Américains, ils apportent aujourd'hui leur pierre à la richesse musicale d'un jazz devenu entre-temps une musique multiforme du fait de sa diffusion mondiale. L'implantation du jazz dans la sphère de la création ne s'arrête cependant pas là puisqu'elle se manifeste aussi à travers l'influence profonde qu'il a exercée sur la variété française (et mondiale) à partir des années trente : Charles Trenet, Johnny Hess, puis, après 1945, Yves Montand, les Frères Jacques, Sacha Distel, et, plus près de nous, Claude Nougaro ou Michel Jonasz sont quelques exemples parmi de nombreux artistes ayant été fortement marqués par lui. Enfin, au-delà de la sphère de la musique, son implantation dans le paysage artistique, plus difficilement repérable, n'en est pas moins réelle, jalonnée qu'elle est par des œuvres témoignant d'une connivence qui va bien plus loin qu'un simple clin d'œil pour atteindre à un véritable partenariat entre la musique syncopée et d'autres arts : *Ascenseur pour l'échafaud* de Louis Malle pour le cinéma, *Jazz* de Matisse pour les arts plastiques, ou encore *Puissances du jazz* de Gérard Legrand et *Fleuve profond, sombre rivière* de Marguerite Yourcenar pour la poésie, sans compter de nombreux ouvrages situés parfois à la charnière entre plusieurs genres littéraires, où des auteurs tels que Boris Vian, André Hodeir, Jacques Réda ou Alain Gerber ont utilisé le jazz comme toile de fond ou matériau narratif.

Mais la production artistique inspirée aux musiciens, peintres, cinéastes ou écrivains français par cet art importé, si brillante soit-elle, ne saurait suffire à conclure à l'acculturation du jazz : la création peut bien atteindre des sommets esthétiques, elle n'a aucune signification culturelle tant que son inscription dans la société n'est pas une réalité tangible. Or, si la diffusion du jazz en France a donné lieu à une acculturation, c'est bien aussi parce que cette musique a conquis puis conservé un public qui existe toujours aujourd'hui, et dont la relative homogénéité sociologique, incertaine avant 1939, s'est affirmée après 1945. C'est bien l'existence d'un groupe d'amateurs fidèles qui lui a permis de traverser les modes sans disparaître du paysage culturel aux périodes les moins fastes de son aventure hexagonale, notamment au milieu des années soixante. L'élargissement de ce public doit beaucoup à l'entreprise menée dès les années trente par l'avant-garde d'amateurs dont il était question plus haut : en organisant la diffusion du jazz, ceux-ci ont assuré un travail de médiation entre les créateurs et le public qui est un des facteurs essentiels de l'acculturation du jazz en France. Sans cette entreprise de médiation, le jazz n'aurait pas – ou du moins, pas si vite – été entendu au-delà d'un cercle minoritaire de musiciens qui, quelle que soit leur qualité, seraient restés inconnus du public tout comme leurs maîtres américains.

Légitimation

Il manquerait cependant une pièce à ce tableau si l'on ne prenait pas en compte un troisième processus fondamental ayant jalonné cette histoire, qui est aussi celle d'une légitimation ayant conduit cet art populaire et « nègre », largement méprisé dans les années vingt, du music-hall au Conservatoire national supérieur de musique de Paris, où existe depuis 1992 un département de jazz. La sémantique elle-même illustre la profondeur de cette évolution puisque le terme, imprécis et condescendant, de « jazz-band », a fait place de nos jours au label, plus noble, de « musique noire américaine ». Comment expliquer la conquête de cette respectabilité qui n'est plus contestée aujourd'hui ? L'une des principales raisons en est l'évolution du jazz lui-même, bien sûr, caractérisée à partir des années vingt par une sophistication croissante, puis, à partir des années soixante, par une orientation vers le traitement de la matière sonore et la réflexion sur le rythme qui ont rejoint les questionnements de la musique savante d'avant-garde, même si toutes deux gardent leurs approches spécifiques. La concomitance de ces questionnements, concrétisée par des contacts de plus en plus fréquents entre les musiciens des deux univers, a contribué à donner du jazz l'image d'une musique savante, parfois ésotérique. Mais les reclassements intervenus dans la musique savante « classique » ont aussi leur rôle dans cette légitimation : le « revival » de la musique baroque depuis les années soixante-dix a ainsi remis à l'honneur l'improvisation couramment pratiquée aux XVIIe et XVIIIe siècles avant de tomber en désuétude à l'époque romantique, et montré aux mélomanes encore réticents à reconnaître le jazz qu'une œuvre d'art n'était pas forcément exclusivement écrite. Mais outre ces évolutions intervenues dans le strict domaine musical, on ne saurait passer sous silence l'action importante menée par les amateurs de jazz pour faire reconnaître leur musique, ainsi que les mutations culturelles du siècle qui ont conduit peu à peu à une respectabilisation des arts dits mineurs dont le jazz est un exemple, mais dont le cinéma ou la bande dessinée sont d'autres témoignages. Enfin, l'implication croissante des pouvoirs publics à partir des années soixante-dix et quatre-vingt a joué un rôle indéniable en permettant au jazz de pénétrer des institutions établies, sanctionnant et pérennisant tout à la fois son implantation dans le paysage culturel dont la réalité était déjà tangible depuis la fin des années cinquante.

Les étapes

Cette triple histoire (diffusion, acculturation, légitimation) est scandée par plusieurs étapes nettement repérables. La première s'ouvre en 1917 lorsque arrivent en France les troupes américaines et, dans leur sillage, les premiers orchestres de jazz qui s'installent rapidement à l'affiche des music-halls parisiens. Le symbole de cette vogue du jazz qui parcourt les années vingt reste dans l'univers collectif la *Revue nègre* de 1925, qui propulse sur le devant de la scène la personnalité – et le corps – de Joséphine Baker. Mais au-delà du music-hall, ce phénomène de mode est bien le point de départ d'une imprégnation du paysage culturel, car le jazz suscite d'emblée l'intérêt de personnages venus de milieux divers : la bourgeoisie parisienne qui s'étourdit dans les dancings, mais aussi les milieux intellectuels dont Jean Cocteau est l'une des figures dominantes, et enfin les compositeurs, au premier rang desquels Darius Milhaud, qui, après un voyage aux États-Unis où il a transcrit quelques airs de jazz, intègre les nouvelles sonorités dans sa *Création du monde* jouée pour la première fois en 1923.

Le début des années trente marque l'ouverture d'une deuxième phase avec l'apparition d'un petit noyau d'amateurs qui, loin de voir dans le jazz un simple divertissement, le considère comme une musique originale dont il importe d'organiser la diffusion. La création du Hot club de France en 1932 en est le premier signe concret, suivie de la revue *Jazz hot* en 1935 puis de la compagnie de disques Swing fondée en 1937 par Charles Delaunay, tandis qu'en 1934, Hugues Panassié a publié *Le Jazz hot*, premier ouvrage au monde consacré à l'analyse du jazz, qui témoigne de l'élaboration d'un discours théorique visant à définir précisément les caractéristiques esthétiques de la nouvelle musique afin de faire reconnaître sa valeur. Leur entreprise de diffusion connaît ses premiers succès dès la fin des années trente et se poursuit pendant l'Occupation, au cours de laquelle, en dépit de la rupture des contacts avec les États-Unis, le succès du jazz est important.

La troisième étape intervient au lendemain de la Libération, et surtout à partir de 1948, lorsque l'audience du jazz connaît une brusque accélération, dont témoigne l'organisation cette année-là des premiers festivals de jazz au monde, tandis que les musiciens américains arrivent de plus en plus nombreux sur le territoire où ils effectuent des séjours souvent longs et parfois définitifs. C'est au cours de cette période qui s'étend jusqu'à la fin des années cinquante que l'acculturation du jazz s'épanouit, marquée par une extension du public inconnue jusqu'alors, mais aussi par l'arrivée à maturité d'un noyau d'artistes marchant sur les traces du Quintette du Hot club de France et s'aventurant de plus en plus nettement hors des sentiers battus par les maîtres américains.

Enfin, à partir de 1960 s'ouvre une quatrième époque qui va voir le jazz, malgré un relatif déclin de son public, confirmer son implantation par la création de structures durables telles que les festivals qui se multiplient dans les années soixante-dix, mais aussi par l'intérêt croissant que lui portent les pouvoirs publics locaux (qui subventionnent lesdits festivals) et nationaux, notamment à partir de 1981, lorsque, dans le cadre d'une politique culturelle ambitieuse, l'État développe l'enseignement du jazz et crée en 1986 un Orchestre national de jazz. Ce parcours étonnant commencé en pleine Première Guerre mondiale s'achève donc par une institutionnalisation qui officialise l'entrée dans le patrimoine culturel français de cette musique née dans les quartiers populaires de La Nouvelle-Orléans.

I

Une musique venue d'Amérique

1917 : alors que le premier conflit mondial bat son plein en Europe, l'Allemagne fait savoir qu'elle déclenchera à partir du 1er février la guerre sous-marine à outrance afin de tarir les sources de ravitaillement des armées alliées. Désormais, les sous-marins allemands couleront tous les navires, même neutres, qui se trouveront sur leur chemin. Toutefois, ce qui devait, dans l'esprit des dirigeants allemands, assurer aux Empires centraux un avantage décisif dans l'affrontement qui durait depuis bientôt trois ans, va s'avérer une erreur stratégique majeure. Immédiatement en effet, les États-Unis rompent les relations diplomatiques avec l'Allemagne, puis, après le torpillage du premier cargo américain, lui déclarent la guerre en avril. Bientôt, l'argent, le matériel et les soldats américains vont venir prêter main-forte aux puissances de l'Entente. D'abord peu nombreux jusqu'à la fin de 1917, les « Sammies » arrivent à un rythme de plus en plus soutenu à partir du début de 1918, si bien que le 11 novembre 1918, ils sont plus de 2 millions sur le territoire français[1], dont 370 000 Noirs[2]. Leur première action d'éclat date de juin 1918, lorsque à l'issue d'un dur combat près de Château-Thierry, ils contribuent à empêcher les Allemands de prendre Paris. Dans les dernières semaines de la guerre, ils joueront un rôle important.

1. L'ÉPHÉMÈRE ENGOUEMENT DES ÉLITES

Jazz-band et music-hall

Mais les premiers contingents qui débarquent à Saint-Nazaire en juin 1917 n'ont pas que des armes dans leurs bagages ; ils ont aussi des instruments de musique et des orchestres qui jouent des airs, certes militaires, mais d'une manière étonnamment rythmée pour leurs condisciples français habitués aux lourdes marches de régiment. D'autre part, quelques orchestres civils venus des États-Unis parcourent l'Europe en cette fin de guerre, tel celui de Louis Mitchell, venu en Angleterre en 1915 et qui en novembre 1917 se produit à l'Alhambra avec ses Seven spades[3]. Un mois plus tard, le Casino de Paris, rénové par son nouveau patron Léon Volterra, rouvre ses portes avec la revue *Laissez-les tomber !* dont les vedettes sont la chanteuse Gaby Deslys et le danseur Harry Pilcer. L'attraction principale est une pièce de ragtime que le couple interprète sur une musique du Sherbo American Band dirigé par Murray Pilcer qui déchaîne l'enthousiasme du public par son rythme effréné encore inconnu. La revue se produit sous cette forme jusqu'en mars 1918, date à laquelle le couple fait place à Mistinguett et Maurice Chevalier. Au même moment, c'est un orchestre militaire qui effectue la première incursion musicale américaine en province : celui de James Reese Europe et ses Hellfighters, membres du 369e régiment d'infanterie des États-Unis, qui visitent vingt-cinq villes de France en février et mars. Alors que les soldats noirs n'ont guère eu l'occasion de se battre sur le front et ont été cantonnés dans les tâches logistiques, le régiment noir des Harlem Hellfighters a obtenu d'être rattaché à l'armée française pour pouvoir se battre. Mais malgré des actions d'éclat qui lui ont valu la croix de guerre, il n'a pas été autorisé, pas plus que les autres troupes noires, à défiler sur les Champs-Élysées avec les troupes américaines[4] au lendemain de l'armistice. La musique va cependant permettre aux Noirs d'affirmer leur présence d'une autre manière, moins glorieuse en apparence, mais tout aussi marquante pour les esprits.

On aurait tort cependant de penser que les premiers accents des nouveaux rythmes américains datent de 1918 : dès 1900 en effet, deux danseurs noirs avaient fait à Paris une démonstration de cake walk[5] et quelques compositeurs s'en étaient inspirés, ainsi Debussy qui en avait introduit un en 1908 dans son *Children's corner*. D'une manière générale, la France avait accueilli dès avant 1914 des rythmes nouveaux, tels le cake-walk américain, la maxixe brésilienne ou le tango argentin, tandis que des danses telles que le one-step ou le fox-trot avaient déjà pénétré le music-hall. C'est dire si l'apparition du jazz – qui se caractérise d'abord, et essentiellement, par sa nouveauté rythmique, car l'assimilation de ses sonorités propres sera plus lente – ne se déroule pas sur un terrain vierge. Il reste que cette évolution antérieure au premier conflit mondial va se trouver considérablement accélérée par un élément décisif, qui va lui permettre de prendre forme : la présence en France, et plus particulièrement à Paris, de nombreux soldats américains avides de divertissements lors de leurs permissions. C'est bien pour s'adapter à ce nouveau public que Léon Volterra intègre « dix attractions américaines » à sa nouvelle revue en juin 1918 et rebaptise pour l'occasion l'orchestre de Murray Pilcer « Casino Jazz Band » puis « Great American Jazz Band », marquant l'apparition physique du mot « jazz » en France. Ce mot est lui-même d'emploi récent aux États-Unis, puisque sa première apparition officielle date de 1917, lorsque l'Original Dixieland Jazz Band enregistre le premier disque de jazz au monde. L'orchestre, qui connaît un grand succès dans le Nord des États-Unis, va venir en Angleterre en 1919 et, s'il ne passe pas en France, ses premiers disques y sont édités dès 1918. Son répertoire mêle des marches militaires et des airs de danse d'origines diverses ainsi que des chants profanes et religieux.

    Le music-hall va être le premier vecteur de la diffusion du jazz et dès 1919, les attractions américaines ne tardent pas à se multiplier dans les dancings de la capitale, désireux de s'aligner sur le programme du Casino de Paris et de faire venir chez eux les permissionnaires américains qui contribuent à dynamiser la vie nocturne parisienne. Les rythmes nouveaux vont donc accompagner l'apogée du music-hall français qui se situe dans l'entre-deux-guerres, après quoi la concurrence du cinéma puis de la télévision entraîneront son déclin, malgré un second âge d'or au cours des années cinquante, sur lequel nous reviendrons. Pour l'heure, l'arrivée du jazz survient au moment même où le music-hall achève de « s'émanciper de son tuteur, le caf'conc' désormais entré en déclin[6] », tandis que s'élabore le modèle de la revue à grand spectacle destiné à connaître un grand succès tout au long des années vingt et trente. Par rapport au café-concert, la part de l'orchestre y est plus grande, et la nouvelle musique correspond parfaitement à l'esprit d'un spectacle qui doit éviter tout relâchement d'attention de la part du spectateur et dans lequel la part du nu appelle une musique permettant aux corps des danseuses de se déhancher de manière suggestive sans pour autant verser dans le spectacle érotique. L'arrivée de cette musique rythmiquement riche contribue à accélérer le déclin de la chanson dans le spectacle de music-hall. Et si le jazz n'est qu'une des musiques employées par les revues, c'est assurément celle qui tient la première place.

Au Casino de Paris, Louis Mitchell et son orchestre rebaptisé Mitchell Jazz Kings (premier orchestre exclusivement noir[7]) prennent à partir d'octobre 1918 la suite de Murray Pilcer qui s'en va écumer d'autres cabarets de la capitale ainsi que la province. Porté par le succès du jazz, Mitchell s'installe à Paris où il participe en 1923 à l'inauguration du Perroquet tout en devenant patron d'un autre cabaret huppé à la mode, Le Grand-Duc. Son succès scénique suscite l'intérêt des compagnies discographiques, notamment Pathé-Marconi, qui lui fait réaliser cinquante faces en 1922 et 1923. C'est à cette époque qu'au sein de son orchestre, on remarque un jeune tromboniste français du nom de Léo Vauchant, qui se distingue de ses collègues par la qualité de ses interventions musicales. Entre-temps, d'autres orchestres américains sont venus, comme celui de Will Marion Cook, le Southern Syncopated Orchestra qui, après avoir triomphé à Londres en 1919, se produit à l'Apollo de Montmartre. Ses prestations dans la capitale britannique ont attiré l'attention du chef d'orchestre classique Ernest Ansermet. Le 15 octobre 1919, celui-ci publie un article dans la *Revue suisse romande* sur cet « ensemble d'authentiques musiciens de race nègre » jouant une « rag-music » ou « ragtime » qui « a conquis l'Europe [et] qu'on danse dans toutes nos villes sous le nom de jazz ». Cette musique, qu'il présente comme la « vraie musique nationale populaire américaine », est d'inspiration à la fois religieuse et profane. Si on y trouve de nombreux airs de danse d'origine européenne, Ansermet note que les musiciens de l'orchestre ont une manière de les interpréter qui en fait toute l'originalité, non seulement parce qu'ils syncopent systématiquement les mélodies, mais aussi parce qu'ils donnent à leur musique une ambiguïté modale en réalisant « des tierces ni majeures ni mineures », notamment dans certaines pièces intitulées « blues » où le maestro voit « le génie de la race se manifester avec le plus de force ». Parmi les instrumentistes de la formation, Ansermet n'hésite pas à qualifier de « génie » un clarinettiste nommé Sidney Bechet, qui interprète ces blues avec une intensité particulière. Et de terminer son article en prédisant que cette musique nouvelle est peut-être « la grande route où le monde s'engouffrera demain ».

Une expression de la modernité

Le succès de *Laissez-les tomber!* et des revues qui lui succèdent dans la majorité des music-halls de Paris attire rapidement l'attention des milieux artistiques et intellectuels à l'affût de toutes les formes de modernité. Encore ce terme recoupe-t-il bien des ambiguïtés qu'il importe de lever. Certes, le mouvement Dada né à Zurich en 1916 prend son essor à partir de 1920 à Paris et trouve une tribune de choix dans la revue *Littérature*, animée par de jeunes écrivains comme André Breton, Philippe Soupault et Louis Aragon qui ne vont pas tarder à faire parler d'eux ; certes, le surréalisme va publier son manifeste en 1924 et grouper autour de lui l'avant-garde littéraire mais aussi picturale. Mais l'effet d'optique rétrospectif consécutif à leur installation sur la scène littéraire ne doit pas cacher qu'en 1919, ils occupent une place encore très marginale sur ladite scène. Dans l'immédiat, la modernité esthétique prend un autre visage, plus sage, qui s'accorde avec la volonté de retour à l'ordre dans les arts proclamée par une fraction des milieux artistiques. Révélateur de cet état d'esprit est *Le Coq et l'Arlequin* publié par Jean Cocteau en 1918, manifeste en faveur d'une nouvelle musique française. Hymne à la simplicité en réaction contre Wagner et l'impressionnisme sophistiqué d'un Debussy, la plaquette exalte la musique d'Erik Satie, avec lequel Cocteau vient de collaborer pour le ballet *Parade*. Ce livre passera à la postérité comme le manifeste du groupe des Six dont il résume les buts esthétiques : retour à la mélodie, valorisation du rythme et appel aux formes de l'art populaire moderne qui peuvent féconder utilement une musique savante engluée dans les formes trop ambitieuses de la fin du XIXe siècle et du début du XXe. Contrairement à la modernité surréaliste, qui s'efforce de faire table rase du passé, celle-ci a plutôt des allures de retour aux sources, notamment par son éloge de l'art populaire simple et direct.

C'est cette simplicité qui intéresse Cocteau dans le jazz-band qui vient de déferler au Casino de Paris : « Ce qui balaie la musique impressionniste, c'est, par exemple, une certaine danse américaine que j'ai vue au Casino de Paris[8] », écrit-il avant de citer nommément Gaby Deslys et Harry Pilcer. Mais ce n'est pas la valeur esthétique du spectacle qui l'intéresse : en effet, « le music-hall, le cirque, les orchestres américains de Nègres [...] ne sont pas de l'art », mais ils contiennent « une force de vie [qui] féconde l'artiste[9] ». Cette force de vie vient notamment de la pulsation rythmique continue du jazz, qui à bien des égards apparaît à Cocteau comme la transposition musicale d'une modernité incarnée par l'industrie et la machine et qui, à ce titre, peut féconder la démarche de l'artiste à l'écoute de son temps, même si « ni le peintre ni le musicien ne doivent se servir du spectacle des machines pour mécaniser leur art, mais de l'exaltation mesurée que provoque en eux le spectacle des machines pour exprimer tout autre objet plus intime ». La machine, symbole de la modernité, n'est certes pas de l'art en soi, mais elle est un élément de fécondité pour l'art moderne français. Et lorsque Cocteau évoque avec admiration les machines américaines, nul doute qu'il ne pense aussi à la musique nègre américaine, que l'artiste pourra « apprivoiser [...] en imitant beaucoup le phonographe[10] », autre machine nouvelle dans laquelle l'industrie et l'art se rejoignent et qui ne tardera pas à devenir un élément essentiel de la diffusion du jazz dans le monde entier. C'est un point sur lequel Cocteau insiste aussi dans les chroniques hebdomadaires qu'il tient dans *Paris-Midi* de mars à décembre 1919[11].

C'est donc dans une modernité essentiellement rythmique que le jazz est d'abord inclus, ce qui n'est pas sans conséquence pour son acculturation. En effet, la modernité musicale du siècle s'est dessinée dès l'avant-guerre selon deux chemins principaux : l'un a été ouvert en 1912 par Schoenberg qui, avec son *Pierrot lunaire*, invitait à repenser totalement l'organisation des hauteurs de son et à éliminer définitivement la tonalité qui avait régné sur la musique savante européenne depuis le XVIIIe siècle ; mais Schoenberg n'apportait rien de nouveau dans le domaine du rythme ni dans celui des principales formes compositionnelles (sonate, lied, etc.) qui constituaient les archétypes de la musique classique. En revanche, si l'autre voie ouverte par Stravinsky avec *Le Sacre du printemps* en 1913 n'innovait guère dans l'organisation des hauteurs, elle ouvrait une voie béante dans le domaine rythmique qu'elle appelait à repenser totalement. C'est bien dans cette modernité-là que se situe Cocteau dans *Le Coq et l'Arlequin*, et c'est ce chemin que vont poursuivre – avec moins de brio que Stravinsky – les représentants du groupe des Six (Francis Poulenc, Arthur Honegger, Darius Milhaud, Germaine Tailleferre, Georges Auric, Louis Durey). Dans cette perspective, on ne s'étonnera guère que l'intérêt pour le jazz au début des années vingt se soit concentré avant tout dans le domaine rythmique, alors que le traitement spécifique de la matière sonore et l'organisation des hauteurs spécifique au blues ne retinrent guère l'attention avant le début des années trente, car ils étaient jugés vulgaires et peu compatibles avec le goût français alors à l'ordre du jour. Ainsi s'explique en partie le fait que le jazz authentique soit resté quasiment inconnu en France avant le début des années trente, le discours dominant mettant en avant des valeurs situées aux antipodes des siennes. Il faudra, comme nous le verrons plus loin, toute l'obstination d'un petit groupe d'amateurs puristes pour imposer la forme de jazz qu'ils estiment la meilleure, et ainsi esquisser une troisième voie dans la modernité musicale de l'entre-deux-guerres.

Jean Wiéner et l'anoblissement du jazz

Parmi les personnalités ayant joué un rôle important dans la diffusion du jazz, il faut faire une place particulière au pianiste Jean Wiéner. Comme Cocteau, il est bien introduit dans les milieux artistiques et littéraires qu'il va contribuer à sensibiliser à cette musique. En 1921, il fait partie de l'équipe fondatrice du Gaya, petit cabaret de la rue Duphot où il joue du piano en compagnie du banjoïste et saxophoniste noir Vance Lowry, tandis que des percussions empruntées à Igor Stravinsky, qui est alors en train de composer *Noces*, tiennent lieu de jazz* sur lequel Jean Cocteau vient de temps à autre officier. Quelques mois plus tard, le succès aidant, le Gaya doit s'agrandir et se transporte rue Boissy d'Anglas, près de la place de la Concorde. En même temps, il change de nom et prend celui de Bœuf sur le toit. Il va désormais constituer le rendez-vous de l'avant-garde artistique et intellectuelle de Paris, à tel point qu'il y aurait eu un soir, selon Wiéner, présents à la fois André Gide, Serge Diaghilev, Picasso, Mistinguett, Léon Volterra, Maurice Chevalier, Francis Picabia, Tristan Tzara, Georges Auric, Léon-Paul Fargue, Fernand Léger, Jean Cocteau et Maurice Ravel[12] !

Attaché à mettre en contact les musiques différentes et à « hâter l'entrée dans les concerts de "musique-musique" [...] de la musique négro-américaine », Wiéner met sur pied des « concerts-salade[13] » dont le premier a lieu le 6 décembre 1921 à la salle des Agriculteurs, rue d'Athènes, dans le IXe arrondissement. Si le jazz a été représenté sur scène dès son arrivée en France, c'était uniquement dans le cadre du music-hall. Personne n'imagine alors que cette musique de

---

* Le mot sert, à l'époque, à désigner à la fois la musique et l'instrument qui lui sert de support rythmique, qui va bientôt prendre le nom de « batterie ».

divertissement puisse être jouée dans le cadre d'un concert comme c'est le cas pour la musique classique. L'initiative de Wiéner est donc une nouveauté : il s'agit de faire se succéder l'orchestre américain de Billy Arnold, puis une transcription pour piano mécanique du *Sacre du printemps* actionnée par Stravinsky lui-même, ainsi qu'une *Sonate pour piano et instruments à vent* de Darius Milhaud, interprétée aussi par le compositeur. Si le jazz-band provoque le départ ostensible du compositeur Albert Roussel, en revanche, Maurice Ravel se déclare très intéressé par ces rythmes nouveaux tandis que Roger Désormière loue la « perfection » de l'ensemble ainsi que ses « sonorités extraordinaires », et pense que « le moment est venu, sans doute, de faire entrer le jazz-band dans le domaine de la musique de chambre[14] ». Mais si l'éclectisme devait rester la règle de ces concerts qui dureront jusqu'en 1925, le jazz n'y fit, tout compte fait, que de timides apparitions. Dès le deuxième concert, c'est plutôt Arnold Schoenberg qui tient l'affiche, avec la première exécution française du *Pierrot lunaire*, créé à Berlin neuf ans plus tôt, et, par la suite, la programmation contient surtout des œuvres de Stravinsky, Schoenberg, Milhaud, Auric, Honegger et quelques autres, sans oublier Wiéner lui-même, qui crée sa *Suite pour violon et piano* en mai 1923. La salade annoncée en 1921 paraît donc être largement restée au stade des bonnes intentions, même si Wiéner témoigne de la continuité de ses idées en essayant d'opérer un mélange entre jazz et musique classique dans ses propres compositions, tel ce *Concerto franco-américain* créé le 25 octobre 1924 dans le cadre des concerts Pasdeloup.

Enthousiasmé par cette œuvre, le directeur de l'Opéra demande à Wiéner de venir la jouer chez lui dans une transcription pour deux pianos, à l'occasion des fiançailles de sa fille. Wiéner engage pour la circonstance le pianiste belge Clément Doucet qu'il a rencontré peu de temps auparavant. Le succès rencontré lors de cette soirée privée les incite à se produire en public, ce qu'ils font le 23 janvier 1926. Grâce au réseau de connaissances du Bœuf sur le toit, le Tout-Paris y assiste et leur fait un triomphe, scellant le succès de l'association entre les deux pianistes qui vont se produire plus de deux mille fois jusqu'à la fin des années trente[15]. Très vite, l'affaire est entendue : « Jean Wiéner et Clément Doucet ont acclimaté le blues à Paris », écrit Roland-Manuel dans *L'Éclair* en avril 1926, ajoutant qu'ils ont « déniaisé la musique américaine, cette belle sauvageonne », dont ils interprètent des pièces telles que le *St. Louis Blues* de W.C. Handy entre Vivaldi, Bach, Mozart mais aussi Gershwin, alors à l'apogée de sa popularité. En 1931, ils effectuent une tournée en Amérique du Nord et profitent de leur escale à New York pour aller passer une soirée au Savoy Ballroom, le plus célèbre des dancings de Harlem, où se produisent les plus grands orchestres de jazz. Au total, c'est un rôle médiateur important qu'aura joué Jean Wiéner dans la mesure où la popularité de son association avec Doucet a permis de faire largement connaître les sonorités du jazz, quand bien même celles-ci étaient largement édulcorées.

Jazz et musique classique

Mais si la vogue du jazz qui sévit au début des années vingt parmi l'élite sociale et l'avant-garde esthétique de la capitale transparaît dans le succès des concerts, elle est aussi visible dans l'utilisation que certains compositeurs font de cette musique. Dès l'arrivée du jazz en France, en effet, les musiciens furent parmi les premiers à sentir la nouveauté du phénomène et à s'y intéresser. La vogue de l'art nègre aidant, plusieurs compositeurs poursuivent le mouvement timidement amorcé avant 1914 par Debussy en réalisant des pièces inspirées du rag-time, ainsi Erik Satie, qui donne en 1917 un *Ragtime du paquebot*, ou encore Francis Poulenc, dont la *Rhapsodie nègre* est jouée pour la première fois l'année suivante, sans oublier Jean Wiéner, qui compose en 1922 une *Sonatine syncopée*. Mais les emprunts au jazz vont surtout être le fait de trois compositeurs : Ravel, Stravinsky, Milhaud[16].

En ce qui concerne le premier, aucun écrit de sa part n'atteste de son intérêt pour le jazz, qui fut cependant réel, d'autant que plusieurs témoignages confirment sa présence lors de certains concerts, à commencer par celui de Billy Arnold à la salle des Agriculteurs. De fait, quelques-unes de ses œuvres portent la marque du jazz, notamment *L'Enfant et les sortilèges*, fantaisie lyrique composée en 1925 et comportant un fox-trot. Mais c'est surtout dans le « blues » de la *Sonate pour violon et piano* de 1927 et ses deux concertos pour piano, le *Concerto pour la main gauche* et le *Concerto en sol majeur*, composés en 1931, que ses emprunts se font le plus visibles, notamment au niveau mélodique. Le jazz n'est ici cependant qu'un des multiples ingrédients dont la couleur se fait discrètement sentir dans différents passages de l'œuvre, mais qui à aucun moment ne joue un rôle dans l'architecture elle-même.

Chez Stravinsky, l'emprunt est également anecdotique et se résume aussi, pour les années vingt, au ragtime contenu dans *L'His-*

toire du soldat, au *Ragtime pour onze instruments* et à *Piano rag music*, trois œuvres composées en 1918 et 1919. Contrairement à Ravel, Stravinsky mentionne dans ses mémoires l'intérêt qu'a suscité chez lui le jazz dans l'immédiat après-guerre et les partitions de ragtime qu'il a étudiées. Le compositeur du *Sacre du printemps* étant engagé dans un bouleversement total du vocabulaire rythmique de la musique savante, il ne pouvait que prêter attention à la manière particulière qu'avaient les musiciens de jazz de faire vivre le rythme et d'employer la syncope. Mais c'est de manière très personnelle qu'il va utiliser ces apports dans les œuvres citées. En effet, les trois pièces sont écrites dans des métriques diverses, souvent asymétriques (5/4, 5/8, 7/16) qui rompent constamment la continuité rythmique caractéristique du jazz, que Stravinsky a très librement adapté à son sujet. Au demeurant, ce n'est pas tant la régularité du mètre qui semble l'avoir intéressé que le caractère mécanique du tempo, qui lui a probablement rappelé, comme à Cocteau, la machine alors symbole de modernité. Il est révélateur qu'au chiffre 34 de la partition de *L'Histoire du soldat*, il ait demandé en marge de « donner au rythme une allure mécanique et précise » qui lui paraît manifestement être l'apport essentiel du jazz et qu'il déconstruit de manière systématique en changeant de métrique en permanence, selon un procédé porté à sa perfection dans *Le Sacre du printemps*. De fait, c'est peut-être Stravinsky qui, des trois compositeurs, a la lecture la plus originale du jazz, car il a totalement annexé à ses propres recherches rythmiques un des aspects de cette musique qui l'avait intéressé, délaissant les emprunts mélodiques dont on ne retrouve aucune trace dans les trois œuvres.

C'est malgré tout chez Darius Milhaud que l'influence du jazz est le plus visible. Des trois compositeurs, il est le seul à avoir séjourné aux États-Unis en 1922 ; il a pu entendre divers orchestres de jazz, notamment à Harlem, où, semble-t-il, il assista au concert d'une formation jouant dans le style de La Nouvelle-Orléans, alors totalement inconnu en Europe. Mais il assiste aussi à des concerts d'orchestres de variétés utilisant les sonorités de cette musique, et ne semble pas avoir fait de distinction entre les deux. Il surprend toutefois les journalistes new-yorkais qui l'interrogent en déclarant que le jazz est le principal apport de la musique américaine au patrimoine musical mondial. Dans un pays fondé sur la ségrégation, une telle vérité n'est pas encore bonne à entendre. Quoi qu'il en soit, Milhaud va s'inspirer du jazz en intégrant dans son ballet *La Création du monde* (1923) des éléments de la gamme du blues, notamment des alternances de tierces majeures et mineures, ainsi qu'un emprunt à l'un des thèmes les plus fameux du jazz, le *Saint Louis Blues*. En dépit des maladresses compositionnelles relevées trente ans plus tard par André Hodeir, c'est incontestablement dans *La Création du monde* que la couleur jazzistique est le plus présente, d'autant plus que, contrairement à Stravinsky, Milhaud utilise dans la plus grande partie de l'œuvre une métrique régulière (2/2) plus favorable à l'expression de la spécificité rythmique du jazz, même si le troisième mouvement développe une polyrythmie tout à fait étrangère aux formes de jazz existant à l'époque. Toutefois, l'intérêt de Milhaud pour le jazz, comme celui de ses deux collègues, sera de courte durée. En 1926, lors de son deuxième séjour aux États-Unis, il prend à nouveau à contre-pied les journalistes en leur affirmant que le jazz ne l'intéresse plus, car il est devenu un phénomène de snobisme entretenu par les milieux mondains ; sa valeur musicale n'est pas suffisamment grande à ses yeux pour féconder durablement la musique savante européenne. Tout juste a-t-il joué au début des années vingt le rôle d'un « orage bienfaisant » ayant déferlé sur une musique classique enkystée dans des recettes éculées, contribuant à lui faire retrouver « un ciel plus pur ».

L'emprunt de ces compositeurs, largement exagéré rétrospectivement, fut en définitive bien faible, non seulement parce que les trois personnages sus-cités, pas plus que la majorité des Européens, n'avaient alors été véritablement en contact avec les formes authentiques du jazz, ensuite parce que le climat de l'époque était tel qu'une musique américaine, qu'elle soit noire ou blanche, se heurtait alors encore trop au complexe de supériorité de la culture européenne. Le caractère anecdotique des emprunts apparaît encore plus nettement dans le domaine littéraire. Certes, des témoins tels que Robert Goffin se souviennent du choc qu'a constitué pour eux la rencontre avec cette musique. Mais le premier recueil de poèmes que celui-ci publie dès 1920 est-il pour autant marqué par un réel essai de traduction des sonorités et du rythme du jazz en littérature ? On peut en douter. De même, si Cocteau se transforme rapidement en Monsieur Loyal du Bœuf sur le toit et présente à l'occasion une exhibition de jazz, l'influence du jazz sur sa production littéraire reste bien superficielle. Pour Cocteau, le jazz est avant tout l'un des ingrédients d'une modernité machiniste et rythmique qui le passionne, mais il n'est pas en lui-même un langage artistique destiné à féconder son écriture. Si les littérateurs écrivent volontiers sur le jazz, c'est avant tout pour essayer de décrypter ce qu'il peut représenter pour la culture européenne : comme chez Milhaud, on retrouve le thème de « l'orage bienfaisant », mais aussi celui de l'énergie physique et sexuelle d'une musique dont les origines noires apparaissent peu à peu et qui focalise les stéréotypes colonialistes et racistes d'ordinaire appliqués aux hommes de couleur dans la France des années vingt. En fait, peu d'écrivains ont réellement utilisé le jazz comme outil d'écriture : parmi eux, on peut citer Philippe Soupault, Ernest Moerman ou encore Blaise Cendrars, qui publie en 1929 son recueil *Au cœur du monde*[17]. Mais on ne peut guère comparer ce timide essai d'interpénétration au travail de recherche littéraire sur les rapports entre musique et écriture qu'effectuera un Boris Vian vingt-cinq ans plus tard. D'ailleurs, en 1929, l'avant-garde artistique parisienne s'est déjà éloignée du jazz depuis quelques années. S'il a donc bien fait l'objet d'une timide entreprise de légitimation de la part de quelques artistes qui s'y sont intéressés, les résultats en sont discutables : certes, il a été introduit dans les milieux artistiques et mondains qui constituaient le vivier de l'avant-garde esthétique, mais dès le milieu des années vingt, ceux-ci s'en détournent progressivement, car ils estiment que la nouveauté, flagrante en 1918, s'est rapidement estompée.

II. L'AMORCE D'UNE POPULARISATION

Le music-hall, lieu d'acculturation

On aurait tort cependant de croire que le désintérêt des élites parisiennes sonne le glas du succès du jazz en France, car si elles sont un vecteur important de sa diffusion, elles ne sont pas le seul. Dès 1918 en effet, le jazz a investi un lieu où la clientèle sociale est relativement mélangée : le music-hall. Et si dans un premier temps sa vogue touche surtout les milieux huppés, la multiplication des spectacles de music-hall va peu à peu lui assurer un public plus populaire. Les directeurs de salles, qui sentent le vent tourner au milieu des années vingt, s'efforcent d'ailleurs de fidéliser ce nouveau public pour pallier la défection progressive des élites. Dans cette perspective, André Daven, l'un des directeurs du Théâtre des Champs-Élysées, charge en 1925 une jeune productrice américaine de monter un spectacle de revue destiné à faire venir dans ce lieu intimidant une clientèle plus populaire que celle des spectacles habituels. À New York, elle recrute une troupe de danseurs sous la direction du chorégraphe Louis Douglas, du compositeur Spencer Williams et du chef d'orchestre Claude Hopkins. La troupe de vingt-cinq danseuses est menée par la chanteuse de blues Maud Forest. Arrivé à Paris, Jacques-Charles, « maître incontesté de la revue[18] », modifie l'architecture du spectacle qu'il ne juge pas assez commercial et décide d'en accentuer l'aspect nègre en utilisant des costumes plus excentriques, mais aussi en mettant en avant la dimension érotique. Exit Maud Forest, trop sérieuse pour l'emploi : Jacques-Charles fait sortir du rang une jeune danseuse du nom de Joséphine Baker, qui va imprimer sa patte au spectacle par ses mimiques originales et surtout par la sensualité de ses déhanchements et la légèreté de ses tenues ; lors de la scène finale, elle porte une plume de flamant rose pour tout vêtement. Très vite, grâce à la presse et au bouche à oreille, la rumeur se répand dans Paris et fait de ce spectacle le plus grand événement survenu au music-hall depuis la revue *Laissez-les tomber !* La polémique qui s'ensuit entre partisans et adversaires du spectacle fait, pour la première fois, de la revue « un enjeu culturel et idéologique[19] ». Après la première, en octobre 1925, la revue tient l'affiche jusqu'au 19 novembre, date à laquelle Joséphine Baker quitte la troupe pour se produire aux Folies-Bergère et entamer la brillante carrière que l'on sait.

Chose inhabituelle à l'époque, la musique a capté presque autant l'attention que la chorégraphie, signe que la présence d'un orchestre entièrement noir n'est pas encore entrée dans les mœurs, bien que plusieurs se soient déjà produits en France depuis le début des années vingt. L'un des musiciens les plus remarqués est le clarinettiste Sidney Bechet, qui interprète un solo au début du deuxième tableau. Mais ce qui fait le succès de la *Revue nègre*, c'est son caractère nègre, justement : première revue entièrement noire à se produire à Paris, elle est un événement important dans l'histoire de l'acculturation du jazz en France, car elle met en avant, pour la première fois de manière aussi nette, le lien entre le jazz et la négritude. Si, depuis 1917, on avait remarqué – Ernest Ansermet le premier – la participation des Noirs au jazz, celle-ci restait encore très floue, et mal acceptée par ceux-là mêmes qui voulaient y voir un élément de renouvellement de la musique européenne mais rechignaient malgré tout à accepter qu'une musique produite par des nègres puisse « en remontrer » à la séculaire tradition musicale savante européenne. Avec la *Revue nègre* et ses musiciens, notamment Sidney Bechet, il faudrait être aveugle pour affirmer que les Noirs n'ont pas joué un rôle important dans le jazz. La réussite de ce spectacle apparaît donc comme un jalon essentiel dans la distinction, au sein de la musique venue d'Amérique, entre l'élément noir, fondateur, et l'élément blanc, épigone. Le succès de la revue est lié à « la fusion d'un langage musical – le jazz – et d'un art – le music-hall[20] » au sommet de sa vogue. Mais malheureusement, elle ne fut pas enregistrée sur disque, ce qui ne contribua pas peu à en faire un événement de légende à propos duquel toutes les reconstructions *a posteriori* furent possibles. Dans l'immédiat, le retentissement du spectacle conduisit les autres music-halls à programmer des spectacles semblables dans les mois suivants, à commencer par *La Folie du jour*, interprétée par Joséphine Baker elle-même aux Folies-Bergère dès le début de 1926.

Du jazz symphonique au jazz de scène

Un an après la *Revue nègre*, l'événement jazzistique de l'année 1926 est la venue en juillet de l'orchestre, entièrement blanc celui-ci, de Paul Whiteman, qui a commencé à se faire connaître dès 1920 aux États-Unis et dont quelques-uns des disques sont diffusés en Europe. Fin 1923, il a commandé au compositeur George Gershwin la *Rhapsody in blue*, dont la création en février 1924 à New York a marqué la naissance d'un genre musical : le jazz symphonique[21]. Le succès de l'œuvre assied définitivement la réputation de Whiteman ainsi que celle de Gershwin, désormais réclamés dans tous les États-Unis. En 1926, Whiteman part en tournée en Europe. Du 2 au 16 juillet, il est en France où il remporte un éclatant succès public, notamment lors de son concert au Théâtre des Champs-Élysées, au cours duquel est interprétée la *Rhapsody in blue*. Mais si une partie de son spectacle est effectivement composée d'un jazz poli, bien léché, servi par des exécutants virtuoses mais sans grande part laissée à l'improvisation, la deuxième partie, plus fantaisiste et spectaculaire, recueille les suffrages d'une fraction plus populaire du public. Contrairement à la *Revue nègre*, où l'orchestre n'était qu'une des composantes du spectacle, ici, l'orchestre est l'attraction principale et unique. Afin de faire venir un public plus large, il va donc falloir s'efforcer de faire de la musique un spectacle à part entière.

Cette voie avait, semble-t-il, déjà été entrouverte dès 1923 par Fred Mélé, qui, selon Jacques Hélian, peut être considéré comme l'inventeur du jazz symphonique en France (avant même que le label n'existe aux États-Unis, donc)[22]. Cette année-là, il est nommé chef d'orchestre du Casino de Paris et les exhibitions de son orchestre, le Fred Mélé's Syncopaters Orchestra, remportent un franc succès, même si la vedette du spectacle reste Mistinguett qu'il a la charge d'accompagner. L'expérience de Whiteman ayant confirmé que le public appréciait cette part croissante prise par l'orchestre au sein du numéro de music-hall, Fred Mélé se produit avec sa formation en novembre 1927 dans la revue *Paris aux étoiles*[23]. Mais le pas décisif dans la transformation de l'orchestre de jazz en attraction unique est franchi par l'orchestre anglais de Jack Hylton, qui se produit pour la première fois en France entre décembre 1927 et janvier 1928 au théâtre de l'Empire en compagnie d'une revue, mais apparaît tout seul, deux ans plus tard, sur les planches de la salle Pleyel : le jazz de scène est né, et son succès ne se démentira pas tout au long des années trente. Fondé en 1921, l'orchestre de Jack Hylton commença par s'inspirer de la musique de Paul Whiteman, avant d'y ajouter une dimension humoristique et spectaculaire qui fut à la base de son succès. Après la salle Pleyel, c'est à l'Opéra qu'il se produit le 16 février 1931. Deux ans après, il sera de retour en France pour jouer en première partie de Duke Ellington qu'il présentera au public européen. Jusqu'à sa dissolution en 1936, il connaîtra un succès important et inspirera les orchestres de jazz de scène français[24], dont les plus connus restent celui de Grégor et ses Grégoriens, puis celui de Ray Ventura et ses Collégiens.

Le premier, de son vrai nom Krikor Kélékian, est né en 1898 dans une riche famille arménienne de Turquie. En 1915, il quitte précipitamment le pays après le massacre des siens par les Turcs et traverse l'Europe en gagnant sa vie comme danseur professionnel, avant d'arriver à Paris en 1923. Sa carrière démarre vraiment en 1928 lorsqu'il forme l'orchestre des Grégoriens, avec de jeunes instrumentistes tels que le trompettiste Philippe Brun, le saxophoniste Edmond Cohanier, le tromboniste Léo Vauchant, les saxophonistes Alix Combelle et André Ekyan, ainsi que les deux pianistes Stéphane Mougin et Stéphane Grappelli*. Dès octobre, il est au Cirque de Paris, et tandis que ses musiciens assurent la qualité musicale du concert, les dons d'animateur du chef, les costumes de l'orchestre et le jeu de lumières inspiré de Jack Hylton donnent une dimension spectaculaire qui assied son succès à Paris aussi bien qu'en province où il part peu après en tournée. Le 16 mai 1930, il est au théâtre de l'Empire pour un nouveau spectacle triomphal. Mais les premiers nuages apparaissent : la même année, Grégor, qui se présente comme le champion d'un jazz à la française et proteste contre l'in-

---

* Le nom sera orthographié Grappelly jusqu'à la fin des années cinquante.

vasion de la scène nationale par les orchestres étrangers, supporte très mal le départ de son trompettiste vedette Philippe Brun chez Jack Hylton, qu'il accuse de lui « souffler » ses meilleurs éléments en leur proposant des cachets supérieurs. Et surtout, il est impliqué dans un accident de voiture ayant entraîné mort d'homme. Condamné à plusieurs années de prison, il s'enfuit fin 1930 en Argentine, et ne reviendra qu'en 1932, lorsque Albert Lebrun, nouvellement élu président de la République, aura décrété une amnistie. Il entend bien alors montrer à la scène française qu'elle doit toujours compter avec lui et fonde un nouvel orchestre qu'il présente en février 1933, à l'Olympia, puis enregistre de nombreux disques chez Ultraphone avant d'être rattrapé en 1935 par le fisc à qui il n'a jamais versé un sou... À nouveau obligé de se mettre au vert à l'étranger, on ne le reverra plus qu'épisodiquement en France.

Son départ de la scène parisienne va profiter à ses concurrents, et notamment au premier d'entre eux, Ray Ventura et ses Collégiens. Celui-ci fonde son orchestre avant Grégor, en 1924, mais dans un premier temps, cette formation composée d'élèves du lycée Janson-de-Sailly s'est uniquement produite dans les surprises-parties étudiantes. C'est seulement à partir de 1928 que cet ensemble commence à se faire connaître et décroche son premier contrat discographique chez Columbia, pour qui il enregistre deux standards américains, *I'm afraid of you* et *Sweet Ella May*. À cette occasion, l'orchestre prend le nom de « Ray Ventura and his Collegians », pour « faire américain ». L'année suivante, il enregistre ses premiers disques chez Odéon et effectue un court séjour à New York, au cours duquel il participe à une émission de radio. À partir de 1930, l'orchestre s'enrichit de musiciens tels que Paul Misraki, Marc Lanjean et Louis (dit Loulou) Gasté, qui vont lui permettre de franchir une étape supplémentaire dans la qualité musicale. Au même moment, Ventura, qui vient d'entendre Jack Hylton, décide d'exploiter le créneau musical ouvert par l'orchestre anglais et suivi depuis peu par son collègue Grégor. Cette année marque la véritable professionnalisation de l'orchestre et le départ des membres qui ne se destinent pas à la carrière musicale. Afin de marquer sa différence avec Hylton, Ventura, tout comme Grégor, monte un répertoire à la française, avec des airs américains, mais aussi des chansons « de chez nous » enrichies de syncopes, le tout parsemé de sketches musicaux où les instrumentistes peuvent laisser libre cours à leur virtuosité et à leur humour. En juillet 1930, il enregistre pour la première fois une chanson en français, *C'est un chant d'amour*, tandis que l'orchestre refrancise son nom en « Ray Ventura et ses Collégiens ». À partir de leur passage à l'Olympia en 1931, les succès vont s'enchaîner jusqu'à la guerre. Le 8 juin 1933, ils sont à la salle Pleyel puis enregistrent quelques disques pour la marque Decca. L'année 1934 commence bien puisque l'orchestre se produit au Casino de Paris, mais les émeutes du 6 février vont provoquer pendant quelques semaines une interruption de la vie nocturne parisienne et une désertion des lieux de spectacle, obligeant Ventura à interrompre son récital. Il ne s'agit toutefois que d'un contretemps momentané puisque l'année suivante, la chanson *Tout va très bien madame la marquise*, composée par Misraki, propulse l'orchestre au sommet de sa popularité. Désormais, il a trouvé son style et les années 1935-1939 vont constituer son âge d'or, tant sur scène qu'à la radio et sur disque.

Dans le sillage de Grégor et de Ray Ventura vont s'affirmer au cours des années trente de nombreux orchestres de jazz de scène dont les plus connus sont ceux de Roland Dorsay, Fred Adison et Raymond Legrand. Toutes ces formations et le genre qu'elles illustrent – le jazz de scène – sont des « enfants de la revue à grand spectacle [25] » par le biais de laquelle, dès 1918, le jazz a pénétré le music-hall et imprégné le paysage musical populaire français. Le succès des orchestres de jazz de scène ouvre ainsi la voie à une nouvelle génération d'artistes tels que Johnny Hess et surtout Charles Trenet qui vont, à partir des années trente, révolutionner la chanson française en y introduisant les rythmes du jazz avec lesquels le public avait déjà été pour partie familiarisé. Mais ceci est une autre histoire.

Les débuts d'une identification musicale

Revenons un instant en arrière, car la *Revue nègre* n'est pas seulement une date importante dans la popularisation d'une certaine forme de jazz que vont incarner les orchestres de jazz de scène au cours des années trente ; elle montre aussi clairement à tous ceux qui refusaient encore de la voir que la composante nègre existe dans le jazz. Tout le problème était donc maintenant d'évaluer son rôle dans la maturation de cet art musical. La première tentative de réponse sérieuse à cette question fut le fait d'un ethnomusicologue, André Schaeffner, et d'un critique musical, André Cœuroy, qui publient en 1926 un livre intitulé *Le Jazz*, où le phénomène est pour la première fois analysé en détail.

La majeure partie du livre est consacrée à établir son état civil et, pour cela, à plonger dans ses racines africaines. Le premier, Schaeffner emploie pour désigner les Noirs d'Amérique le terme d'« Afro-Américains [26] ». Puis il se livre à une minutieuse analyse des instruments de la musique africaine des côtes occidentales, à l'aide notamment des récits de voyageurs qui se sont multipliés aux XVIIIe et XIXe siècles. La caractéristique commune de ces instruments est, par leur facture même, « d'allier le bruit au son pur [27] ». Même après que la musique africaine se fut transformée en jazz, à la suite de nombreuses métamorphoses, ce caractère originel devait toujours lui rester. D'autre part, la musique africaine présente la caractéristique d'être intimement liée à la danse, mais aussi à la vie quotidienne qu'elle accompagne en toutes circonstances, depuis les gestes les plus communs du travail des champs jusqu'aux fêtes rituelles. Il en résulte une fusion entre la musique et les pratiques quotidiennes, inconnue des Européens qui, au contraire, cherchent à « entretenir un hiatus entre [leur] art et les autres manifestations de leur activité [28] ». Il en résulte aussi une importance du rythme dans la culture noire, que les descendants des esclaves déportés en Amérique du Nord n'ont pas oubliée. Certes, l'instrumentation des musiques noires d'Amérique a évolué depuis le départ d'Afrique, et des instruments nouveaux tels que le banjo ou le piano se sont substitués aux balafons et autres tambours. Mais cela n'aurait pas suffi pour que se réalise la transmutation de la musique africaine en jazz. Celle-ci est due avant tout, selon Schaeffner, à l'influence des chorals protestants que les Noirs entendaient dans les plantations de leurs maîtres et dont ils furent, tout au long du XIXe siècle, largement imprégnés. Le jazz apparaît donc comme « l'exacte traduction instrumentale de ce que les nègres obtiennent ingénument dans leurs chants en choral [29] ». De la musique africaine au jazz en passant par les negro-spirituals puis par le blues, Schaeffner reconstitue pour la première fois la généalogie culturelle de cette musique américaine qui trouve ses origines à la fois en Afrique et en Europe. Il met en avant ses éléments constitutifs : importance du rythme continu, traitement particulier de la matière sonore, improvisation collective. Mais là s'arrête la négritude du jazz. Schaeffner considère en effet que toutes les caractéristiques essentielles du jazz sont réunies non pas dans des orchestres noirs, mais bien dans des orchestres blancs dont celui de Paul Whiteman constitue l'archétype, « orchestre unique au monde grâce à la virtuosité de chaque exécutant [30] ». En effet, si le jazz a été diffusé en France par des orchestres noirs, c'était d'abord « sous forme embryonnaire », car les spectacles du Casino de Paris ou d'autres music-halls restaient liés au divertissement, alors qu'avec Whiteman et son jazz symphonique, « le jazz allait passer assez rapidement de la salle de restaurant ou de dancing dans la salle de spectacles ou de concerts[31] ». Comme Milhaud, Schaeffner considère le jazz comme « une secousse dont la musique moderne avait besoin pour voir définitivement clair en elle[32] ». Le caractère précurseur de son ouvrage est d'avoir mis en avant de manière aussi nette les origines nègres du jazz ; mais il interprète son histoire comme une sorte de processus de polissage et de sophistication qui le rend peu à peu assimilable par la culture européenne, qui, dès lors, peut intégrer à son patrimoine les éléments nouveaux qu'il apporte et les canaliser dans des formes esthétiques classiques où elle excelle. À aucun moment, Schaeffner n'envisage que le jazz puisse être une musique autonome avec ses règles propres. Mais si dans l'immédiat le succès du concert de Paul Whiteman au Théâtre des Champs-Élysées semble lui donner raison, un autre discours va peu à peu voir le jour à partir de la fin des années vingt, animé par un petit groupe de musiciens et d'amateurs pour qui le jazz est autre chose et qui vont rapidement le faire savoir.

DEUX ORCHESTRES
Recommandés par le Hot Club de France

1 Jazz Symphonique
avec Al. ROMANS
André EKYAN
et Junjo REINHART

1 Jazz Noir
dirigé par BIG BOY
avec Garland WILSON

Brillantes attractions
-:- Bar américain -:-

Le Comité des fêtes de l'ÉCOLE CENTRALE vous invite à honorer de votre présence son second Bal donné à la Maison des Élèves au profit de la CAISSE DE SECOURS **le 3 MARS 1934, à 21 h. 30**
——— 45, boulevard Diderot ———

Entrée : 30 francs.
Étudiants : 20 francs.

Demandez vos cartes dès maintenant à PONT, trésorier du Comité des Fêtes, 4, rue des Citeaux. Chèques postaux 785-08

Les cartes pourront être prises à l'entrée

TENUE DE SOIRÉE

En cas de grève de taxis, service autocar assuré toute la nuit.

HOT CLUB de FRANCE   Salle de l'École Normale de Musique
78, Rue Cardinet (Métro : Malesherbes)

LE SAMEDI 16 FÉVRIER à 20 h. 45 :

2me CONCERT
DE
DJANGO REINHARDT
ET DU
QUINTETTE DU HOT CLUB DE FRANCE
(exclusivité : ULTRAPHONE)
avec **Stéphanne GRAPPELLY**
ENTOURÉS DE MUSICIENS HOT BIEN CONNUS DE NOS HABITUÉS

« On peut jouer Hot sur n'importe quel instrument, le tout est de trouver un bon équilibre, le quintette en question l'a magnifiquement trouvé cet équilibre. Impossible d'imaginer quelque chose de mieux », (Hugues Panassié, *Jazz Tango Déc. 1934*).

PRIX DES PLACES : Fauteuils d'Orchestre réservés, **20** francs — 1re Série, **15** francs
Fauteuils de Balcon, **10** francs - Membres du Hot Club, Fauteuils réservés à **10** francs, à **15** francs - Étudiants : id.

LOUEZ VOS PLACES : A l'ÉCOLE NORMALE : 114 bis, Boulevard Malesherbes Wagram 80-16. — A LA BOITE A MUSIQUE : 133, Boulevard Raspail. — A l'ADMINISTRATION DE CONCERT A & M DANDELOT, rue d'Amsterdam, TRI 31-94 ; etc.

II

Vrai et faux jazz :
les débuts d'un mouvement puriste

Le début des années trente constitue une charnière majeure dans l'histoire du jazz en France. C'est en effet à ce moment que s'affirme une « sensibilité puriste[1] » représentée par un noyau de musiciens et d'amateurs qui vont s'attacher à donner une définition précise de cette musique et à opérer une séparation entre le jazz et la musique de variétés qui se cache derrière ce terme. Cette identification d'un objet esthétique nommé « jazz authentique » est fondamentale dans le processus d'acculturation, car elle constitue le jazz en catégorie autonome de la musique possédant ses règles propres qui doivent être jugées comme telles et non à l'aune de celles de la musique classique. Mais les amateurs puristes, loin de se borner à l'élaboration d'un discours, mettent aussi sur pied une véritable stratégie pour organiser la diffusion du jazz, en créant une association et une revue, en organisant des concerts et en créant une compagnie discographique spécialisée, le tout entre 1932 et 1937. Partis de presque rien, ils posent ainsi les bases d'une vaste entreprise qui va commencer à porter ses fruits dès la fin des années trente et s'épanouira complètement après 1945.

I. L'ORIGINE DU MOUVEMENT

Un premier noyau d'amateurs

Le livre de Schaeffner et Cœuroy a fait faire un pas décisif à la connaissance du jazz en affirmant l'importance de l'élément nègre dans sa genèse. À sa suite, un petit noyau de musiciens et d'amateurs va poursuivre l'exploration du nouveau phénomène musical et approfondir la distinction opérée par Schaeffner entre un jazz noir et un jazz blanc. Mais alors que l'ethnomusicologue jugeait le premier esthétiquement inférieur au second quoique plus authentique, c'est à une inversion de cette hiérarchie que l'on va assister au cours des années suivantes [2]. Le facteur déclenchant en est la diffusion à partir de 1924 des premiers disques d'un certain King Oliver, suivis, quatre ans plus tard, par ceux de Louis Armstrong et Duke Ellington. Pour ceux qui savent écouter, il apparaît évident que cette musique n'a que peu de chose à voir avec celle des revues à grand spectacle. Ou plutôt si : il s'agit là de la forme dont elles se sont inspirées. Mais au milieu des années vingt, entre *Revue nègre* et jazz symphonique, ces enregistrements passent presque inaperçus, si ce n'est de certains musiciens curieux.

C'est le cas de quelques instrumentistes des orchestres de Grégor et de Ray Ventura, parmi lesquels Léo Vauchant, Alix Combelle, Stéphane Mougin[3], Stéphane Grappelli, Philippe Brun ou encore Michel Warlop. Outre les enregistrements, ils vont pouvoir entendre en direct quelques Américains qui se rendent en France à partir de la fin des années vingt, notamment Milton Mezzrow, qui joue à l'Ermitage moscovite en mars 1929, ou encore Sam Wooding, qui vient se produire l'année suivante à l'Embassy, cabaret des Champs-Élysées. Afin de mieux faire connaître cette musique – et de mieux se faire connaître du public –, Grégor fonde en juillet 1929 *La Revue du jazz*. On y trouve pour la première fois l'affirmation qu'il s'agit là d'un objet musical spécifique. Car si depuis son apparition en France, les polémiques n'ont pas manqué au sujet de la part respective des composantes nègres et blanches dans sa genèse, il était entendu pour tout le monde qu'esthétiquement parlant, le jazz ne pouvait trouver son aboutissement qu'en assimilant les éléments formels de la musique classique européenne. Or, dès le premier numéro de *La Revue du jazz*, Grégor lance l'idée de créer un Conservatoire du jazz, et Stéphane Mougin affirme que le jazz ne saurait « s'implanter dans les concerts Colonne » sans « se suicider[4] ». Le message est clair, même si dans l'immédiat le caractère confidentiel de la revue ne lui permet guère d'être entendu. Cette affirmation encore floue de l'altérité musicale du jazz se concrétise par l'apparition d'un mot pour désigner cette musique originale : le « hot », qui fait référence tout à la fois à la chaleur de la sonorité, au sens du rythme et à la faculté d'improvisation de l'artiste, par opposition à l'instrumentiste qui se contente d'exécuter scolairement et sans vie une musique qui n'a de jazz que le nom, et que les amateurs ne vont pas tarder à désigner du nom méprisant de « straight[5] ». Malgré l'enthousiasme de ses rédacteurs, *La Revue du jazz* doit cesser de paraître en mars 1930 après neuf numéros : le jazz est encore une musique trop marginale pour qu'une revue spécialisée survive. C'est pourquoi la revue qui prend sa suite à partir d'octobre 1930, *Jazz tango*, est beaucoup plus éclectique, même si elle réserve au jazz une partie de ses pages, où va s'affirmer rapidement la personnalité d'Hugues Panassié.

Hugues Panassié et la naissance d'un discours critique

Né en 1912, celui-ci est le fils d'un ingénieur parti exploiter du manganèse en Russie en 1885 et devenu président du cartel des producteurs de manganèse en Europe. À son retour en France au début du siècle, il a acquis de vastes propriétés en Aveyron et est devenu maire de Livinhac-le-Haut de 1920 jusqu'à sa mort en 1928. Bien que la Russie bolchevique ait nationalisé en 1918 le gisement dont il était propriétaire à Tchiatouri, c'est une fortune plus que confortable qu'il transmet à son fils Hugues, même si la crise de 1929 l'entame à nouveau. Ce patrimoine va permettre au jeune Panassié de vivre de ses rentes et de consacrer toute son énergie au jazz, qu'il découvre en 1926, au sortir d'une longue convalescence due à une poliomyélite qui lui a laissé une jambe paralysée[6]. La rencontre de ce rythme nouveau sera comme un antidote à la diminution physique qui frappe l'adolescent de quatorze ans. Très vite, Panassié se passionne pour cette musique et prend à partir de novembre 1926 des cours avec Christian Wagner, saxophoniste de l'orchestre accompagnant Joséphine Baker. S'il ne persévère pas dans la pratique musicale, il achète en revanche les disques que son professeur lui a conseillés et qui sortent alors en France : Franckie Trumbauer, Red Nichols, mais aussi l'orchestre de Paul Whiteman dans lequel se distingue un cornettiste du nom de Bix Beiderbecke. Et surtout, il fréquente assidûment les cabarets où les orchestres de musique de danse se produisent. C'est là qu'il rencontre en 1928 trois musiciens français qui jouent dans l'orchestre de variétés de Dan Polo : Philippe Brun, Stéphane Mougin et Maurice Chaillou. Philippe Brun va le mettre sur la piste d'artistes noirs américains dont il n'a jamais entendu parler, notamment l'un d'entre eux, le trompettiste Louis Armstrong. Panassié découvre ainsi progressivement que le terme de jazz recouvre des musiques très variées. Puis, à partir de l'année suivante, il va écouter les Américains de passage à Paris comme

Milton Mezzrow en mars 1929, Muggsy Spanier en 1930, Fats Waller et Louis Armstrong en 1932. À chacune de ces rencontres, Panassié soumet ses interlocuteurs à un feu roulant de questions : quels sont ses musiciens préférés ? Qu'est-ce que le swing ? Quelle est la composition de l'orchestre qui accompagne Fats Waller dans *I need someone like you* ? Peu à peu, le jeune homme se constitue une érudition jazzistique et acquiert la certitude que la musique qui a fait fureur dans les dancings à la mode quelques années auparavant n'est qu'une version abâtardie d'un art dont les maîtres s'appellent Bix Beiderbecke et Louis Armstrong plutôt que Paul Whiteman et Jack Hylton. En février 1930, il écrit son premier article dans *La Revue du jazz*, puis tient une chronique de disques dans *Jazz tango*. Dès ce moment, Panassié s'attache à préciser la séparation entre jazz « straight » et jazz « hot ». Le second est indiscutablement supérieur au premier, et « c'est lui seul qui représente le vrai jazz[7] ».

Outre *La Revue du jazz*, Panassié collabore à divers périodiques tels que *Grand'Route*, mais aussi à la revue para-surréaliste *Orbes*, et s'intéresse au cinéma soviétique. Un éclectisme étonnant pour ce jeune monarchiste qui fréquente les milieux maurrassiens et milite un court moment pour le duc de Guise, allant même jusqu'à distribuer, un jour de 1932, des brochures du prétendant au trône pendant l'entracte au cinéma La Bellevilloise, où les étudiants communistes viennent visionner les films d'Eisenstein ! Cette provocation se traduit par son expulsion immédiate après un pugilat court mais violent au cours duquel Panassié frappe ses adversaires avec sa canne tout en criant : « Et ils osent taper sur un infirme[8] ! » Au même moment, il participe à plusieurs manifestations contre la République, mais, replié en province depuis la fin de 1933, ne battra pas le pavé de la place de la Concorde le 6 février 1934. Panassié fait partie de cette génération de jeunes maurrassiens qui, tout en restant dans l'orbite de l'Action française du point de vue politique, s'intéressent aux avant-gardes esthétiques qui restent largement ignorées par Maurras. Mais depuis que son mouvement a été condamné par le pape en 1926, le théoricien du nationalisme intégral n'a plus le même ascendant sur ses troupes, si bien que les années 1927-1930 verront la crise monter au sein de la ligue et apparaître des voix discordantes qui se transformeront parfois en dissidences au cours des années trente. Si Panassié n'a pas été mêlé de près à ces dissensions, il n'en reste pas moins que son goût pour le jazz s'inscrit dans un mouvement plus large d'émancipation des jeunes maurrassiens par rapport aux canons esthétiques de la ligue.

La somme de ses réflexions sur le nouveau phénomène musical donne lieu en novembre 1934 à un gros livre qui constitue une première mondiale : *Le jazz hot*. Certes, dès 1932, le critique belge Robert Goffin a publié *Aux frontières du jazz*, mais l'ouvrage de Panassié va plus loin en présentant une analyse précise des styles, des instrumentistes et des écoles. Outre la distinction entre « straight » et « hot », Panassié montre qu'un autre élément majeur permettant de « distinguer la vraie musique de jazz de la fausse[9] » est la présence ou non du « swing nègre », « élément essentiel de la musique de jazz, élément qu'on ne rencontre dans aucune autre musique[10] ». Mais si pour lui, les origines du jazz se situent à La Nouvelle-Orléans, et si le trompettiste noir Louis Armstrong, auquel il consacre un chapitre entier, est « le plus grand des solistes hot[11] » et « un des créateurs les plus extraordinaires que la musique ait connu[12] », Panassié met aussi en avant le rôle des musiciens blancs tels que Bix Beiderbecke et Muggsy Spanier, qui, ayant entendu Louis Armstrong jouer dans les cabarets de Chicago, s'en sont inspirés dès le milieu des années vingt. Panassié insiste sur les effets bénéfiques de « cette collaboration des deux races » : « En adoptant le style nègre, les musiciens blancs y apportèrent inconsciemment certaines qualités d'ordre purement musical provenant de leur culture supérieure. Cela ne veut pas dire qu'ils "civilisèrent" le style nègre, qu'ils l'atrophièrent. Non. Ils n'éliminèrent nullement de leur jeu la brûlante spontanéité noire ; tout simplement, ils perfectionnèrent la forme. Les musiciens noirs de valeur furent à leur tour influencés par ce polissage et en vinrent insensiblement à jouer d'une manière plus soignée[13]. » Le résultat de ce mélange devait se manifester par la naissance du style Chicago, que Panassié considère comme l'aboutissement du jazz. « Né sous l'influence de Louis Armstrong », il est principalement représenté par « des musiciens de race blanche[14] » comme Bix Beiderbecke. Ce sont, en effet, les Blancs « qui ont le plus contribué à la formation de ce style, qui l'ont pratiqué avec le plus de bonheur et de la manière la plus caractéristique », si bien qu'« il n'existe pas de style mélodique plus dépouillé et plus purement hot ». Pour Panassié, si La Nouvelle-Orléans est le berceau du jazz, « il n'y a pas de style Nouvelle-Orléans aussi particulier que le style Chicago ». Par ailleurs, si l'improvisation lui paraît être un élément essentiel du jazz indispensable à « la spontanéité caractéristique de cette musique », le critique prend en compte les formes écrites, où il note que l'influence de musiciens blancs tels que Paul Whiteman a été importante. Si l'introduction des pièces entièrement composées eut pour conséquence d'« ôter la spontanéité et le caractère propre du jazz », « cette action de Whiteman eut pourtant d'heureux résultats : elle incita les musiciens de couleur à affiner leurs interprétations, sans pour cela les affadir ou les pervertir, simplement en leur apportant l'amélioration musicale indispensable. […] Ainsi se développa l'arrangement hot[15] ».

Bien que *Le Jazz hot* constitue le manifeste d'une avant-garde culturelle affirmant sa volonté de faire connaître cette nouvelle musique, l'architecture intellectuelle du discours critique développé dans cet ouvrage témoigne d'un lien très fort avec la pensée contre-révolutionnaire. En effet, largement autodidacte, Panassié puise une partie des clés conceptuelles qui l'aident à définir l'objet esthétique « jazz » dans l'œuvre du philosophe thomiste Jacques Maritain. Jusqu'à sa rupture avec Maurras en 1925, Maritain, intellectuel catholique éminent, est un monarchiste convaincu et nourrit un « rejet radical de l'Occident moderne[16] ». Sur le plan philosophique et esthétique, il marque toutefois sa différence avec la pensée contre-révolutionnaire, comme en témoigne le livre *Art et scolastique* publié en 1920, qui traite abondamment des rapports entre l'art et la foi et témoigne de l'intérêt de Maritain pour les formes les plus contemporaines de l'art, ce qui le distingue de la majorité des intellectuels catholiques de son temps. Mais si l'ascendant qu'il exerce alors sur de nombreux jeunes maurrassiens les conduit à se dégager du classicisme esthétique exclusif vanté par l'Action française, il n'en reste pas moins qu'*Art et scolastique* porte encore la marque des valeurs d'Ancien Régime. L'influence de ce livre sur Panassié* se manifeste dans les nombreuses citations qui émaillent *Le Jazz hot*, rédigé entre 1930 et 1934. Autorité intellectuelle reconnue dans le monde des lettres, Maritain est d'abord utilisé à titre de caution par le jeune critique qui le cite en page de garde, plaçant ainsi l'ensemble du livre sous son patronage. Dans le corps de l'ouvrage, Panassié tente d'adapter au jazz les analyses développées par Maritain à propos de la peinture et constate que « dans *Clarinet marmalade* de Frankie Trumbauer, lorsque à la fin du magnifique ensemble du début com-

---

* On notera que c'est seulement le Maritain d'avant 1925 qui joue un rôle dans la formation des idées de Panassié. La rupture de Maritain avec Maurras, officialisée lors de la condamnation de l'Action française en décembre 1926, et le ralliement à la démocratie de l'auteur d'*Humanisme intégral*, ne susciteront que désapprobation de la part de Panassié, qui sera hostile jusqu'à la fin de sa vie à la démocratie et au suffrage universel.

portant une partie de cornet par Bix* extrêmement hot, on entend un solo insipide de Bill Rank, "l'âme fait une chute à pic", comme le dit si bien M. Jacques Maritain à propos de certaines salles du musée du Louvre[17] ». Mais l'utilisation de Maritain va plus loin, car Panassié opère sous le patronage du philosophe un rapprochement étonnant entre l'enseignement oral que se transmettent les musiciens de jazz et l'enseignement corporatiste caractéristique de l'Ancien Régime :

> Comment s'apprend et se perpétue le style hot ? [...] Une fois que les premiers spécialistes de valeur se furent levés, que se passa-t-il ? [...] Les musiciens se réunissaient par groupes, soit la nuit dans les cabarets, soit durant la journée chez l'un d'entre eux. Ceux qui avaient déjà l'expérience du style hot instruisaient les nouveaux venus par l'exemple et par leurs avis. C'est encore ainsi que se passent les choses aujourd'hui avec tous les jeunes musiciens qui débutent. Il est curieux de noter que cette manière d'apprendre à jouer le hot rappelle énormément, au point de vue éducatif, et quoique n'ayant rien d'une organisation régulière, l'apprentissage corporatif qui existait autrefois en France et qui était certainement le mode d'enseignement le plus approprié à l'art. Cette méthode d'éducation offre l'avantage précieux de n'être pas simplement théorique, mais d'agir sur l'élève d'une manière directe et vivante. M. Jacques Maritain en a fait ressortir admirablement la supériorité dans des lignes qu'il est utile de citer ici :
> « Il peut arriver que la manière dont l'éducation cultive les dispositions naturelles, atrophie le don spontané au lieu de développer l'habitus, surtout si cette manière est matérielle et toute pourrie de recettes et d'habiletés – ou si encore elle est théorique et spéculative au lieu d'être opérative –, car l'intellect pratique dont relèvent les règles des arts procède en posant un effet dans l'être, non en prouvant ni en démontrant ; et souvent ceux qui possèdent le mieux les règles d'un art savent le moins les formuler. On doit déplorer à ce point de vue la substitution (commencée avec Colbert, achevée par la Révolution) de l'enseignement académique et scolaire à l'apprentissage corporatif. Par là-même que l'art est une vertu de l'intellect pratique, le mode d'enseignement qui lui convient par nature, c'est l'éducation-apprentissage, le noviciat opératif *sous un maître et en face du réel* [*c'est*

---

* Il s'agit de Bix Beiderbecke. Panassié inaugure ici la pratique consistant à appeler les vedettes du jazz par leur prénom.

Panassié qui souligne], non les leçons distribuées par des professeurs ; et à vrai dire, la notion même d'une École de Beaux-Arts, au sens surtout où l'État moderne entend ce mot, recèle une inintelligence des choses aussi profonde qu'un cours supérieur de vertu par exemple [18]. »

Cette relation de maître à élève mise ici en valeur est d'autant plus familière à Panassié qu'à la suite de la poliomyélite qui l'a laissé paralysé à l'âge de quatorze ans, il a terminé ses études avec un professeur particulier à domicile. Il se sent donc en phase avec ce mode de transmission du savoir et fait sienne la condamnation du rationalisme qui sous-tend la critique de l'enseignement moderne formulée à plusieurs reprises par Maritain dans *Arts et scolastique*. À sa suite, Panassié affirme la supériorité de la connaissance sensitive sur la connaissance intellectuelle et condamne « l'enseignement académique créé par les encyclopédistes, depuis Diderot jusqu'à Condorcet, [qui] a tué l'art populaire en une génération », et qui consistait à « instruire à l'école au lieu de former à l'atelier – faire apprendre au lieu de faire faire –, expliquer au lieu de montrer et de corriger [19] ».

Les débuts du Hot club de France

La sortie du *Jazz hot* en novembre 1934 impose Panassié comme une référence incontournable dans le microcosme français et mondial des amateurs de jazz qu'il marquera de sa forte personnalité jusqu'au lendemain de la Seconde Guerre mondiale. Mais dès 1932, il est déjà suffisamment connu grâce à ses articles pour que deux étudiants parisiens, Edwin Dirats et Jacques Auxenfans, s'adressent à lui afin qu'il les aide à réaliser un grand projet : regrouper tous les amateurs de jazz dans une association destinée à assurer la propagande – le mot est d'emploi courant à l'époque – du jazz. Les deux jeunes garçons viennent de fonder avec quelques camarades un « Jazz club universitaire » qui rassemble quelques enthousiastes et organise des soirées dansantes. Intéressé par leur projet, Panassié fait paraître une annonce dans *Jazz tango* pour recruter d'autres adhérents. L'association, créée en octobre 1932 et présidée par Panassié, prend le nom de Hot club de France, dont le but est de « faire connaître et apprécier la musique de jazz », de « défendre les intérêts de cette musique et de ses amateurs » et d'assurer la promotion du jazz par les moyens suivants : « organisation de concerts, de radio programmes », « organisation d'orchestres », et, d'une manière générale, « toutes initiatives susceptibles de servir la cause de la véritable musique de jazz[20] ». Une décennie après l'apparition d'un purisme cinématographique attesté par la naissance des premiers ciné-clubs, le jazz connaît à son tour l'organisation d'un noyau d'amateurs décidés à œuvrer en faveur de sa légitimation. Mais dans l'immédiat, l'association ne compte qu'une poignée de membres et il faudra attendre plusieurs mois pour voir le nombre des adhérents atteindre la centaine. Les premières réunions confidentielles confèrent à cette association d'un nouveau genre une allure de société secrète propre à exciter l'enthousiasme des jeunes membres se considérant comme des élus ayant saisi avant tout le monde la beauté de cette nouvelle musique. Un état d'esprit bien rendu par le jeune Charles Delaunay, qui assiste à son premier concert le 29 mars 1933 : « Après avoir acquitté les cinq francs d'entrée, je descendis les marches qui conduisaient au sanctuaire. Là, à travers un épais nuage de fumée, je distinguai à peine, pressés comme des cornichons dans un bocal, les bienheureux élus de cette secte mystérieuse[21]. »

Né en 1911, Charles Delaunay est le fils de Robert et Sonia Delaunay ; il a baigné pendant toute son enfance dans une atmosphère artistique et a vu défiler chez ses parents le gotha de l'intelligentsia et des milieux artistiques parisiens de l'époque : Blaise Cendrars, Joseph Delteil, Tristan Tzara, Jean Cocteau, Max Jacob, Marc Chagall, Albert Gleizes, Hans Arp et bien d'autres. Bien que « la plupart de ces génies ne lui [fussent] guère sympathiques[22] », le contact avec cette avant-garde artistique lui a probablement donné une ouverture sur la nouveauté qui, jointe à un besoin de se dégager de la forte personnalité de ses parents, a pu contribuer à son goût pour le jazz, qu'il découvre en 1932 en passant près du cabaret des Ambassadeurs où se produit un orchestre américain. Rapidement, il entre en contact avec le Hot club de France qui vient de se créer et où il retrouve d'anciens camarades du lycée Carnot, parmi lesquels Maurice Cullaz et Guy Roujon, mais aussi Jacques Bureau. Ce dernier, étudiant à l'École d'Agronomie, anime depuis 1931 une émission de jazz sur Radio L.L., un petit poste privé comme la capitale en compte alors beaucoup, et a fait depuis quelques mois la connaissance d'Hugues Panassié, qui lui prête des disques pour son émission. Les cires publiées en 1931 par Louis Armstrong chez Okeh et commandées aux États-Unis par Panassié seront ainsi diffusées sur ce petit poste dont le rayon d'action ne dépasse pas la capitale. Pierre Nourry, élève de l'École centrale et autre pilier du Hot club, met, lui, ses capacités d'organisateur au service de l'association, bientôt épaulé par Delaunay qui, parallèlement à son métier de dessinateur de publicité, va se jeter à corps perdu dans l'animation du club. Le petit noyau de pionniers du jazz apparaît ainsi composé de jeunes anticonformistes venant de milieux aisés. En revanche, leurs horizons politiques semblent des plus divers : « Jamais la politique ne vint troubler nos réunions, se souvient Gaston Brun. Jacques Bureau était marxiste, les frères Alvarez (disquaires de La Boîte à musique) communistes, Hugues Panassié camelot du roy, Pierre Nourry également, supposé-je, Henri Bernard très à droite. Et j'étais moi-même sympathisant Front populaire[23]. » Toute discussion politique est donc bannie du Hot club sous peine de voir la belle unanimité se rompre et l'association éclater. Cette situation fondatrice n'est probablement pas pour rien dans l'insistance que mettront jusqu'à nos jours la majorité des amateurs de jazz à cantonner leur passion dans la sphère strictement esthétique, loin des débats politiques sur le rôle de l'art.

Très vite, nos jeunes turcs comprennent la nécessité de disposer d'un organe pour relayer leur action. La rubrique que tient Hugues Panassié dans *Jazz tango* ne suffit pas, les membres du Hot club souhaitant une revue exclusivement consacrée au jazz. En outre, l'intransigeance puriste dont ils commencent à faire preuve indispose de plus en plus la rédaction de la revue, qui entend ratisser large pour assurer sa diffusion, situation aggravée par une rivalité personnelle entre Panassié et le jeune imprésario Jacques Canetti, également collaborateur de *Jazz tango* et qui ne cache pas son ambition de jouer un rôle important dans la diffusion du jazz en France. Panassié quitte donc la revue en décembre 1934 et l'équipe du Hot club lance dès mars 1935 *Jazz hot*, première revue au monde exclusivement consacrée au jazz, dont le directeur est Hugues Panassié et le rédacteur en chef Charles Delaunay. Elle possède d'emblée un ton qui tranche radicalement avec le discours dominant sur le jazz. C'est en effet une revue militante dont le titre résume les objectifs : il s'agit non seulement de mener une « croisade en faveur du jazz[24] » et de « lutter pour la défense et l'illustration de la vraie musique de jazz » en ne faisant « aucune concession commerciale[25] » et en s'attachant à distinguer le jazz de la musique de variétés qui se pare abusivement de ce nom à des fins lucratives. La revue est ainsi l'organe officiel du Hot club de France et constitue une tribune dont l'audience va progressivement s'élargir.

Jazz hot se présente dès le début comme une revue d'avant-garde, non seulement par le domaine dont elle traite, mais aussi par sa présentation : le premier numéro présente un fond noir sur lequel le titre se détache en lettres rouges. Outre les nombreuses photos au parti pris souvent esthétisant, on note la présence régulière de dessins réalisés par Charles Delaunay selon une technique adaptée aux lieux où ils sont réalisés ; pour arriver à traduire graphiquement les attitudes et les émotions des jazzmen, Delaunay se rend en effet dans les cabarets où ils jouent. La nécessité de travailler dans l'obscurité presque totale tout en dessinant avec rapidité pour capter l'instantanéité du jazz lui donne l'idée d'utiliser du papier noir et des crayons blancs. Il réalise ainsi des dessins originaux qui contribuent à la personnalité de la revue. Plus généralement, celle-ci baigne dans une atmosphère artistique due à la multiplicité des points de vue avec lesquels ses collaborateurs approchent le phénomène jazzistique : par le biais du dessin ou de l'image, on vient de le voir, mais aussi par celui du cinéma, et surtout par celui de la littérature, qui occupe dans la revue une place non négligeable et constitue indéniablement une manière d'identifier le nouvel objet esthétique pour des critiques dont la plupart n'ont aucune formation musicale. Presque un numéro sur deux contient des poèmes dus à la plume de jeunes écrivains amateurs de jazz tels que Georges Herment, Jean Malrieu, Jacques-Henri Lévesque ou Gaston Criel, membres pour la plupart du groupe para-surréaliste Orbes, avec lequel Panassié est entré en contact vers 1931. Après avoir publié des articles dans la revue homonyme, Panassié ouvre les colonnes de *Jazz hot* à plusieurs de ces écrivains en herbe qui, outre des poèmes, écrivent des articles philosophico-littéraires parsemés de citations émanant d'autorités intellectuelles ou artistiques, où ils tentent d'éclairer la signification culturelle du jazz, mettent en avant la parenté de l'improvisation avec l'écriture automatique surréaliste, ou encore ébauchent un rapprochement entre le jazz et la poésie, l'acte d'écrire un poème et celui de prendre un solo. Rapprochement auquel Panassié, qui se présente comme un « homme de lettres[26] », se laisse aussi aller en écrivant que « [le hot] se révèle par une commotion aussi surprenante et ses limites ne sont pas moins mystérieuses » que celles de la poésie, qui contient comme lui une part d'indicible au-delà de laquelle la sensation prend le relais de l'explication rationnelle. On notera que, dans l'équipe de *Jazz hot*, Panassié n'est pas le seul qui soit attiré par la littérature, puisque son ami de la première heure Jacques Bureau appartient au groupe littéraire des Réverbères qui gravite entre Dada et surréalisme.

    La dernière originalité de *Jazz hot* est d'être une revue bilingue (français et anglais) afin d'élargir sa diffusion et de combler une lacune dans la presse internationale, où n'existe encore aucune revue spécialisée dans le jazz. C'est la raison pour laquelle la couverture présente les mots «jazz» et «hot» imbriqués de manière à ce que l'on puisse lire *Jazz hot* (pour les francophones) ou *Hot jazz* (pour les anglophones). L'équipe du Hot club possède de nombreux correspondants qui sont autant de signatures pour celle qui peut ainsi s'intituler fièrement «revue internationale de la musique de jazz» : en tout, cinquante-six collaborateurs venus de treize pays différents. Mais la direction d'une revue n'est pas chose aisée, et les premières années sont difficiles : «Se lancer dans la publication d'une revue, sans la moindre expérience et sans un sou vaillant, relève de la plus complète inconscience, nous n'avons pas tardé à le réaliser[27]», se souvient Charles Delaunay. De fait, la parution sera irrégulière (32 numéros entre mars 1935 et juillet 1939, soit un peu plus d'un tous les deux mois), la qualité de la présentation inégale et le budget en perpétuel déficit. Mais elle survit, et c'est là l'essentiel, d'autant plus qu'elle accroît son audience : si le premier numéro dépasse à peine les 200 exemplaires, il semble que la revue atteigne 3 000 exemplaires en 1939, signe qu'un noyau d'amateurs fidèles existe désormais, à Paris mais aussi en province où les premières sections voient timidement le jour avant 1939, à Bordeaux, Nancy, Cambrai ou Montauban[28].

II. Le plan d'action

L'éducation des amateurs

Le but premier du Hot club de France est de regrouper les amateurs de jazz et d'assurer leur éducation musicale. À cet effet, Panassié a inventé dès le début des années trente une formule pédagogique à l'usage des néophytes : la conférence-audition. Elle peut porter sur l'histoire d'un style, l'évolution d'un instrument au cours de l'histoire du jazz ou sur un artiste en particulier, et elle est accompagnée d'exemples musicaux au cours desquels Panassié attire l'attention du public sur les passages musicaux intéressants et apprend aux auditeurs à reconnaître les musiciens : véritables artistes, ceux-ci ont un son, un style, un phrasé particulier qui les distinguent, de la même manière que la musique d'un Beethoven se distingue de celle d'un Mozart. C'est d'ailleurs le thème d'une conférence prononcée par Panassié à la Sorbonne en 1937 et intitulée avec un brin de provocation « Le jazz hot, musique classique ». En outre, la conférence-audition est un moyen commode pour les amateurs d'écouter ensemble des disques qui resteront denrées rares et chères jusqu'à la fin des années quarante : pour l'essentiel publiés aux États-Unis, ils sont peu diffusés en Europe et les amateurs doivent se les procurer à prix d'or par correspondance, bien qu'à partir de 1931, les enregistrements de musiciens tels que Louis Armstrong commencent à être commercialisés par les compagnies Ultraphone ou Brunswick. Hugues Panassié met en pratique au cours de ses prestations publiques une pédagogie particulière qui consiste, pendant les auditions de disques, à attirer l'attention des auditeurs en accompagnant du geste les passages importants. Connaissant les morceaux par cœur, il mime tous les instruments alternativement, imitant par exemple le geste du tromboniste faisant glisser la coulisse de son instrument, une pédagogie qui permet aux amateurs néophytes, souvent dépourvus de culture musicale, de prendre contact de façon attractive avec une musique nouvelle pour l'oreille européenne : « Panassié sentait le jazz comme un Noir et savait le faire ressentir, raconte l'un d'eux ; il mettait un disque et faisait son numéro, il mimait, il chantait ; c'était extraordinaire : on avait l'impression d'avoir le musicien devant soi. C'est grâce à lui que je connais par cœur des chorus de Coleman Hawkins, alors que je n'ai aucune formation musicale[29]. » La conférence-audition est ainsi une mise en application concrète de l'enseignement prôné par Maritain dans *Art et scolastique*, que Panassié reproduit à l'usage des nouveaux venus au jazz. Dépourvu de compétence musicale, il ne peut donner une analyse technique des pièces qu'il fait écouter à son public, mais son enthousiasme communicatif pallie aisément cette lacune et marquera la première génération d'amateurs, initiés de cette manière à la musique noire américaine.

Les chroniques de disques qu'il rédige chaque mois pour la revue *Jazz hot* sont une autre illustration de cette méthode. Nourriture essentielle pour les premiers amateurs, elles sont écrites dans un style simple, enthousiaste et hyperbolique qui vise non à expliquer mais à faire aimer :

> Écoutons ces deux solos de près, écrit-il par exemple en 1935 à propos de cet enregistrement du Quintette du Hot club de France ; celui de Django [Reinhardt] se compose d'une série de feux d'artifice qui se succèdent de la manière la plus harmonieuse au lieu de se contrecarrer. Les huit premières mesures

sont une broderie souple et gracieuse ; les huit suivantes nous présentent la phrase principale de *Dinah* telle qu'elle est écrite. Le style change pour les huit mesures suivantes. Là, Django improvise de longues phrases gonflées de notes. [...] Après avoir amorcé le deuxième chorus par un trémolo-vibrato genre Earl Hines, Django entame ce chorus par une de ses phrases favorites qu'il ne nous a jamais paru jouer aussi bien qu'en cette occasion (avec quelle vigueur, quelle ardeur !) [30].

À partir de la fin des années trente, sa meilleure connaissance du jazz et sa fréquentation permanente des musiciens lui auront donné un bagage musical légèrement plus conséquent. Son discours se teintera alors d'un vernis technique mais le fond restera le même :

Take me back baby [...] débute par un thème « riffé » typiquement blues, exécuté par les saxos avec une chaleur indescriptible. *Harvard blues* [est] peut-être le plus beau de tous. Ce dernier débute par deux chorus de saxo ténor de Don Byas, d'une invention merveilleuse. James Rushing chante ensuite trois chorus. Les deux premiers comportent des breaks de Dicky Wells de la plus haute inspiration et combien magnifiquement « blue » ; le troisième est coupé par de saisissantes descentes chromatiques de tout l'orchestre. Le dernier chorus est un ensemble tout aussi émouvant que puissant[31].

Quelques termes techniques (« riff », « break », « descente chromatique »), des images simples, un vocabulaire qui parle aux sens (« chaleur », « saisissantes », « émouvant ») plus qu'à l'intellect, et l'amateur imagine facilement avoir l'orchestre en face de lui : ainsi s'explique le succès de ces critiques qui ont su donner de la chair à cette musique déroutante et permettre aux premiers amateurs de s'en construire une représentation, même si, on le verra plus loin, elle était largement idéalisée.

Les concerts

L'action du Hot club de France ne se limite pas au regroupement des amateurs. Alors que le terme de jazz regroupe l'ensemble des musiques de variétés venues des États-Unis ou inspirées par elles, l'association va isoler de cet ensemble indifférencié quelques musiciens alors presque inconnus en France mais qui seuls aux yeux des amateurs peuvent être appelés artistes de jazz, et s'attacher à les promouvoir en organisant des concerts. Dans l'immédiat, les moyens financiers du Hot club sont quasi inexistants et les musiciens américains rares. Panassié, Bureau et Nourry parviennent pourtant à organiser leur première manifestation le 1er février 1933 : ce soir-là, une centaine de personnes se retrouvent boulevard Raspail, au sous-sol du magasin La Boîte à musique que le patron a mis à la disposition du Hot club, pour écouter les pianistes Freddie Johnson et Garland Wilson, ainsi que les chanteurs Louis Cole et Spencer Williams. Malgré le succès de cette première soirée, le concert suivant, un mois plus tard, est un échec puisque les musiciens prévus ne se présentent même pas ! Après quelques mois de tâtonnements, le Hot club trouve cependant sa vitesse de croisière et un public peu nombreux mais fidèle qui lui permet d'organiser à partir de 1934 des concerts réguliers dans la petite salle de l'École normale de musique, d'une capacité de 250 à 300 places.

Mais alors que le Hot club organise ces manifestations confidentielles, le jeune imprésario Jacques Canetti déploie aussi une activité importante en faveur du jazz. Il a obtenu en 1933 un poste de directeur artistique dans la compagnie de disques Brunswick ainsi qu'une émission de jazz sur le Poste parisien, qui possède une audience bien plus grande que celle de Jacques Bureau et Panassié sur Radio L.L. Lorsque Louis Armstrong arrive en France en octobre 1934, Canetti devient son agent et organise les deux concerts qu'il donne les 9 et 10 novembre à la salle Pleyel. On notera qu'avant Armstrong, Duke Ellington était venu en juillet 1933, sous la houlette du chef d'orchestre et imprésario anglais Jack Hylton. Ces deux événements majeurs de l'histoire du jazz en France ne doivent rien au Hot club de France, dont la structure est alors trop fragile pour organiser de telles manifestations. Mais, stimulé par la concurrence de Canetti et probablement vexé d'avoir été ainsi doublé, le Hot club va mettre les bouchées doubles et frapper un grand coup en organisant quelques mois plus tard le concert d'une autre grande vedette du jazz : Coleman Hawkins. Il a lieu le 23 février 1935 devant une salle Pleyel enthousiaste.

Au programme figure aussi un orchestre à l'instrumentation originale, intitulé Quintette du Hot club de France. C'est que l'association d'amateurs ne se contente pas de faire connaître les musiciens américains au public français, mais tente aussi de favoriser l'émergence de musiciens français et de patronner la formation d'un ensemble de jazz spécifiquement hexagonal. En 1933, Pierre Nourry a fait la connaissance de Django Reinhardt, un jeune guitariste gitan habitant dans une roulotte près de la porte de Choisy. Alors âgé de vingt-trois ans, celui-ci pratique la guitare depuis son enfance et a commencé à se produire dans les bals-musettes à partir de 1923, tout en découvrant progressivement le jazz. Malgré une main gravement brûlée en 1928 lors de l'incendie de sa roulotte qui faillit lui coûter la vie, Reinhardt s'est affirmé rapidement comme un improvisateur hors pair au sein du microcosme des musiciens de danse parisiens, attirant l'attention du pianiste Stéphane Mougin qui l'a engagé dans son orchestre début 1930. Quelques mois plus tard, alors qu'il est descendu à Toulon avec sa femme et son frère Joseph, guitariste comme lui, il rencontre un jeune amateur nommé Émile Savitry qui lui fait écouter des disques de Duke Ellington et de Louis Armstrong[32]. Puis, à son retour à Paris, il devient l'accompagnateur de Jean Sablon ; celui-ci, intéressé par les sonorités du jazz, est alors en passe de devenir l'un des chanteurs français les plus en vogue. En janvier 1934, lors d'une séance d'enregistrement au cours de laquelle Sablon « met en boîte » *Le jour où je te vis*, Reinhardt croise un musicien qui commence également à faire parler de lui dans le microcosme jazzistique naissant : le violoniste et pianiste Stéphane Grappelli. Les deux hommes se connaissent un peu, mais c'est la première fois qu'ils enregistrent ensemble[33].

Comme Reinhardt et comme la plupart des pionniers du jazz français, Grappelli vient du milieu des musiciens de danse. Né en 1908, fils d'un modeste immigré italien, orphelin à quatre ans, il a étudié le violon en autodidacte dès l'âge de douze ans, puis au Conservatoire supérieur de musique de Paris où il est resté trois ans, de 1920 à 1923, tout en écumant les terrasses de café pour gagner sa vie. À partir de 1923, il s'est joint à un orchestre accompagnant des films muets[34] et a découvert le jazz en écoutant des enregistrements des Mitchell Jazz Kings. Deux ans plus tard, alors qu'il effectuait un remplacement dans une école de danse, il a rencontré le pianiste Stéphane Mougin, qui lui a fait connaître d'autres musiciens passionnés par le jazz, notamment Philippe Brun, Léo Vauchant et André Ekyan. Comme eux, Grappelli a ressenti un choc en écoutant les premiers enregistrements de Louis Armstrong ou Bix Beiderbecke, disponibles depuis peu en France. Engagé en 1929 dans l'orchestre de Grégor, Grappelli y retrouve Vauchant et Mougin et perfectionne en leur compagnie son jeu « hot ». En 1933, après la dissolution de la formation, victime des premiers effets de la crise économique, il promène son violon dans divers cabarets avant de rejoindre en 1934 l'orchestre du contrebassiste Louis Vola, qui anime les thés dansants d'un établissement proche des Champs-Élysées, le Claridge. Le guitariste de la formation est Django Reinhardt qui, depuis peu, participe aussi aux concerts du Hot club de France. Pierre Nourry a en effet profité de la défection d'un des musiciens prévus lors de la soirée du 15 février pour le présenter aux amateurs, qui ne manquèrent pas d'être immédiatement séduits par sa virtuosité et l'originalité de son jeu. Au Claridge, l'orchestre de Vola alternant avec une formation de tango, Grappelli et Reinhardt prennent l'habitude d'improviser ensemble en coulisses pendant les pauses. Peu à peu se joignent à eux le frère de Django, Joseph, ainsi que le deuxième guitariste de l'orchestre, Roger Chaput, et Louis Vola.

Rapidement prévenus de l'existence de cette formation à l'instrumentation totalement inédite pour l'époque (trois guitares, un violon, une contrebasse), les dirigeants du Hot club, persuadés de tenir là « leur » orchestre de jazz français, organisent sa première apparition sur la scène de l'École normale de musique le 2 décembre 1934, tandis que la compagnie Ultraphone lui fait enregistrer ses premières cires – *Dinah, Lady be good, Tiger rag* et *I saw stars* –, que Panassié commentera abondamment dans le premier numéro de *Jazz hot*. Dès leur sortie, elles connaissent un succès inattendu qui lève les réticences initiales des dirigeants d'Ultraphone[35], lesquels convoquent à nouveau l'orchestre dans les mois suivants pour d'autres séances. Dans l'intervalle, le concert du 23 février 1935 avec Coleman Hawkins a confirmé l'espoir que les dirigeants du Hot club plaçaient dans l'orchestre, dont le succès doit beaucoup à cette instrumentation particulière qui lui donne l'image, respectabilisante pour le public non averti, d'une petite formation de musique de chambre apportant une touche française à cet art encore largement considéré comme une « musique de nègre ». Mais la renommée naissante du Quintette ne suffit pas à lui procurer des engagements réguliers et pendant quelques années encore, ses membres gagneront leur pain en jouant dans d'autres orchestres, tels celui d'Arthur Briggs qui se produit régulièrement au Stage B, un des hauts lieux du jazz parisien près de Montparnasse, ou celui de Freddy Taylor. En janvier 1936, le Quintette effectue à Barcelone sa première sortie hors de France, mais le succès est terni par la fuite de l'organisateur du concert avec la recette. L'année suivante, la formation se produit à Zurich, mais sans son guitariste vedette, parti en escapade avec sa roulotte sans prévenir! Même devenu une grande vedette, Django-le-gitan aura toujours du mal à se plier aux exigences professionnelles et sera coutumier de ces fugues qui mettront son entourage en fureur, notamment ses collègues musiciens, régulièrement réduits à un quartette au moment de l'entrée en scène. Si l'entente musicale entre Django Reinhardt et Stéphane Grappelli restera comme l'une des plus exceptionnelles de l'histoire du jazz, leurs rapports personnels, en revanche, furent souvent orageux en raison des sautes d'humeur du guitariste, qui allèrent croissant avec la célébrité.

En 1937, à la faveur de l'exposition universelle et du public cosmopolite qu'elle attire, nombreux sont les orchestres de jazz engagés dans les cabarets de la capitale, l'événement majeur de l'année étant la venue de la revue du Cotton Club en juin au Moulin Rouge, où elle reste plus d'un mois. Cette année-là, le Hot club commence à engranger les bénéfices de son travail de fond et les concerts de l'École normale de musique attirent désormais un public plus nombreux. Si des musiciens américains tels que Teddy Weatherford, Eddie South ou encore Benny Carter en profitent, les musiciens français ont aussi les honneurs du public : c'est le cas de Philippe Brun qui s'y produit le 5 mars 1937, mais aussi du Quintette du Hot club de France, dont le concert du 20 octobre à la salle Gaveau est un succès. Par ailleurs, la réputation du Quintette s'étend : après s'être produit en Hollande et en Belgique, il est invité en Suède et en Angleterre, où il fait des débuts triomphaux en janvier 1938 et où la déclaration de guerre le surprendra en septembre 1939. Outre ces engagements à l'étranger, l'ensemble joue dans les cabarets de la capitale, tels que Nuits bleues, Swing time, Florence ou encore The big apple, ouvert à l'occasion de l'exposition universelle de 1937 par l'ancienne chanteuse américaine Brick Top. C'est au retour d'une tournée en Angleterre qu'un long engagement au music-hall l'ABC en octobre 1938 va sceller un succès hexagonal qui se poursuivra pendant l'Occupation. Si le Hot club n'est pas partie prenante dans ces grandes manifestations, il n'en reste pas moins qu'il a contribué depuis 1933 à lancer le mouvement, tant pour le Quintette que pour d'autres orchestres. Entre 1933 et 1939, il a organisé au total soixante-seize concerts, soit une moyenne d'un par mois : un véritable exploit, si l'on songe à la faiblesse des moyens matériels mis en œuvre. En outre, le Hot club s'est pratiquement attribué le monopole de l'organisation des concerts de « vrai » jazz, évinçant ses concurrents parmi lesquels Jacques Canetti. De ce point de vue, il est particulièrement révélateur que le concert de Duke Ellington à la salle Pleyel en avril 1939 soit placé sous son patronage, alors que sept ans plus tôt, la première prestation de l'orchestre noir américain avait été chapeautée par Jack Hylton.

Swing

Mais l'activité des militants du jazz que sont Hugues Panassié, Charles Delaunay, Pierre Nourry, Jacques Bureau, Gaston Brun et quelques autres, ne se limite pas à l'organisation de concerts. Delaunay a en effet un autre projet en tête, qui permettrait de compléter le dispositif mis en place depuis 1932 : créer une compagnie discographique spécialisée dans le « vrai » jazz pour pallier les insuffisances des compagnies existantes. Dès le début des années trente, Delaunay et Nourry ont fait le siège des grandes firmes afin d'obtenir qu'elles enregistrent quelques artistes. Cette stratégie a connu un certain succès : Delaunay obtient ainsi de la compagnie Odéon qu'elle réédite des enregistrements américains en 1933 et 1934. Ultraphone enregistre, sur les instances de Pierre Nourry, le Quintette du Hot club de France et publie en septembre 1935 une première anthologie du jazz français proposée par Delaunay. Et lors des passages des vedettes américaines, Delaunay et Nourry proposent aux compagnies de les enregistrer. Bill Coleman, Garnet Clarke, Joe Turner et Coleman Hawkins réalisent ainsi plusieurs séances pour Gramophone et Ultraphone en 1935. Mais tout cela reste bien modeste. Delaunay, lui, voit plus grand. Comme Panassié, il a compris que le disque était un médium idéal pour diffuser le jazz. En février 1937, alors qu'il est chargé d'enregistrer le Quintette du Hot club de France pour la compagnie anglaise His master's voice, il se rend chez Jean Bérard, directeur de sa filiale française Pathé-Marconi, et lui expose son projet. Bérard ayant accepté, la marque Swing voit le jour sous la présidence de Delaunay, en association avec Hugues Panassié.

Entre 1937 et 1939, Delaunay et Panassié ne chôment pas : ils réaliseront 71 séances d'enregistrement et publieront près de 90 faces. On y retrouve non seulement les pionniers du jazz français que sont les musiciens du Quintette du Hot club de France, ainsi qu'Alix Combelle, André Ekyan, Philippe Brun ou Michel Warlop, mais aussi et surtout les Américains de passage à Paris au cours de cette période et opportunément invités à graver quelques chorus pour la postérité : Coleman Hawkins, Benny Carter, Eddie South, Dicky Wells, Bill Coleman, Fletcher Allen ou encore Rex Stewart et Barney Bigard, ces deux derniers, solistes de Duke Ellington, ayant profité de la deuxième visite de l'orchestre à Paris en avril 1939 pour enregistrer cinq pièces en compagnie de Django Reinhardt. Cette production importante dans un secteur musical précis suffirait à témoigner d'une politique artistique cohérente. Mais ce n'est pas la seule originalité de Swing dans le paysage de l'industrie du disque. La volonté de Delaunay et Panassié de contribuer à la reconnaissance artistique du jazz va en effet les conduire à intervenir dans le processus créateur, jusque-là propriété exclusive des musiciens. Même si cette intervention se fait à la marge, elle est réelle puisque ce sont eux qui supervisent les séances d'enregistrement. Pour réaliser le premier disque Swing, en avril 1937, Panassié et Delaunay suggèrent ainsi la formation d'un quatuor de saxophones comprenant deux altos et deux ténors pour interpréter le standard *Crazy Rhythm*, formule qui n'avait jamais été tentée auparavant dans le jazz. André Ekyan, Coleman Hawkins, Alix Combelle (deux altos, deux ténors) se prêtent à cette expérience où les Français font plus que bonne figure face aux Américains.

Quelques mois plus tard, en novembre 1937, sont tentées deux autres expériences originales. La première est due à Panassié qui, désireux d'explorer les rapports entre jazz et poésie, propose au poète Pierre Reverdy d'enregistrer un poème sur fond de jazz. Le poète, ayant apprécié les disques que Panassié lui a fait écouter, accepte et se rend au studio d'enregistrement le 12 novembre pour y lire son poème *Fonds secrets* accompagné par le trompettiste Philippe Brun[36]. La deuxième expérience est tentée sous l'égide de Charles Delaunay, qui fait enregistrer par les violonistes Stéphane Grappelli et Eddie South, accompagnés par Django Reinhardt, le premier mouvement du *Concerto pour deux violons en ré mineur* de Jean-Sébastien Bach interprété dans le style jazz. Delaunay, qui a constaté certaines similitudes entre la musique baroque et le jazz (notamment le continuum rythmique) demande aux instrumentistes de jouer le thème, puis de s'évader de la partition. Si le résultat est mitigé en raison du respect mêlé de crainte des deux violonistes face à l'impressionnante œuvre classique, cette séance n'en constitue pas moins une première tentative de rapprochement entre le jazz et la musique de Bach, tentative qui sera développée bien des années plus tard par des artistes tels que Jacques Loussier. En intervenant de la sorte dans la conception du disque, Delaunay et Panassié, tout à leur volonté de légitimer le jazz, inventent la profession de directeur artistique, dont l'importance dans l'industrie du disque ne va pas cesser de croître jusqu'à nos jours.

En outre, la présentation des disques Swing tranche avec la production antérieure. Jusqu'alors, un disque de jazz comportait le titre de la pièce, suivie parfois du nom du chef d'orchestre, mais jamais de celui des autres musiciens. Désormais, le nom de l'artiste s'étale en gros caractères sur l'étiquette, suivi de celui des autres membres de l'orchestre, puis, en dernier, du titre de l'œuvre : on ne saurait mieux signaler que le musicien de jazz est un créateur à part entière qui doit être traité comme tel. C'est ce même objectif qui, dès la fin des années vingt, avait conduit Panassié à collecter auprès des musiciens de passage en France ou d'amateurs contactés aux États-Unis toutes les informations relatives aux enregistrements publiés depuis 1917, date où le premier disque de jazz fut réalisé. À partir de 1933, Delaunay poursuit ce travail de bénédictin qui donne lieu en 1937 à la publication de la *Hot discography*, premier témoignage d'une mémoire écrite du jazz en même temps qu'acte de naissance d'une discipline nouvelle : la science discographique. Delaunay y a en effet recensé la quasi-totalité des enregistrements réalisés en matière de jazz, en indiquant le plus souvent le lieu d'enregistrement, la date et le nom des musiciens ayant participé aux séances. Le volume donnera lieu à une deuxième édition en 1938, puis à une troisième, publiée en pleine Occupation, en 1943. Après la quatrième édition en 1951, débordé par une production chaque année plus importante, Delaunay renoncera à actualiser son énorme travail. À partir de l'après-guerre, la discipline discographique se spécialisera en études pointues sur une marque ou un artiste en particulier.

L'Insurgé

À la fin des années trente, le « plan d'action[37] » élaboré par le Hot club de France pour diffuser et faire reconnaître le jazz en France est donc sur la bonne voie. Tandis que Charles Delaunay se concentre avant tout sur l'organisation des concerts et la gestion de *Swing*, Panassié est plus que jamais l'idéologue du Hot club et signe la majorité des articles de *Jazz hot*, ainsi que les chroniques de disques. L'évolution de son discours au cours des années trente montre à quel point la construction de l'objet esthétique « jazz » par la critique française porte en elle toutes les ambiguïtés d'un entre-deux-guerres écartelé entre un goût pour les formes les plus avant-gardistes de la création et le sentiment aigu d'une décadence de la culture européenne consécutive au traumatisme de la Première Guerre mondiale. On sait qu'à la suite du cataclysme, Paul Valéry écrira une phrase restée célèbre : « Nous autres, civilisations, savons maintenant que nous sommes mortelles », tandis que dans les années vingt se multiplieront les prophéties concernant la décadence de la civilisation européenne, à la suite des ouvrages d'Albert Demangeon (*Le Déclin de l'Europe*, 1920) et surtout d'Oswald Spengler (*Le Déclin de l'Occident*, 1922). Le thème de la décadence, abondamment développé à l'extrême droite de l'échiquier politique, va hanter l'entre-deux-guerres en France, à tel point que l'on en retrouve des scories jusque dans la critique de jazz. En effet, l'évolution de la critique panassiéenne au cours des années trente, si elle est la conséquence d'une connaissance de plus en plus affinée du phénomène jazzistique, permet aussi de lire en filigrane l'évolution intellectuelle d'un homme voyant dans le jazz une régénération, non seulement de lui-même, mais de toute la civilisation européenne.

Lorsqu'il termine *Le Jazz hot* en 1934, Panassié estime que la quintessence du jazz se trouve dans le style Chicago, interprété essentiellement par des musiciens blancs s'inspirant du style des meilleurs musiciens noirs de La Nouvelle-Orléans. Mais au fur et à mesure que sa connaissance se précise, il est amené à donner la première place aux musiciens noirs, comme le montrent ses chroniques dans *Jazz hot*. Il est troublant de constater que cet approfondissement de sa réflexion jazzistique est concomitant d'une radicalisation de ses options politiques, dont témoigne sa participation en 1937 à *L'Insurgé*, éphémère hebdomadaire au ton extrêmement violent et militant pour l'instauration d'un régime corporatiste autoritaire proche du fascisme. Ce journal a été fondé par Jean-Pierre Maxence et Thierry Maulnier, jeunes maurrassiens « non conformistes[38] » en délicatesse avec l'Action française depuis le début des années trente et formant avec quelques autres jeunes intellectuels la mouvance dite de la Jeune Droite. Après les émeutes du 6 février 1934 à Paris, ces jeunes activistes déçus par la passivité de Maurras, à qui ils reprochent de ne pas avoir tenté d'abattre définitivement la République, vont chercher ailleurs les voies de la révolution politique qu'ils appellent de leurs vœux et s'exprimer en termes des plus virulents dans les colonnes de *L'Insurgé*. Autodidacte de culture sommaire, Panassié est loin d'avoir le même bagage qu'eux et sa culture politique repose essentiellement sur une vulgate de maurrassisme : sa participation à l'hebdomadaire ne relève donc pas d'un choix intellectuel résultant d'une réflexion politique approfondie. Il reste qu'on ne se trouve pas par hasard dans un périodique tel que *L'Insurgé*, même pour y tenir une rubrique de jazz.

Il peut pourtant apparaître contradictoire qu'un critique valorisant une musique étrangère appose sa signature dans les colonnes d'un journal dont l'éditorial du premier numéro affirme que « l'État nouveau doit se fonder sur les réalités naturelles du sol, du sang, de l'histoire » et qu'« une de ses tâches essentielles sera de protéger libéralement mais fermement la race et l'esprit français contre l'envahissement d'éléments étrangers inassimilables et susceptibles de corrompre les caractères nationaux [39] ». En dépit de cet apparent paradoxe, la démarche de Panassié est tout à fait en harmonie avec celle de ses voisins de plume, le découvreur du jazz partageant avec le courant de la Jeune Droite l'obsession de la décadence. Pour lui, le jazz apparaît clairement comme un élément de régénération possible de la culture européenne, comme il l'affirme dans une chronique du 16 juin 1937 consacrée à la revue du Cotton Club et placée, fait révélateur, non pas à la rubrique « Spectacles », mais « Civilisation » :

> Tout le monde devrait aller voir la revue du Cotton Club de New York qui passe en ce moment au bal du Moulin rouge. Il faudrait que ce courant de sang frais et vigoureux serve à arracher les Européens aux divertissements amollis dans lesquels ils sont de plus en plus embourbés. Après la guerre, on a chanté la gloire du jazz et des danses nègres. Beaucoup y ont vu un moyen de renouvellement pour l'art européen. Malheureusement la leçon n'a pas porté, on a emprunté aux Noirs un côté extérieur et on est demeuré étranger au côté essentiel, vital. C'est pourquoi il n'est nullement anachronique de souhaiter qu'une revue comme celle du Cotton Club ait sur nous une influence salutaire [40].

L'anticapitalisme virulent est un autre thème favori de *L'Insurgé*, que l'on retrouve sous une forme simplifiée dans les chroniques de Panassié à propos des formes commerciales du jazz. Dès 1930, le critique avait insisté sur le grave « danger [41] » qui menaçait le vrai jazz : « le commerce. […] Les rares orchestres qui font du hot ne vendent pas leurs disques. […] Tous les grands orchestres ont été obligés de suivre ce mouvement, sauf quelques groupements nègres comme Fletcher Henderson, Duke Ellington, les Mc Kinney Cotton Pickers. Ceux-là, faisant passer l'art avant le commerce, ont continué, malgré tout, à enregistrer des disques très hot ». Quelques années plus tard, sa position est exprimée en termes autrement plus virulents : « Comme l'argent pourrit tout, écrit-il dans *L'Insurgé* en janvier 1937, il existe à présent une forme commercialisée du jazz hot, absolument hideuse et qui a pris la plus grande place[42]. »

La quête d'une pureté originelle

Au même moment mûrit chez lui le projet de se rendre aux États-Unis afin de parfaire sa connaissance des formes jazzistiques non corrompues par le commerce, notamment le style Nouvelle-Orléans dont il souhaite enregistrer certains des représentants pour le compte de Swing. En octobre 1938, il s'embarque donc pour New York où il restera jusqu'en février 1939, habitant dans le quartier noir de Harlem, chez le musicien Mezz Mezzrow qu'il a rencontré en France en 1929. Son séjour est marqué par un événement capital qu'il compare lui-même à une révélation religieuse, signe que la fréquentation de cette musique constitue pour lui bien plus qu'un simple plaisir esthétique. Le 10 janvier 1939, il se rend en effet au Savoy Ballroom, un des dancings les plus fameux de Harlem où se produit l'orchestre du batteur noir Chick Webb, et, très vite, l'ambiance et le lieu aidant, la magie opère :

> À peine la première interprétation est-elle commencée que je suis fasciné par le jeu de Chick Webb. [...] Il ne s'agit plus ici de l'"émotion artistique raffinée" telle que la conçoivent des intellectuels plus ou moins dégénérés, pas plus que de la "musique sensuelle" chantée par d'autres crétins encore plus dégénérés, il s'agit d'une joie inexprimable. [...] Je viens de parvenir pour la première fois au cœur de cette musique. [...] Je saisis brusquement, avec une acuité extraordinaire, l'imperfection irrémédiable de la connaissance intellectuelle. [...] De même, les arguments intellectuels sont impuissants à donner la foi à celui qui n'a pas reçu la grâce. L'amour de Dieu, seule manière de la connaître, voilà sur le plan surnaturel l'équivalent de ce que je viens de ressentir en face de Chick Webb[43].

À partir de ce jour, les Noirs deviennent pour lui une sorte de peuple élu et le jazz un moyen de communication avec le divin. Centre de la culture noire, Harlem a toutes les apparences d'une terre promise : « Le contraste est grand entre Harlem et les quartiers habités par les Blancs, écrit Panassié dans son journal. Dans ces derniers, c'est la ruée vers les affaires, les gens arpentent les trottoirs d'un air soucieux, tendu, à toute allure, vous bousculant sans vergogne. [...] Quand on arrive dans Harlem, on voit enfin des gens qui en prennent à leur aise, flânent sur les trottoirs, les mains dans les poches, en sifflant, s'interpellant cordialement[44]. » Quant aux Noirs, Panassié exprime à plusieurs reprises la fascination qu'ils lui inspirent, d'autant qu'il leur doit peut-être la vie : tombé gravement malade au cours de son séjour, des médecins noirs parviennent à le guérir tandis que les Blancs qui l'avaient examiné auparavant le donnaient pour perdu. « Heureusement, ces médecins noirs sont plus perspicaces que la plupart de leurs collègues blancs[45] », conclut-il. Dans presque toutes les situations auxquelles il est confronté durant son séjour, Panassié ne manque jamais de souligner la supériorité des Noirs par rapport aux Blancs : les journalistes noirs qui interviewent le critique français posent des questions plus intelligentes, les femmes noires sont plus belles, les Noirs cuisinent mieux, ont un odorat plus développé, etc. Cette fascination ne se démentira jamais, puisqu'il déclarera en 1974, peu avant sa mort : « J'ai assez vécu avec les Noirs pour constater qu'en moyenne, ils sont beaucoup plus rapides d'esprit que nous. Ils ont une rapidité d'esprit foudroyante, des dons d'observation supérieurs aux nôtres et une efficacité qui s'ensuit plus grande que la nôtre[46]. » Pour lui, le trompettiste Louis Armstrong, dont il a fait la connaissance à Paris en 1932 et auquel une amitié le liera jusqu'à sa mort, est « l'incarnation du Noir [*sic*], le Noir cent pour cent, non contaminé, non influencé par les Blancs, fidèle à sa race et à ses qualités[47] ».

Mais Panassié ne se contente pas d'observer les mœurs du peuple élu. Tel un ethnologue urbain, il sillonne les rues de New York à la recherche de musiciens susceptibles d'enregistrer pour Swing des disques reproduisant la musique de La Nouvelle-Orléans, tombée dans l'oubli depuis la fin des années vingt. Il retrouve ainsi le trompettiste Tommy Ladnier à demi retiré depuis plusieurs années, et le fait enregistrer en compagnie de quelques collègues parmi lesquels Mezz Mezzrow, Zutty Singleton, Pops Foster, James P. Johnson et Sidney Bechet, ce dernier ayant lui aussi quasiment cessé toute activité musicale depuis la crise de 1929. Panassié supervise ainsi entre novembre 1938 et janvier 1939 quatre séances au cours desquelles la part belle est donnée à l'improvisation collective, « véritable esprit du jazz primitif[48] », notamment lors de l'enregistrement de *Weary blues*, que Panassié décrit comme un moment béni où les musiciens « s'élèvent à cette perfection », grâce à un « tempo merveilleux » qui permet le passage d'un « courant extraordinaire » entre eux. Le véritable esprit du jazz Nouvelle-Orléans est enfin retrouvé, et Panassié commente à propos de l'une des pièces enregistrées : « La façon dont Tommy jouait dans ce solo évoquait irrésistiblement La Nouvelle-

Orléans, avait le "goût" de La Nouvelle-Orléans, de même qu'une odeur, une saveur peuvent vous retransporter pendant quelques instants dans un lieu bien connu, où vous avez éprouvé des sensations inoubliables[49]. » Les enregistrements réalisés constituent l'aboutissement d'une quête d'un jazz pur parce qu'originel entreprise depuis le début des années trente, quête qui serait incompréhensible sans prendre en compte le sentiment de décadence et la volonté de régénération qui habitent Panassié.

Lorsqu'il revient à Paris en février 1939, il est définitivement persuadé de la supériorité des musiciens noirs. Quelques mois plus tard, il publie dans *Jazz hot* un article consacré aux séances d'enregistrement : désormais, ce n'est plus le style Chicago, mais le style Nouvelle-Orléans qui représente « *le* style[50] », la quintessence du jazz dont les musiciens de Chicago n'ont fait que s'inspirer. En outre, alors que l'opinion de Panassié vis-à-vis des formes plus élaborées du jazz était nuancée au début des années trente, elle prend ici un tour nettement défavorable, le critique exaltant en retour la spontanéité du style Nouvelle-Orléans, dont les disques enregistrés par Louis Armstrong et King Oliver au cours des années vingt représentent « le jazz dans toute sa pureté, avec la prédominance des ensembles improvisés, l'absence de solos genre "exhibitionnistes" dont nous souffrons tant aujourd'hui. À cette époque-là, les musiciens s'entendaient, jouaient les uns pour les autres au lieu de jouer chacun pour soi ». Alors que le jazz des années trente a été marqué, selon Panassié, par la perte du « sens de l'ensemble qui faisait la beauté profonde des interprétations d'autrefois », les disques enregistrés à New York ont « ressuscité[51] » ce style Nouvelle-Orléans qu'il défendra désormais jusqu'à la fin de sa vie.

III

Le swing des années noires

Peu après le retour de Panassié, les événements internationaux se précipitent. Mais si la déclaration de guerre en septembre 1939 vient stopper net un mouvement qui se dessine chez les amateurs en faveur du jazz Nouvelle-Orléans (mouvement qui ne s'épanouira qu'à la Libération), la période 1940-1944, loin d'être une parenthèse dans le développement du jazz en France, est au contraire, à bien des égards, un moment historique privilégié. Le jazz sort alors brutalement de la semi-clandestinité où il était confiné jusqu'en 1939 avant de connaître tout au long de ces quatre années un succès encore inconnu jusque-là. En témoignent non seulement l'affluence aux concerts, mais aussi la poursuite de la mise en place des structures créées par le mouvement puriste depuis les années trente, sans compter l'entrée du jazz dans les enjeux politico-culturels de cette période où la culture française connaît un isolement complet mais pendant laquelle vont fermenter bien des mutations fondamentales.

I. Un succès inattendu

Le jazz fut-il interdit ?

Avant d'entrer dans le vif du sujet, il importe de faire justice d'une légende dont il serait intéressant d'analyser la genèse : le jazz aurait été interdit pendant l'Occupation. Le fond de vérité inhérent à toute légende se trouve sans doute dans l'interdiction à laquelle fut soumis le jazz dans la zone annexée au Reich, c'est-à-dire l'Alsace et une partie de la Lorraine, et que certains ont étendue à tout le territoire. Mais le jazz n'a jamais été prohibé, ni en zone occupée ni en zone libre. Comme nous le verrons plus loin, le Hot club de France a déployé au moins jusqu'à la fin de l'année 1943 des activités on ne peut plus officielles, en matière d'organisation de concerts mais aussi de conférences ou encore d'enregistrements et de publication de disques. Quant à la zone libre, même si le jazz n'avait pas bonne presse dans l'idéologie vichyste, elle a été le théâtre de nombreux concerts et tournées d'orchestres connus, tandis que la Radiodiffusion nationale diffusait des émissions de jazz, animées par Charles Delaunay sur le Poste parisien, et par Hugues Panassié sur le Poste toulousain. Ce dernier publia en 1943 *La Musique de jazz et le swing*, et l'on repère l'existence d'un Hot club à Vichy même[1]. Non seulement le jazz ne fut pas interdit, mais il connut un succès inespéré quelques années auparavant. C'est peut-être ce succès qui pose problème, et l'on peut se demander si la légende de l'interdiction du jazz ne vient pas en partie d'une « mauvaise conscience » du milieu du jazz, mal à l'aise rétrospectivement de voir que l'Occupation a constitué pour cette musique une sorte d'âge d'or, à l'image de ce qu'elle fut pour le cinéma[2]. L'histoire de la mémoire politique de Vichy a été largement éclairée par les travaux d'Henry Rousso[3]. Qu'en est-il de la mémoire culturelle ? La légende de l'interdiction du jazz entre 1940 et 1944 serait-elle une construction de l'après-guerre due au « syndrome de Vichy » ? Il est clair en tout cas que, au moins dans la capitale, le jazz a contribué à l'atmosphère de fête du Tout-Paris pendant ces quatre années, les Allemands n'ayant pas jugé bon d'interdire cette musique certes considérée comme dégénérée par le Führer, mais appréciée par nombre d'officiers assistant volontiers aux concerts, et finalement bien inoffensive. On peut même constater que la non-interdiction du jazz s'inscrivait tout à fait dans un des volets de la stratégie allemande, qui visait à encourager les divertissements pour détourner les Français de l'idée de revanche. Quoi qu'il en soit, le succès du jazz pendant cette période et surtout l'intense activité jazzistique parisienne ont certainement donné lieu à des accommodements qui ont pu faire craindre à certains de se voir reprocher après coup des compromissions avec l'occupant.

Ceci posé, il ne faut pas passer sous silence certaines interdictions bien réelles, à commencer par celle des œuvres de compositeurs juifs tels que Gershwin, puis celle de compositeurs américains en général à partir de l'entrée en guerre des États-Unis en décembre 1941. Quant aux disques venus d'outre-Atlantique, on peut les trouver sans difficulté chez les disquaires parisiens jusqu'à cette date, et la *Circulaire du Hot club de France* qui prend la suite de la revue *Jazz hot* en fait la chronique jusqu'à la fin de l'année. Le grand prix du disque Hot 1940 décerné par le Hot club de France au début de 1941 est même décerné à des enregistrements américains[4]. Mais après Pearl Harbour, ceux-ci disparaissent de ses colonnes. On notera toutefois que les références américaines ne sont pas complètement occultées, car même si dans les disques enregistrés, la plupart des œuvres américaines sont rebaptisées avec des titres français, certains titres américains sont conservés, tandis que lors de leurs émissions de radio, Hugues Panassié et Charles Delaunay mettent à l'honneur des musiciens américains : en août 1942, sur le Poste parisien de la Radiodiffusion française, celui-ci consacre en effet une émission à Louis Armstrong, suivie d'une autre sur Duke Ellington et d'une troisième sur Bix Beiderbecke. Mais sur le territoire français, les musiciens américains ne sont pas *persona grata*; la plupart d'entre eux sont d'ailleurs repartis aux États-Unis dès la déclaration de guerre en septembre 1939. Parmi ceux qui restent, le trompettiste Arthur Briggs, Parisien depuis les années trente, est fait prisonnier lors de l'entrée en guerre des États-Unis en décembre 1941 et ne reviendra qu'en 1945, tandis qu'Harry Cooper, qui avait demandé sa naturalisation en 1938, est libéré après l'avoir obtenue tardivement en 1941. Il participera à plusieurs séances d'enregistrement et à de nombreux concerts parisiens au cours de la période. Un autre Américain, le pianiste Charlie Lewis, passera au travers des mailles du filet en se faisant passer pour Antillais et appeler Charles Louis. Mais au total, les Américains présents en France pendant les années 1940-1944 peuvent se compter sur les doigts d'une main et les références américaines restent chargées d'une signification contestataire. Ainsi, lors du tournoi des musiciens amateurs organisé par le Hot club de France en 1943, l'orchestre de Claude Abadie est-il déclassé pour avoir interprété une œuvre étrangère, enfreignant – volontairement – le règlement du tournoi qu'il avait remporté l'année précédente.

L'explosion de l'automne 1940

La situation de quasi-monopole occupée par le Hot club de France sur l'organisation des concerts dès 1939 va s'épanouir pendant la période 1940-1945. Mobilisé en septembre 1939 comme beaucoup d'autres amateurs de jazz, Charles Delaunay ferme le Hot club de France, qui ne connaîtra aucune activité pendant plus d'un an, même si, à l'occasion de permissions à Paris, en février, mars et avril 1940, il trouve le moyen de réaliser quelques enregistrements pour le compte de Swing, avec les ténors du jazz français (Django Reinhardt, Alix Combelle, Philippe Brun, Pierre Allier, Christian Wagner), mais aussi avec Arthur Briggs et Charlie Lewis, ainsi que de jeunes musiciens tels que Pierre Ferret ou Emmanuel Soudieux, et enfin un invité surprise, Charles Delaunay lui-même, qui, sous le pseudonyme de H.P. Chadel, tient la batterie derrière ses amis lors des séances des 20 et 22 février !

La campagne de France en mai-juin, puis la débâcle qui s'ensuit, provoquent l'interruption de toute activité. Après la défaite, Delaunay part pour Cannes et ne revient qu'à la fin de l'année, un ami lui ayant appris la soudaine vogue du jazz à Paris. Le 1er octobre 1940, il fait entrer en studio le Quintette du Hot club de France remanié. Au moment de la déclaration de guerre en effet, celui-ci se trouvait à Londres. Affolé par l'événement, Django Reinhardt était reparti précipitamment pour Paris, laissant en Angleterre tous ses effets personnels et même sa guitare, tandis que Stéphane Grappelli était resté dans la capitale anglaise. Amputé de son second soliste, le Quintette n'était plus viable. Reinhardt s'était donc mis en quête d'un remplaçant et avait engagé un jeune clarinettiste du nom d'Hubert Rostaing. L'invasion du pays ayant retardé la mise sur pied effective du nouveau Quintette, son baptême discographique se déroule ce 1er octobre, lorsque est enregistré ce qui deviendra l'un des plus grands succès de l'Occupation : *Nuages*. Avant même que le disque ne sorte, le nouveau Quintette effectue sa première sortie publique le 4 octobre au cinéma Normandie, devant un public nombreux et enthousiaste, à la grande stupeur des amateurs habitués à des concerts le plus souvent confidentiels. Quelques jours plus tard, l'orchestre se produit à l'Olympia de Bordeaux en même temps que le nouvel orchestre de music-hall formé par Fred Adison et composé de jazzmen français tels qu'Alix Combelle, Christian Bellest ou encore Noël Chiboust : Adison ayant eu vent de la décision allemande d'autoriser la réouverture des cabarets de la capitale, il vient de mettre sur pied cette nouvelle formation qu'il « rode » avant d'affronter les planches parisiennes.

Encouragé par le succès des prestations au Normandie, Charles Delaunay décide d'organiser un festival de jazz dont le Quintette sera la vedette. L'événement a lieu le 16 décembre à la salle Gaveau, suivi trois jours plus tard d'un concert supplémentaire car toutes les places ont été vendues en vingt-quatre heures. Sur la même scène se trouvent deux autres orchestres : celui de l'accordéoniste Gus Viseur, et une formation composée des musiciens les plus en vue du jazz français. Le succès de ces deux manifestations lance véritablement la vogue du jazz dans le Paris occupé : alors qu'entre 1933 et 1939, le Hot club avait organisé 76 concerts, dont la plupart dans de petites salles, c'est un nombre au moins égal de manifestations qui auront lieu dans la capitale entre décembre 1940 et juin 1944, dans des lieux plus importants. Avec une moyenne de deux concerts par mois, la fréquence des événements jazzistiques a donc doublé par rapport aux années trente. 1941 est l'année la plus fructueuse, avec au moins vingt manifestations, à commencer par deux concerts donnés les 16 et 18 janvier par l'orchestre du Jazz de Paris dirigé par Alix Combelle à la salle Gaveau, suivi de peu par Django Reinhardt qui, malgré la température hivernale, enflamme la salle Pleyel le 2 février et doit jouer à trois reprises *Nuages*, sorti depuis peu et immédiatement adopté par le public parisien. Depuis janvier, le Quintette est en résidence au cabaret Chez Jane Stick, où il va jouer pendant plusieurs mois[5], alternant avec des prestations dans d'autres lieux huppés tels que le Monte Cristo, ou encore L'Impératrice. L'année 1941 est faste pour le guitariste gitan et son orchestre, qui se produisent encore à trois reprises à la salle Pleyel en septembre, octobre et novembre, entre deux engagements au cabaret l'ABC. Reinhardt devient ainsi en l'espace de quelques semaines l'un des artistes les plus en vue de la capitale, gagnant d'importantes sommes d'argent qu'il perd souvent immédiatement dans les casinos dont il est friand, dans les parties de billard au cours desquelles il défie souvent des joueurs plus expérimentés que lui, ou encore au poker.

S'il connaît un succès continu pendant toute la période, il n'est cependant pas le seul à profiter de la vogue du jazz : les quelques dizaines de musiciens français présents dans la capitale auront tous peu ou prou leur heure de gloire pendant ces quatre années. L'orchestre le plus connu après le Quintette du Hot club de France est celui du Jazz de Paris, vedette des concerts de janvier 1941 à Gaveau. Au cours des années 1941-1942, il effectue de nombreuses prestations à Paris et en province, mais aussi à l'étranger, puisqu'en avril 1942, il se rend en Belgique dans le cadre d'un échange avec l'orchestre belge de Fud Candrix qui vient jouer à la salle Pleyel. L'année suivante, c'est Jerry Mengo qui remplace Combelle à la tête de l'orchestre, tandis que celui-ci se produira surtout en petite formation jusqu'à la fin de la guerre. Parmi les autres orchestres en vue, il faut citer celui d'Aimé Barelli ou encore celui d'André Ekyan, dans lequel s'illustre le jeune violoniste André Hodeir, qui prend le pseudonyme de Claude Laurence pour ne pas nuire à la réputation du Conservatoire de Paris où il poursuit alors des études d'harmonie et de contrepoint. Mais surtout, le troisième grand orchestre vedette de l'Occupation est celui de Raymond Legrand. L'ancien saxophoniste et arrangeur de Ray Ventura a fondé son propre orchestre depuis 1934, mais c'est pendant l'Occupation qu'il va connaître son âge d'or. Mal vu des amateurs puristes, il n'en comporte pas moins de nombreux solistes qui comptent parmi les plus performants du jazz hexagonal, notamment le violoniste Michel Warlop, surdoué issu du Conservatoire de Paris et fraîchement revenu d'un stalag allemand. Tout en restant membre de l'orchestre de Raymond Legrand, il fonde en juin 1941 sa propre formation, un septuor à cordes où pourra s'exprimer librement son tempérament original, d'autant plus que l'absence du violoniste vedette du jazz français, Stéphane Grappelli, lui permet de mieux se faire connaître du public. L'orchestre, composé, outre Warlop, de Paulette Izoard, Sylvio Schmidt, Émile Chavannes, Pierre Spiers, Loulou Gasté, Émile Feldman et Francis Luca, comprend quatre violons, deux guitares, une harpe et une contrebasse : formule pour le moins originale en jazz, mais qui, en France, s'inscrit déjà dans une tradition d'orchestre à cordes inaugurée par le Quintette du Hot club de France dès 1934, imprimant ainsi la patte hexagonale sur cette musique américaine.

Le premier grand concert de cette formation a lieu le 16 novembre 1941 à la salle Pleyel. Par la suite, l'orchestre se produira épisodiquement jusqu'en 1944. En mai 1942, il donne un récital lors d'une soirée de l'organisation collaborationniste Le Cercle européen, ce qui, outre la participation à l'orchestre de Raymond Legrand, vaudra au violoniste de se voir infliger en décembre 1945 deux mois d'interdiction professionnelle par le Comité national d'épuration des professions artistiques[6]. Mais s'il se produit peu sur scène, il enregistre quelques beaux moments de jazz, notamment la fameuse *Tempête sur les cordes* en juin 1941, où sa virtuosité peut se donner libre cours, et surtout l'original *Swing concerto* enregistré en février 1942 (mais resté inédit jusqu'aux années quatre-vingt), œuvre hybride entre le jazz et la musique classique au cours de laquelle le violoniste est accompagné par l'orchestre symphonique de jazz de Paris dirigé par Robert Bergman. Cette formation comprenant soixante-dix musiciens donne son premier concert en janvier 1941 et se spécialise dans l'interprétation jazzistique du répertoire classique. Ainsi se produit-elle les 6 et 7 décembre à la salle Pleyel avec un répertoire éclectique mettant en valeur Warlop présenté à cette occasion par la presse musicale comme le « Paganini du jazz [7] » : sont au programme des œuvres de Debussy, Ravel, Django Reinhardt, J. Chardon (*Rhapsody in swing*) mais aussi de Michel Warlop, qui donne à cette occasion la première audition publique de son *Swing concerto*. Le 8 février 1942, pour son septième concert, l'orchestre investit à nouveau la salle de la rue du Faubourg-Saint-Honoré avec un menu tout aussi varié comprenant notamment Johann et Richard Strauss, le *Boléro* de Ravel ainsi que celui de Django Reinhardt, les *Danses brésiliennes* d'Henri Tomasi et, à nouveau, le *Swing concerto* de Warlop. Mais les prestations de cet orchestre imposant sont peu nombreuses et l'essentiel de l'activité musicale de Warlop reste dans le cadre de la formation de Raymond Legrand, qui devient à partir d'août 1940 jusqu'en 1943 l'orchestre attitré de Radio-Paris, contribuant à l'augmentation importante du temps imparti au jazz sur les ondes, entre deux émissions de propagande.

Le responsable de Radio-Paris a compris que la propagande nazie avait d'autant plus de chances de passer si elle était enrobée d'émissions inoffensives et divertissantes, ainsi que d'une programmation musicale de qualité, aussi bien dans le domaine de la musique classique que dans celui de la variété ou du jazz, même si les interprétations de l'orchestre Legrand n'étaient guère populaires auprès des connaisseurs qui n'y voyaient qu'une musique d'une « honnête médiocrité » destinée aux « foules faubouriennes [8] ». Entre août 1940 et mars 1942, l'orchestre réalise 520 émissions sur la station contrôlée par les Allemands, compromission qui vaudra à son chef d'être arrêté en septembre 1944, et condamné l'année suivante à six mois d'interdiction professionnelle par le Comité d'épuration des professions artistiques, peine légère obtenue en raison de services rendus à la Résistance à partir de 1943 [9].

Outre leurs nombreuses apparitions dans les salles de concerts, les orchestres de jazz passent régulièrement en attraction dans les cinémas. Lorsque le Quintette du Hot club de France se produit au Normandie le 4 octobre 1940, tout comme il le fera l'année suivante au Moulin rouge, l'attraction qui entrecoupe les projections de films allemands (les deux salles font partie d'un circuit contrôlé par les Allemands) comporte trois orchestres qui se présentent au public sur une scène à trois étages qui s'allument à tour de rôle, en fonction de l'orchestre qui joue [10], avant que les trois orchestres, pour finir, n'interprètent tous ensemble la même pièce. Lors de son deuxième passage au Normandie en 1941, le Quintette du Hot club de France se produit en compagnie de l'orchestre d'André Ekyan et de celui de Gus Viseur. Mais les musiciens de jazz vont aussi animer des « thés-concerts-swing » au parc d'attraction Luna Park, situé sur l'esplanade des Invalides, ou encore des spectacles dans de nombreux cabarets : rien qu'entre septembre et décembre 1940, on compterait dans les divers lieux de loisirs de la capitale 19 spectacles à base de jazz, et 61 en 1941 ; la tendance est à la baisse en 1942 et 1943 avec environ 40 spectacles, et près de 30 en 1944[11]. Le Quintette du Hot club de France, nous l'avons vu, est le principal bénéficiaire de cet engouement du public, mais non le seul puisque tous les orchestres se produisent à tour de rôle dans les cabarets de la capitale, fréquentés aussi bien par les noctambules invétérés que par le Tout-Paris de la collaboration.

Il serait toutefois erroné de penser que le succès du jazz pendant l'Occupation s'est borné à la vie nocturne agitée de la capitale. D'abord parce que de nombreux concerts de jazz ont lieu l'après-midi. Ensuite et surtout parce que la vie jazzistique provinciale, embryonnaire avant 1939, va singulièrement s'animer entre 1940 et 1944. Les orchestres de jazz effectuent des tournées tout au long de la période, même si elles se raréfient à partir de 1942, lorsque le poids de l'Occupation et l'invasion de la zone sud aggravent la situation matérielle du pays et compliquent les déplacements. Une ville telle que Bordeaux accueille ainsi le Quintette du Hot club de France dès le mois d'octobre 1940, mais aussi, en octobre 1941, l'orchestre de Gus Viseur, puis, le mois suivant, le Jazz de Paris. Il faut dire que la ville compte un Hot club dynamique qui compte parmi ses membres les jeunes Frank Ténot et Lucien Malson, qui s'illustreront plus tard dans la critique de jazz et l'organisation de concerts. Pour l'heure, le Hot club de Bordeaux dispose d'un orchestre amateur qui se produit de temps à autre dans les salles de la ville, seul ou, plus souvent, en première partie des vedettes nationales. Le 6 août 1942, il participe ainsi à un festival au casino d'Arcachon, où l'on retrouve quelques têtes d'affiche du jazz parisien parmi lesquelles le violoniste Claude Laurence ou le jeune pianiste Eddie Barclay – de son vrai nom Édouard Ruault, à la consonance moins américaine… En janvier 1943, lorsque l'orchestre de Raymond Legrand vient se produire à l'Alhambra, le concert est suivi d'une jam-session au siège du Hot club, avec les vedettes de l'orchestre, notamment Michel Warlop ou le guitariste Loulou Gasté. Deux mois plus tard, le 13 mars, c'est la nouvelle formule du Jazz de Paris dirigé par Jerry Mengo qui parcourt la Gironde. Mais désormais, les visites d'orchestres se font plus rares, même si en février 1944, Django Reinhardt vient à nouveau jouer au Trianon. Le Sud-Ouest n'est pas la seule région concernée : à l'automne 1942, le Quintette du Hot club de France donne des concerts à Lyon, Montpellier, Béziers, Nice, mais aussi Alger. Entre novembre 1943 et le début de 1944, il se produit dans plusieurs dizaines de villes de toutes tailles, parmi lesquelles Toulon, Bordeaux, Biarritz, Mont-de-Marsan, Bayonne, Niort, Saintes, Poitiers, Angers, Cambrai, Lille, Béthune, Saint-Omer, Somain, Bruay-en-Artois, Roubaix, Douai, Valenciennes, Lens, Rouen, Chartres. Après un nouveau séjour à Paris, les musiciens reprendront leurs pérégrinations peu après le débarquement et seront engagés en octobre 1944 par l'armée américaine pour jouer dans les bases du Sud de la France pendant près de six mois. C'est dire si l'orchestre a écumé le territoire français au cours de ces années qui constituent son âge d'or, effectuant aussi des incursions à l'étranger, en Belgique notamment, où il donne des concerts en 1941 et 1942. Les ventes de disques traduisent cet état de fait puisqu'en 1941, le Quintette écoule plus de 15 000 cires, contre moins de 2 000 en 1937[12]. Quant aux séances d'enregistrement, elles sont nettement plus nombreuses en 1941 que dans les années 1938-1940. À partir de 1942, elles commencent à diminuer, mais on en compte tout de même 26 en 1943 contre 23 en 1938. Il est vrai qu'à partir de ce moment, les activités jazzistiques se réduisent : en avril 1943, la direction du Hot club de France conseille à ses membres parisiens et provinciaux de se faire plus discrets et «d'éviter toute manifestation extérieure». La section parisienne a elle-même réduit le nombre de ses grands concerts «afin d'éviter tout rassemblement inutile à l'heure où l'on demande la suppression des oisifs[13]», allusion à la mise en place du STO à partir de février 1943, lorsque Laval décide le départ pour l'Allemagne de tous les hommes nés entre le 1er janvier 1920 et le 31 décembre 1922. À partir de ce moment, l'activité des Hot clubs de province connaît un net recul. Cette année-là, on ne comptera que quelques concerts à la salle Pleyel, le Hot club de France recentrant ses activités sur les concerts plus discrets de l'École normale de musique, réservés aux membres.

« Musique de bastringue »

Le succès brusque du jazz a provoqué un élargissement de son public qui n'est pas sans indisposer les amateurs de la bourgeoisie parisienne habitués à se retrouver en petit comité et confrontés brusquement aux implications de leur entreprise de popularisation. Dès 1941, Delaunay se réjouit de constater que « le jazz entre peu à peu dans les mœurs de toutes les classes sociales où il remplace de plus en plus l'accordéon et l'amateur de chansonnette ». Mais il déplore que « ce succès populaire ne se complète pas – bien au contraire – d'un succès musical. La nouvelle foule va écouter tel orchestre comme d'autres vont au Vél'd'Hiv' applaudir tel boxeur ou tel cycliste. Le jazz est pour eux un spectacle où l'on applaudit l'exploit de la batterie ou les notes aiguës de la trompette[14] ». Quelques mois plus tard, alors que le deuxième festival Swing, organisé à la salle Pleyel le 21 septembre, a été le théâtre d'un chahut inhabituel, Charles Delaunay stigmatise « la grossièreté plus que faubourienne[15] » d'une partie peu avertie du public. Quant aux orchestres de divertissement qui utilisent abusivement le nom de jazz pour faire venir le public, ils ne sont pas mieux traités : ainsi l'orchestre de Freddy Jumbo, qui se produit à trois reprises en avril 1943 à la salle Pleyel, est-il « digne d'un bastringue de banlieue », par sa « vulgarité sonore », mais aussi par la « tenue de l'orchestre et de son chef », « manquant de la plus élémentaire correction[16] ». Pour remédier au problème de l'arrivée dans les concerts d'un nouveau public peu averti et dont les manifestations bruyantes empêchent les amateurs d'apprécier la musique, Delaunay met sur pied une stratégie comprenant deux volets. D'une part il organise à partir de mai 1941, dans le cadre des « Conférences françaises », un cycle de conférences à la salle Gaveau, destinées à éduquer le public. Elles sont moins pointues que les causeries intimes du Hot club, strictement réservées à ses membres. D'autre part, il réactive à partir de septembre 1942 les concerts de l'École normale de musique qui permettent aux amateurs de se retrouver entre eux tout en « favorisant l'improvisation individuelle et collective, espérant par là préserver le jazz français d'un commercialisme qui le conduirait à la ruine ». Entre septembre 1942 et octobre 1944, on en comptera 17, soit une moyenne d'un par mois.

Jazz et musique de variétés

Le succès du jazz pendant la guerre se mesure aussi à l'aune de son usage croissant dans la musique de variétés. En 1938, on s'en souvient, Charles Trenet a lancé un pavé dans la mare en intégrant les rythmes du jazz dans ses chansons. Son acolyte Johnny Hess poursuit dans cette voie et lance véritablement la vogue du swing, qui fleurira pendant toute l'Occupation mais qui, contrairement à ce que l'on écrit souvent, semble bien avoir commencé plus tôt. Le mot, d'emploi ancien dans le jazz noir américain, pénètre l'univers de la variété avec *Je suis swing*, œuvre enregistrée dès novembre 1938 et où l'on trouve aussi la première mention du mot « zazou[17] ». Cette chanson, ainsi que *J'ai sauté la barrière, hop là !*, marque le début d'une popularisation sans précédent des rythmes du jazz, comme en témoignent les deux millions de disques vendus en 1939 par Johnny Hess, qui ouvre un cabaret appelé *Le Jimmy's* – rebaptisé *Chez Jimmy* après l'arrivée des Allemands à Paris – et s'y produit régulièrement en compagnie de Django Reinhardt et de Stéphane Grappelli. Quelques mois plus tard, en décembre 1939, le chef d'orchestre de music-hall Fred Adison, ayant flairé à son tour la vague ascendante de la musique rythmée, ouvre à Bordeaux un night-club appelé Le Cabaret du swing[18]. De son côté, Hess enregistre à nouveau ses deux titres vedettes en avril 1940, avec un orchestre comportant quelques-uns des meilleurs représentants du jazz français tels que Gus Viseur, Philippe Brun et André Ekyan. Pendant l'année 1941, son cabaret est l'un des hauts lieux du Paris nocturne, où se rencontrent musiciens de jazz et chanteurs de variétés, le tour de chant de Hess lui-même étant fortement teinté de jazz. En juillet 1941, il enregistre *Rythme* et *Il est rythmé*. En janvier 1942, il est la vedette du spectacle Chesterfolies 42 à l'ABC, et l'hebdomadaire *Vedettes* note que depuis le succès de *Je suis swing*, « les jeunes en ont fait leur idole. On s'arrache ses photographies, on se bat pour obtenir de lui un autographe, et le cri de ralliement de tous les moins de vingt ans est le fameux "Zazou! Zazou!" lancé par Johnny dans sa célèbre création[19] ». Le succès du chanteur, comme la vogue du swing, sont à leur apogée au cours de cette année 1942 qui voit aussi l'enregistrement de *Ils sont zazous* par Hess et son passage aux Folies Belleville et à l'Alhambra dans la revue *Rythmes 42*, ainsi qu'à Bobino ou encore à l'Européen. Il est également sur la scène de la salle Pleyel pour accompagner son ami Fud Candrix qui vient se produire à Paris au printemps.

Avec Hess, la plus grande vedette de la variété jazzée de cette époque est Charles Trenet. Mobilisé en 1939, il se trouve en zone libre au moment de l'armistice. C'est en 1941 qu'il fait sa rentrée à Paris, après avoir dû justifier de son ascendance française auprès des autorités allemandes qui le soupçonnaient d'être juif. Malgré son succès, il continuera d'être la cible de certains journalistes collaborationnistes qui, tels Lucien Rebatet, l'accusent d'avoir « contribué à la judaïsation du goût français », allusion à la ressemblance du chanteur avec des acteurs de cinéma qualifiés de « clowns judéo-américains[20] ». La même année, le chanteur jazzifie Verlaine avec une *Chanson d'automne* enregistrée en compagnie d'Alix Combelle, et se fait accompagner par Léo Chauliac et le Quintette du Hot club de France pour *Swing troubadour*, puis *La Cigale et la Fourmi*. L'année suivante, c'est aussi Léo Chauliac que l'on retrouve au piano dans *Que reste-t-il de nos amours*[21] ?, tandis que Trenet triomphe à la Gaîté Montparnasse et à l'ABC. De cette vogue du swing, il faut aussi retenir les noms d'Irène de Trébert, vedette du film *Mademoiselle swing* en 1942 et également chanteuse, mais aussi celui de Loulou Gasté, guitariste de jazz qui compose en collaboration avec Alix Combelle plusieurs succès de cette période : *Parlez-moi d'amour, ah oui!* et *Elle était swing* en 1941, puis en 1942 *Si tu me dis oui*, et en 1943 *Elle et lui*, qui arrive en tête des succès de Radio-Paris. On citera aussi, de manière non exhaustive, Guy Berry avec *Êtes-vous swing ?*, Marie Bizet avec *Rythme et swing*, Georgius avec *Mon heure de swing* en 1941. En 1942, outre les succès de Johnny Hess et de Charles Trenet déjà cités, on notera le *Grand-père n'aime pas le swing* de Josette Daydé. L'année suivante, Georges Guétary devient une vedette avec *Robin des bois* enregistré avec Raymond Legrand. Et il faut mentionner bien sûr les thèmes de jazz adaptés par les artistes de variétés. Dans ce domaine, Django Reinhardt est en première place : Piaf chante *Larmes*, Lucienne Delyle *Nuages*, Irène de Trébert *Swing 39*, Lys Gauty *Fleur d'ennui* et Francis Blanche le *Minor swing* devenu *Crépuscule en mineur*. Enfin, on notera le succès de l'accordéon swing en la personne de représentants tels que Gus Viseur et Tony Muréna, qui s'efforcent de concilier jazz et musette. Au total, on assiste au cours de la période à une interpénétration croissante entre le jazz et la musique de variétés. Toutefois, l'influence du jazz sur la chanson française est surtout perceptible dans le domaine du rythme et celui de l'orchestration. Les sonorités et les gammes du blues restent encore mal connues. Il faudra attendre la génération des chanteurs d'après-guerre pour voir ces sonorités irriguer en profondeur la variété, avec des artistes tels qu'Yves Montand, Charles Aznavour, les Frères Jacques et bien d'autres.

II. La structuration d'un milieu

L'essor des Hot clubs

Le mouvement Hot club, resté modeste avant 1939, connaît sous l'Occupation une première phase de croissance, stimulée depuis Paris par Charles Delaunay, qui s'attache à favoriser l'émergence de clubs susceptibles de relayer localement l'action du Hot club au niveau national. Malgré la désorganisation du pays consécutive à la défaite de mai-juin 1940 et les difficultés de tous ordres, Delaunay va en effet continuer à œuvrer en faveur du jazz et confier à des amateurs locaux l'organisation de clubs. C'est donc sous l'Occupation que le jazz cesse d'être une musique exclusivement parisienne et s'implante en province. La croissance des Hot clubs en est un des symptômes les plus évidents : de 5 en 1939, le nombre de sections locales du Hot club de France passe à 29 dans les premiers mois de 1944, dont la plupart ont été créés entre 1941 (année jazzistique la plus « faste » de l'Occupation) et 1943, dans des villes de tailles diverses telles qu'Angers, Nantes, Amiens, Béziers, Grenoble, Bordeaux, Arcachon, Bagnères-de-Bigorre ou encore Annecy, ce dernier cessant son activité en 1943 lorsque son animateur est requis pour le STO – un cas sans doute loin d'être isolé. Les événements de l'année 1944 ne sont guère favorables à la poursuite du mouvement, qui ne reprendra vraiment qu'à partir de janvier 1945, date à laquelle on compte au moins 37 clubs. L'examen de la répartition géographique des clubs fait apparaître une relative homogénéité : modeste sur le plan numérique, le phénomène concerne l'ensemble du territoire, indépendamment des divisions administratives propres à la période de l'Occupation. La France est en effet divisée en sept zones*, et si l'on excepte la zone réservée, les Hot clubs sont présents partout, zone occupée et zone libre se partageant l'essentiel des créations, avec respectivement onze et douze clubs, la zone interdite comptant trois clubs et la zone annexée au Reich deux. Inutile de préciser que dans cette dernière, les clubs de Strasbourg et de Nancy fonctionnent de manière totalement clandestine, tandis que les moindres déplacements sont soumis à autorisation de la part des Allemands : la présence des musiciens de l'Est aux tournois amateurs sera confidentielle, alors que les clubs de la zone occupée

---

* Voir la carte en annexe VII-1, p. 472

n'ont pas besoin d'autorisation pour se rendre aux finales des tournois ayant lieu à Paris.

Les créations de clubs en province suivent toutes un scénario identique, Delaunay supervisant le mouvement en zone occupée, tandis que deux de ses collaborateurs, Michel Ellia et Paul de Rocca-Serra, s'occupent de la zone libre. Les dirigeants du Hot club commencent par s'assurer des compétences jazzistiques des amateurs à qui ils confient la direction de la section locale. Puis ils les chargent de trouver un local et d'effectuer les formalités nécessaires pour fonder officiellement le club, ainsi celui de Lyon, dont les statuts sont déposés à la préfecture du Rhône le 15 avril 1941[22]. En réalité, entre 1940 et 1944, nombre d'entre eux fonctionneront de manière, sinon clandestine, du moins informelle. C'est le cas du Hot club d'Angers, fondé en septembre 1941, et qui tiendra des réunions pendant l'Occupation avant de déposer officiellement ses statuts en décembre 1945. La tâche du Hot club local est non seulement de mettre en contact les amateurs peu nombreux et dispersés que compte chaque ville de province, mais aussi d'organiser des manifestations, notamment des concerts ou des conférences. Afin de donner une impulsion initiale à la nouvelle « filiale » – c'est ainsi que la direction parisienne désigne les sections locales –, Charles Delaunay vient faire une conférence sur l'histoire du jazz, accompagné du jeune pianiste Eddie Barclay, chargé d'illustrer musicalement son propos lorsque le club local ne possède pas de pick-up pour « jouer » les disques, comme l'on dit à l'époque. Il se déplace ainsi à Angers en septembre 1941, puis dans les autres villes qui verront naître des clubs, de part et d'autre de la ligne de démarcation. La direction parisienne joue donc un rôle moteur dans la décentralisation du mouvement Hot club, mais la suite des opérations dépend du dynamisme des animateurs locaux. L'activité infatigable d'un Delaunay n'en est pas moins propre à faire naître ou à confirmer des vocations précieuses pour l'avenir du jazz en France, telles que celles de Jacques Souplet au Hot club de Rennes, ou de Frank Ténot et Lucien Malson à celui de Bordeaux.

On notera par ailleurs que les incessants déplacements de Delaunay dans les deux zones devaient lui permettre d'apporter son concours à la Résistance. Contacté en 1941 par André Girard, ami intime de Robert et Sonia Delaunay, au cours d'un de ses voyages en zone libre, il participe à la mise sur pied en zone occupée du réseau Carte, ainsi appelé par référence au saxophoniste de jazz Benny Carter apprécié par Girard, et prend lui-même le nom de

Benny. Il s'assure la collaboration de quelques autres membres du Hot club parmi lesquels les sœurs Germaine et Annette Tambour et Jacques Bureau, par ailleurs membre du groupe surréaliste La Main à plume qui a succédé aux Réverbères. Situé rue Chaptal, peu passante, et dans un pavillon en retrait de la rue, le siège du HCF, « en raison de son va-et-vient constant et de son activité téléphonique », est « un endroit idéal pour conspirer[23] ». La cave sert parfois à entreposer les produits de parachutage ou à cacher des soldats anglais. Mais surtout, au cours de certains déplacements en zone libre, Delaunay transporte des documents et affirme être passé à Montauban pour « essayer de rallier à la cause » Panassié, qui « déclina [son] offre, eu égard à ses sentiments antibritanniques ». Pendant deux ans, le réseau Carte, qui aurait été choisi par les Anglais pour intoxiquer les Allemands au sujet de la date et du lieu du débarquement, va, semble-t-il, recevoir de fausses informations de Londres. Composé de membres non rompus aux exigences de la vie clandestine, il est vite noyauté et décapité par les Allemands, qui en 1943 arrêtent les sœurs Tambour, Bureau et Delaunay. Les premières moururent en déportation, le deuxième resta en prison jusqu'à la Libération[24] ; quant à Delaunay, après un mois de prison, ayant réussi à se construire un alibi, il est libéré en novembre 1943. Inquiété à nouveau au début 1944, il quittera Paris jusqu'au départ des Allemands.

Le mouvement amateur

L'un des indicateurs majeurs du succès du jazz pendant ces quatre années difficiles est la vitalité du mouvement des musiciens amateurs. L'action des clubs au niveau régional, permettant aux orchestres de se former et de se confronter les uns aux autres, s'accompagne en effet d'une organisation du mouvement au niveau national par la section mère : c'est le tournoi annuel des musiciens amateurs, créé en 1937 sur le modèle des « cutting contests », compétitions d'orchestres de jazz qui avaient lieu régulièrement à La Nouvelle-Orléans. La première année, il ne compte que quelques orchestres, mais l'expérience est renouvelée en 1938 et 1939 et va se poursuivre sous l'Occupation, preuve que l'essor des Hot clubs pendant cette période correspond bien à un mouvement de fond. En effet, le dynamisme des Hot clubs de province se manifeste par la participation de nombreux orchestres aux tournois amateurs, qui se poursuivent mais dont le règlement a changé par rapport à l'avant-guerre, puisqu'il est désormais précisé que les membres des orchestres qui concourent ne doivent être «juifs ni de race ni de religion[25]», et les œuvres à interpréter, exclusivement françaises. Le premier tournoi amateur de l'Occupation a lieu le 19 décembre 1941, et suscite un «engouement extraordinaire[26]» en province, qui est «sérieusement représentée pour la première fois[27]». La coupe des orchestres de province est remportée par le Hot club de Bordeaux, dont l'orchestre anime des jam-sessions régulières depuis le début de l'Occupation. L'année suivante, le tournoi compte près de trente orchestres, et la province est à l'honneur puisque le meilleur orchestre du tournoi est celui du Mans, tandis que le clarinettiste de l'orchestre de Valenciennes obtient le prix du meilleur soliste[28]. En 1943, l'activité des clubs connaît un ralentissement, en raison de la Relève et du STO : les clubs de Bordeaux, Marseille, Troyes, Annecy et Grenoble doivent cesser partiellement leurs activités. Mais d'autres se distinguent, tels celui d'Escaudain, dans le Nord, qui remporte la coupe du Hot club de France, tandis que celui de Rennes rafle la coupe « vedette » pour la deuxième fois. Parmi les musiciens, le prix du Conservatoire international de jazz est obtenu par un pianiste de Rouen et le prix du meilleur soliste du tournoi par un instrumentiste rennais. Comme en 1942, les orchestres parisiens sont nettement surclassés[29]. Cet ancrage régional du jazz qui prend forme pendant l'Occupation va se confirmer à la Libération, lorsque le mouvement Hot club va connaître sa phase décisive d'ascension. Certains clubs dynamiques arrivent même à organiser des tournois régionaux, comme celui de Rennes en 1943.

L'organisation d'une profession

L'organisation de la vie jazzistique française ne se manifeste pas seulement au niveau des amateurs, mais aussi des musiciens professionnels, car le HCF tente de contrôler la vie jazzistique hexagonale en contribuant à la formation d'orchestres et en surveillant les musiciens. Cette volonté de contrôle n'est pas nouvelle : on se souvient que le Quintette formé en 1934 par Stéphane Grappelli et Django Reinhardt était déjà patronné par le Hot Club de France qui avait contribué à sa fondation et permis le démarrage de sa carrière en organisant ses premiers concerts ainsi que ses premiers enregistrements. En 1938, dans un bilan général de ses activités depuis 1932, le Hot club de France se félicitait du travail accompli en matière de jazz, soulignant qu'il avait fallu pour cela «lutter contre l'indifférence du public, la mauvaise foi de la critique, la fatuité, l'incompréhension et le laisser-aller des dirigeants de la radio et des spectacles», mais aussi contre «l'indiscipline des musiciens[30]». L'Occupation venue, le Hot club de France n'entend pas relâcher son action, qui rencontre semble-t-il les souhaits des musiciens d'avoir une structure qui les aide dans leur activité professionnelle : «À peine étais-je arrivé à Paris, se souvient Delaunay, que les musiciens de la capitale accouraient en nombre au Hot club. Je les trouvai dans les meilleures dispositions et enthousiastes à l'idée qu'ils allaient enfin avoir un auditoire favorable et les possibilités de travailler décemment. Je crois qu'ils témoignèrent là de la confiance qu'ils faisaient au Hot club sur lequel ils fondaient tous leurs espoirs[31]. »

À la suite du succès du festival organisé en décembre à la salle Gaveau, Delaunay et Alix Combelle décident de concrétiser un projet qu'ils caressent tous les deux depuis longtemps : la formation d'un grand orchestre de jazz français réunissant les meilleurs musiciens de la capitale et patronné lui aussi par le Hot club de France. Après quelques discussions, Delaunay et Combelle sélectionnent un répertoire comprenant des thèmes classiques orchestrés par Count Basie ou Tommy Dorsey, et contactent des instrumentistes parmi lesquels Aimé Barelli, Christian Bellest, Maurice Gladieu, Hubert Rostaing et Pierre Fouad. Le nouvel orchestre, qui donne son premier concert le 16 janvier 1941 à la salle Pleyel, est présenté comme «le premier véritable orchestre de jazz français». En toute simplicité, le nom de Jazz de Paris fait référence au fait que «Paris est le centre artistique du monde» et que «ce nouvel orchestre représente l'élite musicale française[32] ». La belle entente des débuts ne dure guère cependant entre Charles Delaunay et Alix Combelle, car si les musiciens font confiance au Hot club, les velléités dirigistes de l'association ne leur plaisent guère et les malentendus vont vite s'accumuler : d'un côté, Combelle se plaint de ne jouer que sur des scènes de music-hall alors qu'il désirerait donner de vrais concerts, de l'autre, Delaunay souhaite voir l'orchestre limiter les effets exhibitionnistes qui l'apparentent à un orchestre de danse, et se concentrer sur la qualité musicale[33]. Dès 1942, le torchon brûle entre les deux hommes et Combelle quitte la direction du Jazz de Paris, remplacé par Jerry Mengo.

Mais cet épisode n'est qu'un témoignage de la volonté des dirigeants du Hot club d'exercer une influence sur l'activité des musiciens. Durant toute l'Occupation en effet, Delaunay ne cessera de rappeler à l'ordre les musiciens afin qu'ils jouent le mieux possible, et évitent l'exhibitionnisme et le commercialisme. En septembre 1941, il constate ainsi que « le jazz bat son plein », mais que « cette musique dégénère, aussi bien chez les musiciens que chez les amateurs », car le succès tourne la tête des premiers qui se conduisent avec « suffisance » et « ne songent plus qu'à l'effet à produire et à ce qui rapporte le plus » ; aussi Delaunay les exhorte-t-il à « retrouver la modeste flamme et la passion qui fit du jazz une véritable musique[34] ». Quelques mois plus tard, il stigmatise la cuvée jazzistique hexagonale 1942, « véritable succédané où tout ressemble à du jazz, mais n'en a ni la saveur ni la consistance[35] ». En janvier 1943, Delaunay conclut à un « déclin du jazz français », car si les orchestres amateurs entretiennent la flamme, les vedettes « croient que c'est arrivé et ne f… plus rien, considérant que leur nom écrit en gros caractères suffit à conserver une réputation qu'ils ont établie alors qu'ils étaient encore de véritables musiciens. […] Vous devinez, dans de telles conditions d'esprit, ce que devient la musique. Il y a longtemps qu'il n'en est plus question[36] ».

Un autre aspect de l'interventionnisme de Charles Delaunay dans la vie jazzistique réside dans la volonté de protéger le « label » jazz en distinguant nettement les orchestres de jazz de ceux qui abusent du terme et se présentent sous l'étiquette « jazz » ou « swing » pour servir de la musique de danse ou du pseudo-jazz symphonique et introduire ainsi une confusion néfaste pour le jazz, assimilé de la sorte à une banale musique de variétés. C'est le cas avec l'Orchestre symphonique de jazz dirigé par Robert Bergman, dont la musique n'est pas « dénuée d'intérêt, mais n'[a] pris de jazz que le titre[37] » et constitue une « impasse musicale[38] ». Quant à la formation de Raymond Legrand, elle se « ridiculise » à vouloir jouer dans un style pour lequel elle n'est « décidément pas douée[39] », malgré la présence en son sein de quelques solistes de valeur. Enfin, l'intervention du Hot club dans la vie jazzistique se manifeste aussi par l'attention portée au niveau des formations qui se produisent en concert : ainsi le concert donné par le Collège rythme à la salle Pleyel le 21 février 1943 est-il vivement critiqué en raison du manque de professionnalisme de ses membres. Mais si la dimension dirigiste du Hot club est parfois contestée, en revanche l'aide logistique qu'il apporte aux musiciens et aux amateurs en captivité est unanimement appréciée. Lors de la campagne de mai-juin 1940, de nombreux musiciens ont été faits prisonniers, parmi lesquels Michel Warlop, Albert Ferreri, Jerry Mengo, Roger Chaput, Georges Marion, Lucien Simoens ou encore Alex Renard.

Ils contribuent à la formation de Hot clubs dans certains camps, tels celui du Stalag VI B, dirigé par Claude Briac, qui compte trois cents membres en avril 1942 et organise des concerts, des conférences et des auditions de disques. À cet effet, le Hot club de France leur envoie des partitions ainsi que des disques, des revues, et, bien sûr, des colis de nourriture. Mais à partir de 1942, le durcissement de l'Occupation rend plus difficile cette aide. Toutefois, à la suite du succès d'un concert à la salle Pleyel en avril, le Hot club remet 10 000 francs au Secours national et 12 000 francs à la caisse de secours des familles des musiciens prisonniers. Il contribue ainsi modestement au maintien d'une vie culturelle dans les camps de prisonniers, aspect souvent négligé par les historiens de la Seconde Guerre mondiale et qui mériterait une étude approfondie.

III. L'autochtonisation du jazz

Naissance d'une religion du jazz

Au moment de la déroute de mai-juin 1940, Panassié est à Montauban, où il s'est retiré depuis déjà quelques années et où il passera toute la guerre. Si Charles Delaunay s'est imposé comme l'homme à tout faire du Hot club de France, Panassié reste le maître à penser des amateurs en raison de l'étendue de ses connaissances. Ses écrits font alors autorité et son voyage aux États-Unis en 1938 a renforcé son prestige. Nous avons vu que celui-ci a marqué une étape fondamentale dans sa réflexion jazzistique. Sa quête d'un jazz pur et originel va probablement être renforcée par le traumatisme de la défaite qui le conforte dans son sentiment que la civilisation occidentale, et française en particulier, est en pleine décadence. Autant que le parcours intellectuel de Panassié, le poids de l'événement et la conjoncture de l'Occupation sont fondamentaux pour comprendre l'évolution de sa conception du jazz. Après la maturation des années trente, c'est en effet entre les années 1940 et 1942 que se fixe définitivement l'essentiel de sa pensée, exprimée dans deux ouvrages qu'il rédige à ce moment : *La Musique de jazz et le Swing* et *La Véritable Musique de jazz*, le second constituant l'aboutissement de sa réflexion. Le premier est publié en France en 1943, le second aux États-Unis en 1942 avant de sortir en France en 1946. Bien que le jazz ne soit guère en phase avec les canons esthétiques en vigueur à Vichy, ces deux livres sont construits selon un cadre intellectuel qui ne jure pas avec celui de la révolution nationale, loin de là. C'est probablement d'ailleurs la raison essentielle pour laquelle le premier ne fut pas interdit lors de sa publication. À première vue pourtant, Panassié ne se fait pas un défenseur ardent des valeurs françaises puisqu'il exalte une musique inventée par les Noirs américains et qui, selon lui, ne peut, sauf exceptions, être assimilée parfaitement par des musiciens blancs. Le jazz n'est en effet guère en odeur de sainteté parmi les thuriféraires de l'idéologie vichyste. À *L'Action française*, tribune quasi officielle de la révolution nationale, on considère que cette musique ne peut rien apporter à un patrimoine musical français qui doit se recentrer sur ses valeurs pour renaître de ses cendres après les trahisons politiques mais aussi culturelles qui ont mené la France à la débâcle[40]. Par ailleurs, on trouve certains passages dans le livre qui détonnent par rapport au discours officiel, comme cette valorisation de la danse :

> Lorsqu'un orchestre a du swing, il vous pousse irrésistiblement à bien danser, il vous rend la musique vivante, satisfait ce besoin de détente et de joie que chacun porte en soi. Il faut la mentalité abominablement corrompue de bien des gens de notre siècle pour trouver que la danse est une mauvaise chose en soi. Ceux qui la condamnent au nom d'une morale étroite ou d'une religion mal comprise feraient mieux de penser au texte de l'Écriture sainte où il est dit que le roi David dansait devant l'Arche, et à l'exemple de sainte Thérèse d'Avila récréant parfois ses religieuses en chantant et dansant avec des castagnettes[41].

Et pourtant, le livre témoigne d'une adhésion à des valeurs qui sont aussi celles de la révolution nationale, dont tout porte à croire que Panassié les partageait. Et d'abord la religion. La référence à l'Écriture sainte que l'on vient de lire n'est pas isolée, car c'est l'ensemble du livre qui porte la marque de la religion, ne serait-ce que par la forme adoptée. Rien de commun en effet entre le ton du « discours sur la méthode [*sic*] de la musique de jazz[42] », selon les propres mots de Georges Hilaire, qu'était *Le Jazz hot* paru en 1934, ouvrage témoignant d'une démarche rigoureuse d'analyse stylistique, et ce livre éducatif : « Pour rendre l'exposé plus vivant, annonce Panassié au début de l'ouvrage, j'ai cru bon de le rédiger sous forme de dialogue entre un profane – dont les connaissances en matière de jazz sont exactement celles de l'homme de la rue – et un "swingfane" qui est censé posséder son sujet bien à fond[43]. » Cette forme questions-réponses est celle des catéchismes catholiques que Panassié a pratiqués dans son enfance et qui ont marqué son approche de l'enseignement :

    — Le profane : Mais qu'entendez-vous par authentique et fausse musique de jazz ? Et quelle est la place du swing dans tout ça ?
    — Le swingfane : Patientez quelques instants pour le swing. Laissez-moi répondre tout d'abord à la première question[44].

Le livre est composé de onze entretiens entre ce qu'il faut bien appeler le maître et l'élève, mise en application par Panassié de la méthode corporatiste qu'il affectionne et dont il a vanté les mérites dans *Le Jazz hot*, méthode où la démonstration prime sur l'explication abstraite :

    — Le swingfane : [...] Nous, Français, lorsque nous écoutons de la musique de chez nous, nous accentuons instinctivement le premier et le troisième temps par un mouvement, soit de la tête, soit du pied, soit de la main. Tenez, voyez par vous-même. (Le swingfane siffle *Valentine* et le profane, tout naturellement, marque les premier et troisième temps.) Eh bien ! Dans la musique de jazz, c'est tout le contraire, ce sont les temps faibles qui sont accentués, le deuxième et le quatrième temps de la mesure. Comme ceci, tenez. (Il siffle le *Saint Louis Blues* en frappant dans ses mains sur les deuxième et quatrième temps.) À votre tour, maintenant. (Il continue à siffler le *Saint Louis Blues*. Le profane tape dans ses mains, mais tombe malgré lui sur le premier et le troisième temps.) Non, ce n'est pas cela. (Le swingfane marque les temps opposés, le profane n'arrive pas à taper en même temps que lui.)
    — Le profane : Je n'y comprends rien[45].

Outre le climat religieux du livre, certains des thèmes développés rejoignent tout à fait, par un chemin détourné, le discours pétainiste. Panassié fait notamment l'éloge de la culture orale qui s'est perdue en Occident à l'époque moderne, mais que les musiciens de jazz remettent à l'honneur en se transmettant de génération en génération cette musique non écrite, « contrairement à nous, hommes du XXe siècle, qui nous reposons sur notre carnet de notes au lieu de retenir mentalement ce que nous avons à faire ». Il ajoute : « Vous en avez encore un exemple aujourd'hui chez les paysans, qui, même lorsqu'ils savent écrire, ne prennent pas note d'un rendez-vous, comme nous le faisons nous autres citadins (ce qui ne nous empêche pas de l'oublier) et s'y retrouvent toujours, même lorsqu'il a été pris des semaines à l'avance[46]. »

L'adéquation de la pensée de Panassié avec le discours officiel est encore plus apparente dans sa vision de l'histoire du jazz telle qu'elle est exprimée dans *La Véritable Musique de jazz*. Elle est en effet articulée autour d'une forme originelle et pure représentée par le style Nouvelle-Orléans, à partir duquel l'évolution du jazz n'est qu'une suite de décadences dues à la contamination de la culture populaire authentique des Noirs américains par le virus moderniste. Tant que « les mêmes hommes qui avaient participé aux premiers pas de cette musique étaient aussi ceux qui dirigeaient son évolution », le jazz « restait solidement attaché à la solidité primitive de La Nouvelle-Orléans[47] » caractérisée, entre autres, par « le jeu [des instruments mélodiques] sur le temps, principalement sur le temps fort ». Cette musique transmise oralement gardait le contact avec la tradition. Mais dès le début, le jazz fut menacé par la corruption, notamment parce que les Blancs se mirent à le copier en le vidant de ses sonorités caractéristiques et de ses effets instrumentaux spécifiquement nègres. Puis, « surtout à partir de 1930, elle commença à perdre de sa pureté, à draguer des éléments étrangers à son essence qui risquaient de lui nuire beaucoup ». Ceux-ci viennent du contact des musiciens de jazz avec le monde blanc, dont l'influence, considérée comme positive au début des années trente, est désormais jugée franchement négative, voire dangereuse : lorsque le jazz connut un grand succès aux États-Unis à partir de la fin des années vingt, « les musiciens blancs, plus au courant que les Noirs des questions artistiques, entamèrent les premières discussions au sujet de la nature du jazz et cherchèrent à trouver en quoi il se rapprochait et différait des autres musiques ». Les musiciens noirs prirent alors « peu à peu conscience de leur importance » : c'est ce que Panassié appelle « la prise de conscience artistique qui fut très nuisible à leur art. [...] Et l'inévitable se produisit : [...] les musiciens s'éloignèrent de cette tradition » en commençant à privilégier les recherches esthétiques et les effets de virtuosité pour rivaliser avec les musiciens blancs et se faire ainsi mieux accepter d'eux. Dans cette perte de pureté du jazz original, Panassié met aussi en avant les causes externes, dues à l'évolution du monde. La première est la crise de 1929, qui, marasme économique oblige, plaça les « musiciens de jazz sincères » devant un dilemme : « ou se commercialiser, ou cesser de manger à sa faim ». L'autre facteur déterminant fut « les progrès de la radio », qui répandit chez les Noirs « la façon de chanter langoureuse et sucrée des chanteurs blancs ». Résultat : « Le goût se corrompit, surtout chez les jeunes qui, n'ayant pas été baignés pendant de nombreuses années dans l'atmosphère des blues et du vrai jazz, furent entamés beaucoup plus facilement. » Il n'est pas indifférent que la radio, l'un des symboles du progrès technique, soit rendue en partie responsable par Panassié des malheurs du jazz, de même que la crise économique de 1929, qui l'avait en outre privé d'une partie de sa fortune ! À travers l'exemple du jazz, c'est le procès d'un monde moderne intrinsèquement mauvais qu'instruit Panassié.

Le jazz : une manifestation du génie français ?

Mais si Panassié reste le penseur dominant du milieu du jazz, son repli en zone libre va laisser le champ libre à Delaunay, qui s'impose rapidement comme un personnage incontournable et va infléchir la manière de présenter le jazz dans une direction tout à fait différente. Inquiet du sort qui lui est réservé dans la propagande nazie, Delaunay va s'efforcer de gérer le succès inattendu de la musique noire américaine « tout en prenant bien soin de se démarquer de toute activité politique qui amènerait à considérer [cette] passion comme subversive[48] ». À cet effet, il prend des « mesures de prudence qui, pour avoir été critiquées par les puristes, allaient [leur] éviter par la suite de graves désagréments : les deux premiers concerts de Gaveau avaient été placés sous le signe du jazz français et j'entendais créer ainsi une fiction, une sorte de mythe destiné à protéger notre maigre patrimoine. Je puis assurer que jamais au cours des auditions de disques ou conférences privées – et même publiques – cette fiction ne prévalut au détriment des meilleurs musiciens américains. Mais elle servit tout au moins à camoufler notre activité véritable[49] ». Le stratagème de Delaunay est de « saisir par les cheveux le leitmotiv de la propagande allemande et de la politique de Vichy, qui se donnaient pour défenseurs des qualités nationales françaises[50] ».

À cet effet, Delaunay organise, semble-t-il dès le mois d'octobre 1940, des conférences à la salle Gaveau au cours desquelles il affirme que, du fait de la longue présence française à La Nouvelle-Orléans, le jazz peut être considéré comme une musique d'origine française. En outre, à l'occasion du premier festival de jazz organisé le 16 décembre, il fait paraître une brochure largement diffusée parmi les journalistes, où toute référence à l'origine du jazz est soigneusement édulcorée. Le jazz est ainsi présenté comme une pierre supplémentaire ajoutée à l'édifice de la musique bâti depuis le XVIIe siècle par Bach, Mozart, Chopin, Wagner, Debussy et Stravinsky. Il est en outre présenté comme le résultat « d'un sang nouveau » retrouvant, « par la sobriété et l'intensité, le souffle des grands maîtres des XVIIe et XVIIIe siècles », aux antipodes de « certaines musiques symphoniques qui, sous prétexte d'éterniser l'inspiration, masquent trop souvent le vide des idées sous des ornements inutiles[51] ». Si la chronique de disques qui accompagne le programme comprend des commentaires sur des enregistrements américains, Delaunay ne fait aucune référence aux États-Unis dans son texte de présentation et met exclusivement en avant les « authentiques artistes français » : « Après avoir vaincu le ridicule préjugé qui consiste à croire à la seule valeur des musiciens étrangers, le Hot club de France révéla au public de véritables talents français », et « ce n'est pas sans orgueil qu'il considère maintenant le célèbre quintette de Django Reinhardt, son enfant, qui fit briller si glorieusement à travers le monde le nom tant envié du Hot club de France ». Le stratagème est efficace puisque la presse reprend parfois mot pour mot, dans ses articles, les formules des fascicules de présentation[52]. Un mois plus tard, Delaunay persiste et signe dans la brochure présentant les premiers concerts du Jazz de Paris : « Pourquoi Jazz de Paris ? Parce que Paris est le centre artistique du monde et parce que le nouvel orchestre représente l'élite musicale française[53]. » Et si lors d'une conférence prononcée au Hot club de France, il signale que le jazz est né aux États-Unis et compte parmi ses représentants les plus éminents des figures telles que Louis Armstrong, Sidney Bechet et d'autres musiciens noirs, il ajoute qu'il est actuellement sur la voie de la décadence à cause de l'exploitation commerciale qu'en ont faite les Américains, tandis que « l'école française » est en pleine ascension. Pour donner corps à cette thèse et ne pas attirer l'attention de la censure, Delaunay conseille aux musiciens de franciser les titres des thèmes dont ils doivent fournir la liste à la Propaganda Staffel avant chaque concert : *In the mood* devient ainsi *Dans l'ambiance*, *Two Left Feet*, *Deux pieds gauches*, *Dinah*, *Dinette*, etc. Sans compter quelques inventions rétrospectives, comme le savoureux *Lady be good*, devenu *Les Bigoudis* par la grâce de l'imagination débordante de Boris Vian ! Les musiciens réalisent au passage une bonne affaire puisque les droits d'auteur de ces « nouveaux » thèmes leur reviennent désormais.

Si les journalistes non avertis en matière de jazz se sont laissé berner par ce stratagème, on peut douter que les services du MBF*

---

* Abréviation de Militärbefehlshaber in Frankreich, organisme chargé de l'administration de la France occupée. Il regroupe, entre autres, les services de

aient été dupes. Mais comme dans d'autres domaines, ils laissèrent faire. Si la relative liberté du jazz en zone occupée s'explique en partie par la stratégie de Delaunay visant à dépolitiser au maximum cette musique, elle est aussi la résultante d'une tolérance des autorités allemandes destinée à donner une bonne image des occupants et à laisser l'impression que la vie continue comme avant, d'autant plus que le jazz ne constitue pas une activité bien dangereuse. En outre, la critique de la ségrégation raciale en Amérique n'était pas pour déplaire aux Allemands : Hugues Panassié en fera l'expérience lorsque le 18 mai 1944, il donnera au ministère de l'Intérieur, à Vichy, une conférence devant un parterre d'officiers allemands. Ayant évoqué la ségrégation raciale, il aura la surprise de se voir proposer de répéter cette conférence qui pourrait servir la propagande nazie, proposition qu'il décline. Quoi qu'on puisse penser du stratagème de Delaunay, force est de constater qu'en décembre 1941, lors de l'entrée en guerre des États-Unis, l'exécution d'œuvres américaines est interdite, mais les concerts de jazz restent autorisés, les « standards » étant interprétés sous couvert de titres bien français. Mais pendant ce temps, les conférences qui ont lieu régulièrement le samedi au Hot club de France portent toujours sur les musiciens américains : en avril 1941, l'une est consacrée à Louis Armstrong, une autre à Duke Ellington. Cette dernière est reproduite dans le *Bulletin du Hot club*, qui, pour faire bonne mesure, accorde quand même la vedette à Léo Chauliac, Guy Paquinet et Michel Warlop, qui donnent le 19 avril un concert à la salle Gaveau. Le violoniste, récemment libéré, a malicieusement appelé son orchestre « Les stalagtites ». À partir du 17 juillet, date de l'ordonnance sur les restrictions de papier, le *Bulletin du Hot club de France*, jusque-là d'une longueur de douze pages, deviendra une circulaire d'une feuille à destination exclusive des amateurs, mais les musiciens américains continueront à y occuper une place jusqu'à la fin de 1941. En septembre, fustigeant l'incompétence des nouveaux amateurs, Delaunay leur conseille de se procurer une anthologie du Hot club de France de trente disques, qu'il a réussi à faire publier par les grandes compagnies françaises et « qui leur permettra de se procurer quelques chefs-d'œuvre inestimables des grands musiciens à qui nous devons toute la musique de jazz, c'est-à-dire Bix, Armstrong, Teschemaker, Hawkins, Ellington, les Chicagoans, etc.[54] ». Mais après l'entrée en guerre des États-Unis,

---

la propagande au niveau national (Propaganda Abteilung) et local (Propaganda Staffeln).

toute chronique de disques américains disparaît et les allusions se font de plus en plus rares. Si en février 1943, le nom d'Harry Cooper peut apparaître en gros caractères dans une annonce de concert, c'est que le trompettiste a été naturalisé français deux ans plus tôt. Toutefois, à l'occasion du référendum annuel de 1943, la Circulaire publie des extraits de lettres d'amateurs dont certaines mettent en avant le rôle des Noirs dans le jazz.

Il reste que la mise en avant de la francité du jazz est l'occasion de propulser sur le devant de la scène des musiciens quasiment inconnus quelques mois avant la guerre (exception faite du quintette du Hot club de France) et qui vont, en raison de l'absence de concurrence américaine, devenir rapidement de grandes vedettes. En ce sens, l'Occupation est une période importante pour l'implantation du jazz en France et l'affirmation d'un groupe de musiciens français. Mais il serait faux de penser que la valorisation du jazz hexagonal répond uniquement à des considérations stratégiques et à la volonté de mettre le jazz à l'abri de la censure : cette interprétation simpliste soutenue par Delaunay dans ses mémoires est largement le fruit de la reconstruction *a posteriori* d'une situation autrement complexe. En effet, la promotion des musiciens français se veut probablement aussi une réponse à la crise d'identité consécutive au traumatisme de la défaite de mai-juin 1940, que Delaunay a certainement ressenti de manière aiguë, comme de nombreux Français de l'époque, et s'inscrit dans une volonté de régénération qui est dans l'air du temps à la suite de cet événement capital de l'histoire française contemporaine. Après la crise du régime républicain, le marasme économique et le déclassement international de la France au cours de l'entre-deux-guerres, couronnés par l'humiliation subie au printemps 1940, beaucoup de Français ont été persuadés qu'un repli sur les valeurs nationales était nécessaire pour assurer le redressement du pays. Ce thème, que l'on retrouve non seulement chez les défenseurs de l'idéologie vichyste mais aussi chez certains résistants, se manifeste de manière évidente dans la défense d'un jazz national qui va pouvoir s'affirmer en l'absence des musiciens américains et contribuer à sa manière au rayonnement des valeurs hexagonales. Bien que Delaunay ne semble jamais avoir adhéré aux valeurs du régime de Vichy, on ne s'étonnera guère de trouver sous sa plume une telle argumentation qui répond non seulement à une volonté tactique, mais s'inscrit aussi dans l'air du temps et exprime des convictions personnelles dont témoignera son action en faveur des musiciens français pendant et après la guerre.

Le jazz et l'Europe allemande

Du côté collaborationniste, le jazz est interprété tout autrement. Mais on se tromperait en pensant que les thuriféraires de l'engagement auprès de l'Allemagne ont systématiquement réclamé l'interdiction de cette musique. Si une partie de leur énergie est dépensée à dénoncer le phénomène zazou, la musique de jazz échappe souvent à leur vindicte. Certes, on trouve parfois, comme dans *La Gerbe* du 25 avril 1942, des appels à l'interdiction de cette musique qui insuffle dans la culture française le « venin de l'américanisme » sous sa pire forme, celle du « jazz nègre ». Mais quelques mois plus tôt, dans le même journal, l'un des journalistes ayant assisté aux concerts du Quintette du Hot club de France à l'ABC écrit qu'il « ne sait pas pourquoi, sous le prétexte de la révolution nationale, le swing devrait être banni de la musique française[55] ». Au même moment, Lucien Rebatet, l'une des têtes d'affiche du collaborationnisme parisien, se refuse à demander sa condamnation et lui trouve même quelques vertus, car « le vrai "blues", dans sa sauvagerie primitive, a ses lettres de noblesse, comme tout ce qui est de race pure[56] », même si les développements ultérieurs du jazz, notamment son mélange avec la musique européenne, ont provoqué sa décadence musicale.

Mais un autre représentant des milieux collaborationnistes va encore plus loin et tente d'annexer le jazz au projet culturel nazi dont l'objectif est l'émergence d'une nouvelle culture européenne sous influence allemande. Il s'agit d'André Cœuroy, qui avait déjà cosigné en 1926 l'ouvrage *Le Jazz* avec André Schaeffner. Agrégé d'allemand, l'homme est un musicologue averti, spécialiste de musique germanique et chroniqueur musical de *Je suis partout*. En 1942, il publie chez Denoël, éditeur partiellement contrôlé par des capitaux allemands, une *Histoire générale du jazz* dans laquelle il montre que si le jazz est en partie noir, il puise la quasi-totalité de ses éléments dans la culture européenne, aussi bien dans l'harmonie que dans le répertoire, venu en droite ligne des chants religieux protestants appris aux esclaves par leurs maîtres. S'il parle de l'origine française du jazz et met en avant le lien entre certains airs de jazz et des quadrilles français, ou encore insiste sur l'étymologie du mot « jazz », qui pourrait venir du verbe jaser, il met avant tout l'accent sur l'influence de la civilisation européenne en général, non seulement sur le « matériel musical du jazz », mais aussi sur la forme même de l'orchestre de jazz, qui n'est pas le résultat d'« un choix délibéré du nègre » mais « a été imposé à celui-ci par l'homme blanc, selon des directives venues d'Europe[57] ». Pour Cœuroy, « le jazz n'est pas un art nègre. Ceux qui détestent l'art nègre peuvent donc ne point détester le jazz. Il est aux Blancs comme aux Noirs : si les Noirs en ont d'abord tiré le meilleur usage, aux Blancs de prendre leur revanche. Elle est déjà commencée[58] ». En effet, depuis les années trente est apparue une « école française » de jazz, illustrée par le Quintette du Hot club de France qui, « en se refusant à copier l'Amérique et le Noir, apportait quelque chose de neuf dans la musique de jazz : l'esprit européen[59] ». Après cette première école française ayant émergé dans les années trente, Cœuroy identifie une deuxième école, qui s'affirme dans le sillage des précurseurs qu'ont été Django Reinhardt et Stéphane Grappelli. Elle comprend notamment Alix Combelle, Aimé Barelli, Christian Bellest et d'autres musiciens qui, à la faveur de l'Occupation, ont pu se faire connaître du grand public. Cette jeune école va plus loin que la première dans l'affirmation d'une européanité du jazz : « On sent dans ce jeune groupe la volonté de créer un style neuf. [...] Le jazz de ces jeunes forces a transformé tous les caractères qui pouvaient passer pour nègres. » Après le style Nouvelle-Orléans, le style Chicago, « c'est maintenant d'un style Paris que l'on peut parler pour le jazz. [...] Si le nègre a mis son accent sur les éléments européens du jazz, qui donc empêchera les Européens de remettre le leur sur ces éléments reconquis[60] ? » Dès lors, le jazz a sa place dans la culture européenne de demain, en contribuant au renouvellement de l'approche artistique, notamment en redonnant une dimension corporelle à la musique, et l'on sait combien le culte du corps et de la virilité sont importants dans l'idéologie fasciste : « Le jazz européen apparaît comme la synthèse de deux attitudes, comme le moyen de donner à la musique européenne ce sentiment du corps qui lui manque et d'enlever à la musique nègre sa physionomie animale[61]. » Cœuroy compare d'ailleurs l'orchestre de jazz à une équipe de football, où chaque soliste apporte en chaque instant sa valeur personnelle sous les ordres d'un capitaine qui est lui-même dans le jeu. Enfin, il vante le caractère sain et moral de cette musique qui peut avoir une influence positive sur la jeunesse : « Par sa seule présence il lui donne une leçon. Il n'en est point qui lui puisse être, à cette heure, plus salutaire. Il est curieux et sain qu'elle soit, cette jeunesse, soutenue par le swing, où les malveillants ne veulent voir que frénésie désordonnée et où l'on peut trouver, simplement, toniquement, l'élan de la vie patiente qui ne désespère jamais[62]. »

Les premiers bourgeons d'une culture jeune

Au-delà de ces discours de spécialistes, il importe de s'interroger sur ce que représente le jazz pour la majeure partie de son public. Le prestige de Panassié chez les amateurs permet-il pour autant de considérer que son discours passéiste imprégné des valeurs de la révolution nationale reflète l'opinion de la majorité d'entre eux ? Il est permis d'en douter sérieusement. Quant au succès du jazz français, il n'est pas tant dû aux qualités intrinsèques d'une école européenne de jazz encore bien incertaine qu'à l'absence des Américains : la traversée du désert que vont vivre les musiciens hexagonaux lorsque les vedettes d'outre-Atlantique reviendront après 1945 est là pour en témoigner. En revanche, il semble que le discours développé par Delaunay soit plus proche de ce qu'a pu ressentir la majorité des amateurs cherchant avant tout, en ces temps difficiles, à se préserver un espace d'évasion, loin des propagandes de tous bords. Le succès du jazz, comme celui d'autres manifestations artistiques de la période, n'est pas tant le signe d'une résistance passive face à l'ordre nouveau – encore qu'une identification avec la minorité noire, ou plus simplement, l'appropriation à travers la musique d'un parfum de liberté venu d'outre-Atlantique, ne soient pas à exclure – que celui d'une volonté de rendre le quotidien plus supportable, et aussi, peut-être, celui d'une fuite hors du politique encouragée par la censure allemande, laquelle pouvait à peu de frais passer pour tolérante en n'interdisant pas cette musique dégénérée mais guère menaçante pour l'ordre nouveau.

Certes, le jazz a pu être épisodiquement un symbole de résistance, comme le montre le mouvement zazou. À l'inverse des amateurs de jazz qui éludent soigneusement toute référence politique et camouflent le plus possible les allusions aux États-Unis, la référence anglo-saxonne est au contraire au cœur du mouvement zazou. Si le terme, venu des États-Unis, se trouve dès 1939 chez Johnny Hess, c'est en 1941 seulement qu'il apparaît dans la presse, avec une connotation péjorative. Il désigne une partie de la jeunesse, notamment parisienne, qui manifeste son opposition à l'idéologie de la révolution nationale en arborant cheveux longs et tenues excentriques, ainsi qu'en affichant son goût pour les références anglo-saxonnes prohibées par Vichy et plus encore par les Allemands[63]. Si pendant l'année 1941, malgré quelques critiques, les zazous jouissent d'une relative tranquillité, les milieux collaborationnistes déclenchent à partir de 1942 une violente campagne de presse contre eux et appellent à la « chasse au zazou ». L'entrée en guerre des États-Unis n'y est pas étrangère. Mais la plupart font la distinction entre les zazous et les « véritables » amateurs de jazz, et s'ils réclament de sévères sanctions à l'égard des jeunes contestataires, le jazz lui-même sera rarement condamné en tant que tel. Bien au contraire, il se trouve de nombreux commentateurs pour complimenter les musiciens français. Ainsi, dans *La Gerbe*, le 29 janvier 1942, l'un d'entre eux déclare :

> Je me refuse à dire que Combelle n'a pas de talent ; je me refuse à dire qu'Aimé Barelli n'est pas un trompette admirable. Et enfin, je me refuse à critiquer la valeur artistique d'un genre nouveau, d'une école. Je n'ai pas le droit. Je le dis tout haut à Combelle, à Warlop, à Reinhardt, à Rostaing... et autres. Votre art est peut-être très beau. En tout cas, vous êtes sincères. Mais votre art crèvera très vite si vous comptez sur ces pauvres types qui se déclarent être swing. Vous méritez certainement mieux que cette foule imbécile[64].

Malgré ce distinguo effectué par une partie de la presse collaborationniste, il se trouve quand même quelques journalistes acharnés à dénoncer la musique noire américaine et à demander son interdiction. C'est pourquoi les frasques des zazous ne sont guère goûtées rue Chaptal, car en utilisant le jazz comme un moyen de défier l'occupant, ils vont à l'encontre de la stratégie de dépolitisation menée par Delaunay qui appelle les amateurs à réagir contre la mode du swing :

> Il nous semble que les attributs que certains lui confèrent deviennent un danger pour l'existence même de la musique que nous défendons depuis bientôt dix ans, et les abus risquent fort d'interdire un jour la musique de jazz tout entière. Les moins coupables ne sont pas les journalistes qui parlent de la mode swing, des chaussures swing [...] et critiquent ou louent la jeunesse judéo-américanisante des Champs-Élysées et lui attribuent réellement une importance qu'elle n'a pas. [...] Puisse notre appel être entendu de tous les fervents amateurs de notre association qui peuvent beaucoup, chacun de leur côté, en empêchant l'emploi abusif du mot swing, et en protégeant par là la musique de jazz[65].

De fait, le jazz peut, à l'occasion, être utilisé par les zazous comme symbole, sans que cela relève d'un projet mûrement réfléchi, car le mouvement zazou n'est pas organisé. Lorsque à partir de 1942, les Juifs ont obligation de porter l'étoile jaune, certains zazous arborent ostensiblement une étoile jaune portant les mots « swing » ou « zazou[66] », ainsi les membres de ce groupe ayant manifesté en silence boulevard Saint-Germain en 1943, arborant des étoiles découpées dans du carton, avant d'être arrêtés par la Gestapo[67]. Mais chez les zazous, le jazz n'est qu'un élément parmi d'autres d'une attitude contestataire. On notera par ailleurs que les amateurs de jazz peuvent eux aussi, à l'occasion, se servir de leur musique pour exprimer leur désaccord avec l'ordre établi, de manière moins risquée mais tout aussi claire, ainsi que le fait l'orchestre de Claude Abadie lors du tournoi amateur de 1943.

Mais le risque qu'ils font courir au jazz n'est pas la seule raison de la mauvaise réputation des zazous chez certains amateurs, qui fustigent en outre cette « clique populaire[68] » qui manifeste intempestivement pendant les concerts et conduit les musiciens à faire de la surenchère exhibitionniste au détriment du résultat esthétique. En outre, pour mieux se distinguer de la « zazoucratie », il est recommandé aux musiciens amateurs qui se présentent aux tournois d'adopter une tenue vestimentaire correcte. Mais si les concerts de jazz attirent certains zazous, il ne semble pas que beaucoup d'entre eux aient été amateurs férus. Pour eux, le jazz a d'abord été, plus qu'une passion musicale, une manière de marquer leur différence et leur opposition aux valeurs établies par l'occupant et le régime de Vichy. La « clique populaire » – expression qui, soit dit en passant, ne semble guère correspondre à la sociologie du mouvement zazou, localisé dans les milieux aisés – dénoncée par les amateurs correspond surtout à la nouvelle frange du public ayant découvert le jazz à la faveur de l'Occupation, une frange insuffisamment éduquée aux yeux des amateurs un brin méprisants vis-à-vis de cette « foule faubourienne ». Le public du jazz, qui a beaucoup augmenté pendant la guerre, amorce manifestement un processus de diversification sociale, mais si amateurs, zazous et faubouriens appartiennent à des univers sociaux différents, ils ont un dénominateur commun : celui d'appartenir à la même génération, la moyenne d'âge du public se situant entre quinze et vingt ans. Là semble bien résider la signification majeure du jazz pendant la guerre : sa capacité à réunir autour de lui un public dont la principale cohérence semble non pas sociale mais générationnelle. Il n'est pas interdit de penser qu'autour du jazz et à la faveur de la conjoncture exceptionnelle propre à des reclassements culturels importants, grandissent les premiers bourgeons d'une identité collective propre à la jeunesse ; les impertinences courageuses du mouvement zazou n'en sont que la face la plus visible, mais cette identité va progressivement s'affirmer dans les années d'après-guerre avant d'éclater au grand jour dans les années soixante.

Au total, outre le succès du jazz, la nouveauté de la période de l'Occupation par rapport à l'avant-guerre est bien cette multiplicité des appropriations dont le jazz a fait l'objet pendant ces quatre années. Qu'il ait pu être interprété par des hommes venus d'horizons aussi opposés montre que son enracinement franchit un pas décisif à la faveur du contexte exceptionnel de l'Occupation pendant lequel la France connaît un isolement culturel quasi total. Pas encore une acculturation, qui ne s'épanouira que dans la décennie suivante, mais à coup sûr une autochtonisation, au sens où le jazz a été intimement associé à un épisode crucial de l'histoire de la France contemporaine, quatre années qui ont accéléré son implantation en permettant, du fait de l'absence des jazzmen américains, l'affirmation d'un noyau de musiciens français.

IV

Croissance et crise des Hot clubs

Si le succès du jazz pendant l'Occupation a été indéniable, il est malgré tout resté modeste si l'on considère que ce terme recoupait des musiques dont le rapport était parfois lointain avec l'art négro-américain né à La Nouvelle-Orléans. C'est en fait à la Libération que le succès du jazz en France va s'épanouir. Favorisé par un mouvement d'américanophilie plus fort encore qu'en 1917, il doit aussi beaucoup à l'arrivée à maturité des structures créées dans la décennie précédente par le mouvement puriste, et d'abord le réseau des Hot clubs, qui connaît dans les années d'après-guerre une phase d'essor brève mais décisive. Peu nombreux mais répartis sur l'ensemble du territoire, ils vont contribuer à former amateurs et musiciens, et à créer en province autant de foyers à partir desquels le jazz pourra se diffuser pendant la décennie suivante.

I. Le bref âge d'or des Hot clubs

Les Américains débarquent

Avant les vedettes du jazz, qui ne reprendront qu'à partir de 1946 leurs visites au public français, c'est l'armée américaine qui va apporter les premières bouffées de jazz dans l'Hexagone et l'associer à l'euphorie de la Libération. Sitôt les premiers GI's débarqués en juin 1944, les amateurs qui se sont construit pendant l'Occupation une image idéale de l'Amérique, se précipitent au-devant d'eux pour obtenir, qui un renseignement sur les derniers changements de personnel de l'orchestre de Duke Ellington, qui un V-Disc*, qui un conseil technique pour jouer tel thème connu. De nombreux adolescents entrent ainsi en contact avec le jazz au hasard des contacts noués avec les soldats américains, parmi lesquels se trouvent de nombreux musiciens chargés de divertir la troupe en animant des bals. Et lorsqu'une unité ne possède pas d'orchestre, le Special Service chargé de l'organisation des loisirs des soldats recrute parfois dans les villes libérées des formations constituées de musiciens français qui ne se font pas prier pour venir animer les fêtes se déroulant çà et là : l'orchestre de Claude Abadie joue ainsi plusieurs fois par semaine dans une école désaffectée de l'avenue Rapp à Paris, où est stationnée une unité de l'armée américaine. Outre la musique, les quelques privilégiés dont Charles Delaunay fait partie y découvrent des joies inconnues depuis quatre ans : « Après cinq années de privations, se souvient-il, alors que les restrictions allaient durer encore plusieurs mois, nous faisions bombance ! Les GI's partageaient avec nous des repas qui nous semblaient dignes de la Tour d'argent ! Nous assistions également à la projection de nouveaux films américains en fumant des cigarettes blondes et en nous gavant d'énormes glaces coiffées de crème chantilly[1]. »

Les bases américaines, véritables îlots de paradis, permettent donc non seulement à des amateurs de renouer avec l'actualité du jazz dont ils ont été coupés pendant quatre ans, mais aussi aux musiciens de se produire en public et de gagner de l'argent. Le Special Service ne se borne d'ailleurs pas à recruter des musiciens pour des concerts épisodiques puisqu'il organise de véritables tournées dans les bases de France et d'Allemagne. Roger Paraboschi, jeune batteur débutant dans le circuit professionnel, visite ainsi pendant six mois en 1945 les bases américaines de Châteauroux, Fontainebleau, du sud de la France et de Belgique. Une expérience dont tire profit celui qui, trois ans plus tard, officiera derrière Charlie Parker lorsqu'il se produira à Paris pendant le festival de mai 1949. À Cambrai, c'est l'orchestre du Hot club local dirigé par le jeune tromboniste Benny Vasseur qui anime les soirées du casino de la ville réquisitionné par les Américains. Très prisées par les jeunes débutants dans le métier, les soirées des bases américaines fourniront du travail aux musiciens français jusqu'au départ des dernières troupes américaines stationnées en France en 1966.

---

* Enregistrements réalisés par des orchestres de jazz pour les troupes du front. Ils ne sont pas destinés à être commercialisés.

Expérience parfois enrichissante à tous les points de vue, le contact avec les Américains est cependant décevant pour beaucoup d'amateurs, sauf lorsqu'ils ont l'occasion de rencontrer des musiciens ; car la plupart des GI's n'entendent rien au jazz et n'en connaissent aucune des figures peuplant l'imaginaire des jeunes amateurs français, qui prennent conscience à cette occasion de la marginalité dans laquelle est confiné le jazz dans son pays d'origine, mais aussi, certainement, de la ségrégation raciale et de la brutalité des rapports entre Noirs et Blancs. Gageons que le choc ressenti par le jeune héros du *Nouveau monde*, film dans lequel Alain Corneau évoque ce problème en 1995, le fut aussi par nombre d'amateurs voyant ainsi s'écorner sous leurs yeux une partie du mythe américain. Il existe pourtant un noyau d'amateurs de jazz américains qui vont trouver au Hot club de France des interlocuteurs de choix. Dès la libération de Paris, le local de la rue Chaptal est envahi par les GI's connaisseurs qui viennent s'y informer, écouter des disques et se renseigner sur les lieux parisiens où l'on peut écouter du bon jazz. Nombre d'entre eux sont curieux de connaître Django Reinhardt, un des seuls musiciens européens dont la réputation ait franchi l'Atlantique et dont le style ait influencé des guitaristes américains. Le Special Service l'engage en septembre 1944 pour se produire en compagnie de Fred Astaire à l'Olympia, qui sert alors de théâtre pour les soldats américains ; puis il parcourt pendant six mois les bases américaines du sud de la France, notamment dans la région de Marseille. Le port méridional, qui voit passer au cours de l'année 1944-1945 des dizaines de milliers de soldats devient, selon l'expression d'Hugues Panassié, « la nouvelle capitale du jazz[2] ».

Django Reinhardt rencontre dans la cité phocéenne l'orchestre de l'Air Transport Command, arrivé dans les soutes des avions américains et chargé d'entretenir le moral des troupes. Entre les deux orchestres, le fluide musical passe bien, non seulement du fait de la popularité de Reinhardt, mais aussi parce que le *band* américain compte parmi ses membres un ancien arrangeur de l'orchestre de Jimmy Lunceford, formation historique de l'ère swing dont les puristes français avaient chanté les louanges dès les années trente. Sa présence n'a pas échappé à l'équipe de *Jazz hot*, qui considère cet orchestre de « musiciens jeunes et pleins d'enthousiasme [négligeant] la tendance de l'orchestre semi-symphonique pour un style plus nègre[3] », comme bien meilleur que celui – beaucoup plus connu – de Glenn Miller. Ce dernier, sans son chef tué lors d'un accident d'avion au-dessus de la Manche, avait séjourné à Paris de décembre 1944 à octobre 1945 et s'était produit dans de nombreux galas de bienfaisance ainsi que dans les bases militaires. Il avait joué une fois pour le grand public à l'Opéra, mais les amateurs n'avaient guère apprécié cette formation qui « se complai[sait] facilement dans les romances sentimentales à la mode[4] ». L'ATC Band se voit ainsi décerner en décembre 1945 par *Jazz hot* le titre de « meilleur orchestre de jazz que nous ayons eu à Paris depuis Duke Ellington ». Deux mois plus tôt, Django Reinhardt, de retour à Paris, a joué à la base d'Orly avec l'orchestre, puis, le 26 du même mois, a été l'invité d'honneur d'une émission de radio destinée aux troupes américaines. Plusieurs disques ont été réalisés à cette occasion, de même que lors d'un concert qui a réuni les deux orchestres à la salle Pleyel le 16 décembre[5]. Au cours des années suivantes, le guitariste gitan et son orchestre seront encore sollicités par le Special Service, notamment en 1947, pour effectuer une tournée dans les bases françaises et allemandes.

Une fédération centralisée

Le mouvement Hot club va largement profiter de la vogue du jazz qui accompagne le débarquement des troupes américaines. Dans ce contexte favorable, la politique de soutien du Hot club de France à la création de sections locales, mise en place pendant l'Occupation, va se traduire par des résultats indéniables. Encouragés par une impulsion venue du sommet, les Hot clubs connaissent en effet un rapide essor : 29 au milieu de l'année 1944, 37 en janvier 1945, 41 en décembre, 70 en décembre 1946, et 77 en septembre 1947*, date à laquelle le mouvement atteint son apogée. L'association parisienne est devenue une fédération qui possède des ramifications, modestes mais réelles, sur tout le territoire. Les rapports d'activité publiés chaque mois dans la revue *Jazz hot* témoignent du dynamisme du mouvement, même si celui-ci reste inégal, certains clubs ne donnant aucun signe d'activité réelle après leur formation. Il est vrai que certaines villes comptent leurs amateurs sur les doigts de la main et peuvent difficilement organiser conférences, concerts ou orchestres. On notera que si le phénomène Hot club est essentiellement urbain, il concerne aussi bien de grosses agglomérations (Paris, Lyon, Marseille) que des villes moyennes (Angers, Nantes, Dijon, Toulon) ou petites (Bagnères-de-Bigorre, Martigues, Bourg-en-Bresse), mais

---

* Voir la carte en annexe VII-1, p. 472.

reste absent des régions rurales*. Il faut signaler enfin une incursion du mouvement dans les colonies, des Hot clubs ayant été créés à Alger, Casablanca et Tunis en octobre 1945, avril et juillet 1946. Le premier, particulièrement actif, organise des concerts et assure des émissions de radio sur le poste local.

Au lendemain de la guerre, le rôle de la direction parisienne est plus important que jamais car les clubs régionaux sont démunis : la revue *Jazz hot* n'est diffusée qu'à Paris et dans de rares villes de province, de même que les disques de jazz publiés en France. Les destructions dues aux opérations militaires ne facilitent pas la circulation de l'information et des musiciens. Ceux-ci sont rares dans les petites villes et, d'une bourgade à l'autre, ne se connaissent pas. La section parisienne, qui centralise toutes les informations sur le jazz, joue donc un rôle capital d'intermédiaire en les redistribuant aux Hot clubs provinciaux. La multiplication des sections entraîne cependant une croissance telle de la masse d'informations à traiter qu'en décembre 1945 est décidée la création d'un « service spécial des Hot clubs de province [...] chargé de s'occuper activement des rapports entre sections de province et section de Paris[6] ». Mais une telle structure est vite dépassée par la croissance des clubs. Paris ne pouvant plus répondre à toutes les demandes, il faut déléguer les responsabilités : c'est dans cette perspective que l'assemblée générale du Hot club de France réunie en octobre 1946 décide de créer, sur la proposition de Jacques Morgantini, président du Hot club de Pau, des « délégués régionaux chargés de centraliser les demandes de renseignements concernant la musique de jazz et les clubs affiliés à la Fédération française des Hot clubs, d'aider les clubs débutants ou en veilleuse, de favoriser et de superviser la naissance de nouvelles sections[7] », en prenant contact par écrit avec les amateurs désireux de lancer une nouvelle section et en s'assurant de leur compétence jazzistique : n'entre pas qui veut au royaume des amateurs de jazz. Par ailleurs, il est conseillé au délégué d'aider au démarrage du club en y faisant une conférence de manière à attirer du monde.

Mais le rôle du délégué régional ne se limite pas à donner l'impulsion aux clubs en formation : il doit aussi les « contrôler [...] en vue de [leur] bonne marche. C'est par une influence et des conseils répétés que le délégué pourra obtenir des résultats positifs et non par une action passagère et sans lendemain[8] ». Chaque club local

---

* Voir la carte en annexe VII-2, p. 473.

étant censé établir un fichier mentionnant les nom et adresse de ses dirigeants, la date de fondation, le nombre de membres et un compte rendu d'activité, le délégué pourra posséder sur chaque club de sa région tous les renseignements nécessaires pouvant lui être utiles en vue de son action. En outre, le délégué devra établir « en collaboration avec les dirigeants de chaque club [...] un programme annuel qui devra être suivi le plus possible », afin que « l'éducation par le disque des membres des divers clubs se déroule d'une manière rationnelle et progressive ». Il est en outre prévu que les clubs envoient chaque mois un compte rendu de leurs activités au délégué régional, qui devra réunir une fois par an les dirigeants des clubs de sa région. Enfin, les délégués régionaux sont à leur tour chapeautés par un délégué principal chargé d'harmoniser des politiques régionales et de veiller à l'« unité d'action » au niveau national. Ce poste est dévolu à Jacques Morgantini, qui a montré ses talents d'animateur à la tête du Hot club de Pau qu'il a fondé en 1944.

Cette organisation sophistiquée ne doit pas faire illusion, car les Hot clubs, malgré leur essor rapide, sont peu nombreux et de taille réduite : leurs effectifs varient d'un (c'est le cas du Hot club d'Eu, en Normandie, dont Michel Gaudry, futur contrebassiste réputé, est le fondateur, président et unique membre !) à cinq cents membres, comme à Marseille en 1945. Les effectifs de la section parisienne sont inconnus, mais ont très certainement dépassé ce chiffre aux heures les plus glorieuses du mouvement. Au demeurant, les clubs « centenaires » ne sont pas rarissimes : celui de Lyon fête son 260e membre en mai 1947, deux ans après sa création[9], et celui de Béziers compterait 428 adhérents en 1949. L'effectif moyen des Hot clubs reste cependant bien en deçà de ces chiffres puisque la fourchette la plus courante se situe entre 20 et 50 membres, comme à Martigues, Pau, Salon, Belfort, Le Mans ou Mâcon, ce qui permet d'évaluer le total des adhérents entre 2 200 et 5 000 sur l'ensemble du territoire à l'apogée du mouvement.

La formation des amateurs

À peu de chose près, tous les Hot clubs sont organisés selon un même modèle. Leurs statuts et leurs activités sont calqués sur ceux de la section parisienne, et nombre d'entre eux adoptent la coutume inaugurée par celle-ci lors de sa création en 1932 : offrir la présidence d'honneur du club à un musicien. Paris avait choisi Louis

Armstrong, Lille intronisera Willie « the lion » Smith, tandis que Lyon choisira un des pionniers du jazz en France, Ray Ventura, avant de jeter son dévolu sur Duke Ellington. Quant au club de Perpignan, c'est deux présidents d'honneur français qui figurent sur la carte des adhérents : Jack Diéval et Léo Chauliac, le premier étant un des premiers musiciens hexagonaux à s'intéresser au be-bop, nouveau style de jazz dont les premiers enregistrements se sont fait entendre de ce côté-ci de l'Atlantique en 1946, tandis que le second s'est illustré pendant l'Occupation dans un répertoire plus traditionnel en accompagnant Django Reinhardt. Classicisme et modernité jazzistique : comme on peut le voir, le choix des porte-flambeaux des clubs est rarement dénué de signification.

L'essor du mouvement à partir de 1944 va permettre de concrétiser la mission pédagogique assignée aux Hot clubs dès les années trente. De ce point de vue, la conférence-audition inventée par Hugues Panassié est plus que jamais le temps fort de la vie de l'association, le moment où se transmet le savoir et où se forme l'oreille des jeunes amateurs. Les dirigeants des clubs locaux l'ont bien compris, qui suivent les conseils de la direction parisienne et attirent l'attention des membres sur ces causeries : « L'empressement que vous montrerez à venir entendre l'orchestre est flatteur pour les musiciens, mais le commentaire des bons disques est au moins aussi profitable pour l'éducation de votre sens musical[10] », conseille aux amateurs la direction du Hot club d'Angers en 1946. Selon le dynamisme des dirigeants, la périodicité des conférences peut être bimestrielle, mensuelle ou hebdomadaire. Le thème peut en être très précis si les amateurs sont déjà connaisseurs, comme à Pau où Jacques Morgantini prononce depuis 1944 des conférences organisées en un véritable cycle : au premier trimestre 1946, plusieurs séances sont consacrées à des grands solistes, suivies d'une causerie sur les grands chanteurs elle-même précédant un cycle consacré aux grands orchestres tels que ceux de Chick Webb, Jimmy Lunceford ou encore Count Basie. En décembre 1946, le Hot club de Pau fête sa vingt-deuxième audition de disques, laquelle comprend trente enregistrements[11] ! Tous les Hot clubs ne parviennent certes pas à ce niveau : les collectionneurs érudits de la pointure de Morgantini étant rares à ce moment, les auditions ne sont pas toujours accompagnées de causeries, en l'absence d'un amateur assez savant pour instruire ses camarades... Mais dans l'ensemble, le dynamisme des animateurs de Hot clubs va permettre la naissance dans de nombreuses villes de France d'un noyau solide d'amateurs.

La conférence-audition ne se limite cependant pas à un cours *ex cathedra* car la séance peut se muer en débat au cours duquel les participants discutent les mérites comparés des musiciens. Les conférences, les auditions et les débats passionnés qui s'ensuivent constituent ainsi une forme d'exégèse originale qui contribue de façon décisive à l'écriture d'une histoire du jazz : celle-ci se matérialise dans la revue *Jazz hot*, mais aussi dans les livres que certains de ces amateurs devenus journalistes publieront à partir des années cinquante à l'usage du grand public, prenant le relais des ouvrages pionniers d'Hugues Panassié. Tel est le cas d'un Lucien Malson, qui découvre le jazz lors d'une conférence prononcée par Charles Delaunay au Hot club de Bordeaux en 1941. Six ans s'écoulent, ponctués de nombreuses conférences-débats et Malson devient un collaborateur régulier de *Jazz hot*. En 1951, il publie aux Presses universitaires de France un petit livre intitulé *Les Maîtres du jazz*. En 1960, ce sera une *Histoire du jazz moderne* qui s'ajoute à une abondante production journalistique dans la presse générale et les revues spécialisées. Les Hot clubs sont donc non seulement des écoles où se forment les cadres du milieu du jazz qui vont, à partir de la fin des années quarante, investir la presse, l'industrie du disque, la radio et la télévision, et y œuvrer en faveur de la diffusion du jazz en France (nous y reviendrons), mais ils sont aussi le lieu de constitution d'une érudition jazzistique qui n'a rien à envier à celle des mélomanes classiques les plus chevronnés.

Dans cette entreprise pédagogique, le rôle de la direction parisienne est fondamental, ne serait-ce que parce qu'elle envoie à tous les nouveaux clubs une collection complète de la revue *Jazz hot* afin de lui constituer un fonds documentaire et « doctrinal ». En novembre 1945, alors que le contingentement de papier s'assouplit, la revue qui avait été remplacée pendant les années noires par la maigre *Circulaire du Hot club de France*, obtient l'autorisation de reparaître. À son image se créent dans certains Hot clubs de province des bulletins périodiques[12] qui reprennent le discours puriste auquel elle nous a habitués depuis les années trente, ainsi dans l'éditorial du premier numéro de l'organe du Hot club lyonnais, qui annonce en février 1946 que « le Hot club se propose comme programme la défense et la diffusion de la véritable musique de jazz ». Même programme chez les amateurs d'Angers, qui ouvrent leur premier bulletin ronéotypé en raillant le conformisme de leur « bonne ville » et en proclamant leur volonté d'« essayer de faire comprendre aux Angevins que le jazz authentique est autre chose qu'une musique hystérique pour nègres avinés[13] ». Les bulletins locaux sont autant de petits *Jazz hot*, où l'on retrouve les mêmes rubriques que dans la revue mère : « nouvelles d'Amérique », articles sur les grandes vedettes du jazz vivantes ou disparues, encarts sur les « silhouettes du Hot club » – jeunes musiciens prometteurs –, mais aussi et surtout des chroniques de disques qui occupent une place de choix.

Dans ce dernier domaine plus qu'ailleurs, l'influence de la revue parisienne est aisément perceptible : nous avons vu comment Panassié commentait avec un enthousiasme parsemé de superlatifs les enregistrements des artistes noirs, véritables génies des temps modernes. Nourris à cette unique source d'information, les animateurs des Hot clubs reproduisent la critique exaltée de Panassié, et dans le *Bulletin du Hot club d'Angers*, l'un d'entre eux s'enthousiasme de manière identique tout en apostrophant le lecteur :

> Ce qu'il convient d'admirer dans cette face, écrit-il, c'est d'une part le swing intense et solide de la section rythmique, composée de Teddy Bunn (guitare), "Pops" Foster (basse), et Hanzie Johnson (drums), d'autre part la partie de trompette de Tommy Ladnier. Quelle force, quelle jeunesse, quel swing concentré. Notez spécialement l'attaque du troisième chorus, après le soli [*sic*] de clarinette : Ladnier lance la section rythmique qui "rocks" d'une façon enthousiasmante[14].

Mais l'influence du modèle Panassié se sent aussi dans le style oratoire des conférenciers régionaux, qui appliquent la méthode consistant à mimer les différents instruments au cours des auditions, comme Jacques Morgantini, le dynamique président du Hot club de Pau. Parmi ses ouailles, Michel Audibert deviendra président du Hot club de Bayonne dans les années cinquante et appliquera encore la même pédagogie, en testant d'une manière originale les connaissances jazzistiques des candidats à l'adhésion au club :

> Pour se sentir « in the mood for swing », se souvient-il, bref, pour passer l'examen d'entrée dans le Hot club de Bayonne, les impétrants devaient apprendre, et savoir restituer en le chantant, l'arrangement de clarinettes de *Down south camp meeting*, celui du disque de Fletcher Henderson, pendant que les anciens mimaient les cuivres. Tantôt se levant, tantôt s'asseyant, l'ensemble du groupe essayait d'imiter la gestuelle des diverses sections : trompettes wa-wa, glissandos des trombones[15].

L'orchestre du club

Mais l'action des Hot clubs ne se limite pas à l'éducation jazzistique des amateurs. Alors qu'aucune structure n'existera en France pour former des musiciens de jazz avant les années soixante-dix, ils jouent aussi le rôle de conservatoire du jazz en se dotant presque tous d'un orchestre ; les musiciens amateurs de Paris et de province trouvent ainsi un lieu d'accueil pour répéter, mais aussi un public pour les encourager, voire un animateur pour leur prodiguer des conseils. Il arrive même qu'un des patrons du Hot club de France fasse bénéficier les apprentis musiciens de ses lumières, comme le fait Hugues Panassié qui, de passage à Nîmes en janvier 1946, vient « écouter l'ensemble du club qui a exécuté quelques morceaux pour obtenir des conseils du célèbre critique[16] ». Le Hot club constitue ainsi le lieu naturel des premières prestations publiques de l'orchestre. Si certains musiciens effectuent leur formation technique dans un conservatoire, nombreux sont aussi les autodidactes pour qui le Hot club est le seul lieu d'apprentissage, les jam-sessions* permettant aux musiciens de se confronter à leurs pairs ainsi qu'au public des amateurs dont l'oreille s'affine de conférence en conférence. Un bon orchestre est le garant du dynamisme du club, car il permet d'organiser des jam-sessions régulières ainsi que des soirées dansantes. Beaucoup plus que les causeries-auditions, réservées aux amateurs férus, c'est l'orchestre qui contribue à faire venir du monde.

Au Hot club d'Angers, l'un des plus dynamiques, l'accent est ainsi mis dès les premières semaines de l'existence du club sur l'orchestre, qui effectue ses premières prestations publiques en avril 1946. Le mois suivant, il joue pour la première fois en dehors du cadre du Hot club, au bal de l'Entraide française à Cholet et au bal des étudiants à Angers, tout en ne négligeant pas les jam-sessions qui se tiennent au siège du club avec la participation d'autres musiciens d'Angers. Dès le milieu de l'année 1946, le Hot club atteint

---

* Jam-session : réunion de musiciens qui improvisent à tour de rôle sur des standards du jazz pendant un temps indéfini. Née avec le jazz, elle met en compétition les musiciens, invités à donner le meilleur d'eux-mêmes afin d'obtenir les suffrages du public qui désigne les gagnants « à l'applaudimètre ». C'est aussi un moment où les musiciens approfondissent leur métier et expérimentent de nouvelles combinaisons musicales.

son rythme de croisière, avec deux jam-sessions par mois le dimanche après-midi. La centième sera fêtée le 4 juillet 1950. L'orchestre anime en outre de nombreux bals d'étudiants ainsi que des surprises-parties privées et surtout, donne des concerts dans des villes voisines. Les relations avec les Hot clubs de la région constituent en effet une part importante des activités des Hot club locaux. Celui d'Angers entretient notamment des rapports privilégiés avec son dynamique cousin rennais, les formations des deux clubs se rendant fréquemment visite. Mais l'orchestre angevin donne aussi des concerts dans des villes telles que Blois, Tours, Thouars, Montargis, Surgères, Cholet et Le Mans. À l'occasion, la venue de vedettes françaises voire américaines lui permet de se mesurer à des musiciens d'envergure : c'est ainsi qu'en 1949, les musiciens ont l'occasion de « jammer » avec le pianiste Bernard Peiffer, le trio Alphonse Masselier/Jean-Claude Fohrenbach/Benny Vasseur, le pianiste André Persiani, et surtout avec le grand trompettiste américain Buck Clayton de passage à Blois. On notera enfin qu'entre 1954 et 1956, l'orchestre du club est sous contrat avec l'armée américaine et joue deux fois par semaine à la base de Saint-Nazaire. Si tous les clubs de province ne manifestent pas le même dynamisme que celui d'Angers, ils sont dans l'ensemble assez actifs pour permettre une véritable pénétration du jazz sur l'ensemble du territoire.

Les tournois amateurs

Rien ne montre mieux l'enracinement de la nouvelle musique que le développement spectaculaire de la pratique musicale, qui s'appuie dans un premier temps sur le réseau des Hot clubs avant de conquérir son autonomie et de devenir, jusqu'à nos jours, une pratique culturelle majeure de la jeunesse. Après une interruption en 1944 en raison de la situation matérielle du pays, le tournoi des musiciens amateurs, qui a connu de belles heures pendant l'Occupation, fait sa réapparition en 1945. Il est encadré plus solidement par une fédération désormais mieux structurée qui fait le nécessaire pour créer l'émulation entre les clubs, dont les orchestres sont encouragés à répéter sérieusement, notamment les parisiens qui se sont signalés lors des éditions précédentes par un manque de préparation flagrante par rapport à leurs condisciples de province plus motivés et mieux organisés : c'est le cas du Hot club de Lyon, qui constitue un fichier de tous les musiciens de la région afin de les mettre en relation et de former des orchestres de bonne qualité. La veille du tournoi, les orchestres sont réunis au siège du Hot club à Paris pour une ultime répétition et Charles Delaunay, président de la fédération, donne les derniers conseils aux musiciens.

En 1948, année décisive pour l'implantation du jazz en France, le mouvement amateur franchit un palier, avec cent orchestres participant au tournoi! Nouvelle étape franchie l'année suivante lorsque le tournoi, devenu international, est organisé en collaboration avec la Radiodiffusion française, notamment à l'instigation de Jean Tardieu, directeur du Club d'essai. Les épreuves éliminatoires, qui ont lieu dans les studios de la RTF, sont retransmises dans le cadre de l'émission animée par Frank Ténot et André Francis, «Jeunesse du jazz», sur Paris-Inter. Avec 95 orchestres, les patronages de Cinémonde, des journaux *Combat* et *Radio 49*, du Club d'essai, du Hot club de Belgique et de la Radiodiffusion belge, le tournoi devient une manifestation de grande ampleur. L'événement est désormais doté de 200 000 francs de prix offerts par divers établissements impliqués dans le jazz : les maisons de disques Blue Star, Pacific, Swing et Vogue, les magasins d'instruments parisiens Baron, Couesnon et Selmer mais aussi des disquaires de la capitale comme Discobole ou La Maison du jazz. Avec eux, les sponsors font une timide entrée dans le monde du jazz. Enfin, dernière nouveauté, le tournoi se déroule à Paris et dans sept centres de province, en raison du nombre d'orchestres régionaux engagés. La qualité musicale est aussi en progrès et lors de la finale du tournoi, les orchestres s'affronteront pendant quatre heures.

En 1950, le tournoi se déroule dans le cadre du Ier Salon du jazz qui est l'occasion pour le mouvement de franchir un nouveau cap en permettant aux orchestres de dépasser le cadre des amateurs férus et de se faire entendre d'un plus large public, d'autant plus que la RTF retransmet en direct les épreuves. Le jury est présidé par le trompettiste américain Roy Eldridge, jazzman de notoriété internationale invité dans le cadre du salon. En 1951, le système est encore perfectionné puisque les auditions des orchestres sont enregistrées à Paris et en province dans les stations locales de la RTF puis diffusées au cours de l'émission «Jazz session» d'André Francis sur Paris-Inter, donnant ainsi aux orchestres provinciaux l'occasion de s'entendre et d'entendre leurs concurrents. Les éliminatoires ont donc lieu, outre Paris, à Rennes, Lyon, Marseille, Lille et Toulouse. Du fait de cette logistique importante, l'organisation du tournoi devient plus complexe encore : désormais, il s'étale sur quatre mois, de novembre à février. En 1953, on compte encore une centaine d'orchestres auditionnés, et sur les dix-huit orchestres participant à la finale, dix viennent de province, de villes aussi diverses que Carcassonne, Nice, Marseille, Lyon, Lille, Lens (ce dernier, composé presque uniquement de mineurs ou de fils de mineurs, est sacré meilleur orchestre Nouvelle-Orléans) ou Rennes, et enlèvent la majorité des récompenses.

Au lieu d'être entraîné par le déclin des Hot clubs, le mouvement des musiciens amateurs continue son essor et prend son autonomie par rapport à une structure de sociabilité en chute libre à partir de 1952. En 1954, le tournoi se déroule dans le cadre du IIIe Salon du jazz, qui draine plus de 90 000 spectateurs : la finale du tournoi est ainsi pour la troisième fois associée à une manifestation de grande ampleur. Mais à partir de 1955, le tournoi n'est plus retransmis à la radio : cette année, la finale se déroule lors du « Point gamma », la grande fête annuelle de l'École polytechnique. À partir de l'année suivante, c'est dans le cadre du Salon de l'enfance et de la jeunesse que le tournoi se déroulera, quittant ainsi les grandes manifestations jazzistiques spécialisées, mais prenant place dans des événements qui lui assurent une plus large diffusion auprès d'un public différent. Au début des années soixante, l'implantation du mouvement amateur en province franchit encore un palier avec l'apparition de tournois régionaux, tels celui de Coulombs, qui réunit près de deux mille spectateurs en septembre 1961, ou celui de Lille en 1963, organisé par une association d'étudiants. Ces tournois vont se multiplier dans les années soixante-dix et quatre-vingt, alors que la pratique musicale amateur, stimulée par l'apparition en France des musiques dérivées du jazz, va prendre une ampleur inconnue jusque-là.

Un lieu de formation professionnelle

Les tournois ont été incontestablement un lieu de confrontation et d'émulation à une époque où les occasions de rencontres entre musiciens amateurs étaient rares, mais ils ont aussi servi de tremplin vers le professionnalisme pour nombre d'entre eux en leur permettant de se faire connaître du milieu des musiciens. Les vainqueurs des tournois se voient en effet récompensés par des prix en argent mais aussi par des engagements de concerts, ainsi pour l'orchestre de Claude Luter, qui remporte la coupe du Hot club de Paris au tournoi de 1947 et part en tournée en Tchécoslovaquie à la suite de l'invitation envoyée par la fédération tchécoslovaque au vainqueur du tournoi. Pour Luter et ses amis, c'est le début d'une carrière musicale qui connaîtra un succès continu jusqu'aux années soixante. De plus, afin de donner aux orchestres amateurs les moyens de se faire connaître, le Hot club de Paris installe dès 1945 à son siège un petit studio d'enregistrement où les musiciens peuvent réaliser une maquette destinée à leur servir de « carte de visite » auprès des professionnels de la musique.

En dehors de ces avantages matériels, la tradition veut que les vainqueurs des tournois précédents viennent « jammer » avec les concurrents. Parfois devenus professionnels entre-temps, ils peuvent ainsi repérer de bons musiciens qu'ils engagent par la suite dans leur orchestre ou conseillent à leurs collègues. Ainsi s'intègrent dans le circuit professionnel nombre de lauréats des tournois. L'exemple du contrebassiste Guy Pedersen est caractéristique. Né en 1930 dans un village proche de Dunkerque, il arrive à Roubaix en 1941, y découvre le jazz vers 1943, adhère au Hot club de la ville en 1948 et devient rapidement le chef de l'orchestre du club. Ayant étudié la clarinette à partir de treize ans au conservatoire de Roubaix, puis la contrebasse à partir de dix-huit, il participe avec son groupe au tournoi de Bruxelles en 1951 et obtient les premiers prix de contrebasse et du meilleur orchestre, puis, l'année suivante au tournoi de Paris, décroche le prix du meilleur soliste et son orchestre celui du meilleur ensemble « moderne ». Cette expérience est un tremplin pour sa carrière, les orchestres lauréats étant cette année-là engagés pour animer les soirées d'un grand hôtel de la principauté de Monaco. De retour à Paris, il est engagé par Jacques Denjean et Jean-Marie Ingrand qui l'ont remarqué au tournoi, et joue avec eux dans divers clubs. Sa carrière démarre définitivement lorsqu'il prend la suite d'Alphonse Masselier au Club Saint-Germain, haut lieu du jazz parisien où il restera à demeure jusqu'au milieu des années soixante, tout en jouant avec les meilleurs musiciens français, dont Martial Solal qui l'engage dans son trio en 1960. Sa carrière se poursuivra jusque dans les années soixante-dix.

Un autre parcours similaire est celui de Fred Gérard : né en 1924 à Besançon dans une famille de musiciens, il apprend le piano à neuf ans avant de se consacrer à la trompette après avoir entendu l'orchestre de Ray Ventura. C'est vers 1943 qu'il découvre vraiment le jazz, lors d'un concert du Hot club avec Sarrane Ferret, Christian Bellest et André Louis. En 1945, il adhère au Hot club lyonnais, que deux de ses amis viennent de fonder. Tout en poursuivant ses études secondaires, il travaille la trompette au conservatoire de Lyon et participe à deux tournois amateurs en 1946 et 1947. Il n'y obtient pas de prix mais se fait connaître dans la région en animant des bals et en participant à des émissions de radio locales avec son orchestre. C'est dans les jam-sessions du Hot club lyonnais qu'Alix Combelle, alors une des plus grandes vedettes du jazz français, le remarque en 1948 et l'engage. À partir des années cinquante, il entamera une carrière de musicien de studio au cours de laquelle il servira de partenaire aux plus grands musiciens français et américains jusqu'aux années soixante-dix, date à laquelle il ralentira ses activités pour se consacrer à l'enseignement.

On peut enfin évoquer le cas du trompettiste Ivan Jullien, venu au professionnalisme par le biais des tournois, mais à un moment où le mouvement Hot club est sur la pente descendante : né en 1934, il a commencé la trompette à vingt ans et joué très vite avec un orchestre amateur parisien. En octobre 1956, il participe au tournoi amateur et remporte la coupe du meilleur soliste, ainsi que celle du meilleur orchestre de style moderne. À partir de 1957, son groupe anime les réunions musicales du Hot club de Paris. Deux ans plus tard, il remporte le prix Django Reinhardt institué par l'Académie du jazz pour récompenser chaque année un musicien de jazz français. En 1962, il est engagé au Club Saint-Germain. À partir de 1966, il enregistre régulièrement en studio, soit comme trompettiste, soit comme chef d'orchestre et arrangeur. Il est aujourd'hui l'un des arrangeurs les plus cotés à Paris et enseigne au Centre d'information musicale (CIM) depuis 1982.

On pourrait multiplier les exemples de ce type ; il suffira de dire que la quasi-totalité des musiciens professionnels révélés dans les années quarante, cinquante et soixante ont été lauréats de tournois amateurs : Claude Bolling, lauréat en 1944 à quatorze ans, appelé à la carrière que l'on sait, mais aussi Bernard Peiffer en 1943, Hubert Fol, Michel de Villers, Raphaël Schecroun, Jacques Denjean et Gérard Pochonet entre 1944 et 1946, ou encore André Reweliotty, futur accompagnateur de Sidney Bechet, en 1950. L'année 1953 est particulièrement riche puisque l'on note la présence parmi les concurrents de Barney Wilen et Georges Arvanitas, venus de Nice, mais aussi de René Urtreger, Bernard Vitet, Alain Goraguer et Paul Rovère : tous se distinguent même s'ils ne gagnent pas de coupe, et tous ont fait une carrière nationale voire internationale. Et s'il arrive que des musiciens primés ne fassent pas carrière par la suite, il est bien rare que l'on ne trouve pas parmi les participants de futurs professionnels souvent encore en activité aujourd'hui.

II. La fracture d'un milieu

Le conflit Panassié/Delaunay

En 1947, alors que le mouvement Hot club est à son apogée, une rupture intervient à la tête de la fédération, conséquence d'une lutte de pouvoir entre ses deux principaux dirigeants, Hugues Panassié et Charles Delaunay. Dès les années trente, ces deux personnages s'étaient affirmés comme les acteurs principaux du microcosme du jazz : à Panassié l'écriture des articles enflammés en faveur de ou contre tel musicien, à Delaunay l'organisation des activités du Hot club de France (administration de la revue *Jazz hot* et du Hot club, organisation des concerts). Les rôles étaient donc partagés entre les deux hommes qui assuraient d'ailleurs conjointement la direction artistique de la marque Swing créée et gérée par Delaunay. La période de la guerre vit la rupture de cet équilibre. Tandis que Panassié, replié en zone libre à Montauban, continuait à écrire des livres, donner des conférences, et animer des émissions de radio, mais restait globalement à l'écart de l'action de terrain, Delaunay devenait le personnage incontournable de la vie jazzistique en organisant concerts et conférences, en devenant l'imprésario de Django Reinhardt, en assurant la publication de la *Circulaire du Hot club de France* et en accompagnant le développement des Hot clubs de province. Enfin, il continuait à enregistrer des orchestres de jazz pour le compte de la marque Swing dont il poursuivait seul l'exploitation. À la Libération, Panassié, resté officiellement président du Hot club de France, retrouve son poste de directeur de *Jazz hot* lorsque la revue réapparaît en octobre 1945, alors que depuis 1940, Delaunay avait assuré presque seul la publication de la *Circulaire* : c'est le premier point de tension entre les deux hommes, d'autant plus que si jusqu'en 1939, l'autorité de Panassié était totale sur l'orientation de la revue, Delaunay, qui a pris de l'assurance, vient d'engager dans la nouvelle série de la revue quelques nouvelles plumes dont les jeunes critiques André Hodeir, qui achève alors ses études musicales au Conservatoire de Paris, et Frank Ténot, ancien secrétaire général du Hot club de Bordeaux récemment « monté » à Paris. Par ailleurs, il commande aux États-Unis de nombreux disques de jazz qui permettent aux amateurs français de prendre contact avec l'évolution de la musique américaine pendant les quatre années de guerre.

Parmi ceux-ci, Delaunay reçoit au début de 1946 quelques enregistrements réalisés l'année précédente par de jeunes musiciens new-yorkais du nom de Charlie Parker et Dizzy Gillespie. Les deux hommes sont quasiment inconnus des amateurs français, mais les œuvres enregistrées, notamment *Hot house* et *Salt Peanuts*, surprennent leurs auditeurs par leur caractère inouï : les premiers disques de be-bop, un style parvenu à maturité entre 1941 et 1945 aux États-Unis, viennent d'arriver en France. Les musiciens ne sont pas les moins intéressés par cette musique complexe, et c'est l'un d'entre eux, André Hodeir, qui écrit le premier article dans *Jazz hot* sur ces enregistrements propres à impulser « un renouveau de la musique de jazz [17] ». Panassié, habitué à « découvrir » les musiciens intéressants, ne prend connaissance des nouveaux disques qu'avec retard. Sans doute froissé d'avoir été ainsi coiffé au poteau, il désapprouve les prises de position d'Hodeir puis celles d'autres journalistes en faveur du nouveau style et, en décembre 1946, démissionne de *Jazz hot*, refusant de continuer sa collaboration avec une revue devenue selon lui « une feuille de publicité réservée à quelques musiciens rebop*[18] ». Privé de tribune pour s'exprimer, Panassié tente de fonder sa propre revue mais se voit signifier par le ministère de l'Information un refus d'obtention de papier. Pour continuer à s'exprimer, il va publier à partir de 1947 un bulletin ronéotypé distribué dans les Hot clubs. D'abord intitulé *Bulletin Panassié*, il prendra le nom de *Bulletin du Hot club de France* à partir de janvier 1948. En 1949, Panassié fondera une éphémère *Revue du jazz*, avant de revenir en 1950 à la formule du *Bulletin du Hot club de France* en format in-octavo, qui existe encore aujourd'hui. Désormais, deux organes spécialisés se font concurrence.

Mais le différend Delaunay/Panassié a aussi des aspects financiers, puisque les deux hommes exploitent en commun la marque Swing et se partagent les droits afférents à l'organisation des séances d'enregistrement. Or, entre 1940 et 1946, Delaunay supervise cent trente et une séances [19], contre quatre seulement pour Panassié, alors que celui-ci continue à percevoir des droits sur les autres séances, qu'il critique par ailleurs car elles ont été réalisées uniquement avec des musiciens français, bien inférieurs aux Noirs américains qui, depuis 1939, représentent pour lui la pureté du jazz en dehors de

---

* C'est ainsi que les amateurs désignent pendant quelques mois le nouveau style, sans doute à la suite d'une compréhension erronée de l'expression américaine.

laquelle il n'est point de salut. Le différend est porté sur la place publique lorsqu'en septembre 1947, Delaunay, excédé par les critiques de Panassié et désireux de garder la propriété des fruits de son travail, dénonce l'accord liant les deux hommes au sujet de l'exploitation en commun de la marque Swing et en informe les clubs régionaux.

Le coup d'État d'octobre 1947

Exclu de *Jazz hot* et de Swing, Panassié reste cependant encore président du Hot club de France et de la Fédération française des Hot clubs, dont Delaunay est le premier secrétaire. Afin de garder une chance de rester à la tête de la fédération et de continuer à jouer un rôle dans la diffusion du jazz en France, Panassié, qui stigmatise « la dictature de Delaunay[20] », demande aux clubs de province leur soutien en vue de l'assemblée générale qui aura lieu à Paris en octobre 1947 et menace de démissionner s'il ne l'obtient pas. La veille du jour « J », il réunit dans un hôtel parisien les délégués régionaux et les responsables de clubs locaux afin de s'assurer de leur soutien. Manœuvre délibérée ou simple réunion informelle ? La première hypothèse est plus probable. Delaunay pour sa part en est persuadé, qui voit dans les délégués régionaux créés par Jacques Morgantini en décembre 1946 un instrument destiné à « noyauter[21] » le Hot club de France pour faciliter le coup d'État de Panassié. Quant au jeune Frank Ténot, alors secrétaire général du Hot club de Bordeaux, il fait partie des dirigeants régionaux réunis par Panassié, et sa conclusion est formelle : « La veille de l'assemblée, je fus convoqué par le président à l'hôtel Ronceray. [...] Les délégués régionaux tous favorables à Panassié avaient raflé le maximum de pouvoirs auprès des clubs de province. Toute l'affaire était truquée[22]. »

Le 2 octobre 1947, l'assemblée générale du Hot club de France se déroule dans un bar proche de la place Pigalle. Panassié, en tant que président, prend la parole pour préciser ses griefs à l'égard de Delaunay :

> Censure par Delaunay des articles d'Hugues Panassié dans la revue *Jazz hot*. [...] – Emprunt abusif du nom HCF pouvant jeter le discrédit sur l'association. – Manœuvres visant à empêcher les enregistrements aux USA de Django Reinhardt avec l'orchestre de Duke Ellington et emploi de Leonard Feather, ennemi du

HCF, pour superviser les enregistrements Swing d'Armstrong. – Attaques de Charles Delaunay contre la vie privée d'Hugues Panassié. – Agissements maladroits de Charles Delaunay vis-à-vis en particulier du directeur des disques Decca[23].

Il y a plus grave : « Publication de *Jazz 47* sous l'égide du HCF sans avoir consulté les principales personnalités du HCF. – Influence néfaste de cette brochure du fait de plusieurs articles incompétents, contradictoires ou grotesques qu'elle contient. » L'objet incriminé, *Jazz 47*, est un numéro spécial de la revue *America*, dirigée par Pierre Seghers, paru en mai de cette année sous la coordination de Charles Delaunay. Y figurait notamment un article de Jean-Paul Sartre s'ouvrant sur une formule appelée à devenir célèbre : « Le jazz c'est comme les bananes, ça se consomme sur place[24]. » Collaboraient aussi à ce numéro Jean Cocteau, Boris Vian, Charles Delaunay, André Hodeir et… Hugues Panassié, à qui l'éditeur Pierre Seghers avait demandé un article sans lui dire en quelle compagnie il serait publié. Panassié désapprouve totalement cette publication aux « prétentions pseudo-surréalistes » qui contient, outre le « ridicule article de Sartre », des montages photographiques représentant des « danseuses nues évoluant gracieusement entre Zutty [Singleton] et Harry Edison[25] » deux des musiciens fétiches de Panassié.

Mais surtout, et c'est en cela que la réunion du 2 octobre marque un tournant dans l'histoire du jazz en France, Panassié condamne sans appel la prise de position de Delaunay en faveur du nouveau style : « Déviation de la conception et de l'esprit du jazz et nombreuses erreurs d'ordre technique. – Propagande exagérée en faveur du style re-bop[26]. » C'est en vertu de ces nombreux chefs d'accusation que Panassié réclame au cours de l'assemblée la démission de Delaunay. Malgré un plaidoyer de celui-ci, l'autorité et le prestige de Panassié emportent l'adhésion de l'assistance. Delaunay est exclu du Hot club de France dont Panassié est réélu président à une écrasante majorité, bénéficiant du soutien de délégués régionaux possédant de nombreux pouvoirs : outre les vingt-deux clubs présents, vingt-deux sont représentés, dont douze ayant donné leur pouvoir au délégué de la région lyonnaise, favorable à Panassié[27]. Parmi les dirigeants de club présents, seuls ceux de Paris, Bordeaux, Angers et Rennes soutiennent Charles Delaunay et démissionnent du Hot club de France pour fonder immédiatement avec lui une autre fédération.

Cet événement n'affecte pas dans l'immédiat la croissance du mouvement, qui se répartit entre les deux fédérations, le Hot club de France de Panassié et la Fédération des Hot clubs français de Delaunay. Le premier a nettement l'avantage dans l'immédiat, puisqu'il revendique après la scission 60 clubs, 71 un an plus tard et 90 en juin 1949 : ce dernier chiffre apparaît cependant nettement surévalué puisque l'examen des archives du Hot club de France montre que le nombre des clubs cotisants n'a pas dépassé 24 en 1950. Delaunay, lui, part de beaucoup plus bas, puisque lors de la scission, il n'a que quatre clubs avec lui, dont, il est vrai, celui de Paris, numériquement le plus nombreux. Mais la croissance de sa Fédération des Hot clubs français est rapide et s'effectue au détriment de celle du Hot club de France, dont plusieurs sections démissionnent et rejoignent Delaunay. En mai 1948, il revendique 30 filiales et 39 l'année suivante, dont 11 dans la seule région parisienne, alors que la fédération adverse n'en comprend aucun. À la fin des années quarante, les deux fédérations se partagent équitablement le mouvement Hot club. Et si leur face-à-face est moins violent que ne le laissent supposer certaines manchettes de presse qui évoquent au début de 1948 la « guerre du jazz[28] », la « nouvelle bataille d'Hernani[29] », la « querelle des anciens et des modernes[30] », ou encore la « guerre froide du jazz[31] », il n'en reste pas moins qu'au-delà des querelles de personnes qui y ont présidé, la scission est hautement révélatrice d'une opposition entre deux conceptions du jazz qui ne peuvent plus cohabiter.

Une nouvelle critique de jazz

Cette opposition va se cristalliser autour de la question du bebop, dont l'apparition en France donne l'occasion à une nouvelle génération de critiques de s'affirmer face à Panassié et d'investir les colonnes de *Jazz hot* en y renouvelant en profondeur le discours puriste. Le principal représentant en est André Hodeir. Né en 1921, fils d'un représentant de commerce parisien, il a étudié le violon dès l'âge de cinq ans puis est entré en 1942 au Conservatoire de Paris, d'où il ressortira en 1948 muni de trois premiers prix en harmonie, contrepoint et histoire de la musique. Il s'est intéressé au jazz dès la fin des années trente et à partir de 1942, parallèlement à ses études, a entrepris une carrière de violoniste au sein des orchestres de jazz les plus en vue de l'Occupation sous le pseudonyme de Claude Laurence. Comme la quasi-totalité des amateurs de jazz de sa génération, Hodeir a découvert le jazz à travers les écrits de Panassié dont il a lu assidûment les critiques enthousiastes dans *Jazz hot*. En 1940, il a entamé avec lui une longue relation épistolaire qui va durer pendant toute la guerre et marquer son approche du jazz : son premier ouvrage, *Le Jazz, cet inconnu*, publié en 1945, porte en effet la marque très nette du fondateur de la critique de jazz, dont Hodeir va cependant vite s'émanciper, comme le montrent ses premiers articles publiés dans *Jazz hot* au début de 1946. Quelques mois après lui arrive le jeune Frank Ténot, secrétaire général du Hot club de Bordeaux depuis 1944. Monté à Paris au lendemain de la Libération pour préparer le concours de Polytechnique, il fréquente plus assidûment la rue Chaptal que les bancs de l'université, si bien que Charles Delaunay l'engage comme secrétaire de rédaction de *Jazz hot*. Chargé de la réalisation technique de la revue, il écrit aussi son premier article en décembre 1946. Au même moment entre à la rédaction un certain Boris Vian : ancien élève de l'École centrale et membre du Hot club de France depuis 1937, il a formé sous l'Occupation avec ses frères Lélio et Alain un orchestre amateur auquel s'est joint en 1942 Claude Abadie, vainqueur cette année-là de la coupe des musiciens amateurs du HCF. Ainsi constitué, l'orchestre a donné de nombreux concerts et remporté quatre coupes au festival amateur international de Bruxelles en novembre 1945, ainsi que le Grand prix du neuvième tournoi amateur du HCF en mars 1946, un concert resté dans les mémoires des amateurs puisque les musiciens, annoncés par Charles Delaunay comme « l'orchestre du professeur Dupiton et ses joyeuses mandolines », se produisirent devant le public de la salle Pleyel coiffés de casquettes d'orphéonistes et masqués derrière de longues barbes ! Boris Vian est donc bien connu dans le milieu du jazz lorsqu'il arrive rue Chaptal. Enfin, au début de 1947, se joint à l'équipe celui qui va devenir avec Hodeir l'autre chef de file de la nouvelle critique, Lucien Malson. Né en 1926 à Bordeaux, il a découvert le jazz au début de l'Occupation au Hot club local et étudie depuis 1945 la philosophie à l'université de Bordeaux. Sous la direction de Charles Delaunay, les quatre journalistes en herbe, âgés de vingt à vingt-cinq ans, vont prendre en main les rênes de la revue et lui imprimer un ton radicalement nouveau par rapport à l'avant-guerre.

La première différence notable tient dans la méthode critique, illustrée par André Hodeir. Si *Le Jazz, cet inconnu* se situe esthétiquement dans la ligne panassiéiste, on y trouve déjà une analyse fondée sur des connaissances musicales précises qui font défaut à Panassié, dont « toute [la] connaissance du jazz a été acquise auprès des musiciens professionnels tant français qu'américains blancs et noirs[32] ». Dans les mois qui suivent, Hodeir poursuit dans cette direction et lorsque les premiers enregistrements de be-bop arrivent en France, il en livre une étude précise qui paraît dans *Jazz hot* en mai 1946 sous le titre « Vers un renouveau de la musique de jazz ? » Cet article est à la fois une défense et illustration du nouveau style de jazz que presque personne ne connaît, et le manifeste d'une nouvelle critique dont le ton radicalement nouveau éclate dès les premières lignes :

> L'apparition, à la troisième mesure, de l'accord de *la* bémol majeur, sous forme de premier renversement, évoque très précisément Gabriel Fauré et Maurice Ravel, écrit Hodeir à propos d'un passage du solo de Dizzy Gillepsie [sic] dans *Groovin' high*. Je ne veux pas chercher à savoir si Gillepsie [sic] et Parker ont écouté *L'Horizon chimérique* ou *Daphnis et Chloé*, ce qui me paraît assez improbable ; toujours est-il que cette modulation est d'une grande beauté, qu'elle ne jure nullement avec le reste du disque et qu'il serait regrettable que le jazz se prive de tels enrichissements harmoniques par crainte des sarcasmes de ceux qui voudraient encore que tous les solistes actuels jouent dans le style de Jelly Roll Morton et de King Oliver, comme si Bela Bartok et Olivier Messiaen composaient dans le style de Monteverdi et de Purcell !

L'article est accompagné de transcriptions faites par Hodeir lui-même, qui servent d'illustration à ses observations. Et le jeune critique de conclure : « L'histoire du jazz, je le pense, retiendra comme une date essentielle ce mois de mai 1945 où cinq musiciens noirs enregistrèrent *Hot house* et *Salt Peanuts*[33]. » La différence avec la méthode Panassié apparaît d'autant plus criante lorsque le lecteur tourne la page du même numéro de *Jazz hot* et parcourt l'article que Panassié y consacre à l'orchestre de Count Basie. L'opposition entre ces deux approches du jazz ne va pas tarder à dégénérer en querelle ouverte débouchant sur la démission de Panassié de *Jazz hot*. Après son exclusion du Hot club de France en octobre 1947, Charles Delaunay propose à André Hodeir de devenir rédacteur en chef de la revue *Jazz hot*, le jeune musicien lui paraissant le mieux placé pour défendre le nouveau style face aux attaques de Panassié qui ne vont pas tarder à se manifester. Hodeir occupera ce poste jusqu'en 1951, imposant son empreinte à une revue où se multiplient désormais les articles techniques – partitions à l'appui – sur les musiciens, les orchestres, les styles. Cette orientation est d'autant plus nette que de nombreux musiciens deviennent collaborateurs occasionnels ou réguliers, ainsi du saxophoniste Michel de Villers, du contrebassiste Jacques Hess, du pianiste Henri Renaud ou encore du batteur Gérard Pochonet, qui publie une série de dix-huit études très pointues sur les batteurs de jazz entre 1949 et 1955.

La technicité accrue de la critique de jazz va toutefois mécontenter de nombreux amateurs habitués aux chroniques de Panassié, non seulement parce qu'elle exige des connaissances musicales, mais aussi parce qu'elle invite à une révision de l'échelle des valeurs et remet en question le magistère exercé par Panassié auprès des amateurs de la première génération. Comparé au concert hyperbolique de la critique panassiéenne, le point de vue d'André Hodeir détonne :

> Je ne suis pas de ceux qui pensent que la race noire a produit plus de génies en trente ans que l'Europe en dix siècles. Il y a des artistes de génie dans le monde du jazz, mais, comme ailleurs, ils sont extrêmement rares. Louis Armstrong est l'un d'eux. Certains commentateurs n'ont pas la même retenue. Volontairement ou non, ils ont créé une mystique du jazz, présentant cette musique comme la seule musique digne d'intérêt et persuadant l'amateur que Stravinsky, comparé à Jimmy Noone, est un tout petit musicien. Des centaines d'amateurs sont ainsi persuadés que Johnny Dodds ou Kid Ory sont d'authentiques génies. Hélas ! que nous sommes loin du compte ! La déficience de ces musiciens n'est pas seulement d'ordre technique ; elle est d'ordre musical. Un musicien qui n'est pas capable de jouer deux syncopes en mesure n'est pas un génie : c'est un musicien peu doué, du moins du point de vue rythmique. [...] Est-ce donc que selon moi Dodds et Ory soient mauvais ? Non pas ! Ils ont de terribles défauts, sur lesquels j'ai attiré spécialement l'attention du lecteur parce que cela n'avait jamais été fait, mais ils ne sont pas dépourvus de qualités[34].

Alors qu'Hodeir approfondit l'étude technique du nouveau style, Lucien Malson s'efforce de donner à la critique de jazz de nouvelles bases intellectuelles. Pour ce faire, il utilise les outils conceptuels de la philosophie, qui lui permettent de marquer sa différence par rapport à Panassié. En effet, alors que chez ce dernier, la beauté du jazz relève du domaine de la révélation qui s'impose à l'homme, Malson la présente comme un phénomène subjectif : « Quand je découvre dans le jazz les qualités de l'église gothique, je sais que ma découverte est ridicule parce que je ne trouve dans le jazz que ce que j'y mets moi-même. La beauté d'un art n'est pas précisément exprimable, elle n'est pas l'objet d'une reconnaissance universelle. Elle semble absolument subjective[35] », écrit-il en novembre 1947, dans un article intitulé « Jazz et jugement de goût ». Cette irruption du sujet dans la critique de jazz renverse totalement l'ordre des valeurs mis en place par Panassié, car en affirmant la subjectivité des sentiments que l'auditeur peut éprouver à l'audition du jazz, Malson ruine l'idée d'une vérité jazzistique unique révélée et ouvre la voie au débat dans un milieu jusque-là dominé par la personnalité charismatique d'Hugues Panassié. Et lorsque celui-ci déclarera en 1949 que le be-bop porte atteinte à l'essence du jazz, Malson le prendra une fois de plus au mot :

> Affirmer que le bop se sépare du jazz dans son essence même, c'est avancer une opinion. Nous disons une opinion et rien de plus. Car enfin, qu'entend-on par essence ? Prenons un exemple simple : un livre. Imaginons les variations multiples qu'il peut subir ; elles résideront dans l'épaisseur du papier, dans la grosseur et la forme des caractères, dans la couleur et la qualité de la reliure. Ces variations ne toucheront en rien à l'essence du livre. Imaginons en revanche que la reliure disparaisse et que les caractères s'évanouissent, nous ne serons plus en présence que de pages blanches et séparées, rien qu'on puisse appeler encore un livre. Nous dirons que l'essence d'une chose est constituée par les éléments dont on ne saurait penser l'absence sans détruire cette chose même que l'on pense. On voit déjà que l'assertion selon laquelle le bop porte atteinte à l'essence du jazz, c'est-à-dire le supprime purement et simplement, procède d'un abus de langage[36].

La seconde différence majeure entre les deux générations de critique réside dans les références intellectuelles qui les animent : à la culture catholique et maurrassienne de Panassié s'opposent l'existentialisme et surtout l'anthropologie culturelle américaine qui nourrissent la réflexion du jeune Malson. Celui-ci a en effet découvert l'école culturaliste en suivant les cours de Jean Stoezel à l'université de Bordeaux à partir de 1946, avec son camarade Jacques Hess, qui entrera lui aussi rapidement au comité de rédaction de *Jazz hot*. Membre du Collège de sociologie avec Georges Bataille et Michel Leiris à la fin des années trente, Stoezel s'était, dès cette période, intéressé aux sciences sociales américaines, qu'il était allé découvrir plus avant lors d'un séjour aux États-Unis en 1937-1938 et qu'il contribuera à diffuser en France après 1945. Il jouera ainsi un rôle fondamental dans le renouvellement des problématiques de la sociologie française et sera un des fondateurs en 1945 de l'Institut français de l'opinion publique (IFOP). Rappelons qu'au sortir de la guerre, la sociologie et l'anthropologie sont des disciplines nouvelles et encore marginales à l'université : intégrées dans le cursus des départements de philosophie, elles ne conquièrent un début d'autonomie institutionnelle qu'à partir de 1958 avec la création de la licence de sociologie. En 1946, seules quatre chaires de sociologie existent en France, dont celle de Stoezel à Bordeaux. Son enseignement influence considérablement le jeune Malson et « bouleverse [sa] façon de voir les choses » en lui faisant prendre conscience de « la variabilité des cultures et de la difficulté à fixer une essence de l'homme [37] ». Malson découvre notamment les travaux de Margaret Mead et Ruth Benedict, dont les argumentations vont se retrouver dans les écrits jazzistiques du jeune critique.

Le troisième point sur lequel la nouvelle critique se distingue de celle de Panassié concerne la définition même du jazz et le sens que l'on peut donner à son histoire. Alors que le pionnier de la critique défend l'idée selon laquelle « le jazz, le vrai, est par essence une musique traditionnelle [38] », la nouvelle équipe y voit une musique évolutive et considère le be-bop comme le dernier stade de cette évolution de l'art noir américain. Loin d'interpréter le style Nouvelle-Orléans comme la quintessence du jazz, André Hodeir y voit les premiers pas d'un art encore fruste qui va connaître dans les années suivantes une maturation artistique à mesure que les musiciens vont perfectionner à la fois leur maîtrise instrumentale et leur vocabulaire musical. Alors que Panassié voit dans l'histoire du jazz une longue décadence ayant succédé à la création du style original de La Nouvelle-Orléans, Hodeir se réfère à l'histoire de la musique européenne, où il constate un « progrès presque continu » depuis le Moyen Âge jusqu'au XVIIIe siècle. Il montre que le jazz a lui aussi connu une période de gestation représentée dans les années dix et vingt par les styles Nouvelle-Orléans et Chicago, tandis que les années trente constituent selon lui son âge « classique » : le jazz de cette époque « a trouvé son équilibre de maturité dans l'expression d'un style » et pendant cette période « furent enregistrées la plupart des œuvres qui ont fait la grandeur du jazz [39] » par des musiciens en parfaite possession de leur métier et de leur art. Avec le be-bop, le jazz poursuit son parcours musical et emprunte aux derniers développements de l'harmonie tonale occidentale introduits par des compositeurs comme Stravinsky, Milhaud ou Bartok, élargissement de son horizon esthétique qui s'accompagne d'une complexification de ses structures musicales. Panassié interprète ce dernier épisode de l'histoire du jazz comme le stade ultime d'une corruption due au « complexe du modernisme et de la musique sérieuse[40] » qu'il avait commencé à dénoncer dans *La Véritable Musique de jazz*. En effet, en s'efforçant de s'inspirer de la musique classique qui leur est présentée comme supérieure, les musiciens bop perdent le contact avec la tradition musicale noire : « La batterie cesse d'être la base de l'orchestre, le cœur battant régulièrement et distribuant la vie à tout l'organisme : le batteur be-bop ne se préoccupe plus de soutenir le soliste ou l'orchestre, il joue en soliste, brisant la continuité du rythme[41]. »

Panassié est indifférent à la notion d'évolution, considérée comme une « une grande farce[42] », tout comme à celle de progrès en art, qui, selon lui, n'existe pas : « Il n'y a pas de progrès en art. Il y a les époques de fécondes poussées artistiques et les époques décadentes. Il y a de grands et de médiocres artistes[43] », déclarera-t-il en 1954. Pour les nouveaux critiques au contraire, le be-bop marque un progrès par rapport aux styles de jazz qui l'ont précédé, à la fois sur le plan de la maîtrise instrumentale des artistes, mais aussi sur le plan du langage musical. En effet le be-bop – appelé aussi « jazz moderne » – se caractérise avant tout par « sa résolution déterminée de faire du neuf[44] », ce qui lui permet de défricher de nouveaux territoires musicaux. À ceux qui, comme Panassié, s'en plaignent et soutiennent que « les accords utilisés passent outre aux lois de la perception musicale », Lucien Malson et Jacques Hess opposent l'idée « qu'il n'y a rien d'absolument naturel dans le monde sonore et que l'accord parfait lui-même a tendu sans cesse à s'évader de soi. […] L'histoire de la musique occidentale, c'est l'histoire de l'affranchissement progressif de la tyrannie des accords recelant soi-disant une rationalité et une suffisance. Elle témoigne de cette possibilité de l'art, en particulier, de se créer son propre milieu naturel, d'approfondir ses catégories ». Enthousiasmé par les enrichissements harmoniques apportés par le be-bop et impressionné par la virtuosité des musiciens de la nouvelle école, Charles Delaunay pense pour sa part que le jazz moderne est « de toute évidence, aussi bien par la technique et la musicalité, […] indiscutablement supérieur[45] » au jazz qui l'avait précédé.

Enfin, alors que pour Panassié, l'évolution du jazz symbolise la décadence du monde contemporain, la nouvelle génération d'amateurs qui s'éprend du be-bop aime justement celui-ci parce qu'il exprime mieux que toute autre musique la violence d'un monde qui vient de connaître avec le bombardement de Hiroshima le plus grand cataclysme de son histoire et avec la Shoah le basculement dans l'inhumain* : « Sans doute, [le be-bop] est encore un peu nerveux, pas assez naturel et d'intonation un peu maigre parfois. N'oublions pas que nous vivions une époque affectée par la guerre, qui a modifié les sentiments et les pensées, un temps où les nouvelles idées fermentent violemment et se heurtent aux concepts d'une époque révolue qui manifeste ses derniers soubresauts[46] », explique Charles Delaunay, qui voit dans ce nouveau style le reflet de « l'atmosphère effarante de l'univers nouveau que l'homme s'est forgé ». Quant à Lucien Malson, il est surtout frappé par le phrasé haché et le rythme en perpétuel changement de cette « musique absurde » qui laisse l'auditeur « sans défense » car il doit « perdre et retrouver l'équilibre à chaque seconde[47] ». Au-delà de deux méthodes d'analyse radicalement différentes, ce sont donc deux visions du monde qui s'opposent à travers les discours critiques sur le jazz et expliquent la rupture de 1947 et la violence des polémiques qui s'ensuivront entre deux fractions devenues rivales et qui, dans les années à venir, vont se disputer la gestion de la diffusion du jazz en France.

---

* On notera toutefois que si l'entrée dans l'ère atomique a été très précisément perçue par les Français de l'époque comme un tournant dans l'histoire de l'humanité, c'est nettement moins vrai du génocide juif qui, dans l'immédiat, a été évacué de la mémoire collective et ne s'y est installé avec force qu'à partir des années soixante-dix.

FESTIVAL INTERNATIONAL 1949 DE JAZZ

★

DIMANCHE 8 MAI (Soirée d'Ouverture)

1. OUVERTURE **VIC LEWIS & HIS ORCHESTRA**
   featuring Mack PASQUINE and his STAR INSTRUMENTALISTS : Ronnie CHAMBERLAIN, Peter COLEMAN, Gordon LANGHORN and the BOP GROUP

2. **MILES DAVIS; TAD DAMERON'S QUINTET**
   with James MOODY (s) ; "Bass" SPIELER (b) & Kenny CLARKE (drs)

3. **ORAN " HOT LIPS " PAGE ; RUSSELL MOORE ; DON BYAS ;** GEORGE JOHNSON ; BERNARD PEIFFER, JEAN BOUCHETY & ROGER PARABOSCHI

4. **SIDNEY BECHET**
   avec PIERRE BRASLAVSKY & SON ORCHESTRE
   René FRANK (cl), Bernard ZACHARIAS (tb), Eddie BERNARD (p), Roger KARA (g), Ali MASSELIER (b), Michel PACOUT (drs)

ENTR'ACTE
★

5. **CARLO KRAHMER & HIS CHICAGOANS**
   Cy ELLIS (tp), Henry BROWN (cl), "PIP" GASKELL (cl a sx), Brian MANSFIELD (ts), Gerry MOORE (p), Albin HODGKINS (g), Beryl KING (b), Carlo KRAHMER (drs)

6. **ALL STARS DE SUÈDE**
   avec : Gösta TÖRNER (tp), Putte WICKMANN (cl), Arne DOMNERUS (sax), Carl-Henrik NORIN (ts), Reinhold SVENSSON (p), Simon BREHM (b), Sven BOLLHEM (drs) & Alice BABS SJÖBLOM (vocalist)

7. **CHARLIE PARKER'S QUINTET**
   with KENNY DORHAM (tp), AL HAIG (p), TOMMY POTTER (b), MAX ROACH (drs)

8. **VIC LEWIS & HIS ORCHESTRA**

V
Les débuts d'une industrie culturelle

Au lendemain de la guerre, l'activité jazzistique est des plus réduite sur le territoire français en raison de la situation matérielle catastrophique du pays. Aussi la première formation de jazz qui se produit en France depuis 1939 est celle de Don Redman en décembre 1946 (si l'on excepte les orchestres militaires), événement salué par tous les amateurs, même si le séjour de l'orchestre, initialement prévu pour durer trois mois, va être considérablement réduit par une administration tatillonne. Il n'en reste pas moins que le concert de ce « tentette » composé de huit musiciens américains, auxquels on a adjoint deux Français pour satisfaire aux règlements syndicaux, est une bouffée d'air frais pour des amateurs parisiens sevrés de vedettes américaines depuis cinq ans. Après cette date, il va falloir attendre la fin de l'année 1947 pour voir arriver en nombre les musiciens d'outre-Atlantique. Leur venue va se dérouler sur fond de rivalité entre les deux fédérations d'amateurs de jazz, qui tentent chacune de leur côté d'organiser le maximum de concerts pour faire pièce à l'adversaire.

I. Les tournées Hot clubs

Panassié...

Le seul événement jazzistique important de l'année 1947 est la venue de Rex Stewart, presque un an jour pour jour après Don Redman. Le cornettiste, en qui beaucoup d'amateurs voient l'un des meilleurs disciples de Louis Armstrong, a quitté l'année précédente l'orchestre de Duke Ellington et formé son propre groupe afin de visiter l'Europe. Après son concert parisien, Panassié organise la première véritable tournée d'un artiste noir en province (si l'on excepte les quelques concerts qu'avait donnés Armstrong en 1934), au cours de laquelle l'orchestre se produit à Toulouse, Bordeaux, mais aussi Béziers et Montauban, dans les Hot clubs de la mouvance Panassié. Quelques mois plus tard, c'est aussi le Hot club de France qui organise les concerts parisiens de Louis Armstrong et de Mezz Mezzrow, ce dernier visitant aussi quelques villes de province parmi lesquelles Lyon et Bordeaux.

Le succès de ces manifestations ayant montré l'existence d'un public en province pour le jazz, Panassié va poursuivre ses activités. En 1949, il organise coup sur coup trois tournées : celle de Buck Clayton en octobre, celle de Louis Armstrong en novembre et celle de Willie Smith en décembre. Ce dernier était déjà venu en France en 1917 en qualité de soldat. Lors de son deuxième débarquement, il visite quinze villes en métropole et dans les colonies, parmi lesquelles Paris, Marseille, Lille, Strasbourg ou Alger, mais aussi des agglomérations de plus petite taille telles que Guéret, Pau, Bayonne ou Limoges. Deux ans plus tard, en 1951, c'est la première tournée d'un musicien de blues en France qu'organise le HCF avec le guitariste « Big Bill » Broonzy, qui visite vingt-six stations balnéaires durant l'été. En 1953, la tournée du clarinettiste Mezz Mezzrow sera plus modeste : elle ne comprend que onze dates dont deux à Paris et deux en Afrique du Nord, le reste se partageant entre quelques grandes villes : Rouen, Nîmes, Dijon, Marseille, Lyon, Toulouse ou Clermont-Ferrand. Après quoi il faudra attendre 1961 pour voir le HCF organiser de nouvelles tournées, notamment celles des pianistes Memphis Slim, Champion Jack Dupree et Earl Hines.

Les tournées organisées par Panassié s'appuyant principalement sur le réseau des Hot clubs de sa tendance, elles visitent à peu de chose près les mêmes villes, une quinzaine en moyenne, parmi lesquelles Limoges, Montauban, Marseille, Bayonne, Pau, Bordeaux, Le Mans, Rennes, Nancy, Lille, Saint-Quentin et Alger. L'organisation matérielle est très artisanale car les dirigeants de Hot clubs ne sont pas des professionnels de l'organisation de concerts. Par ailleurs, les petites associations ont des moyens financiers réduits qui interdisent à nombre d'entre elles de prendre en charge les frais matériels occasionnés par une telle manifestation : location de la salle, impression des billets, voyage, logement et salaire des musiciens, etc. Associations à but non lucratif, les Hot clubs n'ont, en outre, pas pour vocation d'organiser des concerts réguliers. C'est en fait Panassié qui est la clé de voûte du système grâce à ses nombreuses relations dans le milieu du jazz ; il négocie avec les agents des musiciens la durée de la tournée ainsi que le montant des cachets puis signe un contrat avec eux. L'organisation générale de la tournée est donc entre ses mains, mais il passe le relais, pour l'échelle locale, aux dirigeants de clubs qui se chargent de l'organisation du concert dans leur ville et de la prise en charge des musiciens entre leur arrivée et leur départ. Les artistes sont par ailleurs accompagnés pendant toute la tournée par un manager de route membre du HCF : lors de la première tournée, celle de Rex Stewart, ce sont Panassié et Madeleine Gautier eux-mêmes qui occupent cette fonction, puis ils la confient à d'autres membres du HCF.

Le manager de route est en quelque sorte l'homme à tout faire de la tournée : c'est lui qui doit veiller à tous les aspects matériels tels que l'enregistrement des bagages, la réservation des hôtels, le réveil des musiciens retardataires et mille autres détails qui assurent le bon déroulement du voyage. Dans cette perspective, la direction du Hot club de France donne à chacun des clubs locaux accueillant un orchestre pour un ou plusieurs concerts des recommandations très précises. Le manager de route s'occupe aussi des aspects financiers de la tournée, prenant en charge chaque soir la recette du concert, dont il reverse une partie aux dirigeants du club qui vont ainsi couvrir les frais de l'organisation (ou découvrir l'étendue du déficit !), et envoie le reste à Panassié qui, à son tour, rétribue le ou les artistes. Panassié s'engageant au début de chaque tournée à assurer une certaine somme aux musiciens, c'est donc lui qui est responsable financièrement et éponge les frais en cas de déficit, un petit jeu qui a pour conséquence au fil des années un amenuisement progressif de la fortune héritée de son père, car les tournées sont organisées sans fonds de départ et sans aide d'aucune sorte. Tout juste le Hot club de France bénéficie-t-il à partir de 1953 du statut d'association d'éducation populaire qui lui permet de ne pas payer la « taxe sur le chiffre d'affaires définie aux articles 256, 286 et 1 573 du code général des impôts » sur « les services rendus, sans but lucratif, par les associations de sport éducatif, de tourisme, d'éducation et de culture populaire[1] ». En vertu de cette loi du 24 mai 1951, chaque Hot club local peut donc organiser quatre concerts par an sans payer de taxe, auxquels il faut ajouter quatre autres concerts astreints à un paiement de 50 % de la taxe sur la recette.

... contre Delaunay

La fédération Delaunay possède beaucoup moins de Hot clubs que celle de Panassié, au moins dans l'immédiat, mais Delaunay a déjà une grande expérience de l'organisation de concerts puisqu'il a été pendant l'Occupation l'un des imprésarios les plus importants sur la place de Paris. L'organisation des premières tournées de la Fédération des Hot clubs français s'en ressent : elle se caractérise par un professionnalisme absent au Hot club de France. Juste avant la scission, Delaunay s'était enquis auprès des clubs de province des structures existant dans chaque ville en vue d'organiser des tournées de musiciens américains et français : présence ou non d'une salle, prix de sa location éventuelle, existence d'un journal local susceptible d'assurer une publicité à l'événement, logements pour les musiciens, etc. Delaunay demandait en outre à chaque club d'établir un bilan financier théorique devant permettre à la direction parisienne de planifier les étapes des tournées futures. Delaunay, qui sent, en cette fin d'année 1947, le jazz sur une pente ascendante, s'informe des possibilités de gérer un succès grandissant et de faire sortir définitivement le jazz du cadre parisien dans lequel il est confiné depuis son apparition en France, en dépit de quelques escapades provinciales tentées par quelques vedettes américaines.

Muni de ces informations, Delaunay met les bouchées doubles après la scission afin de faire pièce à Panassié. Dès le mois de novembre 1947, il organise une tournée dans les quelques clubs qui se sont ralliés derrière lui : Nantes, Libourne, Bordeaux, Angers et Rennes. Ses moyens financiers et logistiques étant limités, c'est d'un orchestre de musiciens français que doivent se contenter les filiales de la fédération. Celui-ci est composé d'artistes qui furent parmi les premiers en France à s'intéresser au be-bop : le pianiste Jack Diéval et le saxophoniste Hubert Fol, mais aussi Lucien Simoens, Arthur Motta et Christian Bellest. Le succès de la tournée permet à Delaunay d'en organiser une deuxième deux mois après, puis une troisième au début de 1948, au cours de laquelle des villes telles que Cognac ou La Rochelle fêtent leur premier concert de jazz avec l'orchestre Nouvelle-Orléans australien de Graeme Bell. Un nouveau palier est franchi avec la quatrième tournée qui débute en avril 1948 et regroupe trois orchestres sous les directions respectives de Claude Bolling, Jacques Denjean et du prestigieux batteur américain Kenny Clarke, l'un des chefs de file de l'école be-bop installé en France depuis le début de l'année. Il s'agit pour Delaunay de se distinguer de la ligne puriste de Panassié en présentant trois styles de jazz différents depuis le Nouvelle-Orléans jusqu'au be-bop, soit un véritable condensé d'histoire du jazz. Delaunay mise sur la diversité autant par goût que parce qu'il a compris qu'elle était la clé de l'expansion : cette formule permet de rallier un public plus important, si bien que cette tournée visite près de vingt villes en vingt-trois jours. Le succès ne se démentant pas, c'est une cinquième tournée qui est organisée en mai 1948, avec l'orchestre de Jack Diéval en collaboration avec les Jeunesses musicales de France. Les tournées organisées par Delaunay se poursuivent en 1948-1949, avec des musiciens français, mais aussi quelques vedettes américaines, parmi lesquelles le trompettiste Bill Coleman, vieille connaissance des amateurs français puisqu'il avait longuement séjourné à Paris à plusieurs reprises avant la guerre. En décembre 1948, il revient dans ce pays qu'il a eu l'occasion d'apprécier et dans lequel il multipliera les séjours jusqu'en 1956, date à laquelle il s'y installera définitivement, élisant domicile à Cadheillan, dans le Gers, où il s'éteindra en 1981, quelques années après avoir été promu chevalier national de l'ordre du Mérite.

Les premières grandes manifestations

Mais si les Hot clubs jouent un rôle important dans l'organisation des concerts de jazz immédiatement après la guerre, ils ne vont pas tarder à être supplantés par d'autres structures mieux adaptées au succès grandissant que connaît la musique noire américaine, un succès que la modestie des moyens de ces petites associations ne leur permet pas de gérer. Chez Delaunay, ils cessent d'être le support logistique des tournées dès 1950. Chez Panassié, ils continuent à jouer ce rôle, mais les tournées vont se faire rares après cette date. Associations d'amateurs, ils n'ont ni les moyens financiers ni la capacité technique d'organiser beaucoup de concerts et le nombre restreint de clubs limite la sphère géographique des tournées. Les musiciens qui drainent un public important ne peuvent donc pas passer par les Hot clubs. L'organisation d'un grand concert doit être prise en charge par un professionnel du spectacle ayant un métier solide et des finances adéquates. Or, à partir de 1948, le succès du jazz franchit un palier très net qui impose aux organisateurs de manifestations de passer à la vitesse supérieure, ce qui, à terme, sonne le glas du rôle des Hot clubs dans la prise en charge de la diffusion de la musique noire en France.

Le premier événement jazzistique de grande ampleur de l'après-guerre est le Festival international de jazz organisé par la municipalité de Nice en février 1948, en collaboration avec le Hot club de France. Il s'agit là d'une première mondiale dont l'idée revient à Michel de Bry, alors producteur à la Radiodiffusion française, qui, devant le succès de la tournée de Rex Stewart en décembre 1947, suggère à la ville de Nice d'organiser une manifestation de plus grande ampleur à laquelle la Radiodiffusion participerait. L'idée plaît au maire Jean Médecin, désireux d'associer la ville à une réalisation de grande ampleur qui ferait connaître le nom de Nice à l'étranger. La programmation artistique est confiée à Hugues Panassié, dont la compétence est unanimement reconnue, aussi bien dans le milieu du jazz – en dépit des tensions qui ont abouti à la scission d'octobre 1947 – que dans le monde profane où son nom est désormais connu. Le financement est assuré par la Radiodiffusion française et le comité des fêtes de Nice, qui espère profiter du chômage important sévissant alors chez les musiciens américains pour faire venir à peu de frais plusieurs d'entre eux, notamment l'orchestre du Jazz at the Philharmonic, dont Norman Granz est l'imprésario*. Mais devant les exigences financières de celui-ci, le comité doit renoncer à programmer l'orchestre, qui ne viendra pas en France avant 1952. Quant à Louis Armstrong, Rex Stewart et Mezz Mezzrow, les trois autres orchestres vedettes prévus au programme, Panassié obtient du comité des fêtes qu'ils soient bien payés. Un problème survient lorsque après la signature des contrats, stipulés en dollars, le cours du billet vert s'envole et double les cachets prévus. Le festival est cependant maintenu, mais le niveau des cachets fait l'objet de commentaires dans la presse, où l'on glose sur les « 1 400 000 francs en dollars[2] » pour le seul Louis Armstrong, celui-ci étant, il est vrai, la plus grande vedette du jazz à l'époque. Décidément très bien accueillis, les musiciens sont logés gratuitement dans les plus grands hôtels de la ville, le Negresco et le Ruhl. Ces excellentes conditions ne sont pas pour rien dans la réputation d'hospitalité qu'acquiert très vite la France auprès des musiciens de jazz, qui se feront rarement prier dans les années suivantes pour y venir jouer, d'autant plus qu'ils seront toujours traités en vedettes : un changement d'univers d'autant plus significatif que les jazzmen américains, pour la

---

* Le Jazz at the Philharmonic, ou JATP, est un orchestre de vedettes de jazz créé en 1944 par Norman Granz. Il fera de nombreuses tournées en France au cours des années cinquante et soixante.

plupart noirs, doivent en outre endurer chez eux des brimades raciales quotidiennes qui renforcent à leurs yeux l'attrait de l'Europe.

La programmation du festival est révélatrice des choix esthétiques d'Hugues Panassié, dont la sélection ne comporte aucun orchestre de jazz dit de « nouveau style », ce qui lui est reproché par la tendance adverse, mais aussi par des connaisseurs neutres tels le jeune Pierre Drouin, qui fait ses premières armes en tant que critique de jazz au journal *Le Monde* et regrette que la programmation du festival ne comporte pas la formation be-bop de Dizzy Gillespie qui se trouve précisément à Paris à ce moment-là. Au total, pendant six jours, les orchestres vont se succéder sur la scène de l'Opéra et du Casino, faisant du festival un véritable succès public dépassant les frontières hexagonales puisque de nombreux amateurs étrangers se déplacent pour assister à cette première mondiale. La grande presse française fait de même puisque c'est à l'occasion du festival de Nice que plusieurs grands quotidiens comme *Le Monde*, *Le Figaro* ou *Paris-Presse* ouvrent leurs colonnes au jazz. Quant à la rédaction de *Combat*, journal d'avant-garde politique mais aussi culturelle, elle délègue sur place le chroniqueur maison Boris Vian qui assure un article quotidien pendant les six jours du festival. Celui-ci fait aussi l'objet d'un reportage dans les populaires *Actualités cinématographiques Gaumont* et de retransmissions par la Radiodiffusion française. Jalon essentiel de la popularisation du jazz en France après la guerre, il est donc un incontestable événement médiatique, d'où se détache la figure de Louis Armstrong qui a triomphé à chacune de ses apparitions scéniques. Mais c'est aussi une consécration nationale pour le Quintette du Hot club de France, invité de dernière minute, et pour un jeune orchestre amateur qui fait parler de lui depuis quelques mois déjà dans les caves de la capitale : les Lorientais de Claude Luter.

On se souvient qu'Hugues Panassié avait enregistré en 1939 à New York des musiciens s'attachant à retrouver le style Nouvelle-Orléans tel qu'il était pratiqué dans la ville natale du jazz avant de tomber progressivement dans l'oubli. Ces enregistrements vont être à l'origine, au moins en France, d'un *revival* Nouvelle-Orléans dont les premières manifestations ont lieu dès l'Occupation, période au cours de laquelle des orchestres amateurs pratiquant ce style commencent à fleurir à Paris et en province. Mais c'est surtout à la Libération qu'il s'épanouit, notamment lorsque à partir de 1946, de jeunes étudiants à la tête desquels se trouve le clarinettiste Claude

Luter s'installent au bar des Lorientais près de la place Maubert à Paris, et y jouent tous les après-midi. L'objectif de l'orchestre est de reproduire le son des orchestres Nouvelle-Orléans. Leurs enregistrements de référence sont les disques de King Oliver gravés en 1923, considérés unanimement par les amateurs de jazz comme des œuvres de premier ordre dans le domaine du jazz et où l'on note la présence du jeune Louis Armstrong qui s'est affirmé à cette occasion comme un maître du genre[3]. Le succès de ce phénomène « underground » avant la lettre est immédiat. Il ne se dément pas jusqu'aux premières plaintes de riverains pour cause de bruit, et de parents désapprouvant l'assiduité excessive de leurs enfants dans cette cave, surtout lorsqu'elle a pour corollaire une désertion des amphithéâtres de la Sorbonne voisine. Le Lorientais étant promptement fermé, Luter et sa bande vont émigrer au Kentucky, quelques pâtés de maisons plus loin, où leur succès continue. Le meilleur indicateur en est la croissance des orchestres amateurs de style Nouvelle-Orléans qui vont s'inscrire par dizaines à l'édition 1948 du tournoi annuel Hot club de Paris. Lorsque Panassié met sur pied la programmation du festival de Nice en 1948, le seul orchestre français qu'il choisit est celui de Luter (au dernier moment viendra cependant s'y adjoindre le Quintette du Hot club de France), un choix qui fait grincer des dents la quasi-totalité des musiciens professionnels : ceux-ci protestent contre l'engagement d'un orchestre amateur dont le manque d'expérience constitue une atteinte à l'image de la profession tout entière, et dont l'absence de rémunération crée une concurrence déloyale. Le festival est pour l'orchestre de Luter l'occasion d'une consécration nationale et même internationale, puisque les concerts sont retransmis par plusieurs radios étrangères. Panassié, qui voit en eux un des meilleurs ensembles français, considère qu'ils forment l'orchestre blanc, tous pays confondus, ayant le mieux assimilé le style Nouvelle-Orléans et insiste sur la filiation musicale entre le grand clarinettiste néo-orléanais Johnny Dodds et Luter.

Alors que le nom de Panassié est associé au premier festival de jazz du monde et à l'épanouissement en France du revival Nouvelle-Orléans, Charles Delaunay, de son côté, ne reste pas inactif. En février 1948, deux jours avant le début du festival de Nice, il organise les premiers concerts parisiens du grand orchestre be-bop de Dizzy Gillespie : c'est la première fois que le nouveau style, connu jusque-là par des enregistrements arrivés parcimonieusement des États-Unis, se fait entendre en direct par le public français. Un événement qui a bien failli ne pas avoir lieu, puisque la tournée européenne du grand orchestre « atomique », comme on l'appelle à l'époque, ne devait pas passer par la France. Il a fallu l'indélicatesse d'un organisateur de concerts suédois parti avec la caisse pour que l'orchestre se trouve bloqué à Anvers, et pour que Delaunay saute sur l'occasion ainsi offerte d'organiser en catastrophe un concert à Paris[4], mobilisant les médias afin de remplir le plus possible la prestigieuse salle Pleyel. Après avoir été bloqué à la gare du Nord par des douaniers sourcilleux, c'est devant une salle comble que l'orchestre se présente pour un concert qui devait marquer la mémoire des amateurs de jazz. Gillespie n'en restera pas là puisqu'il reviendra – mais sans son grand orchestre – à huit reprises jusqu'en 1963, toujours bien accueilli par le public français.

En réponse au festival de Nice et pour la plus grande joie des amateurs, Charles Delaunay va en outre organiser dans la capitale en mai 1948 un festival de jazz au théâtre Marigny. Pendant une semaine, vedettes américaines et françaises feront entendre au public toutes les tendances du jazz, Delaunay se démarquant là encore de la ligne Panassié. Le festival est divisé en plusieurs soirées à thème censées embrasser la totalité de l'histoire du jazz afin de donner une vision cavalière au public non averti. La soirée d'ouverture commentée par le critique belge Robert Goffin comprend des orchestres illustrant les époques successives du jazz : le style Nouvelle-Orléans est représenté par les Français Claude Luter et l'orchestre australien de Graeme Bell, tandis que le saxophoniste américain Coleman Hawkins et le jeune pianiste français Claude Bolling illustreront le jazz qualifié de « classique », l'orchestre d'Howard McGhee clôturant le concert avec des interprétations de be-bop. Au cours des concerts suivants, ce sont d'autres vedettes américaines telles que Slam Stewart ou Errol Garner qui se produiront devant le public parisien, tandis qu'une soirée intitulée « New Orleans contre be-bop » sera arbitrée par Boris Vian. Au-delà de cet événement de grande ampleur mais ponctuel, Charles Delaunay s'efforce aussi de satisfaire le public des habitués parisiens ; il crée donc en octobre 1948 une formule de concerts hebdomadaires qui ont lieu au théâtre Édouard-VII sous le nom de Jazz parade. Ces concerts ont lieu toutes les semaines d'octobre 1948 à avril 1949, puis reprennent en octobre 1949 pour cesser définitivement en février 1950. En 1949, Panassié va essayer de prendre pied à Paris pour concurrencer Delaunay sur son propre terrain, en organisant lui aussi des concerts réguliers sous le nom de *Harlem Show*. La première et seule édition aura lieu en février 1949 : Panassié ne réussira jamais à s'implanter dans la capitale.

Fin 1948, le bilan jazzistique est on ne peut plus positif : les grands événements de l'année ont montré que le jazz possédait désormais un public important. C'est à ce moment-là que l'insuffisance du circuit des Hot clubs à assurer la diffusion du jazz en France apparaît nettement. Ils ne peuvent organiser des manifestations de grande envergure : à Nice et à Paris, l'organisation matérielle des concerts a été assurée par des sociétés créées pour l'occasion. Il en est de même pour les concerts Jazz parade, gérés par la société du même nom créée par Charles Delaunay avec le directeur du théâtre Édouard-VII, tandis que la Radiodiffusion française assure la retransmission des concerts. Le Hot club de Paris n'est partie prenante qu'à titre théorique de cette société, qui témoigne en fait du passage de l'organisation des concerts de jazz entre les mains de professionnels du spectacle. L'année suivante, Delaunay organise le premier festival international de jazz de Paris dont les deux vedettes sont le saxophoniste be-bop Charlie Parker, qui effectue là son unique apparition sur une scène française, et Sidney Bechet, maître du style Nouvelle-Orléans qui va faire l'unanimité auprès du public comme de la critique. L'événement nécessite une infrastructure plus grande encore, puisqu'il est organisé conjointement avec le comité des fêtes de la Ville de Paris, la Radiodiffusion française, la société des Spectacles internationaux de Monte-Carlo, la compagnie discographique Blue Star, la société Jazz parade et le Hot club de Paris, qui n'est plus le maître d'œuvre mais simplement un partenaire parmi d'autres, composés de professionnels du spectacle. Et même si Delaunay est toujours l'un des personnages centraux de l'organisation, il n'intervient plus seulement ès qualités de président du Hot club de Paris, mais aussi et surtout en tant que directeur associé de la société Jazz parade : on ne saurait mieux souligner que l'époque des concerts artisanaux organisés par les Hot clubs est révolue, même si ceux-ci se poursuivront encore quelques années.

II. La professionnalisation de l'organisation des concerts

Quand le jazz tient salon

Encouragé par tous ces succès, Delaunay organise avec Jacques Souplet en décembre 1950 une manifestation d'une ampleur sans précédent : le Ier Salon international du jazz, qui constitue, là encore, une première mondiale. En plaçant la manifestation sous le haut patronage du ministre de l'Éducation nationale Pierre-Olivier Lapie qui vient en personne l'inaugurer (« enfin une inauguration amusante », aurait-il dit), et en s'assurant le concours de *Paris-Presse-L'Intransigeant*, *L'Opéra* et de la Radiodiffusion française, les organisateurs ont fait les choses en grand pour cet événement qui est bien plus qu'un festival : au cours de ces cinq jours, on pourra entendre des musiciens américains (dont le trompettiste Roy Eldridge et le saxophoniste James Moody), français, hollandais et italiens, mais aussi assister chaque après-midi à un programme comprenant des conférences-auditions de spécialistes de jazz à l'intention du grand public et des projections de films. En outre, Delaunay a programmé cette année le tournoi de musiciens amateurs dans le cadre du salon, afin de donner une large publicité à cette manifestation annuelle au cours de laquelle se révèlent les jeunes talents de demain.

En sus des manifestations musicales proprement dites est installé à la Maison de la chimie de la rue Marcelin-Berthelot un salon industriel et commercial où tous les aspects du jazz sont représentés puisque disquaires, maisons de disques, facteurs d'instruments, magasins et éditeurs de musique présentent leur production et qu'on peut se procurer des pick-up* ainsi que des postes de radio et de télévision, tandis que sont représentées les librairies Larousse, Corréâ et les Deux-Mondes ainsi que le journal anglais *Melody Maker*. En tout, le salon comprend près de cinquante stands : un véritable salon multimédia avant la lettre où de grandes marques telles que les pianos Klein jouent le rôle de « sponsors » en fournissant les instruments sur lesquels jouent les vedettes invitées. Les entreprises présentes semblent avoir tout lieu de se féliciter d'avoir misé sur cette stratégie commerciale nouvelle dans la profession, d'autant plus que sur ce marché en pleine expansion, comme le montre le

---

* Nom donné à l'époque aux platines tourne-disques.

succès croissant des tournois amateurs, les facteurs d'instruments français sont en position dominante. Une compagnie comme Selmer comprend vite l'effet d'entraînement que peuvent provoquer des vedettes telles que Louis Armstrong, qui joue sur un instrument de la marque.

En bref, ce salon s'appuie sur une logistique complexe qui, révélatrice d'un changement d'époque, met en jeu des sommes importantes et vise explicitement la diffusion large et le bénéfice financier. Destiné aux connaisseurs, il a aussi pour vocation d'attirer les profanes, d'où l'importance accordée à l'aspect pédagogique dans lequel s'inscrivent notamment les conférences-auditions. Cette vitrine du jazz est aussi le prototype des grandes manifestations culturelles de masse que nous connaissons aujourd'hui, et Delaunay semble bien avoir été pionnier dans ce domaine, alors qu'il est traditionnellement admis que toutes les innovations relatives à la massification des pratiques culturelles viennent d'outre-Atlantique. Or, tout comme le festival de jazz, la formule du salon musical est d'invention française. Mais le projet de Delaunay et Souplet dépasse la simple foire commerciale, non seulement du fait d'une importante programmation musicale qui constitue le cœur de la manifestation, mais aussi par la présence d'une exposition d'œuvres picturales inspirées par le jazz. L'idée en revient à Charles Delaunay, qui, rappelons-le, avait commencé à gagner sa vie comme dessinateur de publicité dans les années trente. L'exposition du salon comprend cent œuvres, réunissant les noms d'artistes connus tels que Fernand Léger, Robert et Sonia Delaunay, Jean Dubuffet, mais aussi de nombreux peintres étrangers parmi lesquels Mondrian, Dalin ou encore des représentants du groupe Cobra. Cet ensemble international de peintres modernes mélangeant artistes reconnus et en devenir donne au salon des allures d'exposition d'avant-garde et permet de jouer sur le registre de l'esthétique autant que sur celui du commercial. Enfin, les organisateurs ont fait en sorte que l'événement ait un retentissement important, en France mais aussi à l'étranger. À cet effet sont réalisées des liaisons radiophoniques grâce auxquelles les spectateurs peuvent écouter, le premier soir, un orchestre retransmis en direct de Londres et le deuxième soir une émission en duplex avec New York, qui permet au public « d'entendre Charlie Parker s'excuser auprès du public d'avoir dû quitter Paris la veille », et à Roy Eldridge et James Moody, présents sur la scène aux côtés de Charles Delaunay, « d'échanger quelques paroles avec le Bird [surnom de Charlie Parker] après un reportage fort troublé par les conditions atmosphériques défavorables[5] ». International, le salon l'est aussi par son retentissement en Angleterre et aux États-Unis, où des quotidiens et hebdomadaires comme le *Chicago Tribune*, le *Melody Maker* ou le *Musical Express* lui consacrent des numéros spéciaux[6]. Quant à la presse française, elle n'est pas en reste puisque des quotidiens comme *Le Monde*, *Paris-Presse*, *Franc-tireur*, *Le Figaro* ou *Combat* consacrent un ou plusieurs articles au salon, dont l'affluence, de peut-être 20 000 à 30 000 personnes, dépasse toutes les prévisions.

Devant la réussite de l'entreprise, Delaunay et Souplet décident de récidiver et organisent en mars 1952 un deuxième salon comprenant une prestigieuse affiche : les vedettes américaines Dizzy Gillespie, Sidney Bechet et l'orchestre du Jazz at the Philharmonic, que Delaunay réussit à faire venir après une âpre négociation financière avec son imprésario Norman Granz. Ce dernier, qui avait refusé que l'orchestre se produise à Nice en 1948, a pris acte du retentissement du précédent salon et inaugure en 1952 une longue série de tournées européennes du JATP, dont le succès ne se démentira pas jusqu'à la fin des années cinquante. Le succès du Ier Salon n'a pas échappé non plus aux industriels dont l'activité touche au jazz, si bien que la quasi-totalité des compagnies de disques françaises, mais aussi des facteurs d'instruments et des éditeurs de musique, répond présente pour la deuxième édition. Le nombre d'exposants est ainsi de loin supérieur à celui de 1950 et le salon est placé cette année sous le haut patronage du ministre du Commerce et de l'Industrie – glissement sémantique révélateur – dont le chef de cabinet inaugure les festivités. Il en sera de même pour la troisième édition en 1954. Afin de contrebalancer cette dimension commerciale qui irrite certains puristes mais aussi d'affirmer la valeur esthétique d'une musique encore contestée, une exposition d'art contemporain est à nouveau organisée, avec des noms prestigieux déjà promus au rang de valeurs sûres comme Chagall, Braque, les époux Delaunay et surtout Matisse. Ce dernier, alors reconnu dans le monde entier, avait publié en 1947 une plaquette intitulée *Jazz* regroupant des compositions à base de papiers de couleur découpés et collés : sa présence s'imposait au salon du jazz afin de montrer que cette musique pouvait inspirer l'un des plus grands génies de la peinture du xxe siècle. Le résultat est au rendez-vous : salué dans la presse comme le précédent, le salon est un succès incontestable avec 50 000 visiteurs et des retransmissions en France d'outre-mer, en Allemagne, au Canada, aux États-Unis, au Danemark et en Finlande.

En juin 1954, Delaunay et Souplet voient encore plus grand et reconstituent pour le troisième salon une rue de La Nouvelle-Orléans dans le hall de la salle Pleyel. Un programme musical alléchant attire des visiteurs anglais, argentins, canadiens, danois, égyptiens, suédois, et même quatre Indiens fortunés venus spécialement de Bombay pour assister aux dix concerts du festival ! Gerry Mulligan et Bob Brookmeyer, révélations du festival selon André Hodeir, font découvrir aux amateurs français une nouvelle formule, le quartette sans piano où seule la contrebasse assure la continuité harmonique tandis que le saxophone baryton de Mulligan et le trombone à pistons – instrument peu usité – de Brookmeyer mélangent idéalement leurs timbres en de savants contre-chants. Le piano n'est cependant pas totalement absent du salon puisque Mary-Lou Williams est de la fête, ainsi que Thelonius Monk, pianiste be-bop déjà légendaire parmi ses pairs mais encore peu connu du public français et qui profite de son passage à Paris pour enregistrer ses premiers disques en solo alors qu'il est interdit d'enregistrement aux États-Unis pour cause d'usage de stupéfiants. Enfin, les amateurs avertis remarquent parmi les musiciens français présents un pianiste à la présentation discrète mais à la maîtrise instrumentale étonnante : Martial Solal. Malgré cette affiche de qualité et un succès sans précédent puisque l'on compte 90 000 entrées, le festival est un désastre financier dû à des erreurs de gestion et provoque une brouille entre Charles Delaunay et Jacques Souplet, qui mettront tous deux plusieurs années à rembourser les dettes du festival.

Blues et gospel

Pendant ce temps, Panassié poursuit sa quête en amont et approfondit sa connaissance des manifestations antérieures au jazz, notamment le blues, en partie par conviction, en partie parce que le terrain du jazz moderne est occupé par Delaunay et Souplet. Dans *La Véritable Musique de jazz*, il avait déjà accordé une large place à cette forme musicale d'abord vocale puis instrumentale qui est à l'origine du jazz. Quant à sa femme Madeleine Gautier, elle s'intéressait au blues depuis les années trente, lorsque, jeune poétesse, elle traduisait des blues publiés dans *Jazz hot*. En janvier 1946, c'est elle qui écrit le premier article sur le blues, accompagné de traductions, dans la nouvelle série de la revue. Panassié et sa femme organisent en 1951 la première tournée d'un musicien de blues en France, celle de Big Bill Broonzy, qu'ils avaient rencontré lors de leur voyage aux États-Unis en 1949. La tournée eut lieu au cours de l'été 1951, le chanteur-guitariste faisant le tour des stations balnéaires. Si elle ne fut pas un grand succès financier, elle contribua à faire connaître un nouvel aspect de la musique noire américaine. Broonzy reviendra par la suite trois fois en France, en février 1952, mars 1956 et avril 1957, peu avant sa mort : des visites régulières témoignant de l'existence d'un public qui s'intéresse au blues. Celui-ci va s'élargir en partie grâce à l'action pionnière du Hot club de France : non seulement Panassié accorde une large place aux musiciens et disques de blues dans le *Bulletin du HCF,* mais il organise d'autres tournées au tout début des années soixante, avec les pianistes Memphis Slim (deux tournées en mai 1961 et avril 1962) et Champion Jack Dupree (octobre 1961). La voie est ouverte pour les musiciens de blues, à qui s'intéressent désormais les organisateurs de concerts professionnels. En octobre 1962 ont lieu à l'Olympia deux concerts de blues au cours desquels se produisent John Lee Hooker, Willie Dixon, Memphis Slim et T. Bone Walker ; en octobre de l'année suivante, un concert du même genre réunit, à la salle Pleyel cette fois-ci, Muddy Waters, Otis Rush, Memphis Slim et Willie Dixon. Nul doute que le rôle de Panassié dans cette diffusion, limitée mais réelle, n'ait été important. Mais celui de l'équipe de *Jazz hot,* pour être plus tardif, n'en fut pas pour autant négligeable. On mentionnera par exemple le gros travail documentaire réalisé par Jacques Demêtre à partir d'avril 1955 : celui-ci ne publie pas moins de vingt-neuf articles dans *Jazz hot* sur le sujet entre 1956 et 1959.

Panassié eut aussi un rôle dans la diffusion des negro spirituals et du gospel en France, bien que dans ce domaine, le pionnier ait surtout été l'Américain Sim Copans, dont l'émission radiophonique « Fleuve profond », consacrée uniquement aux spirituals, fut créée en 1947 et devait durer plus de dix ans. Panassié, quant à lui, mentionne pour la première fois une artiste de negro spirituals en juillet 1949 : il s'agit de la chanteuse Mahalia Jackson, qu'il a rencontrée aussi à New York. Il lui consacre une émission de radio le 7 août, alors qu'aucun de ses disques n'est encore paru en France. En novembre de la même année, Charles Delaunay lui consacre un article dans *Jazz hot*. En 1952, lorsqu'elle vient pour la première fois en France, le terrain a donc déjà été préparé, et le succès est au rendez-vous, en dépit d'un incident de dernière minute : l'Église américaine de Paris ayant refusé de faire chanter une artiste noire dans un bâtiment religieux, c'est finalement à l'Olympia que la chanteuse se produira, non sans réticence. Elle reviendra ensuite en 1961. Le succès qu'elle rencontre fraye la voie à d'autres artistes comme Sister Rosetta Tharpe, qui vient pour la première fois en janvier 1958 et reste trois semaines à l'Alhambra, avant de visiter quelques villes de province, dont Limoges, à l'initiative du Hot club de France et de ses réseaux locaux. Et lorsqu'en janvier 1963 le spectacle *Black Nativity* passe à Paris, il remporte un tel succès que la troupe doit revenir pour trois semaines en juin, témoignant de l'intérêt porté par le public à cet épisode biblique revu et corrigé par les artistes noirs et leurs chants spécifiques.

L'implantation en province

On aurait cependant tort de croire que l'augmentation importante des manifestations jazzistiques au cours des années cinquante est un phénomène uniquement parisien. Ainsi que nous l'avons vu, les incursions d'artistes de jazz en province commencent dès 1947. Elles se multiplient au cours des années cinquante et montrent que le jazz, loin de se limiter à la capitale, connaît au cours de ces années un processus d'enracinement sur tout le territoire, même si, à l'échelle de chaque ville de province, les événements jazzistiques restent rares, et même parfois inexistants. Le palier franchi par le jazz au cours de l'année 1948 impose une mutation des méthodes d'organisation de concerts à l'échelle de la capitale, mais aussi en ce qui concerne les tournées en province. Le problème se pose de manière aiguë pour la première fois en 1949, après le festival de Paris, qui a vu le triomphe de Sidney Bechet. Delaunay veut alors organiser une tournée en province pour exploiter ce succès. Mais la complexité de l'opération fait que les Hot clubs ne peuvent à eux seuls y participer et doivent chercher au niveau local des partenaires susceptibles d'organiser les manifestations en collaboration. Le jazz rebutant encore de nombreux professionnels du spectacle, la tournée de Bechet, organisée par Charles Delaunay, sera relativement courte et ne concernera que des villes importantes comme Lyon, Roubaix, Bordeaux et Marseille.

Bechet va cependant se rattraper au cours des années suivantes puisque, devenu l'une des plus grandes vedettes de la scène musicale française dès le début des années cinquante, il va multiplier les déplacements en province et dans les colonies jusqu'en 1958, date à laquelle un cancer qui l'emportera l'année suivante l'oblige à stopper ses activités. Dès 1949, Charles Delaunay devient son impresario attitré et l'orchestre de Claude Luter son soutien rythmique, relayé à partir de 1954 par la formation d'André Reweliotty. En novembre 1950, une autre tournée le conduit dans de nombreuses villes françaises dont Rouen, Elbeuf, Lyon, Clermont-Ferrand, Marseille, Roubaix, Nancy et Strasbourg, où son succès dépasse celui que tous les musiciens de jazz avaient pu connaître avant lui et le convainc de s'installer définitivement en France. Après son mariage célébré en août 1951 avec pour témoin Eddie Barclay, il visite de nouveau la France en février 1952 puis l'Afrique du Nord en octobre. Les tournées vont alors se succéder jusqu'en décembre 1958 – date de sa dernière apparition publique : janvier-avril 1954, octobre-décembre 1954, mars-mai 1955 (près de trente villes visitées[7]), février-mars 1956[8], mars-mai 1957, juillet 1958. Un succès de scène qui s'accompagne d'un succès discographique, le cap du million de disques étant franchi en octobre 1955. Son principal succès, *Les Oignons*, atteindra en 1959 1,2 million de disques vendus. Bechet n'est cependant que la face la plus visible d'un phénomène de fond, car au cours des années cinquante, de très nombreux musiciens de jazz américains et français effectuent des tournées en province. Parmi eux, il faut citer notamment Lionel Hampton et son grand orchestre (1954, 1955, 1956), Bill Coleman (1952, 1953, 1956), Mezz Mezzrow (1951, 1953, 1954) Louis Armstrong (1952, 1955), Count Basie (1954, 1956), Dizzy Gillespie (1953), Big Bill Broonzy (1951), Albert Nicholas (1954), Jack Diéval (1954), Chet Baker (1955), Sammy Price (1956), Gerry Mulligan (1956), Kid Ory (1956).

Le processus d'enracinement régional du jazz, capital pour l'acculturation de la musique noire américaine dans notre pays, ne s'accomplit cependant pas sans difficultés, en raison du faible nombre d'amateurs de jazz dans de nombreuses villes et du manque d'infrastructures, interdisant à celles-ci d'organiser des concerts. Il en résulte une situation extrêmement fragile du jazz et une progression très inégale*. Si la courbe parisienne connaît aussi des irrégularités, la présence d'un important noyau d'amateurs lui permet de ne jamais descendre en dessous d'un certain seuil une fois le mouvement lancé au début des années cinquante. Il n'en est pas de même pour de nombreuses villes de province, dont l'unique concert de l'année est suspendu aux calculs de rentabilité effectués par tel impresario en prévision de la tournée d'une vedette. En dépit de chiffres irréguliers, quatre périodes peuvent être distinguées en ce qui concerne l'implantation en province. Au cours de la première

---

* Voir le tableau des concerts en annexe III, p. 461.

qui couvre les années 1944-1950, les concerts sont rares, bien que les Hot clubs locaux soient sur la pente ascendante : ils n'ont pas encore les moyens logistiques d'organiser des concerts – certains ne les auront jamais. On remarquera bien sûr le caractère exceptionnel de l'année 1948 au cours de laquelle plusieurs tournées sont organisées par la FHCF, mais comprenant peu de dates, exceptée celle de Kenny Clarke. D'autre part, elles sont abandonnées dès l'année suivante, ce qui ne peut s'expliquer que par le caractère encore restreint du public et par la difficulté à rentabiliser une telle entreprise. La tournée de Bechet en octobre 1949 est donc, nous l'avons vu, extrêmement courte. Delaunay se concentre alors sur les manifestations parisiennes : Jazz parade, festival de mai 1949 notamment.

Mais à partir de 1951 s'ouvre une deuxième période, faste pour le jazz régional tout autant que pour le parisien. Dès 1952, le nombre de concerts provinciaux dépasse le nombre de concerts parisiens. Si l'on excepte le creux des années 1957-1959, il ne redescendra plus au-dessous, ce qui témoigne d'une implantation provinciale indéniable, qu'il ne faudrait cependant pas surestimer car le nombre de villes de province qui connaissent une activité jazzistique reste faible. Là encore, on observe un décalage avec la chronologie de l'histoire des Hot clubs régionaux, qui sont précisément sur la pente descendante à partir de 1952. Mais le paradoxe n'est qu'apparent, car à ce moment, la « sélection naturelle » commence à faire son effet entre ceux qui sont composés d'amateurs actifs organisant régulièrement des concerts et ceux qui comprennent des amateurs dilettantes et disparaissent rapidement. Les clubs sont donc moins nombreux, mais leur action plus importante : c'est la première raison qui explique la fécondité du jazz régional en ce début des années cinquante, car l'activité des Hot clubs, même s'ils sont globalement en déclin, s'ajoute aux grandes tournées organisées désormais depuis Paris par des entrepreneurs de spectacles professionnels. Il faut y ajouter le rôle, modeste mais significatif, d'un troisième acteur, les Jeunesses musicales de France, dont l'action est complémentaire de celle des Hot clubs : le public touché est sociologiquement différent, mais aussi nettement plus important puisque les JMF comptent à leur apogée en 1957 près de deux cent mille adhérents. De plus leur réseau, qui ne coïncide pas avec celui des Hot clubs, est bien plus étendu, notamment dans les villes moyennes (50 000 habitants) et petites (20 000 voire 10 000 habitants). Ce maillage serré permet aux JMF d'organiser quelques tournées qui donnent à nombre de petites villes l'occasion d'accueillir leur premier concert de jazz. Elles sont épisodiques : si Jack Diéval est le premier artiste à en bénéficier à la fin des années quarante, il faut ensuite attendre 1956 pour voir les JMF organiser à nouveau une tournée, de taille il est vrai, puisque le pianiste noir américain Sammy Price va sillonner avec son orchestre soixante-dix villes entre décembre 1955 et mars 1956. Par la suite, ce seront surtout des musiciens français qui en bénéficieront : Raymond Fonsèque en mars 1960 avec quinze dates, Martial Solal qui visite cinquante-trois villes en novembre-décembre 1962, Claude Bolling qui donne dix concerts en mars 1963, et Guy Lafitte dont la tournée, de décembre 1963 à avril 1964, comprend trente-six étapes. C'est l'occasion pour de petites agglomérations, dont les Hot clubs sont généralement absents, de découvrir le jazz.

Après cette période faste, les années 1957-1959 constituent une troisième époque caractérisée par une chute très nette des concerts, due à plusieurs facteurs. Il faut d'abord mentionner la cessation progressive d'activité de Sidney Bechet, dont la dernière tournée date de mars 1957. Malade, il va se retirer lentement de la scène jusqu'en décembre 1958, date de sa dernière apparition publique, six mois avant sa mort en mai 1959. Mais d'une manière générale, ce sont les tournées d'orchestres en province qui disparaissent. S'il faut évoquer l'arrivée du rock'n'roll à la fin de l'année 1956, qui concurrence indéniablement le jazz, cette explication ne peut suffire dans la mesure où, si l'on se réfère aux chiffres parisiens, on constate que le public ne fait que croître. L'arrêt des tournées en province semble dû aussi à l'accumulation d'échecs financiers. Le caractère malgré tout restreint du public du jazz en province oblige les organisateurs de concerts à calculer leurs marges bénéficiaires au plus juste. Que la salle ne soit pas totalement remplie et c'est la catastrophe. La capitale n'est pas concernée par cette baisse de régime car le public plus important permet d'assurer la rentabilité de la majorité des concerts. C'est même une augmentation du public parisien qui caractérise ces années. La province est ainsi la première victime de l'augmentation du public, trop important désormais pour que les Hot clubs puissent le gérer seuls, mais aussi trop dispersé pour que chaque ville puisse accueillir un grand concert rentable. Pourtant, les tournées des années 1952-1956 ont montré le potentiel du public provincial. Mais les nouvelles méthodes d'organisation de concerts adaptées au contexte parisien font vite sentir leurs limites hors de la capitale, tandis que dans le même temps, le déclin consommé des Hot clubs provoque une raréfaction des concerts de proximité avec des musiciens de moindre envergure, français notamment. Ce n'est qu'à partir de 1960 que les organisateurs de concerts généralisent une formule permettant de résoudre le problème de la rentabilité, ouvrant ainsi une quatrième période dans l'histoire du jazz en province : l'ère des festivals, dont nous traiterons plus loin*.

Coquatrix + Ténot/Filipacchi + Europe numéro 1 = Paris jazz concert

Pendant ce temps, à Paris, le succès du jazz est continu depuis le début des années cinquante, même si les grandes manifestations organisées par Delaunay et Souplet se traduisent par des échecs financiers. L'explication principale réside dans les frais importants (billets d'avion, logement, nourriture, transport de matériel) occasionnés par la venue d'artistes américains. À cet égard, il est significatif que les deux plus grands échecs aient été ceux du festival de Paris en 1949 et du IIIe Salon, qui réunissaient tous deux un important plateau de vedettes. Outre les sautes d'humeur du dollar, dont on a vu les effets lors du festival de Nice, le montant élevé des cachets alloués aux musiciens semble avoir été une autre cause de déficit, les organisateurs ayant adopté dès le début une politique de salaires élevés par rapport à celle pratiquée aux États-Unis. C'est en partie ce qui explique l'attrait de l'Europe pour les musiciens et les imprésarios américains. Il semble aussi que la guerre du jazz ait accentué cette tendance en provoquant une surenchère entre Delaunay et Panassié afin d'«avoir» tel artiste, pour le plus grand bénéfice de ce dernier. Panassié, qui avait engagé Sidney Bechet pour une tournée française en 1949, accuse ainsi Delaunay de lui avoir «soufflé» le marché en proposant à l'artiste une somme bien supérieure : 1 800 dollars par semaine contre 600, alors que cette dernière somme constituait déjà le double de ce que gagnait le saxophoniste aux États-Unis. Pour Panassié, il ne fait aucun doute que le déficit de 2 400 000 francs du festival de Paris dont Bechet a tenu la vedette est dû à cette politique de hauts salaires[9]. En l'absence de comptes précis, il est difficile de trancher la question.

Ce qui est sûr, c'est que les Américains prennent vite l'habitude de demander des cachets élevés qui alourdissent le budget des festivals ou des tournées, provoquant l'annulation de celles-ci lorsque les exigences sont trop grandes. Ainsi en 1948 et en 1951 pour la

---

* Voir le chapitre XIV.

tournée du Jazz at the Philharmonic de Norman Granz : celui-ci est implicitement mis en cause dans la presse spécialisée, où l'on s'étonne que le cachet journalier demandé pour ses musiciens puisse passer en quelques jours de 250 à 750 dollars, alors que les possibilités économiques d'une France à peine sortie du rationnement sont encore limitées[10]. Au IIIe Salon du jazz en 1954, ce sont au bas mot dix musiciens américains et non des moindres (Gerry Mulligan et son quartette, Thelonius Monk, Jonah Jones, Mary-Lou Williams) dont il faut prendre en charge voyages, séjours et cachets. Une dépense importante en partie responsable – avec l'impressionnant décor – de l'énorme déficit laissé par le salon, qui décide Charles Delaunay à se retirer peu à peu de l'organisation de concerts. La relève va être assurée à partir de l'année suivante par Frank Ténot et Daniel Filipacchi, qui vont devenir les principaux organisateurs de concerts de jazz à Paris. Leur association avec la nouvelle station de radio Europe numéro 1 leur permet de résoudre le problème du coût des cachets des artistes, compensé par une publicité gratuite faite à l'antenne au cours de l'émission quotidienne « Pour ceux qui aiment le jazz » qu'ils animent à partir de 1955, ou à d'autres heures d'écoute. On touche ainsi un public bien plus large que par voie d'affiche. Quant aux concerts, ils sont retransmis sur Europe numéro 1, toujours dans le cadre de « Pour ceux qui aiment le jazz ».

Ténot et Filipacchi organisent leurs premiers concerts en 1956. Ce sont eux notamment qui font venir cette année-là l'orchestre « progressiste » du très controversé Stan Kenton dont les expérimentations orchestrales provoquent des grincements de dents chez nombre d'amateurs, mais qui reste une référence pour beaucoup de musiciens sensibles au professionnalisme et à la mise en place irréprochable de sa formation. Mais c'est surtout à partir de 1958 que l'activité de Ténot et Filipacchi se développe, lorsqu'ils s'associent avec Bruno Coquatrix, directeur de l'Olympia, pour créer la société Paris jazz concert afin de répondre à la demande du public dont témoigne la croissance exponentielle des auditeurs de « Pour ceux qui aiment le jazz ». Il s'agit maintenant d'organiser des concerts réguliers, un peu dans le même esprit que les concerts Jazz parade de 1948-1950, mais à une échelle supérieure qui nécessite un partenariat pour partager des frais importants. Tandis que Coquatrix fournit la salle et apporte son savoir-faire en matière d'organisation de spectacles, Filipacchi et Ténot, grâce à leur réseau de connaissances dans le monde du jazz, s'occupent des négociations avec les artistes américains. Ils s'associent notamment à Norman Granz, qui a pris sous contrat de nombreux musiciens de jazz et propose leurs services à ses confrères français qui lui payent d'avance la moitié de la somme.

Si à l'époque de Jazz parade Charles Delaunay invitait surtout, faute de moyens, des solistes américains qu'il faisait accompagner par des rythmiques françaises, Ténot et Filipacchi ont la possibilité de faire venir des orchestres entiers. Ils inaugurent à partir de mars 1958 une série de concerts le samedi à minuit : c'est le batteur américain Max Roach, qui avait été l'une des vedettes du festival de Pleyel en 1949 et n'était plus venu depuis en Europe, qui ouvre le feu, suivi de nombreuses autres vedettes parmi lesquelles Duke Ellington, Sonny Rollins, Horace Silver, les Jazz Messengers, Thelonius Monk, John Coltrane ou Dizzy Gillespie. La formule du concert de minuit ne concerne toutefois pas tous les artistes de jazz, notamment ceux dont le succès important nécessite l'organisation de plusieurs concerts, comme c'est le cas pour le pianiste-chanteur Ray Charles lors de ses passages successifs à Paris (cinq concerts en octobre 1961, six en mai 1962, six en mai 1963). Au total, ce sont au moins 11 concerts qu'organisent Ténot et Filipacchi en 1958, 14 en 1959 et 1960, 24 en 1961, 18 en 1962 et 21 en 1963, soit une moyenne d'un puis de deux par mois. En réalité, la saison des concerts s'étendant d'octobre à mai, ce sont des concerts quasi hebdomadaires qui ont lieu en 1958-1959. Au cours de ces deux années, ce seraient donc environ 50 000 personnes[11] qui auraient assisté aux manifestations organisées par Paris jazz concert, soit près de deux fois plus que les 28 000 spectateurs des concerts Jazz parade au théâtre Édouard VII pendant une durée similaire, entre octobre 1948 et février 1950[12] : cette comparaison témoigne d'une demande accrue du public à laquelle de nouvelles méthodes d'organisation de concerts ont permis de faire face.

VI

La guerre du jazz

Pendant que les musiciens américains font connaissance avec le public français, de dures polémiques vont agiter les amateurs de jazz à la suite de la scission de 1947. Au cours des années suivantes, les deux tendances s'anathématisent mutuellement par voie de presse, la tendance panassiéiste se distinguant rapidement dans ces affrontements par une violence verbale particulière qui témoigne *a contrario* de sa perte progressive d'influence sur la diffusion du jazz en France. L'évolution des deux fédérations concurrentes le montre bien : alors que celle de Panassié se replie peu à peu sur elle-même, celle de Delaunay déploie une activité importante jusqu'au milieu des années cinquante, date à laquelle le mouvement Hot club, dépassé par le succès du jazz et par les mutations culturelles, entre dans une phase de déclin irréversible.

I. Les polémiques

Querelles d'érudits

À partir du début de 1948, les anciens compagnons devenus adversaires vont entamer une période de polémiques qui durera plusieurs années. Panassié déclenche les hostilités immédiatement après la scission, en critiquant la composition du bureau du Hot club de Paris fondé par Delaunay juste après son exclusion :

> La composition du bureau du club de Paris en dit long sur la valeur de ce club : le secrétaire général est De Rocca-Serra, qui ne connaît absolument rien au jazz. [...] Parmi les conseillers

artistiques, je relève le nom de l'ineffable Frank Ténot qui, depuis un an, accable les lecteurs de *Jazz hot* des chroniques de disques les plus invraisemblables qu'il m'ait été donné de lire jusqu'à présent[1].

L'équipe de *Jazz hot*, attaquée sur le terrain des compétences, va réagir et s'attacher à démonter la réputation d'infaillibilité de Panassié, en relevant systématiquement ses erreurs :

> Dans le dernier *Bulletin du Hot club de France*, page 6, nous relevons cette phrase signée de monsieur Panassié : « Dans *Dynamo* en Blue Star, [Don] Byas joue des passages quasi identiques à Charlie Parker dans ce même *Dynamo* enregistré avec Gillespie. » Or, ce n'est pas Charlie Parker (saxophoniste alto) qui enregistra *Dynamo*, car Hugues Panassié indique le titre précis *Dynamo* avec Dizzy, mais le saxo ténor Lucky Thompson[2].

Panassié, lecteur assidu lui aussi de la publication adverse, répond immédiatement et sa lettre est publiée dans *Jazz hot* deux mois plus tard au titre du droit de réponse :

> J'ai dit dans le *Bulletin du HCF* que Charlie Parker jouait du saxo alto dans *Dynamo* avec Gillespie. Un rédacteur anonyme de *Jazz hot* prétend que je me suis trompé et qu'il s'agit de Lucky Thompson au saxo ténor. Or, Gillespie a enregistré deux fois *Dynamo* : en Musicraft avec Parker à l'alto, en Dial avec Thompson au ténor. Feindre de croire que je parle de cette seconde version est d'autant plus absurde que le nom de Lucky Thompson, inscrit sur l'étiquette Dial avec la mention "tenor sax", empêche toute confusion.

À quoi Charles Delaunay répond à son tour :

> Si monsieur Panassié ne sait pas lire une étiquette (car il a avancé le titre précis de *Dynamo*, ainsi que nous l'avons remarqué, alors que cette seconde version à laquelle il fait allusion s'intitule *Dizzy atmosphere*), pourquoi penserions-nous qu'il sait lire le nom d'un musicien[3] ?

De telles joutes écrites vont régulièrement se reproduire au cours des années suivantes. Fort de son érudition jazzistique considérable, Panassié aime à entraîner ses adversaires sur ce terrain où, en ce qui concerne le jazz d'avant 1940, il est rarement pris en défaut. En revanche, lorsqu'il s'aventure sur le terrain de la technique, les bévues qu'il commet révèlent la faiblesse de ses connaissances musicales. En 1952, après avoir publié *Jazz panorama*, ouvrage pamphlétaire où il consacre plusieurs chapitres à l'éreintement de critiques de jazz français et étrangers jugés incompétents, Panassié se voit consacrer en guise de réponse un numéro spécial de *La Revue du jazz*, rachetée par Delaunay, entièrement consacré à celui que, du côté de *Jazz hot*, on commence à appeler par dérision « le pape du jazz ». Parmi les signataires figure André Hodeir, qui relève quelques « perles » écrites par Panassié, notamment celle-ci :

> Si seulement M. Hodeir [écrit Panassié], qui abrutit ses lecteurs d'analyses techniques (quintes diminuées, cent neuvièmes augmentées) était au moins compétent dans ce domaine ! Hélas, il y radote comme ailleurs. Par exemple il parle à tout instant, à propos du be-bop, d'atonalité. On lit sous sa plume des phrases telles que : « L'atonalité guette déjà cette musique où souvent l'oreille ne se raccroche à une séquence tonale qu'en fin de phrase. » Cet élève du Conservatoire confond tout simplement atonalité et polytonalité. [...] C'est pourtant simple, écrit-il, atonal veut dire : où il n'y a pas de tonalité, à aucun moment ; polytonal veut dire : où diverses tonalités se succèdent à intervalles plus ou moins rapprochés.

Hodeir commente ainsi ce passage de la prose panassiéenne :

> M. Panassié a déjà donné à ses adversaires de solides bâtons pour le battre, mais celui-ci est de chêne vert ! Jusqu'à Hugues Panassié, on avait cru que la polytonalité résultait de la superposition* de plusieurs tonalités différentes et qu'elle était une acquisition contemporaine. M. Panassié a changé tout cela : de sa définition, il ressort avec évidence que Bach, Beethoven et Wagner ont pratiqué le langage polytonal ! Cette découverte, qui stupéfiera les musicologues, les amènera à reconsidérer leurs conceptions de l'histoire de la musique[4].

Hodeir développe sa réponse à Panassié en 1954 dans *Hommes et problèmes du jazz*, ouvrage regroupant ses articles parus dans *Jazz hot* depuis 1947 et dont le dernier chapitre est consacré à Panassié sous le titre « La religion du jazz ». Il va aussitôt susciter du côté panassiéiste une nouvelle réponse, sous la forme d'un pamphlet écrit par André Doutart, membre du comité directeur du HCF : *André Hodeir*

---

* Et non de la succession, comme le croit Panassié.

n'a pas compris les hommes et n'a pas su résoudre les problèmes du jazz. Ayant lu attentivement le livre d'Hodeir, Doutart réfute point par point les erreurs que celui-ci impute à Panassié, mais se limite aux questions d'érudition et laisse prudemment de côté les problèmes techniques dans lesquels Hodeir peut difficilement être mis en défaut. Mais lorsque ce dernier affirme qu'« on a vu [Panassié] se tromper lourdement en plus d'une occasion [5] » et attribuer à tort l'enregistrement de *Jumpin'at the tracks* à l'orchestre de Count Basie, Doutart répond à celui qu'il qualifie de « pédant cacographe » en ouvrant le numéro d'une revue spécialisée américaine où le guitariste de Count Basie en personne affirme avoir enregistré cette œuvre avec le grand orchestre ; il énumère ensuite à son tour les erreurs d'André Hodeir, afin de montrer « l'extraordinaire incompétence de ce pédant » : alors qu'Hodeir croit avoir identifié le batteur Baby Dodds dans un disque des New Orleans wanderers, Doutart répond que « non seulement Baby Dodds [n'y joue pas], mais il n'y a même pas de batterie ! » Et de conclure sèchement : « Qu'est-ce que ça peut nous faire qu'il soit expert en quintes diminuées s'il n'est pas fichu de distinguer un banjo d'une batterie [6] ? » Doutart ironise sur les « va-nu-pieds de l'étang moderne [7] » – allusion à la revue homophone où Hodeir avait publié un article en février 1954 –, puis sur la « méchanceté triste » de son adversaire, comparée à celle de Panassié : « Lorsque Panassié attaque, il fonce droit devant lui, avec une férocité joyeuse qui fait penser à Léon Daudet. » Boris Vian ayant relevé dans *Jazz hot* ce compagnonnage politique douteux et comparé le ton de Doutart à celui de « *L'Action française* d'avant-guerre [8] », Panassié soutient Doutart dont « les arguments écrasants » ont « définitivement ridiculisé » Hodeir et, feignant d'ignorer les prises de position politiques de son ami, accuse ses adversaires, « battus à plate couture sur le plan musical, [de] transporter le débat sur le plan politique [9] ».

Mezz Mezzrow : génie ou charlatan ?

L'affrontement entre les deux tendances va se cristalliser en particulier sur le personnage de Milton « Mezz » Mezzrow, dont l'influence sur Panassié est considérable. Clarinettiste et saxophoniste américain né en 1899 à Chicago, Mezzrow a appris le jazz au cours d'un séjour dans une maison de redressement et commencé à exercer en tant que professionnel à partir des années vingt. En tournée à Paris en 1929, il a rencontré Panassié venu l'écouter à L'Ermitage moscovite puis est rapidement devenu un maître à penser pour le jeune amateur de jazz : « Mezzrow entend tout, comprend tout avant les autres. [...] Cette intelligence et cette sensibilité extraordinaires s'exercent dans tous les domaines, et pas seulement dans celui du jazz. Que Mezzrow parle de cinéma, de la vie, de la politique, de n'importe quoi, vous retrouvez toujours cette profondeur de vue saisissante[10] », écrira Panassié en 1946. Mezzrow, au cours de son séjour à Paris, donne au jeune Panassié des leçons de saxophone et surtout, lui fait écouter de nombreux musiciens de jazz totalement inconnus en Europe en 1929, notamment Louis Armstrong et les musiciens de La Nouvelle-Orléans. Ses connaissances et ses jugements tranchants pour ou contre tel ou tel musicien impressionnent beaucoup Panassié qui va l'élever au rang des plus grands musiciens de jazz, son parcours original ne faisant qu'ajouter à l'admiration du critique français. Ayant renié le monde blanc, Mezzrow se fait passer pour noir, épouse une femme noire et va vivre à Harlem au milieu des Noirs, un itinéraire de déviant qui n'est pas sans influencer Panassié qui, à deux reprises, ira vivre parmi eux à Harlem, en 1938 puis en 1949. Le fait que Mezzrow ait été l'un des premiers musiciens américains blancs à engager des Noirs dans son orchestre dès 1937 contribue à prestige auprès d'un Panassié très tôt sensible aux brimades raciales dont sont victimes les Noirs d'Amérique. Lorsqu'il supervise à New York les séances Swing destinées à ressusciter le style Nouvelle-Orléans, Panassié convie Mezzrow aux côtés de Tommy Ladnier, Sidney Bechet et Zutty Singleton, contribuant à l'installer dans l'imaginaire des amateurs au sommet du panthéon des musiciens de jazz.

C'est donc précédé d'une solide réputation qu'il arrive en février 1948 au festival de Nice, dont Panassié assure la programmation artistique. La presse nationale le présente comme « un cas dans l'histoire du jazz », car il est « le seul musicien blanc qui soit parvenu à assimiler parfaitement le style des Noirs. Sa technique et son sens du jeu d'ensemble dans les improvisations collectives l'égalent à ses maîtres de La Nouvelle-Orléans, Johnny Dodds ou Jimmy Noone[11] ». Jusqu'en 1947, Mezzrow est unanimement considéré par les amateurs de jazz, à la suite de Panassié, comme un grand musicien. André Hodeir, dans *Le Jazz, cet inconnu* paru en 1945, souligne que ce musicien « blanc de Chicago a eu le rarissime mérite de s'assimiler assez parfaitement le style Nouvelle-Orléans pour qu'on puisse le confondre avec les Noirs, même lorsqu'il joue le blues[12] ». Un jugement réaffirmé trois ans plus tard lorsque Hodeir publie son deuxième ouvrage, *Introduction à la musique de jazz* : Mezzrow y est qualifié de « meilleur spécialiste blanc du blues » et fait partie des cinq musiciens blancs cités par Hodeir comme ayant réussi à assimiler complètement la musique des Noirs[13].

Le climat va progressivement changer après la scission, Mezzrow devenant l'un des points de cristallisation des oppositions entre les deux camps. Si les commentaires de *Jazz hot* sont d'abord assez modérés à son égard, l'équipe de la revue fait très vite silence sur ce musicien porté au pinacle par Panassié, silence dû en partie aux prises de position esthétiques du musicien, dont l'autobiographie *La Rage de vivre* paraît en 1946 aux États-Unis et en 1951 dans sa version française. L'ouvrage, traduit par Marcel Duhamel, fondateur de la collection Série noire chez Gallimard, et Madeleine Gautier, épouse de Panassié, connaît un grand succès, bénéficiant de la vogue de la littérature américaine. Il est préfacé par Henry Miller. Sans se rattacher à la Série noire, cette autobiographie possède la forme d'un roman où sont présents les ingrédients qui ont fait le succès de la nouvelle collection : grandes villes américaines, bas-fonds, pègre, prostitution, drogue et jazz y font bon ménage, le tout traversé par le personnage picaresque de Mezzrow et retracé dans un style nerveux qui doit beaucoup à l'universitaire américain Bernard Wolfe, lequel a transcrit le témoignage oral du clarinettiste. Mais l'ouvrage contient aussi un appendice intitulé « New Orleans et Chicago : l'arbre et la branche[14] », où Mezzrow défend le style Nouvelle-Orléans comme étant la quintessence du jazz. Musicien mais aussi « redoutable doctrinaire[15] » dont Hodeir souligne l'influence sur Panassié, Mezzrow est désormais considéré comme un adversaire par les tenants du be-bop, un adversaire d'autant plus dangereux que son ouvrage, qu'ils ne critiquent pas sur le plan littéraire, contient sur le plan jazzistique des positions identiques à celles de Panassié, et dont la diffusion est favorisée par le succès du livre. L'audience que rencontre le musicien lors de ses tournées successives en France en témoigne. Si ses premières prestations en février 1948 à Nice et en mars à Paris (salle Pleyel) recueillent les faveurs du public, c'est surtout en 1951 que son succès éclate, à l'occasion d'une tournée organisée par Hugues Panassié, qui suit la sortie en librairie de *La Rage de vivre*. Le concert du 24 novembre à la salle Pleyel se déroule dans une ambiance électrique et devant une salle pleine à craquer.

C'est immédiatement après la fin de cette tournée que l'équipe de *Jazz hot*, rompant le silence observé jusque-là, publie une mise au point sur Mezzrow, dénonçant l'« abus de confiance[16] » qui consiste à faire de ce « musicien amateur » un des géants du jazz. S'appuyant, comme à son habitude, sur des analyses techniques, André Hodeir montre notamment que la maîtrise instrumentale de Mezzrow est des plus sommaires et qu'un musicien possédant aussi mal son métier ne saurait être un génie, ce que confirme la rareté des séances d'enregistrement réalisées par Mezzrow. Cette mise au point de *Jazz hot* n'entache guère dans l'immédiat la renommée de Mezzrow auprès de la majorité des amateurs, si l'on en juge par le succès qu'il rencontre au cours des deux années suivantes, avant que ses apparitions ne deviennent épisodiques : après 1954, le phénomène Mezzrow décline très nettement. Mais la réussite des tournées organisées par le HCF en 1951, 1953 et 1954 témoigne de l'audience encore importante des thèses de Panassié dans le milieu du jazz et auprès du grand public jusqu'au milieu des années cinquante.

« *Vous êtes des fumiers* »

La mise au point de *Jazz hot* sur Mezzrow suscite du côté panassiéiste quelques réponses virulentes. André Vasset, président du Hot club de Clermont-Ferrand, qualifie des membres de *Jazz hot* de « fumiers », de « cons » et de « salauds[17] ». L'invective semble en effet l'un des procédés littéraires favoris d'une partie de la tendance Panassié, à l'image du style de son président, dont la violence de ton doit beaucoup à Léon Bloy, l'un de ses auteurs favoris. Panassié, qui a longuement lu les œuvres de Bloy et tient son journal quotidiennement comme lui, a bien assimilé son style pamphlétaire. Cette influence se manifeste parfois au premier degré, dans des images quasiment identiques. En 1959, Aris Destombes ayant écrit dans *Jazz hot* à propos du trompettiste Cootie Williams :

> Tous les amateurs se font une idée du physique et de l'éthique d'un soliste à l'écoute de son style : l'audition des chorus de Cootie sur disque appelait dans mon esprit l'image d'un homme fin d'attaches, racé, à la violence policée, au vocabulaire varié, à la phrase subtile et élégante ; or j'ai trouvé sur l'estrade un être grand et massif, exubérant et gesticulant, un tantinet vulgaire dans sa tenue comme dans ses chorus[18],

Panassié rétorque :

Pas racé, Cootie !!! L'individu capable d'en juger ainsi doit avoir le préjugé anti-Noir, car Cootie est le prototype du beau Noir. En tout cas, que le ciel vous préserve d'avoir à jeter les yeux sur la tronche de Ducaveau [Aris Destombes] : de quoi faire avorter une chienne[19].

On peut rapprocher cet exemple d'un extrait du journal de Léon Bloy cité par Panassié lui-même afin d'illustrer ce qu'il appelait l'« humour insolite » de Bloy : « Je me souviens de Bloy parlant des poèmes de je ne sais plus qui, "dont la lecture à voix distincte eût été capable de constiper les bestiaux" ; ou vociférant contre ces cérémonies de mariage "où se débitent des vœux stéréotypés à faire vomir les tapirs[20]". » Registre animalier et construction grammaticale que l'on retrouve dans l'image « faire avorter une chienne ». En matière pamphlétaire, Bloy ne semble pas être la seule influence de Panassié, puisque celui-ci possède un autre tic stylistique consistant à transformer les noms de ses adversaires pour les ridiculiser. Bien que le procédé soit familier aux jeunes écoliers de tous les temps, il semble que Panassié l'ait emprunté à saint Jérôme qui l'utilisait pour désigner les théologiens avec qui il était en désaccord[21]. Panassié l'emploie pour la première fois en 1946, dans *Douze années de jazz*, où Jacques Canetti devient « Canouilletti », Panassié lui reprochant par ailleurs « sa voix d'eunuque et son fort accent étranger[22] ». Après la scission de 1947, ce procédé rhétorique est appelé à un bel avenir.

À partir de 1949 en effet, la revue *Jazz hot* devient « *Zazott* » sous sa plume et deux ans plus tard, André Hodeir se voit affubler du surnom de « Pédant Zazotteux », qui devient « Pédant Zazotteux numéro un » à partir de 1953, lorsque Lucien Malson reçoit le qualificatif de « Pédant Zazotteux numéro deux ». Par la suite, les surnoms seront raccourcis en « PZ n° 1 » et « PZ n° 2 ». Les deux chefs de file de la tendance moderne bénéficient d'un traitement de faveur puisque plusieurs surnoms leur sont appliqués selon l'humeur de Panassié, lequel aime à ironiser sur le registre olfactif et auditif que lui suggèrent des patronymes qui deviennent sous sa plume « Odère » et « Mal-son », « Mauvaisson » et « Mauvaisodeur », ou encore « Sonnemal » et « Movèzoder ». Après la parution de son *Histoire du jazz moderne* en 1960, Malson, coupable aux yeux de Panassié de multiples erreurs, devient « Ignorantin Zazotteux ». Quant aux amis des deux pédants, ils sont logés à la même enseigne, quoique avec moins de générosité : Charles Delaunay n'est autre que « Disco-Zazotteux », Jacques Souplet, l'administrateur-organisateur de concerts, « Comptable Zazotteux, M. Soufflé », Kurt Mohr, « Courte-mort ». Le batteur Gérard Pochonet, après un article peu élogieux sur Mezz Mezzrow, a le choix entre « Gérard Porcinet » ou « Cochonnet », de même qu'Aris Destombes – alias « Crétin Dutombeau » ou « Ducaveau » – après ses déclarations sus-citées sur Cootie Williams. Quant à Boris Vian, qui se moque dans sa revue de presse d'un critique belge proche de Panassié, il n'a droit qu'à « Zazoglaviotteux ». Et lorsque l'écrivain surréaliste Gérard Legrand publie en 1953 son livre *Puissances du jazz,* il est aussitôt appelé « Lepetit » par l'intraitable critique montalbanais. Outre le terme de « zazotteux », il arrive que Panassié englobe ses adversaires sous le terme générique de « boppomanes », voire de « trouducools* », termes détournant les deux styles de jazz qu'il abhorre.

Dans le camp d'en face, ce procédé n'est guère utilisé : si l'on se plaît à ironiser sur le caractère catéchistique du discours panassiéen en appelant ce dernier le « pape du jazz », dont les jugements sont assimilés à des « bulles », ou encore « l'archimandrite montalbanais », il n'y a guère que Boris Vian pour inventer des variations sur le nom du président du Hot club de France, procédé qui s'inscrit dans le cadre plus large d'un jeu sur le langage inhérent à son style littéraire et qui s'est appliqué à d'autres auparavant, à commencer par la duchesse de Bovouard ou Jean-Sol Partre. Chez Boris Vian, l'imprécateur de Montauban devient « Panne-à-scier », « Gugusse », « Papanassié » ou, plus simplement, « Pape », afin de mettre en avant son autoritarisme. Mais d'une manière générale, le ton des partisans du bop est empreint d'une modération absente chez Panassié, dont on pourrait donner de multiples exemples, parfois à l'échelle d'un article entier, comme en janvier 1958 lorsque André Hodeir est copieusement arrosé dans une longue épître intitulée « PZ n° 1 ignore ce qu'est le blues », que Panassié termine en annonçant le prochain épisode : « Il me faudra aussi m'atteler à la peu ragoûtante besogne de laver la tronche de PZ n° 2. Ce sera pour le prochain numéro. » Chose promise, chose due : le numéro de février contient, sur quatre pages, un éreintement des « bafouillages progressistes de PZ n° 2 ».

---

* C'est à une tendance dérivée du be-bop apparue en 1949, représentée notamment par Miles Davis, que la critique française et américaine a appliqué le terme « cool ». Elle se caractérise, comme son nom l'indique, par une plus grande douceur dans l'approche de la matière sonore et du rythme. Il en résulte une musique plus « relax », selon le terme d'André Hodeir.

Le HCF possède un autre spécialiste du juron en la personne d'André Doutart, qui écrit dans *Rivarol* avec un style qui ne détonne pas au milieu des autres articles de l'hebdomadaire d'extrême droite : « Un anonyme qui signe R.S. y va de son petit tas d'ordures qu'il dépose au milieu du fumier[23]. » Le registre scatologique n'est pas loin : André Doutart s'y adonne en traitant André Hodeir de « pédant cacographe[24] » et Panassié en raillant les « trouducools impubères[25] » de la rue Chaptal. La situation du chanteur de rock'n'roll américain blanc Bill Haley n'est pas plus enviable : « Sans les Noirs, [il] en serait encore à récurer des latrines de coolers[26]. » Quant au pauvre André Francis, lorsqu'il a le malheur d'écrire dans *Combat* que tel disque enregistré par « l'orchestre Woody Hermann, bien qu'entièrement composé de musiciens blancs, vaut beaucoup mieux que les disques ridicules de Mezzrow-Bechet. Et puis quoi, nous sommes blancs nous-mêmes, donc essentiellement faits pour assumer cette musique », il s'attire cette réponse :

> Le voilà en musique, le racisme : nous sommes blancs, donc prêts à avaler n'importe quel excrément musical, pourvu qu'il soit déféqué par un orchestre de notre race. Laissons M. Francis se nourrir en paix de ses aliments favoris, mais empêchons-le, lui et ses acolytes, de contaminer le goût du public français et de boycotter les Noirs, comme ils sont boycottés depuis toujours en Amérique[27].

Il est piquant, dans ces conditions, de voir Panassié critiquer le « langage vulgaire[28] » des « zazotteux ». On notera pour finir que chez Doutart en particulier, ce langage violent laisse transparaître une fascination pour l'activisme et le coup de poing : « Le HCF a décidé d'attaquer les ennemis du jazz et d'en finir une bonne fois, déclare-t-il en 1952. [...] Je n'écoute plus les émissions d'André Francis. Lorsqu'il arrête brusquement un disque valable pour passer quelque élucubration progressiste, j'ai envie de courir chez lui pour lui ouvrir le ventre. » Les querelles entre amateurs de tendances différentes deviennent sous la plume de Doutart une véritable guérilla fantasmée où le concert est assimilé à un champ de bataille. Lors d'un concert de Mezz Mezzrow, dit-il, « nos adversaires, les partisans d'une espèce de jazz incohérent, désintégré, anarchique, les progressistes en un mot, avaient délégué un quarteron de jeunes voyous venus avec trompes d'auto, sifflets, réveils et mirlitons en vue de saboter le concert[29] ».

Anti-intellectualisme et virilité

Outre la violence du ton employée par Panassié et quelques-uns des siens, on trouve dans le *Bulletin du HCF* un autre thème récurrent, exprimé en termes toujours virulents : l'anti-intellectualisme. Le discours jazzistique d'un Hodeir, prix de Conservatoire ou d'un Malson, étudiant en philosophie, suscite chez Panassié et ses amis des réactions épidermiques : ceux-ci considèrent en effet que la connaissance technique d'une œuvre n'apporte rien à la jouissance musicale. Peu importe de connaître la tonalité d'un morceau, ses modulations successives, sa forme, son orchestration particulière ; l'emploi d'un « jargon technique » remplaçant « toute compétence en matière de jazz » n'est qu'une « manière absurde et pédante de parler de la musique[30] », d'où les surnoms évocateurs dont sont affublés les discoureurs de *Jazz hot*. Et lorsque Frank Ténot brosse d'André Hodeir un portrait où l'on apprend que celui-ci « avoue ne pleinement goûter la musique qu'en possession d'une transcription écrite », « certaines beautés ou maladresses [n'apparaissant] qu'à la lecture et non à l'audition », Panassié commente : « Voilà enfin expliquée l'étonnante incapacité du monsieur à porter un jugement convenable sur les musiciens de jazz[31]. » Afin de donner plus de force à ses dénonciations, Panassié place fréquemment des citations encadrées d'écrivains, d'artistes, de musiciens ou autres, à divers endroits du *Bulletin du HCF*, en bas de page ou entre deux articles ; sans rapport direct apparent avec le sujet traité, elles ont une portée plus générale et servent de caution évidente au point de vue de Panassié. Ici, Stravinsky est mis à contribution pour stigmatiser les erreurs de jugement des critiques professionnels embrumés par l'intellectualisme, par opposition au public spontané : « Ma conviction est que le public se montre toujours plus loyal en sa spontanéité que ceux qui font profession de s'ériger en juges des œuvres d'art[32]. »

Aux gesticulations intellectuelles de ses adversaires, Panassié oppose en effet la tradition musicale noire dont l'énergie le fascine. Lors du passage triomphal de Lionel Hampton à Paris en 1953, l'un des critiques de *Jazz hot* fait la fine bouche devant la prestation scénique d'un des orchestres, réputé pour dégager une énergie peu commune sur scène, et remarque que le public « n'est venu chercher là qu'une satisfaction purement physique. Ce qui est gênant à l'audition directe, ce sont les mugissements et les grognements de bête en rut dont Lionel Hampton croit devoir ponctuer ses interprétations ». Panassié réagit immédiatement en raillant « l'éternelle réaction du Blanc pourri d'intellectualisme devant une musique fraîche, directe, venant du cœur, non corrompue[33] ». Et lorsque l'équipe de *Jazz hot* évoque à partir du début des années cinquante un nouveau style de jazz, le « cool » où, dans le sillage de Miles Davis et de Stan Getz, les musiciens jouent avec « une sorte de pudeur dans l'expression musicale[34] », en s'inspirant de la « sonorité nuageuse de Lester [Young] », Panassié laisse éclater son mépris pour ces « mauviettes » incapables de jouer « hot » et dont la musique est « par essence une musique anti-noire[35] ». La décontraction dans le jeu que Hodeir appelle le « relax[36] » est balayée d'un revers de main : « Le "relax" des "coolers" mérite à peu près autant d'éloges que la chasteté des eunuques[37]. » Quant au son éthéré de Miles Davis, il n'est que le résultat de « susurrements impuissants » sortant d'une « trompette émasculée » devant laquelle « les eunuques intellectuels se pâment[38] ».

II. L'ÉVOLUTION DE LA PÉDAGOGIE JAZZISTIQUE

Le temps des purges

Au-delà de ces polémiques érudites qui donnent parfois à la presse spécialisée une dimension étonnamment belliqueuse, la fracture entre les deux tendances se traduit aussi dans le destin des deux fédérations issues de la scission, car elle met à jour non seulement deux conceptions du jazz, mais aussi deux manières de l'enseigner et de le diffuser. En accusant Charles Delaunay de « déviation de la conception du jazz », Panassié se fait le défenseur d'une ligne très précise qu'il demande à tous les membres du Hot club de France d'approuver sous peine d'exclusion. Cette orientation sera confirmée trois ans plus tard lors de l'assemblée générale d'octobre 1950, au cours de laquelle sont votés de « nouveaux statuts [qui] donnent une définition de la vraie musique de jazz et cette définition exclut radicalement toute propagande en faveur du be-bop au sein du HCF. Enfin, le préjugé de race, particulièrement vis-à-vis des Noirs des États-Unis, devient un motif d'exclusion du HCF (aussi bien pour le club régional que pour le membre individuel qui aurait fait preuve de ce préjugé)[40] ». Afin de prévenir toute intrusion dans le club de partisans du be-bop, « il a été décidé qu'à l'avenir aucun membre (personne physique ou morale) ne pourrait être admis au

HCF s'il n'était présenté par deux parrains agréés par le comité directeur, afin d'éliminer du HCF les amateurs de jazz et les clubs douteux[40] ». Le rôle d'initiation qui était à l'origine fondamental dans les objectifs du club passe donc au second plan à partir de ce moment, l'association étant réservée à des amateurs déjà plus ou moins connaisseurs et à une élite triée sur le volet. Une stratégie de repli qui contraste avec la ligne de conduite bien plus ouverte suivie au même moment par Charles Delaunay et sa Fédération des Hot clubs français, comme nous le verrons plus loin.

Les statuts très stricts témoignent d'un repli du HCF sur lui-même et vont provoquer dans les années suivantes de nombreuses exclusions. La première victime est Jacques Boulogne, administrateur de *La Revue du jazz* dirigée par Panassié depuis 1949 : il est exclu en janvier 1951 pour « dérogation à l'article X des statuts[41] », c'est-à-dire celui concernant le be-bop et le « préjugé de race ». Une exclusion à la suite de laquelle Boulogne dénonce les méthodes régnant dans l'association en publiant dans *Jazz hot* en janvier 1951 un article intitulé : « J'ai choisi la liberté », titre significatif alors que le procès qui a opposé deux ans plus tôt Kravtchenko aux *Lettres françaises* est encore dans toutes les mémoires. Boulogne y accuse Panassié de vouloir écarter la présence au comité directeur du HCF de toute personne efficace susceptible de lui porter ombrage, et de vouloir réduire le club à un cercle fermé réservé à ses seuls disciples, position contraire à l'objectif de diffusion du jazz qui était initialement celui des Hot clubs. Panassié justifie ainsi son exclusion : « M. Boulogne parle d'un sabordage du HCF. Il n'y a eu aucun sabordage, mais seulement une "épuration". [...] Le coup de balai d'octobre dernier aura enfin permis aux vrais amateurs de jazz de se retrouver au sein du HCF, débarrassés des importuns[42]. » La purge de janvier 1951 a été obtenue à l'unanimité du comité directeur moins une voix, celle de Robert Bredannaz, secrétaire du Hot club de Lyon et délégué régional, qui avait joué un rôle important dans l'exclusion de Delaunay, puisqu'il disposait à lui seul de 20 % des voix lors de l'assemblée générale de 1947. La répétition du même scénario l'inquiète cependant, l'attitude de Panassié lui paraissant néfaste à terme pour la cause du jazz. Il sera exclu à son tour trois mois plus tard avec l'ensemble du Hot club de Lyon : le plus important club de province va rejoindre les rangs de la fédération Delaunay. Il sera suivi deux ans plus tard par le Hot club de Lille, puis en 1955 par celui de Strasbourg, coupable d'avoir organisé un concert du musicien be-bop Chet Baker. Au total, trente-trois exclusions individuelles et six frappant des clubs entiers seront prononcées entre 1951 et 1961. En de rares occasions, il arrivera cependant que le HCF prononce la réintégration d'un fautif « après examen de son cas et compte tenu des explications fournies et des regrets exprimés[43] ». Outre la conjoncture défavorable au mouvement Hot club, ces exclusions vont contribuer à la diminution des effectifs de la fédération Panassié.

Panassié : le savoir venu d'en haut

Dominé par la personnalité de son président, le Hot club de France perpétue le modèle pédagogique inventé dans les années trente alors que le jazz était quasiment inconnu. L'organe officiel des clubs ralliés à Panassié est le *Bulletin du Hot club de France* créé par ce dernier en 1948, et qui devient mensuel à partir de 1950, après l'échec de l'éphémère *Revue du jazz* lancée par Panassié en 1949. En 1955, il tire à quatre mille exemplaires. La vision du jazz qui s'y exprime est l'œuvre d'un seul homme : Hugues Panassié. Certes, il n'en est pas *stricto sensu* l'unique rédacteur, mais si l'on dénombre quelque trente-six autres signatures entre 1947 et 1956, elles sont le plus souvent cantonnées dans des tâches marginales telles que comptes rendus d'assemblées générales, de concerts, ou billets divers. Les seules collaborations régulières sont celles de sa femme Madeleine Gautier et du musicien Alix Combelle à partir de 1953. Pour le reste, Panassié est seul maître à bord, surtout en ce qui concerne les chroniques de disques, rubrique qui occupe la plus grande partie du *Bulletin*.

Cette rubrique ne peut être confiée qu'à une autorité incontestée, car le chroniqueur est en quelque sorte celui qui traduit pour le profane le message de la musique de jazz. C'est donc une rubrique essentielle pour l'éducation des amateurs. Panassié, jusqu'en 1939 unique transmetteur de la bonne parole jazzistique, a difficilement admis l'arrivée d'une nouvelle génération de critiques émettant à l'occasion des jugements différents des siens. Le jeune Frank Ténot, qui s'essaie à la chronique discographique dans *Jazz hot* à partir de 1946, dans un style par ailleurs fortement influencé par Panassié, bien qu'il ait pris parti pour le be-bop, en a fait l'amère expérience : « C'est ainsi, écrit Panassié, que dans le n° 16 [de *Jazz hot*], Ténot écrit au sujet d'*Across the track blues* de Duke Ellington : "Cootie Williams improvise à la sourdine oua-oua" (alors qu'il s'agit de Rex avec une sourdine qui n'a rien de oua-oua) et "Tricky Sam surgit, âpre et rocailleux" (alors qu'il s'agit de Lawrence Brown, fade et mou) [44]. » Bien plus qu'une simple erreur, il s'agit dans l'esprit de Panassié d'un péché d'orgueil : « Ténot a surtout péché par présomption, écrivant des chroniques de disques au-dessus de ses moyens. Mais celui qui est incontestablement responsable des âneries de Ténot publiées chaque mois dans *Jazz hot*, c'est Charles Delaunay, qui lui a confié cette rubrique capitale [45]. » Frank Ténot n'est pas la seule victime de l'ire panassiéenne, qui s'abat rapidement sur la majorité des journalistes de *Jazz hot*, notamment Boris Vian, « le plus bêtement prétentieux des individus qui se soient arrogé le droit de parler du jazz [46] ». Quelques années plus tard, lorsque l'écrivain surréaliste Gérard Legrand écrira son essai *Puissances du jazz*, il s'attirera aussitôt les foudres montalbanaises fustigeant ce personnage « malveillant et incompétent qui croit avoir le droit de parler du jazz [47] ». Un droit qui ressemble fort à un privilège régalien réservé à Panassié, qui a conscience d'incarner l'autorité jazzistique.

Dans le *Bulletin du Hot club de France*, aucun risque de voir se produire de tels dérapages puisque Panassié est l'unique rédacteur des chroniques disques, et que son autorité est incontestée. La chronique disques est la rubrique la plus importante du *Bulletin*. En moyenne, elle occupe la moitié des quelque trente pages de la publication. Panassié y commente en détail tous les disques parus selon une méthode éprouvée depuis 1930, indiquant au lecteur-auditeur le plan de chaque pièce et les passages intéressants. Lorsqu'il commente des œuvres vocales telles que les negro spirituals de Mahalia Jackson ou les blues du guitariste-chanteur « Big Bill » Broonzy, les paroles sont fréquemment traduites intégralement. Et pour que la prononciation des amateurs soit parfaite, la lecture du *Bulletin* est parfois pour eux l'occasion de prendre une petite leçon d'anglais :

> C'est ainsi que nous avons entendu prononcer « Armchtrougne » le nom d'Armstrong, « Coune-te Bâzie » celui de Basie, etc. [...] Voici, phonétiquement, la manière correcte de prononcer les noms de quelques musiciens qui reviennent souvent sur les lèvres des fans (prononcez « fânnz »). Il est important de placer l'accent tonique sur la syllabe indiquée en caractère gras :
> Johnny Hodges : **Djo**né **Hhod**geuz [...]
> Count Basie : **Ca**-onte **Beye**-cé [...]
> Jimmy Lunceford : **Djim**mé **Leuns**sfeude [48].

La lecture assidue du *Bulletin* donne ainsi aux amateurs une très bonne connaissance du répertoire jazzistique agréé par le président. Le modèle pédagogique mis au point par celui-ci ne changera plus désormais, comme le montre la création en 1963, à l'initiative d'un membre du HCF, Jean Duverger, des « stages d'éducation-jazz » qui ont lieu chez Panassié, à Montauban. Il s'agit de renouer avec les conférences-auditions éducatives tombées en désuétude au cours des années cinquante. Le premier stage a lieu en juillet 1963[49] et la pratique continuera jusqu'en 1972, deux ans avant la mort de Panassié. Ces stages, malgré leur vocation pédagogique, s'inscrivent dans la logique restrictive qui est celle du club depuis 1950 et ne réunissent qu'une quinzaine de participants. Destinés aux amateurs venus « améliorer leur bagage, tout à fait en marge du "paraître" contemporain[50] », ils se déroulent sur cinq jours selon un programme précis et chargé. Chaque journée commence par l'écoute et l'analyse d'un disque quotidien qui sert de fil conducteur au stage et constitue un exercice d'hygiène musicale qu'applique Panassié lui-même dans la vie de tous les jours en écoutant une face de Louis Armstrong tous les matins. Reprenant le principe de la conférence-audition, Panassié évoque ensuite par étapes les principales phases de l'histoire du jazz et les caractéristiques essentielles de cette musique avant d'illustrer son propos, puis, dans un troisième temps, de tester les connaissances de son auditoire en passant des enregistrements qui permettront de voir si son discours a été compris. Par exemple, afin de bien faire passer son message concernant l'importance de la pulsation continue, Panassié fait écouter à ses stagiaires des disques présentant successivement un bon et un mauvais batteur. Enfin, fidèle à la pédagogie qui fit son succès, Panassié ne néglige pas les travaux pratiques, les stagiaires étant invités à mimer le déroulement des morceaux, comme le faisaient leurs aînés. Il n'en reste pas moins que ce mode de diffusion du jazz est désormais marginal en raison du petit nombre de stagiaires : à raison de deux stages par an ouverts à quinze personnes, il concerna tout au plus deux cent cinquante personnes entre 1963 et 1972. Par ailleurs, ce savoir reste cantonné dans un circuit fermé, du fait de la politique restrictive du Hot club de France depuis 1950, mais aussi du déclin général de la sociabilité Hot club. Malgré tout, le Hot club de France, réduit aujourd'hui à une centaine de membres, perpétue encore aujourd'hui ce modèle pédagogique et cette orientation esthétique très stricte voulue par son président mort en 1974.

Une politique active

De son côté, Charles Delaunay va donner à la fédération qu'il fonde immédiatement après son exclusion une direction toute différente. Elle se compose à l'origine des Hot clubs de Paris (de loin le plus important), Bordeaux, Rennes et Angers, qui se sont rangés derrière lui lors de l'assemblée générale. Les effectifs de cette fédération croissent rapidement, en raison des exclusions provoquées par l'intransigeance de Panassié, mais aussi du fait du dynamisme de la direction parisienne, qui s'efforce de faire bénéficier les clubs affiliés de conditions attractives. Chaque club, en contrepartie d'une cotisation de cent francs par an, se voit en effet offrir les avantages suivants : « Envoi de causeries illustrées mensuelles et organisation d'une tournée tous les deux mois à des conditions très avantageuses avec des orchestres français ou d'outre-Atlantique ; réduction pour les membres de l'association de 50 frs sur les abonnements à *Jazz hot*; mise à disposition dans les colonnes de *Jazz hot* de la page de la fédération[51]. »

Tirant parti des innovations techniques, Charles Delaunay, pour éviter les déplacements en province, a en effet réalisé des albums-conférences « clés en main » comprenant dix à douze œuvres illustrant une conférence dactylographiée incluse dans l'album. Ceux-ci sont proposés aux clubs régionaux dès le mois de décembre 1947, au rythme de deux par mois : ils permettent aux animateurs de clubs de disposer de matière pour présenter une séance attractive à l'aide de disques le plus souvent inédits en Europe. Après avoir écouté la conférence illustrée, chaque club doit la renvoyer au club suivant, selon un calendrier précis. Delaunay a en outre pensé aux clubs régionaux qui bénéficieraient d'une émission régulière sur une station de radio locale puisque l'album-conférence, d'une durée de 45 minutes, est aussi conçu pour une émission radiophonique. Delaunay n'a pu faire réaliser ces albums-conférences que parce qu'il est directeur de la marque Swing. En outre, il reste juridiquement propriétaire des locaux du Hot club de France (un détail auquel Panassié n'avait pas pensé) et de la revue *Jazz hot* : il garde donc avec son équipe la maîtrise du centre de documentation sans équivalent dans le pays que constitue le pavillon de la rue Chaptal à Paris, où se trouvent la collection complète de *Jazz hot* mais aussi de nombreuses revues étrangères et surtout l'une des plus belles collections de disques du monde. Les premiers albums-conférences sont envoyés en janvier 1948 au rythme d'un par quinzaine. Après trois conférences consacrées à Duke Ellington, aux saxophonistes ténors et à Sidney Bechet, la quatrième est intitulée « Qu'est-ce que le be-bop[52] ? » ; elle est l'œuvre d'André Hodeir qui démontre, exemples à l'appui, que le be-bop est « une phase nouvelle, captivante de l'histoire du jazz[53] ». La Fédération diffuse ainsi son modèle historiographique dans les clubs de son obédience, un modèle opposé à celui de Panassié qui, lui, exclut le be-bop de la musique noire américaine. Le succès de la formule entraîne sa reconduction au cours des années suivantes, les délégués régionaux se chargeant de faire circuler les conférences dans les clubs placés sous leur responsabilité. À partir de juillet 1949, la Fédération les reproduit en plus grand nombre afin de pouvoir les envoyer directement aux clubs[54].

Les conférences ne constituent pas la seule nourriture proposée aux clubs locaux puisque à partir de 1950, ce sont des films qui circulent en province, le premier du genre étant *Jazz cocktail*, compilation de courts métrages consacrés au jazz tournés par de grandes firmes américaines au cours des années quarante, dont Charles Delaunay avait sélectionné en 1950 les passages qu'il estimait les meilleurs. Destiné avant tout aux clubs qui n'ont pas la possibilité d'organiser des concerts, ce film leur offre le moyen de réaliser à peu de frais une manifestation de grande envergure dont le succès est presque assuré, étant donné la rareté des animations disponibles dans de nombreuses villes de province. L'activité de la Fédération des Hot clubs français, qui comprend aussi, nous l'avons vu, l'organisation de concerts, ne durera guère : dès 1952, le déclin s'amorce pour aboutir quelques années plus tard à une quasi-disparition des Hot clubs. Néanmoins, sous la houlette de Charles Delaunay et de Jacques Souplet s'est poursuivi pendant quelques années le modèle pédagogique mis au point dans les années trente, sous une forme à la fois plus structurée et moins autoritaire que chez Panassié.

En effet, l'esprit qui règne à la Fédération des Hot clubs français est radicalement différent de celui qui préside à la destinée du Hot club de France. Il suffit de comparer le contenu de *Jazz hot* au *Bulletin du HCF* pour s'en convaincre. On constatera d'abord que contrairement à l'*in-octavo* montalbanais, la revue de la rue Chaptal est une entreprise collective : en 1947, elle est animée conjointement par le directeur Charles Delaunay, le rédacteur en chef André Hodeir, le secrétaire de rédaction Frank Ténot, auxquels il faut ajouter l'administrateur Jacques Souplet et d'autres collaborateurs réguliers tels que Lucien Malson, Frank Bauer ou Boris Vian, qui inaugure en décembre une revue de presse appelée à devenir célèbre chez les amateurs. Il faut y ajouter de nombreux collaborateurs épisodiques, français et étrangers, sans compter les nombreux musiciens qui constitueront jusqu'au milieu des années cinquante près d'un tiers des signatures de la revue. Au milieu des années cinquante, le comité de rédaction comprendra quinze personnes, et outre un noyau dur de quelques journalistes permanents, la revue s'ouvre largement à des collaborations extérieures : entre 1945 et 1955, on relève soixante-dix-sept signatures dans la revue, soit deux fois plus que dans le *Bulletin du Hot club de France* au cours de la même période.

À *Jazz hot*, le pluralisme est un maître mot, ne serait-ce que pour mieux se démarquer de Panassié, dont l'autoritarisme et le pouvoir personnel, voire le culte de la personnalité, sont largement dénoncés. Mais les rédacteurs sont d'accord sur quelques points essentiels : « L'intégrité du jazz nègre [...], la supériorité d'ensemble des musiciens noirs sur les blancs [...], le jazz non commercial [...], la nécessité de l'évolution [...] et la défense du be-bop en tant que manifestation la plus authentique du jazz de notre temps[55]. » De multiples nuances existent cependant à l'intérieur de ce *credo* et s'expriment dans les colonnes, ce qui fait grincer des dents certains lecteurs qui critiquent le manque de ligne directrice de la revue. Dans cette optique pluraliste, le débat, forme totalement absente du *Bulletin* de Panassié, est l'un des éléments clés de *Jazz hot*. À travers lui, les différences d'opinion entre critiques débattant par articles interposés s'affichent ouvertement. Il existe aussi une tribune libre dans laquelle n'importe qui peut exprimer son point de vue ou lancer un débat, sur des sujets aussi divers que « Les Blancs et la musique des Noirs » (mai 1948) ou « Public et évolution » (octobre 1949). À partir de 1956 est inaugurée une nouvelle formule, « La tribune de *Jazz hot* », consistant à réunir quelques journalistes autour d'un thème pour une discussion à bâtons rompus enregistrée par magnétophone et transcrite telle quelle. Là encore, les sujets sont des plus variés : « Jazz noir-jazz blanc », « La critique », « Louis Armstrong », « Sur la scène et dans la salle », « Le cas Gerry Mulligan », « Grandeur et déclin des Hot clubs », ou encore « La crise des cabarets » figurent à son menu au cours de l'année 1956. Par ailleurs, désireuse de rester en permanence au diapason de ses lecteurs tout en ne renonçant pas à sa ligne de conduite, l'équipe de la revue consulte régulièrement son auditoire par le biais de vastes questionnaires : c'est le cas en décembre 1949 et en octobre 1954, lorsque le questionnaire demande aux lecteurs de noter tous les types d'articles publiés dans la revue. Enfin, le courrier des lecteurs créé en 1954 (rubrique absente du *Bulletin du Hot club de France*, sauf exception), est l'occasion de prendre en permanence le pouls du lectorat. En février 1958, c'est la tribune libre qui est consacrée au thème : « Que faut-il mettre dans une revue de jazz ? » Un lecteur est convié à discuter avec le directeur Charles Delaunay et l'un des rédacteurs, Kurt Mohr. C'est l'occasion pour Delaunay de rappeler que si *Jazz hot* doit rester à l'écoute de son public, il ne doit pas pour autant devenir une revue de vulgarisation et reste destiné aux « amateurs assez évolués[56] ».

Pourtant, avant d'être une revue de spécialistes, *Jazz hot*, dans l'immédiat après-guerre, n'a pas ménagé sa peine pour initier les amateurs. D'octobre 1948 à août 1949, André Hodeir et Georges Daniel publient par exemple une longue série d'articles intitulée « L'ABC du jazz ». Tous deux musiciens, ils impriment à leur étude un ton radicalement différent de celui des conférences panassiéennes. Destinée aux débutants mais aussi aux amateurs avancés, elle contient des éléments de base parfois indiqués en caractères gras afin d'attirer l'attention du lecteur néophyte, qui doit bien retenir, par exemple, que « si dans la musique classique, l'œuvre préexiste à l'exécution, en musique de jazz, l'œuvre c'est l'exécution[57] ». Chaque article contient un petit résumé des notions précédemment abordées et s'efforce de relier les différents épisodes en un tout cohérent. Les termes techniques sont regroupés en un glossaire explicatif. Mais afin de satisfaire les amateurs plus avancés, l'analyse peut aller plus en profondeur, par exemple dans ce petit commentaire sur la section rythmique caractéristique du jazz classique :

> Le drummer marque les quatre temps d'une manière tangible, soit en leur donnant une égalité d'accent d'autant plus grande qu'on s'éloigne des origines du jazz, soit au contraire en accentuant nettement les temps faibles (2e et 4e temps). Dans le premier cas, son jeu de pieds (grosse caisse) s'identifie avec son jeu de mains (baguettes ou balais sur la caisse claire ou les cymbales). Dans le second, c'est-à-dire dans le style Nouvelle-Orléans, on ne marque le plus souvent que les temps forts (1er et 3e) au pied, donc dans le grave, tandis que les accessoires de son aigu (cymbale, caisse claire) mettent en relief les contre-temps (2e et 4e)[58].

L'avant-dernier volet de la série est consacré aux « conseils à un néophyte », à qui l'on recommande de ne pas écouter du jazz de la même façon qu'il écouterait de la musique classique :

> Livrez-vous à quelques petits exercices sur des disques dont l'articulation vous est connue. [...] Bien entendu, cela suppose qu'au préalable vous avez appris à reconnaître les timbres des différents instruments. [...] Beaucoup plus subtile est l'assimilation du swing, à laquelle peu d'amateurs parviennent. [...] Le sens critique viendra avec l'expérience [59].

Enfin, la série s'achève sur un dictionnaire des cent musiciens les plus marquants du jazz, parmi lesquels on retrouve des artistes de toutes époques, de Jelly Roll Morton et Mezz Mezzrow à Miles Davis, Thelonius Monk ou Charlie Parker [60].

Immédiatement après cette série, la revue enchaîne avec une longue étude sur le grand orchestre, toujours menée par deux musiciens en la personne de Guy Montassut et Jean Gruyer : elle couvrira six numéros jusqu'en avril 1950, dont trois consacrés à l'orchestre de jazz le plus renommé du monde, celui de Duke Ellington. Là encore, on retrouve ce mélange de notions de base et d'analyses approfondies, de façon à satisfaire deux catégories d'amateurs, voire des musiciens désireux de s'initier aux techniques d'orchestration et d'écriture pour grand orchestre de jazz. Les auteurs ne manquent pas non plus de séparer le bon grain de l'ivraie, selon une habitude solidement ancrée chez les puristes depuis les années trente : c'est ainsi que l'on prend soin de distinguer Fletcher Henderson de Paul Whiteman, pour le plus grand bénéfice du premier, le second n'étant, malgré un professionnalisme sans faille, qu'un orchestre commercial. Pédagogie et exigence, tels sont donc les deux axes essentiels de la doyenne des revues de jazz. Si le départ d'André Hodeir en 1951 se traduit par un certain déclin des articles techniques peu accessibles aux non-musiciens, cette orientation reste globalement maintenue jusque vers 1955, date à laquelle l'arrivée d'une revue concurrente conduit *Jazz hot* à renouveler quelque peu sa formule trop austère aux yeux de la nouvelle génération d'amateurs de jazz.

Jazz magazine : *un nouvel esprit*

L'apparition en décembre 1954 d'une nouvelle revue, *Jazz magazine*, vient en effet profondément renouveler le paysage du milieu du jazz. Créée par Jacques Souplet, en rupture avec l'équipe de *Jazz hot* à la suite d'un différend financier avec Charles Delaunay, *Jazz magazine* a pour rédacteurs en chef Frank Ténot, venu de *Jazz hot*, et Daniel Filipacchi, photographe à *Paris-Match*. Tous deux passionnés de jazz, ils restent fidèles au *credo* puriste défendant la musique des Noirs, mais l'assouplissent suffisamment pour donner un autre visage à la revue qui va connaître un succès immédiat : débutant à cinq mille exemplaires en décembre 1954, elle monte à quinze mille deux mois plus tard et arrive en 1959 à vingt-cinq mille, chiffre qui ne sera plus dépassé. Elle se hisse donc en l'espace de deux mois au même niveau que *Jazz hot* et la dépasse rapidement puisqu'en 1960, cette dernière tire vraisemblablement entre douze et quinze mille exemplaires. Après le départ de Jacques Souplet en 1956, Ténot et Filipacchi assureront seuls la direction de la revue.

L'éditorial du premier numéro montre que la nouvelle revue est animée par un nouvel état d'esprit : « Avant tout, *Jazz magazine* nie toutes prétentions partisanes et laissera aux revues chevronnées le soin de "disserter avec autorité" sur les problèmes du jazz[61]. » Renvoyant ainsi dos à dos les deux organes puristes, la nouvelle venue affiche son refus d'être entraînée dans des polémiques de spécialistes à l'heure où le jazz connaît un succès de plus en plus grand. Pour répondre aux attentes d'un public potentiellement nombreux et lassé des querelles de chapelle, « *Jazz mag* » a pour but essentiel de présenter des informations sous une forme attractive en incluant notamment de nombreuses photos. Le titre de la revue est en lui-même significatif ; alors que *Jazz hot* était le symbole d'un combat esthétique en faveur du vrai jazz, *Jazz magazine* sonne la fin du purisme intransigeant qui a marqué l'histoire du milieu des amateurs de jazz depuis les années trente et dont la scission de 1947 a constitué l'épisode paroxystique. Désormais, les querelles esthétiques passent au second plan, bien que les rédacteurs, issus de l'école puriste, n'hésitent pas à réaffirmer au besoin leurs convictions, retrouvant de temps à autre les vieux réflexes d'antan.

La nouveauté de présentation s'inspire des magazines illustrés :

> *Jazz magazine* a été la première revue de jazz qui ait adopté les concepts de la presse magazine, explique Daniel Filipacchi. Nous avons appliqué des recettes journalistiques classiques. Avant, la presse jazz, c'était un article donnant des détails sur la vie d'un trompettiste avec une photo pour illustrer le texte. Avec Frank, on a commencé à raconter des histoires, à faire des *blindfold*

tests* accompagnés de photos réalisées spécialement, à concevoir des couvertures avec des idées, par exemple Quincy Jones avec sa petite fille dans la piscine ou Dizzy [Gillespie] dans la mer avec sa trompette [photo prise lors du festival de Cannes en 1958, auquel *Jazz magazine* consacre un long reportage en septembre 1958], ou Sidney Bechet en père Noël [janvier 1957] ; nous mettions les musiciens de jazz dans une situation où l'on plaçait, dans d'autres magazines comme *Match*, les vedettes de cinéma[62].

L'attrait de la revue est renforcé par les accords passés entre *Jazz magazine* et des revues étrangères, notamment américaines, dont certains articles sont traduits : c'est ainsi que le critique américain Leonard Feather, journaliste à *Down Beat*, fait figure de correspondant permanent de *Jazz mag* à New York et envoie à la revue parisienne des nouvelles d'Amérique ainsi que des interviews de musiciens qui donnent l'impression du direct.

La pédagogie obéit elle aussi à ce changement de cap : finis les longs articles savants précédés de résumés et suivis de glossaires ou illustrés de partitions. Désormais, les articles sont courts, nerveux et vont à l'essentiel : sur une page, une colonne de texte et quatre photos esquissent les origines du jazz et un style donné. Une définition rapide : « Le blues, vocal au début, puis instrumental également, était une mélodie simple (gamme avec deux notes altérées) et typiquement nègre. » Quelques noms : « Gertrude "Ma" Rainey, puis Bessie Smith furent les plus grandes artistes du blues vocal. » Une vue d'ensemble sur la postérité de ces artistes majeures : « Puissantes personnalités, leur influence s'étendit aux instrumentistes, puisque la trame du blues devint aussi l'un des supports favoris pour les improvisations des premiers musiciens[63]. » Information courte et attractive, tel est le mot d'ordre. Mais il ne signifie pas que la vocation pédagogique soit abandonnée, bien au contraire, puisque entre 1954 et 1964, on trouve près de quatre-vingt-dix articles de ce type, soit près d'un par mois, consacrés à l'histoire du jazz, l'étude d'un style, d'une notion (le swing, par exemple), d'un instrument ou d'un groupe d'instrumentistes que réunissent des affinités stylistiques. *Jazz magazine* ne se cantonne pas dans les interviews et les

---

* Le *blindfold test* consiste à tester les connaissances jazzistiques d'un amateur ou d'un musicien en lui passant des disques dont il doit reconnaître les interprètes. Exercice d'érudition, mais aussi test auditif, le candidat pouvant, sans connaître l'enregistrement, identifier le son et le style des exécutants.

photos de vedettes en maillot de bain : elle renoue avec la vocation éducative des revues de jazz abandonnée depuis quelques années par *Jazz hot* et le *Bulletin du Hot club de France* qui étaient devenues, chacune dans son genre, des publications de spécialistes.

Un franc-tireur : Sim Copans

En marge du milieu Hot club et de ses querelles, il importe de mentionner le rôle d'un médiateur dont l'action en faveur du jazz en France a quelque peu été occultée par l'historiographie officielle : il s'agit de Sim Copans. Cet Américain connaît déjà l'Hexagone lorsqu'il débarque à Omaha Beach au mois de juin 1944, puisqu'il a séjourné deux fois à Paris au cours des années trente pour les besoins de sa thèse de doctorat consacrée aux rapports franco-américains pendant le Second Empire. Arrivé dans le sillage des premières barges du débarquement, il est nommé à la tête du service d'information de la radio La Voix de l'Amérique (Voice of America) et chargé de traduire dans plusieurs langues les bulletins d'information destinés à informer les populations d'Europe de l'évolution des opérations sur le front. Suivant les troupes avec un camion sonorisé, il s'installe sur la place de chaque village libéré et y réalise son émission en direct, proposant avant et après quelques thèmes de jazz aux oreilles des auditeurs.

Resté en France, il présente à l'antenne en 1947 son « Panorama du jazz américain », première émission de la toute nouvelle station Paris-Inter. Le succès est au rendez-vous et Copans s'installe sur les ondes pour ne les quitter qu'en 1976, avec près de quatre mille émissions à son actif. Les plus célèbres sont le « Panorama du jazz » devenu « Jazz en liberté » en 1954, « L'Amérique et sa musique », mais surtout « Negro Spirituals » puis « Fleuve profond », qui explorent le répertoire des chants religieux noirs américains et les font connaître au grand public : entre 1947 et 1957, ce sont plus de deux mille spirituals qui passent à l'antenne. Grâce à ses fonctions à La Voix de l'Amérique, Copans peut commander et obtenir toute la production américaine dans ce domaine, alors qu'à la fin des années quarante, aucun de ces disques n'est encore publié en France. En 1954, Copans, qui désapprouve le maccarthysme, quitte La Voix de l'Amérique et entre à l'ORTF, s'installant définitivement en France. La longévité de ses émissions, exceptionnelle si on la compare à celle de la majorité des émissions de jazz créées au cours de cette période*, et l'important courrier qu'elles suscitent, témoignent du succès rencontré auprès du public, sensible à une simplicité de ton qui tranche avec les discours érudits des autres critiques de jazz. Sim Copans lui-même ne se présente pas comme un spécialiste mais comme un amateur éclairé dont le discours, malgré un caractère pédagogique, évite les analyses trop ardues.

Son rôle dans la diffusion de la culture noire prend aussi la forme, moins connue mais tout aussi importante, de conférences prononcées dans toute la France**. Malgré sa démission de La Voix de l'Amérique, il garde des contacts avec les services culturels de l'ambassade américaine et à partir d'octobre 1954, à la demande de l'attaché culturel, entame une série de conférences dont la première se déroule à La Rochelle dans le cadre de l'association France/États-Unis. Entre 1954 et 1962, il en donnera plus de cent dans au moins soixante-dix-huit villes de toutes tailles, de la capitale à la petite bourgade de province en passant par la ville minière de Lorraine***. L'ensemble des villes visitées ne correspond pas ou peu à la carte des Hot clubs de province. Ses conférences touchent ainsi un autre public que celui des Hot clubs, comme le montre la nature des organismes commanditaires : outre les sections provinciales de l'association France/États-Unis et diverses associations d'étudiants – public « naturel » du jazz –, Copans intervient dans des lieux variés parmi lesquels on retiendra les pensionnaires du sanatorium des lycéens et collégiens de Neufmoutiers-en-Brie en janvier 1949 (il y retournera cinq fois jusqu'en 1960), le Centre universitaire des victimes de guerre de Paris (janvier 1958), la Société des lettres, sciences et arts du Saumurois (janvier 1959), l'Association des paralysés de France à Voisenon-par-Melun (mars 1959) ou encore le Centre d'apprentissage de la SNCF à Montrouge (juin 1959). Le 24 mars 1960, Copans prononce une conférence à Montry (Seine-et-Marne) dans le cadre d'un stage de perfectionnement destiné aux directeurs, directrices et éducateurs des établissements d'accueil ou d'observation, de rééducation ou de semi-liberté pour enfants ou adolescents socialement inadaptés, stage organisé par le Service de sauvegarde de l'enfance et de l'adolescence de Paris. Si l'on y ajoute les nombreuses

---

* Seul Hugues Panassié fit mieux avec un « Jazz panorama » (dont le titre est emprunté à Sim Copans) qui dura près de trente ans à partir de 1946.
** D'autres animateurs du milieu du jazz donnent des conférences à Paris ou en province sur le jazz et la culture noire : Hugues Panassié, André Hodeir, Boris Vian, Gérard Conte ou encore Jacques Demêtre.
*** Voir la carte en annexe VII-3, p. 474.

visites en Lorraine dans des villes minières ou encore dans des hôpitaux militaires de la région parisienne, on ne peut que constater la diversité des publics touchés, avec une nette percée en milieu ouvrier, catégorie peu représentée chez les amateurs et peu visée par une presse spécialisée à tendance élitiste. Universitaire, homme de radio, conférencier apprécié en raison de ses qualités de pédagogue, Sim Copans a largement contribué, en marge du milieu du jazz qui ne l'accepta jamais vraiment comme l'un des siens, à diffuser le jazz hors des cercles spécialisés.

Le déclin d'une sociabilité

Au milieu des années cinquante, alors que le jazz se popularise de plus en plus, le mouvement Hot club entre dans une phase de déclin. Les clubs ne peuvent prendre en charge l'organisation de manifestations jazzistiques de grande ampleur et, en outre, d'importantes mutations culturelles vont rendre obsolète ce type de sociabilité en l'espace de quelques années. En effet, non seulement leur pédagogie un peu lourde et un rien paternaliste ne convient plus à la nouvelle génération d'amateurs, mais surtout, leur essor dans les années trente et dans l'immédiat après-guerre correspondait à la nécessité d'écouter en commun des disques qui étaient alors des produits difficilement accessibles. Le club constituait donc un moyen d'économiser de l'argent tout en découvrant des nouveautés le plus souvent inédites en France, que tel ou tel collectionneur, après les avoir achetées à prix d'or par correspondance, venait faire écouter aux membres du club. Mais l'invention du microsillon donne un coup de fouet à la diffusion du disque, dont la durée d'audition passe de six à vingt, puis plus de trente minutes, et dont le prix baisse considérablement. Les premières livraisons arrivent en France en septembre 1951. Encore deux ans et la galette de trente centimètres deviendra presque un produit de consommation courante que les amateurs pourront acheter en grandes quantités, sonnant le glas du 78 tours fétiche de la première génération d'amateurs. Désormais, l'audition se fait de plus en plus chez soi, en privé : la communion autour du trésor que constituent les disques rares perd de son attrait, d'autant plus que le vaste mouvement de rééditions de l'après-guerre, conséquence de la reconnaissance progressive du jazz, contribue à enlever au disque son caractère magique. La multiplication des émissions de radio, de même que la circulation des informations par le biais des revues spécialisées dont la diffusion augmente aussi, contribuent à enlever un peu plus au Hot club sa raison d'être. À partir des années cinquante, l'information jazzistique est accessible partout en France grâce à la radio, au disque ou à la presse, et la sociabilité de pénurie qu'était le Hot club devient un anachronisme. Passé l'âge d'or des années 1944-1952, les clubs cessent donc progressivement de jouer un rôle actif dans la propagation de la musique négro-américaine. La courbe des créations de clubs est un bon indicateur du dynamisme du mouvement : au Hot club de France, on observe quinze créations de clubs régionaux en 1949, onze en 1953, puis seulement trois en 1955 et deux en 1957. Chez Delaunay, la tendance est similaire : dix-sept créations en 1949, huit en 1950, cinq en 1953, aucune en 1955. En juin 1956, Charles Delaunay prend acte du fait que leur rôle dans la diffusion du jazz est devenu presque nul, et si les conférences-auditions se poursuivent au Hot club de Paris pendant toute l'année, celui-ci sera mis en sommeil définitivement en 1958. Certains clubs vont continuer à entretenir la flamme, notamment au Hot club de France (où les membres se réunissent encore aujourd'hui régulièrement), mais il s'agit alors essentiellement d'amateurs de la génération précédente qui se retrouvent par fidélité et par habitude.

La courte aventure d'une nouvelle fédération, les Clubs des amis du jazz, illustre bien l'anachronisme des Hot clubs en cette fin des années cinquante. Elle est fondée et dirigée par Jacques Souplet, ancien secrétaire général de la Fédération des Hot clubs français et fondateur de la revue *Jazz magazine*. Le principe de base est le même que celui des Hot clubs, mais si l'idée, lancée en février 1955[64], fait vite recette, le mouvement s'essouffle dès l'année suivante. En outre, la plupart du temps, les savantes conférences-auditions ont fait place à des soirées dansantes : l'esprit Hot club est bien mort et c'est un nouveau type de sociabilité qu'annoncent les Clubs des amis du jazz, celui du fan-club, qui va s'épanouir dans les années soixante*. La cause est entendue lorsque la rédaction de *Jazz magazine*, dans l'enquête menée auprès de ses lecteurs en 1959, pose la question : «Faites-vous partie d'un club ?», 78 % d'entre eux répondent «non[65]». Lors de la tribune consacrée par *Jazz hot* au déclin des Hot clubs en 1956, l'un des intervenants avait conclu à l'échec du mouvement, estimant que «la mission culturelle [avait] été manquée

---

* Cette sociabilité majeure des quarante dernières années, hautement révélatrice des mutations culturelles et de la naissance d'une «culture jeune» à l'échelle de l'Occident, attend toujours ses historiens.

faute d'aide et d'initiative » et que « le problème de l'éducation du public n'[avait] pas été traité en profondeur[66] ». Même si deux ans plus tard, le Hot club de Paris sera mis en sommeil définitivement, ce jugement pessimiste n'est pas fondé, car les Hot clubs ont réussi à éduquer le public et à faire connaître le jazz. Mais à partir des années cinquante, la diffusion de celui-ci passe par d'autres canaux : disques, émissions de radio et festivals. C'est une nouvelle ère culturelle qui commence.

VII

*L'intégrisme jazzistique
ou la dérive d'un discours critique*

Si le jazz devient de plus en plus populaire dans la France des années cinquante, il le doit, on l'a compris, avant tout à l'action de l'équipe de Charles Delaunay puis à Frank Ténot et Daniel Filipacchi. Panassié, qui a joué un rôle pionnier avant 1939, s'enferme après la scission dans une attitude intransigeante qui contribue à le mettre sur la touche. En outre, il n'a pas su – ou pas voulu – accompagner la mutation culturelle du début de la décennie, qui voit les Hot clubs péricliter et l'organisation de concerts passer entre les mains de professionnels. Faute de s'être adapté aux nouvelles conditions socio-économiques, il n'a, à partir du début des années cinquante, pratiquement plus aucune prise sur la gestion de la diffusion du jazz en France, tandis que la nouvelle génération d'amateurs préfère nettement à son austère *Bulletin* l'attractive revue *Jazz magazine* qui reflète bien mieux ses envies. À mesure que ses partisans se font de moins en moins nombreux et que son magistère intellectuel sur le milieu du jazz s'amenuise, son discours devient de plus en plus virulent et dérive vers un intégrisme jazzistique où la dénonciation du be-bop va de pair avec une condamnation en bloc du monde moderne.

1949 : « *Le bop n'est pas du jazz* »

Bien qu'en 1947, Panassié ait demandé l'exclusion de Delaunay pour « déviation de la conception du jazz », il reste dans l'immédiat assez modéré dans son jugement vis-à-vis du nouveau style, qui lui apparaît « remarquable par sa variété, son imprévu rythmique » et qui, avec Charlie Parker, Dizzy Gillespie ou Bud Powell, possède quelques représentants de qualité, bien que de nombreux jeunes musiciens « donnent plutôt l'impression de s'exercer dans ce nouveau langage et même de s'y vautrer plutôt que de s'y exprimer avec aisance[1] » : excès caractéristiques d'un « art dans l'enfance ». Panassié accuse surtout les partisans du bop d'avoir, depuis les premières apparitions de ce style en France, « inondé *Jazz hot* et la presse française d'articles fumeux[2] » sur ce style. On notera qu'à ce moment, il est plus modéré dans son jugement que certains musiciens de jazz de la génération précédente, tel Louis Armstrong, qui voient arriver avec méfiance la relève musicale : « Les musiciens re-bop ? Ce sont de grands techniciens, déclare le célèbre trompettiste au même moment. Le re-bop, c'est une erreur et voilà tout. » En février 1949, Panassié place encore Charlie Parker parmi les « musiciens les plus doués qui se soient révélés depuis 1940 », et constate qu'« il a beaucoup d'idées et de swing[3] », tandis qu'il qualifie le jeune Miles Davis de « trompette extraordinairement doué et qui a l'étoffe d'un grand musicien de jazz. Il lui reste à se dégager des clichés "bop"[4] ».

Mais quelques semaines plus tard, Panassié part pour la deuxième fois aux États-Unis ; il y passe plusieurs mois au cours desquels son opinion sur le bop change totalement. Comme la fois précédente, il va vivre à Harlem et y constate que de nombreux musiciens sont touchés par le chômage. Les fréquentes conversations qu'il a avec eux le persuadent que le bop est responsable de cette fuite du public qui prive les jazzmen de leur gagne-pain. Au retour de son voyage, il écrit en octobre 1949 un long article décrivant cette situation : « À New York on a fourré des orchestres bop dans tous les cabarets de la 52e rue » et « le public a fui, épouvanté. [...] Le Savoy, dans Harlem, a essayé une ou deux fois d'engager un orchestre bop. L'effet en a été saisissant : plus un danseur en piste. Il faut une section rythmique qui swingue pour qu'un Noir ait envie de danser. Le public ne veut pas du bop, voilà qui est archi-prouvé[5] ». Et si le public n'aime pas le be-bop, les musiciens non plus : « Pendant mon séjour aux États-Unis, poursuit Panassié, j'ai eu l'occasion de m'entretenir à ce sujet avec au moins la moitié des grands musiciens de jazz. Tous, vous m'entendez bien, *tous*, m'ont exprimé leur horreur du bop. » Panassié présente ainsi le nouveau style comme une rupture dans l'ordre des choses : « Auparavant, les étoiles du jazz aimaient tendre la main aux jeunes musiciens doués. [...] Pourquoi subitement, tous les musiciens âgés ou encore jeunes, Nouvelle-Orléans ou "modernes", se mettent-ils à dire non au bop ? » La réponse est simple : c'est que « le bop s'écarte de la tradition du jazz, c'est-à-dire de la tradition musicale noire, néglige le swing, et, comme le disent Lips Page, Lester Young et tous les autres, est sans cœur et sans âme. [...] N'est-il pas significatif que le bop ait divorcé de la danse ? » La section rythmique des orchestres jouant dans ce style est présentée comme « désagrégée » et contraignant les « malheureux solistes » à « improviser sur des rythmes contrecarrant celui de leur instinct musical ». L'introduction de nouveaux rythmes venus notamment des Antilles a donc rompu l'équilibre et l'originalité de cette musique, processus accentué par « l'influence blanche qui est venue corrompre un art purement noir ». Puis la conclusion tombe, sèche : « Prendre parti pour le bop, c'est en quelque sorte trahir la cause du jazz et, par voie de conséquence, la cause d'une race injustement opprimée. [...] Ceux qui prétendent que Charlie Parker a, dans l'histoire du jazz, le génie et l'importance d'un Louis Armstrong, se couvrent de ridicule et montrent qu'ils n'ont absolument rien compris, non seulement au jazz, mais à rien. » Mais Panassié va plus loin et lance un véritable interdit sur le nouveau style : « Que les musiciens français, au moins, cessent de chercher à jouer bop : ils y perdront tout leur talent. Que les amateurs cessent d'écouter du bop : ils s'abîmeront l'oreille, perdront le goût et la compréhension du jazz, se dégoûteront de la musique – et de la vie. » En exergue de son article, Panassié cite à nouveau la phrase prononcée par Louis Armstrong deux ans plus tôt, mais réduite à son expression la plus frappante : « Le bop, c'est une erreur et voilà tout. » Cette critique, que Panassié s'attachait à relativiser en 1947, sert dorénavant de caution à une condamnation globale et sans appel du nouveau style. Elle est réaffirmée lors de l'assemblée générale du Hot club de France en novembre 1949, au cours de laquelle sont cloués au pilori « les zazotteux [qui] se sont faits les apôtres du be-bop[6] », et lors de l'assemblée d'octobre 1950, Panassié fait voter de nouveaux statuts qui incluent « une définition de la vraie musique de jazz » : « Par "véritable musique de jazz", il faut entendre la musique créée par les Noirs des États-Unis d'Amérique, musique dérivée du blues et des spirituals et conservant un lien *évident* avec eux[7]. » Cette définition « exclut radicalement la musique connue sous le nom de "be-bop", musique qu'il est interdit aux membres du HCF de propager[8] ». Les nombreuses exclusions pratiquées au cours des années suivantes, comme nous l'avons vu, témoignent de la rigueur avec laquelle la nouvelle règle fut appliquée.

Modernisme et progressisme

Nous avons déjà vu à quel point la vision du jazz de Panassié était informée par sa culture catholique. En 1934, il plaçait en exergue de son premier livre une citation de Jacques Maritain. En 1946, un extrait du Cantique des cantiques ouvre *La Véritable Musique de jazz* et six ans plus tard, *Quand Mezzrow enregistre* sera dédicacé à son ami le Révérend Père Louis-Marie de Saint-Joseph. Cette conjonction entre jazz et religion se manifeste au plus haut point dans sa condamnation du be-bop d'octobre 1949, car celle-ci ne se limite pas au plan musical mais a une portée plus globale qui témoigne du fait que le discours jazzistique de Panassié est indissociable de ses convictions religieuses. Dans l'article écrit au retour des États-Unis, il emploie pour la première fois dans son article d'octobre un terme qui ne devait plus quitter sa prose jusqu'à la fin de sa vie : « Faire une musique simple et émouvante ? Allons donc, c'est bon pour les arriérés. On est "progressiste"[9]. » Il n'est pas innocent que ce terme apparaisse sous sa plume trois mois après que le Saint-Office romain eut condamné officiellement le progressisme chrétien, portant un coup sévère au mouvement des chrétiens de gauche qui avait commencé à s'affirmer après la Libération dans la mouvance de l'Union des chrétiens progressistes fondée en 1947 pour concilier catholicisme et marxisme. Le 1er juillet 1949 en effet, la hiérarchie de Rome a interdit aux chrétiens d'adhérer au Parti communiste et d'en lire la presse. Il n'est pas douteux que Panassié ait établi, consciemment ou non, un lien entre un progressisme chrétien menaçant l'unité de l'Église et un progressisme jazzistique menaçant l'unité du monde du jazz : le véritable interdit (pour ne pas dire l'excommunication) qu'il lance contre le be-bop en témoigne, et l'évolution de son discours au cours des années suivantes va le confirmer.

Mais pourquoi attend-il 1949 pour condamner le be-bop, alors que dès 1947, il a exclu ses partisans pour « déviationnisme » ? C'est que cet homme pénétré du sentiment de l'autorité, vis-à-vis de ses subordonnés comme de ses supérieurs, ne se forge son opinion définitive qu'après avoir recueilli celle des musiciens noirs qui lui ont tout appris du jazz. Qu'au moment même où il revient des États-Unis, en juillet 1949, le Saint-Office condamne le progressisme chrétien, relève de la coïncidence ; que Panassié reprenne immédiatement après le terme de progressisme n'en est pas une. Ce mot, vite repris par ses partisans, devient une constante de son style à partir de ce moment. Bien que la tendance Panassié n'ait pas le monopole de ce terme qui est dans l'air du temps après 1945 et que l'on retrouve sous la plume de critiques de l'autre tendance ainsi que dans la presse générale, il est employé systématiquement dans les écrits de Panassié et y possède une connotation spécifique dépassant le cadre musical pour englober l'évolution générale du monde contemporain : « La vérité, écrit-il par exemple en mars 1955, c'est que l'état d'esprit "progressiste" est celui de gens qui n'ont plus une saine conception de l'art, de gens pour qui la formule a remplacé l'inspiration, de gens qui ne perçoivent que l'élément matériel de l'œuvre et non son rayonnement spirituel. C'est la maladie de notre époque, et elle n'a pas contaminé seulement certains milieux du jazz. » Cette conjonction entre progressisme religieux et jazzistique sera clairement affirmée plus tard dans ses mémoires où il dénoncera en 1974 « toute une maffia [...] qui joue la carte de l'avant-gardisme, du snobisme de la nouveauté, toutes choses qui ne sont pas spéciales au jazz et qu'on trouve chez nous dans tous les domaines. Jusque dans l'Église. C'est le même mécanisme ; le même jargon sévit chez les uns et chez les autres. Quand je lis, dans une revue "spécialisée", un article sur le jazz – autant dire sur le pseudo-jazz –, j'ai l'impression de lire un article d'un abbé progressiste sur l'Église ou l'Écriture sainte. C'est jusqu'au même vocabulaire [10] ». De fait, sa condamnation du progressisme jazzistique s'appuie souvent sur des textes religieux dont il possède une connaissance profonde et qui sont fréquemment cités dans le *Bulletin du Hot club de France* pour illustrer son argumentation jazzistique, ainsi en mars 1957, lorsqu'il développe cette parabole destinée à montrer que le be-bop n'est pas du jazz quoiqu'il en ait toutes les apparences :

> Comme l'a écrit saint Thomas d'Aquin, le cercle ne peut perdre sa rotondité puisqu'elle lui convient par son essence même ; mais un cercle d'airain peut cesser d'être rond puisque la forme ronde n'est pas essentielle à l'airain (*Traité des anges, Somme théologique*, question 50, article 5). Le jazz, c'est le cercle. L'airain dont est fait le cercle, ce sont les instruments de musique sur lesquels on joue du jazz, ce sont aussi les rythmes sur lesquels les musiciens font du jazz. Si l'on se sert du même airain pour faire un carré au lieu d'un cercle, on fait bien de la musique avec le même matériel, mais on ne fait plus du jazz.

Panassié emploie aussi le terme de « modernistes » pour désigner les tenants du be-bop, païens des temps modernes dont les musiciens favoris sont qualifiés d'«idoles[11]». Là encore, la connotation religieuse est évidente, d'autant plus que Panassié met explicitement en parallèle le modernisme jazzistique et la crise moderniste qui avait éclaté en France au début du siècle, lorsque le théologien Alfred Loisy avait affirmé la nécessité d'une exégèse biblique fondée sur des bases scientifiques et non plus seulement chargée de justifier la doctrine officielle de Rome. Derrière ce débat de théologie, c'était la question de l'adaptation de l'Église au monde moderne qui était posée. Elle fut tranchée brutalement lorsqu'en 1907, le pape Pie X promulgua l'encyclique *Pascendi*, qui condamnait le modernisme dans son ensemble. Cette encyclique deviendra par la suite une référence pour l'intégrisme catholique dont la crise moderniste constitue l'acte de naissance et dont Pie X est l'une des figures emblématiques ; c'est sur elle que Panassié s'appuie pour condamner le modernisme jazzistique :

> Aujourd'hui, déclare-t-il en 1974, on n'entend plus s'élever la voix d'un saint bernard pour dénoncer les menées progressistes – ou "modernistes", pour reprendre les termes du grand pape saint Pie X –, qui au début de notre siècle mettait déjà les catholiques en garde dans sa célèbre encyclique *Pascendi* :
> « Ce n'est pas du dehors, mais du dedans que les modernistes trament la ruine de l'Église. Cela est chez eux une volonté et une tactique. Parce qu'il leur importe de rester au sein de l'Église pour y travailler et y modifier peu à peu la conscience commune. Avouant par là, mais sans s'en apercevoir, que la conscience commune n'est donc pas avec eux, et que c'est contre tout droit qu'ils s'en prétendent les interprètes[12]. »

Trahison

L'anathème jeté sur le be-bop marque le début d'un envahissement du discours jazzistique de Panassié par la condamnation globale et sans appel du monde moderne, discours dans lequel on retrouve nombre des thèmes développés au même moment par la mouvance intégriste du catholicisme qui s'oppose à toute évolution de l'Église. Le premier est le thème de la trahison. Pour un catholique traditionaliste dont le courant de pensée puise directement son fond doctrinal dans l'opposition irréductible aux Lumières et à la Révolution française, 1789 a constitué une rupture dans l'ordre des choses et substitué à un monde harmonieusement unifié autour de Dieu le règne de l'homme et donc du chaos. La pensée contre-révolutionnaire assimile le pluralisme à une trahison, car il constitue une remise en cause de l'autorité, prélude à toutes les dérives dont la démocratie est le pire avatar. Face au monde moderne, les catholiques traditionalistes se pensent comme les « gardiens d'une Vérité trahie[13] ». La Vérité jazzistique, révélée à Panassié le 10 janvier 1939, prend pour lui la forme du style Nouvelle-Orléans, quintessence de la « vraie » musique de jazz. Cette vérité qu'il ne cessera de défendre jusqu'à la fin de sa vie, il l'a atteinte grâce à sa fréquentation des musiciens noirs, ses « maîtres en la matière » qui lui ont fait comprendre les « vérités premières[14] » du jazz. Un article écrit en 1945 sur « Nietzsche en face du christianisme » dans l'éphémère revue *Réalité* témoigne de l'attention portée en même temps à l'évolution d'un catholicisme qu'il voit s'éloigner de la vérité originelle. Selon Panassié, tout en étant antichrétienne, la pensée de Nietzsche se rapproche à bien des égards du vrai catholicisme et s'il a rejeté le christianisme, c'est en raison de l'étroitesse d'esprit des chrétiens de son temps. Cette étroitesse caractérise aussi, selon Panassié, « les chrétiens modernes [qui] ne sont que trop installés dans leur religion comme dans un confort bourgeois à la recherche d'un bonheur égoïste » et qui doivent impérativement retrouver « le vrai christianisme[15] ».

Montrer au monde le vrai christianisme et montrer aux amateurs le vrai jazz ne sont pour Panassié que deux facettes d'une même mission dont il a conscience d'être investi. C'est pour cette raison qu'il ne peut admettre la remise en cause de son magistère par la nouvelle génération d'amateurs emmenée par Charles Delaunay, et lorsque celui-ci crée un Hot club dissident après son exclusion, Panassié qualifie ce geste de « schisme[16] ». Deux ans plus tard, les partisans du be-bop sont devenus des traîtres : « Prendre parti pour le bop, écrit-il en octobre 1949, c'est en quelque sorte trahir la cause du jazz[17]. » Dès lors, le thème de la trahison s'installe dans ses écrits et lorsqu'en 1957, le HCF fait le bilan de son action à l'occasion de son vingt-cinquième anniversaire, la trahison des modernistes est élevée au rang d'événement clé de l'histoire du Hot club :

> Une quinzaine d'années après la fondation du HCF sonna l'heure de la trahison [...]. Nous aurions pu admettre, non pas le bien-fondé de ce jugement musical [le bop est du jazz], mais la sincérité de ceux qui l'avaient porté, si précisément ces derniers ne s'étaient pas conduits d'une manière qui excluait toute possibilité de sincérité. En effet, au moment même où ces critiques

saluaient en Parker et Gillespie les nouveaux rois du jazz, ils entamaient une ignoble campagne de dénigrement contre Louis Armstrong, Mezz Mezzrow, Tommy Ladnier et d'autres grands jazzmen qu'ils n'avaient jusque-là jamais critiqués. Or, il est évident qu'il n'était nullement nécessaire, pour louer la musique des boppers, d'attaquer les jazzmen. Mezz ne pouvait pas être devenu du jour au lendemain un mauvais musicien du fait que Parker avait du génie. Louis Armstrong ne pouvait pas, subitement, être devenu incapable de souffler dans sa trompette du fait que Gillespie jouait de l'instrument en virtuose. C'est pourquoi nous avons le droit – et le devoir – de parler de trahison[18].

Face aux « faux prophètes[19] » qui se sont faits les « apôtres[20] » du be-bop, Panassié est persuadé d'incarner la « bonne cause[21] ». En refusant à ses adversaires la possibilité d'avoir fait un choix sincère, il les considère *ipso facto* comme irresponsables et guidés par un snobisme de l'avant-garde typique d'un monde moderne marqué par une perte des repères : on retrouve ici l'idée fondatrice de l'école contre-révolutionnaire pour laquelle « l'homme ne saurait constituer la société. [...] Il ne lui appartient pas de remettre en cause ce qu'a voulu le créateur de toute chose [Dieu]. Mutilé par la chute originelle, l'esprit humain est dans l'incapacité de maîtriser son avenir[22] ». Dans cette perspective, le goût pour le be-bop, si évidemment contraire à la vérité jazzistique, est intrinsèquement mauvais.

Pour donner plus de poids à sa dénonciation de l'erreur jazzistique, Panassié parsème le *Bulletin du Hot club de France* de citations empruntées à des auteurs divers qui ont le plus souvent en commun de défendre le catholicisme traditionnel, tels Léon Bloy, Joseph de Maistre ou encore l'évêque traditionaliste américain Mgr Fulton Sheen et même le pape Pie XII. Le *Bulletin du Hot club de France* prend ainsi l'allure d'un petit florilège de maximes destinées à servir à l'édification des lecteurs. En mai 1961, celle-ci, empruntée à Joseph de Maistre, l'un des théoriciens de la contre-révolution au XIXe siècle, leur est proposée : « Les fausses opinions ressemblent à la fausse monnaie qui est frappée d'abord par de grands coupables et dépensée ensuite par d'honnêtes gens qui perpétuent le crime sans savoir ce qu'ils font. » Parmi les auteurs cités, la mouvance de la revue intégriste *Itinéraires* fondée en 1956 par Jean Madiran est bien représentée. Madiran, ancien collaborateur de *l'Action française* pendant l'Occupation, puis *d'Écrits de Paris* et de *Rivarol* après 1945, quitte ce dernier périodique en 1958. La fondation d'*Itinéraires* deux ans plus tôt fait de lui l'un des chefs de file de l'extrême droite intégriste qu'il représente toujours aujourd'hui à la tête de *Présent*, quotidien du Front national. Panassié apprécie les exégèses de ce spécialiste de saint Thomas qui démontre comment, « de traduction inexacte en traduction inexacte, on en arrive à donner à certains passages de l'Écriture un sens hérétique [23] ». Au cours des années soixante, Panassié collaborera épisodiquement à *Itinéraires*. On ne s'étonnera donc pas de voir les textes de cette revue fréquemment cités dans le *Bulletin du Hot club de France*. En février 1963, Panassié présente ainsi à ses lecteurs cet extrait d'un article de Madiran : « Dans l'anarchie intellectuelle où nous vivons, n'importe qui peut écrire scientifiquement n'importe quelles contre-vérités, on n'en continuera pas moins, la publicité aidant, à le tenir pour objectif et savant, à le présenter et à l'imposer au malheureux public comme une autorité scientifique [24]. » Mais d'autres auteurs sont mis à contribution, ainsi Gustave Thibon, Henri Charlier ou encore Georges Dumoulin, pour qui « mentir est aujourd'hui une règle, une vocation, un art, une carrière, une profession, une habitude, une coutume, un sport, une culture. Au mensonge classique de la diplomatie, de la politique et du journalisme sont venus s'ajouter tous les mensonges médiocres, subalternes et sordides de la publicité [25] ». Panassié n'hésite pas à citer des personnages encore plus éminents, ainsi en février 1963 où il propose cet extrait du *Traité de la Trinité* de saint Augustin : « Il y a dans l'erreur humaine deux choses difficilement supportables : prendre parti avant qu'apparaisse la vérité et s'obstiner dans un faux parti pris une fois que la vérité est devenue évidente. »

Dans ce monde moderne tombé dans l'erreur, les membres du HCF apparaissent comme une petite élite détenant la vérité au milieu d'un océan d'ignorance et d'imbécillité. Les « maximes » qui se multiplient dans le *Bulletin du HCF* à partir de 1957 les confortent dans ce point de vue. En décembre 1961, ils découvrent ainsi cette citation de Francis Picabia : « Les moyens de développer l'intelligence ont augmenté le nombre des imbéciles » (décembre 1961). Ou bien cette déclaration d'Oscar Wilde en juillet 1962 : « Je sais trop bien que nous sommes nés à une époque où les imbéciles seuls sont pris au sérieux. » Ou encore, en février 1964, cette interpellation due à Tristan Bernard : « As-tu remarqué les progrès que fait l'ignorance en ce moment ? » Panassié cite à de nombreuses reprises des personnages plus neutres politiquement, tels que la philosophe Simone Weil, les poètes Pierre Reverdy ou Blaise Cendrars, le peintre Salvador Dali, les compositeurs Igor Stravinsky ou Erik Satie, les philosophes Emmanuel Kant et Blaise Pascal, ou encore René Guénon. Il n'en reste pas moins que le courant catholique traditionaliste occupe une place prépondérante et que la thématique générale de ces citations-cautions, quels que soient leurs auteurs, est très claire : toutes ont pour point commun de dénoncer le monde moderne, le progrès, le conformisme, le totalitarisme moderne (un totalitarisme « par le bas », celui de la démocratie), ou encore le snobisme de l'avant-garde.

Complot

Toute action allant à l'encontre de ce que Panassié a reconnu comme une vérité irréfutable va donc être interprétée comme nuisible à la cause de la musique noire. Involontaire, une telle action n'est qu'une erreur. Volontaire et organisée, elle devient un complot. Au fur et à mesure qu'il perd le pouvoir dans le monde du jazz tandis que Charles Delaunay et ses amis déploient une intense activité, Panassié élabore un discours où le thème du complot va tenir une place centrale. Là encore, on reconnaît le mode de pensée propre à une école contre-révolutionnaire qui, dès le XIXe siècle, a développé une « histoire-conspiration » axée autour de l'idée d'un complot des forces du Mal contre la religion chrétienne et l'ordre monarchique, idée qui permettait de « rendre raison de l'impensable : comment une société globalement harmonieuse avait pu devenir la proie d'une totale subversion[26] » à la suite du cataclysme de 1789.

On se souvient qu'une des raisons de l'exclusion de Charles Delaunay en 1947 avait été les « manœuvres » de ce dernier « visant à empêcher les enregistrements aux États-Unis de Django Reinhardt avec l'orchestre de Duke Ellington ». Après la scission, Panassié, n'ayant plus de revue, avait déposé une demande de papier pour fonder un nouvel organe. La fin de non-recevoir opposée à sa demande serait due selon lui à une autre manœuvre de Delaunay, dont l'ami Frank Bauer était chargé de mission au ministère de l'Information et qui aurait déclaré être à l'origine du refus[27]. Pour Panassié, qui écrit immédiatement au président du Conseil de l'époque, Paul Ramadier, pour protester contre les entraves dont il est victime[28], il ne s'agit là que du premier épisode d'un vaste complot destiné à étouffer le vrai jazz et ceux qui le défendent. Privé de tribune, il doit attendre, on l'a vu, janvier 1949 pour retrouver une tribune régulière avec *La Revue du jazz*, puis octobre 1950 avant de publier le *Bulletin du Hot club de France*. Au cours des années cinquante, le thème du complot apparaît progressivement dans ses écrits. Là encore, la charnière de 1949 est capitale. Lors de l'assemblée générale d'octobre, Panassié dénonce pour la première fois avec autant de vigueur les calomnies publiées dans «*Zazott*» à l'encontre des jazzmen authentiques. Elles deviennent en 1953 des «campagnes de dénigrement» dont Lionel Hampton est l'une des victimes en octobre 1953, mais aussi tous les autres jazzmen. En janvier 1956, Panassié effectue une revue de presse concernant la tournée de Louis Armstrong et aboutit à la conclusion que la majorité de la presse, générale ou spécialisée, s'est répandue en inexactitudes et en informations contradictoires, inventant ou grossissant certains faits et en passant d'autres sous silence. Si pour lui les «zazotteux» ont leur part de responsabilité dans l'affaire, il s'en prend tout autant à la presse générale et à un adversaire invisible qui serait responsable de ce qui commence à apparaître comme une véritable conspiration orchestrée :

> Chers lecteurs, vous avez là le mécanisme de l'«information» dans la presse française (et étrangère) actuelle. Sachez bien que ces fantaisies délirantes, ce manque de compétence ou de conscience professionnelle de la part de tant de journalistes, loin de s'exercer seulement à l'endroit du jazz, sévissent dans à peu près **tous** [en gras dans le texte] les domaines et vous induisent continuellement en erreur[29].

L'action néfaste des «zazotteux» contre le jazz authentique se poursuit de telle manière qu'en 1958, le discours du HCF franchit encore un palier dans la radicalisation, en évoquant un «jazz sous l'Occupation» : pour Madeleine Gautier, «musiciens et musique, recouverts d'une grisaille distinguée, font l'objet d'un nivellement systématique, d'un calibrage impitoyable avec, pour étalon, le "Modern Jazz Quartet" et pour modèle Miles Davis. L'occupant est partout, en Amérique comme en France. Il est là, qui occupe – et qui s'occupe à tuer le jazz[30]». Quelques mois plus tard, Madeleine Gautier lance un pathétique «S.O.S., signé : le jazz[31]». De fil en aiguille, l'occupation devient «barrage» à partir de février 1959. Sous ce titre, Panassié développe en un long article de cinq pages le thème de la «conspiration du silence» organisée autour des vrais jazzmen, qui n'ont plus la possibilité d'enregistrer des disques ni de passer à la radio et sont écartés des cabarets au profit des musiciens de jazz moderne, en bref, sont victimes d'un barrage qui profite aux musiciens « progressistes », lesquels continuent à inonder le marché de disques dont personne ne veut et à donner des concerts où le public ne vient pas, provoquant régulièrement de belles catastrophes financières chez les organisateurs de concerts. Panassié désigne alors les responsables du complot :

> Qui serait assez sot pour vouloir perdre de l'argent ? Qui serait assez sot ? Eh bien, plus de gens que vous ne croyez, à commencer par l'État qui, aussi bien aux États-Unis qu'en France, a provoqué la fermeture de tant de cabarets de nuit par des taxes et des surtaxes et a vu ainsi diminuer sans cesse le montant du produit de ces taxes, en tuant la poule aux œufs d'or – et malgré cela, n'a jamais renversé la vapeur. Mais il y a aussi les gens qui peuvent se permettre de jeter de l'argent en l'air : ce sont les compagnies de disques qui, gagnant des sommes fabuleuses avec la vente des disques d'Elvis Presley, Johnny Ray, etc., se moquent éperdument de gagner peu ou prou avec le jazz (ou la musique prétendue telle) et laissent leur superviseur « spécialisé » satisfaire ses complexes avant-gardistes – à moins que ce ne soit le grand directeur lui-même qui ne soit fier de pouvoir afficher à son catalogue un quelconque Trouducool pour bien prouver (tout en se remplissant les poches avec de la rinçure de « rock'n'roll ») qu'il est plus à la page, moderne, dans le coup et progressiste que quiconque. La vérité est que le jazz est tombé entre les pires mains qui soient : conformistes de l'avant-gardisme (les plus minables de tous les conformistes), marchands de soupe, publicistes avariés à la Léonard Plume*, tous par surcroît ennemis de la race noire[32].

Désormais installé dans les colonnes du *Bulletin*, le thème du barrage sert principalement à désigner le monopole détenu par les progressistes sur les moyens d'information depuis que Panassié a quitté *Jazz hot*. Revenant douze ans plus tard sur l'épisode de 1947, Panassié interprète le refus d'attribution de papier pour sa revue comme le commencement de la fin pour le jazz, privé de son principal défenseur et livré aux modernistes. À l'appui de sa thèse, Panassié reproduit la lettre du ministère prouvant ce qu'il avance. On y lit

---

* Il s'agit de Leonard Feather (*feather* signifie plume en anglais), critique américain déjà qualifié d'« ennemi du HCF » dans le compte rendu de l'assemblée du HCF qui avait vu l'expulsion de Delaunay, accusé d'avoir fait appel à lui pour superviser une séance d'enregistrement de Louis Armstrong. Autre exemple du goût de Panassié pour les surnoms.

notamment la raison invoquée pour le refus d'attribution de papier : « Il ne m'a pas paru que votre départ de la revue *Jazz hot* dont vous avez été l'un des animateurs pût justifier *ipso facto* la création d'une nouvelle revue[33]. » Commentaire de Panassié :

> Les trois dernières lignes consacraient le monopole de fait de la bande-à-*Zazott*, lui conférant l'inadmissible prérogative d'être la seule revue de jazz en France. En raison de ce scandaleux barrage, ce n'est que deux ans plus tard, en janvier 1949, que le HCF put enfin publier sa revue mensuelle – *La Revue du jazz* – mais il était trop tard. Certes, la grosse majorité des connaisseurs étaient restés fidèles au HCF et au jazz authentique, mais le grand public s'était dispersé et les nouvelles couches avaient été contaminées par une propagande unilatérale devant laquelle, pendant deux ans, nous avons été condamnés à rester muets, impuissants. Pendant ce temps, les modernistes ont pu mener tranquillement leur « campagne » contre le vrai jazz, ayant « en main *tous* les moyens d'action à grande portée, en particulier la presse, d'où le HCF était presque totalement exclu ».

Cette interprétation ne résiste pas à l'analyse : d'une part, les chiffres d'affluence aux concerts montrent qu'après 1949, le nombre de spectateurs continue d'augmenter de façon importante jusqu'à la fin des années cinquante, contrairement à ce qu'affirme Panassié. D'autre part, entre 1947 et 1949, si l'on excepte Boris Vian qui tient une rubrique régulière dans le quotidien *Combat*, les critiques de jazz issu du milieu Hot club, de quelque tendance que ce soit, sont encore largement absents de la presse de grande diffusion. Quant à la radio, trois personnes animent des émissions régulières : Hugues Panassié, Charles Delaunay et Sim Copans, ce dernier n'étant apprécié par aucune des deux tendances qui lui reprochent de faire une trop grande place au jazz commercial. Le rapport de force médiatique est donc équilibré au cours de cette période. Quant aux organisations de concerts, le Hot club de France est encore dynamique à ce moment : c'est lui qui organise la tournée de Rex Stewart en décembre 1947, le festival de Nice en février 1948, les concerts de Mezz Mezzrow en France au cours de la même année et ceux d'Armstrong l'année suivante. Par ailleurs, en 1948 encore, le HCF contrôle la majorité des Hot clubs. Il n'est donc pas privé de moyens d'action, bien qu'il n'ait plus de revue à sa disposition jusqu'en janvier 1949. En réalité, c'est le repli sur soi d'après 1949 et l'intransigeance du discours de Panassié qui sont à l'origine de la marginalisation du HCF, interprétée rétrospectivement comme résultant d'un complot. De fait, au début des années soixante, les rubriques de jazz dans la presse, les émissions de radio et les organisations de concerts sont quasiment toutes entre les mains des équipes de *Jazz hot* et *Jazz magazine* : Panassié dénonce alors la « maffia du jazz [qui] a réussi à s'installer aux postes de commande » et qui « intoxique le public en lui présentant (par la presse, la radio, la télé) les informations, discours, déclarations, de façon tendancieuse, voire mensongère, en omettant systématiquement certains faits, en rabâchant certaines paroles jusqu'à ce qu'elles soient enfoncées dans tous les cerveaux[34] », dénonciation accompagnée de la citation tirée du *Traité de la Trinité* de saint Augustin évoquée plus haut. Là encore, les représentants du courant intégriste sont mis à contribution, Panassié citant par exemple en avril 1962 un article de Michel Creuzet dénonçant dans la revue *Verbe*, organe de la Cité catholique, « le totalitarisme des idées qui permet, sous le couvert de la liberté d'opinion, le règne de véritables maffias, intellectuelles et financières, qui contrôlent journaux, radio, télévision et jusqu'au gouvernement[35] ». La revue *Nouvelles de chrétienté*, autre publication traditionaliste, est également une des sources de maximes pour le *Bulletin du HCF*, dont la critique de l'uniformité du discours des médias et de ses effets néfastes sur le public est l'un des leitmotive.

Sabotage

Loin de se limiter au barrage médiatique, le « complot moderniste » se manifeste aussi par des chahuts organisés lors de concerts donnés par des musiciens de « vrai » jazz. C'est en tout cas ainsi qu'André Doutart interprète l'agitation survenue lors du concert de Mezz Mezzrow le 21 novembre 1954 à la salle Pleyel : « Nos adversaires, [...] les progressistes, [...] avaient délégué un quarteron de jeunes voyous venus avec trompes d'auto, sifflets, réveils et mirlitons en vue de saboter le concert[36]. » Mais le véritable sabotage moderniste est ailleurs : il résulte des échecs commerciaux des concerts de be-bop, qui dissuadent les imprésarios de programmer des musiciens de « vrai » jazz. C'est le cas en février 1953, lorsque le semi-échec de la tournée du trompettiste Dizzy Gillespie se traduit par l'annulation de celle de l'orchestre classique de Count Basie qui devait suivre, ainsi que par la réduction du nombre de prestations de l'orchestre du Jazz at the Philharmonic qui effectue alors la deuxième de ses nombreuses apparitions en France au cours des années cinquante. Persuadé que le succès du jazz ne cesse de diminuer au cours des années cinquante*, Panassié en rend responsable la critique moderniste qui présente le be-bop comme du jazz et fait fuir un public qui, épouvanté par cette musique, ne se déplace plus ensuite pour écouter du vrai jazz. En 1959, lorsque l'équipe de *Jazz hot* s'interroge sur « l'étonnant insuccès[37] » de la tournée de Cootie Williams, ex-trompettiste vedette de l'orchestre de Duke Ellington de la grande époque, Panassié y voit le « triste bilan de dix années de barrage [et de] trahison de la "critique de jazz" officielle » qui a « réussi à faire ignorer le nom de Cootie Williams et autres grands jazzmen à une bonne partie de la nouvelle génération[38] ».

Ce type d'événement accrédite peu à peu chez les membres du HCF la thèse de la malversation volontaire, formulée ouvertement en novembre 1959, lorsque Panassié évoque « le sabotage de la tournée de Buck Clayton ». Celle-ci a lieu en « package » avec d'autres groupes, dont, en France, celui du bopper Dizzy Gillespie, « comme si un véritable All stars** tel que celui de Buck [...] avait besoin de partager l'affiche avec d'autres ! » De là à insinuer que ce package avait été concocté sciemment pour défavoriser Buck Clayton, il n'y a qu'un pas, que Panassié ne franchit pas. Il n'en dénonce pas moins la manière dont les concerts ont été organisés : « Partager l'affiche... quand on voulait bien l'annoncer ! Pour les concerts de Paris, scandale sans précédent, l'orchestre de Gillespie fut seul annoncé. » Autre scandale, qui montre que le complot n'est pas limité à la France, « le concert de Buck prévu à Genève pour le 18 octobre fut annulé quatre jours avant, sous prétexte qu'il était impossible d'amener l'orchestre à temps de Paris à Genève. Vérification faite par le HCF, la chose était parfaitement possible ». Et Panassié de conclure : « La place manque pour relever tous les procédés déplorables dont a été victime ce superbe orchestre au cours de sa tournée européenne. » Cet exemple de sabotage n'est pas isolé. On signalera aussi celui de la tournée de Louis Armstrong la même année, Panassié consacrant un long développement au barrage dressé par des personnages qui ont voulu empêcher le trompettiste de jouer à Paris. Quant à la presse, elle n'a pas ménagé ses calomnies, à l'image de *Paris-Journal*, qui a laissé entendre qu'Armstrong avait un cancer de la lèvre[39].

Au début des années soixante, la tendance Panassié radicalise d'autant plus son discours que son influence sur la diffusion du jazz

---
* À tort, comme le montrent les chiffres des tableaux des annexes III et IV.
** Orchestre de vedettes.

en France devient marginale, une fuite en avant que traduit notamment l'inflation de citations-cautions dans le *Bulletin du HCF*, qui en compte parfois jusqu'à quatre par numéro à partir de 1961. On notera qu'à ce moment-là, les réformes qui se profilaient dans l'Église depuis l'annonce de la convocation officielle du concile Vatican II par Jean XXIII en 1959 se précisent. Si le concile lui-même ne se réunit qu'à partir de 1962, l'inquiétude est déjà perceptible dans les milieux catholiques traditionalistes, cette inflation de citations pouvant apparaître comme un symptôme de l'inquiétude de Panassié devant l'évolution d'un monde qu'il réprouve. Quoi qu'il en soit, le scénario du sabotage, lui, est désormais bien rodé. Lorsque Jacques Pescheux évoque dans le *Bulletin du HCF* en septembre 1963 le « scandale » du concert Bill Doggett, il ne mâche pas ses mots, dans un article au titre explicite : « À Paris, Bill Doggett n'a pas pu jouer, il a été chassé de scène par les boppers. » L'amalgame est désormais fait entre les musiciens pratiquant ce style et le public, dont « les furies se déchaînèrent : hurlements, cris du genre "remboursez", "on veut du jazz" (*sic*!) – le tout accompagné de sous jetés sur la scène, au point que les musiciens regagnèrent les coulisses avant de terminer le troisième morceau ». Et Pescheux désigne les coupables : « Les manifestants ne sont que médiocrement à incriminer ; ils suivent aveuglément les consignes reçues. Les vrais responsables, ce sont les directeurs de revues, les présentateurs de disques à la radio (souvent les mêmes personnages) qui excitent un public moutonnier contre les jazzmen par une indigne propagande. » Le terme de boppers englobe donc indifféremment les musiciens, le public et les critiques progressistes, qualifiés aussi de « souteneurs », dont l'action sur les amateurs est assimilée à un « lavage de cerveaux » et qui ont bien préparé leur coup puisque « comme d'habitude, on avait eu soin de mélanger jazzmen et boppèrs », afin d'être sûr que le public viendrait puisque le bop présenté tout seul fait fuir le public. Jacques Pescheux y voit l'aboutissement d'un complot mûri « depuis de longues années », dont les « fomentateurs » ont « enfin atteint [leur] but ». De plus, ce sabotage désigne *a posteriori* les progressistes comme les responsables de l'incident qui avait eu lieu quatorze ans auparavant, en novembre 1949, en « ce même théâtre [des Champs-Élysées], où [...] sept câbles furent sectionnés avant l'entrée en scène de Louis Armstrong[40] », alors que ce concert était organisé par le HCF. Fait significatif de l'évolution du discours de la tendance panassiéiste, cet incident n'avait pas été dénoncé dans *La Revue du jazz* à l'époque. C'est donc bien à la lumière des événements ultérieurs qu'il est réinterprété comme le résultat d'un sabotage. En 1974, Panassié évoquera de nouveau dans ses mémoires cet « ouvrage d'une main criminelle, quelqu'un qui n'aimait pas Louis Armstrong, ou le Hot club, ou les deux[41] ».

L'impasse de l'antiracisme panassiéen

Un des mobiles essentiels du complot anti-jazz est, selon Panassié, le racisme. Dès novembre 1947, juste après la scission, il en avait accusé Boris Vian, « l'homme qui a sali la race noire par le bouquin *J'irai cracher sur vos tombes*[42] ». Au même moment, il avait dénoncé « le mal blanc » dans la nouvelle revue *Présence africaine*. Mais c'est surtout à partir de 1949, avec la condamnation du be-bop, que le thème du racisme, parabole du modernisme, va inonder sa prose. Pour lui, « si le bop a quelque succès, c'est parmi les musiciens blancs des États-Unis » qui n'ont jamais pu égaler les Noirs et « se sont jetés sur le bop comme la misère sur le pauvre homme. Ils peuvent, enfin, donner le change au lieu de s'éreinter à acquérir la sonorité inouïe, la puissance, la qualité expressive d'un Louis Armstrong, d'un Hawkins, d'un Benny Carter, d'un Bechet, ils peuvent aligner des traits et courtiser la quinte diminuée ». Quant aux quelques jeunes Noirs qui s'intéressent au bop, ils sont victimes de « l'effet du préjugé de race » : les Blancs ayant persuadé les Noirs de leur infériorité et de celle de leurs « traditions », certains d'entre eux « ont donné tête baissée dans le panneau et se sont mis à imiter les Blancs, dans l'espoir – bien vain ! – d'atténuer le préjugé de race[43] ». On voit comment dans l'esprit de Panassié, le jazz moderne n'est qu'un avatar supplémentaire du racisme constitutif de la société américaine, mais aussi de toute la civilisation occidentale, qui refuse d'« accepter [les Noirs] comme ils sont et [...] ne parle d'eux en bien que lorsqu'ils tournent le dos aux traditions de leur race pour se conformer aux poncifs de la "culture" blanche, forme [...] sournoise [par excellence] du racisme, [...] pratiquée par une foule de gens, "progressistes" ou autres, qui se proclament solennellement antiracistes[44] ». Il s'agit là d'une nette fuite en avant par rapport à son discours antiraciste antérieur.

Désormais, il ne va plus cesser de dénoncer la culture blanche et de défendre des Noirs en qui il voit le dernier rempart de l'authenticité contre la contamination moderniste. En témoignent les statuts du Hot club de France, qui stipulent que le « préjugé de race » est passible d'exclusion. En témoigne aussi son livre *Jazz panorama*, écrit en 1950, peu après son retour des États-Unis. Un ouvrage polémique destiné à contrer les critiques modernistes, qui s'ouvre sur un chapitre-plaidoyer intitulé « Défense des Noirs » où Panassié dénonce le racisme qui sévit à la fois aux États-Unis et en France. Loin de se limiter à la critique de l'ignorance du grand public en matière de jazz, il stigmatise « des personnes qui n'ont jamais eu le moindre contact avec des Noirs, qui n'ont fait que les croiser dans la rue ou les voir dans quelque magazine illustré » et « se permettent de formuler à leur sujet des opinions aussi définitives que "les Noirs sentent mauvais" ou "les Noirs sont voleurs", ou encore "tous les Noirs sont tarés"[45] ». Des « préjugés » dus selon Panassié à « l'indécrottable orgueil de la race blanche qui se croit supérieure en tout aux autres races ». Ces clichés sont soigneusement entretenus par les intellectuels qui, « au lieu de réagir contre ce lamentable état d'esprit, n'ont pas manqué d'apporter leur pierre à l'édifice. Dans son traité sur *Le Rire*, [Henri] Bergson ose citer le Noir parmi ses exemples de choses risibles : "Pourquoi rit-on d'un nègre", se demande-t-il. [...] Bergson s'est-il demandé l'impression que ferait sa phrase sur un lecteur noir? [...] Dans *Magie noire*, Paul Morand déverse les habituels clichés : "La puanteur des nègres", "l'odeur affreusement musquée du nègre" [...]. Que Paul Morand sache bien que les Noirs trouvent que lui, Paul Morand, sent le cadavre – comme les autres hommes de race blanche[46] ». Panassié dénonce aussi la presse et les journalistes, « qui ne se sont pas fait faute d'alimenter et de faire prospérer les préjugés contre les Noirs avec leurs reportages imbéciles. Que de fois n'a-t-on pas raconté que Harlem, le quartier noir de New York, était un coupe-gorge? [...] À la Libération, lors de la venue en France de l'armée américaine, que de fois n'a-t-on pas dit que les soldats noirs violaient les femmes, se livraient aux actes les plus inqualifiables? » Enfin Panassié récuse le soi-disant retard intellectuel des Noirs et dénonce l'asservissement dont ont été victimes ces hommes « maintenus à l'écart de toute instruction [...] pendant des siècles [...] et à qui, aujourd'hui encore, vous donnez des chances assez maigres de cultiver leur esprit ». Si les Noirs médecins ou avocats sont moins nombreux que les Blancs, notamment aux États-Unis, « c'est uniquement parce que très peu d'entre eux ont la possibilité de pousser assez loin leurs études[47] ». Peu de gens sortent indemnes de ce pamphlet violent qui témoigne de la fuite en avant du discours de Panassié. « Honte à la race blanche », écrit-il peu après l'exécution de Willie McGee aux États-Unis en 1951[48].

Bien évidemment, c'est avant tout chez ses adversaires que Panassié traque les manifestations de racisme, relevant par exemple dans un article de *Jazz hot* « la honteuse affirmation que voici : "J'ai eu l'occasion de noter l'infériorité intellectuelle des Noirs par rapport aux Blancs par suite de leur degré d'évolution différent du nôtre ; infériorité d'ailleurs compensée par une richesse sensitive qui nous est inconnue." [...] Nous connaissons la chanson. C'est celle qu'entonnent quotidiennement les Américains atteints du préjugé de race[49] ». De même, lorsque André Hodeir écrit à propos du batteur Chick Webb : « On peut dire de ce petit drummer nègre et bossu qu'il eut du génie[50] », Panassié stigmatise le préjugé de race. Hodeir répond à son tour et considère que « ce culte imbécile selon lequel il [n'est] pas permis d'écrire que Chick Webb [est] bossu (un Noir ne saurait être bossu) conduit au rejet de toute la culture européenne[51] ». Mais Panassié revient à la charge : « Mettons les points sur les *i* : ce qui a "échappé" à M. Hodeir, ce n'est pas d'avoir écrit que Chick Webb était bossu, mais d'avoir relié les mots *nègre* et *bossu* par une conjonction, impliquant par ce "et" que le fait d'être nègre était un défaut physique, comme le fait d'être bossu[52]. » On comprendra pourquoi Panassié est tellement susceptible à propos de ce musicien si l'on se souvient que c'est en l'écoutant qu'il eut la révélation du jazz le 10 janvier 1939. Au demeurant, les critiques français ne font que « se mettre à la remorque des racistes américains » dont le complot consiste à « arracher aux Noirs leur propre musique pour les réduire au silence[53] » et à en exploiter les bénéfices commerciaux en faisant passer la musique blanche pour du jazz afin d'attirer le public : « Harry James a gagné cent fois plus d'argent que Louis Armstrong et a été vu dans des films à succès qui ont fait le tour du monde, tandis que Louis devait se contenter de brèves apparitions dans des films de seconde zone. » Panassié dénonce cette « manœuvre[54] » destinée à « tuer la musique authentique des Noirs[55] » :

> Les Noirs avaient du nouveau à révéler au monde. Pour nous, c'était enfin l'occasion d'aller de l'avant, de rejeter nos vieux préjugés minables en musique et ailleurs. Eh bien, non : on veut étouffer la voix des Noirs, de la manière la plus hypocrite qui soit, en l'exaltant dans la mesure où elle cesse de chanter dans son véritable idiome. [...] Mes amis, si vous avez le dégoût de la pseudo-civilisation atomique du monde blanc contemporain, tenez-vous sur vos gardes et ne vous laissez pas duper par la pernicieuse campagne de ces réactionnaires du jazz[56].

À travers cette argumentation, c'est toute la dérive extrémiste du purisme qui affleure, dérive qui aboutit, comme l'avait bien senti André Hodeir, au rejet de la civilisation occidentale. Si le purisme de Panassié a contribué de manière décisive, dans les années trente, à la reconnaissance de l'originalité musicale du jazz, premier pas vers une légitimation culturelle, ce purisme poussé jusqu'au délire paranoïaque après 1949 aboutit *de facto* à refuser la possibilité d'une intégration du jazz au paysage culturel français. Car Panassié, fasciné par la culture noire, dénie aux Blancs la possibilité d'assimiler cette musique, comme le montre la piètre opinion qu'il se fait de la majorité des musiciens français. Par ailleurs, l'évolution de sa vision du monde en termes de complot et son rejet de la « civilisation atomique » montrent à l'évidence qu'il ne croit plus en la capacité d'une culture occidentale contaminée par la décadence moderniste à accueillir la musique des Noirs, dans laquelle il voyait pourtant dans les années trente une possibilité de régénération. Après 1949, ce refus du monde moderne imprègne son discours au point de contredire sa volonté affichée de faire reconnaître le jazz par le grand public, et se manifeste plus que jamais par un refus du politique, caractéristique de la mouvance intégriste de l'école contre-révolutionnaire : Panassié ne déclare-t-il pas qu'« en jouant de la trompette et en chantant, Louis Armstrong a prouvé l'ineptie des préjugés représentant les Noirs comme une race inférieure, bornée et stupide ; tandis que les verbeux discours et les "attitudes" de la plupart des politiciens n'ont pas fait avancer d'un pouce la cause des Noirs[57] » ?

Nettement plus radical depuis 1949, le discours devient franchement eschatologique lorsque Panassié évoque en décembre 1956 la « "culture" blanche décadente, fière de ses fruits les plus pourris et qui mène allégrement le monde à sa perte[58] ». Malgré son désir de faire reconnaître le jazz, il est de plus en plus prisonnier d'une culture du refus qui le conduit à la certitude que la civilisation européenne n'est pas capable d'accueillir le jazz autrement qu'en le pervertissant. Rien n'illustre mieux l'impasse dans laquelle il se trouve au milieu des années cinquante que ce dérapage de plume où est tout entière contenue sa vision fondamentalement pessimiste du monde moderne :

> Que les jeunes Noirs qui vont « se cultiver » (?) [*sic*] dans les universités blanches veuillent bien réfléchir un instant : est-il rai-

sonnable de leur part d'adopter aveuglément la soi-disant « culture » d'un monde blanc qui, pendant des siècles, les a réduits en esclavage, fait pleuvoir le mépris sur eux et qui, aujourd'hui, ne veut bien les admettre qu'À CONDITION QUE, SE RENIANT EUX-MÊMES, ILS ADOPTENT INTÉGRALEMENT LES PONCIFS LES PLUS SOTS, LES PLUS ÉCULÉS DU MONDE BLANC [en majuscules dans le texte] ? Qu'ils se disent bien ceci : si l'on veut leur faire payer leur affranchissement à ce prix, **c'est le payer trop cher** [en gras dans le texte]. Qu'ils regardent un instant d'un œil lucide notre avachissement, notre verbosité creuse, nos piteuses rodomontades, nos déclarations d'amour humanitaires ponctuées de quelques bombes atomiques sur le peuple de couleur et que, revenant à la raison, ils veuillent bien se convaincre que tout est préférable à cette « culture » blanche décadente[59].

Enfermé dans ses contradictions, Panassié ne peut plus proposer aux Noirs qu'il défend depuis vingt ans que de rester dans la situation de marginalité où les a placés la ségrégation, alors que dans le même temps, il dénonce chaque mois le racisme et le complot blanc qui étouffe leur voix. Ce paragraphe délirant est le reflet de l'impasse personnelle où il se trouve à ce moment-là et, dans une moindre mesure, de l'impasse culturelle dans laquelle se trouvent tous ceux qui ont adopté de manière inconditionnelle son point de vue en matière de jazz. Elle se traduit par le repli sur soi du Hot club de France, Panassié renonçant de fait, bien qu'il s'en défende, à toute idée de diffusion du jazz.

Jazz et eschatologie

L'évolution de Panassié au cours des années cinquante ne devait pas être sans conséquence sur une petite fraction d'amateurs de jazz regroupés autour de lui et qu'il entraîna dans sa fuite en avant du fait de l'ascendant qu'il exerçait sur eux. On connaît la réputation de convertisseur d'un de ses maîtres à penser, Léon Bloy. On pourrait en dire autant de Panassié, qui s'est toute sa vie comporté de la même manière, avec la même foi et la même passion lorsqu'il s'agissait de convertir un néophyte à la musique noire. Les vocations qu'il a suscitées furent nombreuses, durables et intenses, si l'on en juge par la fidélité de ses partisans d'alors – on pourrait même dire ses disciples – et le souvenir très vif, positif ou négatif, qu'il laisse encore aujourd'hui chez tous ceux qui l'ont approché. Le rapprochement entre Bloy et Panassié peut même aller plus loin puisque ce dernier se targue d'avoir été à l'origine de la conversion religieuse de plusieurs personnes, dont des amateurs de jazz. En outre, à la faveur de l'évolution de Panassié, la structure de sociabilité qu'il dirige s'engage dans une voie curieuse. Il faut ici évoquer succinctement un épisode de l'existence du HCF qui prend place entre 1961 et 1963, épisode révélateur, par son caractère exceptionnel, de l'orientation du noyau de l'association à partir de la fin des années cinquante. On notera tout d'abord que depuis la réorganisation de 1950, celui-ci est une structure à deux niveaux, comprenant d'une part les clubs régionaux affiliés à la fédération nationale que constitue le HCF, et d'autre part le HCF proprement dit dont pouvaient être membres *à titre personnel* certains membres des Hot clubs régionaux, à condition qu'ils fussent parrainés. L'adhésion à titre personnel au HCF était donc une promotion, et les membres qui y étaient acceptés faisaient figure d'élite parmi les amateurs de jazz.

En 1958, alors que son discours jazzistique se radicalise de plus en plus, Panassié fonde avec quelques membres du HCF l'Association des serviteurs de Marie médiatrice dont le but est de « préparer ses membres aux persécutions communistes promises aux chrétiens d'aujourd'hui ». Son activité principale est « l'oraison quotidienne sur des textes préparés par Hugues Panassié (textes tirés de la Bible, de l'Évangile ou d'écrits de saints) [60] ». On connaît bien peu de chose sur cette association si ce n'est qu'elle semble constituée uniquement d'un petit nombre (peut-être entre dix et quinze) de membres du HCF triés sur le volet. Son programme témoigne de l'orientation eschatologique de la pensée de Panassié. Les persécutions des modernistes à l'encontre du vrai jazz ne sont que le pendant de celles que risquent les vrais chrétiens si les communistes viennent à prendre le pouvoir dans l'Église et ailleurs. D'autre part, vers 1961, Panassié entre en contact avec Jean Boyer. Né en 1923, celui-ci a été ordonné prêtre en 1947 par le cardinal Suhard et nommé prêtre-ouvrier deux ans plus tard puis rattaché en 1950 à la mission de Paris par le cardinal Feltin. Mais au cours des années suivantes, le message de la Sainte Vierge de Fatima change radicalement le cours de son engagement religieux. Désormais anticommuniste virulent, il devient persuadé à la fin des années cinquante que le « monde moderne se rue frénétiquement à sa perte sous la conduite de mauvais bergers [...] et que la justice divine va se manifester bientôt [61] ».

Afin de s'y préparer, il fonde au début des années soixante le groupe Action Fatima France, communauté religieuse se réunissant dans un ermitage des Landes, à Seignosse, et diffuse des brochures critiquant le concile Vatican II. Condamné par l'archevêque coadjuteur de Paris en juin 1963, qui le déclare *suspens a divinis*, l'abbé continue cependant à diriger sa communauté, qui aurait compté parmi ses sympathisants le colonel Chateau-Jobert ainsi que des membres de l'OAS. Panassié est attiré par les prises de position d'un prêtre dont le discours eschatologique correspond à ses convictions. Il adhère au mouvement de Boyer avec quelques membres du HCF. Mais le compagnonnage du HCF et d'Action Fatima ne dure pas longtemps en raison de la lutte d'influence entre les deux chefs charismatiques. Boyer apprend en effet rapidement par des membres du HCF l'existence de l'Association des serviteurs de Marie médiatrice ; or, l'Église interdit formellement à un laïc de fonder une association religieuse si elle n'est pas contrôlée par un prêtre. De fait, Boyer dénie à Panassié le droit d'exercer une direction de conscience sur ses proches. Certains d'entre eux fréquentant en même temps l'ermitage de Seignosse, le conflit entre les deux maîtres ne pouvait manquer d'éclater. La brouille éclate donc à la fin de l'année 1963, et Panassié exclut du HCF tous ceux qui continuent à avoir des rapports avec lui. Cet épisode, bien qu'il n'ait concerné qu'une poignée de fidèles de Panassié, éclaire jusqu'à la caricature le fonctionnement du Hot club de France d'après 1950, regroupé autour de la forte personnalité de son président dont le discours jazzistique constitue une condamnation en règle du monde moderne. Panassié devait d'ailleurs poursuivre dans cette voie puisqu'en 1967, il devient délégué général de l'association Una voce pour le diocèse de Montauban, fonction qu'il occupera jusqu'à sa mort en 1974. Cette association fondée en 1964 par les milieux catholiques opposés au concile Vatican II œuvre en faveur de la sauvegarde du chant grégorien et de la liturgie en latin, à laquelle Panassié sera fermement attaché jusqu'à la fin de sa vie.

L'historiographie panassiéiste

Si Panassié est progressivement marginalisé au sein du milieu du jazz à partir du début des années cinquante, ses idées gardent une audience non négligeable pendant toute cette décennie, du fait de l'existence du *Bulletin du Hot club de France*, mais aussi des nombreux ouvrages publiés par le critique. *La Véritable Musique de jazz*, réédité en 1952, sera suivie d'autres livres où Panassié développera sa conception : parmi eux, on peut citer le *Dictionnaire du jazz* (en collaboration avec Madeleine Gautier, 1954) et l'*Histoire du vrai jazz*

(1959), sans compter d'autres publications à caractère polémique comme *Jazz Panorama* (1950) et *La Bataille du jazz* (1965), ou technique comme la *Discographie critique des meilleurs disques de jazz* (1958). Ces publications forment un ensemble intellectuellement cohérent qui va donner naissance à un courant historiographique spécifique.

Parmi les critiques, peu nombreux, représentant ce courant, qui ont en commun de se situer en majorité à l'extrême droite, il faut citer notamment André Doutart, proche ami d'Hugues Panassié. Né en 1921 d'un père officier, il a fait une partie de ses études secondaires au prytanée militaire de La Flèche. Sa découverte du jazz date de 1937 et le Hot club qu'il crée à Lille l'année suivante s'affilie au Hot club de France. L'Occupation venue, il est chargé de mission au Commissariat aux questions juives. En 1950, à vingt-neuf ans, on le retrouve au Comité directeur du Hot club de France, tandis qu'il fait ses premières armes de journaliste dans des journaux d'étudiants très marqués à droite : *Étudiants*, *Hebdo latin* ou encore *La Casserole*, qui paraît de 1949 à 1955 et où le HCF obtient, par son intermédiaire, la mise à disposition de deux pages par numéro entre 1950 et 1952. Hugues Panassié et André Doutart s'y partagent l'essentiel des articles. Ce dernier tient aussi une chronique littéraire qui témoigne de sa prédilection pour les romans policiers ainsi que pour certains écrivains de la droite « hussarde » comme son ami Antoine Blondin ou Cecil Saint-Laurent. Il lui arrive par ailleurs d'écrire des comptes rendus de livres traitant de la Seconde Guerre mondiale, où se lit clairement une nostalgie pour le régime de Vichy, voire pour le nazisme[62]. On le voit ainsi déclarer en 1952 : « Le HCF déclare la guerre à une volonté d'ignorer et à une décadence musicale semblant marcher de pair avec d'autres décadences en cours depuis sept ans. [...] Les brusques virages musicaux s'apparentent aux tournants politiques qui désemparent notre pensée soucieuse de continuité logique. [...] Plus de limites ni de mesure si on ne s'attache pas aux racines fondamentales[63]. » Bien introduit dans les milieux d'extrême droite, il fait par ailleurs partie de l'équipe fondatrice du journal *Rivarol* en 1951 et y tient une rubrique où la chronique jazzistique voisine avec la nostalgie du régime nazi, comme en témoigne l'extrait ci-dessous :

> R. S. [?] voudrait nous faire croire que Roosevelt, ce dégénéré, dansait le swing au Savoy en écoutant Lionel Hampton, cependant que les méchants nazis campant chez nous passaient le temps en arrachant l'auréole des résistants pour qu'ils s'enrhu-

ment et en interdisant le jazz. Mais c'est que R. S. croit à ces légendes stupides, la bourrique. Il ne sait même pas que c'est au contraire Staline qui a interdit le jazz dans un discours célèbre. Ce pur analphabète croit reconnaître une phrase de Rosenberg et il se met à braire, car de philosophie, il ne connaît rien, pas plus que de jazz. La phrase en question fut prononcée par Goering en 1939. Et lorsque ce militaire prussien disait : « Quand j'entends parler de culture, je saisis mon revolver », il voulait dire : « Quand j'entends que l'on place la culture au-dessus de tout, je ne me contiens plus[64]. »

C'est à *Rivarol* que Doutart rencontre Lucien Rebatet lorsque celui-ci rejoint l'équipe en 1958. Le critique musical ex-collaborationniste s'intéresse alors peu au jazz, mais fait connaissance, sous l'influence de Doutart, avec cette musique et adopte les thèses panassiéistes. En témoigne la « note sur le jazz » qui clôt son ouvrage publié en 1979 et constamment réédité depuis, *Une histoire de la musique* : la notion de « jazz véridique » qu'il emploie vient tout droit de l'historiographie panassiéenne, à la suite de laquelle il affirme aussi que « le "nouveau jazz" dans ses différentes formes [...] est sorti du genre instrumental, rythmique et mélodique répondant à la définition de jazz, pour ne lui substituer jusqu'ici qu'une faible vulgarisation de l'avant-garde musicale ou des adaptations plutôt bâtardes du classicisme[65] ».

À *Rivarol* officie un autre amateur de jazz, Georges Hilaire. Lorsque Panassié avait écrit ses premiers articles sur le jazz en 1930, Hilaire, alors journaliste à la *Dépêche de Toulouse*, avait été l'un des premiers à leur donner un écho. Les deux hommes avaient fait connaissance, et Hilaire était devenu directeur technique du Hot club de France à partir de janvier 1934[66]. Venu d'une famille républicaine mais entré en politique de manière fortuite, Hilaire commencera sous l'Occupation une carrière dans l'administration de l'État français qui le conduira, grâce à son mentor Pierre Laval, à exercer les fonctions de secrétaire d'État aux Beaux-Arts dans le dernier gouvernement de Vichy, ce qui lui vaudra d'être condamné à la Libération. Dans les années cinquante, il continue à entretenir des relations avec Panassié et écrit dans *Rivarol* des articles où l'influence de l'inventeur de la critique de jazz est très nette.

Michel Perrin est un autre critique initié au jazz par Panassié. Membre du comité directeur du HCF au cours des années cinquante, il tient une chronique de jazz dans les *Nouvelles littéraires* de

1954 à 1965, où sa filiation apparaît clairement, quoiqu'il s'exprime avec moins de virulence que son maître : pour lui, la musique d'un Miles Davis, trompettiste révélé dans le sillage de Charlie Parker, n'est plus du jazz, mais « une musique complètement distincte du jazz, ayant ses lois propres, ses rythmes particuliers, ses formules harmoniques[67] ». Par ailleurs, Perrin, qui professe pour le suffrage universel et la démocratie le même mépris que Panassié, écrira une *Histoire du jazz* en 1966 en collaboration avec André Doutart, ainsi que plusieurs ouvrages en collaboration avec Panassié. Il faut enfin citer le critique et romancier Kléber Haedens. Jeune turc de l'extrême droite à la fin des années trente, il a probablement rencontré Panassié dès 1937 à *L'Insurgé*. Après la guerre, Haedens, représentant de la droite « hussarde » en compagnie de Jacques Laurent, Roger Nimier, Michel Déon et Antoine Blondin, reverra épisodiquement Panassié, faisant sienne son interprétation de l'histoire du jazz qu'il développe occasionnellement dans des périodiques tels que *Le Nouveau Candide*.

On insistera pour finir sur le fait que les représentants de ce courant sont peu nombreux et que leur influence ne doit pas être surestimée, d'autant plus qu'ils officient dans des publications de diffusion restreinte. Il serait donc exagéré de faire du Hot club de France une officine d'extrême droite, famille politique à laquelle n'appartenait qu'une petite minorité de proches de Panassié. Si ce dernier ne cachait pas ses idées, rien n'indique qu'elles aient été partagées par de nombreux membres du Hot club de France, dont la plupart ne l'ont jamais vu. On notera cependant que le positionnement sur l'échiquier politique du *Bulletin du HCF*, qui tire à 4 000 exemplaires en 1955, est clairement identifiable bien qu'il n'y soit question que de jazz. Mais l'influence de ce discours jazzistique est d'autant moins importante après 1945 que la stratégie de repli puriste suivie par le HCF à partir de 1950 ne fait qu'accentuer la mise sur la touche de Panassié, qui va cesser de jouer un rôle significatif dans le succès du jazz en France. Méfiant à l'égard de toute politique expansionniste suspecte de sombrer dans les concessions commerciales, le HCF fuit désormais toutes les manifestations jazzistiques de grande ampleur en contradiction avec sa ligne élitiste et s'installe dans une culture de la clandestinité dont ses membres actuels (une centaine) sont les derniers héritiers.

VIII

La conquête des médias

L'arrivée massive des musiciens américains et le succès du jazz à partir de la fin des années quarante s'accompagnent d'une offensive médiatique menée par les spécialistes issus des Hot clubs afin de mieux faire connaître la nouvelle musique. Si le terme « médias » n'apparaît en France qu'en 1964, le processus décrit dans ce chapitre est une réalité dès la fin des années quarante, dans la mesure où l'action des militants du jazz est bien une entreprise, non seulement de médiation, mais aussi de médiatisation consistant à investir tous les moyens de communication, dont certains sont en plein essor – la télévision, l'industrie du disque, mais aussi la radio, qui poursuit son ascension – pour imposer le discours puriste dispensé par la presse spécialisée depuis l'avant-guerre et faire connaître la musique noire américaine d'un large public, au besoin en créant leurs propres structures de diffusion. Le rôle des médias dans la popularisation du jazz en France témoigne de l'importance nouvelle prise par les moyens de communication dans la vie culturelle de la France d'après-guerre.

I. L'ÉCRIT

La découverte du jazz

Dans l'immédiat après-guerre, la couverture médiatique du jazz est faible, non seulement parce que les événements jazzistiques sont rares, mais aussi parce qu'en dépit du succès du jazz pendant la guerre, celui-ci ne jouit pas d'une grande considération, et enfin parce que les musiciens noirs américains qui peuplent l'imaginaire des amateurs sont totalement inconnus du grand public français, à quelques exceptions près. C'est au cours des années cinquante qu'ils vont acquérir une visibilité médiatique, grâce notamment à l'arrivée d'amateurs puristes dans la presse générale. En décembre 1946, le concert donné par Don Redman à la salle Pleyel passe ainsi totalement inaperçu dans la presse, excepté dans le quotidien *Combat*, qui compte depuis quelques semaines parmi ses collaborateurs le trompettiste Boris Vian[1]. Dans l'ensemble, c'est plutôt à titre anecdotique que la grande presse s'intéresse au jazz au cours des années 1944-1947, comme le montre la parution entre octobre et décembre 1946 dans l'hebdomadaire communiste *Les Lettres françaises* d'un feuilleton consacré au « roi du jazz », Louis Armstrong, par le critique belge Robert Goffin. En décembre 1947, la tournée de l'orchestre du trompettiste Rex Stewart ne déclenche pas non plus les passions ; c'est pourtant la première fois qu'un orchestre noir s'aventure en province. En fait, les quotidiens prêtent plus attention à la sortie parisienne en septembre 1947 du film *New Orleans*, dans lequel figure Louis Armstrong, dont la performance d'acteur est remarquée en dépit de la « minable intrigue[2] » du film.

C'est en 1948 que la presse découvre vraiment le phénomène jazz, en raison de la conjonction de plusieurs événements dans un court laps de temps : le festival de Nice en février, suivi par les concerts parisiens de Dizzy Gillespie, Louis Armstrong et Mezz Mezzrow, puis par la grande parade du jazz au théâtre Marigny à Paris en mai. La presse quotidienne est au rendez-vous, avec en tête *Combat*, dont l'envoyé spécial Boris Vian est dépêché, après le concert Gillespie, à Nice pour assurer une couverture quotidienne du festival. À son retour, il rend compte du concert parisien de Louis Armstrong, lequel est aussi mentionné dans l'hebdomadaire *Action*, tandis que *Les Lettres françaises* font l'impasse sur Nice tout en réalisant une étude comparative entre le jazz et la musique classique dans l'édition du 26 février. Le premier article du *Monde* sur le jazz porte sur le festival de Nice[3] et le deuxième, le lendemain, sur le concert Gillespie, qui révèle au public français le be-bop. Le concert est en outre couvert par *L'Aurore*, *France-Soir* et *Le Figaro*, de même que *Franc-Tireur* et *Paris-Presse*, où le festival de Nice a aussi fait l'objet d'articles. Quant au festival de Paris-Marigny, il est lui aussi largement couvert et *Combat* se distingue là encore des autres journaux en assurant un article quotidien sur le festival, toujours par Boris Vian, tandis que *Le Monde* suit timidement l'exemple, y déléguant son chroniqueur Pierre Drouin par trois fois, de même que *Franc-*

Tireur, suivi par *L'Aurore*, *France-Soir*, *Le Figaro* et, lanterne rouge de la presse quotidienne, *L'Humanité* où l'on ne remarque qu'un petit encart mentionnant l'événement. Du côté de la presse hebdomadaire, on relève des articles notamment dans *Action*, *Les Lettres françaises* et *Arts*.

Défense et illustration du jazz

La multiplication des commentaires à partir de ce moment va donner l'occasion aux amateurs puristes de manifester leur intransigeance en assénant des volées de bois vert aux journalistes imprudents qui formulent des jugements hâtifs ou commettent des erreurs grossières. Le responsable de la revue de presse de *Jazz hot* est Boris Vian, qui s'acquittera de cette tâche chaque mois de 1948 à 1958 et recense les nombreuses « perles » contenues dans la grande presse, auxquelles s'ajoutent celles que lui envoient beaucoup de lecteurs parisiens ou provinciaux. En mars 1948, par exemple, il cite un extrait de *L'Espoir de Nice* du 25 février, dans lequel le journaliste local note que le pianiste de Rex Stewart « nous détaille ainsi *On the sunny side of the street*, une chanson dont la fantaisie est proche des meilleures chansons de Charles Trenet ». Les cheveux du puriste Vian se dressent immédiatement à l'idée d'une influence de Charles Trenet sur le jazz et non le contraire, et le revue-de-presseur lâche un ironique « heureusement que nous avons Charles Trenet pour inspirer les compositeurs américains ». S'il note ici avec humour la méconnaissance des journalistes en matière d'histoire du jazz, il peut être beaucoup plus mordant à l'occasion, comme en fait l'expérience le critique musical de *Témoignage chrétien* Antoine Goléa : « J'aime bien mon confrère Goléa, déclare Vian en avril 1949, mais quand il écrit que les ordures d'Alec Wilder sont « un jazz épuré ramené à ses sources par le détour de la discipline qu'impose et du [*sic*] raffinement que permet la musique écrite », on a envie de lui rigoler au nez [et] de lui demander si un arrangement comme *Giddyburg Galop* n'est pas de la musique écrite pour les trois quarts au moins[4]. » Vian n'est pas le seul à veiller au grain. Frank Ténot, qui tient une rubrique régulière depuis 1946 dans l'hebdomadaire *Images musicales*, monte aussi au créneau pour défendre le jazz. Le pianiste classique Jean Guitton, membre du « Groupe romantique », a en effet déclaré en décembre 1949 dans les mêmes colonnes : « Le jazz représente la décadence de notre époque [...]. Cette manière de vibrer [...] n'atteint et ne flatte que l'instinct dans ce qu'il a de plus bassement animal; si l'on croit que j'exagère, que l'on regarde l'enveloppe physique des représentants les plus talentueux de cette... musique[5]! » Frank Ténot réagit en soulignant les faibles connaissances jazzistiques de ce jeune musicien[6], tandis que Boris Vian, plus incisif que son confrère, n'hésite pas à « décerner la palme de l'incompétence en matière de jazz » à Jean Guitton dont « les sourds sont les meilleurs clients », avant de terminer sur une pirouette : « Guittons ce pauvre homme[7]. »

La bataille de presse menée par les puristes n'est nullement anecdotique : l'enjeu en est d'imposer dans les médias une certaine lecture du jazz qui est celle dispensée par les organes spécialisés. Aussi les puristes traquent-ils les expressions inappropriées qui fleurissent dans une presse dont les spécialistes sont absents et qui risquent d'induire en erreur un grand public ignorant encore presque tout du jazz. Lorsque *Paris-Match*, dans un souci de vulgarisation, publie un petit lexique des termes de jazz et y compare l'« état d'âme infiniment triste » du blues à « un poème romantique comme *Le Lac* ou la *Tristesse d'Olympio* », Boris Vian réplique : « De là à nous dire que Lamartine et Victor Hugo sont les pères du jazz noir, il n'y a qu'un pas. » L'ironie devient plus décapante au fur et à mesure qu'apparaissent des erreurs caractérisées comme celle qui consiste à faire de Lionel Hampton un grand chef d'orchestre en 1925, alors qu'il n'avait que douze ans. Vian termine donc son petit florilège par une remarque acerbe : « Un petit bravo pour *Paris-Match* [...]. Il est simplement regrettable que ce périodique se fasse des concierges, pour lesquels il s'efforce d'écrire, une idée préconçue ; je terminerai donc par ce petit renseignement qui pourra être utile à la rédaction de *Paris-Match* : tous les concierges ne sont pas des imbéciles[8]. » Une autre fois, Vian critique les « journalistes idiots et en mal de copie » qui « y vont de leur couplet sur le jazz, facteur de dépravation » et dont certains peuvent « faire péter le conomètre », comme ce chroniqueur de *Libération* qui fait du pianiste et chanteur Nat King Cole un batteur et « chansonnier » (mot suspect aux yeux d'un amateur de jazz), et pis encore, un ancien membre de l'orchestre de King Oliver, maître historique du jazz qui n'était plus en activité lorsque Nat King Cole, né en 1917, commence à se faire connaître[9] !

On comprend qu'avec d'aussi intraitables interlocuteurs, les observateurs du monde musical prennent des pincettes lorsqu'il s'agit de jazz. « Faut-il parler du jazz ? », s'interroge en 1958 un journaliste d'*Aspects de la France*, successeur de *l'Action française*, pourtant peu suspect de craindre la polémique. « Il n'y a pas de musique plus vulgarisée. C'est pourtant un sujet réservé. Il faut voir avec quel dédain les spécialistes consacrés, du haut de leur vocabulaire hérissé d'américanismes, rabrouent les honnêtes gens, qui, n'étant absolument pas fans ni portés à l'hystérie collective, se demandent simplement si le jazz est de la musique (question sacrilège) et quelle musique[10]. » L'académicien Robert Kemp ne prend assurément pas autant de précautions, qui évoque dans *Le Monde* quelques semaines plus tard le « jazz naïf, grossier, bêtifiant, honte de notre temps » et ajoute : « Comment voulez-vous qu'un homme dont la vie a été jalonnée par les successives découvertes de Fauré, Debussy, Ravel, Stravinsky, Schoenberg et Prokofiev puisse, si large qu'il veuille ouvrir l'éventail de ses admirations, tolérer le jazz, rabâcheur de clichés, le jazz hurleur de néant[11] ? » Il est ainsi expédié par Lucien Malson dans *Jazz magazine* : « Le malheur veut que Ravel et Stravinsky, maîtres à penser de M. Kemp, aient eu de la sympathie pour l'art nègre, s'ils ne l'ont pas toujours bien compris. Leur admirateur a un champ de conscience plus étroit. » Et pour répondre à une comparaison de l'académicien entre le jazz et l'ivrognerie, Malson conclut : « Sur le sort de M. Kemp, on se sent rassuré. Une soirée n'a pas suffi : son ivrognerie tient bon[12]. »

Profession : critique de jazz

Le nombre croissant d'événements jazzistiques à partir de 1948 et la prise de conscience qu'il s'agit d'un phénomène spécifique incitent cependant les organes de presse à ouvrir leurs colonnes en créant des rubriques appropriées, qu'ils vont souvent confier à des spécialistes issus des Hot clubs et de la presse jazzistique, leur donnant l'occasion de diffuser plus largement leur message. Boris Vian est l'un des plus actifs. Collaborateur de *Jazz hot* depuis 1946, il entre au comité de rédaction en 1951 et y restera jusqu'en mars 1959, deux mois avant sa mort. Il collabore aussi à l'éphémère revue *Jazz news* qui paraît de décembre 1948 à juin 1950 : sorte d'« house organ » de la maison de disques Barclay, elle est presque entièrement rédigée par lui à partir de novembre 1949. En 1946, il entre au quotidien *Combat* où il tient à partir de septembre 1947 une rubrique hebdomadaire, voire quotidienne quand un événement l'exige. Sa collaboration, devenue plus épisodique à partir de juillet 1949, cessera en avril 1950, date à laquelle d'autres spécialistes tels qu'André Francis, Jacques André, puis François Postif et Jean Tronchot prendront le relais. Quant à Vian, son activité journalistique ne se limite pas à *Jazz hot* et à *Combat* : il participe aussi entre mars et juin 1949 au bimensuel *Spectacles,* entre novembre 1949 et janvier 1950 à l'hebdomadaire *Radio 49* puis *Radio 50,* entre novembre 1951 et avril 1956 à l'hebdomadaire *Arts* ainsi qu'au bimestriel *Les Cahiers du disque* entre novembre 1952 et avril 1953. Il collabore par ailleurs épisodiquement à de nombreux périodiques parmi lesquels on retiendra *Opéra, L'Écran français, Semaine du Monde* et le mensuel *La Parisienne* de Jacques Laurent, où se retrouvent les écrivains de la droite « hussarde ».

André Hodeir lance quant à lui quelques ballons d'essai du côté du milieu de la musique classique : il prononce une conférence sur le jazz au Conservatoire de Paris en 1947 et publie dans le *Bulletin* du même Conservatoire en mai 1948 un article sur le jazz. Il donnera aussi deux articles aux *Temps modernes* en février 1954 et novembre 1955, écrira épisodiquement à *Combat* en 1952 et 1961 et collaborera à l'hebdomadaire *Arts* de 1955 à 1958. À ce journal participent aussi de temps à autre Jacques Hess, Sim Copans, le collaborateur de *Jazz magazine* Raymond Mouly ainsi que Lucien Malson, arrivé en 1957. Ce dernier avait par ailleurs signé un article dans *Les Temps modernes* en février 1954 et tenu pendant deux ans, de 1956 à 1958 une chronique de disques dans *France-Soir*. À partir de 1963, il partage la rubrique jazz du *Monde* avec Jean-Robert Masson, avant de s'en occuper seul jusqu'en 1987. Jean-Robert Masson, rédacteur en chef de *Jazz magazine* depuis 1960, collabore en outre à partir de 1961 aux *Lettres françaises,* où il succède à un autre journaliste de *Jazz magazine,* Michel-Claude Jalard, arrivé à l'hebdomadaire communiste en 1960. À *L'Express,* malgré un intérêt précoce pour le jazz, il faut aussi attendre 1960 pour voir arriver un spécialiste en la personne de Daniel Filipacchi. Après son départ en 1962, les comptes rendus de concerts ou chroniques de disques deviennent beaucoup plus rares : s'il paraît avéré au début des années soixante que les connaissances sur le jazz ne sont plus le monopole d'un petit nombre de spécialistes issus des revues de jazz, la parution d'une rubrique régulière dans un journal reste liée, sauf exception, à leur présence.

Quant à Frank Ténot, outre *Jazz hot,* il collabore à partir de mars 1946 à l'hebdomadaire *Images musicales,* au mensuel d'actualité discographique *Diapason* dès sa création en 1956 et, épisodiquement, à *Arts* en 1954 et 1959[13]. Enfin, en janvier 1959, le quotidien *Paris-Journal* lui confie une page hebdomadaire qu'il anime avec Daniel Filipacchi. Au sein de ce tableau, *Le Figaro* occupe une place à part puisqu'il est le seul, si l'on excepte *Arts* avec André Hodeir, à confier sa rubrique à un musicien, le tromboniste Nouvelle-Orléans Mowgli Jospin (dont on signalera, pour la petite histoire, que son demi-frère Lionel a fait carrière dans la politique), qui officie dans ses colonnes à partir de 1956. Mais si la majorité des rubriques de jazz sont tenues à partir des années cinquante par des spécialistes issus du sérail Hot club et de la presse spécialisée, certains journalistes généralistes s'affirment aussi comme de bons connaisseurs. C'est le cas, Au *Monde*, du jeune Pierre Drouin, qui, arrivé au journal en 1948, partage ses activités entre le service économique et une rubrique jazz qu'il tiendra avec régularité de 1948 à 1956. Il est l'un des rares journalistes de la presse généraliste épargnés par les revues de jazz et, en mai 1948, Boris Vian accorde dans *Jazz hot* « la croix de guerre au soldat Drouin » pour avoir été le seul journaliste de la grande presse « à publier quotidiennement des comptes rendus intelligents de la grande semaine du jazz au théâtre Marigny[14] ».

L'évolution de la place réservée aux articles dans la presse, ainsi que des personnes à qui ils sont confiés, montre que le statut de la musique noire américaine dans la mentalité collective change à partir de la fin des années quarante. La chronique de jazz tenue par Boris Vian dans *Combat*, située d'abord à la page « jeunes », est en effet transférée en 1949 à la page artistique. Au *Figaro*, c'est dans la page « Information-orientation » destinée à la jeunesse qu'est créée en novembre 1950 une rubrique hebdomadaire de jazz, qui passera à la page « Spectacles » en juin 1952, deux mois après que *Le Figaro* eut consacré un numéro spécial au IIe Salon du jazz tenu en avril à Paris. Mais la couverture des événements jazzistiques est très épisodique et il faudra attendre 1956 pour que soit créée une chronique régulière. L'année précédente, *Le Figaro* aura intégré le jazz à son concours annuel, déclenchant à la rédaction de *Jazz hot* une avalanche d'appels téléphoniques de la part des candidats. D'autres journaux comme *Franc-Tireur* placent parfois le jazz à la rubrique « On saura tout », qui mélange des nouvelles diverses : le premier festival international de jazz de Paris en 1949 prend ainsi place au milieu des potins parisiens. Mais même placé dans la page « Spectacles », le jazz n'est pas toujours à la place voulue par les puristes, ainsi dans *Les Nouvelles littéraires* où les textes écrits par Michel Perrin à partir de 1958 sont d'abord placés dans la rubrique « Variété » puis « Music-hall » à partir de 1962, avant de se voir attribuer en 1963 une rubrique « Jazz » à part entière. Dans *Arts* aussi, l'amalgame avec la variété aura la vie dure : avant l'arrivée d'André Hodeir, la rubrique de jazz est tenue conjointement par Boris Vian et un spécialiste du music-hall connaisseur en jazz, Robert Beauvais. L'arrivée massive des spécialistes de jazz dans la presse au cours de la décennie 1950 contribue largement à faire évoluer la situation et à donner au jazz une place digne de ce nom dans les colonnes des journaux.

L'édition

Certains critiques de jazz vont aussi publier des ouvrages de vulgarisation. Outre tous les ouvrages déjà cités d'Hugues Panassié, d'André Hodeir et de Lucien Malson, il faut signaler l'*Introduction à la musique de jazz* d'André Hodeir, petit livre paru chez Larousse en 1948, premier signe de l'intérêt d'un grand éditeur pour la musique noire. Le succès du jazz en cette année 1948 n'y est sans doute pas étranger. Mais dans l'édition de cette même année du *Grand dictionnaire Larousse*, la définition du jazz est encore empreinte d'archaïsme : « Jazz ou jazz-band : orchestre d'origine américaine et nègre, caractérisé par le rythme syncopé de sa musique, par le rôle donné à l'improvisation, et par l'emploi original des instruments à percussion[15]. » Onze ans plus tard, en 1959, le changement est très net, le mot « jazz » étant désormais distinct du mot « jazz-band » (qui désigne plus strictement l'orchestre) et ainsi défini : « Musique de danse d'origine négro-américaine, constituée par une mélodie syncopée qui contraste avec la permanence rythmique de la batterie[16]. » Il est vrai qu'entre-temps, André Hodeir est passé par là, qui a participé à la conception du *Grand Larousse de la musique* : s'il n'a pas personnellement rédigé la nouvelle notice du Larousse général, du moins est-il permis de penser qu'il est indirectement responsable des correctifs apportés dans l'édition de 1959. Dans le *Grand Larousse universel* de 1964, le jazz aura droit à une page entière.

Il faut enfin signaler trois ouvrages publiés dans des collections de grande diffusion. Le premier, *Les Maîtres du jazz* de Lucien Malson, est publié aux Presses universitaires de France en 1952 ; en 1960, il en est à sa troisième édition et constitue « le plus grand succès de librairie en France dans le genre[17] ». Au Seuil, dans la petite collection « Solfèges » consacrée à la musique, André Francis publie en 1958 un *Jazz* qui ne cessera d'être réédité jusqu'à nos jours, tout comme l'ouvrage de Malson, disponible actuellement dans la collection *Que sais-je ?* Enfin, en 1963 est publiée dans la petite bibliothèque Payot une traduction d'un ouvrage du critique allemand Joachim-Ernst Berendt, intitulée *Le Jazz des origines à nos jours* et préfacée par Lucien Malson. Il faudrait ajouter à cette liste un *Livre de poche du jazz* écrit par l'Américain Barry Ulanov, version simplifiée du *Livre du jazz*, les deux paraissant en 1957, ainsi que des autobiographies telles que celles de Sidney Bechet ou de Billie Holiday, toutes deux parues en 1959. De tels exemples montrent que désormais, la demande d'information est suffisamment importante pour ouvrir plus largement au jazz les portes de l'édition.

II. L'AUDIOVISUEL

La guérilla des puristes

L'offensive en direction de la radio est un autre volet du combat des puristes pour faire connaître le jazz. Avec la Radiodiffusion française, ils se heurtent à un organisme d'État plus difficile à investir que des organes de presse. Dès octobre 1945, le HCF fait circuler une « pétition pour protester contre la médiocrité des programmes de jazz[18] ». Six mois plus tard, lorsque le quotidien *France-Soir* organise un référendum sur l'opinion du public français à l'égard des programmes de radio, le HCF envoie une réponse collective, cinq mille amateurs[19] réclamant qu'il soit réservé au jazz un certain nombre d'émissions par semaine. Cette pétition collective n'a pas plus de succès que la précédente, car dans le même temps, une majorité des 137 287 auditeurs ayant répondu au référendum a classé le jazz derrière la musique classique, la chanson, le théâtre ou la variété. Mais surtout, le jazz vient en première position parmi les émissions que les auditeurs aiment le moins. Loin de conclure comme Boris Vian que « les auditeurs qui aiment le jazz n'aiment pas le jazz que leur prodigue actuellement la radio française[20] », Henry Barraud, directeur des émissions musicales de la radio, en déduit que « le public est un peu fatigué du jazz ».

La place du jazz tel que le conçoivent les puristes reste donc marginale dans une radio dont les dirigeants changent régulièrement dans ces années d'après-guerre et où l'absence de spécialistes se traduit par des émissions médiocres où le jazz est mélangé avec de la musique de variétés, honnie des amateurs dont l'entreprise de légitimation repose entre autres sur la distinction du jazz d'avec la musique légère. Ainsi l'émission du critique belge Robert Goffin en septembre 1945 est-elle considérée comme une réussite sur le plan oratoire en raison de la compétence d'un des premiers Européens qui écrivit sur cette musique, mais les disques qui l'accompagnent « furent choisis en dépit du bon sens par quelque profane puisqu'ils n'avaient aucun rapport avec les origines ni avec le style Nouvelle-Orléans ». Même jugement pour deux émissions méritoires du producteur Bernard Gandrey-Réty, « Tréteaux de Broadway » et « Sortilège », réalisations « qui montrent un certain effort d'imitation des émissions américaines et passent quelques bons enregistrements nouveaux ; mais n'aurait-il pu trouver un autre indicatif que celui de l'orchestre Glenn Miller[21] ? », symbole du jazz commercial aux yeux des puristes.

Le HCF accuse la Radiodiffusion de faire preuve d'« ostracisme » à son égard : au lieu de faire appel à des spécialistes tels que Charles Delaunay ou Hugues Panassié, c'est le capitaine américain Bravig Imbs qui est choisi pour présenter du jazz à l'antenne. L'homme a séjourné en France avant la guerre et a fréquenté les milieux littéraires, notamment le groupe Orbes, donnant à la revue homonyme quelques poèmes publiés en 1933, aux côtés d'un article sur le jazz signé… Panassié[22] ! Revenu dans une barge de débarquement en juin 1944, il anime à partir de décembre et jusqu'à sa mort dans un accident de voiture en mai 1946, une émission musicale sur l'AFN*, puis, à partir de 1945, sur la Radiodiffusion française. S'il a peut-être découvert le jazz avant guerre grâce à Panassié, il ne semble pas en avoir retenu les leçons, à en juger par la manière dont sa programmation musicale est reçue par les amateurs français, qui lui reprochent de programmer à la radio « tous les orchestres de l'armée américaine, dont aucun poste américain, même de la ville la plus reculée du quarante-quatrième État ne voudrait[23] ». Par ailleurs, le Yankee, par ses commentaires peu aimables à l'antenne vis-à-vis des critiques, réveille les sentiments antiaméricains de ces derniers : « Oublie-t-il, ce M. Imbs, que la France n'est pas encore une colonie américaine, et que ces critiques de jazz auxquels il fait allusion s'intéressaient au jazz bien avant lui et ses concitoyens ? », peut-on lire dans *Jazz hot* en octobre 1945. Sa vision du jazz est aux antipodes de celle défendue par les puristes, qui postulent la supériorité du jazz noir et lui reprochent d'amalgamer des créateurs tels que Louis Armstrong ou Duke Ellington avec des orchestres de variétés tels que Glenn Miller, manifestation d'un « orgueil racial[24] » déplacé tendant à minimiser le rôle des Noirs dans la culture américaine. En dépit de leur hostilité à Bravig Imbs, les amateurs français appré-

---

* American Forces Network, radio de l'armée américaine.

cient suffisamment les programmes de l'AFN pour se mobiliser lorsqu'en mars 1946, les rumeurs de déménagement en Allemagne de la station commencent à circuler. À la suite de la pétition du Hot club de France, appuyée par la Radiodiffusion française et par Bravig Imbs lui-même (dont la cote remonte à cette occasion dans le cœur des amateurs français), les services américains accordent un sursis à leur poste radiophonique parisien. Il est de courte durée puisque l'AFN ferme le 1er mai 1946, mais les émissions désormais réalisées à Francfort seront poursuivies sur la même longueur d'onde et pourront être captées par les amateurs français.

Parallèlement, l'équipe de *Jazz hot* va continuer à intervenir auprès des dirigeants de la Radiodiffusion française. En octobre 1946, Charles Delaunay, à l'occasion de la nomination du nouveau directeur des programmes Paul Gilson, l'interpelle dans une lettre ouverte « au nom des soixante sections locales du Hot club de France », exprimant son espoir qu'« avec [lui] on ne confondra plus jazz et musique de bastringue[25] ». Reçu par celui-ci, Delaunay se voit offrir la direction des programmes de jazz avec la perspective d'assurer six émissions par semaine. Mais l'euphorie ne dure pas, et le nombre d'émissions se réduit rapidement à une par semaine. Première émission régulière de l'après-guerre, elle est conçue par Delaunay et présentée par Frank Ténot. Elle est bientôt suivie en 1947 par le « Jazz panorama » d'Hugues Panassié, qui durera jusqu'aux années soixante, tout comme « Fleuve profond » de l'Américain Sim Copans, créé la même année. Au total trois émissions d'une demi-heure ou trois quarts d'heure chacune dont les deux premières sont placées à 23 h 15 et la troisième à 12 h 30. Encore faut-il signaler que cette dernière ne recueille guère l'assentiment des amateurs puristes. Copans a animé la première émission de la nouvelle station Paris-Inter, qui utilise l'émetteur laissé sur place par l'AFN lors de son déménagement et racheté aux Américains par Paul Gilson. Ce « panorama du jazz américain », dont Panassié reprendra le titre, plaît au public et va devenir hebdomadaire sous le titre « Fleuve profond ». Mais les amateurs font la moue devant ce « Yankee qui, comme de juste, consacre des propos dithyrambiques aux orchestres d'outre-Atlantique[26] » et « mélange sans vergogne Louis Armstrong et Frank Sinatra[27] ». Le ton devient franchement aigre lorsque Sim Copans critique lui aussi le purisme des amateurs du Hot club, qui fustigent en retour le mauvais goût américain en l'opposant à l'Europe dont la « culture séculaire » a conservé le sens des hiérarchies et sait distinguer un genre musical original et sa copie, le jazz et les « romances sentimentales d'Hollywood[28] ».

Si l'on ajoute aux trois émissions citées celles réalisées par Gédovius (« La soirée à Harlem », qui devient « Place à la danse » puis « Pour les amateurs de blues, de swing et aussi de be-bop[29] »), ainsi que quelques apparitions du jazz sur les ondes comme l'adaptation radiophonique du livre de Robert Goffin *Les Rois du jazz* consacré à Louis Armstrong, en avril 1948, ou encore la retransmission le même mois du concert de Dizzy Gillespie qui avait eu lieu à la salle Pleyel en février, on aura un panorama à peu près complet du paysage radiophonique jazzistique dans l'immédiat après-guerre. Mais les puristes en veulent plus et réclament dès 1947 la création d'un service autonome pour le jazz, qui mettrait fin à l'amalgame avec la musique légère. En effet, la musique noire américaine est gérée par deux services distincts : celui des variétés et celui de la musique légère, dont aucun n'est dirigé par un spécialiste du jazz.

Des spécialistes à l'antenne

Si un tel service n'est pas encore à l'ordre du jour, les années 1948-1949 sont marquées par une nette amélioration de la situation : non seulement les horaires des émissions sont plus favorables puisque l'émission d'Hugues Panassié passe le samedi à 17 h 30 et celle de Delaunay, qui dure désormais une heure, le dimanche à 18 h 15, mais surtout arrive dans les murs de la Radiodiffusion André Francis, dont le rôle sera décisif dans les années à venir et jusqu'en 1997, date où il prendra sa retraite. Né en 1925, il a découvert le jazz pendant l'Occupation mais se destinait d'abord au théâtre. Cependant, frappé par une émission de Pierre Hiégel et Luc Bérimont mélangeant musique et poésie, il prend goût à la radio. En 1946, il entre au Club d'essai de la Radiodiffusion française et y fait ses premières armes en illustrant des poèmes d'Aimé Césaire avec une musique de Duke Ellington. L'émission ayant plu, le directeur de la section des variétés lui propose de faire une émission de jazz au Club d'essai. Il commence ainsi à organiser des concerts tous les quinze jours dans la salle dévolue au Club, rue de l'Université. C'est à ce moment-là qu'il commence à fréquenter les concerts de jazz ainsi que le Hot club de France. Il anime aussi à partir de mai 1948, toujours dans le cadre du Club d'essai, une émission sur l'actualité du jazz et les disques américains récemment sortis : c'est le « Club du jazz », programmé le mardi à 21 h 45, qui prend la forme d'une table ronde où les spécialistes jugent les disques. Jusqu'en 1954, Francis assure deux émissions par semaine, lorsque le début de la modulation de fréquence lui permet d'élargir ses activités : il assure à partir de 1954 trois émissions supplémentaires par semaine sur le poste Paris V, dont une très longue émission de deux heures le samedi de 18h30 à 20h30[30]. Jusqu'aux années soixante, ce sont quatre ou cinq émissions hebdomadaires qu'il assurera selon les périodes, les émissions en modulation de fréquence n'étant accessibles pendant plusieurs années qu'aux récepteurs appropriés, ceux des régions de Paris, Strasbourg, Nancy, Toulouse, Mulhouse et Bordeaux. Sur la modulation de fréquence, André Francis a les coudées plus franches que sur le poste parisien : c'est ainsi qu'il peut consacrer une soirée de trois heures au festival de Newport en novembre 1956, offrant aux amateurs l'équivalent d'un concert intégral. La RTF, de son côté, refuse de mobiliser une soirée et retransmet ce temps fort de la vie jazzistique américaine en cinq émissions de vingt-cinq minutes sans publicité préalable et en milieu d'après-midi, une heure où peu d'amateurs peuvent l'écouter : signe parmi d'autres de l'absence de politique en matière de jazz à la Radiodiffusion française.

Mais André Francis n'en continue pas moins ses activités et réalise de nombreux enregistrements de concerts de jazz diffusés au cours des émissions régulières ou, parfois, d'émissions spéciales. Il constitue ainsi un fonds d'archives exceptionnel puisqu'en 1987, il enregistrera son dix millième orchestre*! Il est également à l'origine de la décision de la RTF de retransmettre les tournois de musiciens amateurs à partir de 1950. Cette année-là, le jury du tournoi est présidé par M. Guitton, directeur à la coordination des programmes de la RTF et Jean Tardieu, directeur du Club d'essai, témoignant de l'arrivée aux postes dirigeants de la radio de personnes plus compréhensives vis-à-vis du jazz. Non seulement celui-ci commence à acquérir une place à l'antenne, mais la RTF met sa logistique à son service, en prêtant ses studios et ses techniciens pour l'organisation des éliminatoires qui ont lieu dans plusieurs villes de province pendant deux mois, au cours desquelles André Francis fait le tour des stations régionales pour enregistrer les orchestres et faire

---

* La totalité de ces enregistrements entre 1946 et 1952 ont disparu en raison de mauvaises conditions de conservation, le jazz ne bénéficiant pas à l'époque des mêmes supports que la musique classique jugée plus noble et plus digne d'être conservée. Le classement de ces enregistrements est en cours à l'INA.

écouter les bandes au jury qui sélectionnera les participants de la finale ayant lieu à Paris. C'est donc en grande partie grâce à l'appui de la RTF que le tournoi devient une manifestation d'ampleur nationale.

Mais si André Francis joue un grand rôle dans le domaine du jazz à la radio, il n'est pas le seul. D'autres spécialistes de jazz arrivent sur les ondes à partir de 1957, notamment André Clergeat, rédacteur en chef de *Jazz hot* depuis 1953. Il est rejoint en 1958 par Michel Netter, Jean-Louis Ginibre et Henri Hubert, puis Philippe Kœchlin en 1959, Lucien Malson en 1960 et Jean-Robert Masson en 1961. Si l'on y ajoute Frank Ténot et Daniel Filipacchi sur Europe n° 1, dont il sera question plus loin, ainsi que les musiciens Jack Diéval, présent dès 1950 à l'antenne et Michel de Villers, qui commence à présenter des émissions à partir de 1955, les émissions de jazz sont quasiment toutes entre les mains des spécialistes à la fin de la période, processus identique à celui que l'on a vu à l'œuvre dans la presse. C'est bien d'une « prise de pouvoir culturel[31] » qu'il s'agit ; la diffusion du discours sur le jazz est désormais bien contrôlée par un petit groupe qui dispose d'un temps d'antenne suffisant pour faire entendre sa voix. L'action menée dans le cadre national de la RTF ne doit en outre pas masquer le dynamisme de la province, de nombreux amateurs de jazz conquérant des créneaux horaires sur des postes locaux. L'augmentation des émissions de radio tout au long des années cinquante témoigne ainsi non seulement de la conquête d'un fief médiatique pour le jazz, mais apporte une preuve de plus de l'enracinement du jazz dans les régions*.

La situation du jazz reste cependant fragile jusqu'à la fin des années cinquante sur la radio d'État, les remaniements dans l'organigramme et dans les programmes étant monnaie courante : lorsque Vincent Bréchignac arrive à la tête du Poste parisien en septembre 1953, il supprime à quelques mois d'intervalle l'émission « Jazz variété » de Charles Delaunay, inaugurée avec succès l'année précédente, puis celle d'André Hodeir, « L'École française du jazz moderne ». La situation ne change réellement qu'en 1961 lorsqu'est créé un Bureau du jazz confié à Lucien Malson. Cette reconnaissance institutionnelle du jazz sur les ondes est marquée par une très nette augmentation des émissions de jazz**. Lucien Malson fait passer les émissions du soir de 23 heures à 22 heures, mais il s'attache

---

* Voir le tableau en annexe V, p. 468.
** *Idem.*

aussi à homogénéiser le contenu des émissions en donnant à chacune d'entre elles un thème précis, et surtout en assurant la régularité de leur créneau horaire, de manière à faciliter la fidélisation des auditeurs. Le Bureau du jazz développe aussi la retransmission des concerts, qu'André Francis assurait à titre individuel depuis la fin des années quarante. Dès la création du festival d'Antibes en 1960, la RTF en entreprend la retransmission. Cette politique sera poursuivie dans les années suivantes. Le Bureau du jazz organise par ailleurs des concerts, comme ceux du pianiste américain Ray Charles en mai 1962, et essaie de développer les rapports avec les maisons de disques afin que les responsables des départements de jazz puissent venir présenter leurs nouveautés à l'antenne. Bien que l'activité de la radio soit surtout centrée sur Paris, Lucien Malson développe des rapports avec les animateurs de province, mais aussi avec les pays d'Afrique noire. Il s'attelle enfin à des tâches très concrètes mais capitales comme le classement de la discothèque de la RTF, au sein de laquelle le jazz est mélangé avec des musiques dont les puristes s'attachent depuis les années trente à le dissocier, javas, polkas et autres musiques de danse. Une véritable politique est donc mise en place à partir de 1961, qui assure au jazz une place limitée mais réelle sur l'échiquier culturel : le jazz conquiert ainsi une véritable place à la radio et une « dignité[32] » qui ne sera plus remise en cause. Lorsque Alain Peyrefitte, ministre de l'Information, déclare en 1963 que le jazz sera exclu de la programmation de la station France IV, nouvellement appelée RTF haute fidélité*, il emploie ce terme « dans l'acception qu'il a auprès du grand public, c'est-à-dire la grande variété et le rock-and-roll. [...] Sur RTF haute fidélité, le jazz "culturel", la musique négro-américaine, demeurera comme un témoignage parmi d'autres de la richesse esthétique de notre temps[33] ».

« Pour ceux qui aiment le jazz »

Mais si l'augmentation constatée à partir de 1961 est due à la mise en place d'une véritable politique jazzistique sur la radio d'État, une autre station s'est montrée pionnière dans ce domaine et a assuré au jazz une bonne présence sur les ondes dès 1955 : Europe n° 1. Alors que la radio d'État renâcle pendant longtemps à programmer du jazz à doses plus qu'homéopathiques, Maurice Siégel

---

* Ancêtre de France Culture.

et Lucien Morisse misent d'entrée sur quarante minutes quotidiennes qu'ils confient à Frank Ténot et Daniel Filipacchi. Le titre de l'émission est trouvé par Lucien Morisse : « Pour ceux qui aiment le jazz », c'est d'abord un nouveau ton qui tranche avec l'érudition un peu lourde des émissions de la Radiodiffusion française. Il s'inscrit dans la politique générale de la nouvelle station qui est de prendre le contre-pied des chaînes existantes en substituant « des animateurs cordiaux, détendus, souriants » aux « speakers traditionnels[34] », suivant en cela le modèle des radios américaines. Dès son lancement en avril 1955, l'émission connaît un succès immédiat qui tient à ce nouveau ton et à la variété des programmes. Rompant avec les émissions déjà traditionnelles de jazz, « Ténot et Filipacchi ont d'abord essayé de faire le moins de bla-bla possible[35] ». Suivant les consignes du directeur de la nouvelle station, les deux animateurs s'efforcent de « faire de l'auditeur un ami[36] ». Pour cela, ils entreprennent de communiquer avec lui et de le connaître en lançant des consultations : dès octobre 1955, ils posent la question suivante à l'antenne : « Voulez-vous nous envoyer votre classement, par ordre de préférence, sans distinction de nationalité, de style ou d'instrument, des dix musiciens (ou orchestres), vivants ou morts, que vous souhaitez entendre le plus souvent au cours des émissions ? » Ce mini-référendum sans aucun prix à la clé est un succès puisque 3256 personnes y répondent. L'émission suscite par ailleurs très vite un courrier qui, « en importance, dépasse celui des émissions de variétés[37] », se montant en 1956 à un millier de lettres par semaine. Le 4 janvier 1957, la millième émission est fêtée de 22 heures à minuit en direct du Club Saint-Germain, haut lieu du jazz parisien, en présence de nombreux amateurs, de journalistes et d'une trentaine de musiciens français et américains réunis pour l'occasion. Le principe de la consultation des auditeurs est reconduit en novembre 1956 avec un succès grandissant puisque Filipacchi et Ténot obtiennent 15 764 réponses[39]. En mai 1958, une troisième enquête entraîne 27 000 lettres[33] et en 1959, ce sont 32 106 auditeurs qui répondent à la quatrième, fait d'autant plus remarquable que celle-ci ne porte que sur les musiciens français, *a priori* moins goûtés par les amateurs. Il est vrai qu'il y a cette fois des disques à gagner, ainsi qu'un voyage à Paris avec un billet de première classe pour le concert de Count Basie. Selon un schéma désormais bien au point, le résultat du concours est proclamé dans un studio d'Europe n° 1 au cours d'un jazz-cocktail réunissant amateurs, journalistes et musiciens et à l'issue duquel se déroule une jam-session retransmise. L'association des auditeurs à l'émission se traduit aussi par l'enregistrement en public de celle-ci, formule qui connaît tout de suite un vif succès.

La régularité du programme est une autre innovation qui tranche avec la politique de la Radiodiffusion nationale, devenue célèbre auprès des amateurs pour ses multiples déprogrammations et changements d'horaires. Face à cette instabilité, Europe n° 1 affecte une heure précise à « Pour ceux qui aiment le jazz ». Le succès amène la station à allonger d'une dizaine de minutes le temps de l'émission dès janvier 1956, puis à nouveau l'année suivante : c'est alors pratiquement une heure quotidienne qui est consacrée au jazz. Enfin, l'émission est variée, chaque jour correspondant à un thème précis, organisation qui évite le piège de la monotonie du rendez-vous quotidien tout en permettant de rallier les diverses tendances d'amateurs : les férus de jazz moderne pourront prendre l'antenne le lundi et les fans de Nouvelle-Orléans le lendemain, tandis que le mercredi est consacré à la retransmission en direct des concerts. Le jeudi est le jour du concours d'érudition*, permettant aux auditeurs les plus « calés » de gagner des disques microsillons. Le vendredi, des représentants des maisons de disques viennent proposer leurs nouveautés, idée reprise plus tard par Lucien Malson sur la radio d'État. Après la relâche du samedi, le dimanche est l'occasion d'une émission plus longue dont la programmation est décidée par les auditeurs eux-mêmes, qui appellent la station pour demander le passage de leurs titres favoris à l'antenne.

Pour fêter les cinq ans de l'émission est organisée entre février et avril 1960 une série de huit concerts retransmis à l'antenne, regroupant un impressionnant plateau de vedettes américaines : le grand orchestre de Quincy Jones, le Jazz at the Philharmonic de Norman Granz avec notamment la chanteuse Ella Fitzgerald, le quintette de Miles Davis avec un saxophoniste alors peu connu du public français, John Coltrane, le grand orchestre de Count Basie, le Modern jazz quartet et le chanteur-pianiste Nat King Cole. Lors du premier concert, le 13 février 1960, une quinzaine des meilleurs musiciens français est conviée. Cette série de manifestations est un véritable succès qui confirme l'engouement d'une partie de la jeunesse pour le jazz, cette grande diffusion permettant à l'émission de recueillir le soutien d'annonceurs publicitaires. Lors de la réception organisée

---

* Pratique appelée à un bel avenir puisqu'elle est toujours en vigueur actuellement dans l'émission quotidienne « Jazz à FIP ».

dans les studios d'Europe n° 1, les directeurs des principales maisons de disques sont présents, signe du lien à présent solide entre le jazz et certains médias de grande diffusion.

Le petit écran

La musique noire reste cependant rare et même, avant 1955, totalement absente de la télévision ; il est vrai que celle-ci est alors encore dans l'enfance. La première émission a lieu en février 1955, puis il faut attendre un an pour que le petit écran s'ouvre de nouveau au jazz. Comme pour la presse et la radio, les amateurs sont sévères vis-à-vis des premiers pas du jazz télévisé. La première émission régulière est réalisée par Maurice Bleterry à partir de 1957. Intitulée « À la recherche du jazz », elle est fraîchement accueillie par François Postif, qui dans *Jazz hot* la résume à « deux sermons soporifiques et inintéressants par deux distingués clergymen » et pose la question : « Maurice Bleterry connaît-il vraiment ce dont il veut parler[40] ? » Quatre mois plus tard, l'édition suivante de cette série écope d'un commentaire un peu moins assassin en raison de la bonne qualité des extraits de films « choisis par Jean-Christophe Averty, sans doute », mais bien que « cette émission représente un effort et se trouve en net progrès sur les précédentes », les commentaires de Bleterry viennent « gâcher » les séquences filmées[41]. Ses troisième et quatrième éditions, les 22 septembre et 27 octobre 1957, sont jugées avec plus d'indulgence : il est vrai qu'une telle réalisation constitue le « seul effort continu qui mérite d'être signalé[42] » de la part de la télévision et que désormais, Jean-Christophe Averty y est pleinement associé. Cet amateur de jazz entre à la télévision en 1957. À partir des années soixante, il y jouera le rôle de « trublion[43] » en produisant des émissions au ton et aux décors nouveaux, utilisant notamment les ressources de l'électronique. Pour l'heure, il reste jusqu'aux années soixante l'un des seuls spécialistes de jazz à la télévision avec son compère Raymond Mouly arrivé en 1958, Maurice Bleterry n'étant pas reconnu comme compétent en la matière par le milieu du jazz.

Malgré tout, la première série d'émissions réalisées par ce dernier donne l'occasion à un large public de découvrir plus avant le jazz. L'édition consacrée en 1957 à *L'École française du jazz moderne* montre pendant quarante-deux minutes deux personnalités du jazz français, les compositeurs-arrangeurs André Hodeir et Christian Chevallier, qui parlent de leurs conceptions orchestrales, exemples musicaux à l'appui. L'école française de jazz moderne est présentée comme étant désormais de taille à rivaliser avec les meilleurs musiciens américains, comme en témoigne le fait que l'Amérique vient de récompenser les deux compositeurs sus-cités : Christian Chevallier a reçu en 1956 le prix Stan Kenton* des mains de l'attaché culturel américain à Paris. Quant à André Hodeir, son livre *Hommes et problèmes du jazz,* paru en 1954 en France, a été sélectionné deux ans plus tard par la fondation Carnegie parmi un ensemble de quatre cents ouvrages destinés à représenter différents aspects de la culture américaine et devant être distribués dans les universités américaines et britanniques. Il s'agit du seul livre du lot consacré à la musique et surtout, du seul écrit par un auteur non américain ! Après Hugues Panassié, dont *Le Jazz hot* avait été en 1936 le premier ouvrage sur le jazz publié aux États-Unis, André Hodeir témoigne de la continuité et de la qualité de la critique française, qui aura une grande influence sur sa consœur américaine.

En 1958, Maurice Bleterry lance une nouvelle série d'émissions intitulée « Visages du jazz[44] ». Là encore, si elle n'est pas toujours bien accueillie par les amateurs puristes qui apprécient modérément le mélange de Fred Astaire et de Duke Ellington, elle donne parfois au public un aperçu inattendu et valorisant du jazz : c'est le cas de l'édition du 29 juin 1958 qui traite de l'utilisation du jazz dans la musique de film, sujet en vogue alors que cette même année sont sortis plusieurs films utilisant le jazz comme bande sonore. À l'émission sont invités Michel Fano, compositeur d'avant-garde issu de la mouvance boulézienne, André Hodeir, compositeur de jazz, et Roger Vadim, qui fut le premier réalisateur français à confier l'intégralité de la bande sonore d'un film à la musique de jazz. Il explique son goût pour une musique servant de contrepoint à l'image. Le choix du Modern jazz quartet, qu'il est allé enregistrer à New York, s'explique par la parenté d'esprit avec son film : d'« une inspiration assez classique » par son utilisation du contrepoint, il « joue comme un orchestre de jazz moderne[45] », paradoxe qui s'applique aussi au film *Sait-on jamais* tourné en 1956 dans un cadre très classique (Venise et ses palais), mais avec des personnages modernes. Michel Fano, spécialiste des rapports entre la musique et l'image, développe l'idée selon laquelle le jazz est une musique incantatoire dont la charge émotionnelle est plus forte que la musique de film employée habituellement, ce qui lui permet

---

* Le compositeur-arrangeur américain avait créé un prix destiné à récompenser des œuvres de jazz réalisées par des musiciens européens. Christian Chevallier en est le premier lauréat.

de mieux coller à l'image. 1958 est décidément une bonne année pour le jazz à la télévision puisque trois émissions sont programmées au mois de juin et que le festival de Cannes en juillet est retransmis en trois émissions de septembre à octobre : « Sans devenir encore hebdomadaire à la RTF, l'intérêt pour le jazz commence à y devenir mensuel », commente *Jazz hot* en septembre.

Pour qu'il devienne hebdomadaire, il faudra attendre octobre 1959, lorsque la direction des programmes décide de consacrer quarante minutes par semaine au jazz. Entre le 31 octobre 1959 et mai 1961, l'émission aura lieu à peu près régulièrement. Elle est d'abord présentée par Sim Copans, dont les émissions de radio sont bien connues des amateurs depuis 1947, puis par Raymond Mouly à partir de 1960. Désormais, ce sont des spécialistes de jazz qui contrôlent l'émission de bout en bout, de la production à la présentation en passant par la réalisation : il en résulte un changement de ton, avec une émission qui met l'accent sur la musique plus que sur le discours. Bien que les rares émissions consacrées au jazz ne rencontrent pas l'assentiment d'une majorité de téléspectateurs, la direction des programmes de la RTF décide en 1962 d'adjoindre au tandem Averty/Mouly une autre équipe composée d'un réalisateur maison, Gilbert Pineau, ancien batteur de jazz sous le pseudonyme d'Alain Quercy, et de Michel de Villers, déjà producteur de radio sur France Inter. Alors que les émissions d'Averty et de Mouly sont, selon le désir des intéressés eux-mêmes, réservées aux connaisseurs, la nouvelle équipe doit cibler le public néophyte. L'émission test, « Le jazz en 819 lignes », a lieu en juin 1962. Elle n'aura pas de suite. Il est vrai qu'à ce moment, le jazz, en tant que phénomène grand public, est sur le déclin, concurrencé par d'autres formes musicales, et il disparaît totalement du petit écran entre janvier et avril 1963. Quant à Jean-Christophe Averty, sa réputation grandissante dans le métier l'amène à réaliser à partir de cette année-là des émissions de variétés telles que *Les Raisins verts* et des dramatiques comme *Ubu roi*, où il donnera libre cours à son goût pour la caricature et les effets spéciaux. Mais il continuera toutefois d'œuvrer en faveur du jazz, en assurant notamment les retransmissions télévisées de festivals tels que celui d'Antibes-Juan-les-Pins où son style télévisionique, consistant à réduire au maximum les interventions du présentateur et à mettre en valeur les artistes, sert remarquablement la musique de jazz dont les artistes sont saisis à l'instant même de la création. Si le jazz a, depuis les années soixante, conquis puis conservé une petite place à la télévision, c'est avant tout à lui qu'il le doit.

En marge des émissions proprement musicales, le monde du jazz se révèle au grand public par d'autres voies, moins nobles mais tout aussi efficaces voire plus, comme ce volet de la série « L'avenir est à vous », diffusé en 1956, consacré au thème *Les jeunes et le jazz*. Au cours de ces vingt-neuf minutes, de nombreux amateurs de seize à vingt-cinq ans sont interrogés sur les raisons de leur passion pour le jazz. La participation de Lucien Malson, critique de jazz et professeur de philosophie, donne une dimension respectable à cette passion qui semble inquiéter bien des parents. Une autre émission permet de mieux connaître les amateurs de jazz : c'est « Le Gros Lot » de Pierre Sabbagh, où le jeune Raymond Le Moël se présente en mai 1958 pour répondre à des questions portant sur le jazz dotées de cinq millions de francs de prix. Pendant cinq semaines, les téléspectateurs découvrent un érudit d'un nouveau genre capable de reconnaître de nombreux musiciens à la première écoute et de répondre aux questions les plus pointues : Quelle est la différence entre straight et hot ? Qu'est-ce qu'une blue note ? De quels instruments joue Bechet lorsqu'il enregistre tout seul *Blues of Bechet* en 1941 grâce à la technique du re-recording* ? Quelle est la composition de l'orchestre de Duke Ellington en 1940 ? Après avoir tenu quatre semaines et gagné 70 000 francs, Le Moël échoue à l'avant-dernière étape. En 1958 et 1959, deux autres amateurs tenteront leur chance mais aucun n'empoche le gros lot. Par ailleurs, des amateurs participent également à l'émission « Télé-Paris » en 1959[46]. Ce type d'émission qui touche un large public constitue une contribution non négligeable à la popularisation du jazz.

III. Le disque

Amateurs et hommes d'affaires

Autre moyen, combien indispensable, de la diffusion du jazz, le disque a dès les années trente fait partie du plan d'action des puristes qui, insatisfaits de la place réservée à leur musique dans les

---

* Le re-recording est une technique utilisée en studio consistant à enregistrer les instrumentistes séparément et à mixer ensuite les parties. Un même musicien peut ainsi jouer de plusieurs instruments sur une même œuvre. Cette technique fut utilisée pour la première fois en 1941 aux États-Unis par Sidney Bechet, qui enregistra un disque où il exécutait seul toutes les parties instrumentales.

grandes compagnies, ont vite créé leurs propres structures. Dès 1937, on s'en souvient, Charles Delaunay associé à Hugues Panassié avait fondé la marque Swing, première compagnie au monde spécialisée dans le « vrai » jazz. C'est en partie pour négocier des achats de licences d'enregistrement américaines que Delaunay effectue son premier voyage aux États-Unis en août-septembre 1946. Il revient avec un certain nombre de contrats en poche qui permettent à Swing d'exploiter au cours des années suivantes les catalogues de plusieurs marques américaines dont elle détient l'exclusivité de la distribution en France. Delaunay obtient par ailleurs de la maison mère Pathé-Marconi l'autorisation d'enregistrer sur place quelques orchestres parmi lesquels ceux de Duke Ellington et de Louis Armstrong. Mais les relations se dégradent vite entre Charles Delaunay et les dirigeants de Pathé-Marconi à Londres, qui laissent la marque Swing péricliter jusqu'en 1951. Entre 1946 et 1948, le marché américain s'est profondément modifié, avec notamment l'apparition de nombreuses petites compagnies indépendantes dont les disques sont vite diffusés en France : « Swing, réduit à publier presque uniquement des enregistrements réalisés en France, perdait peu à peu sa situation privilégiée », écrit Charles Delaunay dans ses mémoires [47]. Les désaccords entre Delaunay et la maison mère stoppent donc les possibilités de développement de cette marque qui disparaît en 1951, absorbée par la compagnie Vogue, que Delaunay avait fondée en 1945 avec Léon Cabat et Albert Ferreri.

Ces deux derniers étaient issus du Hot club de France, le deuxième étant par ailleurs musicien professionnel depuis la fin des années trente. Collectionneurs tous les deux, ils décident, devant l'indigence des importations de disques, de fonder à la Libération une association destinée à rééditer quelques enregistrements de leurs collections dont aucune marque locale ne peut revendiquer les droits : l'AFCDJ (Association française des collectionneurs de jazz) est née. Au bout de quelques mois, après épuisement du fonds utilisable, Léon Cabat propose de passer à la vitesse supérieure et de créer une nouvelle société qui permettrait de contourner la mauvaise volonté mise par Pathé-Marconi à exploiter les catalogues américains que Delaunay était allé négocier aux États-Unis. C'est ainsi que naît en 1945 la société Jazz disques, qui prendra vite le nom de Vogue et connaîtra un rapide essor, grâce notamment au succès foudroyant de Sidney Bechet, dont Delaunay deviendra l'impresario. Le jazz possède désormais avec Vogue un relais de poids dans l'industrie du disque, avec plus de marge de manœuvre et de possibilité de développement que la petite marque Swing, qu'elle absorbe en 1951. En outre, Vogue acquiert entre 1949 et 1956 un certain nombre de licences auprès de plusieurs labels américains.

L'autre grande maison de disques spécialisée dans le jazz est Blue Star, fondée aussi par un amateur issu du Hot Club de France, Édouard Ruault, alias Eddie Barclay. Né en 1921, il commence à fréquenter le Hot club pendant l'Occupation et accompagne souvent Charles Delaunay dans ses visites aux clubs de province, assurant au piano l'illustration musicale des conférences. En 1945, sa femme Nicole et lui fondent Blue Star, dont ils sont respectivement directeur financier et président directeur général, mais aussi magasinier et représentant-livreur auprès des détaillants parisiens. Autant dire qu'il s'agit, comme Jazz disques-Vogue, d'une structure tout à fait artisanale : dans les premiers temps, Barclay, comme Léon Cabat, va livrer lui-même ses disques à vélo. Mais l'affaire se développe vite. En 1948, la maison a déjà deux cents références à son catalogue et doit s'agrandir : les époux Barclay engagent du personnel, amorcent une diversification des activités en direction de la variété, et signent des contrats de licence qui leur permettent de distribuer en France des productions de compagnies américaines telles que Dial ou Mercury, puis Verve, Atlantic ou Prestige. Au total, par le biais de Vogue et de Blue Star devenue Barclay en 1957, les amateurs français et le grand public peuvent disposer à partir de la fin des années quarante de nombreux disques parus aux États-Unis sans passer par le circuit compliqué et coûteux des petites associations de vente par correspondance. Ces deux entreprises, parties de très bas, vont progressivement devenir de grosses structures et être amenées à diversifier leur production.

Leur succès, s'il fut fondé sur la musique de jazz, semble aussi tenir à une organisation générale, une gestion et une politique commerciale nouvelles pour l'époque en Europe et dont les compagnies américaines donnent l'exemple à Delaunay, Cabat et Barclay, qui effectuent régulièrement des voyages aux États-Unis dès la fin des années quarante. Le succès de Sidney Bechet à partir de 1949 donne le signal de l'expansion pour Vogue, qui doit « abandonner ses méthodes artisanales pour s'adapter à une distribution à plus grande échelle. Ces changements incitèrent la société à diversifier sa production. Elle ouvrit son catalogue à d'autres genres. [...] Avec des moyens initiaux dérisoires, Léon Cabat choisit l'autofinancement et de nouvelles structures administratives et commerciales. Il n'hésita jamais à appliquer en France des méthodes inédites de promotion, de marketing et de distribution lorsqu'elles avaient déjà fait leurs preuves à l'étranger[48] », notamment aux États-Unis.

Le succès du jazz aidant, d'autres maisons de disques s'y intéressent et font appel à des spécialistes afin d'opérer des choix dans les épais catalogues américains ou bien parmi les musiciens français susceptibles d'être enregistrés. Frank Ténot est ainsi engagé comme directeur artistique par la petite compagnie Pacific au tout début des années cinquante et n'y fait pas mentir la réputation d'intransigeance qui est déjà celle des amateurs de jazz : « J'ai causé beaucoup de dégâts, se souvient-il amusé, car je fusionnais les disques de [Nat] King Cole en un seul : ils comportaient toujours une bonne face instrumentale et l'autre avec une chanson un peu sirupeuse ; je ne gardais que les deux instrumentaux, si bien qu'un jour on a reçu un télégramme des USA nous demandant pourquoi on ne sortait pas "les grands tubes de Nat King Cole"[49] ! » Après avoir quitté Pacific (qui fut rachetée par Vogue au début des années soixante), Ténot passe chez Ducretet-Thomson à partir de 1955 et y enregistre des musiciens français et américains. Entre-temps, il a recommandé à Pacific un autre spécialiste de jazz, André Clergeat, qui passera ensuite chez Vogue où il restera jusqu'aux années quatre-vingt.

D'autres membres du milieu du jazz investissent les compagnies de disques à partir des années cinquante, épaulant Vogue et Blue Star dans leur entreprise de diffusion du jazz : Jean-Paul Guitter chez Pathé-Marconi à partir de 1955, rejoint en 1958 par Jean-Louis Mialy, ancien fondateur et président du Hot club d'Oran. Ce dernier fait en 1961 un voyage aux États-Unis pour promouvoir la vente des enregistrements de variétés et de jazz faits en France et essayer de mettre sur pied des tournées de jazzmen français aux États-Unis, sans grand succès en raison du protectionnisme américain. Kurt Mohr, collaborateur de *Jazz hot,* entre chez Odéon à partir de 1959 ; lui succédera le pianiste Henri Renaud, qui part à son tour en 1964 au département jazz de CBS-France, compagnie alors présidée par Jacques Souplet. Celui-ci, on s'en souvient, a été secrétaire général de la Fédération des Hot clubs français, administrateur de *Jazz hot,* fondateur de *Jazz magazine* et organisateur de multiples concerts avec Charles Delaunay jusqu'en 1954. Deux autres « zazotteux », François Postif et Jean Tronchot, entrent respectivement chez Polydor en 1960 et chez Philips en 1962.

Les récompenses attribuées par des académies de spécialistes contribuent aussi à faire connaître le jazz. *Jazz hot* décerne chaque année depuis 1937 un prix aux meilleurs disques parus, mais l'événement est resté, avant-guerre, confiné dans le milieu des amateurs. En 1948, fait nouveau, l'académie Charles Cros intègre des disques de jazz dans son palmarès pour la première fois ; elle compte parmi ses membres Frank Ténot et André Hodeir. En 1960, quatre spécialistes de jazz sont présents à l'académie : Lucien Malson, Jacques Hess, Maurice Henri et Pierre Drouin, ce dernier seul n'étant pas un collaborateur de la presse spécialisée mais ayant prouvé sa compétence par ses chroniques dans *Le Monde* depuis 1948. En 1953, l'Académie du disque français suit l'exemple de Charles Cros et introduit le jazz dans son palmarès. Et surtout, en 1954 est fondée l'Académie du jazz, dont le but est de jeter une passerelle entre le monde du jazz et celui des médias afin de mieux faire connaître la musique noire américaine. L'Académie s'efforce donc de recruter des personnalités susceptibles de parler du jazz. Lors de sa création, elle réunit André Hodeir, qui en est le président jusqu'en 1960, Frank Ténot, Boris Vian, François Boncour, André Francis, André Clergeat, Sim Copans. À ces spécialistes s'ajoutent des musiciens comme Pierre Fouad, Jacques Hess, Maxime Saury et Arthur Briggs, mais aussi des journalistes de la presse générale : Huguette Arquer (du *Figaro*), Jacques André (de *Combat*), Pierre Drouin (du *Monde*), mais aussi l'avocat Pierre Besson, par ailleurs président d'un « cercle des amis de Fats Waller », et Guy-Vincent Heugas, publiciste responsable du jazz dans la compagnie de disques Pathé-Marconi. Le président d'honneur, gage de légitimité, est Jean Cocteau, tandis que les compositeurs Henri Sauguet et Georges Auric sont membres d'honneur, ainsi que Frank Bauer. L'année suivante, il faut y ajouter le cinéaste Jacques Becker, amateur de jazz et réalisateur de *Rendez-vous de juillet* en 1949, ainsi que le chanteur Yves Montand. En 1956, l'académie s'enrichit de Charles Delaunay et du journaliste et producteur de radio Robert Beauvais ainsi que de onze nouveaux membres parmi lesquels cinq collaborateurs de *Jazz hot*. Au total, c'est donc un véritable réseau qui est constitué, comprenant des personnalités du milieu du jazz, des médias et de divers milieux artistiques. Son action concrète se traduit essentiellement au cours des années suivantes par l'attribution du prix Django Reinhardt qui récompense chaque année un musicien français s'étant distingué par des enregistrements de bonne qualité ou de bonnes prestations scéniques, mais aussi par l'Oscar du disque de jazz attribué au meilleur disque de l'année, toutes nationalités confondues. Les deux distinctions sont créées dès 1954.

Boris Vian, directeur artistique

Parmi les spécialistes de jazz engagés dans l'industrie du disque, il faut faire une place particulière à Boris Vian, dont le parcours illustre bien le rôle concret qu'ont pu avoir les militants du jazz dans la vie culturelle française d'après-guerre. La fonction de directeur artistique n'est qu'une des facettes de la vaste panoplie du personnage. Il est chargé en octobre 1955 par la maison de disques Philips d'établir un catalogue de jazz. Sa fonction est d'abord d'examiner les catalogues américains et d'y faire une sélection pour publier les meilleurs disques. Vian abat ainsi un énorme travail, exhumant non seulement des enregistrements perdus dans les archives des compagnies américaines, mais corrigeant aussi les « conducteurs » des séances d'enregistrement dont les dates et les indications de personnel étaient parfois fausses[50]. Entre octobre 1955 et janvier 1957, il réédite ainsi une vingtaine de disques microsillons, rédigeant aussi les longs textes de pochette les accompagnant avec l'érudition et le souci de précision auxquels les puristes nous ont habitués[51], apportant ainsi sa pierre à l'éducation jazzistique du grand public. Vian, qui prend très à cœur son travail, suit de près la réédition des chefs-d'œuvre du jazz dont il est chargé et désire qu'elle se fasse dans les meilleures conditions possibles, n'hésitant pas à envoyer à Jacques Canetti, son supérieur hiérarchique, telle note signée « Vian le tueur » pour lui faire part de ses remarques à propos d'un texte ou d'une illustration de pochette. D'autre part, soucieux d'établir une distinction nette entre le vrai jazz et ses contrefaçons commerciales, il insiste sur la nécessité « de ne pas mélanger les torchons et les serviettes en matière de jazz ; ainsi, le petit catalogue 45 tours distribué à la convention est aberrant, qui mélange Percy Faith et Duke Ellington[52] ».

Dès la fin de 1956, Vian et son collègue Denis Bourgeois soumettent à Jacques Canetti l'idée d'une « série populaire[53] » : ce sera la collection « Jazz pour tous ». À partir de janvier 1957, Vian est engagé à temps plein chez Philips pour réaliser ce projet, sélectionner les disques, écrire les textes et se charger de la publication des enregistrements. Entre 1957 et 1958, il publie une collection comportant au moins quatorze titres ainsi qu'un livre-disque intitulé « Histoire abrégée du jazz », dont le texte est entièrement rédigé par Vian qui affirme sa volonté de toucher le grand public avec les valeurs sûres du jazz, telles que King Oliver, Duke Ellington, Kid Ory ou Louis Armstrong. Le texte est accompagné d'un lexique des termes employés par les musiciens, termes techniques ou argotiques, ainsi que d'une bibliographie sommaire et d'une liste des principales revues françaises et étrangères. Le terrain est donc parfaitement balisé pour le néophyte qui peut avec ce livre-disque s'initier au jazz et approfondir sa connaissance grâce aux pistes qui lui sont proposées. Pour ceux qui reculent devant l'achat d'un 33 tours, Boris Vian crée la collection « Petit jazz pour tous », suivant le même principe mais avec des disques plus courts. Il semble que ce principe ait inspiré d'autres maisons de disques comme RCA, qui inaugure en 1958 la collection « Jazz de poche », ou Brunswick, qui réédite les grands titres du jazz en 45 tours au même moment. Enfin, Vian édite un « Panorama du jazz » qui paraît dans une autre collection de la marque Philips.

À partir de mai 1958, il est nommé directeur artistique de Fontana, sous-marque de Philips, où il met sur pied trois collections : « Jazz moderne », « Géants du jazz » et « Jazz miniature », cette dernière devant être accompagnée d'une introduction au jazz sous forme, là encore, de livre-disque. Il s'agit de prendre en compte les tendances contemporaines du jazz tout en ne négligeant pas la tradition ni l'éducation à l'usage du public néophyte : un programme complet dont au moins sept microsillons ont été publiés[54]. La volonté pédagogique est nettement affirmée dans le disque réalisé avec le grand orchestre de Michel Legrand, qui présente sous forme sonore un résumé de l'histoire du jazz allant des negro-spirituals au be-bop en passant par les grands orchestres des années trente, parsemé d'hommages à Louis Armstrong, Benny Goodman, Duke Ellington, Count Basie, Dizzy Gillespie, Stan Kenton, et même Glenn Miller, dont les succès eurent leur part dans la diffusion du jazz. Michel Legrand et Boris Vian se connaissent bien depuis qu'ils ont réalisé en 1956 avec le concours du chanteur Henri Salvador une série de parodies des premiers rock'n'roll américains. On peut gager que Boris Vian a soutenu le projet musical de Legrand qui poursuivait le même objectif que lui : populariser le jazz. La carrière ultérieure de Legrand atteste, sur le long terme, de la réussite d'un tel projet, même s'il ne sera jamais vraiment reconnu par les puristes comme un musicien de jazz à part entière. Enfin, Boris Vian supervise cinq séances d'enregistrement de jazz pour le compte de Philips et quatre pour le compte de Fontana ; six sont exclusivement consacrées à des musiciens français et deux à des musiques de film, dont la fameuse bande originale d'*Ascenseur pour l'échafaud* de Louis

Malle, en décembre 1957. Un programme chargé qui l'occupe à plein temps entre 1957 et le début de 1959 et l'empêche de se consacrer à d'autres activités. C'est pour cette raison qu'il quitte Fontana en avril 1959 pour entrer comme directeur artistique chez Barclay, cédant aux offres de son ami Eddie Barclay qui lui proposait une rémunération supérieure pour un travail moindre et strictement limité au jazz, afin de lui laisser plus de temps pour l'écriture. Il n'aura pas le loisir d'y concrétiser ses projets, sa mort survenant deux mois et demi plus tard.

En l'espace d'une quinzaine d'années, les amateurs issus de l'école des Hot clubs ont donc investi les différentes structures de diffusion de la création et de l'information, de manière limitée mais significative, permettant au jazz d'être présent sur tous les types de médias au début des années soixante, et donc de s'installer durablement dans le paysage culturel. Ils ont même créé leurs propres structures lorsque celles qui existaient ne leur semblaient pas adéquates, comme le montre l'exemple du disque. Dans ce domaine, c'est bien plus que le jazz qu'ils ont contribué à faire connaître, car ils furent aussi parmi les premiers, dans le monde économique, à utiliser de manière systématique les méthodes de gestion de l'entreprise et les techniques de « marketing » venues d'outre-Atlantique. Ils participent ainsi dans leur secteur à la vaste mutation économique et culturelle que représente, en France et en Europe, l'entrée dans l'ère de la consommation et de la culture de masse.

IX
L'affirmation d'un jazz français

L'arrivée massive des musiciens américains en France à partir de 1948 va durement malmener les musiciens français qui ont été en situation de monopole pendant toute l'Occupation. Mais s'ils constituent de rudes concurrents, les artistes d'outre-Atlantique qui séjournent en France font aussi profiter de leur expérience les musiciens locaux qui, au cours des années cinquante, vont progressivement s'émanciper de leur modèle musical pour commencer à explorer d'autres voies. L'apparition de ce groupe d'artistes hexagonaux ne se contentant pas de copier les maîtres américains mais apportant leur pierre à l'évolution musicale du jazz est l'un des signes les plus tangibles d'une acculturation de la musique noire américaine dans notre pays, même s'il ne faut pas se méprendre sur l'expression de «jazz français» ici employée, qui ne fait aucunement référence à une hypothétique «école» ou à un quelconque «style» typiquement hexagonal dont on serait bien en peine de donner une définition précise, mais sanctionne plus simplement l'affirmation, en France, d'un groupe de musiciens se reconnaissant dans le langage du jazz.

I. Les professeurs américains

Des Américains à Paris

Pendant les deux années qui suivent la Libération, les orchestres militaires sont les seules formations de jazz qui se produisent sur le territoire français. Si les amateurs français les apprécient, ils sont impatients de voir venir en France les vedettes dont *Jazz hot* célèbre les exploits. À cet égard, la visite de Don Redman en décembre 1946 est la première d'une longue série, puisqu'entre 1948 et 1963, ce seront plus de cinq cents jazzmen, Noirs et Blancs de tous styles et de toutes générations, qui effectueront un ou plusieurs passages sur le sol français*. Si les orchestres constitués sont nombreux, ils se bornent pour la plupart à des séjours de quelques jours sur le territoire, le temps de donner un ou deux concerts parisiens, plus rarement d'entreprendre une tournée en province dont la rentabilité restera longtemps aléatoire eu égard aux frais de déplacement occasionnés par des grandes formations comme les *big bands* de Duke Ellington, Count Basie ou Lionel Hampton. La brève durée de leurs séjours limite les contacts qui pourraient s'instaurer entre artistes français et américains. Ceux-ci auront surtout lieu à la faveur de séjours individuels, plus nombreux et plus longs : si entre 1944 et 1963, plus de cent cinquante orchestres sont venus en France, ce sont par ailleurs plus de quatre cents musiciens qui ont effectué à titre individuel un séjour de plus ou moins longue durée**, voire définitif, puisqu'au cours des années quarante et cinquante, onze d'entre eux au moins s'installeront en France à titre permanent : Sidney Bechet, Aaron Bridgers, Arthur Briggs, Kenny Clarke, Bill Coleman, Harry Cooper, Fats Edwards, Jimmy Gourley, Mezz Mezzrow, Art Simmons et Bill Tamper. Les individualités sont donc des agents bien plus décisifs de l'acculturation du jazz en France que les orchestres, car leurs séjours souvent longs permettent un contact continu et prolongé avec leurs collègues français, auxquels ils vont apprendre les subtilités du jazz.

Le professeur Kenny Clarke

Une place particulière doit être consacrée à quelques-uns d'entre eux, notamment au batteur Kenny Clarke. Sa première visite remonte à octobre 1945, avec la revue *Jive's a poppin*. L'équipe de *Jazz hot*, à l'affût des jeunes talents, remarque cet instrumentiste prometteur dont on ignore encore en France le rôle majeur qu'il a joué dans les jam-sessions du Minton's***, au cours desquelles le style be-

---

* Voir le tableau des séjours en annexe II, p. 459.
** *Idem.*
*** Club new-yorkais où se retrouvaient les musiciens de la jeune génération tels que Charlie Parker, Dizzy Gillespie, Bud Powell, Charlie Christian, Kenny Clarke ou Thelonius Monk.

bop s'est affirmé entre 1941 et 1945. Une lacune comblée lorsque Clarke revient en février 1948 en compagnie du grand orchestre de Dizzy Gillespie, dont l'audition devait constituer un événement fondateur pour de nombreux amateurs de jazz. Quittant l'orchestre pour s'installer en France jusqu'en 1951, Kenny Clarke va faire bénéficier de nombreux musiciens français de son savoir-faire, tout d'abord en ouvrant une école de batterie où le gotha des drummers français s'inscrit aussitôt mais dont la durée de vie semble avoir été courte en raison des nombreux engagements du musicien américain.

Clarke n'est pas le seul à dispenser son savoir à travers des cours au sens classique du terme : Arthur Briggs, installé en France depuis l'avant-guerre, enseigne la trompette à l'école mise sur pied par l'équipe de *Jazz hot* en 1948. Quant au guitariste Jimmy Gourley, qui séjourne cinq ans à Paris de 1951 à 1956 avant de revenir en 1958 pour s'installer définitivement en France, il donne des cours de guitare et influence considérablement l'un de ses élèves nommé Sacha Distel, qui commence à se produire dans les clubs de jazz à partir de 1953. Parmi les musiciens qui effectuent de longs séjours sans s'installer définitivement, on peut citer l'exemple du saxophoniste et arrangeur James Moody, fixé deux ans et demi à Paris entre 1949 et 1951, qui donne des cours au jeune pianiste français Ralph Schecroun. Toutefois, même lorsque certaines vedettes ne restent parisiennes que le temps de quelques concerts, un contact peut s'établir : le jeune pianiste Claude Bolling, alors âgé de moins de vingt ans, vient ainsi trouver Earl Hines à son hôtel au lendemain du concert de la formation de Louis Armstrong en novembre 1949 et s'offre avec un des maîtres du clavier une leçon particulière extrêmement enrichissante ! Il récidivera avec Willie « the Lion » Smith, autre pianiste légendaire qui se trouve à Paris en décembre 1949. Quelques années plus tard, en 1957, il tentera à nouveau l'expérience, sans succès cette fois, avec Errol Garner. Par ailleurs, Claude Bolling, ainsi que ses acolytes Benny Vasseur et Maxime Saury, sont engagés par le trompettiste Rex Stewart, dont l'orchestre est reparti aux États-Unis et qui a besoin d'accompagnateurs pour la tournée organisée en décembre 1947 par le Hot club de France.

Cet exemple est significatif du fait que l'essentiel de l'enseignement des musiciens américains est dispensé sur le terrain plutôt que dans le cadre académique d'une leçon de musique que nombre d'entre eux, autodidactes, sont incapables de donner. Dès avril 1948, Kenny Clarke monte un orchestre avec des musiciens français qu'il emmène tourner en France dans le cadre de la quatrième tournée de la Fédération des Hot clubs français de Charles Delaunay. Parmi eux se trouve le contrebassiste Alphonse Masselier qui, avec le pianiste Jacques Denjean, a joué à Pleyel deux mois plus tôt en première partie de l'orchestre de Gillespie, dans lequel se trouvait Kenny Clarke. Parmi eux aussi, le saxophoniste Jean-Claude Fohrenbach ainsi que Claude Dunson, Michel de Villers, Jacques Denjean et Henri Montaggioni. Ils visiteront plus de vingt villes en quelques semaines. Excepté Jacques Denjean, premier prix de piano du Conservatoire de Paris mais inexpérimenté en jazz, les jeunes musiciens sont à mi-chemin entre l'amateurisme et le professionnalisme ; cette tournée est pour eux la première occasion de jouer avec un musicien américain et de profiter de ses conseils.

Dès la fin des années quarante, Kenny Clarke est l'une des vedettes de la vie jazzistique hexagonale, présent aussi bien sur scène que dans les studios. Lors de son premier séjour, il participe à quatorze séances d'enregistrement pour le compte de la marque Swing, soit près d'un quart du total des séances organisées par cette marque entre 1948 et 1951. Ont ainsi l'occasion de jouer au moins une fois avec lui, et souvent plus, un bon tiers des musiciens français ayant enregistré en studio entre ces deux dates. Parmi eux, Hubert et Raymond Fol, André Persiany, Ralph Schecroun, Michel de Villers, André Hodeir, Bernard Peiffer ou encore Pierre Michelot. En réalité, le nombre de musiciens ayant joué avec Clarke est certainement plus élevé puisqu'il participe régulièrement aux concerts dominicaux de Jazz parade, où se produisent au moins une fois la plupart des musiciens de jazz français entre 1948 et 1950. Retourné aux États-Unis début 1951, il revient en France en septembre 1956 à l'invitation du chef d'orchestre de variétés Jacques Hélian. Celui-ci, passionné de jazz, avait non seulement pris l'habitude d'engager dans son orchestre de nombreux musiciens de jazz français, mais avait aussi fait venir spécialement des États-Unis en 1952 et pour plus d'un an le trompettiste Ernie Royal, ex-membre de l'orchestre de Duke Ellington. Cette collaboration remarquée par la presse spécialisée lui ayant donné entière satisfaction, Hélian renouvelle en 1956 l'expérience avec Kenny Clarke, qui reste plusieurs mois dans l'orchestre puis s'installe définitivement dans l'Hexagone. Outre ses activités dans l'orchestre d'Hélian, il reprend le chemin des studios de manière intensive jusqu'en 1960, devenant à partir de 1957 le batteur attitré de la maison de disques Blue Star, qui constitue à ce moment un grand orchestre « maison » pour accompagner les nombreux artistes sous contrat avec la compagnie. Passée en douze ans du statut de petite compagnie artisanale à celui de grande entreprise, la firme possède désormais des structures financières assez solides pour permettre des projets de plus grande ampleur. Eddie Barclay décide donc la création de cette grande formation dont il confie la direction à l'Américain Quincy Jones, qu'il fait venir spécialement des États-Unis, et qui occupera le poste de chef d'orchestre et arrangeur d'avril 1957 à novembre 1958. Parmi les musiciens qu'il choisit figure, parmi d'autres Américains, Kenny Clarke, qui sera reconduit comme batteur attitré de l'orchestre lorsque après le retour de Jones aux États-Unis, Jimmy Mundy, autre Américain, lui succédera à la tête de l'orchestre Barclay.

De mai 1957 à décembre 1959, Kenny Clarke participe à trente-sept séances, soit près de la moitié des séances réalisées par la compagnie au cours de cette période : c'est dire si la majorité des musiciens ayant enregistré en studio à ce moment ont eu l'occasion de jouer avec lui à une ou plusieurs reprises et de profiter de son savoir-faire, notamment les musiciens spécialisés dans le jazz dit «moderne». En outre, pour vingt à trente d'entre eux, membres réguliers de l'orchestre maison de Barclay, la collaboration avec le batteur s'étend sur plus de deux ans. Si l'on y ajoute les musiciens de l'orchestre de Jacques Hélian, dont Clarke fait partie pendant plusieurs mois entre septembre 1956 et le début de 1957, ainsi que les prestations publiques, il est manifeste que le batteur a occupé une place fondamentale dans la vie jazzistique française d'après-guerre, impressionnant par sa carrure et son professionnalisme les musiciens français qui travaillèrent avec lui. À partir de 1959, Clarke réduit ses activités en studio pour devenir le batteur attitré du Blue note. En 1967, il ouvre une école de batterie qu'il animera jusqu'aux années quatre-vingt, cessant ses activités peu avant sa mort en 1985 à Montreuil.

L'exemple de Kenny Clarke n'est pas isolé, loin de là. Comme lui, de nombreux Américains ont été associés, plus ou moins durablement selon la longueur de leurs séjours, à des manifestations regroupant musiciens français et américains sur une même scène, notamment les concerts hebdomadaires Jazz parade entre octobre 1948 et avril 1950, qui sont l'occasion d'un intense brassage venant opportunément compléter les contacts fructueux mais épisodiques établis lors des festivals de Nice et de Marigny en 1948, et de Paris en 1949. Au théâtre Édouard VII viennent ainsi se joindre aux musiciens français Kenny Clarke, bien sûr, mais aussi d'autres

« grands » du jazz tels que Rex Stewart, Bill Coleman, Don Byas, James Moody, Coleman Hawkins, Buck Clayton ou Sidney Bechet, ainsi que d'autres instrumentistes moins réputés tels que Dick Collins, Ritchie Frost, Jay Cameron, Harry Cooper, Charlie Lewis, Frank « Big Boy » Goodie ou encore le tromboniste Nat Peck. Certes, tous ne sont pas des célébrités mondiales, mais la plupart possèdent dans le domaine du jazz une maîtrise que beaucoup de Français n'ont pas et certains, comme Clarke, Hawkins, Byas, Moody, Bechet, Stewart et quelques autres, font partie des meilleurs musiciens du monde dans leur domaine. Jazz parade constitue donc un atelier de rencontre entre Français et Américains, d'autant plus que les concerts sont fréquemment suivis de jam-sessions au cours desquelles, sur des thèmes connus de tous, ils improvisent chacun à leur tour. C'est ici que l'enseignement des Américains prend toute sa dimension.

New Orleans sur Seine

Une autre figure marquante de la scène jazzistique française au cours des années cinquante est Sidney Bechet. Après son triomphe au festival de Paris en 1949, il s'installe définitivement en France à partir de 1950, et contribue à l'épanouissement du *revival* Nouvelle-Orléans. Le mouvement a commencé, nous l'avons vu, avant son arrivée, et connaîtra son apogée en 1953, lors d'un concert gratuit aux arènes de Lutèce, auquel Bechet participera et qui rassemblera de dix à quinze mille personnes. Le premier objectif du saxophoniste à son arrivée dans l'Hexagone est de former des musiciens pour l'accompagner, car les formations Nouvelle-Orléans sont avant tout constituées d'amateurs. C'est tout naturellement l'orchestre phare du revival, celui de Claude Luter, qu'il choisit, mais le choc est rude pour cette équipe de dilettantes que Bechet va diriger d'une main de fer : « Le travail avec Bechet, c'était très dur, c'était Cayenne, se souvient Luter. Tout le monde n'a pas tenu le coup. Mais il nous a appris à être sérieux[1]. » Orchestre attitré de Bechet d'octobre 1949 à 1953, la formation de Luter passe ensuite le relais à celle d'André Reweliotty, autre ensemble vedette du revival français, que l'intraitable saxophoniste « dresse » de la même manière que son prédécesseur. Bechet joue aussi de temps à autre avec l'orchestre Nouvelle-Orléans de Michel Attenoux ou de Maxime Saury, avec qui il part en tournée en Angleterre en septembre 1956. Enfin, il se produit souvent avec des orchestres formés le temps d'un concert ou d'une séance de studio et auxquels participent, aux côtés d'autres musiciens américains, de nombreux musiciens français. Si l'on y ajoute les nombreuses apparitions de Bechet dans les jam-sessions de Jazz parade dont le style Nouvelle-Orléans compose systématiquement la première partie, ou encore les nuits du jazz qui réunissent, au mois de décembre de chaque année, la plupart des musiciens français aux salles Pleyel ou Wagram, ce sont des dizaines de musiciens français, pratiquant tous les instruments, qui auront été à la meilleure école qui soit, celle d'un des maîtres du style Nouvelle-Orléans.

Bechet n'est d'ailleurs pas le seul représentant de ce style à séjourner longtemps dans l'Hexagone. Il y a aussi le clarinettiste Albert Nicholas, Français d'adoption de 1953 à 1968, quinze années au cours desquelles il aura l'occasion de jouer, en concert, en studio ou dans les clubs qu'il fréquente régulièrement, avec la plupart des musiciens français de jazz traditionnel, parmi lesquels Pee Wee Bizouarn, qu'il emmène en tournée en avril 1954, mais aussi les orchestres de Claude Luter et André Reweliotty, Guy Longnon, Claude Gousset, Claude Bolling et Jacques Medvedko[2], ou encore l'orchestre d'Armand Gordon, qu'il emmène en tournée en province, puis en Allemagne et en Suisse entre avril et juin 1956. Quant au très controversé Mezz Mezzrow dont le premier séjour en France remonte à 1929, il s'installe définitivement à Paris en 1951 jusqu'à sa mort en 1972. En 1948, il s'était produit à Nice et à Paris avec un orchestre composé uniquement d'Américains. Il n'en est pas de même lors de la tournée qu'il effectue en 1951. Arrivé en octobre, il fait d'abord équipe avec l'orchestre de Claude Luter[3], puis engage le tromboniste Mowgli Jospin, le saxophoniste-clarinettiste Guy Lafitte et le pianiste André Persiani pour sa tournée. En 1953, son orchestre est composé en majorité de musiciens américains qu'il fait venir des États-Unis, auxquels s'adjoint le contrebassiste Pierre Michelot[4]. L'année suivante, c'est aussi à la tête d'un orchestre mixte, où Claude Bolling officie au piano, qu'il se produit avec succès dans trente-trois villes françaises.

II. LA NAISSANCE D'UNE PROFESSION

L'immigration des musiciens

Bien qu'ardemment souhaitée, l'arrivée massive des Américains perturbe cependant dans l'immédiat après-guerre un milieu musical français qui a vécu en vase clos pendant les quatre années d'occupation. Les musiciens étrangers profitent en effet du régime extrêmement libéral de l'ordonnance du 2 novembre 1945 créant l'Office national d'immigration et réglementant les conditions d'entrée et de séjour des étrangers. C'est que la reconstruction du pays nécessite des bras. Dans le flux de travailleurs immigrés, encore maigre jusqu'au milieu des années cinquante, se glissent ainsi des musiciens européens et américains qui viennent travailler en France : aucune disposition spécifique n'est prévue pour ces travailleurs considérés comme des immigrés parmi d'autres. Ce mouvement migratoire est mal perçu par la profession musicale française, guère disposée à abandonner la situation de monopole dont elle a bénéficié pendant toute l'Occupation. Les orchestres de danse, où officient bon nombre de musiciens de jazz, sont particulièrement visés et comme d'autres professions menacées au même moment par la concurrence étrangère, les musiciens réclament un statut particulier et demandent dès novembre 1946 au ministère du Travail de limiter le nombre de visas accordés aux artistes étrangers, sans succès. Dans le même temps, certaines voix s'élèvent pour réclamer la naturalisation de certains musiciens installés en France depuis de longues années et qui ont « fait leur devoir chez nous ou aux côtés des Alliés[5] » : une réclamation semblable à celle adressée par certaines personnalités politiques au gouvernement qui tarde à naturaliser des étrangers ayant pris part à la Résistance[6].

Mais si la protestation des musiciens français prend place dans un contexte historique précis, elle renvoie également à un fait de culture établi de longue date en France : dues à une législation de l'immigration qui distingue mal les diverses catégories socioprofessionnelles, les difficultés des musiciens ont aussi pour cause l'absence d'organisation juridique globale des professions artistiques et l'inexistence d'un statut des musiciens en France. Dans ces conditions, un musicien étranger peut sans difficulté obtenir un permis de séjour temporaire et être engagé dans des cabarets dont les directeurs sont désireux de présenter de nouveaux orchestres à un public lassé des orchestres français qui ont tenu l'affiche depuis 1940. La France semble être un cas unique en la matière et les musiciens ne se privent pas, pour appuyer leur protestation, d'évoquer les législations bien plus restrictives en vigueur chez les voisins européens où il leur est très difficile d'aller travailler. Certes, en France, des dispositions existent pour protéger les musiciens de la concurrence étrangère : depuis 1936, un décret interdit aux cabarets d'engager plus de 30 % de musiciens étrangers. Il a répondu en son temps à de nombreuses protestations de musiciens touchés par la crise économique de 1929 ainsi que par la concurrence des musiciens étrangers, américains en particulier, ces derniers étant très recherchés par les cabarets depuis les débuts de la vogue du jazz dans les années vingt. En 1939, la réglementation est devenue encore plus sévère pour les étrangers, limitant leur présence dans les cabarets à 10 % de l'effectif des musiciens. Mais l'ordonnance du 2 novembre 1945 permet de contourner facilement la loi puisque les musiciens, considérés comme des étrangers parmi d'autres, peuvent venir en France en tant que touristes et être engagés par les cabarets sans permis de travail. Dans ces conditions, les musiciens français redoutent les infractions à la réglementation qui ne manqueront pas de se multiplier.

Face à cet état de fait et à l'inertie du syndicat, juridiquement impuissant et sans prise sur les directeurs de cabarets, les musiciens tentent de s'organiser : c'est le sens du message adressé au mois de juillet 1946 par Albert Ferreri, qui propose à ses confrères de s'organiser en une section des musiciens de jazz pour faire entendre leur voix. L'été 1946 marque un tournant dans la crise, car il est marqué par la venue de nombreux musiciens et orchestres de danse étrangers, provoquant de la part de certains chefs d'orchestre une réaction que le syndicat ne peut plus ignorer. Se tiennent donc à la rentrée des réunions auxquelles assistent tous les musiciens et chefs d'orchestre français. Plusieurs de ces derniers décident d'un commun accord de ne plus engager de musiciens étrangers, mais aussi de ne plus engager de musiciens français travaillant avec des musiciens ou chefs d'orchestre étrangers. Une lettre ouverte paraît à cet effet dans *Jazz hot* en décembre, signée par les chefs d'orchestre les plus renommés de la capitale, parmi lesquels Jacques Hélian, André Ekyan, Tony Proteau, Noël Chiboust, Alix Combelle, Jerry Mengo, Maurice Moufflard, Alex Renard, Aimé Barelli, Hubert Rostaing et Marcel Bianchi. Poussé par la détermination de certains de ses membres, le syndicat saisit l'occasion de la venue de l'orchestre américain de Don Redman au début du mois de décembre pour montrer sa volonté de faire appliquer les lois : seuls six musiciens de ce grand orchestre sont autorisés à séjourner en France. Une décision accueillie en demi-teinte par le milieu du jazz, qui se félicite de voir enfin le syndicat prendre une décision forte, mais ne cache pas sa déception de la voir frapper un orchestre renommé dont le séjour, initialement prévu pour durer trois mois, aurait pu rehausser l'intérêt de la vie nocturne d'une capitale choisie au même moment par l'Unesco « pour présider les manifestations de culture internationale[7] ».

La concurrence américaine suscite d'autant plus de craintes chez les musiciens français que, du point de vue de la maîtrise du métier, leurs confrères d'outre-Atlantique font preuve d'une discipline et d'un professionnalisme bien supérieur. Dès novembre 1945, lors de l'émission radiodiffusée comprenant l'orchestre de l'ATC et Django Reinhardt, les personnes présentes dans le studio d'enregistrement ont pu noter l'excellente tenue de l'ensemble américain, orchestre militaire certes, mais aussi orchestre de professionnels, dont les musiciens arrivent tous à l'heure, s'installent et s'accordent rapidement et ne perdent pas leur temps en discussions inutiles ou en exercices musicaux mal venus entre les prises[8]. La comparaison est cruelle pour les orchestres français dont les dirigeants du Hot club de France, ainsi que certains chefs d'orchestre renommés comme Alix Combelle, fustigent l'amateurisme et le manque de discipline. De ce point de vue, les orchestres américains à la cohésion parfaite présentent un tout autre visage, à commencer par celui de l'ATC Band, mais aussi celui de Dizzy Gillespie, dont la prestation scénique à Pleyel en février 1948 fait forte impression, celui de Stan Kenton, dont le premier concert parisien en septembre 1953 est suivi par les principaux chefs d'orchestre hexagonaux, ou encore celui de Lionel Hampton, qui dirige une des machines à swing les plus populaires auprès du public français[9] et dont l'autorité sur ses musiciens sera comparée en 1956 par le critique Frank Ténot à la maestria des grands chefs d'orchestre classiques[10].

Des musiciens français divisés

La crise de l'année 1946 a mis en lumière la fragilité des musiciens français face à la concurrence étrangère, non seulement en raison des dispositions de la législation générale sur l'immigration, mais aussi à cause des difficultés d'organisation de la profession. En ce qui concerne les musiciens de jazz, la principale concurrence vient évidemment des musiciens américains. Pour y faire face et pallier l'impuissance du syndicat, les jazzmen, très minoritaires au sein de la corporation des artistes musiciens, tenteront à plusieurs reprises au cours des années cinquante et soixante de s'organiser.

Si dans l'immédiat, l'appel d'Albert Ferreri reste sans réponse du côté de ses confrères, une autre tentative a vu le jour quelques mois auparavant, à l'initiative du Hot club de France, dont l'équipe, qui travaille main dans la main avec les musiciens français depuis les années trente et a publié au cours de l'année 1946 leurs revendications dans ses colonnes, est tiraillée entre la volonté de faire venir des Américains et celle de ménager les intérêts des musiciens locaux. Cet élément vient d'ailleurs attiser un peu plus la lutte de pouvoir qui couve depuis l'Occupation entre Charles Delaunay et Hugues Panassié. Car la place faite aux musiciens dans la nouvelle série de *Jazz hot* qui reparaît à partir de novembre 1945 ne plaît guère à Panassié, peu soucieux de voir la revue de propagande de la musique noire se transformer en organe de défense corporatiste. Si les ouvrages de Panassié lui valent un grand prestige auprès des amateurs, sa critique d'adjectifs fait plutôt sourire des musiciens professionnels par ailleurs indisposés par ses éloges quasi exclusifs des musiciens noirs américains. Delaunay, en revanche, s'appuie sur les musiciens et veut voir jouer au Hot club un rôle dans « l'organisation de leur corporation et la défense de leurs intérêts[11] », soutenant qu'une organisation rigoureuse de la profession musicale française peut aider à affronter la concurrence américaine qui s'annonce rude, car désormais, les Français vont devoir se mesurer à des solistes d'une autre classe que ceux qui se sont produits sur les planches entre 1940 et 1944.

Dans cette perspective, Delaunay, au nom du Hot club, propose dès février 1945 la création d'un « groupement professionnel des musiciens du HCF[12] » en accord avec le syndicat des artistes musiciens. Cette idée revient sur le devant de la scène pendant la crise de 1946, qui a montré l'incapacité du syndicat à contrôler le flux migratoire et augure mal de l'avenir du milieu du jazz français face à des Américains encore plus redoutables que les autres musiciens européens. Elle est d'autant plus chère aux yeux de Delaunay que le syndicat, confronté à la grogne de sa base, a finalement pris des mesures à l'encontre de l'orchestre de Don Redman et pourrait bien récidiver avec d'autres orchestres, contrecarrant ainsi les projets du Hot club dont le but est malgré tout de faire venir le maximum d'orchestres américains en France. Si cette proposition, qui s'inscrit dans l'état d'esprit quelque peu dirigiste du Hot club, n'a pas de suite, la création de la Fédération des Hot clubs français après la scission permet aux musiciens français de tenir leur place aux côtés des musiciens américains invités en France par Delaunay, dans le cadre des tournées organisées par celui-ci dès la fin 1947, des concerts Jazz parade entre 1948 et 1950, mais aussi des festivals et salons organisés jusqu'en 1954 par Charles Delaunay, Jacques Souplet et Eddie Barclay. La mixité de toutes ces manifestations témoigne de l'attention portée par les dirigeants du milieu du jazz aux musiciens français, même s'ils sont aussi soucieux de la rentabilité des spectacles qu'ils organisent.

Au cours des années suivantes auront lieu d'autres tentatives pour résister à la pression américaine, menées cette fois-ci à l'initiative exclusive des musiciens. La première est Jazz union, « association française des musiciens de jazz moderne », fondée en 1954. Elle présente le 21 mars de cette année à l'École normale de musique un programme comportant l'orchestre de Claude Bolling, Hubert Fol, le quartette de Sacha Distel, le quartette Géo Daly et Buzz Gardner, première et unique manifestation d'une association qui ne laissera guère de souvenirs dans les mémoires, aucun des témoins interrogés ne se souvenant d'y avoir participé ! La deuxième tentative d'organisation de la profession, nommée Interjazz, durera un peu plus longtemps. Cette association, qui attire peu l'attention de la presse non spécialisée, donne six concerts entre janvier et novembre 1962, avant de disparaître elle aussi sans laisser plus de souvenirs. Deux expériences révélatrices de la difficulté des musiciens de jazz à s'organiser, dont les tribulations de l'Union des musiciens de jazz (UMJ) fondée en 1993 constituent un autre symptôme plus récent, alors que la concurrence américaine, notamment dans les festivals qui se sont multipliés au cours des années quatre-vingt, est un problème plus que jamais d'actualité.

Un milieu hétérogène

La difficulté des musiciens français à s'organiser tient en grande partie à l'hétérogénéité de ce groupe, qui ne forme pas une entité professionnelle cohérente comme peut l'être la corporation des musiciens classiques. Cette hétérogénéité se manifeste d'abord dans la diversité et l'originalité des parcours musicaux des musiciens français, même si l'on peut classer ces parcours en trois types principaux.

Claude Bolling représente bien un premier type de musicien ayant fait la plus grande partie de ses études hors d'un conservatoire et ayant allié l'autodidaxie au complément de formation reçu auprès de professeurs particuliers, français ou américains. Né en 1930, il étudie le piano à partir de l'âge de douze ans avec divers professeurs particuliers, dont une femme membre d'un orchestre de variétés, qui lui apprend « les trucs du métier ». Plus tard, vers l'âge de vingt ans, alors qu'il est déjà connu dans le milieu du jazz (il a été remarqué pour la première fois au tournoi amateur de 1944 et fait partie des musiciens français sélectionnés pour participer au festival de Marigny en 1948), il étudie l'harmonie pendant deux ans avec le compositeur Maurice Duruflé, titulaire depuis 1930 des orgues de Saint-Étienne-du-Mont et professeur d'harmonie au Conservatoire de Paris depuis 1944. Cette formation théorique est importante pour la suite de son parcours musical, de même que les cours de contrepoint et d'orchestration du jazz que lui dispense André Hodeir au début des années cinquante : ce bagage lui permettra de composer des pièces pour le grand orchestre qu'il formera en 1955, mais aussi de nombreuses musiques de films. Il complétera lui-même cette formation en analysant seul les partitions de nombreux compositeurs parmi lesquels Debussy et Ravel. Entre-temps, nous l'avons vu, il profite des conseils éclairés de quelques grands du jazz comme Rex Stewart, Earl Hines ou Willie « The Lion » Smith.

Jean-Louis Chautemps, né en 1931, constitue un autre exemple de ce type de formation musicale à la fois classique et hétérodoxe. Ses premiers contacts avec la musique ont eu lieu dès l'avant-guerre, mais il ne commence à l'étudier véritablement qu'à partir de 1945, date à laquelle il entreprend des études d'harmonie avec un professeur particulier qui le fait travailler sur le traité d'harmonie de Théodore Dubois, utilisé à l'époque par la majorité des étudiants en harmonie classique. Ses études portent avant tout sur Bach et Telemann et n'abordent pas les auteurs plus contemporains. Mais par ailleurs, Chautemps étudie seul la technique dodécaphonique avec les ouvrages de René Leibowitz qui paraissent en France en 1946. Sur le plan instrumental, son parcours est plus tortueux. Il en commence l'étude seul, deux leçons prises au début des années cinquante avec le virtuose classique Marcel Josse, membre du quatuor Mule, l'ayant effrayé. Mais l'entrée dans la vie professionnelle l'oblige à se donner une formation solide afin de pouvoir s'adapter à tous les contextes musicaux. Le détonateur de cette évolution est la tournée qu'il effectue en Allemagne avec le trompettiste américain Chet Baker en 1957, puis sa collaboration avec l'orchestre allemand de Kurt Edelhagen, qui lui fait prendre conscience de ses limites techniques. De retour en France en 1960, il prend des cours de saxophone pendant sept ans avec Daniel Defayet, ancien élève puis successeur de Marcel Mule au Conservatoire de Paris lorsque ce dernier prend sa retraite en 1968. Cette formation au plus haut niveau lui donne une grande liberté d'expression, qui va se concrétiser par un parcours éclectique qui l'emmènera dans les années soixante vers le free-jazz et la musique contemporaine, puis, à partir des années quatre-vingt, vers les développements les plus contemporains de la musique assistée par ordinateur.

Une deuxième catégorie de musiciens a un parcours plus orthodoxe qui, sans aller jusqu'au plus haut niveau, aurait pu déboucher sur une carrière d'instrumentiste « classique » si le jazz ne s'était pas trouvé sur la route de ces jeunes gens au cours de leurs études musicales. Ainsi de Fred Gérard, né en 1924, fils du violoncelliste solo de l'orchestre de Lyon. Il apprend le piano à partir de neuf ans puis, frappé par l'audition de l'orchestre de Ray Ventura peu avant la guerre, décide de se tourner vers la trompette, qu'il étudie au conservatoire de Lyon où il obtient un premier prix après la guerre. C'est dans le cadre du Hot club lyonnais qu'il fait ses premières armes de jazzman avant de monter à Paris. Jack Diéval est un autre exemple : le pianiste vedette du jazz français dans les premières années d'après guerre et futur accompagnateur d'Henri Salvador est né en 1920 à Douai, de parents professeurs de musique qui l'ont mis devant un piano à cinq ans, puis au conservatoire de Douai où il a obtenu un premier prix à quatorze ans. Ayant pris goût au jazz contre l'avis de ses parents, il s'installe à Paris, fait ses premières apparitions dans le milieu du jazz en 1943 et se prend de passion pour le be-bop lorsque les premières faces de Parker et Gillespie arrivent en France.

Une troisième catégorie de musiciens français va poursuivre des études musicales classiques jusqu'au plus haut niveau. Le pianiste Bernard Peiffer, né en 1922, est passé par le conservatoire de Marseille, où il remporte pendant l'Occupation un premier prix de piano, avant d'aller suivre les cours d'harmonie de l'École normale de musique de Paris, bagage théorique qui lui permettra rapidement de tirer profit des avancées harmoniques apportées par le bebop. Benny Vasseur, né en 1926, étudie quant à lui le piano puis le trombone à partir de sept ans, d'abord avec un professeur particulier puis au conservatoire de Cambrai, et termine son cursus en tant qu'auditeur libre au Conservatoire de Paris juste après la guerre, tout en entamant une carrière de musicien de jazz. Si le pianiste René Urtreger a préparé un moment le concours d'entrée de la prestigieuse institution avant d'abandonner, Jacques Denjean l'a passé avec succès pendant l'Occupation, après un premier prix de piano et une médaille d'or de solfège et d'harmonie au conservatoire de Versailles. Il en ressort en 1947 avec un premier prix, avant de remporter l'année suivante le prix du meilleur soliste du tournoi amateur du Hot club de France, puis de passer avec son trio en première partie du grand orchestre de Dizzy Gillespie en février 1948. André Hodeir sort quant à lui de la maison en 1948 avec trois premiers prix d'harmonie, contrepoint et histoire de la musique, tandis que Michel Legrand – fils de Raymond Legrand – y étudie la composition avec la célèbre pédagogue Nadia Boulanger puis, son prix obtenu en 1957, se fait vite connaître comme un arrangeur de talent puis comme compositeur de musiques de film, avant d'entamer une carrière de chanteur. Il faut citer enfin Roger Guérin, prix de trompette en 1949, puis prix de solfège et de cornet l'année suivante.

À cette diversité de parcours s'ajoute une ligne de fracture qui joue au détriment de l'unité du métier : la division entre musiciens professionnels qui gagnent leur vie en exerçant dans les orchestres de danse, et amateurs « marrons » qui ont un second métier pour faire « bouillir la marmite ». Les seconds sont en général mal vus des premiers qui les accusent notamment de concurrence déloyale puisque les patrons de cabarets les engagent à moindre prix, voire gratuitement. Ils leur reprochent aussi une maîtrise instrumentale approximative qui nuit à l'image de la profession tout entière, ainsi qu'un manque de professionnalisme. Par ailleurs, non syndiqués, les amateurs sont totalement étrangers aux problèmes corporatistes des musiciens professionnels. Leur entrée dans le professionnalisme s'effectuera souvent de manière fortuite. L'exemple de Michel Gaudry est caractéristique. Né à Eu, près du Tréport, il étudie le piano à partir de six ans, puis la clarinette. À dix-sept ans, au sortir de la guerre, il monte à Paris pour travailler dans un atelier de marbrerie. Il rencontre Claude Luter, qu'il remplace aux Lorientais lorsque l'orchestre vedette du *revival* se repose. L'année suivante, il participe au tournoi amateur, puis effectue son service militaire à l'issue duquel il revient à Eu et y fonde un Hot club dont, nous l'avons vu, il est le président et l'unique membre ! Au début des années cinquante, il s'installe à Dieppe et travaille aux Ponts et Chaussées tout en animant quelques bals avec sa clarinette, jusqu'au jour où débarque au port de Dieppe un ancien ami musicien en route pour une tournée en Suisse. Celui-ci lui propose de venir avec lui afin de remplacer son contrebassiste qui s'est désisté. Bien que n'ayant jamais joué de contrebasse, Gaudry accepte. À Genève, il va s'initier à la contrebasse puis rester sur place au conservatoire une fois la tournée achevée. Revenu à Paris en 1957, il prend des leçons avec Jacques Cazauran pour se perfectionner. Sa carrière débute lentement et c'est en 1959 qu'il passe définitivement le cap en s'introduisant dans le circuit des studios d'enregistrement dont il sera l'un des habitués jusqu'à la fin des années soixante. Un tel parcours est aussi le fait de musiciens comme Jean-Claude Fohrenbach, Guy Pedersen ou encore Alphonse Masselier, dont l'entrée dans le milieu professionnel fut tardive et fortuite car les intéressés ne se destinaient pas initialement à une carrière musicale. La ligne de fracture entre amateurs et professionnels va s'estomper peu à peu à partir du début des années cinquante, lorsque de nombreux amateurs passent définitivement de l'autre côté de la barrière, tels les orchestres de Claude Luter et d'André Reweliotty qui franchissent le pas décisif grâce à Sidney Bechet, mais aussi de nombreux tenants du be-bop stimulés par l'exemple des Américains venus à Paris et décidés à combler leurs lacunes techniques pour devenir de véritables professionnels.

La professionnalisation

La professionnalisation du milieu du jazz va être favorisée par les contacts de plus en plus fréquents qui s'établissent avec les artistes de variétés, de nombreuses vedettes faisant appel aux musiciens de jazz pour donner une couleur nouvelle à leur production. Les jazzmen vont ainsi investir les studios d'enregistrement à partir des années cinquante. Ce phénomène est un des vecteurs essentiels de la professionnalisation des musiciens de jazz, et ce pour deux raisons. La première est qu'il opère une sélection « naturelle » parmi eux puisque seuls peuvent participer à une séance les musiciens qui savent lire une partition « à vue » et jouer un thème avec une justesse et une mise en place rythmique parfaite. Le studio exige en effet un « métier » que tous les jazzmen n'ont pas, car le micro d'enregistrement ne laisse passer aucun défaut, alors que sur scène, un « canard » a peu d'importance dans l'enthousiasme d'une improvisation dont le climat général prime sur les éventuelles erreurs techniques. Ceux qui voudront faire une carrière rémunératrice dans les studios devront retourner auparavant sur les bancs de l'école, ce qui explique les formations tardives dont nous avons vu quelques exemples.

La deuxième raison de l'importance des séances de studio est qu'elles vont permettre la rencontre entre deux mondes qui jusque-là évoluaient dans des musiques, des salles et des univers distincts : les musiciens de jazz et leurs collègues du circuit classique. L'une des premières séances d'enregistrement regroupant les deux professions est organisée par la compagnie Vogue le 13 juillet 1951. Elle a pour vedette le saxophoniste américain James Moody alors fixé à Paris. Celui-ci a émis le souhait de renouveler l'expérience tentée par Dizzy Gillespie l'année précédente de l'autre côté de l'Atlantique, au cours de laquelle le trompettiste s'était fait accompagner par un orchestre semi-symphonique. Le succès de l'album de Gillespie aux États-Unis aidant, la direction artistique de Vogue accepte et réunit dans le studio, outre Moody, quatre musiciens de jazz (Raymond Fol, Pierre Michelot, Pierre Lemarchand et Petito Riebe) en compagnie de douze interprètes de l'orchestre de l'Opéra pour lesquels André Hodeir a été chargé d'écrire des parties instrumentales. Dans le milieu du jazz, il est à l'époque le seul capable de naviguer avec aisance entre ces deux mondes si différents.

Cette première rencontre sera suivie de beaucoup d'autres, notamment à partir de 1957, lorsque la maison Barclay crée son grand orchestre de jazz « maison », auquel s'adjoignent souvent vingt, trente, voire quarante « cordes ». Ces nombreuses séances permettent aux musiciens des deux circuits de mieux se connaître et surtout permettent aux jazzmen d'affirmer leur identité collective face aux musiciens classiques vis-à-vis desquels ils nourrissent un complexe d'infériorité : « Au début, dans les séances de studio Barclay, les musiciens classiques nous considéraient comme des minables. Il faut dire qu'on ne possédait pas nos instruments aussi bien qu'eux et qu'on ne lisait pas bien la musique », se souvient Guy Pedersen[13]. Les choses changent lorsque les musiciens classiques se rendent compte que le jazz exige un mode de jeu particulier, notamment au niveau de la mise en place rythmique, auquel leur longue formation ne les a pas préparés. D'abord impressionnés par la maîtrise instrumentale de leurs collègues, les jazzmen prennent progressivement confiance lorsqu'ils constatent que ceux-ci ont des difficultés à jouer « en place » rythmiquement et avec swing dans les passages jazzés. L'importance des séances Barclay est d'autant plus grande que la constitution de cet orchestre attitré de la compagnie est le signe qu'il existe à partir de la fin des années cinquante un noyau de musiciens de jazz professionnels rompus non seulement à l'improvisation, mais aussi à la pratique rigoureuse du grand orchestre et au travail de studio, même si dans un premier temps, c'est à un chef d'orchestre américain qu'on fait appel, en la personne de Quincy Jones, dont l'autorité et le professionnalisme s'imposent rapidement tant auprès des musiciens de jazz qu'auprès de leurs collègues classiques.

Dès le début des années soixante, les rapports entre les deux milieux ont évolué de manière assez significative, pour que la séance réalisée par Duke Ellington en 1963 à Paris avec un orchestre symphonique se déroule « dans la bonne humeur générale » malgré la difficulté à maintenir « une homogénéité parfaite entre l'orchestre symphonique et celui du Duke », et pour que les musiciens classiques applaudissent aux meilleurs passages, témoignant ainsi de leur admiration au compositeur[14]. D'autre part, si en 1957 Barclay avait dû faire appel à des Américains, des chefs d'orchestre français vont à leur tour s'imposer dans le métier au cours des années soixante, parmi lesquels Ivan Jullien, Jean-Claude Vannier ou Michel Colombier. S'il serait exagéré de dire qu'au début des années soixante, les musiciens de jazz forment une corporation homogène, le groupe est incontestablement plus cohérent qu'au lendemain de la guerre, notamment parce que s'est dégagée par le biais des séances de studio une identité collective en face des collègues du circuit classique dont les jazzmen commencent à obtenir le respect. Cette professionnalisation va aussi et surtout leur permettre de s'affirmer face aux musiciens américains.

III. Une maturation artistique

À l'ombre des Américains

Mais là encore, les musiciens français vont mettre quelque temps à se dégager de l'exemple intimidant de leurs collègues américains. À partir de 1945 en effet, tandis que les acteurs du *revival* Nouvelle-Orléans essaient de retrouver le son et le style des orchestres américains des années vingt, une autre fraction des musiciens français se place dans le sillage des maîtres du be-bop, Parker et Gillespie. Les premiers enregistrements de bop français ont lieu à Paris le 4 juillet 1947, soit deux ans et demi après les séances fondatrices de Parker et Gillespie aux États-Unis. Pour guider leurs premiers pas dans le nouveau style se trouvent avec eux dans le studio des musiciens américains venus avec Don Redman en décembre 1946 et restés en France depuis, le tromboniste Jack Carmen et le trompettiste Allan Jeffreys, ainsi que le batteur Benny Bennett. Avec deux titres intitulés *Sweet and be-bop* et *Makin' be-bop*, les musiciens ont placé l'ensemble des séances sous le signe du nouveau jazz, d'autant plus que *Night in Tunisia*, l'une des œuvres fondatrices du be-bop composée par Dizzy Gillespie[15], fait partie des pièces enregistrées. Quant à *Sèvres Babylone*, que l'on doit à Jeffreys et Carmen, elle s'ouvre sur une citation de *Salt peanuts*[16] du même Gillespie. Mais les trois Américains ne sont pas des boppers et s'ils ont plus de métier que leurs compères français, ils ne maîtrisent guère mieux qu'eux le nouveau style : en témoignent les multiples « canards » du trompettiste au cours des seize premières mesures de son solo de *Sèvres Babylone*, ainsi que sa justesse approximative et sa mise en place rythmique confuse. Il en est de même des quatre premières mesures de son solo dans *Sweet and be-bop*[17]. Quant au saxophoniste français Robert Mavounzy, il affiche dans cette œuvre sa filiation à Charlie Parker en citant dans les mesures dix-sept à vingt de son solo une phrase jouée par le saxophoniste américain dans une autre œuvre, *Koko*, enregistrée deux ans plus tôt[18]. On retrouve couramment dans les improvisations des musiciens français ces citations qui sont autant d'hommages aux maîtres américains, comme par exemple lorsque le pianiste Raymond Fol cite en 1950 dans les premières mesures de son solo de *This fol-ish-thing*[19] le thème de *Boplicity*[20], œuvre enregistrée l'année précédente par le nonette de Miles Davis, qui annonçait le début du style dit « cool ».

Au cours des années quarante, les musiciens américains restent un modèle incontournable pour la plupart des musiciens français qui, s'ils ne les « citent » pas toujours explicitement, s'inspirent d'eux, comme en témoigne par exemple le court solo de contrebasse réalisé à l'archet par George Hadjo dans *The small bag*[21] en 1948, dans le plus pur style de Slam Stewart, ce dernier étant reconnaissable par ses soli joués à l'archet et chantés à l'octave supérieure. Stewart est alors bien connu des musiciens français puisqu'il a participé aux enregistrements historiques du be-bop qui ont tant frappé amateurs et musiciens lors de leur arrivée en France en 1946[22]. L'emprunt des Français est aussi manifeste dans des compositions telles que *I've got be-bop*[23], œuvre enregistrée par le saxophoniste Hubert Fol en 1948 et dont la première phrase du thème ressemble beaucoup à *Anthropology*, réalisée trois ans auparavant par Charlie Parker[24], ou encore *I'm sorry*[25] de Michel de Villers où l'influence de *Lover man* du même Parker est très nette. Ce dernier thème enregistré en 1946 par le saxophoniste américain sous l'emprise de la drogue, la veille de son incarcération dans un hôpital pour une cure de désintoxication de six mois, acquit vite un prestige particulier chez les musiciens et les amateurs, probablement en raison de l'image de poète maudit qu'il contribuait à donner de Parker. Il fut interprété à de nombreuses reprises par les musiciens français, tant en concert que sur disque.

Mais les Français peinent à se libérer d'un modèle encombrant, à tel point qu'ils composent peu de thèmes personnels de peur d'être jugés négativement par leurs confrères et par le public. Or, constate Guy Lafitte en 1960, « si on ne peut pas écrire *Body and soul** tous les jours, n'importe qui n'importe quand est capable d'écrire un thème riff sur les harmonies du blues ou selon un canevas de trente-deux mesures. Malgré cela, nous jouons quantité de morceaux américains qui furent composés à la hâte dans un studio d'enregistrement par des hommes qui n'y accordaient aucune importance et qui ne les ont plus joués par la suite ». Les Américains eux-mêmes s'en étonnent lorsqu'ils sont de passage à Paris et constatent la difficulté qu'ont les Français à trouver une voie personnelle que quelques-uns d'entre eux comme le compositeur Jef Gilson appellent alors de leurs vœux. Dans cette perspective, les formes les plus contemporaines du jazz semblent offrir aux Français une voie plus large que le jazz d'avant le be-bop, porté à un tel point de perfection et de classicisme par des formations comme celle de Count Basie qu'il paraît difficile à un musicien européen d'y apporter quelque chose de neuf.

Des musiciens français d'envergure internationale

S'ils restent majoritairement sous l'emprise du modèle américain, les musiciens français sont donc conscients de la nécessité pour eux d'explorer leur propre voie. Mais il leur faut pour cela surmonter leur complexe d'infériorité. Dès le début des années cinquante, certains d'entre eux passent ce cap et montrent à leurs collègues qu'il est possible de se hisser au niveau des Américains, non seulement sur le plan de la maîtrise du métier instrumental, mais aussi sur celui de la créativité.

Certes, dès les années trente, le Quintette du Hot club de France a montré l'exemple. Mais il est resté une brillante exception. D'autre part, nous l'avons vu, la déclaration de guerre a séparé ses deux animateurs, Grappelli et Reinhardt, qui ont, chacun de leur côté, mené une carrière fructueuse jusqu'en 1945, Reinhardt dans la France occupée, Grappelli en Angleterre, devenue sa deuxième patrie. En 1945, les deux compères se retrouvent mais cette longue séparation

---

* Œuvre de Coleman Hawkins devenue un classique du jazz.

Sidney Bechet à la « Revue nègre » du Théâtre des Champs-Élysées (Paris, 1925). Fonds Charles Delaunay (BNF).

« Un fox-trot animé sous un soleil implacable », au Touquet à l'été 1929. Au violon, on reconnaît Stéphane Grappelli.
Photo : Ph. Pecceu. (La Revue du Jazz, n° 2, août 1929). Fonds Charles Delaunay (BNF).

L'orchestre de Grégor et ses Grégoriens, vers 1933. Aux pianos : Stéphane Grappelli et Michel Emer. Au saxophone : Alix Combelle (1er rang, 2e en partant de la droite). Photo X. Fonds Charles Delaunay (BNF).

Quintette du Hot Club de France, été 1937, au Big Apple, rue Pigalle. De gauche à droite, D. Reinhardt, son frère Joseph, Louis Gasté (?), Louis Vola et Stéphane Grappelli. Photo X. Fonds Charles Delaunay (BNF).

Trois orchestres de jazz au Moulin rouge ou au Normandie en 1941. Au premier étage : le Quintette du Hot Club de France, au deuxième : Gus Viseur, au troisième : André Ekyan. Photo X. Fonds Charles Delaunay (BNF).

Duke Ellington et Django Reinhardt au Hot Club de France en avril 1939, avec Rex Stewart (tp), Louis Vola (cb). Fonds Charles Delaunay (BNF).

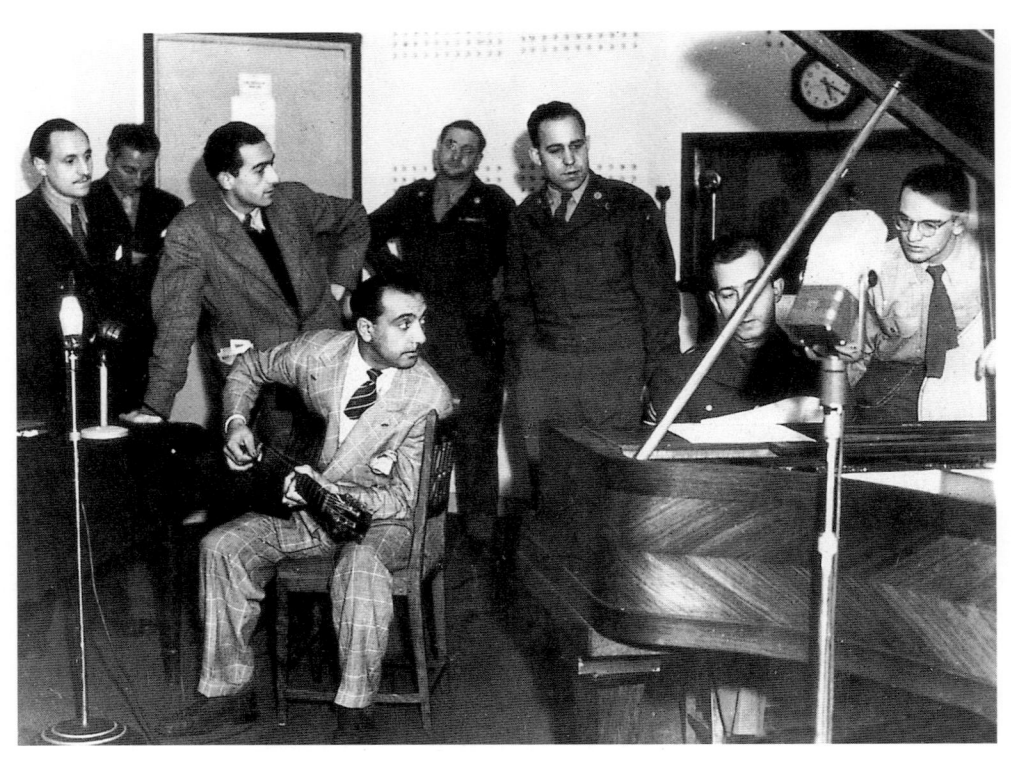

Django Reinhardt avec Jack Platt dans les studios de l'AFN, 1945. Charles Delaunay est appuyé sur la table. À la contrebasse, Bob Decker ; au piano, Larry Mann. Fonds Charles Delaunay (BNF).

Lester Young au Tabou, en mars 1953. À la guitare, Jimmy Gourley ; au piano, Henri Renaud ; à la batterie, Pierre Lemarchand. Photo X. Fonds Charles Delaunay (BNF).

Club Saint-Germain, 1957. René Urtreger (p), Barney Wilen (ts), Kenny Clarke (dms), Pierre Michelot (cb) et Miles Davis (tp). *Photo André Sas* © Méphisto.

Club Saint-Germain, avril-mai 1958. Martial Solal (p), Roger Guérin (tp), Daniel Humair (dms) et Paul Rovère (cb). *Photo André Sas* © Méphisto.

Le Chat qui pêche, le 15 août 1965. Steve Lacy (ss), Jean-François Jenny-Clark (cb) et Karl Berger (x). *Photo Chenz* © Méphisto.

Au Vieux-Colombier, Paris, 1955. De droite à gauche, Sidney Bechet, Gilles Thibaut, Benny Vasseur, Claude Luter. © Roger-Viollet.

Sidney Bechet signant des autographes, vers 1955. Photo X. Fonds Charles Delaunay (BNF).

Concert de Sidney Bechet à l'Olympia, le 19 octobre 1955 (*Radar*, 30 octobre 1955). Fonds Charles Delaunay (BNF).

Un concert de Sidney Bechet à Alger (1954?). *Photo G. Melet*. Fonds Charles Delaunay (BNF).

Buck Clayton, Hugues Panassié et Mezz Mezzrow
à l'Olympia, le 22 avril 1961.
Photo Chenz © Méphisto.

Martial Solal et Frank Tenot à l'Olympia, en 1960.
Martial Solal reçoit le prix Stan Kenton.
Photo Trombert © Méphisto.

Demi-finale du tournoi des musiciens amateurs au Grand-Palais, en novembre 1956,
dans le cadre du Salon de l'enfance et de la jeunesse. *Photo Chenz* © Méphisto.

Billie Holiday en concert à l'Olympia, en novembre 1958, accompagnée de Paul Rovère (cb), Mal Waldron (p) et Kansas Fields (dms). *Photo Chenz* © Méphisto.

John Coltrane et McCoy Tyner à l'Olympia, en 1961. *Photo Chenz* © Méphisto.

Séance d'enregistrement de Duke Ellington à la salle Wagram, en 1963, supervisée par Vogue.
Photo A. Berg. Fonds Charles Delaunay (BNF).

Concert à la Mutualité, en avril 1966, pour la paix au Vietnam. De gauche à droite : Beb Guérin (cb), François Jeanneau (ss), Michel Portal (ts), Roger Guérin (tp), Jacques Thollot (dms), ? (tp), Bernard Vitet (tp), Barney Wilen (ts). *Photo Horace* © Méphisto.

Concert de soutien au Black Panthers Party à la Mutualité, en 1970 : Frank Wright et Noah Howard. *Photo Horace* © Méphisto.

Michel Portal Unit, Châteauvallon, le 23 août 1976. *Photo Dutilh* © Méphisto.

Art Ensemble of Chicago, Châteauvallon, le 22 août 1976. *Photo Dutilh* © Méphisto.

Les Musiciens du Nil, Châteauvallon, le 21 août 1976. *Photo Dutilh* © Méphisto.

La Marmite Infernale (les musiciens de l'ARFI), Le Mans, 1983. *Photo Méphisto* © Méphisto.

Martial Solal et André Hodeir, Festival de Paris, 1983. *Photo Méphisto* © Méphisto.

L'Orchestre national de jazz, 1990. *Photo Méphisto* © Méphisto.

TMP, 1987. Swen Asmussen, Stéphane Grappelli, Didier Lockwood. *Photo Méphisto* © Méphisto.

Dominique Pifarely. *Photo Méphisto* © Méphisto.

Bernard Lubat et Michel Portal, Châteauvallon, le 23 août 1976. *Photo Dutilh* © Méphisto.

Michel Petrucciani, Banlieues Bleues, 1993. *Photo Méphisto* © Méphisto.

a laissé des traces et la musique du Quintette, si nouvelle en 1934, apparaît alors bien en retrait par rapport aux innovations fracassantes apportées par le be-bop qui commence à faire parler de lui. Le 16 novembre 1947, un concert à la salle Pleyel marque la rentrée officielle de l'ensemble, qui se produit ensuite au festival de Nice. Mais le cœur n'y est plus, et si Grappelli et Reinhardt vont encore effectuer en 1949 une tournée ensemble, chacun poursuivra désormais son propre chemin. Le guitariste, très affecté par l'échec de sa tournée américaine en 1947, se retire progressivement de la vie musicale malgré quelques apparitions épisodiques, ainsi au Club Saint-Germain où il se produit en 1951 aux côtés de jeunes musiciens français. Il mourra en 1953. Grappelli, quant à lui, voyage beaucoup et joue notamment en Angleterre, où il s'est acquis un public fidèle. En 1954, il reviendra s'installer en France, mais ne fera plus guère parler de lui jusqu'à la fin des années soixante, date à laquelle sa carrière connaîtra un nouveau départ.

Pour l'heure, ce sont de jeunes musiciens qui vont tenir le haut du pavé dans la France jazzistique des années cinquante, et poursuivre dans la voie ouverte par le Quintette du Hot club de France. Le contrebassiste Pierre Michelot, qui a précisément accompagné Django Reinhardt au Club Saint-Germain en 1951, en est un bon exemple. Né en 1928, il étudie le piano à partir de l'âge de sept ans, puis la contrebasse. Ayant découvert le jazz juste après la guerre, il prend des cours avec Gaston Laugerot, contrebassiste à l'Opéra de Paris et professeur au Conservatoire. En 1948, il participe aux concerts Jazz parade et enregistre pour la première fois en studio sous la direction d'André Hodeir. Il devient vite l'un des contrebassistes les plus en vue de la capitale, spécialiste du be-bop mais suffisamment polyvalent pour accompagner à l'occasion des musiciens Nouvelle-Orléans comme Mezz Mezzrow. Il s'impose ainsi dès la fin des années quarante comme l'un des collaborateurs privilégiés des musiciens américains de passage : Kenny Clarke, James Moody, John Lewis, Zoot Sims, Roy Eldridge, Dizzy Gillespie, Don Byas et bien d'autres. Entre 1948 et 1960, date où il réduit ses activités de musicien de studio, il participe pour le compte de Swing, Vogue et Blue Star à 83 séances d'enregistrement dont 66 avec des Américains.

Le saxophoniste Don Byas, qui séjourne neuf ans à Paris entre 1946 et 1955, peut à de nombreuses reprises apprécier ses qualités d'accompagnateur et déclare à ses collègues au début des années cinquante que ses deux contrebassistes préférés sont Oscar Pettiford et Pierre Michelot[26]. Se voir citer aux côtés d'un des grands maîtres américains de l'instrument est pour le Français un signe de reconnaissance qui va bien au-delà de la simple politesse corporatiste, car les Américains ne se privent pas de faire savoir vertement à certains musiciens leurs insuffisances : un autre contrebassiste, Emmanuel Soudieux, en avait fait la cruelle expérience au festival de Marigny en 1948 lorsqu'il accompagnait le saxophoniste Coleman Hawkins, puisque le contrebassiste américain Percy Heath l'avait expulsé sans ménagement de la scène en plein milieu d'un morceau, à cause de sa mise en place rythmique approximative. Don Byas n'est pas le seul musicien satisfait des services de Michelot. C'est aussi le cas de Dizzy Gillespie qui, de passage en France en 1952, apprécie son professionnalisme et lui propose de revenir avec lui aux États-Unis ; la même année, la chanteuse Lena Horne lui fait la même offre, qu'il décline, préférant rester à Paris. Désormais, sa réputation est bien établie, en France mais aussi outre-Atlantique où il a les honneurs de la presse américaine spécialisée, puisque la revue *Down Beat* note en juin 1954 que « quand on enregistre à Paris maintenant, il n'est plus besoin de téléphoner à l'ambassade américaine pour demander une section rythmique, il y a sur place Pierre Michelot et Jean-Louis Viale qui seraient capables de figurer dans n'importe quelle section américaine, y compris celle de [Stan] Kenton ». En 1957, il est en studio avec Miles Davis pour enregistrer la musique du film *Ascenseur pour l'échafaud*. Deux ans plus tard, il est le bassiste attitré du club Blue note et accompagne les solistes américains de passage en compagnie de Kenny Clarke avec qui il collabore depuis 1949. De 1959 à 1962, les deux collègues et amis accompagnent chaque soir Bud Powell, pianiste phare du be-bop qui séjourne à Paris pendant quatre ans. Michelot est ainsi en compagnie de deux des plus grands musiciens de jazz du monde dans leur spécialité.

Il se donne par ailleurs une formation théorique qui lui permet d'entamer à partir des années cinquante une carrière de compositeur-arrangeur dont le thème *Jackie my little cat* est la première manifestation et remporte en 1951 à l'unanimité le premier prix d'un concours organisé par *Jazz hot* et « destiné à primer une œuvre inédite originale, de caractère jazz, susceptible de prendre place dans le répertoire aux côtés des meilleurs thèmes américains[27] ». La même année, Michelot est consacré meilleur bassiste français par les lecteurs de *Jazz hot* et apparaît donc très tôt comme l'un des espoirs du jazz français et européen, par sa maîtrise du métier ainsi que par son talent créatif. Mais dans l'immédiat, il est considéré comme une exception dans ce domaine, car si les musiciens français voient reconnus leurs talents d'instrumentistes, leurs capacités de compositeurs suscitent plus de réserves. Les résultats du concours *Jazz hot*, malgré la belle prestation de Michelot, sont jugés décevants par le jury, qui constate que « les compositeurs étrangers y ont, dans l'ensemble, dominé un lot de compositeurs français parmi lesquels certains avaient envoyé des œuvres d'une bonne tenue, mais où d'autres – le plus grand nombre – ne dépassaient pas les bornes d'une sage médiocrité pas toujours épaulée par un métier suffisant[28] ».

Toutefois, une voie est ouverte dès le début des années cinquante, et plusieurs jeunes talents vont s'affirmer comme des musiciens d'envergure internationale. Ainsi Barney Wilen, né à Nice en 1937, parti aux États-Unis avec sa famille en 1940 puis revenu en France en 1946. Débutant comme musicien amateur sur les scènes locales et dans des jam-sessions avec les soldats-musiciens américains, il participe au tournoi amateur en 1953, y remporte le premier prix dans la catégorie « cool » puis joue dans les clubs parisiens. En 1956, sa renommée est assez établie pour qu'il représente la France au festival italien de San Remo. L'année suivante, il dirige sa première séance de studio[29] puis enregistre avec Miles Davis et Pierre Michelot la musique du film *Ascenseur pour l'échafaud*. Continuant sur sa lancée, il compose la musique de deux films d'Édouard Molinaro en 1958 et 1959, *Des femmes disparaissent* et *Un témoin dans la ville*. La première est enregistrée par les Jazz Messengers d'Art Blakey, l'autre par un quintette comprenant Wilen, Paul Rovère et trois Américains : Duke Jordan, Kenny Dorham et Kenny Clarke. Barney Wilen poursuit sa collaboration avec les Jazz Messengers, enregistrant en leur compagnie la musique des *Liaisons dangereuses 1960* de Roger Vadim. Décidément fertile, l'année 1959 est aussi celle de son invitation à représenter la France lors du festival de Newport. Barney Wilen fait désormais partie du club des rares musiciens français ayant réussi à poser le pied outre-Atlantique.

Il en est de même du groupe vocal Les Double Six, formé en 1959 par la chanteuse Mimi Perrin qui, influencée par le trio vocal américain Lambert, Hendricks and Ross, décide de réaliser des arrangements vocaux sur des thèmes de jazz connus. Le projet est ambitieux : il s'agit non seulement de reproduire note pour note des soli instrumentaux avec la voix humaine, mais aussi d'écrire des paroles dessus et de reproduire avec un groupe vocal des arrangements destinés à l'origine à un grand orchestre. Pour réaliser leur premier disque, ils font appel à la collaboration de Quincy Jones, qui compose et arrange pour eux un ensemble d'œuvres. Pour l'opus suivant, en 1961, ils élargissent leur répertoire et reprennent des œuvres de Miles Davis, Gerry Mulligan, Charlie Parker, Art Blakey notamment. Enfin, un troisième disque en 1963 est cosigné avec le groupe par le trompettiste américain Dizzy Gillespie. En peu de temps, l'orchestre vocal se sera donc frotté à la fine fleur du jazz américain et aura pris place en 1961 dans le référendum international des critiques du journal américain *Down Beat*, rare privilège pour un groupe français. En août-septembre de la même année, la formation part en tournée au Canada et aux États-Unis et rencontre le grand public français en compagnie de Georges Brassens et de Claude Cérat avec lesquels ils partagent l'affiche de l'Olympia en novembre. Jusqu'à la dissolution du groupe en 1965, ils continueront d'explorer la formule originale que constitue la mise en parole, en français de surcroît, de parties instrumentales.

Les années cinquante voient donc l'arrivée sur le devant de la scène d'un petit groupe de musiciens capables de rivaliser avec les Américains, groupe certes peu important, mais réel : pourraient être cités en exemple de parcours similaires à ceux déjà mentionnés, les noms de Claude Bolling, Jean-Louis Viale, Hubert Fol, Bernard Peiffer, André Persiani, Roger Guérin ou René Urtreger. L'un d'entre eux va vite s'affirmer non seulement comme un musicien de niveau égal à celui des meilleurs Américains mais, plus encore, comme une personnalité susceptible de défricher des voies musicales originales.

Martial Solal : une nouvelle lecture du jazz

Né en 1927 à Alger, Martial Solal étudie le piano à partir de l'âge de six ans et devient professionnel en 1945. En 1950, il arrive à Paris où il fait ses premières armes dans l'orchestre de danse de Noël Chiboust puis de Benny Bennett l'année suivante et d'Aimé Barelli en 1952. Dès juin 1951, il est remarqué par André Clergeat qui, dans *Jazz hot*, lui prédit un bel avenir : « Alors qu'il est en passe de semer la fine fleur des pianistes français, personne n'a jamais entendu parler de lui. C'est qu'il est timide comme la violette. Rappelez-vous son nom : on en reparlera ! » Le style be-bop est son credo musical et il apprécie particulièrement Miles Davis et le pianiste Bud Powell. Son but : « Rechercher des harmonies nouvelles, car "l'évolution avant tout". »

1953 est pour lui une année charnière puisqu'il enregistre pour la première fois en studio, réalisant trois séances dont une sous sa direction[30]. S'il devient rapidement un accompagnateur recherché, il s'affirme tout aussi vite comme un chef d'orchestre désireux d'explorer une voie personnelle. Les « standards » de jazz qu'il enregistre au cours des séances qu'il dirige témoignent déjà d'une démarche originale, audible par exemple dans *My funny Valentine*, une ballade où il double le tempo sur une partie du thème, *The song is you*, interprété sur tempo rapide (noire = 224)[31], ou encore, quelques années plus tard, *Lover man*[32], thème fétiche des musiciens français, où il laisse libre cours à sa virtuosité instrumentale et à son inventivité. Dès la première mesure, il transforme en effet la mélodie originelle en faisant précéder d'un intervalle de triton la dernière note de la première partie de la phrase, ce qui crée un effet de suspension absent du thème originel; la répétition à quinze reprises de cette même note témoigne en outre d'une déconstruction humoristique de cette mélodie cent fois entendue. Ce procédé est réutilisé dans les mesures suivantes, tandis que des intervalles de secondes mineures et des accords altérés viennent systématiquement brouiller la mélodie originale, totalement méconnaissable aux mesures cinq et six. Elle ne réapparaît qu'aux mesures sept et huit.

La démarche personnelle dont témoigne son traitement des standards lui vaut d'être remarqué par le public du IIIe Salon du jazz où il se produit en juin 1954, tandis que Pierre Drouin souligne dans *Le Monde* « ses attaques du genre Art Tatum » et sa « précision d'orfèvre[33] ». Alors que la majeure partie de ses collègues français n'enregistrent que des standards écrits par des Américains, Solal, poursuivant la voie ouverte par un Michelot en 1950, écrit très vite ses propres œuvres. Dès 1954, dans une séance qu'il dirige, deux œuvres enregistrées sur quatre sont signées de lui. Elles restent dans un premier temps d'une facture classique, à l'image du thème *Ridikool*[34], allusion humoristique au style de jazz « cool » : il s'agit d'un thème de forme AB comprenant seize mesures divisées en deux phrases de huit. L'œuvre s'ouvre sur une courte introduction, suivie de deux expositions du thème, puis d'une longue improvisation de piano et s'achève par une réexposition du thème. Cette forme de thème est une originalité dans le jazz : si Solal n'est ni le premier ni le seul à l'employer – Charlie Parker avait déjà composé en 1946 *Ornithology* selon cette forme –, elle reste rare, la plupart des standards étant des blues de 12 mesures ou des « anatoles » de 32 mesures comprenant quatre phrases de huit (forme AABA).

Alors que ses premières compositions personnelles sont enregistrées avec des musiciens français, Solal impose dès 1956 ses œuvres dans des séances d'enregistrement mixtes, comme celle qu'il réalise en collaboration avec des musiciens de l'orchestre de Stan Kenton de passage à Paris[35] ou encore « l'International all stars » au cours duquel, sur sept compositions enregistrées, six sont dues à sa plume[36]. Ces deux séances témoignent d'une évolution de son style et d'une liberté de plus en plus grande prise avec les structures habituelles du jazz, comme le montre par exemple le thème *Trianon*, bâti sur une structure de blues dans le ton de *fa* mais dont le thème, harmonisé à deux voix, s'écarte sensiblement du canevas harmonique habituel du blues, avec notamment une marche d'harmonie sur les six dernières mesures[37], formule inusitée dans le blues traditionnel. Cette œuvre est révélatrice par ailleurs du goût du pianiste pour une écriture plus élaborée, qui se concrétise la même année par une séance réalisée à la tête d'un grand orchestre composé presque en totalité de musiciens français qu'il a réunis pour interpréter ses compositions[38], et dont le disque publié l'année suivante reçoit, quoique discrètement, les honneurs de la grande presse[39].

En 1959, Solal franchit une étape décisive dont l'œuvre fondatrice est la *Suite en ré bémol pour quartette de jazz*[40]. Forme empruntée à la musique classique, la suite, quoique rarissime en jazz, n'est pas une nouveauté puisque Duke Ellington s'y était déjà essayé. Mais parmi les musiciens français, c'est une première. Composée dans une tonalité inhabituelle en jazz, elle est caractérisée par une alternance entre les passages écrits et les soli improvisés, l'unité étant donnée par la tonalité ainsi que par plusieurs motifs mélodiques exposés à intervalles réguliers au cours de l'œuvre mais qui ne sont pas des thèmes dont les improvisations constitueraient le développement. Les soli des instrumentistes se développent en effet indépendamment de ces petites phrases destinées avant tout à servir de point de repère plus que de base au discours des solistes. Solal rompt ainsi avec la forme classique des œuvres de jazz qui, pour la plupart, s'ouvrent sur un thème puis voient se succéder autant d'improvisations qu'il y a de musiciens avant que la réexposition du thème ne vienne clore l'œuvre. Le pianiste remet aussi en cause la continuité du tempo, qui était devenu un dogme dans le jazz : elle est rompue en permanence au cours de la *Suite* par de multiples breaks mais aussi des changements de tempo. La démarche de Martial Solal va dans le même sens que quelques musiciens américains d'avant-garde comme Charles Mingus qui explorent au même moment cette voie promise à un bel avenir dans les années soixante et soixante-dix. Solal s'affirme donc non seulement comme un musicien de valeur, mais aussi comme un novateur qui apporte sa pierre à l'évolution de la musique de jazz. Signe de l'émergence d'une lecture personnelle du jazz, la *Suite en ré bémol*, qu'il interprète pour la première fois en public avec Roger Guérin, Paul Rovère et Daniel Humair au Club Saint-Germain en mai 1959, est saluée comme telle par la presse spécialisée qui souligne la « liberté d'esprit » dont ont fait preuve les interprètes et la « haute tenue musicale » de la prestation pianistique de Solal[41]. Quelques semaines plus tard, la maison de disques Philips enregistre l'œuvre qui reçoit l'année suivante le prix Stan Kenton, tandis que Solal est aussi récompensé par l'académie Charles Cros.

Solal affine sa recherche esthétique dans le cadre d'un trio qu'il forme en 1960 avec le contrebassiste Guy Pedersen et le batteur Daniel Humair. Les compositions qu'y apporte le pianiste sortent des sentiers habituellement battus par les musiciens de jazz, notamment au niveau de la forme : mal à l'aise dans les structures de douze et de trente-deux mesures qui constituent l'essentiel des thèmes de jazz, Solal invente ses propres structures en poursuivant la voie engagée par la *Suite en ré bémol*, mais en simplifiant les passages écrits de manière à donner une plus grande liberté de jeu aux musiciens. Il remet ainsi en cause la hiérarchie solidement établie entre instruments accompagnateurs et solistes au profit d'un dialogue permanent entre tous les instrumentistes qui s'établit dans des pièces telles que *Bonsoir, Ouin-Ouin, Middle jazz* ou encore *Thème à tics*[42], toutes quatre écrites en 1960. Cette démarche, tout à fait nouvelle dans le jazz, est identique à celle qu'entreprend au même moment de l'autre côté de l'Atlantique le pianiste américain Bill Evans dans le cadre du trio où il s'est adjoint les services de Paul Motian et Scott La Faro. La formation concomitante mais non concertée de ces deux orchestres montre que les musiciens français ne sont plus de simples suiveurs, certains d'entre eux jouant désormais un rôle dans l'évolution du jazz.

À la fin des années cinquante, Solal s'est imposé auprès de ses pairs comme l'un des tout meilleurs d'entre eux et sa démarche fait école : en témoigne au début de 1961 la décision des musiciens attitrés du Club Saint-Germain de cesser de jouer des standards américains pour se concentrer sur des œuvres originales. Tout naturellement, c'est à Solal qu'ils font appel pour leur fournir un répertoire, ainsi qu'à Jef Gilson, autre compositeur montant du jazz français. Quant à la critique, elle est quasi unanime sur ses qualités d'instrumentiste comme de compositeur, et beaucoup s'accordent à voir en lui un grand musicien, même si ses innovations formelles en choquent plus d'un. Mais la notoriété de Solal ne se limite plus désormais au monde des amateurs de jazz. En témoignent les nombreuses musiques de films qu'il compose à partir de 1959, la plus connue étant celle d'un des films phares de la Nouvelle Vague, *À bout de souffle* de Jean-Luc Godard ; en témoigne aussi son succès public, en particulier la longue tournée qu'il effectue avec Humair et Pedersen sous l'égide des Jeunesses musicales de France, parcourant au moins cinquante-trois villes entre novembre 1962 et janvier 1963 ; en témoigne enfin le succès des concerts qu'il donne à la salle Gaveau en mai 1962 et décembre 1963, recevant les compliments de la presse jazzistique mais aussi de la grande presse qui voit en lui « le soliste de jazz le plus inventif et le plus personnel que l'on puisse entendre en Europe[43] » et souligne l'événement que représente l'apparition sur la scène jazzistique d'un musicien français de très haut niveau, événement attendu « depuis la mort de Django Reinhardt[44] ». À cette reconnaissance vient s'ajouter lentement celle du monde musical classique, lorsque le trio fait une apparition le 9 juillet 1961 au festival de l'abbaye de Royaumont, où jamais auparavant un orchestre de jazz n'avait été programmé. Deux ans plus tard, c'est le célèbre pianiste Samson François, passionné de jazz et lié d'amitié avec Solal depuis les années cinquante, qui apporte sa caution en venant applaudir le 13 décembre 1963 celui qui est devenu selon certains « un grand concertiste international[45] ».

Enfin, l'invitation de Martial Solal aux États-Unis pour le prestigieux festival de Newport en 1963 sanctionne la carrure internationale qu'a désormais acquise le pianiste français. Mais elle n'est pas pour autant synonyme d'une reconnaissance de son apport dans le domaine de la forme musicale, car les deux autres membres du trio, Humair et Pedersen, ne sont pas du voyage, victimes des règlements syndicaux en vigueur outre-Atlantique. Privé de ses partenaires habituels, Solal ne peut pas jouer ses compositions avec les musiciens américains chargés de l'accompagner. Le trio qui se produit au festival de Newport est donc de facture classique, même si Solal se taille devant huit mille personnes un beau succès qui se traduit par un engagement dans un club new-yorkais et par l'enregistrement d'un disque. En tout, le séjour de Solal aux États-Unis aura duré trois mois ; il aurait pu durer bien plus si le pianiste, très demandé, n'avait pas préféré rentrer en France. On notera qu'en 1962, Solal avait réalisé un disque en grand orchestre qui fut le seul enregistrement français exporté aux États-Unis cette année-là et fort apprécié, semble-t-il, du public américain.

Musicien le plus en vue du milieu du jazz français, Martial Solal témoigne de la maturation qui s'est opérée chez les musiciens hexagonaux depuis 1945. Certes, avant lui, le Quintette du Hot club de France avait donné l'exemple, en son temps, d'un jazz original indépendant du modèle américain, mais l'œuvre de l'orchestre à cordes animé par Django Reinhardt et Stéphane Grappelli prenait place dans une France des années trente où le jazz américain avait extrêmement peu pénétré. Il en va tout autrement après 1945 où les œuvres et les musiciens américains entrent en grand nombre dans l'Hexagone. L'émergence rapide d'une catégorie de musiciens français de haut niveau comme Martial Solal, signe de l'intégration des musiciens de jazz au monde musical et de la prise de conscience, encore fragile, de leur valeur face aux musiciens américains, montre aussi que la culture nationale ne subit pas de façon passive l'arrivée d'un phénomène musical nouveau et, très vite, en donne une interprétation personnelle.

L'évolution du rapport de forces

L'évolution des rapports entre les musiciens américains et français se confirme lorsque l'on examine la participation respective d'artistes des deux nationalités aux concerts de jazz*. Si, dans l'immédiat après-guerre, les musiciens français résistent assez bien à la pénétration américaine grâce aux structures mises en place par le milieu du jazz (festival de Marigny, tournées de la FHCF, concerts Jazz parade) qui leur permettent d'être présents sur scène aux côtés de leurs collègues américains, leur situation devient critique à partir de 1949. Le déclin des Hot clubs et la disparition des tournées organisées par Delaunay fragilisent en effet leur position, et s'ils continuent à se produire en compagnie des Américains dans le cadre de concerts mixtes, leurs apparitions sans ces derniers se font extrêmement rares jusqu'en 1956, preuve d'une faible popularité auprès du public. C'est seulement à partir de la fin des années cinquante qu'ils commencent à se produire indépendamment de leurs collègues américains. Cette conquête lente mais certaine du public est due, désormais, à la qualité des musiciens hexagonaux dont les

---

* Voir le tableau des concerts en annexe III, p. 461.

talents s'affirment. Elle sera longue, et il serait peut-être téméraire de dire qu'elle est aujourd'hui achevée ; il n'en reste pas moins qu'un mouvement incontestable se dessine dès ce moment, et qu'il part de la province où les musiciens français trouvent plus facilement des occasions de se produire qu'à Paris, lieu de rendez-vous des vedettes internationales.

Après la scène, l'autre lieu majeur de confrontation entre artistes des deux nationalités est le studio d'enregistrement et là encore, si les Français subissent de plein fouet le choc de l'arrivée massive des Américains à partir de la fin des années quarante, leur professionnalisation et leur affirmation artistique vont leur permettre de commencer à renverser la vapeur dès la fin de la décennie suivante. Les séances réalisées par les trois principales compagnies discographiques françaises (Swing, Vogue et Blue Star*) sont peu nombreuses en 1944 et 1945, du fait de la situation économique catastrophique du pays au sortir de la guerre, mais aussi parce que deux d'entre elles viennent d'être créées et manquent encore de moyens. Au cours des années suivantes, les trois marques vont se développer, et l'examen des séances qu'elles réalisent montre que si, indéniablement, les Américains tiennent une place essentielle dans l'activité discographique durant les années quarante et cinquante, ils sont loin de submerger les Français, à qui le chemin des studios est plus largement ouvert que la scène, avec la bénédiction des dirigeants soucieux de vendre les disques des vedettes américaines mais aussi de donner leur chance aux jazzmen français, qui ont aussi l'avantage pour eux de demander des cachets moins élevés. Fait révélateur, sur l'ensemble de la période 1944-1963 et pour les trois marques, les séances composées uniquement de musiciens français sont plus nombreuses que celles où n'officient que des Américains. En outre, le renversement de tendance, pour être discret, n'en est pas moins réel dès le milieu des années cinquante, lorsque les musiciens français ne se contentent plus seulement de participer à des séances, mais les dirigent de plus en plus souvent, à l'image d'un Martial Solal qui s'affirme en tant que compositeur et chef d'orchestre et s'impose auprès de ses collègues américains à qui il fait exécuter ses propres œuvres. La césure du milieu des années cinquante, légèrement plus précoce et moins nette que dans le domaine des concerts, existe toutefois bel et bien et constitue la tra-

---

* Voir les tableaux des séances de studio en annexe III, p. 462-464.

duction de la maturité qu'est en train d'acquérir le jazz français face à son modèle d'outre-Atlantique.

Les Français aux États-Unis

Pour autant, le rapport reste globalement très déséquilibré au profit des musiciens américains, et malgré l'émergence d'un noyau de musiciens français d'envergure internationale, ceux-ci rencontrent de grandes difficultés pour se faire connaître aux États-Unis. Là encore, Charles Delaunay, qui déplore la fermeture totale des frontières américaines, essaie de jouer les médiateurs, notamment lors de son premier voyage aux États-Unis en septembre 1946. Il se veut ferme avec les dirigeants syndicaux américains réputés pour leur protectionnisme musclé. Mais bien qu'il tente de leur expliquer que l'intransigeance du syndicat américain vis-à-vis des musiciens français risque de provoquer des représailles touchant les musiciens américains en France, il trouve en face de lui l'intraitable Cesar Petrillo, chef tout-puissant du syndicat des musiciens. Avec un tel personnage, les rodomontades de l'imprésario français ne dépasseront pas le stade de la pétition de principe. En effet, si les Américains arrivent nombreux en France à partir de 1947, leurs frontières restent fermées par une législation draconienne en matière d'immigration mais aussi en raison de l'absence d'ouverture de la part du syndicat américain. Son attitude ne changera pas jusqu'à nos jours, même si, dans les années cinquante, Petrillo fait mine de vouloir assouplir sa position en la matière, comme lors du voyage qu'il effectue en Europe en 1953, au cours duquel il rencontre des dirigeants syndicaux anglais.

En fait, il ne cessera de défendre jalousement les intérêts de ses adhérents en multipliant les difficultés opposées aux Français désireux de venir travailler aux États-Unis. Bien des musiciens français se trouvent ainsi contraints à un véritable parcours du combattant propre à décourager les candidats : le pianiste Bernard Peiffer, qui part s'installer définitivement là-bas, doit patienter quatre mois avant d'obtenir un permis de travail. Et si tout se termine bien pour lui, il n'en est pas de même, nous l'avons vu, pour Guy Pedersen et Daniel Humair. Le syndicat, sous la poigne de fer de son dirigeant, est même réputé pour recourir au besoin à la force physique pour défendre les intérêts de ses musiciens. Si les musiciens français ne semblent pas avoir été victimes d'agressions physiques au cours de la période, la pérennité de ce mode de fonctionnement est attestée par la mésaventure récente du contrebassiste Jean-François Jenny-Clark qui, à la suite du festival de New York où il s'était produit en 1991 en compagnie d'autres musiciens français, fut engagé pour quelques concerts par le directeur du *Village Vanguard*, l'un des clubs new-yorkais les plus réputés. Dès le premier soir, un représentant du syndicat est venu le menacer de représailles physiques s'il ne reprenait pas immédiatement l'avion pour la France...

Il n'est guère étonnant, dans ces conditions, que peu de musiciens français aient fait le pèlerinage américain au cours des années quarante et cinquante : guère plus d'une vingtaine en tout, contre plus de cinq cents dans l'autre sens. Le premier à tenter l'aventure après 1945 est le guitariste Django Reinhardt, célèbre chez les musiciens américains depuis plusieurs années. En 1946, Duke Ellington lui propose de venir à New York en vue d'une tournée avec son grand orchestre. Le contrat signé, Reinhardt s'embarque sur le bateau sans bagage ni instrument, « persuadé que les firmes américaines se disputeraient l'honneur de lui offrir un instrument[46] ! » Attitude typique de ce personnage fantasque et qui devait lui coûter cher. Car d'une part, Reinhardt n'emmène pas non plus avec lui de compositions originales, se contentant d'interpréter les compositions de Duke Ellington. D'autre part, si on lui offre effectivement une guitare et si le début de la tournée se passe bien, le soliste français soutenu par le meilleur orchestre de jazz des États-Unis rencontrant le succès partout, l'étape finale de la tournée reste New York, où « la plupart des critiques sont convoqués » et dont le verdict doit décider « de la consécration de Django[47] ». Le premier concert est un succès, mais le deuxième soir, Reinhardt rencontre le boxeur Marcel Cerdan dans les rues de Manhattan et s'en va arpenter avec lui les débits de boisson de la ville, tandis que Duke Ellington, en l'absence du guitariste français, entre en scène après avoir attendu un bon moment. Reinhardt arrive finalement à Carnegie Hall en fin de programme, mais sans sa guitare ! Malgré une prestation courte, le succès est au rendez-vous, mais l'incident jette une ombre sur la réputation du *Frenchy*, d'autant plus qu'engagé par la suite dans un cabaret new-yorkais, il refuse de quitter sa loge pour recevoir les nombreux musiciens et personnalités du monde du spectacle venus le féliciter, attitude qui tranche avec les règles du professionnalisme américain et le dessert malgré tout son talent. Les engagements promis initialement s'étant nettement réduits pour les raisons qu'on imagine, Django Reinhardt boucle ses valises en février 1947 et rentre en France. Son séjour, qu'il voulait définitif, aura duré moins de trois mois.

Moins folkloriques furent les pérégrinations de quelques autres musiciens qui tentèrent l'aventure américaine au cours de la période. On citera d'abord André Hodeir, dont le livre *Hommes et problèmes du jazz*, traduit en 1956 en anglais, atteindra les 30 000 exemplaires vendus en 1962. Cet intérêt des Américains est d'autant plus remarquable qu'en France, l'ouvrage paru en 1954 ne sera pas réimprimé avant 1981. Hodeir est invité en 1957 aux États-Unis par la compagnie Savoy pour réenregistrer des pièces éditées en 1954 par son orchestre, le Jazz groupe de Paris*, car la compagnie américaine ne veut pas éditer directement un disque dont les interprètes sont inconnus aux États-Unis et dont la prise de son n'est pas jugée techniquement assez bonne. C'est donc avec des musiciens américains auxquels se joint le saxophoniste belge Bobby Jaspar qu'Hodeir réalise un disque intitulé *American jazzmen play André Hodeir*. Succès critique, le disque est un échec commercial. Entre-temps, Hodeir est revenu en France après un séjour de trois mois. Mais ses enregistrements américains ont contribué à sa réputation de compositeur et en 1959, certaines de ses œuvres sont programmées lors d'une soirée du festival de Monterey consacrée au jazz d'avant-garde. Trois ans plus tard, une composition pour vibraphone et orchestre est interprétée au festival international de Washington. Hodeir retourne à cette occasion aux États-Unis, mais le succès public ne sera pas non plus au rendez-vous, bien que ses œuvres aient encore été programmées lors de quelques concerts comme celui organisé par Gunther Schuller au Carnegie Hall de New York en juin 1963. Si Hodeir n'a pas fait de carrière américaine, ses œuvres y ont malgré tout suscité un intérêt réel, comme en témoigne l'invitation qui lui fut faite de venir enseigner en tant que « visiting professor » la composition de jazz à l'université de Harvard en 1976.

Autre musicien français ayant longuement séjourné outre-Atlantique, le pianiste Henri Renaud qui reste à New York près de six mois entre la fin 1953 et le début 1954, jouant dans les clubs de la ville en compagnie de musiciens américains et enregistrant plusieurs disques[48]. Il effectue en juillet 1959 un deuxième séjour plus court. D'autres resteront encore plus longtemps comme André Persiani

---

* Voir le chapitre X, p. 273-274.

qui, après un séjour de quelques mois en 1956-1957, repart en 1961 pour ne revenir en France qu'en 1968. Quant à Gérard Pochonet, marié à une Américaine, il s'installe définitivement en 1959. Enfin, il faut signaler la présence de quelques Français au prestigieux festival de Newport, qui draine chaque année l'élite du jazz mondial : en 1958, c'est le trompettiste Roger Guérin qui représente la France, suivi en 1959 de Barney Wilen, puis en 1963 de Martial Solal. Par ailleurs, les dirigeants de maisons de disques comme Vogue ou Barclay mènent un travail de fond pour pénétrer le marché discographique américain, permettant une lente et homéopathique diffusion des disques français, dont certains sont accueillis par de flatteuses critiques. Mais le mouvement demeure irrégulier et ne dépasse pas quelques disques par an. Une présence faible, donc, mais qui n'en est pas moins réelle et témoigne de la valeur de certains d'entre eux qui réussissent à y faire carrière ou à être conviés dans les festivals et les clubs new-yorkais.

La critique et le jazz français

L'affirmation des musiciens français va être lentement prise en compte par la critique et par le public, à la faveur des réalisations des musiciens eux-mêmes, mais aussi à la faveur de l'évolution intellectuelle de la critique. Pour un Panassié tout à son exaltation des musiciens noirs, les Blancs sont incapables – sauf exceptions – de faire du bon jazz. La nécessité de se mettre à l'école des Noirs qu'il ne cesse d'affirmer implique que le jazz français ne peut être qu'une imitation du jazz noir, et un bon jazzman français un musicien ayant suffisamment assimilé le « style nègre » pour le reproduire à l'identique. S'il ne conteste pas la valeur individuelle de quelques-uns d'entre eux, comme Alix Combelle, il ne reconnaît pas la possibilité, ni l'intérêt, d'une démarche personnelle des musiciens français. C'est cette certitude qui le conduit à ne sélectionner pour le festival de Nice que deux orchestres français, le Quintette du Hot club de France et l'orchestre de Claude Luter, « les seuls vrais musiciens de jazz français[49] ». La négation du jazz français chez Panassié est l'expression dans le domaine artistique de sa culture politique, où la pureté occupe une place essentielle et où le mélange est toujours assimilé à la contamination : un jazzman français ne peut exister qu'en se mettant à l'école des Noirs. Qu'il y ajoute sa vision personnelle et l'on sort du cadre du jazz, comme le montre l'exemple du bop, où les acquis de la musique savante européenne sont venus contaminer la musique authentique du peuple noir. On peut mesurer l'influence de ce discours sur les amateurs français à l'aune du véritable racisme à rebours qui les caractérise jusqu'au milieu des années cinquante. C'est lui qui explique le chahut accueillant nombre d'entre eux lorsqu'ils s'aventurent sur scène, ainsi le trompettiste Aimé Barelli qui se fait huer par le public de Marigny en 1948 lorsqu'il tente d'imiter le style des maîtres américains Cootie Williams et Dizzy Gillespie. L'enthousiasme sélectif des amateurs surprend d'ailleurs les journalistes présents à Marigny, qui constatent que les musiciens noirs provoquent automatiquement l'enthousiasme alors que la présence des Français est corollairement saluée de sifflets de protestation. Une attitude d'autant plus étonnante qu'elle contraste avec le goût que prennent les musiciens américains à la prestation de certains de leurs collègues français de valeur.

Au lendemain de la guerre, si les choix esthétiques de Panassié commencent à être contestés, son interprétation de type racial, selon laquelle la supériorité des Noirs a des bases physiologiques, n'est pas tout de suite remise en cause. André Hodeir constate ainsi que dans le domaine sportif, les athlètes noirs dominent les disciplines réclamant la plus grande détente et la plus grande souplesse, et pense que cette suprématie se retrouve dans le jazz, où les Noirs maîtrisent mieux les instruments réclamant la plus grande dépense physique et en même temps la plus grande souplesse, comme la batterie. Une vision que confirment, selon Frank Ténot, « des témoignages des biologistes et des preuves obtenues à l'aide de mesures d'influx nerveux », ainsi que l'observation des Noirs, « infiniment plus "relax" dans leur attitude que les Blancs[50] ». Mais la vision biologisante de Panassié va progressivement être reléguée au second plan par l'affirmation, après la scission de 1947, de la nouvelle critique qui, si elle ne remet pas en cause l'importance primordiale des Noirs dans le jazz, va développer l'idée selon laquelle les musiciens blancs peuvent s'affirmer sur la scène jazzistique en produisant une musique personnelle. Cette mutation intellectuelle de la critique de jazz passe par deux voies. La première est celle de l'analyse musicologique menée par André Hodeir. Bien qu'il tienne un discours sur le jazz où l'on rencontre certaines traces d'un déterministe racial, son analyse de l'évolution musicale du jazz dévoile une autre réalité lorsqu'il montre que le jazz moderne utilise les derniers acquis de l'harmonie tonale européenne. Alors que Panassié, s'il ne niait pas l'existence d'une influence de la musique européenne sur le jazz, considérait qu'elle était forcément limitée, Hodeir montre que tout un pan de la musique de jazz s'est abondamment nourri de la culture européenne. Dans l'esprit des amateurs comme dans celui de nombreux musiciens, le rythme était un élément noir avant tout, alors que la science de l'harmonie appartenait en propre à la musique européenne. En montrant que les Noirs ont réussi à utiliser pertinemment des éléments musicaux considérés comme spécifiquement européens, Hodeir fonde musicalement la possibilité pour des musiciens blancs de réaliser l'opération inverse, c'est-à-dire d'assimiler des éléments « nègres » comme le swing, qui est au cœur de la réflexion menée par tous les critiques et musiciens sur le jazz.

La deuxième voie de renouvellement de la critique de jazz est la réflexion sur la signification culturelle de ce phénomène musical, menée notamment par Lucien Malson. C'est ici que l'influence de l'anthropologie culturelle américaine va se manifester le plus nettement. Pour Malson, la présence d'excellents musiciens blancs parmi les artistes de jazz, même s'ils sont rares, invite donc à remettre en cause l'idée d'une supériorité physique des Noirs. Dans un article paru dans *Jazz hot* en janvier 1949, Malson s'inscrit en faux contre l'explication de Gobineau selon laquelle « les races possèdent des vertus spécifiques [qui] sont inscrites dans le corps » et « la transmission des caractères physiologiques entraîne l'hérédité psychologique[51] ». Si les musiciens noirs ont un sens rythmique plus développé, ce n'est pas tant en raison de qualité innées que de la perpétuation par les Noirs déportés aux États-Unis des chants et danses en usage en Afrique, preuve selon Malson que la frénésie rythmique s'est transmise culturellement et non pas physiquement. Pour « ruiner définitivement » les « théories racistes » et montrer que l'influence du milieu est bien plus décisive que le déterminisme racial, Malson fait appel à l'ethnologie et à l'anthropologie. Il étaie ses dires sur deux exemples : celui de deux jeunes filles découvertes dans une grotte aux Indes par le révérend Shings, qui « avaient acquis le comportement des loups » ; celui de l'enfant sauvage découvert dans l'Aveyron par Jean Itard, et dont l'étude comportementale a révélé que les prétendues qualités innées ne se manifestaient en aucune façon car il n'avait jamais été en contact avec la civilisation. Malson y voit la confirmation de « l'idée de l'existentialisme selon laquelle il n'y a pas de nature humaine » et du fait qu'« un homme n'est rien avant d'exister et [qu']il ne se fait qu'en reprenant les exigences du milieu dans lequel il se trouve placé[52] ». Aux références ethnologiques et philosophiques, Malson ajoute les travaux des culturalistes américains, citant dans ses articles plusieurs exemples de comportements de peuples étudiés par les anthropologues Ruth Benedict, Margaret Mead ou encore Bronislaw Malinowski. Interrogé à ce sujet, Malson confirme l'importance de son parcours philosophique dans son rejet du panassiéisme :

> Quand j'ai commencé mes études de philo, je me suis rendu compte que les théories de Panassié ne tenaient pas debout. Notre professeur Jean Stoezel nous avait appris que l'élément déterminant chez les Indiens d'Amérique, étudiés par les culturalistes américains, c'était la culture, la société, et non pas la race. Le fait que différents peuples d'une même « race » aient des comportements totalement opposés ne pouvait s'expliquer que par leur mode de vie. À partir de là, quand Panassié parlait de la race noire et d'une innéité de la vocation au jazz des Noirs, j'ai commencé à me marrer. Panassié avait gardé la conception des races telle qu'on l'enseignait dans les écoles primaires à son époque : il y avait la race blanche, la noire, la jaune et la rouge. Par exemple, Panassié avait écrit, dans son *Dictionnaire du jazz* paru en 1954, à la notice concernant Mildred Bailey : « Chanteuse métisse, parents de race blanche et rouge » ! Ou bien, à la notice de « Big Chief » Moore : « Trombone de race rouge »* !

En 1949, alors que Panassié s'oriente de plus en plus vers l'idée d'un jazz noir pur et original, Malson affirme sous le patronage de Ruth Benedict et de Marcel Mauss qu'« aucune preuve n'a jamais pu être donnée de l'hérédité raciale des aptitudes », et ajoute : « Les sciences de l'homme ont privé récemment le racisme de tous ses prétextes. Les données de la psychanalyse et d'un behaviorisme bien compris, comme celles de l'anthropologie culturaliste, sont sur ce point magnifiquement convergentes : l'homme est une histoire. » Ayant ainsi remis en cause les fondements intellectuels de la critique panassiéenne, Malson jette un autre regard sur la diffusion mondiale du jazz et son succès croissant en France et se demande si « la musique de jazz est en voie de devenir un nouveau folklore universel, ou si elle se trouve condamnée à demeurer par essence la musique des hommes de couleur[53] ». Ce faisant, il introduit l'idée,

---

* Voir Hugues Panassié et Madeleine Gautier, *Dictionnaire du jazz*, Paris, Robert Laffont, 1954, p. 29 et 217. La formulation de ces deux notices a été maintenue telle quelle dans l'édition de 1987, revue et augmentée sous la direction de Jacques Pescheux, successeur d'Hugues Panassié à la tête du Hot club de France.

nouvelle dans la critique de jazz française, que des musiciens blancs peuvent assimiler suffisamment ce langage et en faire l'instrument d'une expression personnelle. Autant dire qu'elle est un des fondements théoriques de la reconnaissance d'un jazz français. Car même si le cheminement des musiciens français s'est déroulé en partie en dehors des spéculations de la critique, la prise en compte par celle-ci, puis par les amateurs, de l'existence d'un groupe de jazzmen français originaux n'aurait pu avoir lieu sans la mutation intellectuelle fondamentale qui a lieu dans le monde du jazz au lendemain de la guerre.

Cette évolution du discours critique va de pair avec l'action de l'équipe de Delaunay en faveur des musiciens français, qu'elle s'attache à promouvoir en les programmant abondamment, on l'a vu, au cours des concerts et des festivals, ainsi que dans les séances de studio. Ils peuvent ainsi mieux se faire connaître des amateurs et de la presse, voire de la télévision, qui à partir des années cinquante commencent à suivre leurs prestations avec un réel intérêt. Ce mouvement est confirmé par la création de *Jazz magazine*, dont la ligne éditoriale se caractérise entre autres par la volonté de leur donner plus de place. Il est révélateur que Lucien Malson, l'un des critiques les plus ouverts au jazz hexagonal, quitte *Jazz hot* en 1957 pour rejoindre l'équipe de *Jazz magazine*, dont l'esprit est plus proche du sien. À partir de janvier 1960, il entreprend une longue série d'articles consacrés au jazz en France, en vertu du principe suivant, exposé dans l'avant-propos de son premier article : « Si l'on admet que la chance du jazz fut de n'être pas un événement folklorique, si l'on accepte l'idée que, lancé par un peuple, d'autres peuples peuvent le reprendre à leur compte, si l'on souhaite enfin contribuer à l'orienter dans cette voie mondialiste, on ne peut pas taire ce qui se passe dans les pays d'Europe[54]. » *Jazz magazine* œuvre dans ce sens puisqu'il consacre en 1961 30 % de ses pages au jazz en France, suivi avec un peu de retard par l'équipe de *Jazz hot* qui, à partir de 1963, consacre près d'un article sur quatre aux musiciens hexagonaux, alors que la proportion n'excédait pas 10 % deux ans plus tôt.

L'évolution de la critique n'est pas sans influer sur celle du public, perceptible à la fin des années cinquante dans le nombre d'articles consacrés par la presse générale aux musiciens français, mais aussi dans le courrier des lecteurs des deux principales revues, où l'on trouve de plus en plus de lettres favorables au jazz français. Loin d'être anecdotiques, elles sont l'expression d'un mouvement de fond dont témoigne en mai 1959 le premier référendum radiophonique portant uniquement sur les musiciens français, organisé par Frank Ténot et Daniel Filipacchi dans le cadre de l'émission «Pour ceux qui aiment le jazz». Trente-deux mille amateurs y participent, attirés certes par le voyage à Paris et la place de première loge pour le concert de Count Basie offerts au gagnant, mais l'épisode montre que les amateurs peuvent se mobiliser en masse pour le jazz français. La même année, la grande enquête menée par la rédaction de *Jazz magazine* auprès de ses lecteurs témoigne de la persistance du préjugé favorable aux Noirs chez la majorité des amateurs puisqu'à la question : «Considérez-vous que les musiciens français ont la classe des Américains noirs?», 82 % répondent «non» contre 18 % «oui». En revanche, ils sont 77 % à répondre «oui» lorsqu'on leur demande si «les musiciens français ont la classe des Américains blancs[55]», signe d'une évolution, lente mais sûre, favorable aux jazzmen nationaux. Elle est confirmée l'année suivante lorsque *Jazz magazine* mène en collaboration avec *Arts* une autre enquête auprès de cinq mille amateurs : cette fois-ci, 35 % d'entre eux considèrent que les jazzmen français valent les Américains, sans distinction de couleur, et sont capables de citer plusieurs noms d'artistes français, parmi lesquels celui de Martial Solal revient le plus souvent. Dans le même temps, l'apparition des œuvres de musiciens français dans les prix décernés par les académies du disque reflète une reconnaissance timide mais réelle du jazz français : en 1953, l'Académie du disque français décerne un prix à Django Reinhardt pour l'ensemble de son œuvre alors que le guitariste vient de disparaître. La même année, l'Académie Charles Cros couronne son premier musicien français avec Bernard Peiffer, et en 1958, elle crée une catégorie spécifique pour les œuvres de jazz français au sein de son palmarès, récompensant des compositions d'André Hodeir qui s'affirme alors comme l'une des personnalités les plus originales du jazz hexagonal.

X

Jazz et avant-garde :
André Hodeir ou le malentendu

Parmi les musiciens français qui s'affirment au cours de l'après-guerre, André Hodeir est en effet, avec Martial Solal, celui qui pose les jalons les plus féconds d'une réinterprétation hexagonale de la musique noire américaine. Mais alors que les expériences de Solal se placent dans la continuité d'une démarche jazzistique fondée sur l'improvisation et le dialogue entre les musiciens, Hodeir, marqué par sa formation classique, emprunte une voie plus originale en s'efforçant de concilier l'acte musical instantané que constitue l'improvisation et la démarche lente et réfléchie du compositeur permettant de bâtir une œuvre plus complexe sur le plan de la forme. Ce faisant, il invente un nouveau personnage musical : le compositeur de jazz.

I. Un parcours original

Le renouvellement du langage musical

Le parcours compositionnel d'André Hodeir doit être analysé à la lumière des débats esthétiques qui agitent le monde de la musique savante après la deuxième guerre mondiale, un monde dans lequel Hodeir occupe une place à part. La musique savante européenne est, en 1945, confrontée à un choix qui divise la communauté des compositeurs. Dans les années dix et vingt, on avait pu croire que le système tonal forgé au cours de plusieurs siècles d'histoire, et moribond depuis la fin du XIXe siècle, allait définitivement s'écrouler. Alors que la musique d'un Stravinsky amorçait un renouvellement en profondeur du vocabulaire rythmique tout en restant pour l'essentiel dans la tradition « tonale » en ce qui concerne l'organisation des hauteurs de son, la suspension de la tonalité par Arnold Schoenberg ouvrait dans ce domaine précis la voie non moins béante du dodécaphonisme puis de la série, que devaient approfondir ses élèves Berg et surtout Webern, tout en conservant un vocabulaire rythmique extrêmement classique. Des deux œuvres symbolisant ce renouvellement du rythme et de l'organisation des hauteurs, *Le Sacre du printemps* (1913) et *Pierrot lunaire* (1912), seul le premier eut dans l'immédiat un écho important dans le monde de la musique française. Schoenberg et ses disciples resteront presque inconnus en France jusqu'au lendemain de la Seconde Guerre mondiale, quand le compositeur René Leibowitz publiera, en 1946, *Schoenberg et son école*, premier ouvrage portant sur l'école de Vienne dont il va enseigner les techniques à quelques jeunes compositeurs dont le jeune Pierre Boulez.

Parmi les quelques autres compositeurs qui prêtent alors attention au dodécaphonisme, il faut citer Olivier Messiaen. Nommé professeur au Conservatoire de Paris à son retour de captivité en 1942, Messiaen n'en demeure pas moins marginal au sein d'une institution où ses recherches dérangent l'académisme ambiant. C'est pour cette raison qu'il devra attendre 1966 pour être nommé professeur de composition, classe la plus prestigieuse. Dans l'immédiat, c'est dans le cadre d'une classe d'harmonie qu'il éveille les jeunes compositeurs anticonformistes à diverses musiques proscrites par les autres enseignants de l'institution, dont celle des Viennois. Sous l'influence conjuguée de Leibowitz et de Messiaen, ils voient rapidement dans le sérialisme webernien la solution d'avenir pour la musique européenne et vont s'en faire les défenseurs intransigeants. À la fin des années quarante, l'opposition est donc déjà bien tranchée entre les compositeurs néo-classiques, partisans d'un retour à la tonalité, et les jeunes turcs désireux de jeter les bases d'un langage musical fondé sur la série et bannissant définitivement les réminiscences tonales, considérées comme anachroniques. On sait comment Pierre Boulez formulera en 1952 le point de vue de la tendance dont il s'affirme vite comme le chef de file : « Tout musicien qui n'a pas ressenti – nous ne disons pas compris, mais bien ressenti – la nécessité du langage dodécaphonique est INUTILE. Car toute son œuvre se place en deçà des nécessités de son époque [1]. »

Parmi les jeunes compositeurs de cette génération, Hodeir occupe une place à part, en raison de son intérêt pour le jazz qui se manifeste dès la fin des années trente. En 1942, il entre au Conservatoire de Paris pour en ressortir six ans plus tard avec trois premiers prix, d'harmonie, de contrepoint et d'histoire de la musique. C'est dans la classe de fugue qu'il rencontre Pierre Boulez. Il suit en outre pendant un an le cours d'analyse de Messiaen, tout en refusant d'entrer dans les classes de composition, dont l'enseignement lui paraît rétrograde. La classe de Messiaen étant destinée aux élèves compositeurs, il doit la quitter au bout d'un an. C'est donc seul qu'il travaille la composition. Parallèlement, il approfondit sa connaissance du jazz. Les premiers témoignages concrets de sa réflexion sont les deux ouvrages déjà cités, *Le Jazz, cet inconnu*, livre d'obédience panassiéiste paru en 1945 et vite renié, et l'*Introduction à la musique de jazz*, parue en 1948. Mais surtout, c'est dans ses articles pour *Jazz hot* qu'il s'attache à cerner l'originalité de ce phénomène musical afin de nourrir sa recherche compositionnelle. Les travaux inaugurés par l'article fondateur de 1946 sur les disques Parker-Gillespie ne sont donc pas un pur travail de musicologue mais traduisent aussi l'état de la réflexion d'un jeune compositeur face à un fait musical encore mal connu en Europe et sur lequel peu de musiciens « sérieux » se sont penchés.

Deux ans plus tard, en mai 1948, il attire l'attention de ses condisciples en publiant dans le *Bulletin du Conservatoire* un long article où il reprend de manière plus succincte les idées développées dans *Jazz hot* depuis un an et demi et met l'accent sur l'originalité musicale du jazz, tout en parsemant son exposé de références aux grands compositeurs de l'histoire de la musique occidentale afin de replacer le jazz dans le cadre plus large de l'histoire de la musique et de lui donner ainsi une légitimité. Ainsi,

> lorsque le Noir assigne à toute une partie de l'orchestre appelée section rythmique, l'unique mission de marquer immanquablement les quatre temps de la mesure, il renoue avec la grande tradition des suites de Bach, où le rythme continu était également à l'honneur. Comment, dès lors, peut-on voir cette tendance, au demeurant parfaitement naturelle, comme un appauvrissement musical ? Aussi bien, le Noir ne s'en tient pas à la lettre des quatre temps. Ce que Bach n'a fait qu'entrevoir, le parti qu'on peut tirer de cette pulsation permanente, la quintessence expressive qu'on peut en extraire, il le réalisera pleinement. Au contact de sa sensibilité aiguë, le rythme se vivifiera, donnera naissance à un souple balancement dont l'importance esthétique ne saurait être sous-estimée : le swing[2].

Et si les musiciens européens ont longtemps méprisé le jazz, c'est parce que l'oreille occidentale « semble avoir perdu, depuis Beethoven, c'est-à-dire depuis l'abandon du rythme continu, une grande partie de sa sensibilité rythmique ». Hodeir s'attache aussi à détruire un autre préjugé selon lequel le jazz serait une musique vulgaire, en mettant en avant l'originalité de son traitement de la matière sonore, qui se traduit par l'utilisation de techniques comme le glissando, considéré jusque-là « comme un procédé de mauvais goût », y compris chez les compositeurs européens d'avant-garde. Enfin, Hodeir dresse un parallèle entre l'évolution musicale de la musique noire américaine et les stades successifs de la musique européenne depuis la polyphonie médiévale :

> Parti de la musique vocale, le jazz a été d'abord strictement polyphonique et collectif (style Nouvelle-Orléans) ; puis s'est imposé l'individualisme, la mélodie accompagnée (Louis Armstrong) ; le souci orchestral est apparu avec Duke Ellington et une sorte de romantisme a vu le jour vers 1936 sous la conduite de Roy Eldridge ; enfin, depuis quelques années, une école d'avant-garde pratique un style (dit be-bop ou re-bop), qui tend à rompre l'unité tonale et rythmique jusqu'ici chère aux musiciens noirs.

Outre une comparaison entre le jazz et la musique classique qui devient rapidement une constante de son discours critique, la volonté très tôt affichée par Hodeir de placer la musique noire américaine en perspective historique témoigne d'une conscience aiguë des problèmes posés aux compositeurs d'après 1945, dont certains considèrent que la musique européenne est en crise depuis le début du siècle et doit renouveler radicalement son langage. S'il importe à Hodeir de replacer le jazz dans l'histoire de la musique, c'est pour évaluer au mieux ses apports et ses faiblesses. Cette mise en perspective historique répond en outre à un souci évident de légitimation. Légitimation artistique du jazz tout d'abord : en identifiant les précurseurs, les maîtres, les disciples et les diverses écoles de ce phénomène musical, Hodeir contribue à la reconnaissance du jazz comme manifestation artistique originale de ce siècle. Légitimation de sa propre démarche compositionnelle ensuite, car l'analyse historique répond aussi à la préoccupation d'Hodeir d'évaluer le potentiel artistique d'une musique susceptible de féconder sa recherche esthétique personnelle. Ce faisant, c'est sa propre place qu'il essaie de trouver dans l'histoire de la musique. On retrouve là une démarche similaire à celle d'un Pierre Boulez, non moins convaincu qu'en 1945 la musique européenne est à la croisée des chemins. Persuadé de la validité esthétique de la réponse donnée par les Viennois à l'effondrement du système tonal, il s'efforce de replacer l'apparition du dodécaphonisme puis de la série dans le cours normal de l'histoire de la musique et non pas comme une rupture aberrante, ainsi que le pensent certains détracteurs de Schoenberg et de ses disciples. Lorsque Boulez décide d'étendre le principe de la série à tous les paramètres (hauteur, durée, intensité, timbre), alors qu'elle ne concernait avec Webern que les hauteurs, il justifie son choix à l'aide d'arguments musicaux bien sûr, mais aussi en présentant le sérialisme intégral comme une nécessité historique après l'épuisement de la tonalité, tout retour à celle-ci étant assimilé à une entreprise rétrograde faisant fi des nouveaux enjeux de la musique. Mais si les deux compositeurs de la même génération ont une manière similaire d'aborder les problèmes posés aux compositeurs contemporains, les voies qu'ils vont emprunter diffèrent radicalement. Alors que Boulez impose rapidement au milieu musical l'alternative entre un retour au néo-classicisme synonyme pour lui de réaction, et l'exploration des potentialités de la série, Hodeir refuse une telle alternative et va rechercher dans le jazz une partie des réponses aux enjeux musicaux contemporains. Mais les premiers pas dans ce chemin non balisé vont être marqués par plusieurs années de tâtonnements.

Une période de bilinguisme

Formé dans le sérail classique, Hodeir est aussi introduit dans le milieu du jazz dès 1942, puisqu'il est engagé dans l'orchestre d'André Ekyan. En l'absence de Stéphane Grappelli resté à Londres pendant toute la guerre, il devient, sous le pseudonyme de Claude Laurence, le violoniste vedette de la capitale pendant les années d'Occupation avec Michel Warlop. En tant qu'instrumentiste, l'influence de Stéphane Grappelli est très nette sur son jeu. En 1948, il forme un orchestre avec le batteur américain Kenny Clarke, installé à Paris depuis le début de l'année. Le choix de ce compagnon de jeu n'est guère étonnant, Clarke étant l'un des fondateurs du bebop, dont Hodeir a été le premier en France à donner une analyse solide. Avec lui, Hodeir se lance dans l'exploration du nouveau style, en tant qu'improvisateur au violon, mais aussi en tant que compositeur, comme en témoigne le thème *Laurenzology*[3], dont le titre est un clin d'œil évident à deux thèmes composés en 1946 par Charlie Parker, *Anthropology* et *Ornithology*. On notera que parmi les thèmes de be-bop qu'il interprète avec son orchestre figure *Hot house*[4], œuvre composée par le pianiste Tadd Dameron et enregistrée en 1945 par Gillespie et Parker. Ce thème qui ne deviendra jamais un classique du jazz en raison d'une ligne mélodique inhabituelle est considéré par Hodeir dès 1946 comme l'«un des plus beaux dans l'histoire du jazz[5]». On comprend ce qui l'intéresse dans cette pièce «presque entièrement bâtie sur des harmonies de quintes augmentées et de septièmes dissonantes qui lui confèrent un caractère très particulier. Sans aller jusqu'à l'atonalité absolue, la mélodie évolue dans une incertitude tonale[6]» permanente. Cette œuvre rencontre les préoccupations d'Hodeir qui se définit à l'époque comme un «dodécaphonique non sériel strict[7]» influencé à la fois par Bartok et les Viennois et recherchant des solutions en dehors du monde de la tonalité. Alors que le jazz était jusqu'au be-bop une musique fondamentalement tonale, *Hot house* esquisse un pas vers l'atonalisme qui conforte Hodeir dans la certitude que la musique noire américaine porte en elle des solutions esthétiques dignes d'intéresser un compositeur. Mais dans l'immédiat, les deux univers esthétiques restent distincts et les œuvres «classiques» composées par Hodeir entre 1946 et 1948, si elles sont jouées au Club d'essai de la Radiodiffusion française et valent à leur auteur une réputation suffisante pour que le Conservatoire lui demande de faire partie du jury d'admission des classes d'écriture (fonction qu'il occupe de 1949 à 1953), n'empruntent rien au jazz. En revanche, l'arrangement qu'il réalise en 1951 pour les instrumentistes classiques accompagnant l'enregistrement du saxophoniste américain James Moody témoigne de sa volonté de réaliser une synthèse entre les deux univers musicaux. Mais il n'est guère satisfait du résultat et l'impossibilité de donner à une section de violons la même vivacité rythmique qu'à un petit orchestre de jazz le persuade définitivement que la spécificité rythmique du jazz n'est pas transposable dans le cadre d'une instrumentation de type classique.

Parallèlement, il approfondit sa réflexion sur le jazz à travers ses articles dans *Jazz hot*, regroupés en 1954 dans le livre *Hommes et problèmes du jazz*. Cette recherche l'amène à formuler un certain nombre de conclusions quant à l'apport du jazz au patrimoine musical mondial. En ce qui concerne le langage harmonique, tout d'abord, celui du jazz «apparaît, d'une façon générale, comme un produit d'emprunt. Emprunt à la musique populaire américaine, et, à travers elle, à l'art européen[8]». Il existe cependant une exception à cette règle générale : la gamme du blues, d'une couleur polymodale caractéristique, dont les «blue notes» «résultent de la difficulté où se sont trouvés les Noirs, à qui les missionnaires apprenaient les cantiques européens, d'entonner les IIIe et VIIe degrés de la gamme occidentale, par suite de la non-existence de ces degrés dans la gamme [africaine] primitive, qui comporte cinq sons seulement[9]». En revanche, le swing, phénomène rythmique particulier impossible à fixer par écrit car il ne se manifeste qu'au moment de l'exécution, apparaît comme une spécificité du jazz. De même, le traitement de la matière sonore est une caractéristique du jazzman qui, «à l'inverse du compositeur et de l'interprète européen de tradition classique [...], considère la matière sonore en soi comme une réalité susceptible d'être modifiée par un modelage[10]». L'intérêt porté au problème du traitement du son est une préoccupation commune à tous les compositeurs de la génération d'après 1945, qui s'intéressent à une dimension de la musique guère exploitée par les compositeurs occidentaux de l'époque classique et romantique. L'invention de la musique concrète par Pierre Schaeffer en 1948 témoigne de cette importance nouvelle acquise par la matière sonore, qui va peu à peu devenir un matériau de composition à part entière, fait nouveau dans l'histoire de la musique européenne. De son côté, Pierre Boulez, lorsqu'il met au point le sérialisme intégral au tout début des années cinquante, affirme la nécessité d'appliquer aux timbres instrumentaux et aux intensités le principe de la série, limité jusque-là aux hauteurs de son. Hodeir, lui, s'oriente vers un autre domaine avec le jazz, mais il porte une égale attention au traitement du son. Enfin, l'architecture musicale n'est pas le moindre des problèmes auxquels il s'intéresse, mais ici encore, il estime que «l'apport du jazz est à peu près nul[11]» car cette musique où l'improvisation occupe une place importante ne s'accommode guère de formes sophistiquées. Là encore, le problème de l'architecture musicale est l'un de ceux qui se posent de la manière la plus aiguë aux jeunes compositeurs de l'après-guerre. Si dans le sillage de Stravinsky et des trois Viennois a été amorcé un renouvellement radical du langage rythmique et «harmonico-mélodique» de la musique européenne dès la fin des années dix, le problème de la forme n'avait en revanche pas été abordé en tant que tel par ces compositeurs restés pour l'essentiel dans le cadre des moules éprouvés : sonate, symphonie, ballet, quatuor, etc. Un des buts principaux des compositeurs de l'avant-garde post-webernienne sera de rechercher de nouvelles structures musicales. La réflexion d'Hodeir s'inscrit dans ce mouvement. La période 1942-1954 est donc pour lui une période de tâtonnements où son héritage classique et son intérêt pour le jazz se superposent sans se mélanger. Mais dans le débat qui oppose les deux camps en présence dans le milieu des compositeurs, il a choisi le sien dès la fin des années quarante : ce sera celui des jeunes turcs en révolte contre l'ordre musical établi par les compositeurs de la génération précédente.

Dans le sillage de Pierre Boulez

Hodeir est en effet lié d'amitié avec tous les jeunes compositeurs fraîchement émoulus du Conservatoire et refusant l'orientation esthétique de la vénérable maison. En même temps que plusieurs d'entre eux parmi lesquels Michel Philippot, Pierre Boulez, Jean Barraqué et Yvette Grimaud mais aussi l'Allemand Stockhausen, il rentre en 1951 dans le Groupe de recherche de musique concrète (GRMC) de Pierre Schaeffer créé officiellement deux ans auparavant et participe pendant un an à ses travaux. Son séjour rue de l'Université se traduit par la composition d'une pièce, *Jazz et jazz*, œuvre pour piano et bande magnétique exécutée en mai 1952 par le pianiste Bernard Peiffer lors du festival « L'Œuvre du XXe siècle ». Au cours de cette manifestation organisée par le Congrès pour la liberté de la culture, une soirée a été consacrée à la musique concrète et Pierre Boulez y a aussi créé l'une de ses pièces composées au GRMC. Mais dans l'ensemble, Hodeir goûte modérément la musique concrète telle qu'elle y est pratiquée, car le matériau et les techniques de traitement de la matière musicale sont encore extrêmement rudimentaires et les résultats peu satisfaisants à ses yeux. Pierre Boulez devait porter le même jugement de manière autrement virulente : « Je n'ai pas d'attirance pour le marché aux puces des sons[12] », déclare-t-il au bout de quelques mois. En 1952, il quitte avec fracas le groupe, entraînant dans son sillage quelques autres jeunes turcs dont André Hodeir.

Bien que celui-ci ne soit guère satisfait du résultat de son passage par le GRMC, la pièce *Jazz et jazz* est incontestablement une étape dans la gestation de son langage musical[13], car elle est la première manifestation d'un mélange réel entre ses deux horizons musicaux : celui du jazz et celui de la musique européenne d'avant-garde. Ce mélange qu'Hodeir n'avait pu opérer dans le cadre de ses œuvres de facture classique, il l'amorce ici car la musique concrète lui offre l'occasion d'un travail sur la matière sonore. L'œuvre se présente sous la forme d'un dialogue entre les deux protagonistes, la bande magnétique et le piano, accompagnés par une rythmique de jazz (batterie et contrebasse). La bande magnétique imite les interventions de la section de cuivres (trompettes et trombones) d'un grand orchestre de jazz, ponctuant le discours du piano par des sortes de riffs* construits à l'aide des techniques de la musique concrète (changement de vitesse et de registre, modification de l'attaque, défilement de la bande à l'envers...). Le choix de la recréation des timbres d'un orchestre de jazz sur une bande magnétique constitue la première traduction concrète, si l'on peut dire, de l'intérêt porté par Hodeir au traitement de la matière sonore.

Après la courte aventure du GRMC, les jeunes turcs insatisfaits des institutions existantes vont, sous l'impulsion de Pierre Boulez, créer leur propre structure afin de favoriser l'introduction en France de la musique dodécaphonique ainsi que la diffusion des œuvres des jeunes compositeurs exclus des manifestations officielles : ce sera le Domaine musical. André Hodeir est associé dès le début au projet dirigé par Boulez et rédige les programmes des premiers concerts ainsi qu'une notice polémique affirmant clairement les objectifs du groupe et opposant au « répertoire fatigué de l'école romantique » « la musique de notre temps, vilipendée par tous ceux qu'elle dérange, dans leur paresse, dans leur ignorance et dans leur béate quiétude[14] ». On retrouve dans cette notice l'importance attachée à l'histoire et la volonté de placer la nouvelle musique dans la continuité historique. Hodeir garde cependant sa spécificité au sein du groupe du fait de son intérêt pour le jazz, mais aussi de sa position face aux Viennois. De Schoenberg, Berg et Webern, c'est le troisième qui est le plus à l'honneur au Domaine et qui y sera le plus joué. Pour Pierre Boulez, la série telle que l'emploie Webern est la clé du langage musical de l'avenir car elle marque une rupture radicale avec le principe de hiérarchisation des sons par rapport à une tonique.

Paradoxe

André Hodeir, comme ses jeunes confrères, cherche aussi au début des années cinquante une manière de s'exprimer en dehors du cadre tonal. En témoigne une œuvre écrite en 1953, *Paradoxe I*,

---

* Courte phrase mélodico-rythmique destinée à être jouée plusieurs fois de suite, généralement en accompagnement d'un soliste (Philippe Carles, André Clergeat, Jean-Louis Comolli (dir.), *Dictionnaire du jazz*, Paris, Laffont, 1988, p. 865).

où le compositeur, démarche jusque-là inédite, tente de faire coexister le langage dodécaphonique et le jazz. Elle est enregistrée pour la première fois en janvier 1954 par un orchestre composé de Bobby Jaspar (saxophone ténor), Nat Peck (trombone), Pierre Michelot (contrebasse) et Jean-Louis Viale (batterie). L'instrumentation est celle d'une petite formation de jazz, la batterie et la contrebasse constituant la section rythmique tandis que les deux instruments solistes se partagent la ligne mélodique. Mais l'organisation des hauteurs de son est dodécaphonique. Cette œuvre hybride se caractérise par l'emploi de procédés empruntés à des univers musicaux bien précis. Le premier est le contrepoint, héritage direct des longues études classiques d'Hodeir. *Paradoxe* est ainsi parcourue de fragments contrapuntiques fondés sur des tronçons de série. Le contrepoint donne aussi l'occasion à Hodeir d'introduire des mélodies de timbres, technique alors tout à fait nouvelle dans le domaine du jazz. Le deuxième procédé caractéristique de cette œuvre est la tentative, timide mais réelle, de mélanger le langage sériel et celui du jazz en introduisant la polymodalité du blues par le biais de la superposition de séries présentant des rapports de tierces majeures et mineures. Enfin, le troisième intérêt de *Paradoxe* est de montrer où se situe Hodeir sur le plan esthétique par rapport aux jeunes compositeurs d'avant-garde de sa génération, dont il se distingue par une utilisation personnelle du principe de la série. En effet, quoiqu'il n'y ait pas de thème à proprement parler dans *Paradoxe*, c'est d'une conception thématique de la musique que témoigne ce découpage des séries en fragments mélodiques. C'est comme un thème qu'Hodeir utilise la série, extrayant de ses quarante-huit transpositions des fragments mélodiques répétés et développés. On reconnaît là l'influence de Schoenberg qui, pour avoir découvert la série, n'en continua pas moins de l'employer comme un thème classique, d'où l'expression d'« ultra-thème [15] » trouvée par Pierre Boulez pour qualifier l'emploi de la série chez le compositeur allemand. C'est incontestablement cette philosophie que l'on retrouve dans *Paradoxe I*, où Hodeir utilise la série d'une manière tout à fait différente d'un Webern et affirme plutôt sa filiation schoenbergienne. L'écriture contrapuntique d'Hodeir vise en fait à utiliser la série comme matériau thématique. C'est dans ce but qu'il emploie des tronçons de série destinés à créer des pôles d'attraction, sinon tonaux, du moins mélodiques, alors que dans une œuvre dodécaphonique classique, une note ne doit pas être répétée avant que les onze autres du total chromatique ne se soient fait entendre. L'option choisie par Hodeir dans cette œuvre diffère donc nettement du traitement webernien de la série valorisé par la majorité du courant regroupé derrière Pierre Boulez. Pour Boulez, la conception thématique de la série entretenue par Schoenberg est anachronique, car elle ramène indubitablement au principe de répétition. C'est pourquoi il affirme en 1951, peu après la disparition du compositeur allemand, que « Schoenberg est mort[16] ». *Paradoxe I* s'inscrit d'autant moins dans la perspective boulézienne que dès le départ, Hodeir n'était pas persuadé de la pertinence de l'utilisation de la série dans une œuvre de jazz, fût-ce en qualité d'ultra-thème ; d'où le titre donné à une œuvre entreprise en partie à la demande du saxophoniste Bobby Jaspar, dans laquelle Hodeir, tout en utilisant la série, essaie de la tirer vers des sonorités tonales et de retrouver dans la superposition des séries la polymodalité du blues.

Ses recherches recueillent cependant un écho certain dans le milieu de l'avant-garde puisqu'en 1957, il est invité par les organisateurs du festival de Donaueschingen. Depuis l'après-guerre, l'Allemagne était l'un des principaux foyers de l'avant-garde musicale, les compositeurs de tous les pays se retrouvant chaque année à Darmstadt ou à Donaueschingen pour confronter leurs recherches dans le cadre de rencontres professionnelles comprenant conférences, masterclasses ou concerts. Des compositeurs reconnus venaient y exposer leurs méthodes aux jeunes talents. L'invitation d'André Hodeir au festival vise à donner la parole à une tendance de la jeune musique européenne qui a choisi de regarder vers le jazz pour trouver des solutions au problème du renouvellement du langage musical. C'est à ce titre qu'au festival de 1954 avait été créé le *Concerto dodécaphonique pour jazz band et orchestre symphonique* composé par l'Allemand Rolf Liebermann. L'expérience avait été jugée suffisamment prometteuse pour que trois ans plus tard, une soirée entière soit consacrée au jazz, André Hodeir présentant ses *Paradoxe I* et *II* tandis que l'orchestre américain du Modern jazz quartet interprétait des pièces composées l'année précédente pour le film de Roger Vadim, *Sait-on jamais ?*

Hodeir est venu avec son propre orchestre, le Jazz groupe de Paris. L'origine de cette formation remonte à 1954, lorsque Bobby Jaspar et Jean Liesse, qui s'ennuyaient dans l'orchestre de variétés d'Aimé Barelli où ils officiaient à Monte-Carlo, avaient pris l'habitude de se réunir chez eux pour jouer du jazz avec deux autres musiciens parisiens en vacances dans la principauté, Pierre Michelot et l'Américain Buzz Gardner. Lorsque Radio Monte-Carlo les invita pour une série d'émissions sur le jazz, Bobby Jaspar demanda à André Hodeir d'écrire des pièces pour la petite formation. De là naquit l'idée de former un orchestre réunissant quelques-uns des meilleurs musiciens français, belges et américains résidant à Paris. Le Jazz groupe de Paris fut officiellement fondé en octobre 1954 et entièrement destiné à jouer la musique d'André Hodeir. Le premier concert de l'orchestre eut lieu en décembre 1954 au palais de Chaillot, mais ses prestations scéniques furent rares avant le festival de Donaueschingen. C'est donc un orchestre vieux de trois ans, sans grande expérience scénique mais dont les enregistrements ont été entendus en Europe ainsi qu'aux États-Unis, qui se produit à la Mecque de l'avant-garde européenne. Mais ce concert n'aura pas de véritable suite et le jazz ne réapparaîtra plus dans les programmes de Donaueschingen les années suivantes. Quant au Jazz groupe de Paris, il n'aura jamais une activité débordante, chacun de ses musiciens étant membre à titre permanent d'un autre orchestre plus rémunérateur à qui il doit donner la priorité. C'est ainsi qu'engagée au festival d'avant-garde de Marseille en août 1956, la formation doit annuler sa participation au dernier moment, deux des musiciens n'ayant pas obtenu d'Aimé Barelli la permission de quitter l'orchestre pour quelques jours. La même mésaventure se reproduit donc au festival de jazz de Cannes en juillet 1958, où le concert du Jazz groupe de Paris se déroule avec six remplaçants sur neuf musiciens ! Les mois suivants, ce sont encore quelques concerts, la participation à la création d'*Au-delà du hasard*, œuvre de Jean Barraqué, au Domaine musical le 26 janvier 1960, un troisième disque, *Jazz et jazz*, puis l'orchestre se sépare faute d'activité. Par la suite, Hodeir essaie de monter un septette avec le pianiste Martial Solal, mais les problèmes de disponibilité des musiciens en empêcheront aussi le bon fonctionnement : l'une de ses seules apparitions scéniques a lieu dans le cadre de la Biennale de peinture de Paris le 27 octobre 1963. La tentative d'André Hodeir pour mettre sur pied son propre orchestre n'est donc guère couronnée de succès malgré l'accueil favorable de la critique puisqu'en novembre 1957, lorsque *L'Express* dresse la liste des vingt-cinq meilleurs disques de l'année précédente, y figure dans la catégorie « jazz français » un disque du Jazz groupe de Paris[17]. L'année suivante, l'album *Kenny Clarke joue Hodeir* est primé par l'Académie Charles Cros dans la catégorie « œuvres françaises ».

II. Symphonie pour un homme seul

Le jazz est-il d'avant-garde ?

Le rapprochement opéré par André Hodeir entre le jazz et l'avant-garde ne déplaît pas à certains amateurs qui aiment à présenter le jazz comme une musique nouvelle, anticonformiste et, pour le jazz moderne, caractérisée par la recherche esthétique. Mais les publics du jazz et de l'avant-garde ne se recoupent pas, car c'est parmi la bourgeoisie d'affaires et l'aristocratie que Pierre Boulez et les siens ont été chercher leur soutien, le Domaine musical ayant été financé quasi intégralement par le mécénat des élites de l'argent[18] qui constituèrent jusqu'à la fin des années soixante, avec les milieux artistiques et littéraires, l'essentiel du public de la musique contemporaine en France. On est loin des classes moyennes qui, comme nous le verrons plus loin, représentent l'essentiel du public du jazz, qui se compte par ailleurs en dizaines de milliers à la fin des années cinquante, alors que l'auditoire de la musique contemporaine reste longtemps limité à quelques centaines de Parisiens. Enfin, fait symbolique mais révélateur, c'est Jean Cocteau qui est choisi comme président d'honneur de l'Académie du jazz lors de sa fondation en 1954, distinction qu'il conservera jusqu'à sa mort ; ce choix témoigne de la part du milieu du jazz d'une recherche de respectabilité au sein du monde des arts et des lettres, alors que dans le même temps, les thuriféraires de l'avant-garde postwebernienne se méfient de ce genre de patronage et désirent justement éviter la présence, lors du premier concert du Domaine musical en 1954, de ce poète qui symbolise pour eux la mondanité parisienne (même si, malgré les précautions prises, le vieux renard, admirablement informé de toutes les manifestations artistiques hors normes, se trouve quand même dans la salle !). Quoi qu'il en soit, la quête de légitimité culturelle des amateurs de jazz, dont témoigne ce choix, se situe aux antipodes des buts de la jeune avant-garde sérielle, qui entend mener un combat contre la culture établie et imposer de nouvelles conceptions esthétiques.

En dépit de ces différences, quelques compositeurs sériels prêtent une oreille attentive au jazz sous l'influence d'Hodeir, ainsi Michel Fano et Jean Barraqué. Ce dernier contribue à lancer un pont éphémère entre les deux milieux. Car André Hodeir n'était pas le seul musicien de jazz à s'intéresser à la série. C'était aussi le cas du clarinettiste Hubert Rostaing, ancien condisciple de Django Reinhardt au sein du Quintette du Hot club de France, et lui aussi ami de Jean Barraqué. En 1960, Rostaing ayant demandé, au cours d'un dîner, à Jean Barraqué d'expliquer le principe de la série aux musiciens de jazz, le compositeur organise un cours d'analyse musicale auquel assistent une dizaine de musiciens de jazz parmi lesquels Hubert Rostaing, Martial Solal, Christian Bellest, Roger Guérin, Christian Chevallier, Armand Migiani, mais aussi le tromboniste américain Nat Peck. Mais la série devient vite un objet parmi d'autres de ce cours où Barraqué analyse aussi des œuvres classiques, du Mozart notamment. Au cours de ses deux ans d'existence, ce cours permit certainement aux musiciens présents d'acquérir une maîtrise plus grande des techniques d'écriture, mais il eut peu d'influence du point de vue de la diffusion du langage sériel dans le milieu du jazz, aucun des musiciens présents ne l'ayant intégré à son langage d'improvisateur ou d'arrangeur, à l'image du pianiste Martial Solal, qui réalise alors ses premières expériences de composition pour grand orchestre de jazz et, en quête d'idées neuves, assiste à quelques séances de ce cours qu'il juge tout à la fois passionnant et loin de ses préoccupations.

Les relations entre le jazz et l'avant-garde sérielle sont donc très lâches, et si un rapprochement semble se dessiner au milieu des années cinquante, il ne va pas durer longtemps. L'évolution du parcours d'André Hodeir en témoigne, qui va progressivement quitter la route empruntée par la majorité de ses collègues compositeurs. Sa décision, l'année même de la création du Domaine musical, de fonder son propre orchestre pour faire jouer sa musique, témoignait déjà d'une volonté de tracer sa propre voie, bien qu'il soit présent à Donaueschingen trois ans plus tard. Mais ce compagnon de la première heure des jeunes turcs de l'avant-garde s'écarte finalement assez vite de leur route : on en veut pour preuve le fait qu'aucune de ses œuvres n'ait jamais été jouée au Domaine musical dont il était pourtant l'un des premiers animateurs. Cela est dû à plusieurs raisons. La première tient à son rapport à la série, plus schoenbergien que webernien. La voie défendue par Boulez ne convient pas à Hodeir, comme le montrent *Paradoxe*, et surtout les œuvres suivantes, qui abandonneront même le principe de la série. *Paradoxe II*, composée aussi en 1954, est une œuvre atonale où la série ne joue qu'un rôle mineur et où l'influence dominante est celle de Bartok. De plus, cette œuvre est fondée en partie sur la forme thème et variations, qui induit la répétition. Les rares essais de Hodeir dans le domaine de la série n'auront donc pas de suite car le compositeur ne croit pas à la fécondité du rapprochement entre la série et le jazz.

Quant à Pierre Boulez, chef de file de l'avant-garde française, s'il se déclare intéressé en 1954 par la sonorité du saxophoniste américain Lee Konitz dont Hodeir lui fait écouter les interprétations, il n'a, de manière générale, guère de considération pour le jazz et le fait vite savoir. Son souci étant de bannir définitivement toute possibilité de retour à la tonalité, le jazz, musique tonale malgré les échappées chromatiques de certaines œuvres be-bop, lui apparaît comme un anachronisme musical : c'est à l'aune de ses recherches esthétiques qu'il faut interpréter ses déclarations successives sur le jazz, qualifié en 1962 de « simple objet de consommation à l'usage des boîtes de nuit » et de « musique d'ameublement [19] ». Car si *Hot house* de Parker semblait amorcer une entrée du jazz dans le monde de l'atonalisme, l'évolution de la musique noire au cours des années cinquante continue à se faire dans le cadre de la tonalité. Quant à l'apport du jazz sur le plan rythmique, Boulez n'y croit pas non plus : pour lui, le jazz, « avec sa pauvre syncope et son inséparable mesure à quatre temps [20] », n'a que peu de choses à apporter, contrairement à un Stravinsky, dont il a analysé les découvertes rythmiques dans une longue étude de soixante-dix pages consacrée au *Sacre du printemps*. La divergence esthétique entre Hodeir et Boulez est donc très nette. Elle est révélatrice d'un climat qui s'est durci par rapport au début de l'aventure du Domaine musical. Si l'avant-garde présentait alors un front uni face à l'académisme, la belle harmonie des débuts ne dure pas et des divergences profondes apparaissent vite entre les compositeurs, provoquant un certain nombre de ruptures. L'itinéraire d'André Hodeir, dont le cheminement musical l'entraîne vite loin de l'orthodoxie sérielle, en est un exemple. À ces querelles d'ordre esthétique s'ajoutent des rivalités personnelles, notamment entre Pierre Boulez et Jean Barraqué, autre figure de l'avant-garde et proche ami d'Hodeir, qui voit en lui l'un des compositeurs les plus importants de sa génération, au point de lui consacrer en 1961 dans son livre *La Musique depuis Debussy* le dernier chapitre après celui consacré à Pierre Boulez, manière de montrer que des deux compositeurs, si Boulez a pu grâce à « une intelligence musicale exceptionnelle [21] » franchir un pas décisif dans la résolution de la crise du langage musical qui sévissait en 1945, Barraqué possède une stature plus grande encore. Personnalité en retrait par rapport à celle de Pierre Boulez, Barraqué était aussi moins prolifique ;

sa grande œuvre *Au-delà du hasard* n'est créée qu'en 1960 au Domaine musical. Elle est l'occasion de la seule participation du Jazz groupe de Paris à un concert du Domaine musical. Barraqué, qui appréciait les sonorités du jazz, avait demandé aux musiciens de l'orchestre d'interpréter certains passages de son œuvre. C'est André Hodeir qui se chargea de diriger les répétitions de pupitres en vue du concert. Mais celui-ci ne fut pas un grand succès. Il semble que Barraqué fut très affecté par ce demi-échec : à partir de ce moment, il s'éloigne progressivement du Domaine musical, processus accéléré semble-t-il par son caractère difficile. Dans la rivalité latente entre Boulez et Barraqué, la position d'Hodeir en faveur de son ami n'a pu que fragiliser sa propre position au sein du milieu de l'avant-garde.

Et si Boulez est le seul à émettre un jugement aussi tranchant sur le jazz, peu de compositeurs d'avant-garde y voient une source à même d'irriguer leur démarche créatrice. La soirée jazz du festival de Donaueschingen où les œuvres d'Hodeir sont jouées ne rencontre guère d'échos en dehors de la presse de jazz ; le critique musical Antoine Goléa fut l'un des seuls à en faire mention dans *L'Express*[22], mais tout en commentant avec enthousiasme la prestation du Modern jazz quartet, présent lui aussi ce soir-là, il ne souffle mot de celle du Jazz groupe de Paris. Quant au compositeur André Boucourechliev, joué au Domaine musical, il rend compte dans la *Nouvelle Revue française* des œuvres de Stockhausen et de Pousseur jouées lors du festival, ainsi que des discussions autour du récent article « Aléa » publié par Boulez peu de temps auparavant, mais ne fait aucune allusion à cette soirée jazz[23]. Si la musique noire américaine fait partie momentanément des voies explorées par l'avant-garde musicale d'après guerre, c'est donc de manière très marginale et à la faveur d'un moment historique précis, le milieu des années cinquante, où le sérialisme intégral théorisé par Pierre Boulez en 1952 est en passe d'être remis en cause, comme le montre la création à Donaueschingen en octobre 1955 de *Metastasis*, œuvre de Iannis Xénakis. Celui-ci, rejetant toutes les techniques de composition employées jusqu'alors (donc tonales mais aussi sérielles), jette un pavé dans la mare chez les compositeurs postweberniens. En même temps, il publie un manifeste intitulé *Crise de la musique sérielle* où il expose ses théories. *Metastasis* est une œuvre construite selon des lois mathématiques et architecturales identiques à celles qu'a utilisées Xénakis, qui est aussi architecte, pour concevoir le pavillon Philips de l'Exposition universelle de Bruxelles en 1958. L'œuvre ouvre une brèche dans l'univers sériel et montre que celui-ci n'est pas la seule voie d'avenir pour la musique. C'est à la faveur de cette remise en cause de l'orthodoxie sérielle que le jazz recueille de son côté un succès de curiosité chez les compositeurs. Celui-ci ne sera pas long. Par ailleurs, la nature ambiguë du jazz, qui possède une branche populaire – le New Orleans – et une moderne – le be-bop et ses dérivés –, contribue à lui donner une mauvaise image. Le succès populaire qu'il rencontre au cours des années cinquante et la volatilité de son public ne sont pas faits pour plaire à des compositeurs dont les recherches austères ne relèvent pas du même univers que l'ambiance houleuse de certains concerts de jazz et le parti pris spectaculaire de certains musiciens, un parti pris qu'Hodeir lui-même désapprouve mais sur lequel il n'a pas grande prise et qui le place en porte-à-faux par rapport à ses collègues compositeurs.

Compositeur de jazz

Au même moment, Hodeir est en passe d'achever une mutation qui suscite chez lui des interrogations quant à la justesse de ses choix. En effet, après avoir longtemps hésité entre deux langages musicaux, il fait définitivement le choix du jazz à partir de la fin des années cinquante, *Paradoxe I* l'ayant définitivement convaincu que le jazz était incompatible avec l'atonalité et la technique dodécaphonique. Dès le milieu des années cinquante, Hodeir revient donc à un langage tonal qui lui permet d'approfondir sa réflexion sur le rythme et notamment sur le phénomène du swing, lié selon lui à la mesure à quatre temps et à la régularité du tempo. Ces deux conditions sont à ses yeux indispensables pour que le tapis rythmique déroulé sous le soliste par les instruments accompagnateurs permettent le dégagement du swing, phénomène qui ne préexiste pas à l'œuvre et apparaît – ou n'apparaît pas, en fonction des qualités de l'exécutant – seulement au moment de l'exécution.

L'autre problème fondamental qui préoccupe Hodeir est celui de la forme. D'après lui, le jazz souffre de ne connaître qu'une seule forme musicale, celle du thème varié. Le seul compositeur authentique qu'ait produit le jazz est Duke Ellington, qui a mis en œuvre une écriture originale, servi par un orchestre hors pair qui, grâce à la stabilité de son effectif jusqu'au lendemain de la Seconde Guerre mondiale, a pu enregistrer de nombreux chefs-d'œuvre. Mais c'est un cas isolé. Le véritable défi que le jazz doit résoudre pour se hisser au niveau de la musique savante occidentale est donc celui de la forme, et dans cette perspective, l'acquis des recherches menées par les compositeurs européens depuis plusieurs siècles, ainsi que leurs développements les plus contemporains, peuvent aider le musicien de jazz. Une fois encore, c'est donc dans la musique d'avant-garde qu'Hodeir trouve un stimulant à sa réflexion jazzistique, mais cette fois-ci, c'est sur le plan de la philosophie de la composition et non plus sur celui de la technique d'organisation des hauteurs de son. Aux musiciens classiques qui composaient à partir de formes préétablies (sonate, symphonie, etc.), Hodeir oppose les compositeurs d'avant-garde qui travaillent à partir d'un matériau (une série de douze sons par exemple). Pour lui, le jazz doit s'inspirer de cette manière d'aborder la composition, qui permet à la fois de donner à cette musique une ampleur formelle tout en respectant la souplesse et le sentiment de liberté qui fondent le plaisir de son audition. Après avoir essayé de plaquer artificiellement le langage sériel sur le jazz, Hodeir arrive enfin à unifier ses deux héritages musicaux : désormais, il composera des œuvres appartenant au jazz du point de vue du rythme et de l'organisation des hauteurs, mais selon des principes directeurs issus de l'avant-garde postwebernienne. À la fin des années cinquante Hodeir devient, selon sa propre expression, un compositeur de jazz.

Flautando[24], pièce composée en 1960, reflète bien l'aboutissement d'une démarche entreprise près de vingt ans plus tôt. Il s'agit d'une œuvre pour cinq flûtes (trois en *ut* et deux altos en *sol*) accompagnées par une section rythmique de jazz (piano, batterie, contrebasse). On remarquera tout d'abord qu'elle est entièrement écrite, Hodeir considérant que si l'improvisation est un élément important du jazz, elle ne lui est pas essentielle. On peut s'étonner de ce choix, alors que le compositeur affirmait peu de temps auparavant la nécessité de repenser le rapport entre écrit et improvisé afin d'élargir l'univers du jazz. Pour autant, le fait d'avoir réalisé une œuvre où l'improvisation est absente ne constitue pas une démission devant ce problème considéré par Hodeir comme l'un des plus fondamentaux. Car sa réponse personnelle est là : il ébauche dans *Flautando* ce qu'il appellera plus tard le concept d'improvisation simulée, le phrasé des instrumentistes devant donner à l'auditeur l'impression qu'ils improvisent alors qu'en réalité ils lisent une partition. Cette idée, Hodeir l'a puisée chez Duke Ellington, qui, connaissant parfaitement le style des solistes de son orchestre, écrivait pour eux des soli personnalisés, dont le *Concerto for Cootie*, composé en 1940 pour Cootie Williams, trompettiste vedette de l'orchestre, est l'exemple le plus achevé. En 1950, Hodeir consacra une longue étude à cette pièce qu'il qualifiait de « chef-d'œuvre[25] ». L'idée d'improvisation simulée, qui sera développée dans ses œuvres ultérieures, est en gestation dès 1960 dans *Flautando*, à travers le phrasé des flûtes : quand bien même l'auditeur ne croit pas une seconde que ces cinq flûtes puissent improviser ensemble des phrases avec un découpage rythmique identique et une mise en place aussi parfaite – d'autant que c'est le même flûtiste, Raymond Guiot, qui interprète toutes les parties grâce à la technique du re-recording* –, l'absence de thème, le caractère haché du discours du soliste (nombreuses interventions très courtes apparaissant comme des idées musicales non développées), l'omniprésence des appoggiatures et le caractère cyclique de la pièce constituée d'un canevas harmonique de blues répété cinq fois, sont autant de procédés destinés à donner l'impression que le discours du flûtiste s'élabore au fur et à mesure d'une œuvre en forme de *work in progress*, Hodeir essayant ici pour la première fois de mettre en pratique sa conception de la musique non plus fondée sur une forme préétablie mais plutôt sur le développement d'une idée musicale.

Cette conception est aussi une réponse au problème de la forme : quoi de plus radical, pour échapper au carcan du thème varié qui limite le pouvoir d'expression du jazz, que de supprimer ledit thème ? La raison d'être de l'œuvre n'est pas l'exposition, puis le développement et la réexposition d'un thème (conception caractéristique de l'époque classique et romantique), mais un matériau sonore original constitué par une section de cinq flûtes – instrumentation totalement inédite dans le jazz – dont les timbres se juxtaposent. Alors que *Paradoxe I* se caractérisait par une écriture de type contrapuntique, l'écriture est ici strictement homorythmique : l'effet de timbre prime sur l'entrelacement des lignes mélodiques qui prévalait dans *Paradoxe I*. Si Hodeir ne pense pas que la série puisse être une échelle sonore applicable à une œuvre de jazz, il fait sienne en revanche l'idée de Webern qu'un matériau de départ puisse être le principe générateur d'une œuvre. Ici, ce n'est pas une série de douze sons qui engendrera *Flautando* mais un timbre instrumental dont les diverses facettes vont être explorées au cours de la pièce. Cette démarche montre clairement qu'Hodeir a désormais réalisé la synthèse de ses deux univers sonores, empruntant alternativement à l'un (le jazz pour l'improvisation simulée) et à l'autre (la musique contemporaine pour le matériau générateur de

---

* Voir chapitre VIII, note de la page 215.

l'œuvre) afin de mettre en pratique ses propres idées (le matériau sonore comme principe générateur).

La structure harmonique de l'œuvre est celle d'un blues de douze mesures dans le ton de *sol* répété quatre fois, auquel s'ajoute une cinquième séquence, constituée d'un blues de huit mesures. On est donc dans le cadre harmonique très classique d'un grand nombre d'œuvres de jazz, bâties sur une trame harmonique de blues. Mais Hodeir traite à sa manière ce cadre en introduisant un décalage de quatre mesures entre le cycle harmonique et la carrure de douze mesures : alors qu'un blues débute toujours sur un accord de tonique*, *Flautando* s'ouvre, après une courte introduction, sur l'accord de sous-dominante qui dans le blues se situe habituellement à la cinquième mesure. La cadence finale (ou *turnaround*) qui, dans la douzième et dernière mesure du blues type, annonce le début d'un nouveau cycle débutant sur l'accord de tonique, apparaît donc ici à la neuvième mesure en raison de ce décalage. Hodeir dissocie donc le cycle harmonique et le cycle rythmique qui allaient jusque-là de pair dans le blues. On peut y voir une conséquence de la volonté du compositeur d'introduire de la dissymétrie dans un univers jazzistique fondé depuis ses origines sur la symétrie et le retour périodique des structures, alors que dans la musique savante, la dissymétrie est devenue, depuis Debussy et Stravinsky, un élément essentiel des recherches sonores contemporaines. On notera que la dissymétrie est présente non seulement dans la structure de *Flautando*, mais aussi dans le découpage des phrases du soliste, où alternent interventions extrêmement courtes et phrases longues.

Du point de vue mélodique, l'œuvre se situe aussi dans le cadre du blues, le solo de flûte se caractérisant par une couleur pentatonique très prononcée, ainsi que par une polymodalité caractéristique des gammes blues, reposant sur l'oscillation permanente de la tierce entre le majeur et le mineur. Mais le phrasé porte aussi la marque des recherches sonores de la musique savante, que l'on peut repérer dans la sollicitation à plusieurs reprises de l'extrémité aiguë du registre des flûtes joué avec une intensité maximum (troisième temps de la quatorzième mesure et huitième temps de la quarante-septième mesure), dont résulte une sonorité qui n'est pas sans évoquer le début de « L'Artisanat furieux », troisième pièce pour voix et

---

* Il s'agit en fait d'un accord de septième mais sans fonction de dominante puisque se plaçant sur le premier degré. Il joue donc le rôle de tonique, le blues étant uniquement, à l'origine, bâti sur des accords de septième naturelles.

flûte en *sol* du *Marteau sans maître* (1955) de Pierre Boulez. On notera enfin la présence ponctuelle de figures rythmiques irrationnelles, dont la musique postwebernienne a systématisé l'usage : l'enchaînement triolet-quintolet-septolet de la douzième mesure est à cet égard révélateur, de même que le quintolet de la trente-quatrième mesure.

Avec *Flautando*, c'est donc un vocabulaire original qu'a trouvé Hodeir après des années de tâtonnements. Désormais, les acquis du jazz et de la musique européenne, classique ou contemporaine, sont en osmose dans son œuvre et participent d'une recherche formelle originale qui part des questionnements propres à la génération des compositeurs de l'après-guerre et les applique à la musique noire américaine, phénomène incontestable d'acculturation qui dans l'immédiat reste limité à l'œuvre d'un homme puisque le jazz campe à la porte de l'avant-garde française et qu'Hodeir lui-même restera longtemps très contesté au sein du milieu du jazz. Mais cet itinéraire annonce des rapprochements ultérieurs entre les deux mondes, notamment à partir de la fin des années soixante. Aujourd'hui, nombreux sont les musiciens qui officient à la fois dans le milieu du jazz et dans celui de la musique contemporaine. De ce point de vue, Hodeir fait figure de précurseur. On notera enfin que sa démarche de compositeur de jazz, si elle n'a pas fait école dans un premier temps, n'en a pas moins très certainement inspiré de nombreux musiciens de la génération suivante, qui se sont penchés sur le problème de la composition dans un contexte jazz : les réalisations de l'Orchestre national de jazz sous ses directeurs musicaux successifs depuis 1986 témoignent de la postérité de la démarche et montrent que le travail d'Hodeir a joué un rôle important dans l'intégration du jazz au paysage musical français contemporain.

Série-Noire

PAR AUTORISATION SPÉCIALE DE LA LIBRAIRIE GALLIMARD

A MOI D'PAYER

L'AIR DU FILM "SERIE NOIRE":

dont la musique a été composée par

SIDNEY BECHET
ENREGISTRÉ SUR DISQUES
vogue
avec ANDRÉ REWELIOTTY ET SON ORCHESTRE

CRÉÉ DANS LE FILM PAR
LA NOUVELLE VEDETTE

MONIQUE VAN VOOREN
QUI L'A ENREGISTRÉ SUR DISQUES
vogue
AVEC CLAUDE BOLLING ET SON ORCHESTRE

ROBERT RIPA
CHANTE AUSSI "A MOI D'PAYER"

LE TRIO MARHNY
A MOI D'PAYER

vogue

XI

Jazz et variété : une greffe réussie

Le mélange du jazz avec la musique de variétés est l'un des éléments capitaux de son acculturation en France. À partir des années trente, la musique noire américaine a commencé à influencer profondément la chanson, un mouvement qui se poursuit après 1945 et contribue à la diffusion de ses sonorités au-delà du cercle des amateurs férus. Cette interpénétration entre les deux genres musicaux est l'occasion d'une popularisation incontestable du public du jazz dans la décennie d'après-guerre.

I. Un phénomène populaire

La Bechetmania

Parmi les acteurs de cette popularisation du jazz, une place de tout premier plan doit être réservée à Sidney Bechet. Vedette incontestée du festival de jazz de Paris en 1949, il connaît en France un succès immédiat qui ne se démentira pas jusqu'à sa mort et va permettre à un large public de découvrir le jazz. Sa réputation est déjà établie auprès des amateurs lorsque Charles Delaunay, pendant son deuxième voyage aux États-Unis au début de 1949, entame les négociations en vue de sa participation au festival, où il doit tenir la tête d'affiche avec Charlie Parker, chacun symbolisant une tendance majeure du jazz. Bechet avait notamment participé à l'une des séances fondatrices du *revival* Nouvelle-Orléans supervisées par Hugues Panassié à New York en 1938. On savait aussi qu'il était venu en France en 1928, séjour au cours duquel il avait été impliqué dans une rixe près de Pigalle et avait tiré un coup de pistolet qui avait blessé une passante. Après onze mois de prison, il avait été expulsé du territoire français et interdit de séjour. En mai 1949, alors que la vogue du *revival* Nouvelle-Orléans bat son plein en France, l'équipe de *Jazz hot* prépare l'arrivée du musicien en publiant un article élogieux sur celui qu'elle qualifie de « grand homme de jazz », tandis que Charles Delaunay obtient des autorités françaises une autorisation de séjour provisoire pour lui[1]. De l'aveu même d'André Hodeir, acquis aux tendances les plus modernes du jazz mais ne reniant pas pour autant ses formes plus anciennes, Bechet sera « le grand triomphateur du festival », chacune de ses apparitions sur scène ayant « suscité une énorme vague d'enthousiasme ». Hodeir souligne aussi la « présence » de Bechet, sa « foi » et sa « jeunesse » ainsi que la « spontanéité et la perfection de son jeu[2] ». Dès le début, Bechet fait l'unanimité autour de son nom, que ce soit chez les amateurs, les musiciens ou les critiques.

Si ses premières tournées se sont déroulées devant un public d'amateurs de jazz, le saxophoniste va très vite élargir son public en apparaissant à titre d'attraction dans des spectacles de music-hall alors en pleine renaissance : dès octobre 1950, il est engagé à l'Apollo de Paris puis, en février 1951, partage pendant quatre semaines l'affiche de l'ABC avec Jean Nohain et André Claveau, et s'impose avec l'orchestre de Claude Luter comme la vedette du spectacle. Le succès qu'ils rencontrent témoigne de la popularité acquise en France par Sidney Bechet en moins de deux ans. En mars, à la suite des démarches entreprises par Charles Delaunay, l'interdiction de séjour qui le frappait est levée : plus rien ne s'oppose à son installation définitive[3]. En septembre, un mois après son mariage qui a réuni le « gratin » du milieu du spectacle à Juan-les-Pins, il est sur les planches de l'Olympia et, si le IIe Salon du jazz en avril 1952 confirme sa popularité auprès des amateurs, il va se produire surtout à partir de ce moment dans le cadre des programmes de music-hall qui lui permettent de toucher un public bien plus large : il est ainsi en attraction à l'Alhambra en janvier-février 1954, puis en septembre à l'Olympia au même programme que les chanteurs Nicole Louvier et Mouloudji. En février 1955, il passe en vedette à Bobino avec Catherine Sauvage, Jacques Brel et Fernand Raynaud, puis enchaîne en juin avec le nouveau spectacle de l'Olympia, toujours en vedette d'une soirée comportant également un « show cubain », le chanteur noir américain Fats Edwards et le jeune Charles Aznavour. En janvier 1956, il se produit à l'Alhambra, et en mars 1957 à Bobino. Cette intense activité ne l'empêche pas de se produire à intervalles réguliers pour les amateurs de jazz, en février 1952 à la salle Pleyel, en janvier 1956 au théâtre du Vieux-Colombier, mais aussi en mars 1957 à la salle Pleyel et en juillet 1958 au festival de Cannes, sans compter les nombreuses tournées en province avec les orchestres d'André Reweliotty ou de Claude Luter. Le point culminant de son activité se situe en 1954-1956, période au cours de laquelle il assure la tête d'affiche de deux spectacles de music-hall par an, fête en octobre 1955 son millionième disque vendu avec le mémorable concert de l'Olympia et écrit un ballet intitulé *La nuit est une sorcière*, créé le 4 avril 1954 au TNP à Chaillot puis repris l'année suivante à l'Opéra de Paris en présence du président de la République René Coty. C'est aussi au cours de ces deux années que son activité cinématographique est la plus intense puisqu'il compose des musiques et interprète des rôles dans plusieurs longs métrages : *La Route du bonheur* de Maurice Labro et *Piédalu député* de Jean Loubignac en 1953, *L'inspecteur connaît la musique* de Jean Josipovici et *Série noire* de Pierre Foucault en 1955, et enfin *Ah! quelle équipe!* de Roland Quignon en 1956. Son activité se réduit à partir de 1957 en raison de problèmes de santé, mais avec *Nouvelle-Orléans* créée à l'Étoile en janvier 1958, le style Nouvelle-Orléans fait son entrée à l'opérette, bien accueillie par la presse et par le public. C'est en septembre 1958 que Bechet cesse toute activité, sa dernière apparition publique ayant lieu en décembre 1958 au cours de la Nuit du jazz organisée, comme chaque année, par Charles Delaunay. Il disparaît en mai 1959.

Par son charisme, Bechet est le premier artiste de jazz qui accède en France au rang de vedette, non seulement parmi les amateurs mais aussi auprès d'un public bien plus large. Le saxophoniste va cristalliser sur sa personne les premières manifestations d'un culte de la vedette chez les jeunes, qui se retrouvera à plus grande échelle dans les années soixante avec les chanteurs yé-yé puis les stars du rock. Dès novembre 1949, la rédaction de *Jazz hot* confie à un jeune musicien français de style Nouvelle-Orléans, Maxime Saury, la mission de suivre Bechet au cours de sa tournée. C'est là une pratique nouvelle pour le jeune journaliste qui note que « *Jazz hot* ne se contente plus de livrer à ses lecteurs avides des articles didactiques sur la forme et les origines du jazz, il possède à présent des reporters spéciaux, ayant pour mission de ne pas quitter d'une semelle les vedettes noires dès qu'elles touchent le sol continental[4] ». Et de relater les moindres faits et gestes des musiciens sur, et surtout hors de scène. Le succès de Bechet, accompagné dans la presse spécialisée d'articles rétrospectifs et discographiques sur son œuvre ou sur ses débuts, marque l'apparition d'un nouveau type de public. C'est en effet à partir de ce moment que le terme de « fan », appliqué jusque-là aux amateurs de jazz, va progressivement se déplacer pour en venir à désigner au début des années soixante le public du rock, témoignant d'un nouveau type de rapport entre les jeunes et les musiciens dont Bechet semble bien avoir été le premier bénéficiaire. Il va très vite générer un nouveau type de sociabilité qui rompt totalement avec la forme Hot club : en novembre 1956 est en effet créé le premier « club Sidney Bechet », ancêtre des fans-clubs qui vont pulluler en France à partir des années soixante et soixante-dix. Ce club est inauguré en grande pompe sur une péniche parisienne transformée en river boat, par une réception au cours de laquelle est servie une soupe à l'oignon, « emblème des fans de Bechet[5] », tandis qu'un journal intitulé *Les Oignons* doit servir d'organe de liaison entre les membres du club. Désormais, c'est une vedette et non plus un style de musique qui fournit sa raison d'être à un club, comme c'était le cas vingt ans plus tôt lors des débuts du mouvement Hot club. Le succès de Sidney Bechet marque de ce point de vue un changement d'époque.

Mais sa popularité gêne les amateurs de jazz qui s'interrogent sur « le cas Sidney Bechet », titre d'une tribune consacrée au musicien dans *Jazz hot* en juillet 1955, au plus fort de son succès. Si d'aucuns considèrent qu'il fait partie des musiciens qui « créèrent » le jazz et possède « un swing extraordinaire », ils sont nombreux à s'interroger sur le statut de jazzman d'un musicien qui « [déserte] les salles de concert pour les salles de music-hall » et dont « la popularité est devenue telle qu'il participe dorénavant à la vie du spectacle et en partage la gloire au même titre qu'une vedette de "variétés" telle que Charles Trenet ou Édith Piaf ». Les plus puristes considèrent que Bechet, la popularité aidant, en est venu à « s'exprimer d'une manière étrangère au jazz » et à « vendre une marchandise qui n'est plus destinée aux amateurs de jazz ». Un point de vue exprimé plus crûment encore par Jacques André, chroniqueur de *Combat*, pour qui la musique de Bechet appartient désormais au monde de la « variété tout juste bonne à meubler les soirées des dancings de province[6] ». Il n'en reste pas moins que Bechet, par son énorme succès, a contribué plus qu'aucun autre musicien à faire connaître et aimer le jazz au grand public, touchant par le biais des spectacles de music-hall un auditoire à la fois plus nombreux que celui des amateurs de jazz, mais aussi sociologiquement et culturellement différent. Ce public a pu découvrir les sonorités du jazz non seulement par le biais des standards de la Nouvelle-Orléans interprétés par Bechet sur scène et sur disque, mais aussi à l'écoute des nombreux thèmes composés par le saxophoniste, des thèmes proches mélodiquement du patrimoine auditif européen, auxquels Bechet a ajouté les inflexions caractéristiques du jazz, notamment la polymodalité du blues. Le premier grand succès de Bechet est à cet égard *Les Oignons*, enregistré pour la première fois en octobre 1949[7], et dont les ventes atteindront 1,2 million d'exemplaires en 1959. En janvier 1952, il compose *Petite fleur*, appelée à un succès similaire. Le mélange entre deux univers sonores dont témoignent ces pièces, ainsi que les autres succès de Bechet pendant cette période, constitue une manière on ne peut plus pédagogique de faire connaître le jazz au grand public, et les chiffres de ventes de disques attestent de son efficacité.

Lors de son décès en mai 1959, Bechet est unanimement salué comme un musicien au charisme exceptionnel et un médiateur culturel ayant permis de populariser le jazz. Le quotidien *L'Aurore* lui consacre sa « une » ainsi qu'un long article sur le « patriarche jovial échappé de la case de l'oncle Tom, [...] la plus haute figure d'un monde coloré : celui des vagabonds géniaux de l'épopée du jazz[8] ». À *Combat*, Jacques André, pourtant réticent devant les concessions commerciales de Bechet, réaffirme son admiration pour l'« un des plus grands de l'histoire du jazz[9] ». Dans *L'Humanité*, Alain Guérin ne passe pas sous silence l'évolution de Bechet vers la variété, mais insiste sur la disparition d'« un ami cher » qui « aimait véritablement son peuple, le peuple des esclaves et des musiciens de génie[10] ». À *L'Express*, on présente la mort du saxophoniste comme « presque un deuil national[11] » tout en soulignant, là encore, que son grand succès ne fut pas dû au « meilleur de son art » : « Sa discographie française (quelque 35 microsillons) est sans doute la partie la moins intéressante de son œuvre enregistrée, mais beaucoup sont venus au jazz par Bechet. Ceci compense cela. Pour le grand public, Bechet ne commença d'exister qu'en 1949. » C'est aussi la figure du médiateur qui est privilégiée dans les colonnes de *Témoignage chrétien*, où des jeunes s'expriment : « C'est Bechet qui m'a révélé le jazz, dit l'un d'eux. Alors, j'ai découvert un monde. Après Bechet, j'ai découvert les autres : Charlie Parker, Louis Armstrong, Jelly Roll Morton, Fats Waller... Je crois que beaucoup de jeunes de ma génération ont découvert le jazz grâce au saxo de Sidney Bechet[12]. » Le succès de celui-ci, s'il tient évidemment à sa personnalité et à sa présence scénique, est néanmoins étonnant si l'on considère que cette figure emblématique dans laquelle se reconnut une partie de la jeunesse des années cinquante est alors un homme de soixante ans qui pourrait être le père, voire le grand-père de ses fans, bien qu'il incarne pour eux « l'éternelle jeunesse[13] » ! Dès l'année suivant sa mort, les adolescents du baby-boom vont cependant trouver, avec les premiers chanteurs yé-yé du même âge qu'eux, des idoles à leur image : signe que la culture jeune, embryonnaire dans les années cinquante, sera alors vraiment née.

Jazz et music-hall

Autant qu'une manifestation de cette culture encore dans les limbes, le phénomène Bechet est la traduction d'un élargissement du public du jazz dû aux spectacles de music-hall qui sont en pleine renaissance au début des années cinquante. Bruno Coquatrix joue ici un rôle fondamental. Il a commencé par exercer la profession de pianiste et de chef d'orchestre à la fin des années trente, accueillant dans sa formation le gotha des musiciens de jazz français de la première génération : Stéphane Grappelli, Michel Warlop, Django Reinhardt, Pierre Allier, Noël Chiboust, Alex Renard, Alix Combelle, André Ekyan ou encore Guy Paquinet. Après 1945, il fait ses premières armes dans l'administration d'une salle de spectacles à la Comédie Caumartin puis prend la direction de l'Olympia en 1952. La salle est d'abord un cinéma présentant des attractions. Coquatrix le transforme en music-hall à partir de 1954, prenant le risque de remettre en selle un type de spectacles que le public boude depuis plusieurs années. Le pari est gagné dès le début et jusqu'en 1959, le succès sera constant. Outre l'Olympia, Coquatrix va diriger épisodiquement quelques-uns des plus grands music-halls parisiens au cours des années cinquante et soixante : l'Alhambra, mais aussi Bobino entre 1958 et 1959, ainsi que l'Européen pour un bref moment en 1963. C'est dire si l'homme occupe une place centrale dans le processus de popularisation du jazz à travers le music-hall, genre qu'il définit lui-même comme « un plateau, composé d'une attraction vedette sur laquelle s'enchaîne une série d'attractions de moindre importance[14] ».

Certes, le jazz n'a pas attendu Bruno Coquatrix pour entrer au music-hall puisque dès les années trente, les musiciens de jazz français y avaient fait de nombreuses incursions. Dans l'immédiat après-guerre, ils y reviennent de temps à autre, en janvier 1948 lorsque le

Quintette du Hot club de France participe au programme de l'ABC en compagnie d'Henri Salvador, des Peter Sisters et de George Ulmer, ou encore en février 1951 au même endroit, avec cette fois Sidney Bechet et l'orchestre de Claude Luter. Mais Coquatrix systématise ce type de couplage et lance en 1954 une nouvelle forme de spectacle comprenant, outre la musique, des animations diverses allant des sketchs comiques aux montreurs d'ours. Passionné de jazz et sentant cette musique sur une pente ascendante, il fait appel pour la première série de représentations à l'orchestre d'Aimé Barelli, puis, pour la seconde, à Sidney Bechet qui interprète avec l'orchestre de Claude Luter quelques airs de La Nouvelle-Orléans au milieu d'un programme copieux comprenant le jongleur Gasty, les Viganos qui présentent un numéro de sauteurs à bascule, les humoristes Jean Poiret et Michel Serrault, mais aussi, côté musique, le chanteur-imitateur Jean Valton et le groupe de danseurs des Latin bop stars.

Juste après le IIIe Salon du jazz en juin 1954, Coquatrix organise à l'Olympia un festival international de variétés dont la vedette est le trompettiste Jonah Jones – grand rival de Louis Armstrong – qui, après s'être produit pour les amateurs avertis au cours du salon, vient jouer boulevard des Capucines pour un tout autre public. En juillet, c'est le tour du grand orchestre de l'américain Billy Eckstine de partager l'affiche avec Jacques Brel, Claude Vega et Jean Wiéner, tandis que Sidney Bechet revient en septembre au même programme que Mouloudji. Trois mois plus tard, la formation de Lionel Hampton investit les planches entre le chanteur Philippe Clay et un trio de clowns. Mezz Mezzrow, champion du jazz Nouvelle-Orléans, se joint aux festivités en janvier 1955, tout comme – encore – Bechet en juin. Même Louis Armstrong, le roi du jazz, se produit dans ce cadre en novembre 1955, tandis que Lionel Hampton reste à demeure trois semaines en janvier 1956, ainsi que le saxophoniste Gerry Mulligan en mars de la même année !

Si le succès n'est pas toujours au rendez-vous, comme c'est le cas pour les prestations de ce dernier, le passage sur les planches de l'Olympia est malgré tout une occasion unique pour tous ces musiciens de se produire devant un public très large. En profiteront aussi Errol Garner en décembre 1957 ou Quincy Jones en mars 1960, ainsi que de nombreux musiciens français tels Claude Luter et André Reweliotty, qui accompagnent les divers passages de Bechet à l'Olympia ou dans les autres music-halls qui suivent l'exemple de Coquatrix. On citera aussi Michel Attenoux en juin 1954, Henri

Renaud en octobre 1955, Maxime Saury en août-septembre 1956, Léo Chauliac en mars 1957, Hubert Rostaing le mois suivant, Claude Bolling en mai (celui-ci devait revenir en mars 1958, septembre 1959 et septembre 1961) et Stéphane Grappelli en juin, accompagné par un trio composé de Maurice Vander, Guy Pedersen et Al Levitt. En 1961, le groupe vocal Les Double Six restera trois mois à l'affiche de l'Olympia[15].

Dans un entretien accordé à *Jazz hot*, Bruno Coquatrix justifie l'introduction du jazz dans les spectacles de music-hall par le fait que la musique qui accompagne habituellement ce type de spectacle est largement influencée par le jazz. « Il est donc normal, ajoute-t-il, qu'on présente le jazz sous sa forme la plus valable en la personne de ses créateurs[16]. » L'intention pédagogique de ces attractions ne saurait être mieux exprimée. En présentant au cours de ces spectacles un quart d'heure de jazz à un public totalement néophyte, il espère parvenir à convaincre une partie du public qui considère cette musique comme dénuée d'intérêt. Mais d'un autre côté, il doit aussi faire face aux critiques de certains amateurs pour qui l'on ne saurait mélanger le jazz avec la variété : « Pourquoi un quart d'heure pour Errol Garner et quarante minutes pour Gloria Lasso ? », interroge le très puriste Alain Guérin dans *L'Humanité* le 7 décembre 1957, déçu de ne pas avoir pu assister à un récital complet du pianiste qui n'était pas venu en France depuis 1948. Dans l'ensemble cependant, l'action de Coquatrix est vivement applaudie par la presse spécialisée, dont les animateurs comprennent vite qu'elle offre au jazz une chance peut-être unique d'élargir son public, d'autant plus que le directeur de l'Olympia accueille dans sa grande salle de nombreux concerts de jazz de la saison parisienne. André Hodeir, pourtant prompt à dénoncer toutes les dérives commerciales du jazz, convient qu'il faut « féliciter M. Coquatrix de ses initiatives[17] ». Tandis que *Jazz hot* met l'accent sur « la parfaite bonne volonté de M. Coquatrix à l'égard du jazz[18] », l'organisateur de spectacles a droit, dans les colonnes de *Jazz magazine*, à « l'entière gratitude de tous les amis du jazz car il est le premier en France à avoir tenté et réussi l'hypothétique mariage du music-hall et de notre musique. Grâce à lui, le public de Bécaud et d'Édith Piaf a fait la connaissance des Armstrong, Bechet, Hampton, Bobby Jaspar et Mezz Mezzrow[19] ». Dans cette dernière revue où l'on défend une conception plus large du jazz, la critique du purisme intransigeant est à l'unisson de celle formulée par Coquatrix. Frank Ténot y revendique fièrement en mai 1956 l'influence sur « une très grande part des musiques populaires du globe » d'un « art [qui] n'a pas fini de rayonner sur le monde » et rappelle aux amateurs réticents qu'aux États-Unis aussi, il arrive fréquemment que les orchestres les plus connus effectuent une grande partie de leurs prestations scéniques au sein de spectacles de music-hall, tant il est vrai que le public des amateurs férus ne suffit pas à les faire vivre.

En dépit des grincements de dents qu'il suscite chez les plus puristes d'entre les amateurs, il est incontestable que le mélange du jazz avec les programmes de music-hall a considérablement étendu le public de la musique noire américaine*. À partir de 1951 et surtout de 1954, la part des spectacles de music-hall par rapport au total des concerts de jazz prend une importance croissante et se maintient à un niveau élevé jusqu'en 1960 : près de 75 % des apparitions de musiciens de jazz sur scène en 1957 se sont déroulées dans le cadre de spectacles de variétés, et plus de 50 % en 1955 et 1958. Au cours de la décennie 1950-1960, les spectacles de music-hall représentent un à deux tiers du total des concerts de jazz. À partir de 1961, ce type de spectacles connaît un déclin aussi brutal que l'avait été l'ascension. La mort de Sidney Bechet en 1959 n'y est pas étrangère mais il faut y ajouter la concurrence des formes dérivées du jazz, qui commence à se faire sentir : rock'n'roll, puis bientôt twist et yé-yé. Mais si les spectacles de music-hall sont un agent essentiel de la diffusion du jazz dans le grand public, à aucun moment ils ne se substituent aux événements proprement jazzistiques destinés à un noyau d'amateurs solidement implanté dès le début des années cinquante** : le milieu du jazz saura faire preuve de dynamisme tout au long de cette période pour organiser de grands événements comme les trois salons de 1950, 1952 et 1954, le grand concert des arènes de Lutèce en juin 1953, le festival Nouvelle-Orléans du Vél' d'Hiv' en 1956, le festival de Cannes en 1958 ou encore le festival d'Antibes à partir de 1960. Dès 1949, ce noyau d'amateurs a acquis une certaine importance puisqu'à partir de cette année, la fréquentation moyenne des concerts de jazz se situe entre 40 000 et 50 000 personnes par an, à quelques variations près, dues à des événements particuliers : l'année 1954, par exemple, particulièrement riche en raison des 90 000 visiteurs du IIIe Salon du jazz, chiffre qui comprend à la fois les visiteurs des stands et les spectateurs des concerts. D'une année à l'autre, les chiffres peuvent aussi varier en

---

* Voir les tableaux en annexe IV, p. 466-467.
** Voir le deuxième tableau de l'annexe IV, p. 467.

fonction de la venue ou non d'une vedette, comme Ray Charles, qui déplace 35 000 personnes en 1961. Entre 1951 et 1960 viennent s'ajouter à ce noyau plusieurs dizaines de milliers de spectateurs par an grâce aux spectacles de music-hall qui remplissent mieux, et surtout plus longtemps, les salles : ainsi Lionel Hampton et Gerry Mulligan restent-ils trois semaines chacun à l'Olympia en 1956. Les meilleures années se situent entre 1954 et 1958, avec notamment l'excellente cuvée 1957 qui compte, pour 43 000 spectateurs aux concerts de jazz *stricto sensu*, 234 000 personnes ayant assisté à des spectacles de music-hall.

La réticence des amateurs

Si l'introduction du jazz au music-hall suscite des réticences chez les plus puristes, c'est parce que ce mélange interfère avec le besoin de légitimité des amateurs, qui s'appuie avant tout sur une distinction entre leur musique « belle et respectable [20] » et la sphère de l'art populaire dont le jazz est pourtant issu. C'est en vue d'obtenir cette légitimation que les militants du jazz avaient dès les années trente commencé à faire « sortir le jazz des bastringues et des cabarets pour le présenter [...] dans les salles de concerts ». En 1945, alors que le jazz est au seuil d'une popularité certaine du fait de la vogue du swing sous l'Occupation et d'une américanophilie à son zénith à la Libération, ils affirment en termes très clairs la volonté de défendre ce qu'ils appellent déjà leur « patrimoine » : « Plus que jamais, "notre" musique est attaquée. Hier, c'était l'indifférence, l'ignorance et le mépris; aujourd'hui, c'est son exploitation, sa vulgarisation (dans le mauvais sens du mot) qui mettent son avenir en péril. [...] Nous dénoncerons tous les scandales qui portent atteinte à notre musique [21]. » Cet accès d'humeur s'applique en 1945 aux festivals swing qui se multiplient alors et qui, sous ce nom, regroupent des artistes tels que Lily Fayol, Georges Guétary ou encore Jimmy Gaillard qui, pour les amateurs, sont tout sauf des musiciens de jazz.

L'arrivée du rock'n'roll en France en 1956 va relancer le débat sur la question. La simplicité de cette musique n'inspire que mépris à certains : « Le rock'n'roll est, semble-t-il, promis à une belle réussite en France, lit-on dans *Jazz hot* en septembre de cette année-là. On ne s'en étonnera guère en voyant le succès de nos chanteurs de charme (?) et de variétés, plus proches de l'hystérie et de la démence que du charme et de la musicalité [22]. » La tribune consacrée au rock par la revue de la rue Chaptal deux mois plus tard relève que le terme de rock'n'roll est utilisé depuis plusieurs années déjà par des orchestres destinés au public noir, et dénonce l'opération commerciale réalisée par quelques grandes compagnies américaines lançant sous ce nom des chanteurs destinés au public adolescent blanc, mais relève toutefois qu'il existe des artistes jouant du bon rock'n'roll, ainsi du « chanteur et pianiste Fats Domino, [qui] passe pour un représentant du rock'n'roll alors qu'il produit une excellente musique conforme à la tradition noire[23] ». Hors des milieux spécialisés, l'image du rock n'est guère meilleure : dès juin 1956, *L'Express* publie un article sur « la musique qui rend fou[24] » et provoque une « frénésie imbécile[25] », tandis qu'au *Monde*, l'accent est mis sur les manifestations corporelles ridicules suscitées par une musique dont les victimes se reconnaissent à « [leur] lèvre pendante, [leur] corps en Z [et leurs] mains tremblantes[26] ».

L'arrivée des artistes de rock'n'roll dans les festivals de jazz suscite donc bien des réserves, dont les prestations du pianiste Fats Domino à Antibes en 1962 fournissent une illustration. D'après Philippe Kœchlin de *Jazz hot*, s'il « s'écoute sans ennui car il balance », sa musique ne brille pas par la subtilité, « baigne dans une atmosphère musicale de saine simplicité, swingue lourdement et chauffe naturellement par moments ». Il a en outre le défaut de produire un « rhythm and blues "commercial" », comme le montre « le mauvais goût dans l'attitude scénique de ses partenaires », dont le public français semble apprécier modérément les « pitreries ». Et Kœchlin de juger avec une ironie amusée la descente finale de l'orchestre du « Domino circus » dans le public pour jouer le thème *When the saints go marchin' in*[27], descente qualifiée par Michel-Claude Jalard dans *Jazz magazine* de « promenade gesticulante » emmenée dans une « fausse joie » par un « Monsieur Loyal » dont la prestation a été d'une « singulière monotonie », la musique du pianiste n'étant qu'un « produit de consommation[28] ». Une interview de Fats Domino dans le même numéro n'est pas faite pour dissiper auprès des amateurs puristes l'image négative de ce pianiste qui n'a jamais écouté John Coltrane, ne connaît pas Thelonius Monk, à peine Art Tatum (« C'est ce musicien qui est mort ? », demande-t-il au journaliste qui lui cite ce nom*), considère Bill Haley comme « un musicien de jazz », Frank Sinatra comme un « excellent chanteur » et ne fait pas de différence entre le twist et le jazz.

---

* L'interview dàte de 1962 ; Art Tatum est mort en 1956.

Mais cet artiste et la musique qu'il interprète n'ont pas que des détracteurs chez les amateurs puisque Frank Ténot, dans *L'Express*, prend la défense du bon rock'n'roll et blâme les critiques puristes « qui voient avec suspicion un artiste gagner de l'argent : il est aussitôt soupçonné de concessions au mauvais goût[29] ». Quant aux pitreries scéniques, Ténot rappelle que Fats Domino et les artistes de rock n'en ont pas l'apanage, puisqu'un jazzman aussi célèbre que Dizzy Gillespie s'y adonne avec plaisir. Hugues Panassié, lui, se trouve pour une fois d'accord avec Ténot dont il pourfendait quelques années auparavant les erreurs de jugement. Il voit en effet d'un bon œil l'arrivée du rock'n'roll, musique simple dans laquelle il retrouve la pulsation énergique caractéristique du jazz d'avant le be-bop, qui montre que la tradition des « preachers » et des « shouters » est encore vivante : le pianiste Fats Domino ne déclare-t-il pas que « le rock, le twist, c'est du jazz présenté sous un aspect différent[30] » ? Dans *Jazz magazine* en novembre 1962, Raymond Mouly approuve lui aussi, une fois n'est pas coutume, les accusations virulentes adressées par Panassié aux critiques moderno-intellectualistes faisant la fine bouche devant la musique de Fats Domino qui pour lui s'inscrit dans la tradition du jazz. Le débat que suscite le rock'n'roll montre que la ligne de fracture entre les diverses tendances d'amateurs de jazz ne se résume pas à une simple lutte entre anciens et modernes.

En fait, pour les critiques qui lui sont favorables, le rock'n'roll a une vertu pédagogique car il peut contribuer à faire venir au jazz de nombreux amateurs en les familiarisant avec des sonorités dont il tire l'essentiel de sa matière musicale. L'un des artistes incarnant le mieux cette possibilité est le pianiste Ray Charles, en qui la critique voit l'un des rares musiciens de jazz capables de recruter au-delà du cercle des amateurs. Lancé en France par Daniel Filipacchi et Frank Ténot alors qu'il est encore inconnu aux États-Unis, il déplace en octobre 1961 au Palais des Sports de la porte de Versailles 35 000 personnes aux profils divers, « de l'amateur de jazz quadragénaire au jeune "fan" d'Elvis Presley, de l'étudiant en Sorbonne au blouson noir de la porte d'Aubervilliers[31] ». Il plaît aussi aux lecteurs de *Salut les copains* qui peuvent lire de ses nouvelles dans leur journal et le placent en 1962 à la troisième place de leur « hit-parade » derrière Johnny Hallyday et Les Chaussettes noires mais devant Elvis Presley, Richard Anthony, Sylvie Vartan et Les Chats sauvages. Un œcuménisme dû à une musique qui possède « du rock la force élémentaire [et] l'efficace simplicité[32] » mais « garde du jazz la noblesse et l'intelligence » et peut faire naître de nouvelles vocations d'amateurs.

II. Le mélange des genres

Les vases communicants

L'intégration du jazz dans les spectacles de variétés représente une aubaine pour de nombreux musiciens de jazz, car le marché de la musique noire américaine proprement dite est trop restreint pour assurer la subsistance de la plupart d'entre eux. Claude Bolling en constitue le parfait exemple : dès la fin des années quarante, sa carrière jazzistique est, nous l'avons vu, bien engagée. Elle franchit un cap décisif lorsqu'il forme en 1955 un grand orchestre dont l'activité se poursuivra, malgré les difficultés matérielles, jusqu'à nos jours. Mais dans le même temps, il prend conscience de la précarité du statut de jazzman et entreprend une carrière d'accompagnateur dans la variété. Pris sous contrat chez Philips en 1953 grâce à Boris Vian qui connaît Jacques Canetti, directeur artistique de la compagnie de disques, il participe à la tournée des « artistes maison » organisée par ce dernier à l'Alhambra puis en province à partir de mai 1957. La vedette du spectacle est le chanteur Dario Moreno. Bolling y joue un quart d'heure de jazz avec son trio comportant notamment le clarinettiste américain Albert Nicholas qui réside en France à ce moment ; mais il réalise aussi l'accompagnement musical de l'intégralité du spectacle, en particulier la prestation de Dario Moreno, qui comporte des mambos, des boléros et du cha-cha-cha. À partir de ce moment, on le retrouvera plusieurs fois à l'affiche des spectacles de variétés : il est avec Irène Lecarte et George Ulmer à l'Alhambra en mars 1958, June Richmond, Jean Poiret et Michel Serrault au même endroit en septembre 1959, Isabelle Aubray et Sacha Distel à l'ABC en septembre 1961.

L'interpénétration entre le jazz et la variété doit beaucoup à Eddie Barclay. D'abord exclusivement consacrée au jazz, la compagnie Blue Star déborde vite, les affaires aidant, vers la variété. Dès 1945, Barclay joue un rôle non négligeable dans la mise en contact des deux mondes en créant le Barclay's club, qui a lieu tous les dimanches au cabaret du Bœuf sur le toit, que Barclay va racheter par la suite. Les après-midi du dimanche consistent en un mélange de thé dansant, de « bœuf » entre musiciens et de concerts enregistrés pour le compte de Blue Star. Barclay y invite les artistes maison, jazzmen mais aussi chanteurs de variétés, faisant de ce lieu une passerelle à partir de la fin des années quarante : « Eddie Barclay venait nous chercher avec sa camionnette Blue Star, avec Jean-Claude Fohrenbach et Maurice Vander, raconte Alphonse Masselier. Au thé de Barclay, des gens du "show-biz" nous ont vus. Noël Chiboust* m'a emmené en tournée, puis j'ai fait des émissions de radio avec lui, tout en continuant à jouer du jazz au Club Saint-Germain[33]. » Alphonse Masselier, qui débute alors dans la carrière de musicien, va vite s'affirmer comme l'un des contrebassistes vedettes des studios parisiens jusqu'aux années soixante. Ayant fait ses premières armes en studio et sur scène avec Kenny Clarke dès 1948, il devient en 1957 l'un des piliers de l'orchestre maison de la compagnie Barclay, pour le compte de laquelle il réalise au moins trente séances de studio entre 1957 et 1965[34], alternant séances de jazz et accompagnement de vedettes de variétés.

Le contact entre les deux mondes apparaît encore plus évident dans les grands orchestres de variétés, souvent dirigés par des pionniers du jazz français désireux de gagner leur vie plus confortablement, ainsi Alix Combelle ou Aimé Barelli. Mais l'exemple de Jacques Hélian est encore plus représentatif. Après avoir formé son premier orchestre dans les années trente, Hélian poursuit sa carrière après 1945 et voit défiler dans son orchestre le « Tout-Paris » des jazzmen français puisqu'entre 1949 et 1957, on ne compte pas moins de vingt-sept musiciens actifs par ailleurs dans le circuit jazzistique : quelques-uns de la génération précédente comme Alex Renard, Hubert Rostaing, Armand Molinetti, Roger Fisbach ou Jerry Mengo, révélés dès l'avant-guerre, mais aussi de plus jeunes comme Stanislas Czarbanyck, Fernand Vestraete ou Christian Garros en 1949, ainsi que Fred Gérard de 1949 à 1952. De septembre 1950 à mai 1952, Hélian engage le trompettiste américain Ernie Royal, considéré comme l'un des meilleurs du monde dans le domaine du jazz, et qui lui permet d'introduire du jazz dans ses prestations scéniques. En 1953, il fait venir Pierre Gossez, Georges Grenu, Marcel Bianchi, Paul Piguilhem, Guy Pedersen, Fats Sadi et l'Américain Bill Tamper, qui forment ainsi la moitié de l'effectif. Trois ans plus tard, encouragé par le succès croissant du jazz, il poursuit cette politique : le trompettiste Roger Guérin, l'un des musiciens phares du jazz français et futur collaborateur de Martial Solal, rejoint l'orchestre – pour quelques jours seulement –, ainsi que Raymond Fonsèque, Christian Bellest, Jacques Hess, Luis Fuentes, Jean-Louis Chautemps, Paul

---

* L'un des pionniers du jazz français reconverti après guerre dans la variété.

Piguilhem, Fats Sadi, Jean-Claude Fohrenbach, les Américains Bill Tamper et surtout Kenny Clarke qu'il fait venir spécialement des États-Unis pour un contrat de deux ans, comme nous l'avons vu. Mais malgré un succès public de bon aloi, l'orchestre coûte trop cher et sera dissous en mars 1957. L'année suivante, Hélian récidive mais la couleur jazzistique est nettement moins présente dans le nouveau *band* même si l'on y retrouve, entre autres, Daniel Humair, Jean Aldegon ou la chanteuse Christiane Legrand.

Enfin, la radio est un autre lieu d'échanges entre le jazz et la variété. Outre Anne-Marie Duvernay, qui reçoit des musiciens de jazz dans son émission, le pianiste de jazz Jack Diéval anime de 1950 à 1963 sur Paris-Inter, puis France I, l'émission « Jazz aux Champs-Élysées » qui mélange les deux styles de musique. Mais surtout, Charles Delaunay conçoit en 1952 l'émission « Jazz variété », mise en ondes par André Francis et présentée par Bobby Forest. Impressionné par le modèle des radios américaines qu'il a pu observer sur place lors de ses deux voyages aux États-Unis en 1946 et 1949, Delaunay s'efforce d'introduire un nouveau concept d'émission : « J'avais conçu cette émission comme un show à l'américaine, raconte-t-il. C'était un spectacle de music-hall très enlevé. Les tableaux musicaux s'y succédaient à un train d'enfer, mélangeant orchestres, solistes, chanteurs de styles aussi variés que possible. Les contrastes incessants ne devaient pas laisser au spectateur le temps de souffler[35]. » Le but de l'émission est avant tout de faire venir le grand public au jazz. Pour ce faire, Charles Delaunay s'inspire du principe américain consistant à mélanger au sein d'une même émission plusieurs genres. Mais il inverse le rapport de force : dans les émissions américaines, ce sont les artistes de variétés qui invitent les musiciens de jazz. Sur le plateau de « Jazz variété », c'est le contraire, afin de s'appuyer, pour faire connaître le jazz, sur « le culte de la vedette qui doit permettre de toucher un public très divers[36] ». Malgré un succès immédiat, l'émission est supprimée en septembre 1953 après l'arrivée de Vincent Bréchignac sur la chaîne parisienne. En février 1956, Charles Delaunay renouvelle toutefois l'expérience en concevant sur ce même modèle l'émission « Jazz Martini club » diffusée cette fois-ci par Radio Luxembourg. Elle se déroule comme sa devancière, en public et en direct tous les quinze jours pendant une saison ; elle est l'occasion de faire entendre des orchestres aussi bien français qu'américains, alors que les autres émissions de jazz existantes sont exclusivement fondées sur les disques. Elle est sponsorisée par la marque d'apéritif Martini, montrant que le jazz devient suffisamment familier pour faire office de support publicitaire, et diffusée pendant tout le premier semestre 1956 sur Radio Luxembourg, Radio Monte-Carlo, Radio Andorre et Radio Tanger international.

Boris Vian, auteur-compositeur-interprète

La perméabilité des deux mondes est illustrée par le parcours de nombreux artistes qui circulent de l'un à l'autre et sont les vecteurs essentiels de l'influence du jazz sur la musique de variétés et la chanson française. Boris Vian est l'un d'eux. On connaît son activité de « trompinettiste » dans l'orchestre de Claude Abadie. Mais à partir de 1947, Vian cesse peu à peu de jouer de la trompette en raison de problèmes cardiaques. En 1950, il la raccroche définitivement. Si l'auteur de chansons est alors moins connu que l'instrumentiste, il n'en est pas moins précoce puisque Vian écrit sa première chanson en 1944, sur une musique de Johnny Sabrou, guitariste de l'orchestre de Claude Abadie. Suivent entre 1946 et 1952 une dizaine de chansons dont le pianiste Jack Diéval signe la musique[37]. Ce dernier est l'un des musiciens de jazz français les plus réputés de l'immédiat après-guerre : il a accompagné Coleman Hawkins au festival de Marigny en 1948 et participé aux premières tournées de la FHCF organisées par Charles Delaunay. À partir de 1951, il quittera progressivement le milieu du jazz proprement dit pour se consacrer à l'accompagnement de vedettes de variétés, dont le chanteur Henri Salvador. D'autres musiciens de jazz, parmi lesquels Jean Gruyer, Eddie Barclay ou André Hodeir, mettent en musique des paroles de Boris Vian, qui est admis comme auteur à la SACEM en 1951. Par ailleurs, il adapte en français les paroles de standards américains comme *Sam song* de Frank Sinatra, *Tiger rag* de Nick La Rocca, ou encore *Lady be good* de George Gershwin, et en écrit sur le thème *Vamp* de Django Reinhardt.

À partir de 1954, déçu par ses échecs successifs dans le domaine littéraire (si l'on excepte le sulfureux *J'irai cracher sur vos tombes*, signé Vernon Sullivan), Vian se détourne du roman pour se lancer dans la chanson, comme auteur mais aussi comme interprète, et entre en studio l'année suivante pour enregistrer celles qui deviendront les *Chansons impossibles* et les *Chansons possibles*[38]. L'ensemble représente douze œuvres, pour la réalisation desquelles Vian s'est entouré de musiciens de jazz afin de donner la coloration idoine à ses textes : Jimmy Walter, tout d'abord, qui l'accompagne avec son orchestre (composé de Bernard Hulin, Benny Vasseur, Pierre Gossez, Roger Paraboschi, Didier Bolan, Léo Petit, Victor Apicella et Roger Bourdin) sur huit titres et a réalisé les arrangements de cinq d'entre eux, notamment *Cinématographe*, aux accents Nouvelle-Orléans, et le swinguant *J'suis snob*; Alain Goraguer ensuite, responsable de l'arrangement de six chansons, dont *Le Petit Commerce* et *Je bois*; Claude Bolling, enfin, dont l'orchestre (composé de Fred Gérard, Pierre Gossez, Gus Wallez et Alphonse Masselier) l'accompagne sur quatre chansons, dont *On n'est pas là pour se faire engueuler*. Le début de cette carrière d'interprète, qui avorte après un tour de chant en 1955, montre à quel point le jazz est présent dans l'œuvre de Vian et combien son écriture est pensée en fonction de cet accompagnement musical. Toutefois, en raison de son manque de charisme scénique, de sa technique vocale limitée et du scandale du *Déserteur* – en pleine guerre d'Algérie –, son œuvre chantée est alors condamnée à la confidentialité. Mais elle suscite dès la fin des années cinquante ses premiers disciples, notamment le jeune Serge Gainsbourg qui fait ses débuts en 1958 et dont Alain Goraguer devient vite un partenaire privilégié. À partir des années soixante, la gloire posthume de Vian ne se limite pas à la littérature puisque les chanteurs se réclamant de lui se feront de plus en plus nombreux jusqu'à nos jours.

Pour l'heure, tout en entamant sa courte carrière de chanteur, il entre chez Philips en 1955 pour établir le catalogue jazz, mais Jacques Canetti, qui apprécie son dynamisme et ses nombreuses idées, « [prend] l'habitude de [le] convoquer aux réunions de travail concernant toutes les productions Philips variétés, qu'il soit question de jazz ou non[39] ». Les activités de Vian débordent donc très vite le cadre du jazz, surtout lorsqu'il devient directeur artistique à temps plein en 1957. Sur les cent trente-deux séances d'enregistrement qu'il supervise entre 1956 et le début de 1959, seules quinze concernent le jazz, les cent dix-sept autres relevant de la chanson, pour un total de quarante-trois interprètes parmi lesquels Henri Salvador, Magali Noël, Mouloudji, Francis Lemarque, Zizi Jeanmaire et bien d'autres[40]. Parmi les chansons enregistrées, quarante-neuf ont été écrites par Vian qui, loin de se cantonner dans le rôle habituellement dévolu au directeur artistique, intervient directement dans le processus de création. C'est avec le chanteur-guitariste Henri Salvador, ancien membre de l'orchestre de Ray Ventura, qu'il collabore de la manière la plus fructueuse. Amoureux du jazz tous les deux et partageant le même goût pour la parodie, ils commencent à travailler ensemble en 1950, lorsque Salvador enregistre *C'est le be-bop* puis *La Vie grise* en 1951. Mais c'est en 1956 que leur association franchit un pas décisif. Cette année-là, le pianiste et arrangeur Michel Legrand, de retour des États-Unis, rapporte les premiers enregistrements d'un nouveau style qui fait fureur chez les *teenagers* américains : le rock'n'roll. Boris Vian, en bon puriste, n'y voit qu'un abâtardissement de la musique noire américaine et décide d'écrire des caricatures de cette forme simplifiée du blues : ce seront les premiers rocks publiés en France et en Europe. *Rock hoquet, Va te faire cuire un œuf, man, Dis-moi que tu m'aimes* et *Rock'n'roll mops* sont enregistrés le 27 juin 1956 par Henri Salvador qui a pris pour l'occasion le pseudonyme d'Henri Cording[41]. Cet essai en forme de canular se taille un beau succès puisque 50 000 exemplaires du disque sont vendus en quelques semaines[42]. En 1957 et 1958, le tandem Vian/Salvador accouche de quelque soixante chansons dont beaucoup sont imprégnées des sonorités et de l'esprit du jazz, comme le parodique *Blouse du dentiste,* un blues sur tempo lent interprété sur fond de *big band* de jazz par un Salvador imitant la voix et les grognements célèbres de Louis Armstrong. Parmi les œuvres de ce type écrites pour d'autres artistes, on citera aussi les quelques rocks éroticomiques interprétés en 1956 par la chanteuse Magali Noël, dont le célèbre *Fais-moi mal, Johnny.* Mais la production de Vian est loin de se limiter à ces quelques exemples : entre 1944 et 1959, il aura composé 478 chansons, interprétées par près de deux cents chanteurs ou orchestres de son vivant, et bien plus depuis. C'est dire si l'étude de son œuvre chantée et de ses rapports avec le jazz nécessiterait un travail approfondi qu'il n'est pas possible d'entreprendre ici. Il reste que son rôle de passeur entre le jazz et la variété est prépondérant, que ce soit en tant que directeur artistique ou en tant que créateur, ce dernier aspect étant resté largement méconnu de son vivant.

Yves Montand et Sacha Distel, deux itinéraires musicaux

D'autres chanteurs de variétés puisant à la source du jazz rencontrent plus de succès que lui. Dès les années trente, on le sait, Charles Trenet avait introduit la pulsation du jazz dans ses chansons. Le mouvement se poursuit après 1945 à une plus grande échelle et il n'est pas exagéré de dire que la grande majorité des chanteurs révélés à partir de 1945 ont peu ou prou subi l'influence du jazz. Un livre entier serait nécessaire pour une telle étude. C'est pourquoi on se bornera ici à donner deux exemples caractéristiques de ce mélange : celui d'un chanteur de variétés ayant découvert le jazz et celui d'un musicien de jazz devenu chanteur de variétés.

Yves Montand illustre le premier cas de figure. Né en 1921 en Italie, il arrive trois ans plus tard à Marseille dans les bras de parents communistes fuyant le fascisme. À ses débuts sur les planches en 1938, il s'inspire d'un chanteur qu'il a découvert quelques mois auparavant et qui aura sur lui une influence majeure : Charles Trenet, consacré précisément cette année-là par le grand public. C'est par son intermédiaire qu'il rencontre le jazz[43] qui va lentement imprégner tout son répertoire. Son premier succès a lieu à l'Alcazar de Marseille en juin 1939, mais sa carrière débute vraiment en 1941. Après quelques années de succès régionaux, il arrive en 1944 à Paris, où il est engagé en première partie d'Édith Piaf. Fin 1945, après un tour de chant en tête d'affiche au théâtre de l'Étoile, il est déjà une vedette. À partir de 1947, il rencontre le pianiste Bob Castella, qui sera son accompagnateur durant tout le reste de sa carrière et va contribuer à colorer sa musique. Car Bob Castella est un pianiste de jazz, certes flirtant avec la variété mais suffisamment « pur » aux yeux des amateurs pour avoir enregistré avec Hubert Rostaing, Aimé Barelli et Noël Chiboust pendant l'Occupation[44] et avoir sa photo dans *Jazz hot* en 1946[45].

Deux ans plus tard, Montand rencontre un autre musicien dont le rôle est décisif dans l'orientation de son style musical : le guitariste de jazz Henri Crolla. Lui aussi fils d'immigrés italiens chassés par le fascisme, Crolla a passé son enfance dans le quartier de la Porte d'Italie, près d'un campement de gitans où vivait Django Reinhardt, encore inconnu au début des années trente. Fort d'un tel modèle, le jeune homme travaille la guitare avec acharnement et décroche ses premières « affaires » en 1938, avant qu'un engagement en 1944 au cabaret Le Schubert ne marque ses véritables débuts dans le métier. André Hodeir, qui publie dans *Jazz hot* en mai 1946 l'article fondateur de la nouvelle critique de jazz consacré à Parker et Gillespie, écrit dans le même numéro une petite notice sur Henri Crolla et lui attribue dans le panthéon des guitaristes français la première place « après Django » : « Crolla n'est pas seulement un excellent accompagnateur, c'est un soliste qui, [...] dans un bon jour, atteint un niveau rarement dépassé de ce côté-ci de l'Atlantique », affirme-t-il. C'est dire si la réputation de Crolla est déjà bien établie dans le milieu. À partir des années cinquante débute avec André Hodeir une fructueuse collaboration qui se traduit par plusieurs musiques de films composées en commun. Mais pour l'heure et jusqu'à la fin de sa vie, il devient lui aussi l'accompagnateur de Montand, et même plus, puisqu'il compose la musique de plusieurs thèmes interprétés par le chanteur, notamment *Les Cireurs de souliers de Broadway* enregistrés en 1948 avec un accompagnement dont la sonorité jazz est nouvelle chez Montand[46] : on retrouve dans l'œuvre des progressions harmoniques de blues ainsi que la polymodalité caractéristique du jazz, essentiellement sous la forme du jeu entre la tierce majeure et la tierce mineure. Il y a là une différence stylistique très nette avec d'autres chansons enregistrées la même année par Montand, et dont les compositeurs se nomment Paul Misraki, Joseph Kosma ou Henri Betti[47]. Par la suite, Crolla continue à composer des musiques pour Montand, comme *Sanguine, Dis-moi, Joe, Du soleil plein la tête, Donne-moi des sous, Saint-Paul-de-Vence, Monsieur P'tit Louis*[48].

Quant au chanteur, il recrute d'autres musiciens de jazz pour accompagner ses récitals. À la contrebasse, Emmanuel Soudieux, qui avait débuté sa carrière en 1940 et enregistré pendant l'Occupation avec la plupart des musiciens français de l'époque, notamment Django Reinhardt et Hubert Rostaing au sein du célèbre Quintette du Hot club de France. On le retrouve dans les cabarets à la Libération, notamment avec Henri Crolla, et à la grande semaine du jazz organisée par Charles Delaunay en mai 1948 au théâtre Marigny. La mésaventure qui lui arrive lors de ce festival* n'est probablement pas étrangère à son éloignement du milieu du jazz et à son reclassement dans le domaine de la variété à partir de la fin des années quarante. À la batterie, Roger Paraboschi, Italien lui aussi. Fils d'un accordéoniste et entouré d'une famille de musiciens, il a commencé à exercer ses talents juste avant 1939 mais n'est devenu professionnel qu'à la Libération. Remarqué aux côtés de Django Reinhardt, il est dès la fin des années quarante un habitué des studios parisiens[49] ainsi qu'un pilier des concerts hebdomadaires *Jazz parade* entre 1948 et 1950, et fait partie des musiciens sélectionnés par les organisateurs du festival international de jazz de 1949 pour accompagner Charlie Parker lors de son unique passage en France. C'est Henri Crolla qui conseille à Montand de l'engager. À partir de ce moment, Paraboschi va progressivement quitter la scène jazzistique pour se consacrer à l'accompagnement de la vedette. Enfin, à la clarinette et aux orchestrations, Hubert Rostaing. Lancé pendant l'Occupation par Django Reinhardt qui l'avait engagé pour remplacer Sté-

---

* Voir chapitre IX, p. 244.

phane Grappelli, il est à la Libération l'un des musiciens français les plus en vue. C'est probablement dès 1949 que Rostaing collabore avec le chanteur si l'on en juge par l'enregistrement de *J'ai de la veine*[50], blues de huit mesures dont la partie de clarinette semble devoir lui être attribuée. Avec ses collègues, il fournira pendant des années un accompagnement musical jazz fortement imprégné du « son Django[51] », qui tranche avec la production antérieure de Montand ; on en veut pour preuve une chanson telle que *Ma prairie*[52], où l'accompagnement de guitare de Crolla ainsi que le contrechant de clarinette de Rostaing se situent tout à fait dans la lignée stylistique du Quintette du Hot club de France des années 1941-1944.

Parmi tous ces musiciens, Henri Crolla est incontestablement celui qui a le plus marqué et influencé Montand, qui nouera avec lui une amitié indéfectible jusqu'à la mort du guitariste en 1960. Crolla, qui avait parcouru les rues de Paris avec sa guitare dès les années trente, avait aussi été introduit dans un cercle d'artistes où se trouvaient Jacques et Pierre Prévert, Joseph Kosma, Maurice Baquet, Marcel Duhamel ou encore le cinéaste Paul Grimault. On aura reconnu le groupe Octobre, qui constitua pour le fils d'immigrés italiens une « seconde famille[53] ». Très lié à Jacques Prévert, Henri Crolla lui présente Montand en 1948 à Saint-Paul-de-Vence et encourage le chanteur à interpréter des textes du poète. Impressionné dans un premier temps par la stature du personnage, Montand hésite un moment avant de s'exécuter. Dans les années 1948-1950, il interprète notamment *Les Cireurs de souliers de Broadway*, déjà cité, dont la musique est de Crolla, mais aussi *Les Enfants qui s'aiment, Et la fête continue, Barbara, Le Peintre, la pomme et Picasso, Tournesol*, et d'autres encore[54]. Mais la plus belle réussite née de cette association demeure sans conteste *Les Feuilles mortes*, que Montand enregistre en 1949 sur une musique de Joseph Kosma[55]. En 1954, un million d'exemplaires auront été vendus. La chanson, sous le titre *Autumn leaves*, deviendra – avec *What are you doing the rest of your life* de Michel Legrand quelques années plus tard – le seul « standard » de jazz d'origine française, présente à ce titre dans tous les recueils de partitions d'œuvres de jazz et interprétée par tous les musiciens de par le monde jusqu'à nos jours, où elle reste l'un des thèmes les plus connus du répertoire. Son succès sur les ondes américaines n'est pas pour rien dans la décision de Norman Granz, l'imprésario du Jazz at the Philharmonic, d'entraîner Montand sur les tréteaux de Broadway en 1959, bien que l'activité cinématographique de ce dernier ait depuis quelques années déjà pris le pas sur la chanson.

Ses accompagnateurs habituels n'ayant pas obtenu le permis de travail de la part d'un syndicat des musiciens américains ultra-protectionniste, ils sont remplacés par des jazzmen américains spécialement choisis par Norman Granz qui connaît son affaire : Jimmy Giuffre, Nick Perito, Al Hall, Billy Byers et Jim Hall. Le tour de chant sera un succès.

Avec Sacha Distel, on a l'exemple inverse d'un musicien de jazz devenu vedette de variétés, domaine dans lequel il a transposé les acquis de son bagage musical d'origine. Dès le début des années cinquante, alors guitariste, le jeune Distel se produit dans les clubs de jazz de la capitale et se perfectionne auprès de l'Américain Jimmy Gourley, installé en France à partir de 1951, qui reste l'une de ses influences majeures. En 1952, il fait un séjour aux États-Unis, au cours duquel il rencontre le saxophoniste Stan Getz et le guitariste Jimmy Raney, qui lui apprennent beaucoup. Attiré par le be-bop, il fait partie de l'éphémère « association des musiciens français de jazz moderne », Jazz union, fondée en 1955. Mais deux ans plus tard, il quitte la scène jazzistique pour se lancer dans la chanson. Il n'oubliera pourtant pas ses racines musicales puisque ses œuvres de variétés portent la marque du jazz, parfois très directement dans le cas de son premier grand succès publié en 1959, *Scoubidou (pommes et poires)*, qui n'est autre que l'adaptation française d'une chanson américaine de Lewis Allan, réharmonisée et arrangée pour grand orchestre par Distel, qui enregistre le titre en compagnie de l'orchestre de Claude Bolling. Le pianiste et chef d'orchestre se trouvera à de nombreuses reprises derrière le guitariste-chanteur au cours des années suivantes, contribuant à la diffusion, déjà largement amorcée, des sonorités du jazz dans le grand public.

Outre Bolling, Distel fait appel à d'autres arrangeurs venus du jazz, notamment à Alain Goraguer, mais aussi au tromboniste américain Billy Byers. Celui-ci avait déjà séjourné près d'un an et demi en France en 1956-1957, où il avait exercé le rôle de conseiller musical pour la marque de disques Versailles que Ray Ventura venait de fonder. Professionnel reconnu des studios new-yorkais depuis la fin des années quarante, son rôle chez Versailles était non seulement d'écrire des arrangements pour orchestre mais aussi d'aider les ingénieurs du son de la compagnie à obtenir dans les enregistrements de variétés un « american sound[56] ». C'est à cette occasion que Sacha Distel, directeur artistique dans la compagnie dirigée par son oncle, avait fait sa connaissance. Lors d'un deuxième séjour du tromboniste en France en 1959-1961, Distel lui demande tout naturellement d'arranger quelques-unes de ses chansons. Il va même plus loin en intégrant dans son tour de chant d'octobre 1961, présenté à l'ABC puis à Bobino, un véritable intermède de jazz sur le modèle mis au point par Bruno Coquatrix en 1954 : il s'agit de rendre hommage à Django Reinhardt, père spirituel de tous les guitaristes de jazz français, en présentant une compilation des compositions les plus connues de l'artiste gitan, interprétées par Distel avec un trio composé de musiciens de jazz (Raymond Le Sénéchal, Jean-Louis Viale et Marcel Dutrieux), ainsi qu'un fond orchestral donné par la formation de Claude Bolling, qui a signé les arrangements écrits pour l'occasion. Enfin, Distel lui-même ne perd pas totalement contact avec le milieu du jazz proprement dit puisqu'il continue au cours des années soixante – et encore aujourd'hui – à se produire de temps à autre dans les clubs parisiens.

Si le mélange du jazz avec la variété au cours des années cinquante ne lui procure guère de légitimité artistique, du moins contribue-t-il à une large diffusion des sonorités de la musique noire américaine, à qui il ménage une place dans le paysage artistique hexagonal. Car si le mouvement puriste qui s'est développé depuis les années trente a permis une identification esthétique du phénomène, son insistance sur la spécificité musicale de cet art radicalement différent de la musique classique a eu aussi pour conséquence de le placer dans un no man's land culturel, d'où le succès populaire de la chanson et du music-hall au cours de l'après-guerre va le faire sortir définitivement.

XII

L'infiltration du paysage artistique

Le processus d'acculturation du jazz en France, loin de se manifester uniquement par le biais de ses rapports avec différents genres musicaux, passe aussi par le contact avec d'autres formes d'expression artistique. Cet investissement du paysage artistique apparaît au grand jour dans l'immédiat après-guerre, lorsque le jazz se révèle comme l'un des personnages principaux du bouillon de culture de Saint-Germain-des-Prés. Mais il est aussi visible dans l'interpénétration, marginale mais réelle, qui s'établit dans la décennie d'après-guerre entre le jazz et la littérature d'une part, le jazz et le cinéma d'autre part. Loin d'être seulement source d'exotisme à peu de frais comme elle l'était encore dans les années vingt, la musique noire américaine va établir avec ces deux modes d'expression un véritable partenariat artistique qui témoigne du statut à part entière qu'elle est en passe d'acquérir au sein du paysage culturel hexagonal, où sa valeur artistique commence à être pleinement reconnue.

I. LA RIVE GAUCHE : UN LIEU DE CRISTALLISATION

Boris et Michèle Vian, maîtres de cérémonie

L'imprégnation du paysage artistique connaît un moment et un lieu privilégiés avec l'épisode germanopratin, qui marque une étape décisive dans l'intégration du jazz au sein du patrimoine culturel hexagonal, en raison du bouillonnement artistique et littéraire auquel la musique noire se trouve associée. Ici encore, le rôle de Boris Vian est primordial. Au lendemain de la guerre, alors débutant dans la carrière littéraire, Vian est peu connu comme écrivain.

C'est le musicien et l'animateur infatigable des nuits de Saint-Germain-des-Prés qui tient le devant de la scène. Dès 1945, le petit village de la rive gauche est devenu un haut lieu, non seulement du jazz mais aussi de la vie nocturne parisienne et Vian, avec sa femme Michèle, y endosse avec brio le costume du médiateur entre les populations diverses composant ce microcosme et se dépense sans compter pour les « rabattre » dans les clubs de jazz et leur faire écouter les musiciens américains de passage, mais aussi ses amis français tels que Jean-Claude Fohrenbach, Claude Luter, Benny Vasseur, Alphonse Masselier, Claude Bolling ou Hubert Fol.

Le 12 mars 1946, Vian rencontre Simone de Beauvoir par l'intermédiaire de Raymond Queneau et l'invite la semaine suivante à une surprise-partie où se rencontrent musiciens (l'orchestre de Claude Abadie, André Reweliotty), personnalités du monde du jazz (Charles Delaunay), écrivains (Raymond Queneau), cinéastes (le jeune Alexandre Astruc) et autres noctambules[1] : « Vers deux heures, Boris me proposa une tasse de café, se souvient Simone de Beauvoir ; nous nous sommes assis dans la cuisine et jusqu'à l'aube nous avons parlé : de son roman, du jazz, de la littérature, de son métier d'ingénieur[2]. » Vian lui fait découvrir plus avant le jazz qu'elle connaît à peine et lui donne des conseils en matière d'achat de disques. Peu après, il fait la connaissance de Jean-Paul Sartre, dont les oreilles ont entendu quelques échantillons de jazz au *Nick's bar* de New York lors du voyage dont il rentre tout juste. C'est à Boris Vian que le philosophe fera désormais appel pour éclairer sa lanterne dans un domaine qu'il maîtrise mal. L'année suivante, Vian sollicite sa collaboration pour la réalisation du numéro spécial de la revue *America* intitulé « Jazz 47 », coordonné par Charles Delaunay et spécialement consacré à la musique noire américaine. Dans l'intervalle, Vian a aussi fait la connaissance d'Albert Camus, mais le courant ne passe guère entre les deux hommes. Camus se rend pourtant à une autre surprise-partie organisée chez les Vian, le 12 décembre 1946, où se presse l'équipe des *Temps modernes* au complet, mais aussi de nombreux musiciens. C'est lors de cette soirée que survient la brouille restée célèbre entre Merleau-Ponty et Camus, prélude à la rupture Camus/Sartre, consommée en 1951 après la parution de *L'Homme révolté*.

Avec les surprises-parties, les caves sont l'autre lieu de rencontre essentiel de Saint-Germain. Si le quartier avait déjà une tradition littéraire avant-guerre, la musique n'y résonnait jamais et c'est seulement après 1945 que commencera l'âge des caves. Un jour d'octobre 1946, Boris Vian et Maurice Merleau-Ponty – seul «noctambule chevronné[3]» du groupe sartrien – découvrent le bar des Lorientais où l'orchestre de Claude Luter vient de s'installer. Mais cet endroit, fermé le soir et fréquenté par une clientèle trop jeune, n'est pas le lieu idéal. C'est donc au Tabou, découvert en juin 1947 deux mois après son ouverture, que Vian établit rapidement ses quartiers, tandis que l'orchestre attitré du lieu comprend ses frères Lélio et Alain ainsi que Guy Longnon et Guy Montassut. Boris Vian ne s'y joint qu'épisodiquement, son médecin lui ayant déjà presque interdit de pratiquer la trompette en raison de ses troubles cardiaques. Néanmoins, il passe presque tous les soirs au club et s'assure de la qualité de l'ambiance. À l'occasion, il y amène une vedette du jazz, comme le trompettiste Rex Stewart, venu en France en décembre 1947 et promené par Vian dans le petit village au cours de la nuit du 5 au 6 décembre. En février 1948, c'est le tour de Dizzy Gillespie, dont le grand orchestre be-bop vient de faire découvrir avec fracas la nouvelle école du jazz aux amateurs français.

Quelques mois plus tard, une partie de l'équipe du Tabou crée le Club Saint-Germain à quelques encablures de la rue Dauphine. Vian est de la partie, car il veut pouvoir faire entendre du jazz au public dans les meilleures conditions, ce qui était difficile dans la cave extrêmement exiguë et mal aérée du Tabou. À ce moment, bien que plus engagé dans la carrière littéraire, le jazz reste sa préoccupation première : il tient des chroniques dans *Jazz hot* tous les mois, dans *Combat* toutes les semaines, ainsi que dans divers autres périodiques. L'année suivante, en 1949, il sera rédacteur en chef et presque unique signataire de la revue *Jazz news* lancée par Eddie Barclay, directeur de la compagnie discographique Blue Star. Sa préoccupation est de trouver un lieu où les musiciens qu'il admire pourront «faire du jazz sans concession[4]». En juin 1948, il est donc présent à l'inauguration du Club Saint-Germain, troisième cave mythique du quartier après les Lorientais et le Tabou. Un mois plus tard, lorsque Duke Ellington passe à Paris, Vian et sa femme Michèle vont le chercher à la gare du Nord[5], l'accompagnent à son hôtel, dînent avec lui puis l'emmènent au Club Saint-Germain, à l'entrée duquel se presse un millier de personnes, averties de la grande soirée organisée en l'honneur du pianiste et chef d'orchestre. Il y a là tous les habitués des nuits du quartier, dont certains plus connus que d'autres : Simone Signoret, Yves Montand, le compositeur Georges Auric, mais aussi les écrivains Aimé Césaire et Richard Wright. Le lendemain de cette soirée mémorable, les époux Vian, qui continuent de prendre en charge l'artiste américain, l'emmènent à un cocktail organisé en son honneur par la revue *Présence africaine*, rue Sébastien-Bottin, au cours duquel Vian présente Ellington à Raymond Queneau et à Gaston Gallimard.

En mai 1949, lors du premier festival international de jazz de Paris, Vian entraîne Charlie Parker et Miles Davis – le chef de file du be-bop et l'un de ses plus brillants disciples – au Club Saint-Germain, pour une soirée au cours de laquelle il présente les deux musiciens à Jean-Paul Sartre. Celui-ci est venu rendre la politesse à Miles Davis, qui a assisté quelques jours plus tôt à une représentation des *Mains sales*. D'après une autre légende, Charlie Parker aurait demandé au philosophe, au cours de la courte discussion qui s'ensuivit : « De quoi jouez-vous[6] ? » L'année suivante, en avril 1950, Duke Ellington revient à Paris avec, cette fois-ci, son orchestre au complet. Nouvelle occasion pour les époux Vian de le promener dans Paris et de lui présenter des personnalités, tout comme un mois plus tard, lors d'une soirée organisée en l'honneur des musiciens Benny Goodman, célèbre clarinettiste américain de passage à Paris, et Sidney Bechet, Français d'adoption depuis peu, soirée où sont présents Raymond Queneau et le critique littéraire Jacques Lemarchand.

En 1950, lorsque Boris Vian rédige le *Manuel de Saint-Germain-des-Prés*, celui-ci comprend, outre l'histoire et la géographie des lieux, des notices biographico-humoristiques sur les principaux ténors du quartier, parmi lesquels figurent sur un pied d'égalité avec Sartre, Beauvoir, Queneau, Prévert ou Dœlnitz, les jazzmen américains et français Don Byas, Ines Cavanaugh, Jean-Claude Fohrenbach, Hubert Fol et Claude Luter. Une manière de montrer que ces personnages issus d'horizons très différents ont réussi à former un monde homogène. Une manière aussi de donner une légitimité aux musiciens de jazz en les plaçant aux côtés de représentants, parfois éminents, du monde des arts et des lettres, nonobstant le caractère confidentiel de la diffusion de ce manuel. Dans les années suivantes, Boris Vian, épaulé par sa femme sans laquelle il peine à communiquer avec les musiciens américains (bien qu'il ait réalisé des traductions d'ouvrages anglo-saxons, sa connaissance de l'anglais reste approximative), continue à exercer son rôle de maître de cérémonie, mais moins souvent. Désormais, il est davantage absorbé par d'autres fonctions qui touchent toujours de très près au jazz, celle de directeur artistique par exemple, dans le cadre de laquelle il peut se rendre utile d'une autre manière aux musiciens qu'il a connus à l'époque de Saint-Germain : Claude Bolling, à qui il fait réaliser plusieurs disques, mais aussi Miles Davis. Lorsque celui-ci revient à Paris en 1957 pour enregistrer la musique du film *Ascenseur pour l'échafaud*, c'est Boris Vian qui supervise la séance pour le compte de Philips. Miles Davis, qui fait la connaissance à cette occasion de Louis Malle et de Jeanne Moreau, profite de l'escale parisienne pour revoir Juliette Gréco, qu'il a connue en 1949 au Club Saint-Germain et reverra désormais souvent lors de ses passages en France. Lorsqu'en 1991 encore il évoquera « l'histoire d'amour avec Paris depuis 1949[7] », c'est non seulement à la muse de Saint-Germain-des-Prés qu'il fera référence, mais aussi au pays et au public français qui avaient accueilli avec chaleur le jeune musicien habitué au rude traitement réservé par les États-Unis aux musiciens noirs.

Le bouillon de culture germanopratin

L'épisode germanopratin joue donc un rôle essentiel dans l'accession à une certaine francité de cette musique importée d'Amérique, en raison de la participation du jazz à l'état d'esprit d'une époque et au bouillonnement d'un petit monde où les références noires – et américaines en général – occupent une place importante : c'est toute la liesse du Paris de l'immédiat après-guerre que Saint-Germain capitalise autour de sa légende. Quand bien même celle-ci a fait l'objet d'une large reconstruction *a posteriori*, le jazz n'en a pas moins été l'un des personnages principaux. D'autre part, la rencontre au sein de ce bouillon de culture entre le jazz et d'autres formes d'expression artistique qui y puiseront une inspiration momentanée ou plus durable, contribue à lui donner l'image d'un art fécond.

L'univers du jazz a en effet marqué de nombreuses figures de la galaxie germanopratine qui lui ont fait, immédiatement ou plus tard, une place dans leur univers esthétique. Jean-Paul Sartre en est l'exemple le plus connu en raison de quelques allusions au jazz dans *La Nausée*[8]. Son goût pour cette musique, qu'il découvre réellement lors de son voyage à New York en 1945-1946, ne fait aucun doute. Au cours de l'âge d'or de Saint-Germain, il mettra toutefois rarement les pieds dans les clubs de jazz : deux fois au Tabou, en tout et pour tout[9], contrairement à une légende tenace qui voudrait l'y voir toutes les nuits. Et s'il aime le jazz, il préfère de loin la musique classique, Beethoven restant son compositeur fétiche. L'influence du jazz sur son œuvre, si influence il y a, est extrêmement marginale. Plus que *La Nausée*, son seul texte important sur le sujet est l'article

« New York City » publié en mai 1947 dans « Jazz 47 ». Il commence par une phrase appelée à devenir célèbre : « Le jazz, c'est comme les bananes, ça se consomme sur place. » Le texte, écrit à chaud, ne se veut pas une analyse de fond sur le phénomène jazz. D'une plume nerveuse, il vise plutôt à traduire la tension, la violence, mais aussi l'érotisme qui se dégage d'une musique entendue en direct :

> [Les musiciens] s'adressent à la meilleure part de vous-même, à la plus sèche, à la plus libre, celle qui ne veut ni ritournelle, ni mélodie, mais l'éclat assourdissant de l'instant. Ils vous réclament, ils ne vous bercent pas. [...] Ils se pressent, ils communiquent leur hâte. Ils ont l'air maniaque et tendu, on dirait qu'ils cherchent quelque chose. Quelque chose comme le plaisir sexuel. Et vous aussi vous vous mettez à chercher quelque chose et vous vous mettez à crier[10].

Par ailleurs, alors que les militants du jazz, à coups d'articles, de conférences, d'émissions de radio et de concerts, s'ingénient à faire reconnaître par le grand public la négritude du jazz et ses racines africaines, Sartre lâche tranquillement que cette musique « n'est pas [...] le chant séculaire des esclaves nègres. On s'en barbouille des esclaves nègres[11] ». Une phrase restée en travers de la gorge du négrolâtre Hugues Panassié qui, dans le procès pour déviationnisme intenté en 1947 à Charles Delaunay, évoque la supervision par ce dernier de la brochure qui contient « le ridicule article de Sartre[12] ». Malgré cela, « Jazz 47 » est un événement dans la mesure où pour la première fois, une grande figure de la République des lettres prend position en faveur du jazz sans que son plaidoyer soit teinté d'une ambiguïté primitiviste qui transpirait dans les manifestes écrits vingt-cinq ans plus tôt par Jean Cocteau et quelques autres. Mais si l'impact de cet article est difficile à évaluer (encore que la célébrité de la phrase qui l'ouvre suffise à montrer sa diffusion), il a aussi bien pu être négatif que positif et contribuer à ce qu'une partie de l'opinion française amalgame le jazz et les mœurs prétendument dépravées des existentialistes.

Au reste, on retrouve dans cette brochure l'esprit de Saint-Germain-des-Prés, subtil mélange d'éclectisme artistique et de canular, notamment dans un photomontage représentant le batteur Zutty Singleton en compagnie de l'actrice Rita Hayworth nue mais de profil, de deux autres femmes en tenue légère, et de musiciens de jazz. Là encore, grincements de dents chez Panassié qui n'apprécie guère les « danseuses nues évoluant gracieusement entre Zutty et Harry

Edison[13] ». Boris Vian réplique alors par l'ironie en décrivant un Panassié qui crie « au scandale et les doigts largement écartés, se voile la face en rougissant jusqu'aux bottes[14] ». Illustrant la brochure, des reproductions de tableaux de Jean Dubuffet, Fernand Léger (tous deux auteurs de toiles intitulées *Jazz*), Magritte (*Image à la maison verte*) et Félix Labisse montrent que le jazz possède une valeur artistique puisqu'il peut être un sujet d'inspiration, ce que confirmera quatre mois plus tard la publication par un Henri Matisse au sommet de sa notoriété, de l'album de planches intitulé *Jazz*, où le peintre s'est attaché à dégager des interactions entre le rythme et la couleur.

Dans le domaine pictural, la violence du jazz signalée par Sartre rencontre aussi les préoccupations esthétiques du peintre Jacques Doucet, membre du groupe Cobra né en novembre 1948 à quelque distance de Saint-Germain-des-Prés : « Durant l'époque Cobra, se souvient-il, j'ai peint des œuvres concernant le monde du jazz. Cette musique intuitive jouant sur les sens était proche de mes recherches et participait beaucoup plus aux options instinctives et anti-intellectualistes de notre mouvement [...]. Elle correspondait à mes préoccupations picturales, enfin mes besoins d'homme : une espèce de virulence et d'archaïsme populaire[15]. » Un besoin de virulence qui rejoint la notion d'art brut lancée par Dubuffet cette même année 1948. Peintre gravitant autour de Saint-Germain-des-Prés, Doucet est chargé par Sonia Delaunay de collecter des œuvres pour le Ier Salon du jazz de 1950, au cours duquel se tient une exposition d'œuvres inspirées par la musique noire américaine ; il y expose certaines de ses toiles, tout comme Corneille, autre membre du groupe Cobra. On notera enfin que Nicolas de Staël, qui ne réalise pas moins de sept expositions entre 1944 et 1946 dans des galeries de Saint-Germain-des-Prés, peindra en 1953 une toile intitulée *Les Musiciens, souvenirs de Sidney Bechet*, écho probable du séjour parisien du peintre à la fin des années quarante. La peinture à partir du jazz est aussi illustrée par quelques artistes qui n'ont pas connu la même postérité, comme Jeanine Hanin, qui réalise dans les années cinquante des portraits de jazzmen français[16], Roger Chaput, guitariste pionnier du jazz français de l'avant-guerre et devenu peintre au début des années cinquante[17], ou encore le peintre niçois Raymond Moretti, qui se fait connaître à la fin des années cinquante pour avoir vendu certaines de ses toiles à la vedette américaine Frank Sinatra[18] et expose ses œuvres dans une galerie parisienne en février 1962[19].

Au cours des années suivantes, le compagnonnage du jazz avec la peinture se manifestera de manière épisodique, ainsi au festival d'avant-garde de Marseille en 1956, premier exemple de mélange du jazz avec d'autres arts dans le cadre d'un festival non spécifiquement musical. La manifestation, consacrée aux formes les plus avancées de la musique, de la peinture, de la sculpture et du ballet, se déroule dans la Cité radieuse de Le Corbusier à Marseille et accueille le pianiste de jazz Martial Solal, donnant au jazz une légitimité à laquelle sont sensibles les amateurs : « Ainsi, chose toute nouvelle en France, les noms des meilleurs jazzmen parisiens figureront sur l'affiche auprès de ceux, prestigieux, de Samuel Beckett, Adamov, Ionesco, Le Corbusier, Boulez, Messiaen, Calder, etc. Qui eût osé rêver d'une telle conjonction voici seulement dix ans[20] ? » Même si la présence du jazz à ce festival passe relativement inaperçue, ces manifestations témoignent d'une infiltration, timide mais réelle, du jazz dans les milieux artistiques non musicaux. Lucien Malson s'efforcera de la favoriser en organisant des concerts dans le cadre des biennales de peinture de Paris en 1961 et 1963, idée reprise à partir de 1967 par le batteur Daniel Humair, engagé par ailleurs depuis le début des années soixante dans une double carrière de jazzman et de peintre abstrait et ayant le rare privilège d'être aujourd'hui reconnu dans ces deux domaines.

II. La littérature

L'union du mot et du son

Cette infiltration s'effectue aussi dans la sphère littéraire. Dès les années trente, la littérature a joué un rôle dans l'identification du phénomène jazzistique, à une époque où les pionniers de la critique privés de bagage musical tentaient de traduire les impressions ressenties à l'audition de cette nouvelle musique. En outre, la littérature avait une fonction légitimatrice puisque la comparaison entre les deux univers contribuait à placer le jazz dans la sphère de l'art, que ce soit dans des articles comparant jazz et poésie, ou dans l'enregistrement en 1937 d'un poème de Pierre Reverdy sur fond de jazz, où musique et parole se mettent mutuellement en valeur. Ce procédé est au reste repris en 1946 par le jeune André Francis, qui entre dans le métier radiophonique en produisant une émission au cours de laquelle il déclame des textes du poète créole Aimé Césaire sur fond de disques de jazz. Il réédite deux ans plus tard l'expérience dans le cadre du Club d'essai de la Radiodiffusion française avec d'autres poètes comme Éluard ou Lautréamont. Par la suite, cette formule tombe en désuétude jusqu'au début des années soixante, où elle sera reprise par des poètes français et américains de la *beat generation.*

Mais c'est surtout en fécondant la démarche créatrice de certains écrivains que le jazz conquiert une petite place au sein du paysage culturel. Avant Marguerite Yourcenar[21] et Jacques Réda[22] dans les années soixante, Claude Roy salue en 1948 « la poésie des blues[23] », et surtout Gérard Legrand, membre du groupe surréaliste, publie en 1953 *Puissances du jazz,* ouvrage traitant des rapports entre jazz et surréalisme. Legrand, qui pratique à l'occasion l'écriture automatique en écoutant des disques de jazz, tente de fournir un cadre théorique aux rapports entre les deux modes d'expression. À l'évidence, les sonorités du jazz sont pour l'écrivain autant de stimuli destinés à faire jaillir de son imagination des paysages qu'il pourra exploiter sur le plan littéraire : il suffit pour s'en persuader de lire en quels termes il commente le style du tromboniste portoricain Juan Tizol, dont l'arrivée en 1929 dans l'orchestre de Duke Ellington apporta « une curieuse note d'exotisme sud-américain ou plutôt mexicain, un certain côté désertique qui se résolvait tout naturellement en approfondissement des valeurs sonores, comme le soleil éclatant approfondit les valeurs d'ombre et de lumière sur les rochers peints et marqués des gnomons du Colorado, des champignons runiques du Wyoming[24] ».

La musique de Duke Ellington, sur laquelle Legrand ne tarit pas d'éloges, lui paraît relever de la poésie : « Lorsque la possibilité déclarative de l'élément sonore est poussée à ce point, la poésie ne peut manquer de faire son apparition. Elle n'est pas épique, car elle transcende l'anecdotique ; elle n'est pas lyrique, car elle résiste à l'effusion ; elle n'est pas allégorique, car elle préfère l'ambiance à la totalité du dessin ; ou plutôt, elle est tout cela, mais élevée au rang du mythe et de la magie qui le fait vivre. Et lorsqu'une exécution musicale atteint ce décalage dans les deux sens de la temporalité, elle s'avère inévitablement et le plus purement du monde d'essence érotique. » Si Ellington lui semble proche de Saint-John Perse, son saxophoniste vedette Johnny Hodges lui paraît avoir réalisé « la prophétie d'André Breton, qui, loin de restreindre la vie, lui ouvre l'univers des essences : "Nous réduisons l'art à sa plus simple expression, qui est l'amour." » Il n'est pas étonnant dans ces conditions que

Legrand affirme son goût prononcé pour le roman de Boris Vian, *L'Écume des jours*, « livre saisissant, d'une poésie authentique et d'une portée subversive, enfin à la mesure de notre jeunesse », un roman chargé d'érotisme et baignant dans l'univers de Duke Ellington, dont une œuvre, *Chlo-E*, donne son nom à l'héroïne de l'histoire. Legrand, comme d'autres écrivains avant lui, est attiré par la violence de l'instant qui émane du jazz, musique dont la valeur se mesure à sa « possibilité de destruction de la durée[25] » et à sa capacité de faire jaillir des images dont la force s'impose immédiatement dans le feu de l'improvisation mais aussi grâce à l'expressivité d'une sonorité particulière aux musiciens de jazz et inexistante dans la musique classique. En regard, l'écriture, acte prémédité et longuement mûri, génère toujours un décalage entre l'idée venue à l'esprit de l'écrivain, sa projection sur le papier accompagnée de corrections, puis son action sur le lecteur. De ces trois étapes, le jazz ne fait qu'une : on comprendra dans ces conditions que le poète essaie de retrouver cette abolition de la temporalité en pratiquant l'écriture automatique à l'écoute du jazz. Legrand restera cependant l'un des seuls à explorer cette voie, l'ouvrage *Puissances du jazz* n'ayant pas eu de descendance, bien que d'autres poètes se soient intéressés au jazz par la suite.

Mais Legrand n'est pas le seul écrivain pour qui la fréquentation du jazz se soit avérée féconde. Elle l'est encore plus chez Boris Vian, dont son ami et collaborateur Henri Salvador a pu dire qu'« il était amoureux du jazz, ne vivait que par le jazz, entendait jazz et s'exprimait en jazz[26] ». Au-delà de ses chroniques journalistiques, toute son œuvre porte la marque profonde de la culture anglo-saxonne et du jazz en particulier, dans les thèmes abordés mais aussi dans les personnages (Duke Ellington plane sur une *Écume des jours* qui se déroule dans une ville dont les rues ont pour nom Sidney Bechet ou Jimmy Noone), le paysage, et même les structures linguistiques de ses romans. Cet aspect de l'œuvre de Vian a été bien étudié par Gilbert Pestureau[27], qui montre amplement à quel point le jazz occupe une place fondamentale dans son univers personnel et joue un rôle structurant dans sa démarche créatrice qui se traduira par l'invention d'un nouveau langage littéraire que son succès posthume a fait connaître d'un large public, d'autant plus que son héritage a été largement diffusé par de nombreux auteurs-compositeurs de chansons qui se réclament de lui.

Charlie Parker, le poète maudit

Le rôle de la sphère littéraire dans l'acculturation du jazz en France se manifeste d'une troisième manière. Car la littérature n'est pas seulement un langage, c'est aussi un ensemble de créateurs qui font partie du patrimoine culturel hexagonal et, à ce titre, de son système de représentations collectives dont les jeunes amateurs de jazz participent. Or, certaines figures de créateurs présentes dans la mentalité collective vont constituer un terreau d'accueil favorable pour les figures de musiciens qui peuplent l'imaginaire des amateurs de jazz. On sait depuis les travaux de l'anthropologue Melville Herskovits que tout phénomène d'acculturation est marqué par un processus de réinterprétation de l'élément culturel importé par la culture d'accueil, « processus par lequel d'anciennes significations sont attribuées à des éléments nouveaux ou par lequel de nouvelles valeurs changent la signification culturelle des formes anciennes[28] ». On en voit la parfaite illustration lorsque l'artiste de jazz vient à se confondre avec la figure du créateur maudit.

L'exemple de la constitution de l'image du saxophoniste Charlie Parker auprès des amateurs est caractéristique de ce processus de réinterprétation. Dès mai 1946, André Hodeir met en avant son statut de créateur dans l'article consacré aux premières séances be-bop. Un an et demi plus tard, Hodeir précise ses analyses et montre l'importance des innovations de Parker, non seulement dans le domaine de l'harmonie, mais aussi dans ceux de la mélodie, du rythme, de la sonorité et de la forme[29]. Un avis que partagent deux musiciens français renommés sollicités par *Jazz hot* pour l'occasion : le clarinettiste Hubert Rostaing qui accueille le be-bop avec scepticisme mais « considère Parker comme un créateur » et « un improvisateur inouï », et Hubert Fol pour qui « Parker s'impose à nous comme étant le soliste le plus remarquable que le jazz ait connu depuis plusieurs années ». Lors de son passage à Paris au festival de Pleyel en mai 1949, Boris Vian le qualifie de « superman du jazz ». Mais il connaît un succès mitigé par rapport à Sidney Bechet, l'autre tête d'affiche du festival, car bien qu'ayant joué « des choses assez extraordinaires », Parker adopta selon Hodeir « une attitude résolument anti-commerciale, n'ayant aucun souci de présentation » et « ne jou[ant] pas sur scène avec la même liberté qu'en cabaret ou que pour le disque[30] ». Se forge ainsi l'image d'un artiste intransigeant ne faisant aucune concession au public. À la mort de Parker usé par la drogue en 1955, André Hodeir salue « le plus grand saxophoniste de jazz, et, sans doute, avec Louis Armstrong, le plus grand improvisateur. Ses acquisitions furent si importantes et si révolutionnaires ses découvertes, que plus de dix années de jazz moderne n'ont pu en épuiser l'actualité[31] ». Génie mais aussi martyr en raison de la radicalité de ses découvertes, dont une grande partie n'a pas été comprise des musiciens et du public. Hodeir n'hésite pas à le mettre sur le même plan que de glorieux prédécesseurs incompris de leur vivant : « Parker avait conscience de son génie et savait qu'il avait transporté le jazz sur une terre à lui, comme Dostoïevsky, Kafka et Joyce ont transporté le roman dans des lieux inaccessibles au public moyen. » C'est ici que Parker apparaît proche des artistes incompris dont les images sillonnent l'histoire de l'art occidental depuis l'époque romantique :

> Cette inaccessibilité de l'art d'un Parker – alors que l'art d'un Armstrong ou d'un Bechet est si directement populaire –, le Bird l'a payée sans doute d'une vie sans joie. Cet homme qui portait en lui le secret de la création a dû s'avilir, pour vivre, à jouer d'invraisemblables rengaines que des imprésarios aveugles et sourds lui faisaient enregistrer dans l'espoir fallacieux de tirer commercialement parti d'une renommée qu'il s'était acquise parmi les jazzmen et qui avait débordé par la presse, dans le grand public. [...] C'est peut-être là qu'il faut chercher l'origine des dérèglements de sa vie et peut-être aussi l'explication de sa mort.

Dans le même numéro de *Jazz hot* suit un long article du critique américain Leonard Feather racontant précisément ces dérèglements et les péripéties d'une « existence meublée de tourments mentaux et d'agonie physique », rythmée par la drogue depuis l'âge de douze ans, les cures de désintoxication (sept mois à l'hôpital de Camarillo en Californie en 1946-1947), les succès éphémères et détruits aussitôt acquis par un homme pour qui « le normal était anormal » et qui, à la fin de sa vie, « prenait du poids » et « venait travailler vêtu comme un clochard », avant sa dernière et pitoyable apparition au cabaret portant son nom*. Cette image n'est pas construite à partir de rien puisque Parker lui-même aimait à se comparer à de grands musiciens comme Beethoven, qui furent incompris de leur vivant. Même sa mort n'est pas ordinaire puisque son corps transporté à l'hôpital

---

* Bird était le surnom de Parker. Le *Birdland*, appelé ainsi en son honneur, fut ouvert en 1951 sur la 52e rue de New York.

resta, semble-t-il, non identifié pendant quarante-huit heures. Quant à ses obsèques, elles se déroulèrent finalement à Harlem, « sous un temps pluvieux [32] ». Tandis que *Jazz hot* publie une photo de Parker sur son lit de mort [33], *Jazz magazine* montre le cercueil à la sortie de l'église, consacre deux pages aux funérailles et publie trois mois plus tard les souvenirs de Gene Ramey, contrebassiste américain qui joua avec Parker lors des débuts de celui-ci dans l'orchestre de Jay McShann en 1937 [34]. En 1958, c'est une longue discographie de son œuvre qui paraît dans *Jazz hot* sur quatre numéros [35].

La légende est en marche : à l'occasion du deuxième anniversaire de sa mort, le pianiste français Eddie Bernard relate le souvenir du grand saxophoniste qu'il a rencontré à Paris en 1949. Son article s'intitule « L'Albatros » et s'ouvre sur le dernier quatrain du poème homonyme de Baudelaire :

> Le poète est semblable au prince des nuées
> Qui hante la tempête et se rit de l'archer ;
> Exilé sur le sol au milieu des huées,
> Ses ailes de géant l'empêchent de marcher [36].

Le rapprochement est facilité par le surnom de « Bird » donné à Parker par ses collègues musiciens et adopté par les amateurs français. Filant la métaphore romantique, Eddie Bernard ajoute : « Charlie Parker planait très haut par-dessus le jazz, comme un siècle auparavant, Robert Schumann avait plané très haut par-dessus le romantisme. » Cette image restera attachée à Parker, qualifié en 1955 dans *Jazz magazine* d'« homme demeuré pour nous étonnamment mystérieux et insaisissable [37] », dont la mort accrédite l'image de l'oiseau « tombé, foudroyé, des sommets qu'il avait su atteindre, et [dont] plus jamais les ailes ne s'ouvriront pour un nouvel envol ». En 1962, il est devenu un « personnage de légende [38] », l'un des plus éminents représentants de la « dynastie maudite » de musiciens de jazz « ignorés et incompris à leurs débuts [39] ». Au sein de son œuvre, la séance de juillet 1946, au cours de laquelle il enregistra la balade *Lover man* avant d'être envoyé à l'hôpital de Camarillo pour une cure de désintoxication, occupe une place particulière dans la mémoire des amateurs français, car c'est ici un Parker usé par la drogue et la vie nocturne qui joue, s'apprêtant à la sortie du studio à mettre le feu à la chambre de son hôtel avant d'être arrêté. Pour le critique Jean-Robert Masson, cette œuvre est « bouleversante » quoique enregistrée dans des « conditions lamentables » que relate en détail un article de *Jazz magazine* en 1963 : « dramatique moment de l'histoire du jazz qui marqua pour le Bird le commencement de la fin », l'enregistrement de *Lover man* « est la plus magnifique exécution de l'époque, et malgré l'assertion du Bird, qui plus tard prétendit : "*Lover man* devrait être mis au rencart", c'est d'une rare beauté[40] ».

Un personnage peu commun, une vie courte et dramatique, des chefs-d'œuvre accouchés dans la douleur : Parker appartient sans aucun doute, pour les amateurs de jazz, au cercle des artistes torturés qui sillonnent la littérature française, figure née au cours du XIXe siècle romantique et sur laquelle le personnage du musicien de jazz s'est facilement superposé, s'installant d'autant plus durablement dans le système de représentations collectives que le personnage de Parker n'est pas le seul musicien de jazz à pouvoir revêtir les habits de l'artiste maudit à la destinée pitoyable et à l'œuvre déchirante, image qui résonne dans l'imaginaire des amateurs à travers notamment les parcours de Billie Holiday, morte en octobre 1959, ou de Lester Young, disparu deux mois auparavant. La drogue, partiellement responsable de ces décès prématurés – et de nombreux autres –, n'est pas un sujet tabou dans les revues spécialisées : dès la fin des années quarante, les amateurs français sont informés des démêlés de leurs artistes préférés avec la police américaine pour cause d'usage de stupéfiants. La question sort du cadre des revues spécialisées lorsque *L'Express* publie en 1961 des extraits du livre *The jazz life* du critique américain Nat Hentoff. Pour Hentoff, il est incontestable que de nombreux musiciens de jazz moderne se droguent, un phénomène qui, si l'on en croit le témoignage du tromboniste Bob Brookmeyer, tient à ce que « le jazz, plus que tout autre art, amène une tension émotionnelle énorme chez l'artiste, qui crée dans l'instant, contrairement aux autres artistes, qui créent sur la longue durée[41] ». Certains musiciens cherchent donc à prolonger la jouissance esthétique qui en résulte – ou au contraire à calmer leur tension – en recourant à la drogue. L'usage des paradis artificiels apparaît donc rapidement comme l'une des composantes du monde du jazz et lorsque, en 1962, le pianiste et chanteur Ray Charles est arrêté par la police américaine pour usage de drogue, Frank Ténot s'indigne du traitement que lui réserve la presse et évoque des antécédents prestigieux : avant lui, il y a eu Baudelaire dont « tout le monde sait aujourd'hui qu'il était drogué », mais aussi Verlaine qui était « un ivrogne[42] ». C'est aussi ce profil de poète maudit qui apparaît en demi-teinte dans le reportage des *Actualités cinématographiques Gaumont* consacré en mai 1963 au trompettiste Chet Baker, drogué notoire alors de passage à Paris. Lors de sa première venue en France en 1955, son pianiste Dick Twardzick avait été retrouvé mort d'une overdose dans sa chambre d'hôtel de la rue Saint-Benoît, et en 1960, Baker avait été arrêté en Italie pour usage et détention de stupéfiants. Le reportage, intitulé « Solo pour un maudit », donne le ton : « Dans le Paris insolite de la nuit, dans le monde singulier de ceux qui ne s'éveillent qu'au crépuscule, la police vient de s'intéresser à ces étranges personnages qui trouvent parfois une inspiration nouvelle dans une excitation artificielle[43]. » Chet Baker y avoue que la drogue est un « cauchemar » dont beaucoup de musiciens de jazz sont morts. Déclarant qu'il n'a « pas peur de mourir jeune si c'est pour le jazz », Baker est filmé en train de fumer, de jouer et d'écrire, placé ainsi dans la longue tradition des créateurs usant de paradis artificiels.

III. Jazz et cinéma, partenaires artistiques

Banania, cocaïne et film noir

Mais c'est surtout avec le cinéma que le jazz va développer un véritable partenariat artistique, en raison de la complémentarité « naturelle » qu'entretiennent le son et l'image. Dans un premier temps cependant, c'est uniquement l'aspect exotique du jazz qui sert d'inspiration aux cinéastes, qui y voient avant tout un avatar du mythe du bon sauvage ou un réservoir à fantasmes dans lequel se mêlent la drogue, l'alcool, la prostitution et, d'une manière générale, toutes les formes de marginalité. C'est donc à la fois la musique elle-même qui est utilisée, mais aussi et surtout une certaine imagerie. Aussi, jusqu'au milieu des années cinquante, la plupart des films, français ou américains, mettant en scène le jazz, appartiennent à quelques genres bien délimités. Le premier est la comédie musicale et sentimentale hollywoodienne dont *Stormy weather*, réalisé en 1943 par Andrew Stone et sorti en France à l'été 1946, donne le parfait exemple. On y retrouve les musiciens Fats Waller, Cab Calloway et son orchestre, la chanteuse Lena Horne, ainsi que le danseur Bill Robinson et les Nicholas Brothers. L'intrigue est des plus simples : une histoire d'amour entre Lena Horne, grande vedette, et Bill Robinson, danseur inconnu qui gagne sa vie comme serveur dans un bar. Après une courte idylle, ils se séparent car elle veut continuer à chanter tandis qu'il désire la voir arrêter sa carrière afin de s'installer dans une belle maison et de s'occuper des enfants qu'ils auront. Au terme d'une séparation douloureuse, elle finit par changer d'avis et vient le retrouver en un « happy end » qui sert de prétexte à la scène finale regroupant toutes les vedettes déjà citées.

Le film est empreint d'une vision des Noirs pleine des clichés qu'attend le spectateur de l'époque : ayant le rythme dans la peau, ils commencent à danser dès que retentissent les premières notes de musique, à l'exemple de Bill Robinson qui, au moment de s'endormir à bord du steamboat sur lequel il est embarqué, entend un groupe de jazz qui joue ; immédiatement, ses pieds se mettent en mouvement malgré lui et l'emmènent rejoindre l'orchestre. On retrouve ce registre de manière plus explicite encore dans le show de Lena Horne, qui est accompagnée par une troupe de danseurs noirs emplumés jouant du tambour au sommet d'un grand arbre en pleine jungle ; quant aux danseuses blanches, elles ont des masques à deux faces dont l'une représente un visage de noir lippu avec un grand sourire. En dépit de cette imagerie primitiviste qui commence tout juste à être remise en cause dans le milieu des amateurs, le film contient quelques morceaux d'anthologie tels que l'époustouflant numéro de claquettes des Nicholas Brothers au son de l'orchestre de Cab Calloway, scène devenue un classique du cinéma. De tels moments suffisent à faire déplacer les amateurs sevrés de jazz américain pendant les années de guerre : dix minutes de jazz et la courte apparition à l'écran d'une vedette idéalisée depuis longtemps satisfont les passionnés, quand bien même la qualité artistique de l'ensemble du film ne leur convient pas. Il faut dire que dans l'immédiat après-guerre, les possibilités d'entendre du jazz et de voir les vedettes à l'écran sont trop rares pour faire la fine bouche. Les amateurs ne vont donc pas manquer en septembre 1947 la sortie parisienne de *New Orleans*, autre film du même genre dont la vedette est Louis Armstrong. Pour nombre d'entre eux qui n'ont jamais eu l'occasion d'assister à un concert donné par une vedette américaine, ce film fait date, bien qu'il soit plutôt mal accueilli par certains critiques cinématographiques spécialisés. Boris Vian, amateur de jazz et cinéphile [44], est quant à lui sévère vis-à-vis de ce type de films racistes qui minimisent le rôle des Noirs américains dans l'histoire du jazz [45]. Pourtant, visibles sur les écrans parisiens et parfois provinciaux, ils contribuent à une popularisation du jazz, quoiqu'ambiguë puisque fondée sur des clichés où il est associé à l'esprit enfantin de l'âme noire et aux bruits de la forêt vierge.

Cette ambiguïté ne sera guère levée par les comédies burlesques à la française qui jalonnent les années cinquante et s'inscrivent dans le mouvement de popularisation du jazz. Tout juste retrouve-t-on dans des réalisations telles que *Les Joyeux Pèlerins* (Fred Pasquali, 1950), *La Route du bonheur* (Philippe Labro, 1953), *Piédalu député* (Jean Loubignac, 1953), *Printemps à Paris* (Jean-Claude Roy, 1956) ou *Ah! quelle équipe!* (Roland Quignon, 1957), une figure francisée du bon Noir, le plus souvent incarnée par Sidney Bechet qui relève à la fois de l'oncle Tom et du grand-père joyeux qui pourrait être celui de n'importe quel adolescent français. Mais si de tels films contribuent à la popularisation de quelques grandes figures du jazz français ou international (Sidney Bechet, Bill Coleman, Claude Luter, Aimé Barelli), leur pouvoir de légitimation culturelle est à peu près nul.

Il en va de même du troisième genre cinématographique dans lequel est longtemps cantonné le jazz : le film noir, genre encore méprisé qui annexe à l'occasion un jazz symbolisant pour beaucoup l'univers de la nuit, du crime et de la déviance. Dès le début des années cinquante, des auteurs de romans policiers français ont utilisé le jazz à titre de couleur locale, comme Maguelonne Toussaint-Samat dans son *Concerto pour meurtre et orchestre*. Au cinéma, deux films du jeune réalisateur Édouard Molinaro, *Des femmes disparaissent* en 1958 et *Un témoin dans la ville* en 1959, illustrent cet emploi. La bande sonore du premier a été composée par l'orchestre américain des Jazz Messengers, celle du second par le saxophoniste français Barney Wilen. *Des femmes disparaissent*, référence implicite au film d'Alfred Hitchcock *Une femme disparaît* réalisé vingt ans auparavant, est consacré à la traite des Blanches, tandis qu'*Un témoin dans la ville* met en scène une suite de filatures dans Paris. Si la presse jazzistique ne cache pas sa satisfaction quant à la qualité de la musique, les films eux-mêmes suscitent des critiques très partagées, voire franchement défavorables dans les milieux cinéphiles. Mais excepté chez les amateurs de jazz, la musique ne retient pas l'attention des observateurs. Elle est pourtant un adjuvant incontestable à l'image et contribue au climat général d'un film : dans cette perspective, il n'est pas innocent que le jazz accompagne la longue scène finale des *Liaisons dangereuses 1960* de Roger Vadim – autre film noir librement adapté du roman de Laclos –, scène représentant une soirée crapuleuse au cours de laquelle plus la musique monte d'intensité, plus les femmes se déshabillent.

Élément dramatique important, le jazz est, ici encore, associé au sexe et à l'alcool, tout comme dans *Les Tricheurs* de Marcel Carné, qui met en scène les mœurs dissolues d'une jeunesse dorée qui s'abrutit à coups de surprises-parties et de jazz pour cacher son mal de vivre. Le tableau de la jeunesse, déjà ébauché par l'amateur de jazz Jacques Becker en 1949 dans *Rendez-vous de juillet*, occupe ici l'essentiel d'un film dont la bande sonore a été confiée au Jazz at the Philharmonic de Norman Granz, un choix dont la presse spécialisée se réjouit, tout en déplorant une fois de plus l'association du jazz avec les « atmosphères troubles et autres situations peu recommandables[46] ». Mais la musique du film ne retient guère, là non plus, l'attention de la critique. En 1963, c'est André Cayatte, cinéaste de la même génération que Carné, qui, reprenant dans *Le Glaive et la Balance* le thème du malaise de la jeunesse, met en scène dans le cadre du festival de jazz d'Antibes « une bande de *teenagers* s'emparant d'un bar à la mode, vidant l'orchestre du podium pour prendre sa place et balançant sans égards, au rythme du twist, les clients dans une piscine voisine[47] ». La bande sonore du film n'a pas été réalisée par des musiciens de jazz, bien que Cayatte, qui déclare aimer cette musique, ait voulu assurer au film une « ambiance de jazz[48] ». L'œuvre est mal accueillie par les amateurs qui apprécient modérément de se voir campés en voyous au cours d'un festival d'Antibes – en passe de devenir un des hauts lieux européens du jazz – assimilé à un défouloir pour jeunes casseurs. En outre, suprême insulte, Cayatte amalgame jazz et yé-yé en plaçant côte à côte l'affiche du festival d'Antibes et celle d'un concert de Johnny Hallyday.

Dans tous les exemples cités, le rôle du jazz est donc avant tout de pourvoir à l'ambiance générale du film, que ce soit à titre de couleur locale simpliste dans les films hollywoodiens, ou en tant que parfum trouble dans les films policiers français. La présence du jazz dans ce type de film a pour effet, malgré une imprégnation auditive du public par le biais des bandes sonores, de reléguer cette musique dans un univers marginal et de perpétuer auprès d'un public non averti des représentations incompatibles avec une quelconque légitimation artistique.

Contrepoint

Mais il est d'autres manières d'utiliser le jazz au cinéma, dont certains réalisateurs vont donner l'exemple dès l'immédiat après-guerre, comme Jean Painlevé, fils de l'homme politique Paul

Painlevé. Spécialisé depuis 1928 dans le court métrage scientifique, il signe en 1945 *Le Vampire*, suivi l'année suivante des *Assassins d'eau douce*, tous deux sur une musique de Duke Ellington et tous deux salués à leur sortie par le spécialiste de cinéma Georges Sadoul : celui-ci signale ainsi en juillet 1946 dans *Les Lettres françaises* l'osmose particulièrement réussie par le réalisateur entre image et musique, telle sa synchronisation des mouvements des poissons qui s'entre-dévorent avec des airs de jazz dans une ambiance où la violence le dispute à l'humour. Ce principe est repris en 1949 par l'océanographe Jacques-Yves Cousteau, qui charge le jeune compositeur André Hodeir d'illustrer musicalement son documentaire *Autour d'un récif*. Mais l'utilisation du jazz dans une bande sonore reste rare jusqu'à la fin des années cinquante : limitée à une ou deux apparitions par an jusqu'en 1951, elle devient ensuite plus fréquente en raison de la popularité de Bechet, qui compose la bande sonore et/ou joue un rôle dans huit films entre 1952 et 1956, dont cinq longs métrages. Claude Luter participe aussi, comme acteur et musicien, à trois films entre ces deux dates, dont deux avec Bechet.

Si l'emploi du jazz au cinéma a connu dès la fin des années quarante quelques épisodes marquants comme *Rendez-vous de juillet*, la période faste du jazz au cinéma court de 1957 à 1960 : entre ces deux dates, 41 films au moins seront illustrés par une bande sonore de jazz, dont 31 longs métrages. Ce tir groupé est dû à la conjonction du succès croissant du jazz et d'un phénomène de génération concrétisé par l'arrivée de quelques jeunes réalisateurs qui se reconnaissent dans la musique noire américaine, et dont les essais vont générer durant quelques années un phénomène de mode accompagnant le succès grandissant du jazz. Le premier d'entre eux est Roger Vadim, ancien habitué des nuits de Saint-Germain-des-Prés au cours desquelles il a découvert le jazz. Né en 1928, il est révélé en 1956 par son premier film, *Et Dieu créa la femme*, dont la vedette est Brigitte Bardot. La même année, il enchaîne avec *Sait-on jamais ?* dont la musique est confiée à John Lewis et au Modern jazz quartet, alors en séjour à Paris. En 1959, le quatrième film de Vadim, *Les Liaisons dangereuses 1960*, utilise encore une bande-son de jazz, composée par les Jazz Messengers et le saxophoniste français Barney Wilen. L'année précédente, l'orchestre américain avait réalisé la musique du deuxième film d'Édouard Molinaro, *Des femmes disparaissent*. Né en 1928 comme Vadim, Molinaro réédite l'expérience en 1959 pour son troisième long métrage, *Un témoin dans la ville*, dont la musique est due à Barney Wilen. Quant à Jean-Daniel Pollet, il confie en 1957 la musique de son premier film, le court métrage *Pourvu qu'on ait l'ivresse*, à Claude Bolling, qui réalise une partition au cours de laquelle se succèdent un boléro, un mambo, un cha-cha-cha, un blues, un deuxième mambo, une valse et enfin une marche. À partir de ce moment, Claude Bolling ne cessera plus d'être sollicité jusqu'à nos jours, par la télévision ou le cinéma, pour composer des bandes sonores, plus de cent vingt à ce jour. Toutes ne relèvent pas exclusivement du jazz, mais il est bien rare qu'elles n'en contiennent pas.

Autre jeune réalisateur, Louis Malle va également recourir au jazz, dont il est amateur depuis son adolescence. Né en 1932, il réalise en 1957 son premier film, *Ascenseur pour l'échafaud*, couronné par le prix Louis Delluc et dont la bande sonore a été confiée au trompettiste américain Miles Davis, que l'imprésario Marcel Romano avait fait venir pour une tournée européenne en décembre 1957. Comme dans *Sait-on jamais ?*, Louis Malle projeta dans le studio d'enregistrement les scènes destinées à être illustrées musicalement tandis que les musiciens, tout en les visionnant, jouaient sous la direction de Miles Davis. Mais à la différence du film de Vadim dont la bande sonore, pour sa plus grande partie, avait été écrite, Miles Davis et les musiciens français qui l'accompagnent improvisent sur un canevas harmonique simple donné par Davis avant la séance. Cette pratique constitue une réelle nouveauté à une époque où les réalisateurs de films se bornent la plupart du temps à confier aux musiciens des minutages à partir desquels ceux-ci composent la bande sonore, parfois sans même avoir vu le film. L'idée de Louis Malle est d'obtenir une véritable collaboration entre jazz et cinéma, la musique devant servir de contrepoint et de commentaire à l'image et non pas coller à elle. Dans cette perspective, la réalisation en direct d'une musique improvisée est pour lui l'une des meilleures solutions au problème de la musique de film puisqu'elle permet de créer une véritable interaction entre le son et l'image. Mais si la presse jazzistique accueille favorablement ce film où le jazz est traité en véritable partenaire artistique et non plus comme un simple ingrédient exotique ou érotique, cette nouvelle utilisation d'une musique dans un film passe inaperçue dans la presse générale et cinématographique, qui s'intéresse peu aux bandes sonores.

Chez Claude Bernard-Aubert, c'est en dehors de tout parti pris esthétique qu'est envisagée la collaboration entre jazz et cinéma. Le jeune réalisateur confie en 1959 la musique de son deuxième film, *Les Tripes au soleil*, à André Hodeir, qui composera aussi en collaboration avec Martial Solal la musique du suivant, *Match contre la mort* (1960). Dans *Les Tripes au soleil*, l'utilisation du jazz symbolise la ségrégation raciale qui règne dans un pays imaginaire ressemblant fort au Sud des États-Unis, le tout filmé avec une technique cinématographique témoignant d'une forte influence du cinéma américain sur le jeune auteur. Prise de position sur la question noire réalisée par un Français, le film frôle l'interdiction en France, dont avait pâti auparavant le premier long métrage de Bernard-Aubert, *Patrouille de choc*, qui traitait de la guerre d'Indochine. Pour éviter de nouvelles pressions, le réalisateur et son scénariste décident cette fois-ci de produire eux-mêmes ce film dont la « brutalité salutaire[49] » est saluée par *Les Cahiers du cinéma*.

Aux antipodes de ce cinéma, sinon militant, du moins engagé, c'est le partenariat esthétique de la musique et de l'image qu'explore en 1959 Jean-Luc Godard dans *À bout de souffle*, son premier long métrage. Œuvre fondatrice de la Nouvelle Vague par son style nerveux dû à un montage original et par le personnage désinvolte de Jean-Paul Belmondo, elle l'est aussi par la musique de Martial Solal écrite pour grand orchestre et conçue comme un véritable partenaire artistique de l'image, comme dans la dernière scène du film, à forte tonalité parodique, où, blessé à mort par les policiers, Belmondo-Poiccart s'enfuit en titubant, sur un fond musical joyeux et dansant qui transforme le bandit traqué en exécutant d'une chorégraphie tragi-comique. L'utilisation du jazz dans ce contexte est une nouveauté. L'esthétique d'*À bout de souffle* présente par ailleurs une très nette parenté avec celle de *Shadows*, réalisé un an auparavant aux États-Unis par John Cassavetes, sur une musique du jazzman Charles Mingus. On notera que si l'idée de l'utilisation du jazz comme bande sonore semble bien être une invention française, elle est malgré tout un signe parmi d'autres de l'influence du cinéma américain – et de la culture américaine en général – sur une génération de réalisateurs où l'on retrouve tous les noms cités plus haut, même s'ils ne font pas partie à proprement parler de la Nouvelle Vague. Cette influence existait déjà chez certains de leurs aînés comme Jean-Pierre Melville, « considéré comme un des précurseurs de la Nouvelle Vague et un des meilleurs connaisseurs du cinéma américain[50] ». Ce dernier avait confié dès 1952 la réalisation de la bande sonore de son troisième film, *Quand tu liras cette lettre*, au pianiste de jazz Bernard Peiffer. Il récidive en 1959 avec *Deux hommes dans Manhattan*, illustré musicalement par Christian Chevallier et Martial Solal, ce dernier composant aussi la musique de *Léon Morin prêtre* en 1961. S'il est exagéré de conclure à partir de ces quelques exemples que le jazz et la Nouvelle Vague ont fait cause commune, il n'empêche qu'une certaine parenté d'esprit entre le jazz et le nouveau cinéma a permis à de jeunes réalisateurs venus au jazz dans l'immédiat après-guerre d'intégrer cette musique dans leurs premières œuvres. Du reste, la vogue du jazz au cinéma se révélera presque aussi éphémère que la Nouvelle Vague elle-même : après les années fastes 1957-1960, le nombre de bandes sonores réalisées par des jazzmen diminue nettement.

Le film de jazz, un genre cinématographique ?

Bien avant cette cristallisation autour d'une nouvelle génération de cinéastes, le jazz s'est trouvé promu au rang de personnage principal dans quelques productions isolées qui marqueront durablement les amateurs. La première du genre est le court métrage américain *Jammin' the blues*, réalisé en 1944 par Gjon Miti et produit par l'imprésario Norman Granz, qui met en scène une jam-session. Couronné en France lors d'un festival de court métrage en 1950, il est présenté au cours des deux premiers salons du jazz. De toutes les œuvres cinématographiques présentées lors des salons, *Jammin' the blues* est la seule qui attire l'attention de la critique au-delà du cercle des amateurs. Mais hors des grands festivals, sa diffusion restera limitée : s'il est projeté à partir de 1950 dans quelques ciné-clubs à l'initiative d'amateurs de jazz, il ne circule pas dans le réseau provincial de la FHCF en raison d'un coût trop élevé. Absence partiellement compensée par la diffusion à partir de la même année de *Jazz cocktail*, pot-pourri réalisé par l'équipe de *Jazz hot* à partir de courts métrages américains des années quarante. Moins cher que *Jammin' the blues, Jazz cocktail* permet aux clubs n'ayant pas la possibilité financière d'organiser des concerts de réaliser une manifestation de grande envergure destinée à attirer du monde. De fait, après une présentation parisienne au cinéma Le Rex, le film parcourt les clubs de province où il rencontre un succès non négligeable. Encouragé par ce relatif succès, Jacques Souplet réalise avec Pierre Neurisse *Autour d'une trompette* en 1951, court métrage relatant les étapes successives de la conception d'un des instruments rois du jazz. Sa carrière est courte : en dehors des IIe et IIIe Salons du jazz, il est projeté une fois au cinéma Mac Mahon à Paris, spécialisé dans les films américains, puis disparaît des écrans, tout comme un autre court métrage de Pierre Neurisse réalisé la même année, *Jam-session*, vraisemblablement inspiré lui aussi de *Jammin' the blues*.

Peu nombreux, les courts ou longs métrages traitant de jazz alimentent les mini-festivals de films qui se déroulent notamment lors des trois salons du jazz. Mais il peut arriver qu'un documentaire sur le jazz soit admis sur des grands écrans, comme le montre l'exemple de *Jazz à Newport* qui sort en avril 1960 dans deux salles parisiennes, le Rolande et le Biarritz, et déplace 35 000 spectateurs en deux mois, fait exceptionnel pour ce film d'une heure et demie exclusivement consacré à la musique. Œuvre du jeune réalisateur américain Bert Stern, ce documentaire consacré au festival américain de Newport est salué par la presse jazzistique en raison d'un « art du contrepoint visuel et sonore » qui permet à « la technique cinématographique et [à] la musique de jazz d'y [former] un tout indissociable[51] », d'autant plus qu'il n'est accompagné d'aucun commentaire. Le film est suffisamment remarqué pour que la *Nouvelle Revue française*, fait rarissime, lui accorde une place sous la forme d'un article écrit par Jacques Bens, amateur de jazz sensible à la démarche esthétique originale qu'il qualifie de « caméra-stylo », la prise de vue du réalisateur tenant lieu à elle seule de commentaire. À partir de 1958, la France possède, avec Jean-Christophe Averty, un cinéaste spécialiste de jazz qui ne va cesser jusqu'à nos jours de filmer concerts et festivals français, notamment celui d'Antibes à partir de 1960. Comme André Francis à la radio, il est à l'origine de la constitution d'un fonds documentaire énorme sur le jazz, dont l'impact auprès du grand public, impossible à évaluer, est certainement important, la caméra d'Averty habituant le spectateur à observer au plus près l'improvisateur à l'œuvre. Averty poursuit une voie ouverte par les courts métrages sus-cités et perfectionne un genre certes très marginal mais réel : le film de jazz. Parmi ses représentants, on peut aussi citer le fils d'Hugues Panassié, Louis, qui réalisera en 1970 *L'Aventure du jazz*, premier long métrage consacré uniquement au jazz, dans lequel est retracée en près de trois heures l'histoire de la musique noire américaine. Pour les besoins de ce tournage, il a pu filmer, grâce aux relations d'amitié nouées par son père, de nombreux jazzmen parmi lesquels Louis Armstrong, Lionel Hampton et plusieurs autres, en pleine action dans des clubs de Harlem ou de La Nouvelle-Orléans. On n'aura garde d'oublier, pour les années soixante-dix et quatre-vingt, Frank Cassenti : né en 1945, ce réalisateur surtout connu pour avoir tourné *L'Affiche rouge* en 1976 est aussi un amateur féru de jazz, auquel il a consacré plusieurs œuvres, notamment un moyen métrage sur le saxophoniste américain Archie Shepp.

De *Jammin' the blues* (1944) à *Archie Shepp* (1984) en passant par quelques jalons épisodiques, le fil est mince, mais il existe : c'est celui d'un petit genre né à la périphérie du septième art et exclusivement voué à la mise en valeur de la musique et des musiciens de jazz, indépendamment de tout canevas dramatique. Ou plutôt, c'est le jazz qui remplit cet office et qui impose son vocabulaire spécifique à la caméra. Mais cette forme de représentation concurrence sur son terrain le concert proprement dit, dont elle ne peut égaler l'impact auditif, visuel et émotionnel. C'est sans doute ce qui explique avant tout son faible rayonnement, que ce soit au cours des années cinquante ou actuellement. L'existence de ce « micro-genre » n'en témoigne pas moins de l'enracinement du jazz dans le paysage artistique, au-delà de la seule sphère musicale.

XIII

La naissance d'un public

L'intégration du jazz au sein du paysage culturel français, qui s'épanouit dans la décennie d'après-guerre et se manifeste, nous l'avons vu, par l'affirmation d'un noyau de musiciens hexagonaux, une influence sur la musique de variétés et une interpénétration avec d'autres modes d'expression artistique, resterait cependant partielle si elle ne s'accompagnait pas de la fidélisation d'un public permettant à la musique syncopée de dépasser l'effet de mode pour acquérir un ancrage social sans lequel il n'est pas de véritable acculturation. À cet égard, les années cinquante sont marquées par ce fait capital qu'est la naissance d'un public durable et aisément identifiable sur les plans sociologique et générationnel.

I. Qui sont les amateurs de jazz ?

Où il est surtout question de chiffres

Au cours des années d'après-guerre, le jazz connaît un succès croissant qui se traduit par l'augmentation importante de la fréquentation des concerts*, notamment à Paris. Après le succès dû au contexte exceptionnel de l'Occupation, la fréquentation des concerts baisse nettement dans les années 1944-1947 et s'établit en moyenne à 10 000 spectateurs par an, ce qui correspond à un noyau d'amateurs parisiens que l'on peut situer entre 2 000 et 3 000 personnes[1], soit la moitié des 5 000 membres que semble avoir comptés sur toute la France le mouvement Hot club à son apogée. C'est en

---

* Voir le tableau de l'annexe IV, p. 467.

1948 que l'on assiste à un saut quantitatif très net, avec notamment le succès du festival de Marigny, qui se traduit par un doublement de la fréquentation par rapport à 1947, doublement réédité l'année suivante grâce au festival international de jazz de Pleyel. La croissance du public ne se démentira pas jusqu'en 1954, les années 1950, 1952 et 1954 étant marquées par les trois salons du jazz qui connaissent un vif succès dépassant nettement le cercle des amateurs. Mais en 1953, le chiffre de 50 000 spectateurs annuels est atteint sans le concours d'un long festival, ce qui témoigne d'une augmentation réelle du nombre d'amateurs férus. L'année suivante est créée la revue *Jazz magazine*, dont le succès immédiat montre l'existence d'un public potentiel important. C'est ce mouvement de fond qui permet d'atteindre dès 1956 un chiffre moyen de 40 000 et même de 50 000 spectateurs par an, qui ne baissera plus guère désormais jusqu'au milieu des années soixante, date à laquelle la fréquentation du jazz entrera en crise. Le nombre d'amateurs parisiens peut donc se situer dans une fourchette comprise entre dix et vingt mille au début des années soixante, soit un public cinq à dix fois plus important qu'au sortir de la guerre : ainsi l'orchestre de Count Basie peut-il donner en juillet 1960 quatre concerts consécutifs au palais de Chaillot, qui compte alors 2 700 places, pour un total d'environ 10 000 spectateurs.

Il est plus difficile de donner une estimation nationale. Vers 1947, les adhérents des Hot clubs représentent l'ensemble des amateurs de jazz, ou peu s'en faut. Mais la chute de leurs effectifs s'accompagne d'une augmentation du public à partir de 1952-1953. C'est sur ce nouveau public que s'appuie *Jazz magazine*, qui atteint 25 000 exemplaires à la fin des années cinquante. Au même moment, *Jazz hot* tire à 18 000 et le *Bulletin du Hot club de France* à 4 000, ce qui permet d'avancer un chiffre compris entre 30 000 et 45 000 amateurs sur toute la France ; c'est d'ailleurs à 30 000 exemplaires que se montent en 1961 les ventes du livre *Jazz*, publié par André Francis aux éditions du Seuil en 1958. Les consultations lancées par Daniel Filipacchi et Frank Ténot lors de leur émission quotidienne « Pour ceux qui aiment le jazz » sur Europe numéro 1 vont dans ce sens : en mai 1958, ce sont 27 000 amateurs qui élisent les meilleurs musiciens de jazz. L'année suivante, le référendum sur les musiciens français recueille 32 106 réponses venues de toute la France. Cette moyenne est corroborée par les ventes de certains disques comme la bande originale du film *Ascenseur pour l'échafaud* (24 000 exemplaires) en 1957 ou celle des *Tricheurs* (32 000) l'année suivante.

Le public parisien, qui constituait au moins la moitié des amateurs en 1944, n'en représente donc plus qu'un bon tiers vers 1960, signe d'un enracinement provincial, d'autant plus que le public a nettement augmenté en valeur absolue entre ces deux dates. Les premiers signes de cet enracinement sont perceptibles dès le lendemain de la guerre dans certaines villes où le jazz suscite un vif intérêt, à Béziers par exemple, où le concert organisé par le Hot club le dimanche 17 février 1946 au matin réunit 1 100 personnes, à Montargis où le quintette du club se produit en mars 1947 devant 2 000 personnes, ou encore à Marseille, où le trompettiste américain Rex Stewart déplace 3 000 personnes à l'Opéra municipal en février 1948. De tels chiffres ne sont pas exceptionnels puisque à Amiens en septembre 1953, près de 3 000 personnes viennent applaudir Lionel Hampton, tandis qu'à Roubaix deux ans plus tard, Louis Armstrong fait salle comble avec 2 200 spectateurs. Et nous avons vu que le premier festival de jazz amateur de la petite ville de Coulomb déplace en 1961 près de 2 000 personnes. Mais l'exemple le plus significatif de l'existence d'un véritable public pour le jazz en province reste celui de Lyon. Fondé en 1945, le Hot club local atteint son maximum en 1947 avec 260 adhérents qui en font la section provinciale la plus importante. Malgré quelques belles réalisations comme ce concert de février 1947 auquel assistent 600 personnes, ou l'organisation d'un des seuls concerts de Dizzy Gillespie en province en février 1948, ce n'est pas au cours de ces années que son activité est la plus féconde. La période faste commence en 1949, alors que les effectifs ont nettement fondu. Pourtant, le Hot club réussit à attirer 5 000 personnes le 2 juin 1949 pour assister à la prestation commune de Miles Davis et de Sidney Bechet, un concert auquel participent aussi les musiciens du Hot club. Il s'agit d'un événement local, puisque « au moins six cents personnes[2] » ne peuvent entrer et que la police doit intervenir pour dégager les abords de l'Opéra et rétablir la circulation. En février 1952, ce sont 1 800 spectateurs qui assistent au concert Bechet-Luter ; ils seront 2 200 l'année suivante pour applaudir à nouveau le saxophoniste, le Hot club de Lyon fêtant à cette occasion son vingt-quatrième concert. En juin 1953, c'est devant 2 000 Lyonnais que le club organise une nuit du jazz sur la place Bellecour, et trois ans plus tard, alors que les Hot clubs sont au plus bas sur le plan national, un salon sur le modèle parisien, qui déplace 15 000 visiteurs ! N'en déduisons pas que Lyon compte 15 000 amateurs de jazz. Mais ce type d'événements montre que le jazz peut recruter épisodiquement au-delà de son public naturel à l'occasion de manifestations de grande ampleur qui recueillent un succès de curiosité, tels le festival de Paris en 1949 (20 000 spectateurs), le IIe Salon du jazz en 1952 (50 000), le concert gratuit des arènes de Lutèce en juin 1953 (15 000), ou encore le IIIe Salon du jazz en 1954 (90 000). Il arrive aussi qu'un artiste exceptionnel déborde du cercle des amateurs férus, comme Ray Charles qui donne cinq concerts à Paris en octobre 1961 pour un public estimé à 35 000 spectateurs. Un succès confirmé par la vente de ses disques, le 45 tours *What I'd say* atteignant en février 1962 le chiffre de 100 000 exemplaires ! Le cas de Sidney Bechet est encore plus frappant : en octobre 1955, il fête la vente de son millionième disque et la maison Vogue organise à cette occasion un concert gratuit à l'Olympia. À sa mort en 1959, son plus grand succès reste *Les Oignons*, vendus à 1,2 million d'exemplaires. Quant à *Petite fleur*, 400 000 copies partent dans l'année qui suit son décès. Si le noyau d'amateurs fidèles est d'environ 40 000 sur toute la France au début des années soixante, le jazz peut donc, par cercles concentriques successifs, toucher jusqu'à plusieurs centaines de milliers de personnes achetant occasionnellement un disque ou un billet de concert. Le développement de la télévision pourrait même multiplier ce chiffre de façon exponentielle si la présence du jazz n'y était pas aussi épisodique : lors de la retransmission du festival d'Antibes en 1963, c'est devant huit millions de téléspectateurs que se produit la chanteuse américaine Sarah Vaughan.

Jeunes

Sur le profil de ce public, une certitude s'impose d'emblée : il est jeune. En 1956, *Jazz magazine* effectue en collaboration avec l'émission « Pour ceux qui aiment le jazz » un sondage auprès de quinze mille auditeurs, lesquels désignent comme « amateur de jazz type » un jeune homme de dix-neuf ans habitant à Concarneau. Lorsqu'en 1959 *Jazz magazine* entreprend une vaste enquête pour connaître ses lecteurs, plus de 50 % d'entre eux déclarent avoir entre quinze et vingt ans. 86 % sont des garçons, ce que confirme la composition des rédactions des principales revues spécialisées, exclusivement masculines à l'exception notable du *Bulletin du HCF*, où officie Madeleine Gautier, épouse d'Hugues Panassié.

Une autre caractéristique essentielle du public de jazz au cours des années quarante et cinquante est son extrême instabilité. Passé vingt ans, beaucoup d'amateurs abandonnent le jazz, souvent au moment du mariage, lorsqu'ils doivent consacrer leur temps et leur argent à d'autres activités. Cette volatilité chagrine beaucoup les critiques, qui y voient un obstacle à l'enracinement du jazz dans le paysage culturel. Cette réalité se retrouve sur le plan statistique, puisqu'une enquête de la revue *Sondages* en 1958 montre à quel point le goût pour le jazz diminue avec l'âge, tandis que la courbe des personnes qui y sont le moins sensibles augmente en proportion inverse*. L'instabilité déplorée par la critique doit cependant être relativisée car la fidélisation du public est une réalité qui se manifeste timidement dès l'immédiat après-guerre, ainsi au concert de Louis Armstrong en mars 1948 à Paris, où l'on remarque non seulement dans la salle « le ban et l'arrière-ban des fanatiques de 1948 », mais aussi « les fanatiques d'il y a quinze ans, venus autant pour goûter un plaisir sentimental que pour ressentir le choc au plexus solaire que leur administrait Louis Armstrong en 1933[3] ». Ce processus d'accumulation va se poursuivre lentement mais sûrement tout au long des années cinquante : en octobre 1954, les adolescents ne sont pas les seuls spectateurs du JATP qui se produit dans une salle Pleyel dont les abords sont « envahis par l'automobile » et à l'intérieur de laquelle on remarque « deux types d'amateurs : un type "normalien pratiquant l'athlétisme" (fin visage, fine musculature, lunettes finement cerclées) » et « un type issu des surprises-parties de la Résistance (mocassin, moustache et gilet technicolor) [de] trente ans de moyenne[4] ». C'est une constatation analogue que fait ce chroniqueur de *Sud-Ouest* qui assiste à Bordeaux en 1958 à une conférence de Sim Copans sur le jazz, où l'on remarque des « moins de vingt ans mais aussi [des] plus de trente ans[5] », deux classes d'âge qui ont par ailleurs des goûts distincts : « Le jazz Nouvelle-Orléans, par sa franchise brutale et ses thèmes faciles, plaît aux très jeunes et… aux plus de cinquante ans, qui y trouvent une survivance d'un passé déjà lointain. Le jazz moderne, lui, touche la génération intermédiaire, qui se complaît dans cette musique où tout est recherche et raffinement[6]. » À la charnière des années cinquante et soixante, ce sont donc deux générations qui se rencontrent dans les concerts de jazz, la première composée d'amateurs nés entre 1910 et 1920 venus au jazz dans les années trente, la seconde regroupant des jeunes gens nés entre 1920 et 1940, dont le baptême jazzistique a eu lieu pendant l'Occupation ou juste après la guerre. Au concert donné par Count Basie en février 1959 à Paris, Lucien Malson

---

* Voir le tableau en annexe VI, p. 469.

remarque avec joie que parmi l'auditoire figure « une plus grande part de la jeunesse, mais aussi ceux qui, en dépit des années, n'ont pas vraiment vieilli, ces hommes de trente à quarante ans qui reviennent, fidèlement, à chacun des passages, entendre l'illustre formation de Basie[7] ». Et en octobre 1963, lors du retour du grand orchestre dans la capitale, « [son] public, mieux informé, plus ouvert, oscille autour de la trentaine, et témoigne d'une maturité et d'un sérieux qui n'auront bientôt plus rien à envier à la respectabilité des mélomanes[8] ». La légitimité du jazz a tout à gagner de cette augmentation de la moyenne d'âge, qui se retrouve dans une enquête réalisée par l'INSEE en 1962 « auprès des auditeurs de radio diffusant du jazz », où l'on remarque deux groupes dominants parmi les amateurs : les 16-18 ans, « sympathisants dans la proportion de 71 % », mais aussi les 18-24 ans, à 62 % favorables au jazz[9]. Progression légère par rapport à l'enquête *Jazz magazine* de 1959, mais progression significative. L'explosion en 1962-1963 du phénomène yé-yé, qui capte la majeure partie des adolescents, contribue très certainement à accélérer ce mouvement, en faisant disparaître l'élément le plus jeune des concerts de jazz, où les amateurs de plus de vingt ans se trouvent désormais proportionnellement plus nombreux. Dès 1956, on pouvait constater que le public du rock'n'roll était composé en majorité de jeunes de 14 à 16 ans, alors que les amateurs de jazz se situaient plutôt dans la tranche 15-18 ans[10]. Mais la différence restait ténue. Sept ans plus tard, le phénomène est plus net et le public du jazz se distingue nettement de celui du rock ou du yé-yé, plus jeune de deux à six ans. Cette petite différence d'âge témoigne de l'apparition au sein de la jeunesse de strates microgénérationnelles dont les goûts musicaux sont autant de révélateurs. Personnage culturel en formation dès les années cinquante, la jeunesse n'est pas uniforme et sa diversité ne va plus cesser de s'affirmer au cours des décennies suivantes. La division entre public du jazz et public du yé-yé en est une des premières manifestations, même si cette coupure s'explique aussi par des différences sociologiques, le public du yé-yé venant de milieux plus modestes que celui du jazz.

Étudiants

Le second dénominateur commun des amateurs de jazz est en effet d'appartenir en majorité au monde estudiantin, lequel est en augmentation dès les années cinquante du fait des progrès de la scolarisation et des premiers effets d'une croissance démographique qui avait repris son essor en plein cœur de la guerre. Entre 1957 et 1963, le nombre d'étudiants à la Sorbonne passe de 18 000 à 30 000[11], avant l'explosion des années soixante due à l'arrivée à maturité des enfants du baby-boom. C'est des prémices de ce mouvement que profite le jazz, dont le public est en forte hausse à partir de 1954. En 1959, *Jazz magazine* fera état de 40 % d'amateurs étudiants, terme regroupant les élèves de l'enseignement supérieur, mais aussi du secondaire. Il est vraisemblable que ces derniers sont nombreux si l'on en juge par l'âge moyen de la découverte du jazz, qui se situe vers quinze ans, au cours des deux ou trois dernières années de lycée ou en classe préparatoire aux grandes écoles. Nombre de jeunes connaissent donc déjà le jazz en entrant à l'université. Le Hot club de Paris montre tout l'intérêt qu'il porte à ce public en créant dès 1948 une section à l'Institut d'études politiques de Paris, et en annonçant son intention d'essaimer dans tous les instituts, grandes écoles et facultés. Le Hot club de France se voit quant à lui réserver plusieurs pages dans le journal estudiantin *La Casserole* entre octobre 1950 et janvier 1952. L'intérêt des étudiants pour le jazz n'est pas limité à la capitale puisque dès la fin des années quarante, des villes estudiantines telles que Lyon ou Strasbourg comptent de nombreux amateurs. La présence de nombreux orchestres de jazz dans les soirées estudiantines, régulièrement signalées dans la presse spécialisée, montre le goût des étudiants pour la musique noire américaine. Dès 1952, le comité d'organisation du bal de l'École centrale inscrit au programme des orchestres de jazz et, devant le succès rencontré, renouvelle l'expérience l'année suivante. En avril 1955, c'est la grande soirée annuelle de l'École polytechnique, Point Gamma, qui accueille la finale du tournoi annuel des orchestres amateurs organisé chaque année par le Hot club de Paris. En février 1957, au Boom de l'École HEC (dont l'un des élèves est Jacques Pescheux, membre du Hot club de France depuis 1952), de nombreux orchestres de jazz sont là. L'année suivante, la fête de l'école de commerce comprendra trente musiciens de jazz. À la fin des années cinquante, la présence des orchestres de jazz dans les fêtes d'universités ou de grandes écoles est une réalité incontestable, que ce soit à l'École supérieure de commerce de Paris (ESCP), à HEC, à l'ENS, à l'École des mines, à l'École polytechnique, à l'École centrale, aux facultés de médecine de Paris, de Lille et de Montpellier, et dans bien d'autres établissements d'enseignement supérieur. Bien que le mouvement soit sur la pente descendante à partir de

1963, la présence du jazz à l'université est bien établie au début des années soixante, tandis que le rock, puis le yé-yé, ont conquis les faveurs des lycéens.

Le jazz apparaît donc comme la musique d'une élite de l'instruction, comme le montre l'enquête réalisée en 1958 par la revue *Sondages*. Dans tous les cas de figure, c'est parmi les personnes ayant le niveau d'études le plus élevé que l'on trouve le plus d'amateurs de jazz. C'est parmi eux aussi que l'on trouve le moins de gens ne l'aimant pas du tout. L'enquête INSEE de 1962 arrive à des conclusions similaires : « Chez les individus qui n'ont eu qu'une formation primaire et ont quitté l'école à douze ans, 30 % sont pour. Chez ceux qui ont connu une instruction technique, 48,6 % tolèrent ou apprécient. Chez ceux qui ont pu prolonger la réflexion jusqu'à l'enseignement supérieur, 50,7 % acceptent ou appellent de leurs vœux des programmes radiophoniques de jazz[12]. » Une enquête orale réalisée par l'auteur de ces lignes en 1995 confirme cette tendance puisque 65 % des personnes interrogées ont fait des études supérieures contre 35 % des études secondaires. N'en déduisons pas pour autant un succès massif du jazz auprès de la population étudiante : il suffit pour s'en persuader de regarder l'enquête « La jeunesse de France parle » réalisée en février 1957 par l'hebdomadaire *Arts* auprès de normaliens de Saint-Cloud, d'étudiants en droit, en lettres et en sciences politiques. Parmi les cent personnes interrogées sur leurs compositeurs préférés, très peu citent des musiciens de jazz, dont les noms n'apparaissent jamais plus de trois fois (Louis Armstrong, Johnny Dodds, Sidney Bechet, Duke Ellington). S'il est clair au début des années soixante qu'une majorité d'amateurs de jazz sont étudiants, il est tout aussi évident que la majorité des étudiants, population en augmentation rapide, ne connaît pas ou n'aime pas le jazz : celui-ci reste, malgré une popularisation indéniable au cours des années cinquante, la musique d'une minorité.

Les couches nouvelles

Mais le caractère sociologiquement homogène de cette minorité témoigne du fait que le jazz dépasse le phénomène de mode et s'implante durablement dans le paysage social et culturel*. Dès l'après-guerre, son public est majoritairement composé de représentants des classes moyennes, notamment de leur couche supérieure,

---

* Voir le tableau en annexe VI p. 471.

les catégories « cadres-professions intellectuelles supérieures » et « employés » regroupant à elles seules en 1948 plus de 60 % des amateurs. Dans l'enquête menée en 1959 par *Jazz magazine*, cette tendance est encore plus nette puisque parmi les amateurs déjà entrés dans la vie active, médecins et enseignants réunis viennent en deuxième position avec 16 %, suivis par les employés (15 %). Quant aux étudiants qui forment 40 % des amateurs, on sait qu'ils sont, à l'époque, issus dans leur grande majorité des professions libérales et cadres supérieurs, ainsi que, dans une moindre mesure, des cadres moyens[13]. Une telle présence de ces catégories socioprofessionnelles suggère que la vaste nébuleuse des classes moyennes en expansion dans la France des années cinquante est peut-être l'un des réceptacles privilégiés de la culture américaine, dans laquelle elles trouvent un élément d'identité permettant de se distinguer des valeurs bourgeoises du XIXe siècle dans lesquelles elles ne se reconnaissent pas, et de s'inventer un univers culturel propre.

Le caractère relativement élitiste du public se retrouve dans la géographie du jazz parisien, centre de gravité de la vie jazzistique nationale. Alors qu'avant 1939, le jazz était joué sur la rive droite, dans les cabarets huppés des Champs-Élysées, à la salle Pleyel ou à l'École normale de musique, il s'installe progressivement rive gauche à partir de l'après-guerre. Entre 1946 et 1948 ouvrent ainsi leurs portes plusieurs clubs appelés à devenir des lieux mythiques du jazz parisien : le bar des Lorientais, le Tabou, puis le Club Saint-Germain et le Club du Vieux-Colombier. Ce dernier, ainsi que les Lorientais, accueille avant tout du jazz Nouvelle-Orléans, tandis que le Club Saint-Germain s'impose comme un fief du be-bop et que le Tabou abrite à partir du début des années cinquante les jazzmen français se situant dans la mouvance de Lester Young, notamment le quartette du pianiste Henri Renaud qui s'y produisit en 1952-1953. D'autres clubs moins connus complètent le tableau : le Montana, le Jazzland, le Jazz 27, mais aussi la Rose rouge, qui accueille à partir du début des années cinquante des intermèdes jazz entre les spectacles de cabaret. De son côté, le Royal Saint-Germain ravit à la place Pigalle le titre de rendez-vous des musiciens de jazz, de même que l'hôtel Louisiane, à quelques pâtés de maisons de là, deviendra le pied-à-terre attitré des jazzmen d'outre-Atlantique. Le Caveau de la Huchette, autre temple du jazz traditionnel, ouvre en 1951, le Métro jazz en 1953, le Chat qui pêche en 1956. Certes, il y a toujours des cabarets de jazz sur la rive droite, notamment le Blue note, près des Champs-Élysées, inauguré en 1958, qui demeure l'un des plus fameux clubs de cette époque. Mais sur l'une ou l'autre des rives de la Seine, le jazz affectionne plutôt les quartiers à niveau de vie élevé : V^e, VIe et VIIIe arrondissements. Cette tendance se retrouve dans la géographie des villes visitées par certaines tournées, comme celle de Big Bill Broonzy pendant l'été 1951, qui passe par vingt-six stations balnéaires parmi les plus huppées telles que Cabourg, Houlgate, Biarritz, Hendaye, Hyères, Nice, Menton, Saint-Raphaël, Cannes et Saint-Tropez. C'est un itinéraire semblable qu'emprunte en juillet-août 1953 l'émission de radio « Jazz Variété », qui s'arrête chaque jour dans une ville de la côte. Quant aux musiciens de jazz, dès que la saison d'été arrive, ils migrent tous vers les stations balnéaires de Normandie ou de la Côte d'Azur, ou encore les cabarets de Monte-Carlo. De telles indications témoignent des disponibilités financières des amateurs de jazz, car le tourisme reste un phénomène relativement limité jusqu'au début des années soixante et réservé aux classes aisées ; c'est encore plus vrai au début des années cinquante lorsque la France sort tout juste de la pénurie (les tickets de rationnement ne sont supprimés qu'en 1949), tandis que la troisième semaine de congés payés n'est pas encore accordée (elle sera instaurée en 1956).

Le coût de la passion pour le jazz confirme cette tendance. On mentionnera d'abord l'achat mensuel d'une revue (dont le prix moyen est de 50 francs par numéro à la fin des années quarante et de 100 francs au milieu des années cinquante), l'adhésion à un Hot club ensuite, qui se monte à 200 ou 300 francs par an. À la même époque, les adhésions annuelles aux Jeunesses musicales de France coûtent 60 francs, cette organisation s'adressant à un public plus modeste. Mais le poste budgétaire le plus important des amateurs est l'achat de disques, auquel certains amateurs affirment consacrer tout leur argent de poche, parfois important si l'on en croit les chiffres établis par l'enquête de *Jazz magazine* en 1959 : 70 % des amateurs interrogés dépensent entre 2 000 et 5 000 francs par mois dans les disques, et 18 % 10 000 et plus, une somme qui peut aller jusqu'à 30 000 francs pour une minorité de « mordus », soit plus que le salaire d'un ouvrier agricole. Alors que celui-ci gagne 25 000 francs par mois (montant du SMIG en 1956), un budget disques de 2 000 à 5 000 francs constituerait donc entre 10 et 20 % de son salaire, contre 1,5 à 2,5 % de celui d'un cadre supérieur (175 000 francs par mois) et 2,5 à 3,5 % de celui d'un cadre moyen (85 000 francs par mois). On aura compris que la passion du jazz coûte cher, d'autant plus que le prix d'un pick-up varie de 20 000 à plus de 180 000 francs. La fréquentation des concerts est une autre activité coûteuse : les amateurs doivent ainsi débourser 300 francs pour entendre Mezz Mezzrow à la salle Pleyel en mars 1948, alors qu'un concert organisé par les Jeunesses musicales de France ne dépasse guère 30 francs. Le prix moyen d'un concert de jazz tout au long des années quarante et cinquante oscille entre 100 et 1 200 francs. Enfin, l'entrée dans un club de jazz parisien coûte en moyenne de 500 à 600 francs, mais peut monter jusqu'à 1 300 francs pour le Blue note situé dans le quartier des Champs-Élysées. Il faut aller à La Cigale, dans le quartier de Pigalle, pour passer une soirée jazzistique à moins de 200 francs.

À partir du début des années cinquante, on peut toutefois observer un véritable phénomène de démocratisation grâce à l'intégration du jazz dans les spectacles de music-hall. Alors que le nombre d'amateurs parisiens se situe entre 10 000 et 20 000 à la fin des années cinquante, on peut estimer à près de 200 000 par an le nombre de spectateurs touchés par le jazz par le biais des spectacles de variétés entre 1953 et 1958*. Ce phénomène s'accompagne d'un changement de lieu révélateur, puisque désormais, la majorité des concerts de jazz ont lieu à l'Olympia et non plus à la salle Pleyel. L'élargissement du public du jazz au cours des années cinquante n'est donc pas uniquement un effet de génération lié à l'arrivée à l'adolescence des premiers enfants du baby-boom, il est aussi le résultat d'une démocratisation qui se traduit par la diversification des profils d'amateurs par rapport à l'immédiat après-guerre. L'enquête menée par *Jazz magazine* en 1959 montre en effet que désormais, 12 % des amateurs appartiennent « à la classe que l'on désigne habituellement sous le vocable de prolétariat. [...] Que le jazz ne soit plus l'apanage de la bourgeoisie, qu'il pénètre dans les ateliers et les laboratoires, voilà un indice réconfortant** ». On peut gager que cette nouvelle catégorie s'est reconnue dans la revue *Jazz magazine*, qui fait une large place aux tendances « populaires » du jazz, au grand dam des amateurs les plus puristes restés fidèles à *Jazz hot* ou au *Bulletin du HCF*. Malgré tout, cette démocratisation reste limitée et éphémère, car dès 1959, la participation du jazz aux spectacles de variétés diminue fortement, privant la musique noire américaine d'un vivier d'amateurs potentiels. Par ailleurs, la mort de Sidney Bechet, l'épuisement du

---

* Voir le tableau en annexe IV p. 467.
** *Jazz magazine*, septembre 1959. Il s'agit de la catégorie regroupée sous le terme « ingénieurs-techniciens » dans le tableau de l'annexe VI, p. 471.

revival Nouvelle-Orléans et surtout la concurrence du rock'n'roll et bientôt du yé-yé, qui attirent davantage la jeunesse, stoppent net l'expansion du public du jazz. Frank Ténot pourra ainsi diagnostiquer en 1964 que « le rock a détourné du jazz une génération qui lui semblait promise[14] ».

II. L'émergence d'une culture jeune

Génération jazz

L'homogénéité sociologique et générationnelle du public du jazz témoigne d'un mouvement de fond de la société française des années cinquante et constitue l'une des manifestations de l'émergence de la jeunesse sur la scène culturelle, qui franchit un palier au début de 1948, lorsque le milieu des amateurs et les fractures esthétiques qui le traversent parviennent à la visibilité médiatique à la faveur des nombreux concerts qui ont lieu cette année-là. Le phénomène avait connu ses prodromes pendant l'Occupation; dans les années qui suivent la Libération, il va se préciser. En avril 1946, lorsque *Jazz hot* fait circuler une pétition pour réclamer l'augmentation des émissions de jazz à la radio, cinq mille membres du HCF la signent. Les clubs de province participent activement au mouvement et rédigent un manifeste affirmant que « le jazz est la musique des jeunes » et que « seule une radio dirigée par des personnes spécialisées et compétentes » peut contribuer à relever le niveau des programmes[15]. La revendication est soutenue par les dirigeants du milieu du jazz et notamment par Charles Delaunay, qui écrit quelques semaines plus tard une lettre ouverte à Paul Gilson, nouveau directeur des programmes de la Radiodiffusion française.

Si la Radiodiffusion nationale ne répond guère dans l'immédiat aux revendications des amateurs, celles-ci retiennent vite l'attention de certains organes qui se veulent à la pointe du mouvement social, tel le journal *Combat* qui confie dès octobre 1947 une chronique jazzistique hebdomadaire à Boris Vian. La rédaction du journal, consciente que la jeunesse est en passe d'acquérir dans la cité une place nouvelle, crée une rubrique « Jeunes » où prendra place la chronique de jazz, dont la création est ainsi justifiée :

> On ne peut aujourd'hui rendre compte de la vie intérieure des jeunes hommes si on néglige l'influence du jazz. C'est au

cours de la guerre que le jazz a acquis sa plus profonde résonance. Les hommes n'ont jamais cessé de chercher de nouveaux moyens d'évasion. Le jazz a été celui des jeunes générations de la guerre. Dans le climat de l'Occupation, il a créé un monde secret, subtil, où la jeunesse a pu se réfugier. Par son côté païen, il l'a peut-être aidée à conserver le sens de l'humain. Il lui a ménagé des heures de contemplation, de détente et de frénésie. Le jazz, en tout cas, a formé une véritable ecclésia, une communauté, un « mouvement » dont l'influence va grandissant[16].

Autant que le phénomène musical c'est le phénomène social et générationnel qui retient donc l'attention des observateurs. Il en est de même au *Figaro*, où est créée en novembre 1950 une rubrique hebdomadaire placée dans la page « Information-orientation » destinée aux jeunes. Dans *Combat*, Boris Vian est l'un des premiers à souligner la diversité des raisons qui conduisent les jeunes à écouter du jazz, et tout en privilégiant la plus noble, la passion de la musique, il évoque aussi la protestation contre la génération précédente, « un moyen de mettre les parents en colère[17] ». Que ce soit volontaire ou non, l'audition du jazz distingue en effet les jeunes de leurs aînés. C'est ainsi que Gérard Conte, né en 1931, interprète rétrospectivement l'attirance de sa génération pour cette musique : « Pour la première fois dans l'histoire de la société française, la génération des parents n'avait plus qu'à fermer sa gueule ; après 1945, nous leur avons dit : "Avec le merdier que vous nous avez mis en 39-40, fermez-la, maintenant, c'est à nous de jouer" ; pour cela, le jazz était un formidable moyen ; il y avait une rupture de mentalité[18]. » Quant à Jacques Souplet, venu de la bourgeoisie rennaise traditionnelle, il considère que « le jazz était une sorte de réaction contre la musique classique » : « J'aimais aussi la musique classique, mais je me suis fâché un jour avec mon grand-père, qui était violoniste et directeur d'un conservatoire. Cette génération avait une oreille qui ne pouvait pas percevoir le jazz[19]. »

Une enquête réalisée par *Le Monde* en 1962 semble confirmer le fait que la revendication des jeunes n'est pas seulement d'ordre musical, puisque l'accent y est mis, témoignages à l'appui, sur le malaise de la jeunesse face au monde contemporain : « Il est une signification du jazz à laquelle la jeunesse est particulièrement sensible : l'inadaptation, souvent conséquence de ce que les marxistes appellent l'aliénation. Le jazz exprime la révolte du peuple noir "aliéné" par l'oppression des Blancs. La jeunesse, dans la mesure où elle se sent opprimée, retrouve des sentiments analogues[20]. » Il est de fait que les amateurs de jazz se sentent en phase avec l'oppression des Noirs américains : amoureux d'une musique d'origine américaine, ils sont loin d'être fascinés par le modèle de société d'outre-Atlantique. Non seulement les Hot clubs organisent de temps à autre des conférences sur le problème noir, mais surtout, la dénonciation du racisme est une constante dans la presse jazzistique, que ce soit lors de l'attentat à la bombe dont est victime Louis Armstrong en 1957 au cours d'une tournée dans le Sud, lors de la suppression d'une émission de variétés animée par le chanteur et pianiste Nat King Cole en 1957 faute de commanditaires publicitaires ayant accepté de le soutenir, ou encore lors de l'agression de Miles Davis en 1959 par un policier à la sortie d'un club de jazz. Au détour de l'une ou l'autre de ces affaires, les amateurs prennent peu à peu conscience de la complexité du problème racial aux États-Unis, ainsi en 1957 lorsque, quelques mois après son agression, Louis Armstrong, à la suite des émeutes de Little Rock, refuse de participer à la tournée d'artistes de jazz organisée par le Département d'État en URSS. Si les abonnés du *Bulletin du HCF* ne connaissent de cet épisode que le geste courageux du grand trompettiste, c'est une réalité plus complexe que découvre le lecteur de *Jazz magazine*, sous les yeux duquel se manifeste la division de la communauté des musiciens noirs : alors que le pianiste Nat King Cole et la chanteuse Pearl Bailey approuvent Armstrong, un Sammy Davis Jr. critique ce dernier, dont les déclarations tardives sont jugées contraires à ses actes puisqu'il persiste à jouer dans des lieux où est pratiquée la ségrégation. Mais surtout, « la réaction la plus surprenante a été notée au cours d'une interview pour le *New York Post* de Thurdgoo Marshall, conseiller juridique principal, hautement respecté, à la NAACP*. Marshall a déclaré que les Noirs avaient été à la fois enchantés et stupéfaits lorsque Satchmo avait pris si fortement position, car "Satchmo est l'Oncle Tom numéro un, le pire de tous les États-Unis"[21] ». Qu'un membre de la NAACP*, qui milite depuis 1909 pour la reconnaissance des droits des Noirs, désigne ainsi l'un des artistes de jazz les plus connus dans le monde, voilà qui montre que le problème est bien loin de se limiter à une lutte entre méchants Blancs et gentils Noirs, comme le laisse entendre le discours panassiéen.

Sensibilisés à la question du racisme aux États-Unis, les amateurs de jazz le sont par voie de conséquence à ses manifestations en

---

* National Association of Advanced Coloured People.

France, par exemple lorsqu'en octobre 1952, l'Église américaine de Paris refuse d'accueillir la chanteuse de gospel Mahalia Jackson. Scandalisé par de tels actes, Panassié ne manque jamais, au cours de ses conférences-auditions, de critiquer la ségrégation qui sévit aux États-Unis, provoquant même un incident à Toulouse en 1959, lorsque Donald Kent, directeur du centre culturel américain où a lieu la conférence, quitte la salle en protestant[22]. De même, à *Jazz hot*, le racisme a un pourfendeur attitré en la personne de Boris Vian, membre de la Ligue internationale contre le racisme et l'antisémitisme, qui fait régulièrement allusion dans sa revue de presse à la situation des Noirs aux États-Unis, glissant à l'occasion une remarque sur le racisme en France, notamment au moment de la guerre d'Algérie. Si la presse jazzistique traite rarement des questions raciales en détail, elle effectue toutefois auprès des amateurs un lent travail de sensibilisation qui constitue une relative nouveauté dans une société française encore imprégnée par les préjugés colonialistes et l'imagerie idyllique du tirailleur sénégalais de Banania. Il est fort probable que pour nombre d'amateurs, notamment les plus jeunes, le jazz fut la première occasion de se confronter au problème du racisme, qui faisait écho de manière indirecte à des difficultés de reconnaissance rencontrées par la jeunesse française de la fin des années cinquante, ainsi qu'à la recherche de légitimité des amateurs de jazz.

Mais l'aspect libérateur du jazz, s'il permet de sublimer ce malaise face à la société, se manifeste aussi à d'autres niveaux qui expliquent tout autant, si l'on en croit Lucien Malson, l'engouement qu'il a connu auprès de la génération née entre 1925 et 1945 :

> Le *beat* régulier du jazz [nous a] conquis. Au moment de l'adolescence chacun sent que la force d'une musique de ce genre tient à sa figuration d'un halètement et d'un incessant orgasme. Je n'ai personnellement jamais ressenti la puissance d'expansion sexuelle du debussysme comme celle du jazz parce que la matérialité de l'acte, le mouvement obstiné des corps s'y oublie si bien que les œuvres ne renvoient pas plus à l'amour charnel que toute autre sublimation [...]. Pour nous, ce qui peut faire préférer le jazz à toute autre musique faisant fi d'un rythme élémentaire, c'est qu'il ne rompt pas le lien avec le sens vécu des rapports de chair à chair[23].

La protestation générationnelle, diffuse, comporte donc plusieurs facettes – culturelles, sociales, sexuelles – qui sont à peine exprimées au cours des années quarante et cinquante, si bien qu'il est difficile d'évaluer son importance. Mais elle existe bel et bien et du côté des « anciens », nombreux sont ceux que la passion du jazz, mise en scène par Jacques Becker dans *Rendez-vous de juillet* en 1949, rend perplexes, tel ce chroniqueur de *Témoignage chrétien*, qui y voit « le meilleur film de l'année » mais avoue mal comprendre le comportement « des filles à frange et des gaillards en chemise [qui] se bousculent comme sur un tapis de catch dans les limbes sonores d'une cave plus ou moins existentialiste où [ils] boivent des bocks, baignent dans leur sueur printanière et scandent le rythme d'un jazz où ils semblent puiser d'incompréhensibles délices[24] ». Les parents ne sont pas les derniers à s'inquiéter, au moins pour certains d'entre eux, qui craignent de voir le jazz prendre une trop grande place dans la vie de leurs enfants, au détriment des études. Sur ce point, Lucien Malson les rassure au cours de l'émission télévisée *L'avenir est à vous* diffusée en 1956. En citant notamment l'anthropologue Lévi-Strauss, il s'efforce de faire du jazz une passion comme une autre et le présente comme une « musique internationale » avec laquelle la jeunesse des années cinquante est « de plain-pied[25] ». Enfin, « pour rassurer les parents qui écoutent cette émission », il s'inscrit en faux contre l'idée selon laquelle le jazz serait néfaste pour les études : l'enseignant en philosophie qui parle a connu « de nombreux élèves amateurs de jazz » qui furent reçus à leur « bachot » avec d'excellentes notes. Malgré ces paroles rassurantes, les Français sont encore 34 % à penser en 1958 que le jazz a une influence « plutôt » ou « très mauvaise », alors que 8 % seulement pensent qu'il a une « bonne » ou « très bonne influence[26] ». On se tromperait toutefois en pensant que ce type de jugement est l'apanage de personnalités extérieures au milieu du jazz, puisque les animateurs de Hot clubs eux-mêmes, débattant en 1956 sur la crise de recrutement qu'ils connaissent, font preuve de la même difficulté à expliquer les attitudes d'une nouvelle génération d'amateurs qu'ils semblent ne plus comprendre : tandis que l'un souligne qu'ils « sont soucieux de leur indépendance et ont horreur qu'on essaie de leur apprendre quelque chose », un autre pense qu'ils « cherchent dans le jazz un moyen de s'affirmer, comme d'autres choisiront le judo[27] ». De telles remarques témoignent une fois de plus de l'anachronisme culturel que représente le mouvement Hot club déclinant en ce milieu des années cinquante.

À travers le jazz, il est manifeste que la jeunesse s'interroge et interroge timidement la société. La virulence des querelles entre les deux tendances d'amateurs suffit d'ailleurs à montrer l'enjeu identitaire que cette musique a représenté pour une partie de la jeunesse d'après 1945. Le processus d'identification d'une classe d'âge avec une musique commence indéniablement avec la musique noire américaine, première manifestation musicale de la société de consommation qui pénètre en France au cours des années cinquante. Il y a là le début d'un vaste mouvement qui se développera largement au cours des années soixante, période au cours de laquelle la musique pop prendra une place de plus en plus grande dans la culture jeune.

Les musiciens sous surveillance

La salle de spectacles est l'un des lieux privilégiés de l'expression de cette nouvelle culture, dont la pratique la plus immédiatement visible pour les observateurs extérieurs consiste à se manifester bruyamment au cours d'un concert. Cette pratique, évidemment liée à l'énergie dégagée sur scène par le jazz, est aussi pour partie le résultat d'une importation culturelle. En effet, en allant écouter la musique de jazz sur place lors de son voyage à New York en 1938, Panassié a contribué à introduire en France cette attitude qui va devenir partie intégrante de la culture jeune. Lors de sa révélation du 10 janvier 1939 à Harlem, il avait été particulièrement frappé non seulement par la dimension spirituelle du jazz, mais aussi par sa puissance physique : « Dès que l'orchestre attaque le second chorus, écrit-il dans son journal, il se met à jouer avec une puissance inouïe, établissant un tempo écrasant sur la grande cymbale. J'en ai la respiration coupée. À peine a-t-il commencé de jouer ainsi que des "aooh" enthousiastes s'échappent de la poitrine de Milton [Mezzrow] et des Noirs regroupés autour de moi. Ce n'est pas un cri banal de satisfaction, c'est un cri qui leur est arraché littéralement par l'intensité du swing de Chick Webb. La réaction de ces gens augmente instantanément la force de la mienne[28]. »

La forme de transe provoquée par le jazz, aussi bien chez les musiciens que chez le public, se résume en une expression que Panassié a apprise des musiciens noirs : « *in the groove* ». Dans ses ouvrages pédagogiques postérieurs, Panassié mettra l'accent sur la perception physique de la musique et l'importance de bien sentir le rythme que sous-entend cette expression, ajoutant à l'intention des amateurs néophytes que la personne sensible à la musique se doit de manifester son approbation, lors d'un bon chorus du soliste, par un marquage des temps au pied ou à la main, et « par des "yes, yes" enthousiastes pour souligner des passages particulièrement beaux[29] ». L'origine de ce « yes, yes », qui allait devenir l'interjection classique des amateurs de jazz au cours des concerts*, se trouve dans les églises noires, où les fidèles ont coutume de ponctuer de cette manière le sermon du prêcheur. Mais c'est dans un club de jazz que Panassié l'entend pour la première fois au début de son séjour, dans la bouche de Milton Mezzrow. Ce type de réaction distingue les amateurs qui ont compris « le secret de la vraie musique de jazz », à savoir « l'aisance [et] l'abandon », des « personnes qui sont peu sensibles à la musique de jazz », lesquelles « n'éprouvent pas le besoin instinctif de marquer les temps faibles en entendant une belle interprétation[30] ». Panassié donne ici, en quelque sorte, le mode d'emploi de l'attitude-du-parfait-amateur-de-jazz, présenté comme un des *happy few* ayant percé un secret inaccessible au vulgaire. Être « *in the groove* », bien réagir face à la musique, sera désormais l'une des clés de voûte de l'enseignement panassiéen : nous avons vu que pour être admis dans un Hot club, il fallait faire la preuve de sa capacité à être « *in the mood for swing* ». Par ses conférences, bientôt relayées par d'autres amateurs en province, Panassié joue un rôle important dans la diffusion d'un comportement dont le modèle vient en droite ligne des pratiques noires américaines, comportement qui sera adopté, à des degrés divers, par l'ensemble des amateurs de jazz à partir de l'après-guerre.

C'est ce comportement à la fois spontané et codifié que les observateurs vont découvrir à l'occasion des grands événements jazzistiques qui jalonnent l'année 1948. Lors du concert parisien de Dizzy Gillespie le 22 février, Pierre Drouin s'avoue choqué par l'attitude d'un public qui a « encore beaucoup à apprendre sur le chapitre des bonnes manières[31] », notamment parce qu'il manifeste son enthousiasme d'une manière nouvelle consistant à crier ou à siffler les musiciens, y compris pour manifester son contentement, notamment à la suite d'un « chorus » particulièrement réussi, voire pendant celui-ci. Au festival de Nice, les observateurs ne sont pas moins étonnés par l'agitation du public : « Curieuse soirée, note le chroniqueur de *France-soir* le 24 février ; ce fut une nuit à l'opéra à la manière des Marx Brothers. Il y avait une ambiance de Madison Square, de Cen-

---

* Plus tard, elle débordera le cadre des amateurs de jazz pour devenir un cri de ralliement de la jeunesse « yé-yé », mot qui en est directement issu. Puis elle se diffusera dans le public de la pop music et du rock et sera contractée en « yeah ! ».

tral ou de Vél' d'hiv'. [...] Quel enthousiasme ! On pensait à un dessin de Walt Disney, vous savez bien, quand la salle en délire trépigne, s'agite, et finalement, casse tout le matériel. » Deux mois et demi plus tard, le festival de Marigny offre le même spectacle et au cours des années qui suivent, l'agitation du public s'affirme comme une constante des concerts de jazz, au grand dam de la presse spécialisée, qui y voit une mauvaise publicité faite à une musique qu'elle s'efforce de doter d'une légitimité artistique que l'attitude de son public risque d'entacher.

Mais si les sifflements servent à manifester le contentement, ils sont aussi là pour rappeler à l'ordre les musiciens qui s'adonneraient à de coupables débordements commerciaux et glisseraient sur la pente de la variété. Le trompettiste Aimé Barelli en fait la cruelle expérience au festival de Marigny, lorsqu'il se laisse aller au « démon du commercialisme » en laissant sa chanteuse Anny Xhoffer interpréter *You go to my head* : « Quelqu'un crie : "C'est la semaine du jazz !" », puis « la foule se déchaîne » et « se met à crier, à siffler pour le plaisir, comme au Vélodrome d'hiver. C'est fini. Nous n'entendrons plus la musique jusqu'à l'entracte[32] ». D'abord stigmatisée par la presse, l'attitude des amateurs trouve cependant des partisans qui, tout en déplorant le chahut, approuvent l'exigence de qualité des amateurs de jazz : « Finalement, quel bon public que celui du jazz, qui ne boude pas son plaisir, qui ne se croit pas obligé d'être poli quand c'est mauvais, qui soutient les artistes, public injuste, partial, délirant, bruyant, mais public réellement attentif. Un an de cette assistance de jeunes aux concerts classiques et nous aurons les meilleurs orchestres et les programmes les plus variés du monde[33] », note un journaliste de *Paris-Presse* lors du festival de Paris en 1949. Rien n'illustre mieux l'intransigeance de ce public que l'accueil fait au grand orchestre de Duke Ellington lors de son passage à Paris en avril 1950, événement jazzistique s'il en est car la dernière visite de ce mythe vivant du jazz à Paris remontait à 1939. En 1948, Ellington avait fait une courte escapade en France, mais sa prestation en trio avait frustré les amateurs avides d'entendre – et pour certains, de réentendre – en direct le *band* le plus célèbre du jazz. C'est dire si le Duke, comme avaient déjà coutume de l'appeler les amateurs, était attendu. Malgré cela, ou plutôt à cause de cela, le concert fut marqué par des incidents : « Au cours de la première soirée, le célèbre orchestre a semblé, par deux fois, sacrifier à une forme de jazz que d'aucuns jugent "commerciale". La chanteuse Kay Davis [...] interpréta en effet une composition de Billy Strayhorn qui parut extraite de quelque "technicolor" hollywoodien. Il s'ensuivit quelques remous, et bientôt, des protestations[34]. » Duke Ellington s'avoue surpris par cette intransigeance qu'il n'a observée dans aucun autre pays. Pourtant, le chef d'orchestre semble avoir la mémoire courte et refait la même erreur huit ans plus tard lorsqu'il revient à Paris. Mais là encore, la critique l'attend au tournant, qui apprécie modérément d'avoir dû assister à « un concert de musique symphonique américaine que le public ne trouva pas du tout à son goût[35] ». Cette fois-ci, l'artiste, qui a déclaré à son arrivée que le public français était « le plus difficile du monde », corrige immédiatement le tir et, lors du concert de soirée, « retrouve le public fétiche de ses débuts » en jouant la musique qu'attendent les amateurs.

La « maladie du jazz »

Mais si la relation avec les musiciens est parfois conflictuelle, l'agitation des amateurs au concert est avant tout empreinte de respect et de passion, même si l'expression de celle-ci est décuplée par l'impact physique d'une musique extatique qui provoque chez les jeunes des comportements difficiles à comprendre pour la génération précédente. Les musiciens sont en fait les figures tutélaires que, comme toute culture, se donne la culture jeune en gestation, des figures appelées à acquérir une place de choix dans le système de représentations spécifique que la jeunesse se constitue à partir des années cinquante. Dès les années trente, le discours d'un Panassié a exprimé l'image idéalisée des musiciens telle qu'elle prenait naissance chez les amateurs : les écrits de l'inventeur de la critique de jazz campaient en effet de véritables génies des temps modernes loués dans des chroniques parsemées de superlatifs, qui constituaient en outre souvent le seul moyen pour les amateurs de prendre connaissance de disques rarement disponibles en France et que nombre d'entre eux n'avaient jamais entendus ! Ce contact indirect avec la musique fut pour beaucoup dans l'influence de Panassié sur la première génération d'amateurs de jazz, dont peu ont eu, comme lui, la chance de rencontrer autant de musiciens et surtout d'aller entendre la musique sur les lieux mêmes où elle était créée. Cette idéalisation des musiciens noirs fut facilitée par le fait que la ségrégation raciale était encore peu connue des amateurs et peu traitée dans *Jazz hot* avant 1939. Panassié lui-même n'en prit véritablement conscience que lors de son premier voyage à New York en 1938 : beaucoup d'amateurs ne savaient alors pas que les artistes qu'ils vénéraient étaient, aux États-Unis, considérés comme des moins que rien.

La distance avec la réalité américaine ne se réduisit pas pendant l'Occupation, bien au contraire, puisque les contacts avec « la terre du jazz[36] » furent inexistants jusqu'en 1945, sauf pour quelques personnes très bien informées. Au cours de cette période, se souvient Lucien Malson, les moindres nouvelles d'Amérique revêtaient un caractère exceptionnel et « le moindre *drummer**, le moindre trompette prenait des allures de mage. L'isolement faisait de chaque nabot un géant et d'un sacristain un archevêque. L'impossibilité de communiquer avec New York, de lire des revues jazzistiques de valeur, donnait aux critiques informés, aux collectionneurs de jadis, des proportions professorales[37] ». L'Occupation semble bien avoir renforcé, l'isolement culturel aidant, la tendance qui existait chez les amateurs avant 1939. C'est, du reste, pendant cette période que le panassiéisme s'épanouit puisque Panassié publie entre 1942 et 1945 ses ouvrages majeurs, dont le très catéchistique *La Musique de jazz et le swing*, où il donne libre cours à sa fibre religieuse qui charge les musiciens de vertus hors du commun. Personnages exceptionnels, les musiciens occupent une place particulière dans l'univers de Panassié dont toute la connaissance du jazz a été acquise auprès d'eux. Il en résulte chez lui une croyance sans faille dans le bien-fondé de leurs jugements.

Si le rapport privilégié qui s'établit entre les amateurs et « leurs » musiciens est peu visible avant 1939 en raison de la rareté des événements jazzistiques, il apparaît au grand jour lors des premières manifestations de grande ampleur de l'après-guerre, notamment le festival de Nice, au cours duquel la chasse aux autographes devient une discipline en vogue, « croquée » par certains caricaturistes de presse attentifs à l'évolution des mœurs. Si ce sport est pratiqué par toutes les tendances d'amateurs, c'est du côté panassiéiste que le phénomène est décrit de la manière la plus évocatrice, transformant la quête d'autographe en expédition à haut risque :

> Un soir notre président Panassié est jeté à terre. Les « fans » veulent « avoir les deux ». Ils brandissent le *Louis Armstrong*** pour le faire signer à la fois par son auteur et par son héros. La question est « d'avoir les deux ».

---

* Mot franglais désignant le batteur de l'orchestre (*drums* = batterie).
** Ouvrage écrit en 1944 par Panassié.

— Tu les as ? s'enquiert l'épouse auprès du mari fou congestionné.
— Oui, souffle celui-ci.
Et le couple, conscient du trésor qu'il emporte, s'enfonce dans la pénombre des ruelles[38].

Un an plus tard, dans un numéro spécial de *La Revue du jazz* commémorant l'anniversaire de ce festival, Madeleine Gautier le qualifie de « merveilleux. [...] Ceux qui ont vécu ces jours-là s'en souviennent comme on se souvient d'un rêve [...]. Ce miracle à Nice, c'est Louis Armstrong qui l'a opéré ». Et lorsque Armstrong fait escale à Paris peu avant le festival, son arrivée est décrite comme celle d'un *deus ex machina* : « Il neigeait et il faisait très froid ce matin du 20 février [...] mais je savais que dans quelques heures la seule présence des êtres de légende que nous attendions nous réchaufferait [...]. Un gros avion se posa et nous attendions, haletants, qu'on nous ouvrît les portes pour envahir l'aérodrome, pour saisir enfin ces malheureuses proies tombées du ciel. » Un autre membre du HCF, Pierre Artis, suit partout Louis Armstrong au cours du festival, indique au lecteur le numéro de sa chambre d'hôtel, décrit « les piles légendaires de douzaines de mouchoirs* » qui s'y trouvent et se souvient qu'à la gare, « Louis et Earl [Hines] sont dans le train et mangent des cacahuètes à la portière. Ils sont gentils et ils en jettent au groupe béat qui attend sur le quai cette manne des dieux. Une cacahuète donnée par Armstrong ! » Et lorsque le train part, « le cœur gros, il faut revenir sur terre ». Cet article de deux pages est bien insuffisant aux yeux de son auteur pour rendre compte des faits et gestes de l'idole, paré bien avant Elvis Presley du titre de « King », et dont « les faits et gestes prennent à travers l'homme une ampleur extraordinaire poussée par le génie jusqu'à la grandeur de chaque instant [*sic*] ». Et de conclure : « Ceux que les yeux de Louis Armstrong n'ont pas émus ne sentiront jamais ce qu'est le jazz[39]. »

Leurs vedettes reparties, les amateurs se consolent avec des photos dédicacées ou des lettres publiées dans la presse spécialisée. En mai 1949, le trompettiste « Hot lips » Page dédicace une photo de lui « à [ses] amis de *La Revue du jazz* », parue en première page. Le vibraphoniste Lionel Hampton fait de même en octobre 1949 et les lettres autographes condamnant le be-bop parues dans le *Bulletin* sont

---

* Armstrong, qui suait beaucoup sur scène, faisait une importante « consommation » de mouchoirs, ce qui avait frappé les amateurs.

autant de documents chers au cœur des amateurs, non seulement parce qu'elles leur donnent le sentiment d'être en phase avec les vedettes dont ils partagent les opinions, mais aussi, tout simplement, parce que la possession d'un document écrit de leur main facilite le processus d'identification. Quelques mois plus tard, c'est la main même de Louis Armstrong qui sera reproduite dans *La Revue du jazz*, accompagnée de son thème astral ! On y apprend notamment que « sa gloire, grâce au dynamisme de Mars, vient avant tout de l'intérieur, comme celle des grands mystiques » et que « l'index pointu lui donne une grande intuition, un idéal quasi religieux » tandis que « l'auriculaire court [...] lui donne une sorte de voyance, d'innovation constante dans l'art » mais « lui ôte le sens des affaires », préservant ainsi aux yeux des amateurs la pureté de celui qui est devenu la plus grande vedette du jazz mais dont la « simplicité mystérieuse » reste « le fond d'un génie dont on n'a pas fini de faire le tour[40] ». Par la suite, Louis Armstrong, président d'honneur du HCF, enverra régulièrement des lettres qui seront publiées dans le *Bulletin du HCF*, notamment à l'occasion de la nouvelle année. Lors de l'assemblée générale du HCF en décembre 1948, les délégués « [envoient] un message d'amitié à leur président d'honneur, auquel un toast [est] porté[41] », pratique reconduite les années suivantes et qui s'applique à partir de novembre 1953 à Lionel Hampton, nommé vice-président d'honneur du club un mois après ses concerts parisiens décrits dans le *Bulletin du HCF* comme autant de moments merveilleux vécus par les amateurs.

À *Jazz hot*, André Hodeir interprète ces pratiques comme des manifestations d'idolâtrie où « l'amour le dispute à la piété[42] ». Comparant ce culte de la vedette à celui des stars du cinéma, Hodeir note que « le caractère rituel des agissements des jazz fans est beaucoup plus accentué, leur respect tutélaire envers l'objet de leur culte et le sentiment de la distance qui les en sépare infiniment plus profond que la ferveur un peu niaise des admiratrices de Jean Marais ». L'origine de cette « religion du jazz » est à chercher selon lui dans l'œuvre critique de Panassié, qui a profondément influencé la première génération d'amateurs, et qui connaît une dérive catéchistique prétendant dicter aux amateurs la manière de réagir face à l'œuvre jazzistique. Filant la métaphore religieuse, il va jusqu'à qualifier de « dogmes » les principaux thèmes de la critique panassiéenne et décrit le monde du jazz selon Panassié comme une organisation savamment hiérarchisée :

La religion du jazz reconnaît un dieu, des demi-dieux et des prophètes. Elle est représentée par une église à la tête de laquelle se trouve un pape. Louis Armstrong est le père, l'Intouchable. Les demi-dieux sont les musiciens favoris d'Hugues Panassié : Earl Hines, Jimmy Noone, Johnny Dodds, Kid Ory... Parmi eux figurent les prophètes et les saints, dont le plus important est Milton Mezzrow, qu'on peut regarder tout à la fois comme le Moïse et la Marie-Madeleine de ce culte. Enfin, le pape est M. Panassié lui-même.

Pourtant, une relation de ce type entre les amateurs et les vedettes n'est pas l'apanage du clan panassiéiste. Elle dépasse les divergences esthétiques et constitue le propre d'une génération qui se crée un monde à elle. En effet, la grande majorité des manifestations jazzistiques de tous styles, au moins jusqu'au milieu des années cinquante, semble caractérisée par des scènes proches de l'hystérie collective, ou tout au moins par un degré d'exaltation jusque-là inconnu des observateurs : en février 1948, les « supporters[43] » du bopper Gillespie lui font une « ovation frénétique » qui nécessite la présence d'un service d'ordre renforcé. Pendant ce temps, au festival de Nice, « une foule de zazous et de *bobby soxers* emportés par l'enthousiasme piétinent dans la vieille salle dorée sur tranches et brisent les fauteuils[44] ». Quelques années plus tard, au IIe Salon du jazz, la police doit aussi intervenir pour canaliser l'énergie du public, tout comme lors des concerts de Lionel Hampton en septembre et octobre 1953, suffisamment spectaculaires pour que la presse à sensation s'en saisisse. *Paris-Match* consacre ainsi à ce sujet croustillant deux pages de photos dont l'une a pour légende : « Samedi, les agents du service d'ordre sont montés sur la scène pour protéger les musiciens des fanatiques[45]. » Exagération ? *Les Lettres françaises*, périodique pourtant moins suspect de cultiver le spectaculaire, notent aussi la présence à ce concert d'« une brigade... un régiment... une armée d'agents de police dans les couloirs, la salle et même sur la scène. Ils étaient sans doute chargés de défendre M. Hampton et son orchestre contre l'enthousiasme des spectateurs[46] ».

Dès 1948 est apparu un mot approprié pour désigner les amateurs de jazz, puis, par extension, le public des concerts : « fanatique ». Dans les revues spécialisées, il n'est pas employé dans un sens péjoratif. Mais sous la plume des journalistes de la presse générale, il n'a pas une connotation élogieuse : « Comment interpréter la réaction de ce fanatique qui actionnait désespérément une trompe d'auto[47] ? », s'interroge le chroniqueur du *Figaro* au lendemain d'un concert du festival de Paris en 1949. Le mot est ici mis en valeur en étant associé à un comportement irrationnel voire pathologique. « Fanatique » est par ailleurs bientôt contracté en « fan », terme dont la première occurrence semble dater de 1954, dans une chronique de Robert Beauvais pour l'hebdomadaire *Arts*[48]. Avec le succès de Sidney Bechet, qui ne cesse de croître tout au long de la première moitié des années cinquante, le phénomène prend une autre ampleur sanctionnée par l'intérêt que lui porte désormais la presse à sensation, notamment *Paris-Match*, dont un des photographes est l'amateur de jazz Daniel Filipacchi. Le phénomène Bechet va en outre susciter l'apparition d'un nouveau terme destiné à illustrer le rapport qu'entretiennent les spectateurs avec les musiciens : dès 1952, on parle du public de Sidney Bechet comme étant « prêt à applaudir son idole à chaque break[49] » et en 1958 au festival de Cannes, leur attitude continue de surprendre : en effet, les fans de jazz « se sont égayés dans les rues à la recherche de leurs idoles et ont multiplié les astuces pour recueillir des autographes. On a vu une blonde enfant, nu-pieds et vêtue d'un sweater et d'une jupe, faire dédicacer ses vêtements au crayon à bille par Bill Coleman et Teddy Buckner. […] Il n'en fallut pas plus pour déclencher une véritable mode, et hier soir, c'était à qui arborerait sur son pull-over, sa jupe ou la manche de son pantalon, les signatures des jazzmen célèbres[50] ».

L'équipe de la revue *Jazz magazine* a senti cette évolution des mentalités et le besoin d'identification de la jeunesse, comme le montre sa manière de présenter les vedettes, précisant un phénomène que l'on avait vu s'ébaucher dans le *Bulletin du HCF* à l'occasion du festival de Nice et dans *Jazz hot* à l'occasion de la venue de Sidney Bechet en 1949. *Jazz magazine* promeut une nouvelle image du jazzman, présenté comme vedette traditionnelle dans une revue qui s'inspire des magazines américains. Si, du côté panassiéiste, Louis Armstrong est présenté comme une personnalité hors du commun vers laquelle il est difficile de s'élever, c'est plutôt sur la proximité et la familiarité avec la vedette que joue *Jazz magazine*, qui consacre en janvier 1956 au trompettiste un entretien dont les questions ont été coupées : il en résulte un article écrit entièrement à la première personne qui donne au lecteur l'impression que Louis Armstrong s'adresse à lui, d'autant plus qu'une photo du King faisant face à l'objectif surplombe le « Louis Armstrong vous parle » qui fait office de titre[51]. L'article est accompagné de douze petites photos où l'on voit le chanteur esquisser les grimaces qui ont fait une partie de sa célébrité, deux photos de pleine page qui montrent l'artiste en train de jouer de la trompette et une photo sur deux pages où la vedette s'éponge le front avec un de ses légendaires mouchoirs tout en regardant ses admirateurs. Quelques mois plus tard lui sont consacrées quatre pages de photos-souvenirs le montrant jeune au sein de son équipe de base-ball mais aussi avec l'orchestre où il débuta et avec son professeur de musique. Manière inédite, dans le milieu du jazz, de rendre hommage à l'homme qui « a créé de toutes pièces, non seulement un style de trompette, mais le jazz[52] ».

Les articles que *Jazz magazine* consacre à Armstrong et aux musiciens en général sont construits comme de petits reportages plus propres à faire rêver le lecteur que les austères études techniques dont *Jazz hot* s'était fait la spécialité, et plus adaptées aux aspirations de la nouvelle génération d'amateurs que les billets hagiographiques du *Bulletin du HCF*. Le compte rendu d'un concert du trompettiste commence ainsi comme une histoire dont il importe de planter le décor de manière précise :

> C'était le soir du 18 juillet 1959 ; la scène se passait à 80 kilomètres de New York, dans une grande clairière au milieu du bois de Stonybrook (Long Island). Entourées de grands arbres deux mille personnes étaient assises sur des bancs, face à la scène. À 20 h 40, une silhouette souriante et familière apparut sur l'estrade et l'auditoire éclata en applaudissements. La maladie de Louis Armstrong était close et, officiellement, il se remettait au travail[53].

Transporté sur place, l'amateur a ainsi l'impression de vivre l'événement en direct. On s'en doute, cette nouvelle manière de présenter les vedettes du jazz ne plaît pas à certains amateurs puristes qui voient dans cette entreprise une coupable concession au commerce et une entrave à la légitimation du jazz en rejetant celui-ci dans la sphère de la musique grand public. Les polémiques qui ont lieu à ce sujet au cours des années cinquante témoignent des tensions provoquées au sein du milieu des amateurs par l'élargissement du public du jazz, mais aussi par l'apparition d'une culture de l'image, nouvelle dans le monde de la musique, dont Ténot et Filipacchi ont bien compris qu'elle répondait aux vœux d'une majeure partie des jeunes lecteurs de *Jazz magazine*, bien qu'elle indispose les lecteurs privilégiant l'approche du jazz par le disque ou par l'écrit et préfèrent les longues études de *Jazz hot* aux articles courts et nerveux de *Jazz magazine*.

Dans l'intimité des vedettes

Dans ce culte de la vedette, les petits riens qui constituent la vie quotidienne de l'artiste occupent une place importante et permettent aux amateurs fans de s'identifier au personnage. Dès les années trente, ils avaient pris l'habitude de désigner les musiciens par leur prénom, se donnant ainsi l'illusion d'une connivence avec eux, illusion entretenue par de nombreux articles traitant des « nouvelles d'Amérique » et racontant les concerts donnés dans les cabarets new-yorkais dont les programmes détaillés étaient également reproduits dans *Jazz hot*, bien que les amateurs français n'en eussent guère l'utilité ! De tels articles retrouvent leur place dans ses colonnes après 1945, soit à l'occasion de voyages d'amateurs, de journalistes ou de musiciens rapportant leurs « impressions de New York » quasi exclusivement consacrées à des comptes rendus de concerts, soit envoyés par des correspondants américains de *Jazz hot*. La revue donne en outre régulièrement des « nouvelles de New York » en bref, formule systématisée dans *Jazz magazine*, dont les premières pages donnent chaque mois des informations d'outre-Atlantique, sans compter les reportages de correspondants sur place ou les voyages de journalistes comme celui du rédacteur en chef Daniel Filipacchi, qui paraît sous forme de feuilleton entre octobre 1957 et février 1958.

Le pianiste Jacques Denjean, parti en janvier 1955 à New York, fait le voyage en bateau avec la chanteuse Sarah Vaughan de retour de tournée en Europe et raconte dans *Jazz hot* une soirée de gala donnée à bord du bateau, au cours de laquelle, « dès les premières mesures, l'atmosphère était changée. Tout le monde était *"in the groove"* et il y avait de quoi[54] ». On apprend au passage « à quel point cette grande vedette [est] simple et sympathique. Quelques verres de cognac Courvoisier (c'est celui qu'elle préfère) et la glace était rompue ». Et l'on recueille en exclusivité pour les lecteurs quelques confidences de la vedette : « Elle me confia qu'elle adorait Paris et qu'elle espérait vivement y retourner bientôt. » Arrivé à New York, Denjean passe par tous les endroits mythiques du jazz et en fait un compte rendu au lecteur de *Jazz hot* : Broadway, le Birdland où « en ce moment, Shearing joue en solo *My funny Valentine*, qu'il interprète en fugue de façon splendide », mais aussi, évidemment, Harlem, capitale du jazz, « triste à voir » car vidée de ses clubs ces dernières années, « affreusement sale », mais où il « règne un certain charme ». Les articles de *Jazz magazine* pousseront plus loin ce procédé avec un Daniel Filipacchi racontant son séjour new-yorkais sous forme de reportage entrecoupé de dialogues avec les musiciens, mais aussi avec les chauffeurs de taxi et les réceptionnistes de l'hôtel où il descend, donnant une impression de vécu encore plus forte permettant au lecteur de se transporter dans la ville américaine.

La dimension vécue est un aspect essentiel du rapport des amateurs avec les vedettes, qui consiste en un jeu permanent entre l'admiration respectueuse qui tient à distance l'artiste, et une curiosité envers sa vie quotidienne qui permet de le faire redescendre vers l'humain. Dès lors qu'un musicien de jazz devient une vedette, il est soumis à ce jeu, ouvertement revendiqué du côté *Jazz magazine*, suivant un principe qui est celui de la grande presse et des magazines. Avec un Louis Armstrong, le phénomène d'identification reste limité du fait de l'éloignement d'un artiste américain qui passe rarement en France. Avec Sidney Bechet, Français d'adoption depuis son triomphe de 1949, c'est chose plus aisée. Une des caractéristiques de la «bechetmania» est précisément cette ambivalence de l'image acquise par le saxophoniste, à la fois vedette charismatique sur scène et Français comme tous les autres. Lors du numéro spécial de *Jazz magazine* qui lui est consacré à l'occasion de sa mort, de nombreuses photos le montrent dans des attitudes qui sont celles de tout le monde : il apparaît ainsi sur deux pages à la fenêtre d'un wagon de train, coiffé d'une casquette à carreaux, ou encore sur une page avec trois pains sous le bras et demandant son chemin à un policier, mais aussi attablé à la terrasse d'un café en train de deviser avec ses fans, arrosant son jardin, jouant avec son fils, faisant la cuisine et choisissant des vins dans sa cave. Une longue suite d'articles prenant la forme d'un feuilleton intitulé «Sidney notre ami[55]» raconte l'histoire de sa vie depuis ses débuts, agrémentée de passages dialogués donnant l'impression du direct et du vécu.

La presse à sensation va bien plus loin dans le dépouillement du quotidien des personnalités, et les quelques musiciens de jazz dont la popularité dépasse les cercles spécialisés n'y échappent pas. La présence de musiciens dans de tels périodiques constituait selon Frank Ténot une publicité indéniable pour le jazz : alors que pour un Delaunay, la guerre entre les deux tendances d'amateurs fut néfaste pour le jazz, Ténot insiste au contraire sur le fait que «pour la promotion de la musique que nous aimions, cette bataille fut positive», et la grande presse, y compris à sensation, y joua un grand rôle, car «brusquement, [elle] se mit à gloser sur les luttes entre les fanatiques de Bechet et les fous de Parker. Dizzy Gillespie avait sa photo dans *Samedi soir*. Le tout, pimenté par les exploits des existentialistes dans les caves, valait des millions de francs de publicité[56] ». À partir de 1949, le jeune Daniel Filipacchi est engagé comme photographe à *Paris-Match* et assure probablement l'illustration de reportages sur le jazz, dont les huit pages de photos consacrées à « la maladie du jazz » dans le numéro du 29 octobre 1955 qui suit le concert agité de Sidney Bechet à l'Olympia. Et lorsqu'il est chargé avec Frank Ténot d'une rubrique de jazz dans le tabloïd *Paris-Journal* à partir de janvier 1959, ils reprennent le même procédé en l'adaptant au public visé par le périodique : les derniers jours de Sidney Bechet font ainsi l'objet d'un véritable feuilleton avec force détails sur l'agonie de la vedette[57]. Devenus des vedettes comme les autres, certains jazzmen ont droit aux « honneurs » de la presse à sensation, signe supplémentaire, quoi qu'on en dise, d'une familiarisation des Français avec le jazz.

Leur vie privée n'est pas épargnée non plus. Grâce à *Ici Paris*, les kilos d'Ella Fitzgerald, l'une des chanteuses de jazz les plus renommées, n'ont plus de secret pour personne :

> Elle gagne un million chaque jour et pourtant sa vie est un calvaire. Ella Fitzgerald est laide. Elle pèse 126 kilos. Secouée de sanglots, elle dit : « Je suis un éléphant à figure humaine. » Pour se coucher, elle se déshabille dans l'obscurité totale. Elle se fait horreur. Elle a voulu se jeter par la fenêtre. Son imprésario, Norman Granz, a eu toutes les peines du monde à la ceinturer[58].

Quant à la drogue à laquelle s'adonnent de nombreux musiciens, elle est évidemment un sujet de choix pour cette presse, que les revues spécialisées accusent de « coup bas contre le jazz[59] », par exemple lors de l'arrestation du trompettiste Chet Baker en octobre 1960, ou encore lors de celle de Ray Charles en janvier 1962. Frank Ténot, qui a contribué à lancer le pianiste, prend alors sa défense, critique « l'hypocrisie de la société vis-à-vis des drogués » que l'on essaie de faire passer pour des gens dangereux, et voit dans la démolition systématique des musiciens de jazz une réaction de la société bien-pensante face à une évolution de la jeunesse dont la fascination pour des musiciens, noirs de surcroît, lui reste étrangère[60]. Il pose ainsi clairement le problème du fossé des générations qui se manifeste au début des années soixante entre la jeunesse du baby-boom, pas seulement française, et ses parents. Le lancement, en cette même année 1962, puis le succès foudroyant de *Salut les copains*, création de Ténot et de Filipacchi, devait montrer la justesse de cette analyse.

XIV

L'installation dans le patrimoine culturel

Après la période d'euphorie des années cinquante, qui a pu un instant faire croire que le jazz deviendrait une musique très populaire, l'arrivée des nouvelles musiques anglo-saxonnes et de leur succédané yé-yé stoppe son expansion. Mais il n'est pas pour autant rejeté dans la marginalité : si les années soixante ouvrent une nouvelle période dans son histoire hexagonale, c'est surtout parce qu'à partir de ce moment, son enracinement va se poursuivre selon d'autres modalités, en s'appuyant sur le noyau d'amateurs qu'il a su fidéliser et en s'installant durablement dans des lieux spécialement conçus pour lui, avec le concours des pouvoirs publics qui vont progressivement s'affirmer comme un acteur de sa diffusion et en faire l'un des éléments de leur politique culturelle. Dans ce paysage jazzistique renouvelé, les talents puisant dans des horizons musicaux de plus en plus diversifiés vont éclore en nombre croissant à partir des années soixante-dix.

I. L'ENRACINEMENT D'UNE MUSIQUE RESPECTABLE

Les amateurs se retrouvent entre eux

Dans l'immédiat après-guerre, le succès croissant du jazz a provoqué une diversification sociologique de son public, mais surtout l'afflux d'une assistance jeune et turbulente qui explique en partie l'ambiance agitée des concerts de cette période. Certes, toutes les manifestations jazzistiques ne sont pas logées à la même enseigne : que les fervents du New Orleans aient le coup de sifflet plus facile que les modernistes, on le remarque dès le festival de Marigny de mai 1948, avec la présence d'un noyau de jeunes surnommés « brigade Luter » – du nom de leur orchestre préféré – qui conspuent bruyamment les orchestres be-bop. Dans les années qui suivent, les concerts de jazz Nouvelle-Orléans se caractérisent par une ambiance particulièrement électrique, tel le festival qui se déroule le 10 mars 1956 au Vél' d'hiv' devant sept à dix mille personnes venues équipées de « sifflets, mirlitons et klaxons », « non pas tant pour écouter les orchestres mais pour s'entendre chahuter[1] ». Le tromboniste Mowgli Jospin, qui s'y est produit, souligne, dans *Le Figaro* où il tient une rubrique jazz, le caractère « jeune, très jeune » du public, « l'ambiance Nouvelle-Orléans » du spectacle caractérisée par « une lutte entre les orchestres et le public pour savoir lequel ferait le plus de bruit », et une atmosphère festive invitant le public à « danser sur la pelouse derrière les fauteuils d'orchestre[2] ». Cette animation, modérément appréciée par les hiérarques de la rue Chaptal qui font la moue devant un public « hurlant à tout bout de chorus et applaudissant n'importe quoi n'importe quand[3] », se retrouve en septembre 1956 au concert de Kid Ory. Lors de la tournée en province qui suit, le tromboniste légendaire de La Nouvelle-Orléans visite plusieurs villes dont Mulhouse, où les organisateurs, inquiets, prennent leurs précautions et mobilisent « le service d'ordre des soirées de catch[4] » pour assurer le bon déroulement de la manifestation ! En comparaison, les concerts de jazz moderne sont nettement moins agités. Certes, les festivals de 1948, 1949, 1950, 1952 et 1954 ont été marqués par des chahuts mémorables, mais c'était en raison du mélange des styles de jazz lors d'une même soirée. Lorsque des orchestres de jazz moderne occupent seuls l'affiche, le climat est nettement plus serein, comme lors du concert de Stan Kenton à Paris en septembre 1953, qui se déroule, à l'étonnement général, « sans manifestations déplacées[5] », les amateurs présents « ayant dépassé l'âge où l'on se déplace les poches pleines de confettis[6] ». Tendance confirmée au IIIe Salon du jazz en 1954, où les observateurs constatent que le jazz moderne a désormais son public, à la fois discipliné, enthousiaste, et dans l'ensemble plus âgé que celui du style Nouvelle-Orléans.

Au milieu des années cinquante, il devient lentement évident pour la critique spécialisée comme pour les observateurs extérieurs que le chahut des concerts de jazz ne peut plus seulement être interprété par le purisme ombrageux des amateurs, mais qu'il témoigne de l'arrivée dans les concerts d'un nouveau type de public. C'est le succès de Sidney Bechet qui révèle au grand jour cette situation. Jusqu'en 1955, la visibilité de ce nouveau public est rendue difficile par la poursuite de la guerre du jazz, dont l'agitation régnant dans les salles de concerts apparaît aux yeux de tous comme l'un des avatars, nourrissant la certitude que chaque camp envoie des commandos pour saboter les concerts de la partie adverse. Bien que ce type d'actions ait pu exister sporadiquement, le concert gratuit donné par Sidney Bechet à l'Olympia le 19 octobre 1955 pour fêter la vente de son millionième disque va montrer que cette vision des choses est erronée et que l'agitation est principalement due désormais à la présence croissante d'un autre public, dont le comportement apparaît nettement plus violent que celui des amateurs classiques : « Pour les arrêter, il aurait fallu un barrage antichar, déclare un policier le lendemain du concert. J'ai déjà vu des salles après des manifestations politiques, mais jamais comme ça. Dans la salle de 2 800 places, plus de 3 000 spectateurs d'une moyenne d'âge de 17 ans avaient réussi à s'entasser[7]. » Quarante minutes d'entracte achèvent d'échauffer le public et donnent lieu à des scènes d'« hystérie collective[8] », qui se terminent par la démolition en règle de la salle en raison de la brièveté jugée excessive de la prestation de Bechet. Pendant ce temps, au-dehors, mille à trois mille fans n'ayant pas pu rentrer se rattrapent sur les vitrines des alentours, dont deux sont brisées. Certains journalistes n'hésitent pas à parler d'une véritable émeute que la centaine de policiers mobilisés pour l'occasion a du mal à maîtriser. Le bilan est de deux blessés et de vingt personnes arrêtées « pour coups et rébellion aux agents ». Pour beaucoup, c'est le malaise de la jeunesse qui est à l'origine de cet événement, la violence de la musique de jazz ayant fonctionné comme facteur déclenchant. *Paris-Match* va plus loin en consacrant à l'épisode un long reportage photo où il est présenté comme l'un des symptômes d'une « maladie du jazz » qui frappe non seulement la France mais aussi d'autres pays où l'on a pu constater des débordements analogues à la suite de certains concerts.

Le concert d'octobre 1955 montre bien que ce nouveau public n'a pas les mêmes préoccupations que les amateurs de la génération précédente : son agitation n'est pas tant la manifestation d'un purisme jazzistique que celle de l'énergie d'une jeunesse qui commence à faire parler d'elle. Mais si le concert de Sidney Bechet à Paris en mars 1957 ou encore la soirée Nouvelle-Orléans du festival de Cannes en juillet 1958 sont encore marqués par un enthousiasme bruyant – qui n'aboutit toutefois pas aux débordements du concert de l'Olympia –, l'agitation retombe nettement à partir de la fin des années cinquante en raison de l'essoufflement du *revival* Nouvelle-Orléans. La dernière apparition publique de Bechet a lieu en décembre 1958. Quant à Mezz Mezzrow, autre héros du *revival*, après quelques tournées triomphales en 1951 et 1954, il cesse d'enregistrer à partir de 1955 et ne se produit plus qu'en de rares occasions. Il en est de même de quelques monstres sacrés comme Louis Armstrong qui, après le succès de ses deux tournées de 1952 et 1955, ne revient plus en France qu'épisodiquement et pour des concerts exclusivement parisiens : deux en mai 1959 au cours d'une tournée européenne qui faillit bien ne pas passer par la France, quatre en décembre 1960 et deux en avril-mai 1962. C'est peu comparé aux dix-huit soirs de suite à l'Olympia en 1955. On observe la même pente descendante avec Lionel Hampton, dont le succès ne s'était pas démenti jusqu'en 1956. Rendez-vous des spectateurs les plus jeunes et les plus bruyants, le style Nouvelle-Orléans est sérieusement concurrencé à partir de 1956 par le rock'n'roll, qui va progressivement canaliser le public le plus jeune, tandis que l'atmosphère des concerts de jazz se calme à mesure que la moyenne d'âge des amateurs augmente. Ceux-ci ne se privent d'ailleurs pas de faire savoir aux fauteurs de troubles qu'ils ne sont pas à leur place dans les concerts de jazz : si dans un premier temps, les dirigeants de Hot clubs et la rédaction de *Jazz hot* prêchent dans le désert en conseillant instamment aux « voyous[9] » qui troublent les concerts d'« aller s'amuser au Vél' d'hiv'[10] », le courrier des lecteurs de la presse spécialisée se fait progressivement l'écho des voix de plus en plus nombreuses qui s'élèvent pour manifester leur désapprobation vis-à-vis des « faux amateurs ». C'est cette frange d'amateurs plus âgés qui accueille en 1956 le Modern jazz quartet, l'un des fleurons du jazz moderne. « Face aux éructations du "rock'n'roll", [ces] quatre vrais musiciens de jazz en smoking, discrets comme l'équipe de M. Loewenguth*, remplissent à ras bords la salle Pleyel pendant deux concerts consécutifs », dans un silence qualifié de « religieux[11] » par les observateurs. Les passages suivants du MJQ en France se dérouleront dans une ambiance similaire, tout comme, à partir de la fin des années cinquante, la grande majorité des concerts de jazz. Cette évolution du public se manifeste dans l'enquête menée en 1959 par *Jazz magazine* auprès de ses lecteurs, lorsque 96 % d'entre eux répondent par la négative à la question : « Estimez-vous qu'il

---

* Allusion au quatuor à cordes dont le premier violon est Alfred Loewenguth.

faut manifester bruyamment au concert[12] ? » Toutefois, les forces de l'ordre, échaudées par l'épisode Bechet, tardent à enregistrer l'évolution des attitudes du public puisqu'elles persistent à venir en nombre jusqu'au début des années soixante pour encadrer les concerts de jazz, si bien que Lucien Malson, qui constate en mai 1962 que les concerts de Ray Charles n'ont pas provoqué d'incidents, leur suggère avec humour un moyen de ne pas se déplacer pour rien :

> Répétons que le préfet de police devrait abonner ses chefs de service aux revues spécialisées. Ils y liraient les noms de tous ceux qui ne provoquent quasiment jamais d'incidents. [...] Le groupe d'agents qui surveillaient la porte et la salle de l'Olympia n'assistèrent qu'à des rites profanes, ne virent qu'une jeunesse calme, parfois à genoux devant la scène, mêlée à l'armée des photographes[13].

À la fin des années cinquante, la fracture est nette entre ces deux publics, et va se confirmer lors de l'arrivée sur la scène musicale des premières vedettes yé-yé, dont certaines utilisent à leurs débuts la scène du jazz pour se faire connaître. Il est révélateur que lors de la Nuit du jazz 1960 *, quand un jeune musicien nommé Johnny Hallyday « [prétend] occuper la scène et faire passer pour du jazz ce qui [n'est] que du vulgaire rock », on enregistre « un début d'émeute[14] » à l'issue duquel l'empêcheur de jazzer en rond est prestement éjecté de la scène. L'expérience ne sera pas renouvelée l'année suivante, pour la plus grande satisfaction des amateurs de jazz désireux de rester entre eux : alors que le festival américain de Newport a connu en 1960 sa dernière édition en raison des désordres suscités par une partie du public, les amateurs français sont bien décidés à faire régner l'ordre dans l'enceinte de « leurs » concerts. L'opposition entre les deux publics trouve une illustration symbolique dans un spectacle intitulé « Jazz et rock'n'roll sur Seine » créé au music-hall l'ABC en 1961, au cours duquel « le jazz et le rock'n'roll entreront en compétition avec le jeune chanteur Frankie Jordan et André Reweliotty et son orchestre[15] ». Le chroniqueur du *Figaro* ne croyait pas si bien dire : le soir de la première, en effet, « deux publics se sont affrontés : celui de l'orchestre au premier rang duquel la critique venue juger le spectacle, et celui des balcons, invité à créer

---

* Grande manifestation organisée chaque année au mois de décembre par Charles Delaunay et regroupant de nombreux orchestres de jazz.

l'ambiance. Le second s'est montré digne de la confiance qui lui avait été faite ; et ce fut bientôt un joli vacarme pour réclamer la venue de l'idole Frankie Jordan. Les fans, entraînés par les artistes qui prennent les sommiers des pianos pour des matelas, et qui utilisent les contrebasses pour jouer à saute-mouton, ont opposé une obstruction systématique à un ballet faunesque de Pierre Frank : une danseuse fut blessée par des clous lancés du balcon, une autre, fort émue, en laissa tomber ses torches, lesquelles communiquèrent le feu à un rideau, qui, heureusement ignifugé, résista. L'imitateur Sim, bien décidé à affronter cette foule hurlante, ne fut pas plus heureux. Il dut abandonner la scène dès son premier numéro[16] ».

Au début des années soixante, le succès du rock'n'roll et surtout de sa variante yé-yé accélère le processus de dissociation entre deux publics imbriqués au cours des années cinquante en raison de la vivacité de plusieurs courants du jazz correspondant à plusieurs types de public. Désormais, c'est le rock et non plus le jazz qui symbolise la violence d'une partie de la jeunesse : si parmi ses fans, on peut compter « les petits gars bien tranquilles employés de bureau ou d'usine qui s'agglutinent le samedi entre Pigalle et Clichy autour des machines à sous », on trouve aussi « les mauvais garçons, les "voyous", les blousons noirs ou dorés, les meneurs spécialisés dans les bris de fauteuils [qui] semblent travailler à la commande et vous déchaînent une salle au coup de sifflet[17] ». Les performances de ces derniers dépassent nettement celles des amateurs de jazz les plus excités, si l'on en juge par l'étendue des dégâts consécutifs au concert du rocker français Vince Taylor en 1961 :

> Ceux que l'on a coutume d'appeler les « blousons noirs », à casquette de déménageur, et les « hooligans », se déchaînèrent après l'entracte. Dans un vacarme ahurissant, des scènes d'une incroyable violence se déroulèrent. C'est aux conduites d'eau que l'on s'en prit pour faire des matraques ! Bilan : quatorze gardiens de la paix et plusieurs jeunes gens blessés ; deux mille fauteuils brisés ; le deuxième récital de Vince Taylor a été annulé par ordre de la préfecture de police. Il y a dans ces manifestations de déchaînement autre chose que de l'hystérie ; il y a le drame d'une certaine jeunesse qui cherche à travers les débordements de la violence les règles de vie qui lui font défaut[18].

De tels débordements contrastent avec des concerts de jazz où, désormais, « il n'est plus de bon ton de se livrer à des manifestations bruyantes pour manifester son enthousiasme[19] ». Fait significatif de ce passage de témoin qui soulage les amateurs de jazz, le terme « fan » s'applique maintenant avant tout au public du rock, tandis que les fans de jazz sont désormais estampillés « amateurs », terme qui désigne la passion raisonnée et maîtrisée d'une personne ayant atteint la maturité, par opposition à l'idolâtrie incontrôlée du public du rock, souvent plus jeune et d'origine plus populaire. Là est toute la différence entre « l'amateur de jazz quadragénaire » et le « jeune "fan" d'Elvis Presley », entre « l'étudiant en Sorbonne » et le « blouson noir de la porte d'Aubervilliers[20] », entre les amateurs « policés […] des concerts de l'Olympia » et les « fanatiques de rock[21] » qui cassent les fauteuils. Il n'est pas jusqu'au choix des salles de concerts qui ne témoigne de la rupture consommée entre les deux publics : après une période de popularisation du jazz au cours de laquelle on avait vu les concerts parisiens se déplacer de la salle Pleyel, du Théâtre des Champs-Élysées et du théâtre Marigny jusque vers l'Olympia à partir de 1954, c'est à un mouvement inverse que l'on assiste au début des années soixante : « Au boulevard des Capucines abandonné aux "fans" de Johnny [Hallyday] et de Françoise [Hardy], se substituera cette année le cadre plus cossu de Pleyel ou du Théâtre des Champs-Élysées. À l'heure où des responsables de la radio d'État insistent sur le caractère "culturel" d'une musique rebaptisée par eux "art négro-américain", ce choix des salles a valeur de symbole[22] », commentent *Les Lettres françaises* en octobre 1963.

Des amateurs prestigieux

Le départ vers d'autres horizons musicaux de la fraction la plus bruyante du public du jazz va favoriser la légitimation de la musique noire américaine, amorcée timidement depuis 1945. Au lendemain de la Deuxième Guerre mondiale, si les musiciens du monde classique qui reconnaissent une certaine valeur au jazz ne sont pas rarissimes, leur opinion est souvent teintée d'une pointe de paternalisme, visible par exemple chez Alphonse Delmas-Boussagol, professeur de contrebasse au Conservatoire de Paris, qui constate en octobre 1948 qu'« on ne peut ignorer que la contrebasse a pris une place importante dans la musique dite de jazz », les musiciens utilisant la technique du pizzicato, qui consiste à attaquer les cordes avec les doigts au lieu de les frotter avec l'archet et permet à « quelques instrumentistes habiles » de « réaliser des chorus ou des breaks d'un effet très piquant, disons amusant pour le moins[23] », mais dont la valeur artistique est faible, et dont le goût est parfois douteux : pour un musicien de formation classique, le glissando utilisé sur certains instruments comme le trombone est considéré comme vulgaire et destiné uniquement à des effets humoristiques. Jusqu'au milieu des années cinquante, le discours dominant du monde musical classique sur le jazz sera à double tranchant : une musique réclamant une « mise en place » rythmique parfaite et dont l'exécution nécessite souvent une technique instrumentale virtuose, mais dont l'intérêt esthétique est très limité. En 1955, le tromboniste André Lafosse, professeur lui aussi au Conservatoire de Paris et auteur de plusieurs méthodes faisant autorité, résume la pensée de nombre de ses collègues : « Sans méconnaître les apports intéressants du jazz, il faut cependant lui laisser la place qui lui convient. Il est à la musique ce que la caricature est à la peinture[24]. »

Pourtant, de plus en plus d'artistes, interprètes ou compositeurs, reconnaissent la valeur artistique du jazz et contribuent à asseoir sa légitimité, tant aux yeux du grand public qu'à ceux du commun des musiciens classiques. On ne s'étonnera pas de trouver parmi eux des personnalités dont l'intérêt pour le jazz remonte parfois aux années vingt. C'est le cas de Jean Wiéner, qui évoque en 1945 « l'extraordinaire pulsation rythmique » du jazz et note que « si notre époque doit sa richesse, après un Debussy, à un Stravinsky, si elle a besoin des travaux étonnants d'un Messiaen, elle la doit aussi, comme de tout temps, à l'étincelle de la fraîcheur populaire » que représente la musique noire, dont certaines pièces doivent être considérées « une fois pour toutes comme d'authentiques chefs-d'œuvre de la musique de tous les temps[25] ». Deux ans plus tard, le compositeur Marcel Delannoy, disciple d'Arthur Honegger, constate que le jazz a influencé les compositeurs de la jeune génération qui manient bien mieux le rythme que leurs devanciers. Quant à André Jolivet, qui utilise certains éléments venus du jazz dans son premier *Concerto pour trompette* composé en 1948, il estime en 1952 que le negro spiritual est un apport incontestable au « langage musical universel[26] » et se dit persuadé que la familiarité avec le rythme continu donnée au public par le jazz est pour beaucoup dans le regain de faveur de la musique de Bach auprès du grand public. La caution que représentent ces déclarations de musiciens reconnus n'échappe pas au milieu du jazz qui leur donne un large écho. Lors de la création en 1954 de l'Académie du jazz, Georges Auric en est nommé membre d'honneur : auteur reconnu de ballets et de musiques de film mais aussi élu président de la SACEM la même année avant d'entrer à l'Académie des beaux-arts en 1962, l'homme, dont l'intérêt pour le jazz n'est pas nouveau, est une personnalité du monde musical et son patronage ne peut que bénéficier à la musique noire américaine. Il en est de même d'Henri Sauguet, autre spécialiste du ballet, président de la Société des auteurs et compositeurs dramatiques mais aussi membre d'honneur de l'Académie du jazz à partir de 1956.

Du côté des interprètes, l'intérêt pour le jazz est aussi croissant à partir de la décennie d'après-guerre, notamment chez des musiciens de la jeune génération comme le pianiste Samson François, lauréat du premier concours Long-Thibaud en 1943 et qui triomphera en 1947 à New York avec le *Cinquième concerto* de Prokofiev. Pour l'heure, en 1945, il se dissimule derrière le pseudonyme « Hop frog » afin qu'un article commis dans *Arts* ne nuise pas à son brillant début de carrière. En quelques phrases, le jeune virtuose dévoile son admiration pour une musique qui regorge de clins d'œil au meilleur de la tradition classique : « On y découvre des chants d'église, des chromatismes purs à la Chopin, des fausses relations dans la tradition de Ravel (je ne parle que du jazz nègre, celui d'Ellington) et surtout cet admirable goût du binaire qui est bien la règle de tout ce qui est musical[27]. » Le jazz permet en outre d'atteindre l'émotion musicale la plus haute, bien que partant souvent d'un matériau extrêmement modeste, grâce à « une conception du son jamais imaginée » qui lui permet de « recommencer ce que les poètes de la poésie pure avaient tenté sur des mots ». Et de conclure cet article intitulé « L'Avenir du jazz » en exprimant le souhait d'un « prochain épanouissement de son génie ». À l'apogée de sa carrière internationale entre 1950 et 1960, le pianiste ne cachera plus son goût pour la musique noire américaine, se rendant souvent dans les clubs parisiens pour écouter les musiciens et se liant d'amitié avec certains d'entre eux comme Errol Garner et surtout Martial Solal, qu'il vient applaudir à la salle Gaveau en décembre 1963. Quatre ans auparavant, à la mort de Sidney Bechet, le violoniste Alfred Loewenguth témoignait de son admiration pour le saxophoniste disparu :

> Il y a tout chez Bechet, l'intuition miraculeuse qu'on ne trouve que chez les êtres d'exception, le souffle, le pathétique et la sérénité des grands musiciens. Et cette sonorité incomparable, cette manière de faire vivre chaque note et chaque silence, cette technique que l'on sent et qui jamais ne s'étale. On voit bien qu'il est fou de son art, cet homme, que la musique est pour lui une fonction vitale. Comme on aimerait que tous les musiciens fussent comme lui[28] !

Ces exemples ne sont pas isolés puisqu'en 1961, le jeune pianiste Claude Kahn affirme son intérêt pour la musique noire américaine et que deux ans plus tard, alors que Marguerite Long assiste au festival d'Antibes, un autre jeune prodige du clavier, Jean-Bernard Pommier, futur lauréat du concours Tchaïkovski, expose ses goûts dans l'émission de jazz d'Henri Renaud dont il est l'invité, plaçant en tête de son panthéon personnel le pianiste Art Tatum – également jazzman favori de Vladimir Horowitz – ainsi que Miles Davis et Thelonius Monk. Pommier fréquente aussi les clubs de jazz et s'essaie parfois au « bœuf » avec les musiciens présents. C'est à son intention que Claude Bolling écrira en 1970 une *Sonate pour deux pianos* qu'ils créeront ensemble. Elle connaîtra un succès immédiat et au cours des années suivantes, nombreux seront les prestigieux interprètes qui feront appel à Bolling pour écrire et interpréter avec eux des œuvres dans ce genre hybride alliant la musique classique et le jazz : en 1975, ce sera la *Suite pour flûte* avec Jean-Pierre Rampal, reconnue cette même année comme le meilleur enregistrement de musique de chambre par la National Academy of Recording Arts and Sciences et vendue en six ans à plus de 500 000 exemplaires. En 1987, les deux compères rééditeront l'expérience avec la *Suite pour flûte n° 2*. Entre-temps, Bolling aura aussi composé pour le violoncelliste Yo Yo Ma ou encore le trompettiste Maurice André.

Du bon sauvage à l'artiste

Ce compagnonnage prestigieux contribue autant que l'activisme des amateurs à l'évolution de l'image du jazz auprès du grand public. Au lendemain de la guerre, celle-ci reste encore largement imprégnée des clichés primitivistes et exotiques du bon sauvage, véhiculés par les spécialistes de jazz eux-mêmes lorsqu'ils veulent faire connaître leur musique au-delà des cénacles érudits. Ainsi le critique belge Robert Goffin y sacrifie-t-il dans un feuilleton sur les origines du jazz publié dans *Les Lettres françaises* entre octobre 1946 et janvier 1947. La description de l'enfance misérable de Louis Armstrong est accompagnée de dessins représentant des Noirs lippus qui empruntent à l'esthétique du tirailleur sénégalais de Banania. Si la rédaction des *Lettres françaises* montre à cette occasion son intérêt pour le jazz, il est révélateur qu'elle présente au public cette image classique et stéréotypée de préférence à celle, plus inhabituelle, qu'aurait donné un compte rendu du concert de Don Redman à Paris au même moment, en décembre 1946 : la visite du premier orchestre noir venu sur le continent depuis 1939 n'est pas mentionnée par l'hebdomadaire. Mais *Les Lettres françaises* n'ont pas le monopole de cette vision paternaliste, encore largement répandue à la fin des années quarante dans une grande presse encore mal informée, sur laquelle les foudres des amateurs puristes ne se sont pas encore abattues. Dans *Les Nouvelles littéraires*, c'est à la rubrique « Le cirque » que l'on commente en novembre 1947 le spectacle des Nicholas Brothers, deux danseurs de claquettes noirs déjà vus dans le film *New Orleans* sorti deux mois plus tôt sur les écrans parisiens. Si le lieu de la prestation – le cirque Médrano – n'y est pas pour rien, c'est aussi parce que cette chorégraphie de cirque dont les exécutants « possèdent [le] rythme sauvageon du jazz » n'est guère prise au sérieux, quoique la virtuosité des danseurs soit reconnue[29]. Le cliché primitiviste affleure aussi dans des périodiques ayant manifesté précocement leur intérêt pour le jazz comme *Le Figaro,* où le chroniqueur présent à Marigny en mai 1948, malgré son enthousiasme, préférerait « pouvoir dépouiller ces interprètes de leurs vêtements de la cinquième avenue, les rendre à leurs haillons et aller les écouter dans leur lieu d'origine[30] » ! Deux ans plus tard dans les mêmes colonnes, le compte rendu élogieux du concert de Duke Ellington met en avant « l'humour enfantin de l'âme noire[31] ». Plus caricatural, le quotidien *Franc-Tireur* titre à l'occasion du Ier Salon du jazz en décembre 1950 : « Le jazz est-il une nouvelle forme de magie noire ? », et en dresse un portrait où se mélangent les tam-tam africains, la jungle, le culte vaudou, la case de l'Oncle Tom, le tout pimenté par l'« étourdissante fantaisie » et le « génie d'enfants de la nature » des Noirs. Au demeurant, l'image stéréotypée du bon sauvage est aussi entretenue par certains musiciens qui ont constaté le goût d'une partie du public pour les mimiques clownesques : c'est le cas de Louis Armstrong ou de Dizzy Gillespie, dont les attitudes sont diversement appréciées chez les musiciens, les amateurs, mais aussi les observateurs du monde musical.

Mais la figure du bon sauvage décline très nettement à partir du début des années cinquante, tandis que s'y substitue progressivement une image plus valorisante, celle de l'artiste créateur. Dès les festivals de l'année 1948, le grand public découvre « l'étonnante virtuosité de quelques interprètes[32] » parmi lesquels le pianiste Errol Garner et le bassiste Slam Stewart, et surtout Louis Armstrong, dont « l'art parvenu à un tel dépouillement et un tel équilibre [est] désormais classique[33] ». Quant à Duke Ellington, Pierre Drouin voit en lui un « architecte[34] », tandis qu'Alain Guérin le qualifie en 1959 dans

L'Humanité, d'« homme-orchestre du jazz » qui « a quasiment présidé à toute l'évolution de l'art musical noir américain[35] ». L'apparition du be-bop, musicalement plus sophistiqué que les formes de jazz qui l'ont précédé, contribue à imposer l'image du musicien noir créateur d'un art élaboré. L'événement fondateur à cet égard est l'article maintes fois cité d'André Hodeir, paru dans *Jazz hot* en mai 1946 ; d'abord cantonné à la savante revue, le débat esthétique est porté sur la place publique dès 1947 par Boris Vian, qui s'interroge dans *Combat* sur les caractéristiques du nouveau style et invite des spécialistes tels qu'André Hodeir à exposer en détail leur point de vue. Pour la première fois, le débat esthétique entre les amateurs de jazz dépasse, quoique timidement, le cercle des spécialistes et montre au lecteur non averti la diversité stylistique du jazz. Avec le be-bop, la notion de recherche esthétique devient l'un des éléments constitutifs du jazz et contribue à sa légitimation parmi la critique qui met en avant cette caractéristique : Pierre Drouin évoque la « discipline des exécutants » et « la complexité de l'écriture[36] » du sextette d'Howard McGhee qui se produit au festival de Marigny, tandis qu'Henri-Jacques Dupuy, d'*Action*, fait référence « aux enrichissements qu'apporte le nouveau style, tant au point de vue harmonique (système extrêmement dissonant, incertitude tonale), qu'au point de vue rythmique (accords plaqués à contre-temps du piano, jeu obsédant de la cymbale tandis que la caisse marque certains temps d'une manière violente et imprévisible)[37] ».

Au cours des années cinquante, l'image du créateur se diffuse hors du milieu des amateurs. On peut en voir un exemple avec l'évolution du discours relatif à Thelonius Monk, musicien controversé dont la stature de créateur s'impose parallèlement à l'intérieur et au-dehors des cercles spécialisés, à la faveur de la conquête des médias par des spécialistes qui vont porter le débat sur la place publique de manière encore plus nette qu'à la fin des années quarante. Le pianiste est un des représentants historiques du mouvement bop puisqu'il a participé aux séances du Minton's qui ont permis entre 1941 et 1944 l'éclosion du nouveau style ; il est dès le début catalogué comme un original par les amateurs français, lesquels apprennent « qu'il peut se passer de sommeil pendant une semaine, quitte à dormir trois jours et trois nuits quand il a réussi à s'arracher du clavier[38] ». Plus sérieusement, Monk est un « musicien original à l'extrême, d'abord par son arythmie plus marquée que chez n'importe quel autre pianiste, puis par le souci constant qu'il semble éprouver d'étonner l'auditeur ». D'autre part, « l'utilisation systématique des harmoniques éloignées de la fondamentale amène des trouvailles heureuses souvent géniales, mais l'entraîne parfois dans des impasses mélodiques ». Un artiste qui cherche mais tombe parfois à côté, un « incompris[39] » au comportement bizarre, au physique inhabituel et à la démarche lente, « musicien surfait et charlatan » pour certains, génie pour d'autres, « cet homme dénué de souplesse, exaspérant, parfois diabolique au point qu'on a envie de le tuer, est l'homme qui a formé le noyau du groupe qui s'est étonné lui-même en changeant, plus ou moins momentanément, l'orientation du jazz ». Encore peu connu en France au sortir de la guerre, c'est à l'occasion du IIIe Salon du jazz qu'il se produit pour la première fois devant les amateurs français. Alors interdit d'enregistrement aux États-Unis pour cause d'usage de stupéfiants, c'est à Paris qu'il réalise, pour le compte de Vogue, ses premiers enregistrements en piano solo. L'image donnée de lui à cette occasion est toujours celle du « novateur » au « style anti-commercial[40] » qui a défriché « tout ce qu'ont employé des centaines de musiciens quelques années plus tard : le jeu de main gauche, la marche harmonique, les variations mélodiques, les trouvailles rythmiques, tout y est, avec une incroyable avance ». C'est à l'occasion de cet événement que sa notoriété dépasse le milieu des amateurs : dans *Combat*, on le qualifie de « créateur » n'ayant pas « reçu la consécration qu'il mérite[41] ». Si les avis divergent, tout le monde s'accorde à voir en lui l'un des musiciens les plus originaux des dernières années. La place éminente de Monk dans l'histoire du jazz est établie par la critique française deux ans plus tard lorsqu'à l'occasion de la sortie d'un de ses disques, une tribune réunit des critiques parmi lesquels André Hodeir et son ami Michel Fano. Pour ce dernier, compositeur de l'école sérielle postwebernienne, Monk, « utilisant des blocs sonores verticaux, fait presque de la musique concrète » et « s'éloigne d'un sentiment musical pour atteindre quelque chose qui est beaucoup plus grand[42] », tandis qu'André Hodeir insiste sur le fait que Monk rompt avec la notion de phrase musicale, ce qui donne à sa musique ce caractère si novateur. André Hodeir précise son point de vue en 1959 dans un article précédé d'une citation du philosophe Martin Heidegger, exaltant le « génie créateur » qui se refuse aux concessions et comparant l'œuvre de Monk à celle des « maîtres contemporains, Barraqué, Boulez, Stockhausen », qui ont découvert un nouvel univers musical fondé « sur les notions d'asymétrie et de discontinuité ». Et il salue en Thelonius Monk « le premier jazzman qui ait ressenti des valeurs esthétiques appartenant spécifiquement au monde moderne[43] ». Lors de son deuxième passage en France en 1961, son apport au jazz n'est plus discuté, même s'il suscite toujours la perplexité : décrit dans *Le Figaro* comme un « mage imposant et barbu » dont la musique est encore réservée à quelques « initiés », le personnage « qui a fait éclater les cadres du jazz moderne, jugés trop étroits à son gré », possède un style tout en « accords larges et dissonants, qu'il entrecoupe de traits, volontairement ou non, malhabiles. Les silences, les ruptures de rythme, la désintégration de la mélodie, sont utilisés par lui comme moyens d'expression[44] ». Deux ans plus tard, à la troisième apparition du pianiste sur la scène parisienne, c'est le génie du jazz qui est annoncé par Malson dans *Arts* et dans *Le Monde*. Pour lui, Monk occupe la place d'un défricheur de la musique de demain autant qu'il met en scène « le drame de l'homme "mondialisé[45]" ». On mesure le chemin parcouru depuis les timides et succincts commentaires esthétiques qui émaillaient la presse générale de l'immédiat après-guerre : désormais, certains musiciens de jazz ont dans les médias de grande diffusion de chauds partisans qui emploient pour décrire leur art un vocabulaire naguère réservé aux virtuoses de la musique classique. À la charnière des années soixante, l'image du musicien de jazz rompt définitivement avec les clichés primitivistes qui lui étaient encore accolés au sortir de la guerre : signe que cet art en pleine évolution est en passe de s'imposer dans l'esprit public comme une musique digne de reconnaissance.

Le Modern jazz Quartet ou la dignité du jazz

La volonté de reconnaissance des musiciens eux-mêmes joue aussi dans ce processus de légitimation. À cet égard, il faut faire une place aux artistes du « troisième courant », tendance du jazz ayant tenté à partir des années cinquante un rapprochement entre la musique classique et le jazz en vue d'opérer une synthèse des deux univers. Si la plus grande partie des représentants du « *third stream* » ne franchit pas l'Atlantique, les amateurs vont faire ample connaissance au cours des années cinquante avec le Modern jazz quartet, dont la démarche obéit en partie à cette logique de mélange avec la tradition classique, et dont l'image respectable va servir de vitrine au milieu du jazz. Leur premier passage en France a lieu en 1956. Leur directeur musical, le pianiste John Lewis, était déjà venu en 1948 avec l'orchestre de Dizzy Gillespie, puis était resté quelques mois sur place pour étudier la théorie musicale avec Germaine

Tailleferre au Conservatoire américain de Fontainebleau. On en retrouve des traces dans la musique dispensée par l'orchestre aux auditeurs réunis à la salle Pleyel le 2 novembre 1956, une « musique de chambre swing[46] » dont le « contrepoint savant n'empêche pas de laisser passer le vrai fluide du jazz[47] ».

Pourtant, en face de ce phénomène musical hybride, les amateurs s'interrogent : « Le MJQ fait-il du jazz ? » titre *Jazz magazine* après le passage du groupe. La question « qui était sur toutes les lèvres » est posée à dix musiciens de jazz français ou américains résidant à Paris. S'ils sont unanimes à reconnaître les qualités musicales de l'ensemble, plusieurs considèrent qu'il « s'éloigne souvent du jazz ». Quant à André Hodeir, s'il porte un grand intérêt aux recherches de John Lewis, qu'il « faut louer sans réserve d'avoir affronté le problème de la relation thème-arrangement-solo, le plus aigu et le plus redoutable qu'ait à résoudre le jazzman moderne[48] », il ne manque pas de critiquer les « allusions aux formes classiques et préclassiques fréquentes dans son œuvre », celles-ci « n'échappant pas à une certaine gratuité ». Un autre critique, Michel-Claude Jalard, note que l'intention de Lewis est d'introduire le contrepoint dans la musique de jazz, objectif qui lui semble voué à l'échec : « Il y a, par essence, incompatibilité entre le jazz et le contrepoint[49]. » Mais ce faisant, Lewis contribue à donner « un sérieux et une patine de civilisation à un type de musique souvent dénigré ». Surtout, sa prise de position esthétique, en dehors du fait qu'elle se réfère à la musique des XVIIe et XVIIIe siècles, vise à « porter le jazz à son plus haut point d'achèvement », en lui donnant un cadre formel précis où l'improvisation ne joue plus qu'un rôle mineur. Démarche qui, si elle mène à l'impasse du point de vue jazzistique, « œuvre à l'établissement d'un véritable classicisme du jazz […] en en recensant tous les moyens et en lui donnant le poids esthétique qu'on lui refusait jusqu'alors[50] ». Jalard résume bien la polémique qui agite les amateurs : si la musique du MJQ contribue à la légitimation artistique du jazz en flirtant avec un terrain connu des mélomanes classiques, elle peut s'avérer stérilisante pour l'évolution du jazz, qu'elle tend à figer en une œuvre aux contours définis une fois pour toutes, alors que la richesse du jazz réside en grande partie dans l'imprévu de l'improvisation.

C'est cette image ambiguë qui s'installe et réapparaît lors de la deuxième visite de l'ensemble au début de 1958. Certes, l'orchestre, qui « veut rendre au jazz sa dignité » et ne suscite « pas de trépignements, pas d'hystérie collective », se présente « dans l'esprit même du quatuor à cordes de la musique classique[51] ». Mais certains se demandent à leur tour si ces « quatre musiciens barbus, habillés de noir, imperturbables, officiant avec un sérieux à rendre jaloux le plus classique des quatuors à cordes de la salle Gaveau[52] » officient dans le sens de l'histoire : des pièces telles que *Vendôme* ou *The queen's fancy* sont certes réussies, mais quel est l'intérêt d'un retour à des formes datant des XVIIe et XVIIIe siècles et déjà illustrées par des chefs-d'œuvre que la musique du MJQ ne saurait faire oublier ? Reste la valeur pédagogique de l'essai, qui peut contribuer à faire venir au jazz des oreilles qui, jusqu'à présent, y avaient été réticentes. Un pari réussi, en tout cas, si l'on en juge par l'attitude d'un public « aussi recueilli » devant une musique « faisant aussi peu de concessions commerciales[53] ». Fait significatif de la quête de légitimité de John Lewis, le choix de la salle fut un grave problème, le chef d'orchestre ayant refusé de jouer à la salle Pleyel, trop vaste à son goût, ainsi qu'à l'Olympia, le music-hall ne lui paraissant pas un endroit assez sérieux pour la musique du MJQ. Finalement, le choix se porta sur le Théâtre des Champs-Élysées. Si lors de ce deuxième passage, les adversaires du Modern jazz Quartet persistent à contester la qualité de jazz à cette musique qu'ils assimilent à « un puissant soporifique[54] », la troisième tournée du groupe en décembre 1959 marque l'extinction des polémiques, effet de l'évolution des mentalités mais aussi de la musique du MJQ, qui a délaissé entre-temps la récréation un peu mécanique du contrepoint baroque pour revenir aux sources du blues, à la plus grande joie des amateurs. En outre, la tenue des membres du quartet à évolué : les queues-de-pie et les plastrons rigides ont fait place à un complet-veston plus décontracté, comme si le MJQ était arrivé à une maturité musicale lui permettant désormais de se présenter sans complexe au public. La musique n'y perd rien : « Comme l'oreille se sent intelligente après deux heures de cette musique[55] ! », déclare, enthousiaste, Pierre Drouin dans *Le Monde* au lendemain du concert. Quant à la critique spécialisée, elle est à l'unisson : « Parfait, parfait, parfait », titre *Jazz magazine*, où Raymond Mouly évoque « une soirée dont on ne sait si elle honore plus les musiciens eux-mêmes que le public exceptionnel qui leur fit un triomphe[56] ».

L'ère des festivals

Alors que la mutation du public est en passe de prendre forme et que le jazz acquiert progressivement une image respectable, son mode de diffusion connaît aussi une évolution importante. À partir des années soixante, les festivals vont en constituer l'un des vecteurs majeurs et marquer définitivement son implantation dans des lieux spécialement conçus pour lui. Depuis 1948, les festivals ou salons se sont fréquemment traduits par des déficits importants malgré d'indéniables réussites artistiques. L'énorme trou financier laissé par le IIIe Salon du jazz semblait avoir sonné le glas de ce type de manifestation. En 1956, d'ailleurs, l'imprésario américain George Wein, qui avait créé deux ans plus tôt le festival de Newport, était venu étudier la possibilité d'organiser une réplique du festival américain dans une ville du sud de la France, mais avait renoncé, convaincu que la rentabilité ne pouvait en être assurée. Pourtant, au début de l'année 1958, le comité des fêtes de la ville de Cannes, présidé par Yvonne Blanc et Marc Laurore, demande à Charles Delaunay d'assurer l'organisation d'un festival prévu pour le mois de juillet. Instruit par ses expériences précédentes, et notamment par la déconvenue financière du IIIe Salon, Delaunay sait désormais que la clé de la rentabilité d'un festival réside dans l'emploi de « nouvelles formules : les frais de voyage considérables et les cachets des musiciens [doivent] être supportés par plusieurs festivals à la fois. Cela [suppose] de trouver au moins deux villes intéressées, et suffisamment éloignées l'une de l'autre pour ne pas se concurrencer[57] ». Delaunay, qui connaît bien le Hot club de Belgique, décide de jumeler Cannes avec sa consœur nordique, la très huppée Knokke-le-Zoute, et d'organiser une manifestation annuelle sur le modèle du festival de Newport, lui-même s'inspirant de l'exemple de Nice. Le plateau réuni est d'une ampleur sans précédent : trente musiciens américains, en grande majorité issus du JATP de Norman Granz, se répartissent sur les six jours du festival. Un tel programme explique le prix élevé des places (entre 800 et 1 200 francs), qui se vendent pourtant sans difficulté puisque les concerts affichent complet quelques jours avant l'ouverture. Si le festival remporte un succès public indéniable, il suscite aussi des critiques portant sur le bien-fondé de ce genre de manifestations et sur la qualité de la programmation, trop dense et hétéroclite au goût de certains : il est vrai qu'avec des vedettes telles que Dizzy Gillespie, Roy Eldridge, Teddy Buckner, Sidney Bechet, Albert Nicholas, Don Byas, Ella Fitzgerald, Jo Jones, le Modern jazz quartet, Coleman Hawkins, Arvel Shaw ou encore les Français Martial Solal, Claude Luter, André Reweliotty, Sacha Distel, Michel Hausser, Roger Guérin et le Jazz groupe de Paris d'André Hodeir, les organisateurs ont vu grand. Mais c'est là surtout que le bât blesse, car la municipalité de Cannes n'est pas satisfaite de la faible couverture par la presse, la radio et la télévision d'un événement qui lui a coûté fort cher et lui rapporte peu en terme d'image, contrairement à ce qui s'était passé pour Nice dix ans auparavant. L'idée de faire du festival une manifestation annuelle est donc enterrée : en 1959, la municipalité préférera subventionner des régates internationales de voile ! Néanmoins, au-delà de ce demi-échec, le festival se solde par un équilibre financier dû au partage des dépenses entre les deux villes partenaires.

Cette formule est donc reprise deux ans plus tard par Jacques Souplet et Jacques Hebey, qui organisent un festival conjointement avec les municipalités d'Antibes et de Juan-les-Pins. Jacques Souplet envisage lui aussi de créer un pendant européen au festival de Newport et programme à cet effet un plateau de deux cent cinquante musiciens qui se produisent sur trois scènes dont la principale peut accueillir trente mille spectateurs. Mais si dans la forme, le festival ressemble à la grande manifestation américaine, il ne s'en présente pas moins comme le « premier festival européen de jazz » – par rapport au festival « international » de Paris en 1949, le glissement sémantique est d'importance – où les vedettes américaines sont peu nombreuses (Sister Rosetta Tharpe, Bud Powell, Wilbur et Sidney de Paris, Charles Mingus), tandis que douze pays européens ont délégué des orchestres destinés à défendre leurs couleurs au cours d'un tournoi qui constitue la grande originalité de ce festival et à l'issue duquel le vainqueur est désigné comme « meilleur orchestre européen de jazz 1960 ». L'association entre Jacques Souplet, Jacques Hebey, les municipalités d'Antibes, de Juan-les-Pins et la RTF se poursuit les années suivantes, tandis que le festival trouve peu à peu son rythme de croisière après les hésitations de la première édition, bénéficiant d'une notoriété qui ne va cesser de grandir jusqu'à nos jours. Après les années 1957-1959 marquées par une importante baisse des manifestations en province, la formule du festival semble constituer une réponse adaptée au problème de la rentabilité des concerts, très aléatoire dans les villes où le public n'est pas assez important. L'engagement durable d'une municipalité, qui avait fait défaut au cours des années quarante et cinquante, joue évidemment un rôle décisif puisque pour la première édition, les municipalités d'Antibes et de Juan-les-Pins financent le festival à hauteur de 80 %, la Radiodiffusion française fournissant les 20 % restants en payant des droits de retransmission dont elle s'assure l'exclusivité. Les six soirées sont ainsi retransmises en direct, assurant une promotion importante et touchant un large public. La création du festival d'Antibes, après le coup d'essai de Cannes, ouvre bien une nouvelle période dans l'histoire du jazz en province, où les concerts de vedettes sont regroupés dans des manifestations d'envergure ponctuelles et dont l'organisation va se trouver assurée conjointement par plusieurs grandes villes, bientôt à l'échelle européenne.

En 1971, après dix ans de succès et alors que les festivals ont commencé à fleurir en France (Paris, Châteauvallon, Orange et Arles), Antibes cesse de subventionner la manifestation, qui se déplace alors à Nice. Mais deux ans plus tard, la municipalité d'Antibes, revenant sur sa décision, manifeste à nouveau la volonté d'accueillir un festival d'été, dont l'organisation est confiée à Norbert Gahmson. Cette année-là est aussi créé le « Nancy jazz pulsations », qui a lieu en octobre. À partir de 1974, les festivals jazzistiques s'affirment comme une pièce majeure du paysage estival. Outre les deux « grands », Antibes et Nice, il faut désormais compter avec Biarritz, qui s'associe à la ville espagnole de San Sebastian afin de partager les frais, mais aussi Salon-de-Provence et Arles, sans compter les nombreux concerts accueillis notamment par des villes méridionales, autant de bourgeons qui, dans les années suivantes, donneront souvent naissance à des festivals en bonne et due forme : Dijon et Avignon en 1975, Nîmes, Le Castelet et Saint-Rémy-de-Provence en 1976, puis bien d'autres. En 1982, ce sont vingt festivals qui s'échelonnent entre juin et août, soit organisés par une ville (Paris, Vienne, Nîmes, Nice, Antibes, Sallanches, Alès, Souillac, etc.), soit à l'échelle d'une région : le festival méditerranéen se déplace ainsi du 3 juillet au 27 août du Cap-d'Agde à Gruissan en passant par les villes de la côte comme Saint-Cyprien, Port-Camargue, Narbonne, Saintes-Maries-de-la-Mer et Port-Barcarès, tandis que le festival de la Drôme permet d'animer de petites villes telles que Beaumont-lès-Valence, Dieulefit, Dié et Valence.

Au cours des années quatre-vingt, les festivals deviennent un élément incontournable de la vie culturelle régionale. En 1987, on en comptera 40 sur le territoire ; aujourd'hui, ils seraient plus de 200[58], dont certains comme celui de Nice drainent un public atteignant parfois 130 000 personnes[59]. Après s'être longtemps méfiés du jazz, les pouvoirs publics prennent conscience du rôle qu'il peut jouer dans le développement local et l'attrait touristique d'une région. Les festivals sont ainsi progressivement intégrés à une politique culturelle dans laquelle les collectivités locales vont investir des sommes de plus en plus importantes : plus qu'un regain de faveur du jazz, c'est surtout cet engagement des pouvoirs publics qui explique l'explosion festivalière de la décennie, laquelle ne se limite plus à l'été et aux villes méditerranéennes mais concerne l'ensemble du territoire. On ajoutera que ce succès doit beaucoup au travail de fond mené depuis quarante ans par les associations d'amateurs de jazz qui, à partir des années soixante, regagnent en vigueur[60], même si celle-ci a pris une tout autre forme que celle de la fédération centralisée qu'était leur ancêtre, le Hot club de France. Sans elles, on l'a déjà souligné, le jazz serait resté un phénomène parisien, et la réussite des festivals actuels est peut-être le meilleur témoignage d'un travail de diffusion qu'elles ont mené de manière discrète mais efficace et surtout durable. Quelques exemples illustreront cette situation nouvelle du jazz depuis les années quatre-vingt.

Le premier est celui du festival « Jazz sous les pommiers » de Coutances en Normandie, l'une des régions historiquement les plus dynamiques dans le domaine de l'associationnisme jazzistique. Le nom même de la manifestation n'est pas choisi au hasard puisqu'il met en vedette l'un des produits les plus réputés de Normandie : on ne saurait mieux affirmer la volonté d'ancrer le festival dans son lieu d'accueil. La première édition a lieu en 1982 avec des moyens modestes. Mais le festival prend vite son essor, preuve qu'il répond à une demande et qu'un public suffisamment nombreux existe dans la région. Placé au mois de mai, il n'entre pas en concurrence avec les grandes parades estivales et réussit à fidéliser un public, puisqu'en 1997, la 16e édition attire plus de 16 000 spectateurs payants et près de 35 000 personnes venues pour la journée assister aux nombreuses animations gratuites présentées dans la rue[61] : une performance pour une petite ville qui ne compte pas 10 000 habitants et dont l'économie locale bénéficie de « l'effet festival », même si la concomitance avec le festival de cinéma de Cannes nuit à son impact médiatique. Il n'en a pas moins acquis une renommée internationale puisqu'en 1997, ce sont 34 orchestres dont 16 étrangers qui s'y produisent, et plus de 180 musiciens, parmi lesquels des vedettes telles que Steve Lacy, Betty Carter, Lester Bowie, McCoy Tyner, Roy Haynes, mais aussi les Français Jean-Marc Padovani, François Méchali, Gérard Marais, Yves Robert ou encore Laurent de Wilde. Une réussite due au dynamisme des organisateurs, ainsi qu'à l'appui financier des pouvoirs publics locaux, nationaux et européens (ville de Coutances, Conseil régional de Basse-Normandie, ministère de la Culture, Fonds européen de développement régional), des organismes impliqués dans la vie musicale (SACEM, ADAMI,

SPEDIDAM, FNAC), des facteurs d'instruments (les batteries Sonor), ainsi que des acteurs économiques qui investissent désormais dans un mécénat culturel devenu partie intégrante de leur stratégie commerciale (les supermarchés Leclerc, les affichages Giraudy, le concessionnaire Renault de Coutances, le Crédit agricole normand). Enfin, la participation des médias complète ce dispositif (*Télérama*, *Ouest-France*, France musique, Radio France Normandie-Caen, France 3) et permet d'assurer une large publicité à une manifestation qui fête en 1999 ses dix-huit ans.

La petite bourgade de Marciac (1 200 habitants), dans le Gers, donne un autre exemple d'osmose réussie entre une manifestation culturelle et son lieu d'accueil. Là encore, si l'existence de nombreux festivals dans le sud de la France est largement liée au tourisme, elle doit aussi beaucoup au terreau favorable créé depuis les années quarante par le mouvement Hot club qui a été particulièrement actif en pays d'oc*. Fondé en 1977, le festival « Jazz in Marciac » est devenu un événement majeur de la vie jazzistique non seulement régionale mais aussi nationale, puisqu'en 1987, 64 % de son public venait des régions Midi-Pyrénées et Aquitaine, et 36 % du reste de la France[62]. Il a réussi, par la qualité de sa programmation et par sa convivialité, à fidéliser un public qui, la même année, se montait à 24 000 personnes. Son succès n'est pas tant dû à l'importance d'un budget (1,6 million de francs en 1987) qui n'est en rien comparable à celui de ses frères aînés de la Côte d'Azur ; il est avant tout le résultat d'une implication de la population locale, associée au projet très en amont : environ 250 bénévoles participent, parfois plusieurs mois à l'avance, à la préparation des festivités du mois d'août[63], et permettent d'en faire un moment de convivialité exceptionnelle. Les collectivités locales (mairie, Conseil général, Conseil régional) participent au financement, tandis que la presse régionale (*La Dépêche du Midi*, *Sud-Ouest*) assure une couverture importante des concerts. Mais le festival doit aussi sa réussite à l'implication d'acteurs économiques régionaux tels que l'Union des producteurs de Plaimont, coopérative viticole qui subventionne le festival et valorise par la même occasion sa production qui trouve pendant la durée de la manifestation un débouché (si l'on peut dire) non négligeable. Mais l'implication de cet acteur va au-delà de l'aspect purement économique et participe, comme le bénévolat, de la spécificité de « l'esprit Marciac » : « La coopérative et le festival, c'est la rencontre de

---

* Voir la carte en annexe VII-2, p. 473.

deux petits poucets. Dans les deux cas, les moyens sont modestes, mais l'ambition ne manque pas : tandis que les "cultureux" n'hésitent pas à faire venir d'outre-Atlantique des musiciens célèbres pour jouer devant un public qui déborde les frontières régionales, les "marchands" cherchent à élargir leur zone d'influence en direction de l'Europe du Nord[64]. » Les commerçants de Marciac et des alentours sont aussi associés à l'événement, avec la tenue, pendant le festival, de la foire commerciale « Troc broc sold ». D'autre part, le patrimoine régional est habilement mis en valeur avec l'organisation de visites touristiques et de randonnées à pied ou à vélo, qui permettent aux amateurs de jazz de compléter leur cure de rythme par un bol d'air frais entre deux concerts ou encore d'apprendre à faire un pâté de foie gras sous la houlette d'un producteur local. Enfin, pour assurer le financement du festival, les organisateurs ont fait appel au mécénat des acteurs économiques d'envergure nationale tels que le Crédit agricole, la Caisse nationale de prévoyance ou encore France Télécom, dont la fondation créée en 1987 développe des actions en faveur des musiques vocales : lors de la 21e édition, en 1998, elle a ainsi patronné une Nuit du blues et une Nuit du jazz vocal. L'addition de ces différents éléments donne une formule dont le succès s'est traduit par l'augmentation progressive de la durée du festival : trois jours à l'origine, six jours à la fin des années quatre-vingt, dix actuellement. En 1998, ce sont 22 orchestres, et non des moindres, qui se sont produits, parmi lesquels Joe Lovano, Branford Marsalis, Elvin Jones, Roy Hargrove, Liz McComb, Shirley Horn ou encore Michel Petrucciani. Il ne suffit cependant pas au petit village du Gers d'attirer chaque été un impressionnant plateau de vedettes. Sa dernière originalité réside dans la volonté d'inscrire cette manifestation éphémère dans le long terme : alors que de nombreuses villes de festivals connaissent quelques jours d'animation en été puis replongent dans le désert sonore jusqu'à l'année suivante, Marciac se décline désormais sur quatre saisons, avec l'organisation de concerts tout au long de l'année. D'autre part, les organisateurs s'efforcent de créer une synergie entre le festival et la pratique musicale amateur, afin d'entretenir et de renouveler le vivier du public. Un atelier de jazz a ainsi été ouvert en 1993 au collège de Marciac, accompagnant le cursus complet de la sixième à la troisième. À raison de quatre à six heures hebdomadaires, les élèves s'initient à la pratique instrumentale, à l'histoire du jazz et au jeu en orchestre, et se produisent en compagnie des vedettes invitées lors des concerts du festival[65]. Au-delà de l'organisation d'une manifestation musicale, les promoteurs du festival de Marciac sont-ils les inventeurs d'une « nouvelle logique de la diffusion culturelle » tout en retrouvant « l'esprit des pionniers de l'éducation populaire et de l'action culturelle[66] » d'après-guerre? L'avenir le dira. En attendant, on ne peut que constater l'inscription dans la durée de ce festival qui allie la qualité de la programmation, la rigueur de l'organisation et la chaleur de la sociabilité jazzistique.

La démarche qui préside à la création du festival Banlieues bleues obéit en partie à une logique similaire, même si ce dernier, créé dans la discrétion en 1984 par Jacques Pornon, se déroule dans un tout autre contexte : il ne s'agit pas tant de dynamiser une région rurale que de redonner vie à une zone suburbaine déshéritée et dans laquelle l'associationnisme jazzistique n'a jamais brillé par son dynamisme. Étalée sur l'ensemble du mois de mars et le début du mois d'avril, cette manifestation se déroule à l'échelle du département de la Seine-Saint-Denis et visite les quatorze communes impliquées dans l'organisation des concerts sous l'égide du Conseil général : Sevran, Le Blanc-Mesnil, Bobigny, Drancy, Montreuil, Saint-Denis, Tremblay-en-France, Pantin, Aubervilliers, La Courneuve, Épinay-sur-Seine, Bagnolet, Pavillons-sous-Bois et Saint-Ouen. Faire découvrir le jazz au public de ces banlieues défavorisées tout en obtenant des amateurs parisiens qu'ils franchissent le périphérique afin d'assister à un concert à Bobigny constituait un double défi, et cette localisation inhabituelle pour un festival de jazz explique sans doute le faible accompagnement médiatique dont il a bénéficié au cours de ses premières années d'existence. Située en dehors de la période estivale, la manifestation trouve cependant rapidement sa place dans la saison jazzistique en raison de l'originalité de sa formule et de la rigueur de son organisation. À partir de 1990, elle commence à gagner en notoriété et son budget augmente : de 1,2 million en 1984, il passe à 10 millions en 1992. Le soutien des pouvoirs publics, qui manifestent ainsi leur volonté de désenclaver culturellement les banlieues et d'utiliser la musique pour recréer un lien social, est important : en 1994, l'État subventionne le festival à hauteur de 18 %, le Conseil général à hauteur de 24 % et les villes participantes à hauteur de 27 %[67]. Les partenaires publics sont nombreux, et ne se limitent pas au ministère de la Culture, au Conseil général de Seine-Saint-Denis et au Conseil régional d'Ile-de-France, puisque d'autres acteurs de ce que l'on appelle désormais la politique de la ville sont présents, avec les ministère de la Justice, de la Jeunesse et des Sports, des Départements et Territoires d'Outre-Mer et de la Coopération, par le biais de la Délégation interministérielle chargée de la ville. Les organismes privés impliqués dans la vie musicale sont là aussi (SACEM, SPEDIDAM), de même que des facteurs d'instruments (les batteries Pearl), ainsi que des institutions culturelles comme le Goethe Institut et le British Council, tandis que le mécénat d'entreprise s'intéresse aussi au festival dont il finance près de 30 %, avec l'aide d'Air France et de la Caisse des dépôts et consignations, puis de France Télécom. Enfin, avec la participation de France 3, *Jazz magazine*, *Le Parisien* et France Inter, le festival bénéficie d'une « couverture » qui s'étoffe à partir du début des années quatre-vingt-dix.

Ce soutien financier et médiatique lui permet d'avoir une programmation ambitieuse. L'édition 1994 comporte ainsi plus de 30 concerts en un mois, 46 orchestres se produisant dans les 14 communes organisatrices, dont certaines comportent plusieurs lieux de spectacles. L'affiche comporte des vedettes américaines telles que Carla Bley ou Max Roach, mais aussi de nombreux Français parmi lesquels Eddy Louiss, François Janneau, Michel Petrucciani ou Jean-François Jenny-Clark. On relève aussi des expériences originales comme celle du groupe composé de Michel Portal, Louis Sclavis, Henri Texier et Jean-Pierre Drouet, qui improvisent sur des photos de Guy Le Querrec projetées sur grand écran, ou encore la série de concerts autour du thème « Poésie et musique ». D'autre part, les organisateurs mettent l'accent sur la cohérence artistique d'un programme qui se veut plus qu'une simple succession de vedettes. Chaque année, un thème sert ainsi de colonne vertébrale au festival. En 1994, ce sont les Caraïbes qui sont à l'honneur, avec des musiciens français venus des départements d'outre-mer tels que le pianiste Alain Jean-Marie, mais aussi une soirée de cinéma consacrée à la musique des Caraïbes, et le dernier jour du festival, un carnaval dans les rues de Sevran comportant un défilé d'orchestres tels que le groupe Akiyo venu de Guadeloupe, la Conga de Los Hoyos venue de Cuba, et la fanfare de Banlieues bleues, composée de musiciens amateurs issus des écoles de musique de la Seine-Saint-Denis. C'est que les organisateurs ont à cœur de tisser une relation durable entre le festival et son département d'accueil, afin que celui-ci soit plus qu'une caravane s'arrêtant un mois par an dans le département. Cette volonté se concrétise dans la mise en place à partir de 1989 des « actions musicales », élaborées en commun avec les acteurs locaux (services sociaux de la jeunesse, éducateurs, enseignants, associations, écoles de musique), et qui consistent notamment à développer la pratique amateur, de manière à préparer la relève du public et à inciter la population de Seine-Saint-

Denis à venir au festival. Les artistes invités sont mis à contribution pour animer des ateliers créés dans les écoles de musique du département, tandis que la fanfare de Banlieues bleues se produit sur scène le dernier jour du festival, interprétant des œuvres écrites pour elle par des artistes invités et sous la direction de l'un d'entre eux, qui a coordonné son travail. En 1994, c'est le saxophoniste François Corneloup qui occupe ce poste. Cette année-là, dans le cadre de la thématique « Caraïbes », les actions musicales prennent aussi la forme d'ateliers de percussion ou de « musique de rues », tandis que les musiciens cubains coordonnent un atelier réalisant des masques en vue du carnaval de Sevran. En outre, un cycle de conférences sur Cuba est organisé à Drancy et Épinay, préparé depuis plusieurs mois par des élèves de première avec leurs professeurs d'espagnol et intégré au programme scolaire de l'année. Le pianiste Randy Weston donne de son côté une conférence sur les influences de la musique traditionnelle africaine dans la musique noire américaine. Enfin, des concerts-rencontres sont organisés dans des collèges pour sensibiliser les jeunes au jazz. Axe majeur de Banlieues bleues, les actions musicales remportent un vif succès (10 000 personnes y participent en 1993[68]) et permettent au festival de s'inscrire dans la durée. En 1994, elles absorbent deux millions de francs, soit près de 20 % du budget du festival. Mêlant avec bonheur programmation artistique ambitieuse, stratégie commerciale et action culturelle, le festival Banlieues bleues, grâce au projet qui l'anime, au soutien des pouvoirs publics, mais aussi à la collaboration qui s'est établie entre les organisateurs et les acteurs locaux, a réussi en l'espace de quelques années à faire de la Seine-Saint-Denis un haut lieu de la saison jazzistique hexagonale, comme en témoigne son succès qui va croissant depuis la fin de la décennie quatre-vingt.

II. Les années 68 : du free-jazz aux musiques improvisées européennes

La nouvelle critique de jazz et le problème noir

L'enracinement festivalier est l'un des aspects majeurs de la charnière que constitue le début des années soixante dans l'histoire du jazz en France. Mais celle-ci se manifeste, à un autre niveau, dans l'infléchissement d'un discours jazzistique répercutant les transformations profondes affectant alors la musique de jazz, mais aussi les contextes socioculturels américain et français dans leur ensemble.

Jazz hot et *Jazz magazine* voient en effet arriver en leur sein une nouvelle génération de journalistes et de critiques qui vont marquer de leur empreinte les « années 68[69] », notamment parce que leur approche de la musique noire américaine est nettement plus politisée que celle de leurs aînés qui s'était cantonnée dans la sphère esthétique, même si, dans le cas de Panassié, les implications politiques en ressortaient avec évidence. Les premiers signes de cette évolution sont visibles en 1962, lorsque Siné entre à *Jazz hot* pour y tenir un « débloc-notes » qui s'inscrit dans la tradition humoristico-mordante inaugurée par Boris Vian quinze ans plus tôt. Amateur de jazz, il est aussi l'un des pionniers du maoïsme en France et fera partie l'année suivante de l'équipe fondatrice du premier journal maoïste français, *Révolution*, dirigé par le jeune avocat Jacques Vergès. Mais c'est surtout à partir de 1966 que les deux principales revues de jazz changent vraiment de visage. À *Jazz hot*, on note l'arrivée d'Yves Buin. Celui-ci a l'expérience du journalisme puisqu'il a été rédacteur en chef de *Clarté*, l'organe de l'Union des étudiants communistes (UEC), dont la fronde a été matée par le Parti en 1965. « Démissionné » de la revue, Buin se trouve momentanément privé de tribune. C'est désormais à travers les problèmes musicaux qu'il va exprimer ses idées politiques, comme nous allons le voir. L'année suivante, en mars 1967, un autre maoïste fait son entrée rue Chaptal : il s'agit de Michel Le Bris, ancien élève d'HEC dont Charles Delaunay a fait la connaissance chez Vogue, où le jeune diplômé passionné de musique effectuait son stage en entreprise. Le Bris s'affirme vite comme un pilier de la revue, dont il devient rédacteur en chef en mai 1968. Dans son sillage arrivent à *Jazz hot* entre 1966 et 1968 Bruno Vincent, Daniel Berger, Philippe Constantin, Jean Wagner et Alain Corneau, tous engagés à l'extrême gauche, tout comme Guy Kopelowicz, arrivé rue Chaptal peu de temps auparavant. À *Jazz magazine*, l'année 1966 est aussi marquée par l'infléchissement du discours jazzistique visible dans les articles de Philippe Carles, Jean-Louis Comolli ou encore Jean-François Bizot.

Les jeunes journalistes qui s'affirment ainsi face aux vieux routiers que sont déjà André Hodeir, Lucien Malson et quelques autres, forment un nouveau courant de la critique de jazz. Ils y rejettent l'interprétation purement esthétique du jazz qui selon eux avait prévalu jusque-là dans le milieu*, pour s'attacher à replacer cette musique

---

* À tort puisque, nous l'avons vu, la rupture qui avait eu lieu en 1947 entre Panassié d'une part, Hodeir et Malson d'autre part, tenait bien en partie à l'ins-

dans son contexte socioculturel en faisant appel à de nouvelles références, marquant ainsi leur différence par rapport aux deux générations intellectuelles de critiques qui les ont précédés. Ce sont tout d'abord le structuralisme, la sémiologie et la linguistique, alors en pleine ascension dans le paysage intellectuel, et pas seulement dans la « haute intelligentsia[70] ». En partant de la définition de la langue donnée par Ferdinand de Saussure, Michel Le Bris l'étend à la musique afin de montrer que celle-ci peut exprimer un message politique[71]. Puis, en s'appuyant sur les analyses de Roland Barthes, mais aussi de Roman Jacobson, Pierre Bourdieu, Jacques Derrida, Louis Althusser ou Michel Foucault, il fait le procès de la critique de jazz de la génération précédente, qui a contribué à mythifier le jazz et à en faire une musique coupée des réalités sociales; elle a été ainsi récupérée par l'idéologie bourgeoise qui, en enfermant le jazz dans l'esthétique, neutralise sa charge revendicative[72]. Mais les nouveaux critiques manient aussi des références plus directement politiques, comme les écrits du philosophe tiers-mondiste Franz Fanon, dont les analyses s'appliquent parfaitement, selon eux, à la situation sociale alors explosive que connaissent les États-Unis.

Le lecteur de la presse spécialisée de ces années-là est en effet très bien informé de la question noire, abordée de manière nettement plus détaillée que dans les années cinquante, en vertu du principe selon lequel le jazz est indissociable de son contexte sociopolitique. Rappelons que le mouvement des droits civiques de la communauté noire américaine commence véritablement en 1955 avec le boycott des autobus de Montgomery; d'abord pacifique, il se radicalise à partir de 1965. De ce point de vue, les émeutes de Watts, ghetto de Los Angeles, en 1965, marquent un tournant, tandis que le slogan « Black power » apparaît l'année suivante, de même que le Black Panther Party. Doyen des mouvements contestataires américains, le mouvement noir va influencer tous les autres groupes qui, à partir de ce moment, feront entendre leurs revendications : les hippies, les étudiants opposés à la guerre du Viêtnam, les femmes, mais aussi les Indiens réclamant la reconnaissance de leur identité culturelle. Son influence, quoique marginale, est aussi attestée sur les mouvements français de la fin des années soixante, et le milieu du jazz semble bien en avoir été un des vecteurs. En effet, peu avant 1968, les étudiants français connaissent mal les mouvements contestataires amé-

---

cription par les seconds, notamment par Malson, du jazz dans un contexte historique et culturel.

ricains, sauf, précisément, le mouvement noir, dont, historiquement, la presse de jazz a été l'une des premières à parler. On se souvient que dès les années trente, la question de la ségrégation a été abordée dans *Jazz hot*, à une époque où peu nombreux en France étaient ceux qui avaient connaissance du problème. Il est certain qu'une partie de la population étudiante a été sensibilisée au problème noir par le biais du jazz, qui joue ainsi un rôle, même modeste, dans la formation de sa culture politique, d'autant plus qu'à partir de 1966, l'actualité américaine va être abondamment traitée dans les colonnes de la presse spécialisée. C'est d'abord la situation socio-économique des Noirs qui est analysée, à travers un tableau sombre des ghettos, notamment de Harlem, le plus célèbre d'entre eux : le paradis du jazz décrit par Panassié en 1938 a fait place trente ans plus tard à un cloaque où règnent la misère, la violence et la drogue[73]. Ce sont ensuite les organisations noires, dont l'histoire est l'occasion de décrire la radicalisation du mouvement à la charnière des années cinquante et soixante : malgré la déségrégation des écoles obtenue en 1954 après un long combat des associations créées au début du siècle telles que la NAACP ou l'Urban league, l'action de ces mouvements fut selon Guy Kopelowicz un échec, car ils « n'attaquèrent jamais les structures fondamentales du problème. Leurs revendications modérées recueillirent l'adhésion de la bourgeoisie noire et de la partie libérale de la population blanche », mais « les habitants des grandes villes du Nord, tout en entendant parler de victoires, n'en ressentirent jamais les conséquences[74] ». À partir de 1960, ils sont donc supplantés par de nouvelles organisations « plus militantes » telles que la Southern Christian Leadership Conference (SCLC) de Martin Luther King, « vite dépassée par le Congress of Racial Equality (CORE) » et surtout par le Student National Coordinating Comitee (SNCC) « qui, dès sa création au printemps 1960, démontra le dynamisme de ses intentions par les "sit-in" déclenchés pour lutter contre la ségrégation dans les bars, restaurants et hôtels du Sud ». Enfin, une place particulière est faite au « plus important mouvement nationaliste noir, les Musulmans noirs (Black muslims) », dont le but est de « redonner aux Noirs, surtout aux plus déshérités d'entre eux, une échelle de valeurs plus conforme à leur patrimoine que les valeurs recherchées par les membres du NAACP, bourgeois en puissance quand ils ne le sont pas de fait ». Leur leader Malcolm X, assassiné en 1965, est considéré par Kopelowicz comme « le grand leader dont avaient tant besoin les Noirs américains ». Après la description des mouvements noirs, ce sont les grandes émeutes urbaines qui sont analysées, notamment celles de Watts, qui « peuvent être envisagées comme une réduction de ce qui pourrait un jour se produire à l'échelle nationale. De plus, elles illustrent parfaitement la thèse des *Damnés de la terre* où Franz Fanon montre l'existence d'un ferment révolutionnaire latent dans les faubourgs pauvres des villes[75] ». En août 1967, *Jazz hot* consacre un article aux émeutes de Newark, dont le bilan est lourd : 25 morts, 1 100 blessés, 1 600 arrestations. Le récit de ces « quatre jours de folie, là, à vingt-cinq kilomètres de New York[76] » est l'occasion pour Yves Buin de dénoncer la désinformation dont se rend coupable la presse française et l'incompréhension qu'elle manifeste à propos du mouvement noir[77]. Ce panorama détaillé de la situation accompagné de prises de position sans ambiguïté témoigne de la sympathie active d'une partie des journalistes spécialisés pour les mouvements noirs, et particulièrement pour leur composante révolutionnaire.

Free-jazz et révolution

C'est à la lumière de leurs nouvelles références intellectuelles et en liaison avec ce contexte sociopolitique tendu que les nouveaux critiques analysent les derniers bourgeonnements du jazz apparus depuis le début des années soixante, et notamment le plus controversé d'entre eux, le free-jazz. Apparu aux États-Unis en 1960 avec le disque éponyme d'Ornette Coleman accompagné d'un double quartette comportant notamment Don Cherry, Scott La Faro, Eric Dolphy et Charlie Haden, le free-jazz se caractérise sur le plan musical par la remise en cause radicale de toutes les structures mélodiques, harmoniques et rythmiques en vigueur jusque-là dans la musique noire américaine. Depuis les années trente, l'évolution de celle-ci avait été marquée par une sophistication musicale qui empruntait une partie de ses caractéristiques à la musique européenne : le be-bop avait ainsi largement puisé dans les derniers développements de l'harmonie tonale et modale. À partir du début des années soixante, de nombreux musiciens vont remettre en cause cette tendance et s'orienter vers d'autres chemins musicaux, en privilégiant une improvisation dégagée des schémas harmoniques et des repères tonaux, mais aussi un travail sur les sons à partir d'une utilisation extrême des possibilités de leurs instruments. Pour certains musiciens noirs qui se trouvent à l'origine du mouvement, le free-jazz est l'occasion d'affirmer une négritude bafouée par la société américaine et de contrecarrer la récupération du jazz par la culture blanche en jouant une musique dans laquelle l'Américain moyen ne pourra se reconnaître. Dans cette perspective, la mise en avant des racines africaines sera l'un des moyens employés pour affirmer leur différence, et bientôt, de nombreux musiciens intégreront à leurs recherches sonores des instruments africains et arboreront sur scène de longs vêtements drapés. Pour certains d'entre eux, très politisés, leur pratique musicale est indissociable du combat de la minorité noire et la radicalisation de leur musique n'est que le reflet de celle du mouvement noir dont le combat piétine au début des années soixante.

En France, les prémices de cette nouvelle direction prise par le jazz se font entendre dès la première édition du festival d'Antibes-Juan-les-Pins en juillet 1960, avec la prestation du contrebassiste Charles Mingus qui, en compagnie notamment du clarinettiste Eric Dolphy, présente ses recherches sonores à un public réticent, même si les musiciens manifestent leur intérêt pour l'expérience. L'année suivante, Dolphy se produit au Club Saint-Germain en septembre. Entre-temps, il a enregistré avec Ornette Coleman le disque *Free-jazz*, et l'on commence à parler, dans la presse spécialisée française, de cette « nouvelle vague » de musiciens qui s'écartent des sentiers du be-bop bien balisés depuis Parker et Gillespie, même si les amateurs doivent d'abord « digérer » la musique touffue d'un John Coltrane, dont la première prestation à Paris en 1960 a suscité les sifflets du public, avant qu'il ne s'impose deux ans plus tard. En avril 1964, Mingus et Dolphy reviennent se produire à Paris, quelques mois avant la mort brutale du clarinettiste à Berlin. Mais c'est surtout l'année suivante que le free-jazz acquiert une visibilité, avec la publication en avril de *Free-jazz*, cinq ans après son enregistrement aux États-Unis, et avec la venue en France d'Ornette Coleman, qui a fait beaucoup parler de lui mais qu'on entend pour la première fois en direct à la Mutualité le 4 novembre lors de la deuxième édition du Paris jazz festival.

Si dès les premières manifestations de l'avant-garde du jazz, la presse spécialisée française a consacré des articles à ses principaux animateurs, il faut attendre 1965 pour que l'on prenne conscience de se trouver devant un mouvement musical, et 1966, avec l'arrivée de la nouvelle génération de critiques, pour que son lien avec la situation politique américaine soit traité en détail. De ce point de vue, Yves Buin, Guy Kopelowicz et leurs amis s'inspirent des écrits du poète noir américain Leroi Jones, l'un des théoriciens des Black muslims. Cet écrivain, qui veut combiner dans son œuvre l'art et la politique, se définit lui-même comme un « poète-prêtre-prophète ». Converti à l'islam, il anime un centre culturel africain à partir du milieu des années soixante et écrit plusieurs livres sur le jazz, dont *Le Peuple du blues* et *Musique noire*, qui seront traduits en français respectivement en 1968 et 1969. Il y insiste sur le lien entre les formes de la culture noire, le jazz en particulier, et l'évolution des luttes des Noirs américains, dénonçant le rôle intégrationniste joué par la bourgeoisie noire qui, obnubilée par sa volonté d'obtenir une reconnaissance du monde blanc, a rejeté sa culture noire. L'évolution de la situation des Noirs au cours du XXe siècle, selon Leroi Jones, témoigne de la faillite de cette stratégie responsable de l'aliénation du peuple noir dont l'identité a été reniée. Réaction contre l'occidentalisation du jazz, le free-jazz est l'un des chemins qui doivent permettre aux Noirs américains de retrouver leur négritude. Influencés par ses ouvrages, les critiques français vont reprendre cette thèse : ainsi Jean-Louis Comolli écrit-il dans *Jazz magazine* en avril 1966 que « la *free-music* n'est pas une révolution formelle », car « la mutation du jazz est liée à la mutation de la conscience noire. Cette libération commence par le refus de nos canons, de nos critères, des valeurs de notre civilisation : il ne faut pas chercher plus loin ce pourquoi cette musique ne peut que dérouter, qu'inquiéter les plus fervents gardiens du jazz de nos délices anciennes. La *free-music* se trouve être une musique de combat ». Cette nouvelle manière de considérer l'histoire du jazz ne se limite d'ailleurs pas à ses formes les plus contemporaines, car les périodes antérieures du développement de la musique noire américaine vont être réinterprétées à la lumière de cette grille de lecture, tandis qu'aux textes nombreux sur cette question entre 1966 et 1969 se joignent des photos illustrant le combat des Noirs : en mai 1967, le lecteur de *Jazz hot* est ainsi témoin de l'enterrement de Malcolm X ayant eu lieu deux ans plus tôt, ou encore de l'arrestation musclée d'un Noir par un policier. Cette interprétation de l'histoire du jazz n'est pas sans conséquence sur la représentation des musiciens : les « poètes de la nation noire », selon l'expression de Leroi Jones, deviennent sous la plume des critiques français des militants dont le parcours musical illustre les convictions politiques, même si leurs déclarations à ce sujet sont parfois floues. L'amateur qui apprécie leur musique se doit donc de soutenir leur cause, car pour Jean-Louis Comolli, « on ne jouit pas de la forme sans épouser la cause[78] ». Quelques mois plus tard, Daniel Berger, à la suite des émeutes de Newark, se situe dans cette ligne lorsqu'il interpelle Leroi Jones : « Cessera-t-il d'écrire pour devenir un jour *leader*[79] ? »

À partir de cette vision politique du jazz, la nouvelle critique élargit son propos : le combat des Noirs n'a pas pour seul objectif d'abattre le pouvoir blanc, mais aussi, de manière plus générale, le monde capitaliste. Cet élargissement du problème permet d'intégrer à leur propos les mouvements tiers-mondistes et de dénoncer la colonisation européenne. Car pour eux, le free-jazz est bien l'un des premiers symptômes d'un grand bouleversement à venir, que Jean-Louis Comolli appelle de ses vœux. Citant la phrase suivante d'André Hodeir : « On peut prétendre que le jazz est une négation radicale de notre forme de civilisation. De deux choses l'une alors : ou il en sera rejeté, ou il en annonce la fin », il la commente ainsi, avec un sous-entendu lourd de sens : « Le free-jazz ne nous laisse plus le choix[80]. » L'élargissement de la problématique noire à la question de la révolution va permettre aux critiques de prendre position aussi sur la situation française lorsque les événements se précipiteront : ce n'est pas un hasard si Michel Le Bris commente dans le numéro de mai 1968 de *Jazz hot* l'ouvrage *Le Peuple du blues* de Leroi Jones et encourage les amateurs de jazz à aller voir la pièce *Le Métro fantôme* du poète noir adaptée au cinéma par Antony Harvey, qui sort sur les écrans parisiens à ce moment précis, après avoir été, l'année précédente, mise en scène au festival d'Avignon par Antoine Bourseiller. En commentant ce film qui témoigne d'une « déclaration de guerre[81] » des Noirs à la société américaine, Le Bris cite Leroi Jones : « On demande au Noir américain de défendre avec la même énergie que son compatriote blanc le système américain. Que leur demande-t-on de sauver ? C'est une question intéressante, et l'Amérique ferait bien d'y fournir une réponse. » Et Le Bris de commenter : « Nous savons bien qu'elle n'a pas pu. » Puis il poursuit, en évoquant les manifestations du Quartier latin :

> Je termine cet article alors que dans la rue les étudiants manifestent. À eux non plus l'Occident n'a pas pu donner de réponse. Si, une : la police avec sa bestialité et sa violence coutumière, les matraques. Peut-être commence ici un même combat, qui est en train de faire craquer toute la planète. Les « humanistes », les « esthètes », pour qui l'art ne peut pas engager toute une façon de vivre et qui ont une sainte horreur de la violence (se faisant du même coup complices de l'idéologie bourgeoise), devront peut-être choisir, quelque jour, leur camp. J'espère que ce sera très bientôt[82].

Dans le contexte précis de mai 68, le free-jazz apparaît à ces critiques à la fois comme le symbole de la révolte politique contre le système, et comme une contestation culturelle, se trouvant ainsi en phase avec l'une des caractéristiques essentielles de l'esprit soixante-huitard. Dans un article sur le saxophoniste Albert Ayler paru en octobre, Yves Buin souligne en effet que le mouvement de mai a vu « l'aspiration à de nouvelles formes d'expression-communication », une « culture parallèle » qui est « le lit vivant et la perversion de la culture officielle ». Albert Ayler, « musicien de l'anti-musique, artiste de l'anti-spectacle », symbolise parfaitement l'un des slogans vedettes du moment : « Tout se passe comme si, pour la majorité des musiciens free-jazz, la devise était "interdit d'interdire" et pour Ayler "tout est permis-tout est possible" (mouvement du 22 mars) [83]. »

On notera que le lien entre le free-jazz et le mouvement noir ne reste pas cantonné à la presse spécialisée. En décembre 1968 est soutenu à l'université de Nanterre un diplôme d'études supérieures* de science politique intitulé *Problèmes politiques et sociaux des Noirs américains et leur expression musicale*, inspiré des travaux de Leroi Jones ; deux mois plus tard, *Droit et Liberté*, la revue du Mouvement contre le racisme, l'antisémitisme et pour la paix (MRAP), consacre un dossier au jazz considéré comme « manifeste politique » et « langage musical du black power[84] », qui met en relation la mutation musicale du jazz avec les échecs de l'intégration de la minorité noire. Et surtout, au cours des années 1968-1970, vont se dérouler un certain nombre de manifestations qui font connaître le free-jazz, notamment en milieu étudiant, et donnent une dimension concrète au lien qu'entretiennent certains de ses représentants avec le mouvement noir. En février 1969, l'université de Nanterre, berceau de la contestation étudiante, accueille ainsi une soirée intitulée « Jazz, poésie et pouvoir noir », à mi-chemin entre le meeting politique et le concert ; après la projection d'un film sur les Black Panthers, des militants noirs américains résidant à Paris récitent des poèmes, avant que la soirée ne s'achève sur un concert du batteur américain Sunny Murray, qui joue en l'honneur de Huey P. Newton et de Rapp Brown, militants noirs détenus aux États-Unis.

Mais si le mouvement noir, dans ses manifestations politiques comme musicales, est un élément non négligeable dans la formation de la culture politique de certains amateurs de jazz de la géné-

---

* Équivalent du mémoire de maîtrise actuel.

ration des années soixante qui vont avoir une action militante avant et après mai 68, le modèle américain a ses limites, ce dont certains d'entre eux ne vont pas tarder à prendre conscience. C'est le cas d'Annette Lena, qui a fait plusieurs voyages aux États-Unis. De son premier séjour en 1966, elle rapporte un reportage sur le free-jazz qui paraît dans *Jazz hot* en juin. Elle prend conscience à cette occasion de la misère des ghettos noirs et, deux ans plus tard, retourne sur place pour effectuer cette fois un reportage sur le Black Power : on ne saurait mieux souligner le rôle de passerelle joué ici par la musique ! Mais son immersion dans le monde des militants noirs se heurte à une hostilité liée non seulement à son statut de femme dans un milieu très masculin, mais aussi au fait qu'elle est soupçonnée d'être un agent de la CIA, enfin parce que les partisans du Black Power ne sont guère intéressés par une liaison avec les mouvements contestataires français et regardent plutôt en direction du tiers monde. Elle réussit cependant à approfondir sa connaissance du mouvement noir et à comprendre son originalité, qui est d'avoir une base culturelle avant d'être politique. Le racisme étant à la base de la société américaine, les Noirs doivent en effet, pour acquérir une reconnaissance, affirmer d'abord leur différence culturelle afin, dans un deuxième temps, de s'en servir politiquement : « Pour les Noirs américains, écrit-elle en avril 1969, la culture, loin de se réduire à l'art pour l'art, est l'arme indispensable d'une stratégie révolutionnaire[85]. » La musique occupant une place fondamentale dans la culture noire, le free-jazz ne peut manquer d'être un élément de cette « révolution culturelle[86] ». Mais c'est cette originalité même qui finit par la convaincre, à son retour en France en pleine tourmente étudiante, que la problématique américaine ne peut être transposable en France : alors que « j'étais allée vers le pouvoir noir comme vers une guérilla […], la France me ramène à des sentiments plus sages. Une colère flambe aussi dans les rues de Paris. Après quelques journées de "pouvoir étudiant", je rends la révolte de mes "frères" à son inspiration noire pour rejoindre les "camarades" et proclamer avec eux l'imagination au pouvoir[87] ».

Cette impossible adéquation entre les deux problématiques explique largement pourquoi la politisation du milieu du jazz est assez brève, même si la parution en 1971 de l'ouvrage *Free-jazz/Black power*[88] écrit par Philippe Carles et Jean-Louis Comolli a pu lui donner une postérité rétrospective non négligeable. Mais il existe une autre raison, d'ordre institutionnel : c'est que les critiques révolutionnaires vont rapidement être exclus de la presse spécialisée, notamment à *Jazz hot*. Dans l'immédiat pourtant, leur position paraît solide : ils ont bénéficié de la conjoncture, puisqu'en avril 1968, Philippe Kœchlin, rédacteur en chef depuis 1962, a quitté la revue pour se consacrer pleinement à *Rock' n' folk* créée deux ans auparavant. Quelques jours avant les événements de mai, c'est donc une nouvelle équipe qui s'installe aux commandes et qui, dans le numéro de mai, répond vertement aux lecteurs qui se plaignent de la politisation croissante de la revue depuis quelques mois : tel lecteur se déclarant « apolitique » est ainsi qualifié de « néo-stalinien », tel autre de « CRS[89] » et un troisième de « national-socialiste », tandis que la police, et d'une manière générale toutes les autorités établies, sont copieusement critiquées. C'est à ce moment que Charles Delaunay, qui s'était progressivement retiré depuis quelques années, intervient pour reprendre les rênes de la revue qu'il a créée trente ans plus tôt et dont il désapprouve lui aussi la politisation. Cette reprise en main se fait en deux temps. En octobre 1968, d'une part, s'il ne réussit pas à empêcher la reconduction de Michel Le Bris dans ses fonctions de rédacteur en chef, il obtient du moins une modération de la verve libertaire qui s'était donné libre cours depuis le mois de mai. Mais l'orientation générale de la revue ne change pas : l'année 1969 est marquée notamment par le festival musical panafricain d'Alger, abondamment commenté par Le Bris et son équipe, en raison de la présence de musiciens « *free* », mais aussi de celle de dirigeants du Black Panther Party. Delaunay doit attendre décembre 1969 pour parvenir à reprendre le contrôle de la revue en excluant Le Bris. Peu de temps après, en mars 1970, ce dernier, qui écrit aussi dans le journal maoïste *La Cause du peuple*, en prend la direction lorsque son rédacteur en chef Jean-Pierre Le Dantec est arrêté : le ministre de l'Intérieur Raymond Marcellin a en effet décidé de réprimer les activités des groupuscules d'extrême gauche, et la Gauche prolétarienne, dont *La Cause du peuple* est l'organe, est en première ligne. Interpellé à son tour le 30 avril par la police – le jour même du vote de la loi « anticasseurs[90] » –, Le Bris rejoint son camarade à la prison de la Santé, tandis que, cette fois, c'est Jean-Paul Sartre, intouchable par le pouvoir politique en raison de son prestige, qui devient directeur du journal. Pendant ce temps, à *Jazz hot*, la reprise en main s'accompagne d'un référendum organisé par Delaunay, désireux de s'assurer le soutien des lecteurs. Il prend la forme d'un plébiscite : les lecteurs se prononcent à une écrasante majorité en faveur du retour à une lecture strictement esthétique du jazz. Si le free-jazz continue à avoir droit de cité, les débats idéologiques seront définitivement exclus.

Au total, si la greffe entre le maoïsme et le milieu du jazz a échoué, c'est pour trois raisons essentielles. La première est due à la nature même du fait musical, qui, s'il peut prendre en charge une contestation diffuse, est inapte à véhiculer un message politique précis, contrairement à la littérature ou au cinéma. La deuxième tient au fait que le free-jazz est intimement lié au contexte noir américain et ne peut prendre en charge un message politique proprement hexagonal, quand bien même celui-ci se pare des habits de l'universel. Enfin, le free-jazz est une musique difficile d'accès, peu susceptible de rassembler autour d'elle les masses populaires que les « maos » veulent se concilier. De fait, ce sont plutôt d'autres styles musicaux qui prendront en charge la contestation politique, et surtout générationnelle, de ces années-là, notamment la musique pop, plus accessible du fait de ses structures simples et de l'existence de paroles qui peuvent cristalliser un message dans lequel une grande partie de la jeunesse française se reconnaîtra, alors que le jazz n'a jamais été que la musique d'une minorité, aussi bien aux États-Unis qu'en France.

Le free-jazz français

Mais le bouillonnement du milieu du jazz français pendant ces années-là ne se limite pas à la presse spécialisée. Il est aussi important chez les musiciens, notamment en raison de l'arrivée d'une nouvelle génération d'instrumentistes nés entre 1935 et 1945, qui va pouvoir exercer ses talents dans un circuit jazzistique désormais bien structuré, même si la carrière de musicien de jazz reste incertaine en raison de l'exiguïté du public. Après la génération des pionniers de l'avant-guerre, puis celle des premiers musiciens d'envergure internationale qui s'est affirmée après 1945, l'émergence de ces nouveaux talents à partir de 1960 permet à la profession musicale hexagonale de s'installer dans la durée. Parmi eux, on peut citer le chanteur et organiste Eddy Louiss qui, après avoir joué dans l'orchestre de danse de son père, commence à écumer les clubs à la fin des années cinquante avant d'entrer dans le groupe vocal Les Double Six, puis de mener une double carrière de musicien de jazz et d'accompagnateur d'artistes de variétés en cette période de vaches maigres pour le jazz que sont les années soixante. On citera aussi le contrebassiste Henri Texier, initié au jazz dans le cadre d'un orchestre de Dixieland et qui commence à se faire connaître au début des années soixante. Au sein de cette nouvelle génération, nombreux sont les musiciens venus de province, conséquence logique de la vivacité de la vie jazzistique régionale constatée depuis le début des années quarante. Le batteur Bernard Lubat est ainsi natif du petit village d'Uzeste en Gascogne et s'initie au jazz dans l'orchestre de son père, avant d'entrer au Conservatoire de Paris dont il ressort en 1963 avec un premier prix de percussions : désormais, les musiciens munis d'une formation classique au plus haut niveau vont se faire plus nombreux, pour devenir monnaie courante à partir des années soixante-dix, même si les parcours moins balisés ne disparaissent pas, à l'image de celui du guitariste Christian Escoudé, né en 1947, qui commence à se produire dès l'âge de quinze ans dans les bases américaines de la région d'Angoulême, avant de monter en 1971 à Paris où il entamera la carrière que l'on sait, marchant sur les traces de Django Reinhardt, dont il saura cependant s'écarter pour construire sa propre personnalité musicale.

Parmi ces jeunes musiciens qui entrent dans le circuit à partir des années soixante, ils sont aussi plus nombreux qu'auparavant à s'inscrire dans une tradition familiale, signe par excellence d'une acculturation du phénomène jazzistique en France. On peut citer le cas du guitariste Boulou Ferré, né en 1951, fils du guitariste Matelo Ferret. Ce dernier avait été l'un des pionniers du jazz en France, jouant avec Django Reinhardt et Michel Warlop dès 1935, ainsi qu'avec les Américains résidant alors à Paris, comme Benny Carter et Eddie South. Avec un tel père, le jeune Boulou est à bonne école et va rapidement s'affirmer comme un virtuose dès le début des années soixante, prenant le relais de ce qui commence à ressembler à une dynastie de guitaristes gitans dont le père spirituel est Django Reinhardt, dynastie qu'illustreront à leur tour Christian Escoudé puis, à partir des années quatre-vingt, Babik Reinhardt (fils de Django) ou encore Birelli Lagrene. Chez les Combelle aussi, le jazz devient une affaire de famille : Philippe, né en 1939, débute à la batterie en 1957 dans l'orchestre de son père Alix, avant de rentrer dans le circuit des clubs à partir de 1959, ce qui lui permet de jouer à partir des années soixante avec les musiciens américains de passage. Quant à Pierre et Alby Cullaz, s'ils ne sont pas fils de musiciens, leur père Maurice, président de l'Académie du jazz à partir de 1960, est un amateur « historique » puisqu'il a rejoint le Hot club de France dès la fin des années trente et faisait partie du jury du premier tournoi de musiciens amateurs en 1937 ! Initiés à la musique noire américaine, ils entrent respectivement dans le circuit professionnel en 1956 et 1963, le premier en tant que guitariste, le second comme contrebassiste.

Si l'ensemble des musiciens de cette génération est peu ou prou marqué par la tempête du free-jazz, certains vont se lancer plus particulièrement dans l'exploration des pistes que cette nouvelle étape de la musique noire américaine leur fait entrevoir. François Janneau est l'un d'entre eux. Né en 1935 dans une famille de musiciens amateurs, le festival de jazz de Paris en 1949 constitue pour lui un événement fondateur puisque c'est à cette occasion qu'il décide de devenir musicien de jazz. Rentrant progressivement dans le circuit professionnel à partir de la fin des années cinquante, il fait rapidement la connaissance d'un groupe de jeunes musiciens parmi lesquels Bernard Vitet, Bernard Guérin, Jean-François Jenny-Clark, François Tusques, Aldo Romano, Jacques Thollot, ainsi que le clarinettiste Michel Portal, récemment sorti du Conservatoire de Paris et déjà lauréat de plusieurs prix internationaux. À ce groupe de jeunes qui se lance à partir de 1964 dans l'aventure *free* vont se joindre quelques « anciens » tels que Jean-Louis Chautemps. Le 2 janvier 1964 a lieu devant une cinquantaine de personnes à la Maison de l'étudiant rue du Faubourg Saint-Jacques un concert expérimental donné par ce qui semble être le premier orchestre *free* de l'Hexagone[91], composé de Bernard Vitet et Gérard Poimiro aux trompettes, François Janneau et Arrigo Lorrenzi aux saxophones, Aldo Romano et Jacques Thollot aux batteries, ainsi qu'Alby Cullaz et Jean-François Jenny-Clark aux contrebasses : un double quartet proche de celui qu'avait réuni Ornette Coleman en 1960. À partir de ce moment, les expériences vont se multiplier avec les musiciens de l'avant-garde américaine dont des représentants tels que Steve Lacy ou Don Cherry séjournent longuement en France au cours de ces années. Ce dernier fonde en 1964 un orchestre où il recrute le saxophoniste argentin Gato Barbieri, de passage à Paris, mais aussi les jeunes batteur et contrebassiste Aldo Romano et Jean-François Jenny-Clark, et se produit à l'été 1965 au Chat qui pêche, l'un des lieux phares de cette période expérimentale. L'influence de Don Cherry se fait sentir aussi sur un François Tusques, qui réunit peu de temps après un orchestre composé de Michel Portal, François Janneau, Bernard Vitet, Bernard Guérin et Charles Saudrais pour improviser très librement autour de ses compositions[92] : le premier disque français de free-jazz sera publié à la fin de 1965. Au cours de ces années, outre quelques clubs de la capitale, l'American center du boulevard Raspail est un lieu de rencontre capital entre musiciens français et américains, car il leur permet d'expérimenter en toute liberté devant un public ouvert à toutes les aventures, alors que les organisateurs de concerts et le grand public ne goûtent pas toujours, loin s'en faut, leurs recherches sonores. Mais l'influence des Américains sur la nouvelle génération ne doit pas faire oublier le rôle de catalyseur qu'ont joué certains musiciens français tels que le pianiste Jef Gilson. Par rapport aux jeunes turcs, celui-ci fait déjà figure d'ancêtre puisqu'il est né en 1926 et a commencé sa carrière musicale sous le signe du be-bop dans l'immédiat après-guerre. Mais la formation théorique qu'il a suivie sous la direction d'André Hodeir lui a donné un goût pour la composition musicale et les expérimentations sonores qu'il va concrétiser dans un orchestre fondé en 1963, dans lequel il engage de nombreux jeunes musiciens attirés par le free-jazz comme Lubat, Portal, Vitet, Janneau et Alby Cullaz, mais aussi d'autres moins tentés par cette direction musicale comme Jean-Luc Ponty ou Henri Texier. En leur compagnie officieront aux pupitres deux Américains séjournant alors à Paris, le saxophoniste Nathan Davis et le trompettiste Woody Shaw. L'orchestre se produira avec succès à Antibes en 1965.

Outre ces expériences menées par la jeune génération et la poursuite du parcours de musiciens révélés dans les années cinquante tels que Martial Solal ou Pierre Michelot, la profession jazzistique franchit un pas important en 1965 avec la création en octobre d'une section des musiciens de jazz au sein du syndicat des musiciens. Après les échecs des associations telles que Jazz union ou Interjazz, il s'agit là d'une nouvelle tentative d'organisation de la profession et de lutte contre la concurrence étrangère. La section est dirigée par deux vétérans, Guy Lafitte et Michel Hausser, dont l'objectif ne fait pas l'unanimité parmi les amateurs, certains estimant que la mise en place de mesures protectionnistes ne peut que nuire à la qualité des concerts présentés au public. Mais c'est surtout du côté des jeunes musiciens que les revendications s'élèvent. Les représentants du mouvement *free* sont plus politisés que leurs aînés. Certains d'entre eux, comme François Tusques, Jean-François Jenny-Clark, Michel Portal ou Gilbert Rovère, participent à des concerts-meetings pour la paix au Viêtnam à la salle de la Mutualité en mai 1966 ou en août 1967. Et lorsque surviennent les événements de mai, une fraction se regroupe dans un Comité action musique (CAM) contestant la politique suivie par le syndicat des musiciens, lequel comprend toutes les catégories d'artistes-musiciens, de l'accompagnateur de variétés aux solistes d'orchestre symphonique. L'organisation a fait une courte grève en mai, puis a demandé sa levée, justifiant son attitude par la nécessité pour la musique de demeurer apolitique. Pour les jeunes turcs du CAM, cette abstention équivaut à une collusion avec le pouvoir gaulliste ; quant à la séparation entre l'art et la politique, ils portent sur elle le même jugement que les critiques maoïstes : c'est une pétition de principe bourgeoise et réactionnaire[93]. Les jeunes musiciens ont des revendications précises. La première est purement corporatiste : contrairement à leurs aînés, ils refusent l'organisation du syndicat en plusieurs branches (musique symphonique, musique légère, musique enregistrée...), car même si le jazz y constitue une sous-section autonome, celle-ci reste rattachée à la musique de variétés, ce dont ils ne veulent pas. La deuxième revendication est plus globale et porte nettement la trace de l'esprit libertaire de mai. Le CAM entend en effet développer une réflexion sur ce qu'il appelle « l'idéologie de l'art et de la culture », critiquant l'organisation du monde musical français dont il appelle de ses vœux une refonte totale. Critiquant notamment la mainmise des grandes multinationales sur le marché du disque et la présence de plus en plus envahissante en leur sein des directeurs artistiques qui orientent la production et réduisent la marge de manœuvre des musiciens en fonction des impératifs de rentabilité, le CAM entend développer ses propres structures afin d'enregistrer et de distribuer lui-même des disques produits par des artistes *free* que les grandes compagnies refusent d'enregistrer. D'abord hésitante, leur entreprise sera poursuivie à partir de 1969 par Jean Georgakarakos, qui fonde le label Byg et, entre juillet et août de cette année, réussit la performance inédite dans l'histoire du jazz d'enregistrer plus de vingt disques microsillons avec des artistes *free* américains tels que l'Art Ensemble of Chicago, Archie Shepp, Anthony Braxton et Sunny Murray, mais aussi des Français tels que le batteur Claude Delcloo (également rédacteur en chef du magazine *Actuel*), Jacques Coursil ou Bernard Guérin[94] !

Cette attitude nouvelle dans le monde du jazz puise sans doute son modèle outre-Atlantique, où ont été créées depuis le début des années soixante des associations de musiciens désireux de prendre en main leur destin au lieu de se soumettre aux impératifs des maisons de disques et du puissant syndicat des musiciens, dont le mode de fonctionnement ne satisfait pas la nouvelle génération de l'avant-garde jazzistique. En décembre 1964, le trompettiste Bill Dixon crée ainsi la Jazz Composer's Guild Association, destinée à faire connaître les musiciens *free* et à les faire travailler dans de meilleures conditions. Sa première manifestation est une sorte de festival appelé « October revolution in jazz », au cours duquel de nombreux artistes d'avant-garde viennent se produire. Rapidement, Dixon reçoit le renfort de musiciens tels que Mike Mantler, Carla et Paul Bley, Archie Shepp, Cecil Taylor ou encore Alan Silva. Mais les rivalités internes vont abréger la durée de vie de la guilde, qui cesse ses activités en avril 1965. L'année suivante, Mike Mantler reprend cependant l'idée et fonde la Jazz Composer's orchestra association (JCOA). Il crée un grand orchestre, le Jazz Composer's Orchestra[95], qui permet aux musiciens d'avant-garde de concrétiser leurs projets compositionnels, mais aussi un label qui enregistre et produit les disques réalisés par les musiciens de l'association[96], puis, à partir de 1972, un circuit de distribution propre[97]. À côté de ces deux associations new-yorkaises, il faut citer l'Association for the Advancement of Creative Musicians (AACM), fondée à Chicago en 1965, mais dont le but est identique. Parmi ses membres, on trouve notamment Lester Bowie, Roscoe Mitchell, Joseph Jarman et Malachi Favors, qui fondent l'orchestre de l'Art Ensemble of Chicago. Lors d'un séjour en Europe en octobre 1969, ils étudient la possibilité de créer une section de l'AACM en France. Si le projet n'a pas de suite, il témoigne de l'influence probable des groupements de musiciens américains sur leurs petits frères français, d'autant plus que certains membres de la JCGA ou de la JCOA séjourneront en France au cours des années soixante et soixante-dix, notamment Alan Silva, qui s'installera définitivement dans l'Hexagone en 1976. Même si l'existence du CAM semble avoir été éphémère, elle témoigne de l'inscription dans le paysage artistique de l'esprit libertaire issu de mai 68, militant pour une production musicale indépendante du circuit restreint des grandes compagnies.

Éclatement des horizons, éclosion des talents

Une autre caractéristique des années soixante dans le monde du jazz est l'interpénétration croissante qui s'opère entre la musique noire américaine et d'autres genres musicaux. Avec le rock, tout d'abord. Ce mouvement semble surtout impulsé par la génération des musiciens *free* qui cherchent à s'affranchir des critères musicaux du jazz classique, et à qui l'image contre-culturelle du rock plaît car elle fait écho à leur propre situation au sein du monde jazzistique.

Mais c'est un musicien de l'ancienne génération qui lance véritablement le mouvement : Barney Wilen, vedette du jazz français depuis 1957, a quitté la scène au début des années soixante, mais s'offre une cure de jouvence musicale avec le free-jazz et fonde en novembre 1967 le Free rock group, dont le premier disque, *Dear Prof Leary,* est commenté en ces termes dans *Jazz hot* en janvier 1969 : « À force de vouloir faire entrer la musique noire américaine dans les maisons de la culture et de la faire jouer à Pleyel par des beaux nègres en queue-de-pie, on avait oublié que le blues était une musique de gens pas fréquentables. Juste au moment où ça y était presque, cette purification par la culture, voilà que Barney Wilen se met à faire régresser le jazz au niveau du rock, ce jazz abâtardi. Ce Free rock group me paraît une réaction assez saine à la veine hygiénique choisie par les petits jeunes hommes propres comme Herbie Hancock. » Le mélange entre les deux formes musicales va de pair avec un projet explicitement contestataire, comme en témoigne un concert donné un mois plus tard par l'orchestre à l'ORTF, au cours duquel la chanteuse du groupe déclame sur fond musical des extraits de textes de Mao Zedong. Ce mélange tenté dans le cadre d'orchestres souvent éphémères va se concrétiser par des festivals au cours desquels apparaîtront des artistes des deux horizons. En avril 1969, George Wein, ex-« monsieur Newport », rassemble sur une même scène, lors de la quatrième édition du Boston Globe Festival, des ensembles très classiques comme l'orchestre de Red Norvo, des représentants de l'avant-garde *free* comme Roland Kirk et surtout le fantasque Sun Ra flanqué de son Arkestra de dix-neuf musiciens, ainsi que des musiciens venus du rock tels que Frank Zappa et ses déjà célèbres Mothers of invention. Le modèle est repris par Jean Georgakarakos qui décide d'organiser en France un festival dont chaque soirée comporterait un programme en deux parties, l'une de free-jazz, l'autre de rock. Mais les autorités parisiennes, effrayées par le précédent des festivals pop de Woodstock et de l'île de Wight qui ont eu lieu au cours de l'été dans une atmosphère mêlant pacifisme, liberté sexuelle et substances hallucinogènes diverses, interdit la tenue de la manifestation à Paris. La caravane prend donc ses quartiers dans une petite bourgade de Belgique, Amougies, dans laquelle, les 24 et 25 octobre, se succèdent sous la pluie Frank Zappa, l'Art Ensemble of Chicago, Soft Machine, Pink Floyd, Ten Years After, Alan Silva ainsi que le pianiste allemand Joachim Kühn, qui s'affirme dès ce moment comme l'un des chefs de file du free-jazz européen. À la charnière des années soixante et soixante-dix, le free-jazz et la musique pop vont marcher de concert pendant un court moment, avant d'emprunter des chemins musicaux divergents.

L'ouverture du jazz vers d'autres horizons musicaux se manifeste aussi par les contacts de plus en plus affirmés avec la musique d'avant-garde. Au cours des années précédentes, les deux mondes étaient demeurés relativement hermétiques, si l'on excepte le cas d'André Hodeir, avec les ambiguïtés que l'on a soulignées. Au reste, Hodeir, malgré quelques œuvres ambitieuses telles qu'*Anna Livia Plurabelle* (1966) et *Bitter Ending* (1972), va progressivement cesser de composer : *Les Mondes du jazz*, qu'il publie en 1970[98], marquent de ce point de vue son entrée dans un autre univers, celui de la littérature, qu'il ne quittera plus jusqu'à nos jours. Le rapprochement qui s'opère à partir des années soixante entre l'univers du jazz et celui de l'avant-garde tient d'abord à l'intégration progressive des musiciens de jazz au monde musical professionnel. Malgré des hauts et des bas, le syndicat des musiciens contribue à développer leurs contacts avec leurs collègues d'autres branches. Mais surtout, ils sont de plus en plus nombreux à se doter d'une formation académique de haut niveau qui va leur permettre, en marge de leur activité de jazzmen, d'opérer dans le circuit classique ou d'avant-garde. Tel est le cas d'un Jean-François Jenny-Clark qui, après des débuts autodidactes en 1960, suit les cours de Jacques Cazauran au Conservatoire de Versailles, puis entre au Conservatoire de Paris où il obtient en 1968 un premier prix de contrebasse. Dès lors, parallèlement à ses activités «free-jazzistiques», il participe aux créations d'œuvres de Pierre Boulez et de Karlheinz Stockhausen et va connaître dès la fin des années soixante-dix une reconnaissance internationale dans les mondes du jazz et de la musique contemporaine. Tel est aussi le cas d'un Michel Portal, autre pionnier du free-jazz français, qui fonde en 1971 le New Phonic Art, destiné à explorer les possibilités de l'improvisation totale (on serait tenté de dire «libertaire»), en l'absence de compositeur et de leader. Parallèlement, il est très sollicité à partir de la fin des années soixante par des compositeurs tels que Stockhausen, Boulez, Mauricio Kagel ou Luciano Berio. Les compositeurs d'avant-garde apprécient cette nouvelle génération de musiciens qui allient la rigueur de la formation classique au plus haut niveau à la liberté d'esprit que leur donne leur pratique du jazz, et que peu d'instrumentistes classiques possèdent. Cet intérêt réciproque va se concrétiser là encore par l'organisation de festivals regroupant artistes venus des deux horizons, ainsi en juillet 1969, à Saint-Paul-de-Vence, où l'Ensemble Musique vivante de Diego Masson et l'orchestre de Stockhausen se produisent en compagnie de la formation *free* du pianiste Cecil Taylor, ou en mai 1971 au festival de musique contemporaine de Royan auquel participent le New Phonic Art de Portal et le Celestrial communication Orchestra d'Alan Silva. Le rapprochement entre les deux univers tient incontestablement à une certaine convergence d'esprit, même si la démarche de l'improvisateur *free* et celle du compositeur contemporain gardent leur spécificité. Il reste que le travail sur la matière sonore rapproche ces artistes venus d'horizons opposés, et qui trouvent un terrain d'entente dans la recherche de voies musicales inédites. Nul doute par ailleurs que le climat soixante-huitard, propice aux mélanges des cultures et des musiques, ait favorisé de telles rencontres qui, pour n'avoir pas donné tous les résultats escomptés, sont loin d'être anecdotiques et vont contribuer à façonner le paysage musical actuel. Aujourd'hui, les musiciens opérant avec brio dans le circuit du jazz et celui de la musique d'avant-garde sont nombreux : si Michel Portal est l'un des plus connus, il faut citer aussi François Méchali, Jean-Paul Céléa, Jean-Pierre Drouet, Daniel Humair ou encore Jean-Louis Chautemps. Il n'est pas exagéré d'affirmer que cette circulation d'hommes et d'idées a profité au jazz comme à la musique contemporaine, entre lesquels les frontières sont aujourd'hui très floues, en tout cas nettement plus perméables qu'au début des années cinquante. Force est de constater que la génération des musiciens révélés dans les années 68 a joué un rôle décisif dans ce rapprochement.

Au demeurant, ces contacts de plus en plus nombreux du jazz avec des musiques voisines ou éloignées ne sont qu'un des symptômes de l'émancipation du jazz français – et européen en général – par rapport aux canons esthétiques d'outre-Atlantique. Si les années cinquante ont été marquées par l'apparition de fortes personnalités musicales telles que Martial Solal qui inventent leur propre démarche par rapport au jazz américain, l'arrivée du free-jazz va accélérer ce processus, car la « new thing » ou « new music », comme on l'appelle aussi, fait éclater toutes les règles en vigueur jusque-là dans la musique noire américaine mais n'en propose guère d'autres. Dès lors, les musiciens français de la nouvelle génération seront moins tributaires de la pesante influence de leurs maîtres américains, et auront plus de facilité pour tracer leur propre voie. En 1972, Michel Portal peut ainsi déclarer : « Au moment de l'apparition du *free*, j'ai compris que le jazz, et en particulier sa forme la plus libre, n'était pas un phénomène spécifiquement américain, mais que cette réaction vis-à-vis de l'ordre pouvait absolument être vécue par des musiciens européens, en période de crise, comme résolution de tensions sociales. [...] L'Europe est en train de prendre un poids dans le monde du jazz qu'elle n'a jamais eu auparavant. Les jeunes musiciens européens cherchent à appliquer l'attitude jazz aux situations spécifiquement européennes[99]. » L'un des lieux de l'affirmation des musiciens européens va être le festival de Châteauvallon, créé en 1971 par Gérard Paquet, et qui, après une première édition à la programmation classique (Memphis Slim, Dizzy Gillespie, Gerry Mulligan, Stan Getz), apparaît comme un lieu de rencontre des musiciens novateurs : en 1972 s'y retrouvent Don Cherry, Marion Brown, Paul Bley, Stanley Clarke ou John McLaughlin, mais aussi les Français Jean-Luc Ponty, Michel Portal, Bernard Vitet, Bernard Guérin et Martial Solal. L'autre originalité du festival est en effet de donner une large place aux musiciens français à côté des américains. Enfin, il est aussi ouvert aux musiques dites «fusion», comme en témoigne la présence du groupe Weather Report à l'édition de 1973, qui voit aussi s'affirmer une étoile montante du jazz européen : le pianiste espagnol Tete Montoliu. Après une interruption en 1974 et 1975, le festival rouvre ses portes en 1976, avec un nouveau nom : «Jazz à Châteauvallon» est en effet devenu «Musique ouverte à Châteauvallon». Ce glissement sémantique n'est pas seulement dû à la nécessité de donner à la manifestation un nom plus «respectable» afin d'obtenir que la municipalité de Toulon le subventionne; il témoigne aussi de l'élargissement du spectre musical qui s'exprime sur ses planches, et de l'affirmation d'une démarche musicale propre des musiciens français et européens. La programmation est nettement plus ambitieuse que celles des premières éditions : dans un éclectisme critiqué par certains, elle mélange Charles Mingus, Lee Konitz, l'Art Ensemble of Chicago, l'Ensemble Musique vivante de Diego Masson, mais aussi les Français Michel Portal (avec son New Phonic Art), Daniel Humair, Jean-Louis Chautemps, Henri Texier, et enfin un orchestre de musique traditionnelle égyptienne. Mais surtout, la spécificité du festival est la création d'ateliers au cours desquels les jazzmen français transmettent leur savoir à des musiciens en herbe, important en France une pratique déjà en vigueur aux États-Unis. Cette formule sera reprise l'année suivante par les organisateurs du festival de Nîmes, puis se développera à partir des années quatre-vingt. Malgré les réticences qu'il suscite, le festival s'impose donc rapidement comme un lieu d'ouverture et de confrontation entre musiciens. De la

« musique ouverte » qui s'y invente, on s'acheminera peu à peu dans les années quatre-vingt vers le terme de « musiques improvisées européennes » pour désigner la multiplicité des expériences nées dans le sillage du free-jazz, à Châteauvallon ou ailleurs, parmi les musiciens français et européens.

La présence de musiciens égyptiens sur une scène jazzistique est symptomatique d'une autre ouverture musicale du jazz, en direction cette fois des folklores et musiques traditionnelles de tous les pays. En 1977, ce sont les ballets traditionnels du Japon qui sont proposés au public de Châteauvallon, accueillis là aussi avec réticence par une partie de la critique. Mais à partir du début des années quatre-vingt, les festivals vont être de plus en plus nombreux à programmer des formations de musiques traditionnelles venues d'horizons divers, tandis qu'apparaissent des festivals manifestant leur volonté de transcender les barrières musicales : aux Rencontres internationales de guitare de Castres en 1982, on peut ainsi voir cohabiter les jazzmen Barney Kessel et Erb Hellis avec des guitaristes de flamenco, tandis qu'à partir de 1980, les articles sur les musiques de toutes provenances se multiplient dans la presse jazzistique spécialisée, répondant à une attente des lecteurs puisqu'à partir de novembre 1980, *Jazz hot* consacre une rubrique spécialisée aux « musiques traditionnelles ». Quelques mois plus tard, le joueur de sitar indien Ravi Shankar répond aux questions de *Jazz magazine* au sujet de ses rapports avec le jazz[100] et en avril 1983, on trouve côte à côte dans les colonnes de *Jazz hot* un autre Indien, le joueur de tabla Zakir Hussain, et les premiers rappeurs qui commencent à faire parler d'eux en Europe, témoignage encore plus net de l'élargissement sans précédent du spectre musical dans lequel s'inscrit désormais le jazz.

Chez les musiciens français, cette ouverture sur les multiples folklores contemporains se manifeste par des expériences collectives originales telles que l'Association à la recherche d'un folklore imaginaire (ARFI), née en 1977 à Lyon. Celle-ci fait suite aux expériences menées par l'orchestre du Workshop de Lyon et l'Association pour les musiques nouvelles, tous deux créés en 1967. Descendante elle aussi de l'esprit libertaire de 1968, elle constitue une tentative de prise en charge par les musiciens eux-mêmes des différents aspects de leur profession : organisation de concerts, diffusion de disques, enseignement, etc. Mais elle se veut surtout un lieu de création ouvert à toutes les influences musicales, dont la combinaison incertaine mais toujours surprenante est le fil conducteur de cette recherche d'un folklore imaginaire que mènent des musiciens tels que Maurice Merle, Christian Rollet, Louis Sclavis ou encore Yves Robert. À partir de 1977, l'ARFI organise des stages de formation pour musiciens amateurs, fondés sur la connaissance de toutes les ramifications du jazz, mais aussi des musiques extra-européennes qui servent de fondement à l'apprentissage de notions de base : rythme, chant, respiration, etc. L'ouverture des horizons musicaux qui commence à se manifester à ce moment-là dans les festivals et dans la pratique des professionnels atteint donc aussi la pratique amateur par le biais de l'enseignement que dispensent ces musiciens, enseignement qui, nous le verrons plus loin, se développe à partir des années soixante-dix. Aujourd'hui, de très nombreuses écoles de musique qui proposent un enseignement de jazz intègrent de manière plus ou moins approfondie cette ouverture sur les horizons musicaux extra-européens. Sans aller visiter des territoires aussi lointains, d'autres jazzmen exploitent quant à eux la richesse des folklores régionaux français, à l'image de Bernard Lubat, fondateur de la Compagnie Lubat et du festival d'Uzeste musical en 1977, un orchestre original prêt à toutes les rencontres et un festival ancré dans la Gascogne natale de cet animateur hors pair mêlant avec bonheur et bonne humeur des répertoires que l'on aurait crus irréductiblement opposés quelques années auparavant, lorsque la critique cherchait à extraire le jazz de la gangue populaire qui nuisait à sa légitimation.

Musique pop, musique contemporaine, musiques traditionnelles, rap : l'éclatement des horizons musicaux du jazz paraît bien marquer un tournant dans l'évolution de cette musique, mais aussi dans sa réception par le public. Alors que depuis les années trente, c'est une interprétation puriste qui s'était imposée dans le milieu des amateurs, puis, par le biais des médias, dans le grand public, les années 68 marquent le début du déclin de cette interprétation qui correspond de moins en moins à un paysage musical où le jazz tend à devenir un carrefour des musiques contemporaines et l'un des points de référence pour des artistes dont les parcours musicaux et culturels n'ont souvent rien de commun. Alors que l'éclectisme semble s'imposer désormais comme l'une des caractéristiques du musicien comme de l'amateur de jazz, la critique d'aujourd'hui se trouve confrontée à la difficulté de penser ce phénomène devenu si multiforme qu'il semble défier toute tentative de catégorisation, suivant en cela le parcours d'un art contemporain marqué par l'extrême diversité des modes d'expression.

Cette diversification du paysage musical est concomitante d'une affirmation croissante des musiciens français sur la scène internationale. C'est le cas d'un Daniel Humair et d'un Henri Texier, avec qui le célèbre saxophoniste américain Phil Woods forme en 1969 l'orchestre European Rhythm Machine, qui tournera pendant trois ans avec succès. Désormais, les musiciens français séjournant aux États-Unis se font plus nombreux : après le pianiste Georges Arvanitas en 1964-1965, Eddy Louiss en 1970, le saxophoniste Gérard Badini se rend à deux reprises outre-Atlantique en 1974-1975 et en 1977. Quant au violoniste Jean-Luc Ponty, après avoir mené tambour battant ses études musicales (il décroche son premier prix de violon au Conservatoire de Paris en 1960 à l'âge de dix-huit ans), il a rapidement conquis l'Europe après un passage remarqué en 1964 au festival d'Antibes, devenu en quelques années un lieu incontournable du jazz européen. En 1969, il effectue un premier séjour aux États-Unis, où il s'installe définitivement trois ans plus tard, devenant l'un des chefs de file du mouvement dit « jazz-rock » à travers des collaborations avec des artistes tels que Frank Zappa ou John McLaughlin. Le succès qu'il rencontre outre-Atlantique va par ailleurs contribuer à relancer la carrière de son aîné Stéphane Grappelli qui, après des années cinquante en demi-teinte, connaît à partir de cette même année 1969 un renouveau rapide avec son invitation au festival de Newport. Malgré les mauvaises conditions dans lesquelles il se produit, cet événement propulse à nouveau son nom au sommet de l'affiche et marque le début de sa consécration internationale. Celle-ci ira bien au-delà du cercle des amateurs puisqu'en 1971, il enregistre avec le virtuose classique Yehudi Menuhin un disque fort critiqué dans le milieu du jazz mais qui connaît un grand succès. Dès lors, les engagements se multiplient dans le monde entier et en 1976, le violoniste effectue une tournée américaine triomphale[101]. Désormais reconnu dans le monde entier, il ne va plus quitter le devant de la scène, devenant aux yeux de tous l'initiateur d'une tradition française, celle du violon jazz, dont les continuateurs se nomment Jean-Luc Ponty, mais aussi Didier Lockwood. Né en 1956, ce dernier, après des études à l'École normale de musique, s'est fait remarquer dès 1972 en obtenant le prix de la SACEM. Après avoir fait partie avec son frère Francis du groupe Magma fondé par Christian Vander (fils du pianiste de jazz Maurice Vander), il s'impose au festival de Montreux en 1975 avant de multiplier les collaborations jazzistiques à partir de 1978, avec des musiciens français aussi bien qu'étrangers, et effectue un voyage aux États-Unis en 1986. Mais le violon jazz connaît aussi d'autres représentants tels que Dominique Pifarely, né en 1957 et ayant découvert le jazz grâce à un professeur admirateur de Grappelli. De formation classique (premier prix du Conservatoire de Paris en 1977), il est, comme Lockwood et comme de nombreux musiciens de cette génération, nourri par de multiples influences, du jazz au rock en passant par les musiques traditionnelles.

La nouvelle génération de talents ne se limite cependant pas au violon : parmi les musiciens venus à maturité au cours des années soixante-dix, il faut signaler le clarinettiste Louis Sclavis, né à Lyon en 1953 et membre fondateur de l'ARFI en 1977, avant d'intégrer la compagnie Lubat en 1979 puis de former ses propres orchestres à partir des années quatre-vingt, notamment un septette avec lequel il se produira au festival de Banlieues bleues en 1988. Quant au trompettiste Eric Le Lann, né en 1957, c'est son père dentiste et musicien amateur qui lui a fait découvrir le jazz, qu'il commence à exercer en professionnel en 1977 avant de remporter deux ans plus tard le grand prix de la première édition du concours de La Défense, manifestation qui va rapidement s'imposer comme un passage obligé pour les musiciens désireux de faire carrière dans le jazz. Mais l'artiste le plus connu de la décennie 1980, avec Stéphane Grappelli alors au sommet de sa gloire, reste Michel Petrucciani, pianiste virtuose dont le succès international a été immédiat et qui reste l'un des rares Européens à avoir tenté – et réussi – une carrière américaine, fait remarquable si l'on se souvient des difficultés, évoquées plus haut*, auxquelles se sont constamment heurtés les musiciens français ayant essayé de s'implanter outre-Atlantique depuis le lendemain de la Deuxième Guerre mondiale. Né à Orange en 1962 dans une famille de musiciens, il fut très tôt initié au jazz par un père pratiquant la guitare, et acquit une technique sans faille au conservatoire tout en se produisant dans un orchestre comprenant, outre son père, son frère Louis à la contrebasse. Après avoir écumé les scènes de la région, il est remarqué en 1978 au tout jeune festival de Cliousclat par le trompettiste Clark Terry. Il n'a alors que seize ans, mais tout s'enchaîne très vite, et après s'être produit sur la scène française en compagnie des meilleurs musiciens du moment, il part s'installer en 1982 aux États-Unis. Sa carrière internationale commence en compagnie du saxophoniste Charles Lloyd, rencontré en Californie : ce dernier, retiré de la vie musicale depuis le début des

---

* Voir le chapitre IX.

années soixante-dix, effectue avec le jeune pianiste de vingt-cinq ans son cadet un retour brillant sur la scène jazzistique américaine, suivi d'une tournée mondiale. Plébiscité par le public et par la critique, Michel Petrucciani va désormais partager sa vie entre la France et les États-Unis, multipliant les rencontres avec l'élite du jazz mondial, jusqu'à son décès brutal en janvier 1999.

III. L'INSTITUTIONNALISATION

Si l'éclosion de ces talents, qui s'est poursuivie dans les années quatre-vingt, est la manifestation d'un enracinement désormais solide dans le paysage culturel, elle doit aussi beaucoup à l'action des pouvoirs publics, qui sont devenus à partir de 1960 un acteur important de la vie jazzistique, non pas tant parce qu'ils ont suscité de nouveaux talents que parce qu'ils leur ont permis de mieux se faire connaître. Leur action en ce sens a pris trois formes : la première, nous l'avons vu, concerne le soutien des collectivités locales aux festivals qui constituent aujourd'hui l'un des piliers de la vie jazzistique hexagonale et qui, pour la plupart, ne pourraient exister sans subventions publiques ; la seconde consiste à créer un enseignement structuré du jazz, entreprise lancée véritablement à partir de 1981 ; la troisième prend la forme d'une politique d'aide à la création qui se concrétisera en 1986 avec la mise en place de l'Orchestre national de jazz.

L'enseignement du jazz

Le jazz est longtemps resté, en France comme aux États-Unis, une musique marginale dont l'enseignement n'était pris en charge par aucune structure officielle. Très tôt pourtant, des voix se sont élevées pour réclamer la création d'une filière d'enseignement qui constituerait à la fois le signe d'une reconnaissance et jouerait le rôle d'un vivier destiné à pérenniser l'implantation en France de la musique noire américaine en développant la pratique amateur et en balisant un cursus de formation pour les futurs professionnels. Le Hot club de France avait créé dès 1936 un éphémère Centre d'étude du jazz qui n'eut guère l'occasion de faire ses preuves, faute d'élèves et de professeurs. Il semble en avoir été de même d'un Conservatoire international du jazz créé à Paris en novembre 1943. L'enseignement du jazz est alors surtout le fait d'individualités qui dispensent leur savoir à quelques élèves, comme Léo Chauliac qui s'est fait connaître sous l'Occupation et ouvre à partir de mai 1946 un éphémère cours de piano jazz.

Mais c'est une personnalité extérieure au monde du jazz qui met le débat sur la place publique. Jean Wiéner évoque en effet en avril 1945 l'utilité d'un enseignement du jazz pour les musiciens classiques, dont les carences rythmiques sont grandes. Dans le rapport qu'il présente au congrès de l'Union nationale du spectacle, il insiste sur les progrès qu'ont faits en matière de mise en place rythmique les musiciens classiques depuis l'arrivée du jazz en Europe. Par ailleurs, certains instruments ont été considérablement enrichis par l'apport de la musique noire, les cuivres notamment. Pour Wiéner, l'apport musical du jazz est indéniable et permettrait de combler les lacunes de l'enseignement académique. C'est pourquoi il préconise la création dans chaque grand conservatoire d'une classe de rythme appliqué où le professeur ferait travailler ses élèves sur des morceaux de jazz, « dans un respect absolu du tempo, qui est une règle fondamentale en jazz[102] ». Et de signaler qu'il a lui-même expérimenté cette méthode auprès de ses élèves, avec des résultats probants.

L'idée d'un enseignement du jazz fait si bien son chemin que le directeur du Conservatoire de Paris lui-même la reprend à la fin de 1947, mettant en avant lui aussi l'apport de cette musique dans le domaine du rythme. Claude Delvincourt, qui avait à plusieurs reprises évoqué cette possibilité depuis sa nomination au Conservatoire en 1942, s'exprime à titre personnel mais, bientôt, la rumeur s'étend : le directeur du Conservatoire envisagerait la création d'une classe de jazz dans la vénérable institution. La presse générale et, bien entendu, la presse de jazz saisissent au vol l'information[103]. Mais en mai 1948, une mise au point parue dans le *Bulletin du Conservatoire* vient tempérer l'enthousiasme des uns et les craintes des autres en précisant qu'il s'agit là d'un souhait émis par Delvincourt au titre de musicien privé et non ès qualités de directeur. Si le projet paraît se heurter à de nombreux obstacles, l'intention est réelle, d'autant plus que Delvincourt n'est pas isolé. Le compositeur Marcel Delannoy manifeste son accord entier avec ce projet, pour des raisons analogues à celles mises en avant par Jean Wiéner : la « carence du tempo chez les concertistes et les chefs d'orchestre[104] » et l'écrasement des syncopes, alors que la musique contemporaine est de plus en plus fondée sur un vocabulaire rythmique complexe exigeant des instrumentistes une solide assise dans ce domaine.

Le milieu du jazz accueille avec bienveillance, on peut s'en douter, de telles déclarations : André Hodeir, qui appelle de ses vœux l'organisation d'un enseignement efficace et sérieux permettant aux futurs virtuoses de découvrir une musique largement méconnue, est le premier à applaudir aux déclarations de Delvincourt. La rédaction de *Jazz hot* a d'ailleurs lancé un an plus tôt une consultation auprès des musiciens et critiques français, sur le thème : « Faut-il enseigner la musique de jazz[105] ? » Mais elle n'a guère passionné ni les uns ni les autres, les enquêteurs n'obtenant aucune réponse de la part des critiques. Car si le soutien d'une institution prestigieuse en faveur du jazz est un élément de reconnaissance incontestable, l'idée de l'enseignement du jazz est encore largement iconoclaste auprès des amateurs acquis à l'idée que l'originalité de l'art des Noirs américains vient de leur apprentissage de la musique en dehors des cercles académiques : l'institutionnalisation de l'enseignement signerait l'arrêt de mort du jazz. Quant aux musiciens, un seul d'entre eux répond, l'harmoniciste Dany Kane, tout à fait favorable à la création d'une classe de jazz. S'il estime que l'apprentissage du jazz peut être bénéfique pour le musicien classique, la réciproque est aussi vraie, le jazzman ayant tout intérêt à maîtriser les techniques instrumentales permettant d'interpréter Bach et Mozart. Cette évolution lui paraît s'inscrire dans le droit fil de l'histoire, les nouvelles tendances du jazz réclamant des connaissances musicales bien supérieures de la part des musiciens, laissant augurer des reclassements douloureux dans une profession où les musiciens médiocres n'auront plus leur place : « À l'heure où le nouveau style "be-bop" réclame une technique instrumentale considérable et une oreille très exercée, il n'est plus de mise d'espérer un renouvellement des cadres par le seul apport des musiciens amateurs. Le temps n'est pas loin où de considérables études seront nécessaires à un musicien bien doué[106]. » Cette perspective, qui dérange de nombreux musiciens à une époque où l'amateurisme, dans tous les sens du terme, domine une profession encore en gestation, explique largement le peu d'écho que rencontre cette enquête chez les instrumentistes. Si en novembre 1947, le pianiste Jack Diéval manifeste son intérêt pour l'idée d'un enseignement officiel, il s'agit d'un exemple isolé, d'autant plus qu'il fait partie de ces musiciens que leur formation académique solide met à l'abri du danger évoqué par Dany Kane.

En attendant la création d'une structure officielle, André Hodeir crée une école de jazz dans le cadre du Hot club de Paris et y dispense notamment des cours d'harmonie et d'orchestration à partir de décembre 1947. Pendant deux ans, il forme des débutants puis, son renom grandissant, attire des musiciens professionnels ou en passe de le devenir, qui constituent l'essentiel de son public jusqu'en 1953, date à laquelle il cesse d'y enseigner. D'abord exclusivement consacrée à l'enseignement théorique, l'école étend vite ses activités à la pratique instrumentale avec l'arrivée en renfort, dès 1948, de Jack Diéval, du clarinettiste et saxophoniste Albert Ferreri, du guitariste Pierre Gérardot et du trompettiste américain Arthur Briggs, Parisien depuis les années trente. Malgré une activité irrégulière et éphémère (si l'on excepte le cours d'André Hodeir, elle ne donne plus signe de vie après 1949), cette école est la première tentative réelle d'enseignement structuré du jazz. Dans l'immédiat, la revue *Jazz hot* elle-même constitue aussi un support pédagogique non négligeable pour les musiciens peu fortunés ou provinciaux. Tout en ne constituant pas un véritable enseignement, elle va contribuer pendant quelques années à orienter le travail musical des amateurs de jazz désireux de se lancer dans la pratique instrumentale. Dès novembre 1945 en effet, la place prise par les musiciens dans la revue se manifeste entre autres par la création d'une rubrique tenue par les meilleurs professionnels parisiens : Christian Bellest pour la trompette, Hubert Rostaing pour la clarinette, Charles Hary pour le saxophone ténor, Léo Chauliac pour le piano, Jerry Mengo pour la batterie, Roger Chaput pour la guitare, y prodiguent sur deux pages des conseils techniques aux instrumentistes néophytes. Si cette rubrique disparaît dès l'année suivante, d'autres du même genre apparaissent au cours des années cinquante, consacrées notamment à l'harmonie et à l'arrangement, les auteurs y donnant des conseils d'écriture nécessitant des connaissances musicales plus poussées.

Mais le principal lieu d'enseignement du jazz restera cependant jusqu'aux années quatre-vingt le mouvement associatif, d'abord dans le cadre des Hot clubs, puis, après leur déclin, au sein des Maisons des jeunes et de la culture, tandis qu'à partir des années soixante, l'associationnisme jazzistique connaîtra une seconde jeunesse sous la forme d'écoles de musique régies par la loi de 1901. Dès 1964, le Jazz club de France créé par Raymond Fonsèque se consacre à la formation de jeunes musiciens et à la mise en relation des instrumentistes exerçant dans une même zone géographique grâce à la constitution d'un fichier centralisé[107], reprenant la pratique mise en œuvre par le Hot club de France au lendemain de la guerre. À partir de la fin des années soixante-dix, ces associations se multiplient et en 1981, elles se regroupent dans le Collectif national pour le jazz et les musiques improvisées (CNAJMI), qui comptera soixante associations en 1984[108]. Elles sont aujourd'hui le vivier d'une pratique amateur intense[109] et nombre d'entre elles, héritières de la mouvance soixante-huitarde, s'attachent à développer une pédagogie originale adaptée aux profils divers des élèves qui fréquentent les cours et qui, pour une raison ou pour une autre, ne trouvent pas leur place dans l'enseignement traditionnel. Cette diversité des approches pédagogiques, qui ont cependant toutes pour point commun de mettre l'accent sur la créativité de l'élève, est peut-être le meilleur gage de la vitalité de la pratique amateur.

Parmi ces associations, certaines sont devenues de grosses structures prenant en charge non seulement la pratique amateur, mais préparant aussi les futurs professionnels. Si la France a été pionnière dans l'élaboration d'un discours théorique sur le jazz, elle est en revanche en retard sur les États-Unis dans le domaine pédagogique, puisque outre-Atlantique, la création de la première école de jazz de ce type, le Berklee College of Music de Boston, date de 1945. En France, il faut attendre 1976 pour que de telles expériences voient le jour, avec la création de l'IACP (Institut Art Culture Perception) et du CIM (Centre d'informations musicales). Le premier est l'œuvre de l'américain Alan Silva, qui s'installe alors définitivement en France. Cet institut, qui n'est pas une école au sens classique du terme, constitue un lointain avatar de la Jazz Composer's Guild dont Silva avait été membre, et qui avait marqué l'émergence d'une génération de musiciens contestataires en rupture avec le système de production et de diffusion du jazz[108]. L'esprit libertaire des années 68 conjugué à la spécificité musicale du jazz se retrouve dans la philosophie de l'IACP où la pédagogie se décline sur le mode du collectif et de l'ouverture à tous les répertoires musicaux, tout en visant à favoriser chez l'élève la liberté d'esprit nécessaire à l'improvisation, sur laquelle l'accent est mis dans l'organisation du cursus d'études[109]. Mais c'est surtout à partir de 1978 que l'école prend forme, après avoir dû surmonter de nombreux problèmes financiers. Pendant ce temps a été créé le CIM, sous la direction d'Alain Guérini, ci-devant musicien et animateur des clubs du Riverboat et du Caveau de la Montagne. Héritier du rêve autogestionnaire de 1968 et descendant indirect de l'éphémère Comité Action Musique, le CIM, installé à ses débuts dans les locaux de l'American Center, est d'abord une structure visant à permettre au milieu du jazz de prendre en main sa destinée face « aux grandes firmes de disques, aux médias et à l'ensemble du système capitaliste[110] » : il a donc pour but de recenser et de mettre en relation les musiciens, les clubs et les organisateurs de concerts, mais aussi de créer un service d'assistance juridique afin d'aider les musiciens dans les litiges qui les opposent aux imprésarios ou aux maisons de disques. C'est seulement dans un deuxième temps que le centre devient une école, dont l'objectif est d'élaborer une pédagogie nouvelle assurant non seulement la formation technique des élèves, mais favorisant aussi leur créativité. Dans cette perspective, l'enseignement met l'accent sur le travail de groupe par le biais d'ateliers rassemblant un petit effectif. Cette formule, proche de celle de l'IACP et des nombreuses associations musicales qui fleurissent alors, répond incontestablement à une demande, puisque dès 1977, il compte 200 élèves[111]. À la fin des années quatre-vingt, ils seront plus de 500 à suivre tout ou partie d'un cycle d'études comportant aussi bien le perfectionnement de la pratique instrumentale que l'étude théorique menant à l'arrangement et à la composition.

Du côté de l'enseignement public, les choses sont allées plus lentement. L'enseignement officiel du jazz n'est sorti des limbes qu'en 1964 avec la création par Guy Longnon d'une classe de jazz au conservatoire de Marseille, qui restera longtemps une exception. À la fin des années soixante-dix, on note la création timide de quelques classes dans des conservatoires tels que ceux de Romans, Angers, Tarbes ou Nice. D'autre part, en 1975 est créé dans le cadre du secrétariat d'État à la Culture un groupe de réflexion sur l'enseignement musical, qui comprend parmi ses membres non seulement Maurice Fleuret, mais surtout le clarinettiste Michel Portal, ce qui témoigne d'un début de prise de conscience de l'État au sujet de la place que pourrait prendre le jazz dans la réforme de l'enseignement musical[112]. Mais c'est vraiment avec l'arrivée de la gauche au pouvoir et la nomination de Jack Lang au ministère de la Culture, puis de Maurice Fleuret à la direction de la Musique et de la Danse, que l'action de l'État devient plus concrète. Non seulement le budget consacré à l'enseignement musical augmente notablement, mais surtout sont créés en 1982 au sein de la DMD un service regroupant le jazz et la variété, ainsi qu'une Commission consultative pour le jazz et les musiques improvisées. Dès lors, la situation va évoluer rapidement : les huit classes de jazz existant dans des conservatoires en 1981 passent à 28 en 1984, puis à 329 en 1990, dont 32 dans les conservatoires nationaux de région (CNR), 99 dans les écoles nationales de musique (ENM) et 198 dans les écoles municipales de musique (EMM)[113] : ce sont donc tous les échelons du système d'apprentissage de la musique qui sont concernés. Les musiciens de jazz, qui subissent alors de plein fouet la crise économique et le développement des synthétiseurs qui rendent leur présence de moins en moins indispensable dans les studios d'enregistrement, vont trouver là un moyen d'assurer des fins de mois devenues de plus en plus difficiles au fil des années quatre-vingt. D'autre part, l'État décide de former des enseignants en intégrant une option de jazz dans le diplôme d'État de professeur de musique en 1983, puis crée en 1987 un certificat d'aptitude à l'enseignement du jazz. Au plus haut niveau, celui du Conservatoire national supérieur de musique de Paris, une classe de jazz a été créée en 1985 et confiée à Michel Portal, ancien élève de la maison. Mais il faut attendre 1992 pour que soit créé dans les nouveaux murs du CNSM, à la Cité de la musique, un véritable département de jazz placé sous la direction de François Janneau, qui comprend un cursus complet de formation instrumentale mais aussi d'arrangement et de composition. Outre les cours en bonne et due forme sont organisées des master classes au cours desquelles les vedettes du jazz français et mondial viennent transmettre leur expérience aux étudiants. La création de ce département vient couronner le processus d'institutionnalisation du jazz, désormais reconnu officiellement comme un élément important du patrimoine musical et disposant d'une filière d'enseignement allant jusqu'au plus haut niveau, qui a pour vocation de pérenniser son implantation dans le paysage culturel.

L'ONJ

Avec l'entrée du jazz au conservatoire, l'autre réalisation majeure de la « politique du jazz[114] » menée par le ministère de la Culture à partir de 1981 est la création de l'Orchestre national de jazz en 1986, première – et unique jusqu'à présent – initiative du genre au monde. Avant 1980, un seul orchestre de jazz recevait des deniers publics : celui de Claude Bolling, par ailleurs doyen des grandes formations françaises puisque sa création date de 1955. À partir de 1981, le ministère de la Culture développe une politique de subvention aux orchestres, dont la plupart ne peuvent fonctionner de manière permanente en raison des coûts de fonctionnement et se limitent à donner quelques concerts par an. En 1985, ils sont dix à bénéficier de l'aide publique[115]. L'année suivante est créé ce grand orchestre ayant vocation à regrouper les meilleurs musiciens français, subventionné à parité par le ministère de la Culture et des sponsors privés tels que le facteur d'instruments Selmer ou les assurances UAP[116]. On peut à bon droit être surpris par cette dénomination de « national », le parrainage de la puissance publique manifesté par ce terme pouvant paraître incongru s'agissant d'une musique dont l'origine américaine est connue. Mais le fait qu'il n'ait semblé choquer personne lors de sa création montre bien que l'inscription du jazz dans notre paysage culturel est aujourd'hui acceptée comme une évidence. La création de cet orchestre s'inscrit dans la ligne du projet culturel socialiste visant à mettre sur un pied d'égalité toutes les formes d'expression culturelle et à jeter aux orties les hiérarchies artistiques établies. À l'évidence, le jazz y gagne en légitimité puisqu'il est ainsi placé au même niveau que les grands orchestres symphoniques ou que l'Ensemble InterContemporain de Pierre Boulez, d'autant plus que la formule du grand orchestre, par son caractère imposant et par la nécessité d'interpréter un jazz en grande partie écrit, favorise cette identification plus que ne le ferait une petite formation.

Géré par une association à la tête de laquelle se trouve André Francis, l'ONJ fonctionne selon un mode original : un directeur musical est nommé chaque année pour mener à bien un projet compositionnel en vue duquel il engage les musiciens de son choix. Pour une partie du répertoire, il peut faire appel à des compositeurs invités. Ce sont donc non seulement les instrumentistes qui en bénéficient, mais aussi les compositeurs-arrangeurs, qui ont ainsi à leur disposition une formation regroupant des musiciens de haut niveau. La première version de l'orchestre est dirigée par le saxophoniste François Janneau et comporte vingt musiciens permanents, auxquels il faut ajouter plus de quinze solistes et compositeurs invités, des Français tels que Martial Solal, Michel Portal ou Jean-Loup Longnon, mais aussi des Américains comme le pianiste et arrangeur Gil Evans, le pianiste McCoy Tyner, ancien condisciple de John Coltrane, ou encore le contrebassiste danois virtuose Niels Henning Ørsted Pedersen (parfois surnommé « l'homme qui joue plus vite que son ombre »). Loin d'être interdit aux musiciens étrangers, cet orchestre « national » se veut au contraire un lieu de rencontre et d'accueil dont le premier concert a lieu le 3 février 1986 au Théâtre des Champs-Élysées, suivi de quatre-vingts prestations publiques au cours de cette même année.

Après François Janneau, dont la réputation et l'expérience de la direction d'orchestre ont justifié le choix pour piloter les premiers pas de l'ONJ, les directeurs successifs appartiennent à la nouvelle génération de talents français, nés à la fin des années cinquante et éclos entre la fin des années soixante-dix et le début des années quatre-vingt. Déjà reconnus par leurs pairs, leur passage à la tête de l'Orchestre a marqué une étape indéniable dans leur carrière et leur visibilité auprès du public. Si Claude Barthélemy (directeur en 1989-1991) et Laurent Cugny (1994-1997) sont autodidactes, en revanche Denis Badault (1991-1994) et Antoine Hervé (1987-1989) sont bien représentatifs d'une partie de la nouvelle génération de musiciens, souvent titulaires de diplômes acquis dans des institutions prestigieuses : l'autodidaxie est à l'évidence devenue beaucoup plus rare qu'au lendemain de la guerre, lorsque aucune structure n'existait pour accueillir les musiciens de jazz en formation. Désormais, l'apprentissage du jazz au conservatoire tend à devenir la règle, tendance renforcée par la création du département jazz du CNSM, dont les premiers lauréats sont apparus sur la scène jazzistique à partir du milieu des années quatre-vingt-dix. Dans le même temps, l'ONJ a marqué un pas décisif dans l'institutionnalisation du jazz. Cette évolution n'est toutefois pas sans susciter certaines réserves de la part des amateurs comme des musiciens : outre la hâte préélectorale avec laquelle a été créé l'ONJ – la défaite des socialistes aux législatives de mars 1986 s'annonçait –, la musique jouée par l'orchestre réactive les fractures esthétiques parfois anciennes qui traversent le milieu des amateurs. Mais surtout, ceux-ci, tout comme les musiciens, n'abandonnent pas sans réticence la culture de la clandestinité et le mythe de l'artiste maudit qui sont constitutifs du monde du jazz, bien que celui-ci ait eu, depuis les années soixante-dix, l'occasion de s'habituer à l'institutionnalisation progressive de « sa » musique. Enfin, le principe de la rotation annuelle du directeur musical est contesté par de nombreux musiciens, qui estiment qu'il s'agit d'un délai insuffisant pour mener à bien un projet et roder une équipe. En 1988, le ministère de la Culture porte donc à deux ans le mandat du chef d'orchestre, tout en réduisant les crédits qui lui sont accordés. Les chefs suivants bénéficieront donc d'une plus grande longévité. Aujourd'hui, l'ONJ a acquis son rythme de croisière et vu passer derrière ses pupitres une fraction importante du milieu jazzistique français, même si les critiques formulées à son égard n'ont pas cessé, tandis que l'expérience, jugée avec intérêt à l'étranger, demeure une spécificité hexagonale. Il n'en reste pas moins que sa création s'inscrit dans la même logique que celle du département jazz du Conservatoire national supérieur de musique de Paris et constitue l'aboutissement de l'aventure du jazz en France, commencée sur la scène du Casino de Paris et qui s'achève – provisoirement – dans le décor de la Cité de la musique.

Notes

INTRODUCTION

1. On exceptera le travail de l'Américain Michael Haggerty, limité cependant aux années vingt. Des extraits en ont été publiés dans *Jazz magazine*, janvier 1984.
2. Robert Redfield, Ralph Linton et Melville Herskovits : « Memorandum for the study of acculturation », in *American Anthropologist*, 38, 1936, p. 140-152.

CHAPITRE PREMIER

1. Jean-Baptiste Duroselle, *La France et les États-Unis des origines à nos jours*, Paris, Le Seuil, 1976, p. 106.
2. Phyllis Rose, *Joséphine Baker*, Paris, Fayard, 1990, p. 97.
3. Samuel Rodary, *Nuages : histoire de l'avènement et de l'acclimatation du jazz en France (1917-1939)*, mémoire de DEA, Université Versailles-Saint-Quentin, 1997.
4. Phyllis Rose, *op. cit.*, p. 98.
5. Denis-Constant Martin, « Du jazz-band aux zazous : l'invention du jazz français (1900-1945) » (communication présentée au colloque « Les Afro-Américains et l'Europe », Paris, 5-9 février 1992), *Jazz magazine*, novembre 1995.
6. Jean-Claude Klein, « Emprunts, syncrétismes, métissages : la revue à grand spectacle des années folles », in *Vibrations, revue d'étude des musiques populaires*, n° 1, avril 1985, p. 41.
7. Olivier Roueff, *Le Jazz des années folles : des combattants de l'enfer aux fervents du hot*, mémoire de l'Institut d'études politiques de Grenoble, 1996, p. 28.
8. Jean Cocteau, *Le Coq et l'Arlequin*, Paris, Stock, 1978 (1re édition : 1918), p. 53.
9. *Idem.*, p. 63-64.
10. *Ibid.*, p. 81.
11. Olivier Roueff, *op. cit.*, p. 18 sq.
12. Jean Wiéner, *Allegro appassionato*, Paris, Belfond, 1978, p. 44-45.
13. *Idem*, p. 48.

14. Roger Désormière, *Le Courrier musical*, 1ᵉʳ janvier 1922, cité dans Jean Wiéner, *op. cit.*, p. 60.
15. Jean Wiéner, *op. cit.*, p. 89.
16. Pour une analyse approfondie de l'influence du jazz sur ces trois compositeurs, voir André Hodeir, *Hommes et problèmes du jazz*, Marseille, Parenthèses, 1981 (1ʳᵉ édition : 1954), p. 223-239.
17. Nadja Maillard, « Le jazz dans la littérature française (1920-1940) », in *Europe*, août-septembre 1997, p. 46-57 (numéro spécial sur « Jazz et littérature »).
18. Jean-Claude Klein, « La Revue nègre », in Olivier Barrot et Pascal Ory (dir.), *Entre-deux-guerres, la création française*, Paris, François Bourrin, 1990, p. 369.
19. *Idem*, p. 370.
20. *Ibid.*, p. 376.
21. Philippe Carles, André Clergeat, Jean-Louis Comolli (dir.), *Dictionnaire du jazz*, Paris, Robert Laffont, 1988, p. 1083. Ce dictionnaire a été par ailleurs une source importante d'informations, notamment biographiques, pour tous les chapitres qui suivent.
22. Jacques Hélian, *Les grands orchestres de music-hall en France*, Paris, Filipacchi, 1984, 235 p. Cet ouvrage est une source essentielle pour l'histoire des orchestres de cette période.
23. Olivier Roueff, *op. cit.*, p. 113.
24. Jacques Hélian, *op. cit.*, p. 25.
25. Jean-Claude Klein, « Emprunts, syncrétismes, métissages… », *art. cité*.
26. André Schaeffner (avec la collaboration d'André Cœuroy), *Le Jazz*, Paris, Jean-Michel Place, 1988 (1ʳᵉ édition : 1926), p. 15.
27. *Idem*, p. 20.
28. *Ibid.*, p. 26.
29. *Ibid.*, p. 77.
30. *Ibid.*, p. 105.
31. *Ibid.*, p. 106.
32. *Ibid.*, p. 109.

NOTES DU CHAPITRE II

1. Pascal Ory, « Notes sur l'acclimatation du jazz en France », in *Vibrations, revue d'étude des musiques populaires*, n° 1, avril 1985, p. 93-102.
2. Cette idée a été bien mise en valeur par Olivier Roueff, *op. cit.*
3. Sur ce personnage original et son rôle dans les débuts du mouvement puriste, voir Philippe Gumplowicz, « Le jazz serait-il de la musique ? Identification d'un art, 1930-1934 », in Alain Darré (dir.), *Musique et politique, les répertoires de l'identité*, Rennes, Presses universitaires de Rennes, 1996, p. 95-110.
4. *La Revue du jazz*, juillet 1929.
5. *La Revue du jazz*, novembre 1929.

6. Sur la jeunesse de Panassié et les circonstances de sa découverte du jazz, voir ses souvenirs, *Douze années de jazz*, Paris, Corrêâ, 1946, 281 p., et Jacques Tailhefer, « Louis et Hugues Panassié : des mines du Caucase au jazz hot en passant par le château de Gironde », in *Revue du Rouergue*, n° 50, été 1997, p. 311-333.
7. *Grand'Route*, juillet 1930.
8. Jacques Bureau, entretien avec l'auteur du 21 avril 1995.
9. Hugues Panassié, *Le jazz hot*, Paris, Corrêâ, 1934, p. 47.
10. *Idem*, p. 26.
11. *Ibid.*
12. *Orbes*, hiver 1932-1933.
13. Hugues Panassié, *op. cit.*, p. 59.
14. *Idem*, p. 186-187.
15. *Ibid.*, p. 60.
16. Jean-Luc Barré, *Jacques et Raïssa Maritain, les mendiants du ciel*, Paris, Stock, 1995, p. 207.
17. Hugues Panassié, *op. cit.*, p. 344.
18. *Idem*, p. 345-346.
19. *Ibid.*, p. 346-347.
20. *Statuts du Hot club de France*, 1938, archives Jacques Pescheux.
21. Charles Delaunay, *Delaunay's Dilemma*, Mâcon, W, 1985, p. 57.
22. *Idem*, p. 32.
23. Gaston Brun, lettre à l'auteur du 21 janvier 1991.
24. Charles Delaunay, *op. cit.*, p. 61.
25. *Jazz hot*, novembre 1938.
26. Charles Delaunay, *op. cit.*, p. 123.
27. *Idem*, p. 195.
28. *Jazz hot*, mai-juin 1937. Selon Frank Ténot, le Hot club de Bordeaux serait né avant celui de Paris (entretien avec l'auteur du 22 mars 1995).
29. François Bouleau, entretien avec l'auteur du 13 octobre 1995.
30. *Jazz hot*, mars 1935.
31. *Jazz hot*, juillet-août 1946.
32. Charles Delaunay, *Django mon frère*, Paris, Eric Losfeld, 1968, p. 44.
33. Jeoffrey Smith, *Stéphane Grappelli*, Paris, Filipacchi, 1988, p. 89.
34. *Idem*, p. 16-17.
35. Charles Delaunay, *op. cit.*, p. 69.
36. Michel Ruppli, *Discographie Swing*, Paris, AFAS, 1989, p. 4. La séance restera inédite jusqu'en 1988. Toutes les séances d'enregistrement auxquelles il sera fait référence dans la suite de cet ouvrage sont recensées dans les ouvrages de Michel Ruppli consacrés aux compagnies Swing, Vogue et Blue Star-Barclay.
37. *Jazz hot*, novembre 1938.
38. Jean-Louis Loubet del Bayle, *Les non-conformistes des années trente, une tentative de renouvellement de la pensée politique française*, Paris, Le Seuil, 1969, 493 p.
39. *L'Insurgé*, 13 janvier 1937.
40. *L'Insurgé*, 16 juin 1937.
41. *Grand'Route*, juillet 1930.
42. *L'Insurgé*, 20 janvier 1937.
43. Hugues Panassié, *Cinq mois à New York*, Paris, Corrêâ, 1946, p. 134.

44. *Idem*, p. 45.
45. *Ibid.*, p. 147.
46. Hugues Panassié, *Monsieur jazz*, Paris, Stock, 1975, p. 135.
47. *Idem*.
48. Hugues Panassié, *Histoire des disques Swing enregistrés à New York par T. Ladnier, Mesirow, etc.*, Genève, Ch. Grasset, 1944, p. 34.
49. *Idem*, p. 90.
50. *Jazz hot*, juillet-août 1939.
51. *Idem*.

CHAPITRE III

1. Récépissé de déclaration du 14 décembre 1942 portant mention de la création du Hot club de Vichy, signé par le préfet de Vichy, archives Jacques Pescheux.
2. Voir François Garçon, « Ce curieux âge d'or des cinéastes français », in Jean-Pierre Rioux (dir.), *Politiques et pratiques culturelles dans la France de Vichy*, Cahiers de l'IHTP, n° 8, juin 1988, p. 193-206, réédité aux éditions Complexe en 1996.
3. Henry Rousso, *Le syndrome de Vichy, de 1944 à nos jours*, Paris, Le Seuil, 1990, 414 p.
4. Circulaire du Hot club de France, janvier 1941, n°s 1 et 2.
5. Charles Delaunay, *Django mon frère*, Paris, Eric Losfeld, 1968, p. 108.
6. Archives nationales de France, série F 21, Comité national d'épuration des professions d'artistes dramatiques, lyriques et de musiciens exécutants, F 21/8113, dossier 5.
7. *L'information musicale*, 5 décembre 1941.
8. *Circulaire du Hot club de France*, septembre 1941.
9. Archives nationales de France, série F 21, Comité national d'épuration des professions d'artistes dramatiques, lyriques et de musiciens exécutants, F 21/8110, dossier 5.
10. Voir Charles Delaunay, *Django mon frère*, *op. cit.*, p. 96, et Jacques Chesnel, *Le Jazz en quarantaine*, Cherbourg, Isoète, 1994, p. 21. Il est à noter que les légendes des deux photos divergent : l'une présente le spectacle comme ayant eu lieu au cinéma Le Moulin rouge, l'autre au Normandie.
11. Voir la recension effectuée par Emmanuelle Rioux, *Les Zazous, un phénomène socioculturel pendant l'Occupation*, mémoire de maîtrise, université Paris X-Nanterre, 1987, 249 p. Ce mémoire comprend en outre de nombreux extraits de presse qui attestent de la popularité de nombreux musiciens auprès du public et de la critique.
12. Christophe Grigri, « Le jazz et l'Amérique vus par les Français du XXe siècle », in *Bulletin de l'ARNA*, n° 3, 1993-1994, numéro spécial « Regards États-Unis-France ».
13. *Circulaire du Hot club de France*, avril 1943.
14. *Circulaire du Hot club de France*, avril-mai 1941.

15. *Circulaire du Hot club de France*, septembre 1941.
16. *Circulaire du Hot club de France*, avril 1943.
17. Ginette Marty, *Johnny Hess*, Paris, El-Ouns/L'histoire en chantant, 1997, p. 59.
18. Fred Adison, *Dans ma vie y' a d'la musique*, Paris, Clancier Guénaud, 1983, p. 105.
19. *Vedettes*, 11 janvier 1942, cité dans Ginette Marty, *op. cit.*, p. 79-80.
20. *Je suis partout*, 11 octobre 1942.
21. Hervé Le Boterf, *La Vie parisienne sous l'Occupation*, Paris, France-Empire, 1974, vol I, p. 328.
22. *Journal officiel*, 28 avril 1941.
23. Charles Delaunay, *Delaunay's dilemma, op. cit.*, p. 152 sq.
24. Il a tiré de cet épisode un récit intitulé *Un soldat menteur*, paru aux éditions Robert Laffont en 1995.
25. *Circulaire du Hot club de France*, octobre 1943.
26. *L'information musicale*, 19 décembre 1941.
27. *Circulaire du Hot club de France*, décembre 1941-janvier 1942.
28. *Circulaire du Hot club de France*, janvier 1943.
29. *Circulaire du Hot club de France*, janvier 1944.
30. *Jazz hot*, novembre 1938.
31. *Jazz Hot*, octobre 1948.
32. *Bulletin du Hot club de France*, janvier 1941.
33. *Bulletin du Hot club de France*, avril-mai 1941.
34. *Circulaire du Hot club de France*, septembre 1941.
35. *Circulaire du Hot club de France*, mai-juin 1942.
36. *Circulaire du Hot club de France*, janvier 1943.
37. *Circulaire du Hot club de France*, janvier 1941.
38. *Circulaire du Hot club de France*, janvier 1943.
39. *Circulaire du Hot club de France*, novembre 1941.
40. *L'Action française*, 26 juin 1941.
41. Hugues Panassié, *La Musique de jazz et le swing*, Paris, Corréâ, 1943, p. 28.
42. *Jazz hot*, mars 1935.
43. Hugues Panassié, *La Musique de jazz et le swing, op. cit.*, p. 5.
44. *Idem*, p. 13.
45. *Ibid.*, p. 25.
46. *Ibid.*, p. 48
47. Hugues Panassié, *La Véritable Musique de jazz*, Paris, Corréâ, 1946.
48. Charles Delaunay, *Delaunay's dilemma, op. cit.*, p. 151.
49. *Jazz hot*, novembre 1948.
50. *Idem*.
51. *Bulletin du Hot club de France*, décembre 1940.
52. Voir *Paris-soir*, 23 janvier 1941, cité dans Emmanuelle Rioux, *op. cit.*, p. 45.
53. *Bulletin du Hot club de France*, janvier 1941.
54. *Circulaire du Hot club de France*, septembre 1941.
55. *La Gerbe*, 6 novembre 1941, cité dans Emmanuelle Rioux, *op. cit.*, p. 51.
56. *Je suis partout*, 7 février 1942.

57. André Cœuroy, *Histoire générale du jazz, strette, hot, swing*, Paris, Denoël, 1942, p. 74.
58. *Idem*, p. 75.
59. *Ibid.*, p. 193.
60. *Ibid.*, p. 194-200.
61. *Ibid.*
62. *Ibid.*, p. 221.
63. Voir sur les zazous : Jean-Claude Loiseaux, *Les Zazous*, Paris, éd. du Sagittaire, 1977 et Emmanuelle Rioux, *op. cit.*
64. Cité dans Emmanuelle Rioux, *op. cit.*
65. *Circulaire du Hot club de France*, novembre 1941.
66. Archives de la Préfecture de police de la Seine, 1940-1944, série P.J., carton n° 33, chemise «juifs-insignes fantaisistes».
67. Jean-Claude Loiseaux, *op. cit.*, cité dans Richard Cannavo, *Trenet*, Paris, Hidalgo, 1989, p. 328.
68. *Circulaire du Hot club de France*, février 1943.

CHAPITRE IV

1. Charles Delaunay, *Delaunay's dilemma, op. cit.*, p. 203.
2. *Jazz hot*, octobre 1945.
3. *Jazz hot*, décembre 1945.
4. *Idem*.
5. Michel Ruppli, *Discographie Swing, op. cit.*, p. 36 et *Discographie Vogue*, Paris, AFAS, 1992, p. 1.
6. *Jazz hot*, décembre 1945.
7. *Jazz hot*, novembre 1946.
8. *Circulaire de la fédération française des Hot clubs n° 11*, septembre 1947.
9. *Bulletin du Hot club lyonnais*, mai 1947.
10. *Bulletin du Hot club d'Angers*, mai 1946.
11. *Jazz hot*, décembre 1946.
12. On en trouve dans plusieurs villes comme Angers, Lyon, Clermont-Ferrand, Le Mans, Rouen ou Marseille.
13. *Bulletin du Hot club d'Angers*, mars 1946. Les informations relatives au Hot club d'Angers proviennent des archives privées de Jean Siraudeau, qui en fut un des fondateurs en 1941. Pour plus de détail sur leur composition, voir Ludovic Tournès, *Jazz en France (1944-1963) : histoire d'une acculturation à l'époque contemporaine*, thèse de doctorat d'histoire, Université Versailles-St-Quentin-en-Yvelines, 1997, 1010 p.
14. *Bulletin du Hot club d'Angers*, mai 1946.
15. *Bulletin du Hot club de Rouen, automne 1995.*
16. *Jazz hot*, janvier 1946.
17. *Jazz hot*, mai-juin 1946.
18. *Bulletin Panassié*, 25 septembre 1947, archives Jean Siraudeau.
19. Voir Michel Ruppli, *Discographie Swing, op. cit.*, 96 p.

20. *Bulletin Panassié*, 25 septembre 1947.
21. Charles Delaunay, *Delaunay's dilemma, op. cit.*, p. 160.
22. « Le procès Delaunay », in *Jazz magazine*, avril 1986.
23. *Bulletin du HCF* n° 1, janvier 1948, archives Jean Siraudeau.
24. *Jazz 47*, numéro spécial de la revue *America, cahiers de liaison culturelle France-Amérique-Latinité*, mai 1947.
25. *Bulletin Panassié*, 25 septembre 1947.
26. *Bulletin du HCF*, janvier 1948.
27. *Lettre de Robert Bredannaz à Hugues Panassié*, février 1951, archives Jacques Pescheux.
28. *Le Figaro* et *Paris-Presse*, 22 février 1948.
29. *France-Soir*, 22 février 1948.
30. *Franc-Tireur*, 21 février 1948.
31. *Paris-Presse*, 22 février 1948.
32. *Bulletin du HCF* n° 1, 1945, cité par André Hodeir dans *La Revue du jazz*, janvier 1952.
33. *Jazz hot*, mai-juin 1946.
34. *Jazz hot*, Noël 1949.
35. *Jazz hot*, novembre 1947.
36. *Jazz hot*, décembre 1949.
37. Lucien Malson, entretien avec l'auteur du 19 juin 1996.
38. Hugues Panassié, *Monsieur jazz, op. cit.*, p. 154.
39. André Hodeir, *Hommes et problèmes du jazz, op. cit.*, p. 147 sq.
40. Hugues Panassié, *La Véritable Musique de jazz, op. cit.*, édition de 1952, p. 61. Le développement consacré au be-bop n'est pas présent dans la première version du livre, écrite alors que le nouveau style était encore dans les limbes et inconnu en France.
41. *Idem.*
42. *Bulletin du HCF*, octobre 1955.
43. *Bulletin du HCF*, janvier 1954.
44. *Jazz hot*, janvier 1951, ainsi que toutes les citations jusqu'à la fin du paragraphe.
45. *Jazz 47, op. cit.*
46. *Idem.*
47. *Jazz hot*, octobre 1947.

CHAPITRE V

1. *Attestation du 25 février 1953*, archives Jacques Pescheux.
2. *Franc-Tireur*, 28 février 1948.
3. Hugues Panassié, *La Véritable Musique de jazz, op. cit.*, p. 68 et André Hodeir, *Hommes et problèmes du jazz, op. cit.*, p. 28.
4. Charles Delaunay, *Delaunay's dilemma, op. cit.*, p. 168 sq.
5. *Jazz hot*, janvier 1951.
6. *Idem.*

7. Les villes visitées sont : Paris, Lyon, Annecy, Valence, Marseille, Montpellier, Sète, Toulon, Perpignan, Béziers, Carcassonne, Toulouse, Bayonne, Limoges, Agen, Bordeaux, Périgueux, Pontaillac, Saintes, Nantes, Lorient, Brest, Angers, Tours, Laval, Rennes, Le Mans, Caen.
8. Paris, Niort, Nantes, Toulouse, Albi, Mirande, Agen, Caen, Laval, Saint-Brieuc, Rennes, Vimoutiers, Bordeaux, Megève, Lyon, Avignon, Montbrizon, Roubaix, Montluçon, Audun-le-Lich, Nancy, Verdun, Ars-sur-Moselle, Saint-Dié, Mulhouse, Anzin, Roubaix.
9. *La Revue du jazz*, novembre 1949.
10. *Jazz hot*, mars 1951.
11. Chiffre obtenu en multipliant le nombre de concerts par la capacité théorique de l'Olympia (deux mille places). Il s'agit donc d'une estimation haute.
12. On compte trente-cinq concerts Jazz parade entre 1948 et 1950 au théâtre Edouard VII qui compte huit cents places. Même remarque que pour la note précédente.

CHAPITRE VI

1. *Bulletin Panassié III*, 22 octobre 1947, *art. cité*.
2. *Jazz hot*, janvier 1948.
3. *Jazz hot*, mars 1948.
4. *La Revue du jazz*, deuxième série, juillet 1952, archives Gaston Brun.
5. André Hodeir, *Hommes et problèmes du jazz, op. cit.*, p. 323.
6. André Doutart, *André Hodeir n'a pas compris les hommes et n'a pas su résoudre les problèmes du jazz*, archives Jacques Pescheux.
7. *Idem*.
8. *Jazz hot*, décembre 1954.
9. *Bulletin du HCF*, janvier 1955.
10. Hugues Panassié, *Douze années de jazz, op. cit.*, p. 21-26.
11. *Le Monde*, 21 février 1948.
12. André Hodeir, *Le Jazz, cet inconnu*, cité dans le *Bulletin du HCF*, janvier 1952.
13. André Hodeir, *Introduction à la musique de jazz*, Paris, Larousse, 1948, p. 20 et 84.
14. Mezz Mezzrow, *La Rage de vivre*, Paris, Buchet-Chastel, 1989 (1re édition : 1951), p. 387-399. Cette image involontairement biblique constitue pour le catholique fervent qu'est Panassié un signe de plus de la valeur exceptionnelle de Mezzrow.
15. André Hodeir, *Hommes et problèmes du jazz, op. cit.*, p. 352.
16. *Jazz hot*, janvier 1952.
17. *Jazz hot*, février 1952.
18. *Jazz hot*, mars 1959.
19. *Bulletin du HCF*, mars 1959.
20. Hugues Panassié, *Monsieur jazz, op. cit.*, p. 30.

21. Christian Senn, *Hugues Panassié,* compilation de documents éditée à compte d'auteur, 1995, p. 316.
22. Hugues Panassié, *Douze années de jazz, op. cit.*, p. 149.
23. *Rivarol,* 13 décembre 1952.
24. André Doutart, *André Hodeir n'a pas…, op. cit.*
25. *Bulletin du HCF,* mars 1959.
26. *Idem.*
27. *Bulletin du HCF,* juin 1951.
28. *Bulletin du HCF,* novembre 1956.
29. *Rivarol,* 29 novembre 1954.
30. *Bulletin du HCF,* novembre 1952.
31. *Idem.*
32. Cité dans le *Bulletin du HCF,* décembre 1961.
33. *Bulletin du HCF,* octobre 1953.
34. André Hodeir, *Hommes et problèmes du jazz, op. cit.*, p. 111.
35. *Bulletin du HCF,* août 1955.
36. André Hodeir, *Hommes et problèmes…, op. cit.*, p. 112.
37. *Bulletin du HCF,* août 1955.
38. *Bulletin du HCF,* octobre 1961.
39. *Bulletin du HCF,* novembre 1950.
40. *Idem.*
41. *Bulletin du HCF,* janvier 1951.
42. *Bulletin du HCF,* février 1951.
43. *Bulletin du HCF,* octobre 1958.
44. *Bulletin Panassié III, art. cité.*
45. *Bulletin du HCF,* janvier 1948, *art. cité.*
46. *Idem.*
47. *Bulletin du HCF,* mai 1954.
48. *Bulletin du HCF,* avril 1951.
49. *Bulletin du HCF,* juillet-août et septembre 1963. Jean Duverger, entretien avec l'auteur du 15 février 1995.
50. *Bulletin du HCF,* septembre 1963.
51. *Lettre adressée au Hot club d'Angers,* novembre 1947, archives Jean Siraudeau.
52. *Jazz hot,* Noël 1947-1948.
53. *Jazz hot,* janvier 1948.
54. *Circulaire de la FHCF, décembre 1950,* archives Siraudeau.
55. *Jazz hot,* nouvel an 1948.
56. *Jazz hot,* février 1958.
57. *Jazz hot,* janvier 1949.
58. *Idem.*
59. *Jazz hot,* juin 1949.
60. *Jazz hot,* juillet-août 1949.
61. *Jazz magazine,* décembre 1954.
62. *Les années Jazz magazine,* Paris, Filipacchi, 1994, p. 15.
63. *Jazz magazine,* janvier 1955.
64. *Jazz magazine,* février 1955.
65. *Jazz magazine,* septembre 1959.
66. *Jazz hot,* juin 1956.

CHAPITRE VII

1. *Paris-Presse*, 22 février 1948.
2. *Bulletin Panassié III*, 22 octobre 1947, *art. cité* ainsi que toutes les citations des deux paragraphes suivants.
3. *La Revue du jazz*, février 1949.
4. *La Revue du jazz*, avril 1949.
5. *La Revue du jazz*, août-septembre-octobre 1949.
6. *La Revue du jazz*, novembre 1949.
7. *Statuts du HCF*, archives Jacques Pescheux.
8. *Circulaire non datée envoyée aux clubs affiliés*, archives Jacques Pescheux.
9. *La Revue du jazz*, octobre 1949, *art. cité*.
10. Hugues Panassié, *Monsieur jazz, op. cit.*, p. 348.
11. *Bulletin du HCF*, mars 1959.
12. Hugues Panassié, *Monsieur jazz, op. cit.*, p. 237.
13. Michel Winock, *Histoire de l'extrême droite en France*, Paris, Le Seuil, 1994, p. 48.
14. *Bulletin du HCF*, avril 1957.
15. *Réalité*, n° 1, automne 1945.
16. *Bulletin Panassié III*, *art. cité*.
17. *La Revue du jazz*, octobre 1949.
18. *Bulletin du HCF*, novembre 1957.
19. *La Revue du jazz*, octobre 1949.
20. *La Revue du jazz*, novembre 1949.
21. *Bulletin du HCF*, novembre 1957, *art. cité*.
22. Michel Winock, *op. cit.*, p. 39.
23. *Idem*, p. 236.
24. *Itinéraires*, décembre 1962, cité dans le *Bulletin du HCF*, février 1963.
25. *Bulletin du HCF*, octobre 1963.
26. Michel Winock, *op. cit.*, p. 44.
27. *Bulletin Panassié I*, *art. cité*.
28. « Différend Panassié-Delaunay, mise au point », 20 septembre 1947, archives Jean Siraudeau.
29. *Bulletin du HCF*, janvier 1956. On notera que le procédé qui consiste à mettre en valeur certains mots par des caractères gras ou des majuscules est courant dans le *Bulletin du HCF*.
30. *Bulletin du HCF*, juillet 1958.
31. *Bulletin du HCF*, décembre 1958.
32. *Bulletin du HCF*, février 1959.
33. *Bulletin du HCF*, mai 1959, ainsi que toutes les citations jusqu'à la fin du paragraphe.
34. *Bulletin du HCF*, février 1963.
35. *Verbe*, n° 128, cité dans le *Bulletin du HCF*, avril 1962.
36. *Rivarol*, 29 novembre 1954.
37. *Jazz hot*, février 1959.

38. *Bulletin du HCF*, mars 1959.
39. *Bulletin du HCF*, juillet 1959.
40. *Bulletin du HCF*, septembre 1963.
41. Hugues Panassié, *Monsieur jazz, op. cit.*, p. 298.
42. *Bulletin Panassié III*, art. cité.
43. *La Revue du jazz*, octobre 1949.
44. *Bulletin du HCF*, décembre 1956.
45. Hugues Panassié, *Jazz panorama*, Paris, Les Deux rives, 1950, p. 15.
46. *Idem*, p. 18.
47. *Ibid.*, p. 19.
48. *Bulletin du HCF*, juin 1951.
49. *Bulletin du HCF*, janvier 1951.
50. Cité dans Hugues Panassié, *Jazz panorama, op. cit.*
51. *La Revue du jazz*, deuxième série, juillet 1952.
52. *Bulletin du HCF*, février 1953.
53. *Bulletin du HCF*, juin 1951.
54. *Idem*.
55. *Bulletin du HCF*, décembre 1953.
56. *Bulletin du HCF*, janvier 1951.
57. *Bulletin du HCF,* décembre 1956.
58. *Idem*.
59. *Ibid*.
60. *Le Vrai Visage d'Hugues Panassié*, brochure dactylographiée, archives privées. Afin de ne pas porter atteinte à leur vie privée, aucun des protagonistes de cette affaire, à l'exception de Panassié et de Boyer, ne seront cités.
61. Jean Boyer, *Éminence, vous n'avez pas le droit*, 1963, Ermitage de Notre-Dame de Fatima, fonds Bibliothèque du Saulchoir.
62. Voir par exemple « Deux contributions à l'histoire des années proches, P. Gentizon : *Défense de l'Italie* et B. Mussolini : *Histoire d'une année* », *La Casserole*, octobre-novembre 1950.
63. *La Casserole*, janvier 1952.
64. *Rivarol*, 13 décembre 1952.
65. Lucien Rebatet, *Une histoire de la musique*, Paris, Robert Laffont, 1979, p. 867.
66. *Jazz tango dancing*, janvier 1934.
67. *Les Nouvelles littéraires*, 5 décembre 1957.

CHAPITRE VIII

1. *Combat*, 5 décembre 1946.
2. *Franc-Tireur*, 20 novembre 1947.
3. 21 février 1948.
4. *Jazz hot*, avril 1949.
5. *Images musicales*, 20 décembre 1949.
6. *Images musicales*, 17 février 1950.

7. *Jazz hot,* avril 1950.
8. *Jazz hot,* mai 1951.
9. *Jazz hot,* mai 1954.
10. *Aspects de la France,* 7 février 1958.
11. *Le Monde,* 29 avril 1958.
12. *Jazz magazine,* juillet 1958.
13. 4 août 1954, 23 septembre 1959.
14. *Jazz hot,* juin-juillet 1948.
15. Cité dans *Les Cahiers du jazz,* n° 10, 1964.
16. *Idem.*
17. *Arts,* 22 mars 1960.
18. *Jazz hot,* octobre 1945.
19. *Jazz hot,* avril 1946.
20. *Idem.*
21. *Jazz hot,* octobre 1945.
22. *Orbes,* printemps 1933.
23. *Jazz hot,* octobre 1945.
24. *Idem.*
25. *Jazz hot,* novembre 1946.
26. *Jazz hot,* février 1947.
27. *Jazz hot,* novembre 1947.
28. *Jazz hot,* mars 1947.
29. *Jazz hot,* mars 1950.
30. *Jazz hot,* été 1955.
31. Pascal Ory, « Notes sur l'acclimatation du jazz en France », *art. cité.*
32. *Jazz hot,* septembre 1963.
33. *Idem.*
34. Christian Brochand, *Histoire de la radio et de la télévision en France,* Paris, La Documentation française, 1995, tome II, p. 360.
35. *Combat,* 6 août 1956.
36. Christian Brochand, *op. cit.,* p. 360 sq.
37. *Combat,* 6 août 1956.
38. *Jazz magazine,* novembre 1956.
39. *Jazz magazine,* mai 1958.
40. *Jazz hot,* février 1957.
41. *Jazz hot,* juin 1957.
42. *Jazz hot,* décembre 1957.
43. Christian Brochand, *op. cit.,* p. 405.
44. *Jazz hot,* septembre 1958.
45. *Horizons nouveaux,* série « Visages du jazz », réalisation Jean Boyer, production RTF, 1958, Fonds Vidéothèque de Paris.
46. *Jazz magazine,* octobre 1959.
47. Charles Delaunay, *Delaunay's dilemma, op. cit.,* p. 254 sq.
48. *Idem.*
49. Frank Ténot, entretien avec l'auteur du 22 mars 1995.
50. D'après Denis Bourgeois, cité dans Noël Arnaud, *Les Vies parallèles de Boris Vian,* Paris, Christian Bourgois, 1981, p. 459.

51. Voir des exemples de texte de pochette dans : Boris Vian, *Autres écrits sur le jazz*, Paris, Christian Bourgois, 1982, tome 2, p. 262-263.
52. *Idem*, p. 232.
53. Noël Arnaud, *op. cit.*, p. 459.
54. Boris Vian, *Autres écrits sur le jazz*, tome 2, *op. cit.*, p. 233 sq.

CHAPITRE IX

1. Claude Luter, entretien avec l'auteur du 20 juin 1995.
2. Séances Vogue des 27 et 29 juin 1955.
3. Séance Vogue du 30 octobre 1951.
4. Deux séances Vogue le 2 avril 1953.
5. *Jazz hot*, juillet-août 1946.
6. Olivier Milza, *Les Français devant l'immigration*, Bruxelles, Complexe, 1988, p. 75.
7. *Jazz hot*, décembre 1946.
8. *Jazz hot*, novembre 1945.
9. Il vient cinq fois en France entre 1953 et 1961, restant près de quinze jours en 1953, trois semaines en 1954 avec une tournée en province, et plus d'un mois en 1956, dont trois semaines au programme de l'Olympia.
10. *Jazz magazine*, juillet-août 1956.
11. *Jazz hot*, décembre 1946.
12. *Bulletin du Hot club de France*, février 1945.
13. Entretien avec l'auteur du 28 mars 1995.
14. *Delaunay's dilemma*, *op. cit.*, p. 180.
15. Michel Ruppli, *Discographie Swing, op. cit.*, p. 42-43 et le disque compact *Be-bop in Paris*, vol. 1 (1947-1950), Paris, EMI 780373-1 (Collection Jazz time, n° 59), 1992, plage 1.
16. *Be-bop in Paris*, vol. 2 (1947-1959), EMI 780373-2 (Collection Jazz time, n° 60), plage 1.
17. *Idem*, plage 2.
18. *Charlie Parker Savoy recordings*, Savoy jazz records ZD 70737, 1985 (réédition disque compact), plage 7. La phrase jouée par Parker se trouve aux mesures quatre à sept de son solo.
19. *Be-bop in Paris*, vol. 2, *disc. cité*, plage 14.
20. Miles Davis, *Birth of the cool (1949-1950)*, Capitol CP 32-5181, 1986 (réédition disque compact), plage 8.
21. *Be-bop in Paris*, vol 1, *disc. cité*, plage 4.
22. Dizzy Gillespie, *Groovin' high*, Savoy jazz records SV 0152, 1992 (réédition disque compact), plages 2 à 4. La plage 4 contient un bon exemple du style de Stewart.
23. *Be-bop in Paris*, vol 1, *disc. cité*, plage 8.
24. *Charlie Parker Savoy sessions*, *disc. cité*, plage 6. L'œuvre y est appelée *Thriving on a riff*.
25. *Be-bop in Paris*, vol 1, *disc. cité*, plage 5.

26. *Jazz hot*, janvier 1955.
27. *Jazz hot*, mai 1951.
28. *Idem*.
29. Séance Vogue du 7 janvier 1957.
30. Séances Vogue des 16 mai, 24 novembre et 8 décembre 1953.
31. Séance Vogue du 29 avril 1955; disque Martial Solal, *The Vogue recordings*, vol. III, Vogue-BMG 74321131112, 1993 (réédition disque compact), plages 1 et 2.
32. *Martial Solal (1960-1962)*, EMI (Jazz time, n° 52), 1992 (réédition disque compact), plage 4.
33. *Le Monde*, 4 juin 1954.
34. Martial Solal, *The Vogue recordings*, vol. III, *disc. cité*, plage 3.
35. Séance Vogue du 3 mai 1956.
36. Séance Vogue du 24 septembre 1956.
37. Roy Haynes et Kenny Clarke, *Transatlantic meetings*, Vogue-BMG 74321115122 (Collection *American in Paris*), 1992, plage 7.
38. Séance Vogue du 30 mai 1956.
39. *L'Express*, 19 avril et 7 novembre 1957.
40. Martial Solal, *Jazz et cinéma*, EMI 794249-2 (Jazz time, n° 51), vol.1, 1990, plage 28.
41. *Jazz magazine*, mai 1959.
42. *Martial Solal (1960-1962), disc cité*, plages 7, 8 et 9.
43. *Le Monde*, 4 mai 1962. Voir aussi 13 janvier et 5 mai 1962.
44. *Témoignage chrétien*, 27 avril 1962.
45. *Le Monde*, 14 décembre 1963.
46. Charles Delaunay, *Django mon frère, op. cit.*, p. 137.
47. *Idem*, p. 138 sq.
48. Séances Vogue des 28 février, 5 mars, 7 mars et 21 mars 1954.
49. *Jazz hot*, mars 1948.
50. *Arts*, 9 juin 1954.
51. *Jazz hot*, janvier 1949.
52. *Jazz hot*, janvier 1949. Malson consacrera en 1963 un livre à cette question, intitulé *Les Enfants sauvages*, où est reproduit le texte d'Itard.

53. *Jazz hot*, janvier 1949.
54. *Jazz magazine*, janvier 1960.
55. *Jazz magazine*, septembre 1959.

CHAPITRE X

1. «Éventuellement», in *La Revue musicale*, 1952. Repris dans Pierre Boulez, *Relevés d'apprenti*, Paris, Le Seuil, 1966, p. 149.
2. *Bulletin du Conservatoire*, mai 1948.
3. *Be-bop in Paris*, vol. 1, *disc. cité*, plage 11.
4. *Idem*, plage 21.
5. *Jazz hot*, mai-juin 1946.

6. *Idem.*
7. André Hodeir, entretien avec l'auteur du 30 janvier 1995.
8. André Hodeir, *Hommes et problèmes du jazz, op. cit.*, p. 132-133.
9. *Idem*, p. 45-46.
10. *Idem*, p. 204.
11. *Jazz hot,* avril 1951.
12. Dominique Jameux, *Pierre Boulez*, Paris, Fayard, 1984, p. 69.
13. André Hodeir, *Les Tripes au soleil*, Philips-Fontana 8360702, 1959 (réédition disque compact en 1988).
14. Cité dans Jésus Aguila, *Le Domaine musical, Pierre Boulez et vingt ans de création contemporaine*, Paris, Fayard, 1992, p. 54.
15. Pierre Boulez, *Relevés d'apprenti, op. cit.*, p. 296.
16. *Idem*, p. 272.
17. *L'Express,* 19 avril 1957.
18. Voir Jésus Aguila, *op. cit.*, p. 41 et 68 sq, et Pierre-Michel Menger, *Le Paradoxe du musicien*, Paris, Flammarion, 1983, p. 374-377.
19. *L'Express,* 2 août 1962.
20. Pierre Boulez, « Stravinsky demeure », *Relevés d'apprenti, op. cit.*, p. 76.
21. André Hodeir, *La Musique depuis Debussy*, Paris, PUF, 1961, p. 105.
22. *L'Express,* 7 novembre 1957.
23. *Nouvelle Revue française*, novembre 1957.
24. André Hodeir, *Les Tripes au soleil, disc. cité.*
25. *Jazz hot,* octobre, novembre et décembre 1950.

CHAPITRE XI

1. Christian Béthune, *Sidney Bechet*, Marseille, Parenthèses, 1997, p. 120.
2. *Jazz hot,* juin 1949.
3. Christian Béthune, *op. cit.*, p. 129.
4. *Jazz hot,* novembre 1949.
5. *Jazz hot,* novembre 1956.
6. *Combat,* 17 juillet 1958.
7. Michel Ruppli, *Discographie Vogue*, Paris, AFAS, 1992, p. 11. Pour une discographie complète de Bechet, voir Christian Béthune, *op. cit.*, p. 167 sq.
8. 15 mai 1959.
9. 15 mai 1959.
10. 15 mai 1959.
11. 21 mai 1959.
12. 22 mai 1959.
13. *Jazz hot,* juillet-août 1959.
14. *Témoignage chrétien,* 2 octobre 1959.
15. La liste serait encore longue. Pour plus de détails, voir Ludovic Tournès, *op. cit.*, annexe I.
16. *Jazz hot,* septembre 1956.
17. *Arts,* 7 mars 1956.

18. *Jazz hot*, février 1962.
19. *Jazz magazine*, février 1956.
20. *Bulletin du Hot club de France*, février 1945.
21. *Idem*.
22. *Jazz hot*, septembre 1956.
23. *Jazz hot*, novembre 1956.
24. *L'Express*, 29 juin 1956.
25. *L'Express*, 12 octobre 1956.
26. *Le Monde*, 4 octobre 1956.
27. *Jazz hot*, septembre 1962.
28. *Jazz magazine*, septembre 1962.
29. *L'Express*, 18 octobre 1962.
30. *Jazz magazine*, septembre 1962, cité dans le *Bulletin du HCF*, novembre 1962.
31. *L'Express*, 26 octobre 1961.
32. *Arts*, 25 octobre 1961.
33. Alphonse Masselier, entretien avec l'auteur du 6 décembre 1994.
34. Michel Ruppli et Jacques Lubin, *Discographie Blue Star*, Paris, AFAS, 1992, p. 33-58.
35. Charles Delaunay, *Delaunay's dilemma*, *op. cit.*, p. 217.
36. *Jazz hot*, octobre 1952.
37. Boris Vian, *Chansons*, Paris, Christian Bourgois, 1994, p. 5. Ce gros recueil comporte toutes ses chansons connues à ce jour.
38. Rééditées en disque compact sous le titre *Boris Vian et ses interprètes*, Polygram 845 918-2 PY 926, 1991.
39. Noël Arnaud, *Les Vies parallèles de Boris Vian*, *op. cit.*, p. 459.
40. La liste complète des séances se trouve dans Noël Arnaud, *op. cit.*, p. 462-465.
41. Voir la réédition en disque compact *Boris Vian n° 6, Henri Salvador et les Garçons*, Disques Jacques Canetti, 1989, distribution Musidisc 10362 MU 760.
42. *L'Express*, 21 septembre 1956.
43. Hervé Hamon et Patrick Rotman, *Tu vois, je n'ai pas oublié*, Paris, Le Seuil/Fayard, 1990, p. 73.
44. Michel Ruppli, *Discographie Swing*, *op. cit.*, séances du 16 mars, 11 mai, 17 juin 1943, 28 mars, 19 et 20 avril 1944.
45. Cité dans Hervé Hamon et Patrick Rotman, *op. cit.*, p. 213, mais leur référence est inexacte : le numéro de *Jazz hot* est celui de novembre 1946.
46. Yves Montand, *Les Années Odéon*, vol 2 (1948-1950), Odéon 14-475-634-10-B, non daté, plage 1.
47. Voir par exemple *Les Enfants qui s'aiment*, *Flâner tous les deux* ou encore *Maître Pierre* dans Yves Montand, *disc. cité*.
48. Hervé Hamon et Patrick Rotman, *op. cit.*, p. 226.
49. Michel Ruppli, *Discographie Swing*, *op. cit.*, séances des 28 octobre et 16 novembre 1948, 5 janvier, 24 novembre et 15 décembre 1949, 1er mars, 17 avril, 28 juin et 15 novembre 1950. *Discographie Vogue*, *op. cit.*, séances des 4 janvier, 10 mai et 2 octobre 1949, 30 juin 1950.
50. Yves Montand, *disc. cité*.

51. Hervé Hamon et Patrick Rotman, *op. cit.* L'expression est de Roger Paraboschi.
52. Yves Montand, *disc. cité.*
53. Hervé Hamon et Patrick Rotman, *op. cit.*, p. 223.
54. Yves Montand, *disc. cité.*
55. Yves Montand, *disc. cité.*
56. *Jazz hot*, février 1956.

CHAPITRE XII

1. Philippe Boggio, *Boris Vian*, Paris, Flammarion, 1993, p. 119.
2. Simone de Beauvoir, *La Force des choses*, Paris, Gallimard, 1963, p. 73.
3. Philippe Boggio, *op. cit.*, p. 121.
4. *Radio 48*, 5 décembre 1948, cité dans Philippe Boggio, *op. cit.*, p. 231.
5. Voir les photos de cet événement dans Frank Ténot, *Boris Vian, le jazz et Saint-Germain-des-Prés*, Paris, Du May, 1993. Devant cent à trois cents personnes, des musiciens français donnent un petit concert en l'honneur d'Ellington sur le parvis de la gare.
6. *Jazz magazine*, juin 1980.
7. *Le Monde*, 20 juin 1991.
8. Jean-Paul Sartre, *La Nausée*, Paris, Gallimard, 1938, p. 36-39.
9. Deirdre Blair, *Simone de Beauvoir*, Paris, Fayard, 1991 (traduit de l'américain), p. 415. Voir aussi Annie Cohen-Solal, *Jean-Paul Sartre*, Paris, Gallimard, 1985, p. 350. Sartre lui-même, dans un entretien accordé à Lucien Malson en 1977, déclare : « Ça fait partie de ma légende ; en réalité, j'y allais rarement » (*Le Monde*, 28 juillet 1977, cité dans *Jazz magazine*, juin 1980).
10. *America*, numéro spécial « Jazz 47 », mai 1947.
11. *Idem.*
12. *Bulletin Panassié II*, septembre 1947, *art. cité.*
13. *Idem.*
14. *Jazz hot*, octobre 1947.
15. Vincent Doucet, *Jazz in Cobra*, cité dans *Jazz hot*, janvier-février 1984.
16. *Jazz hot*, septembre 1956.
17. *Jazz hot*, décembre 1954.
18. *L'Aurore*, 10 juillet 1958.
19. *Jazz hot* et *Jazz magazine*, février 1962.
20. *Jazz hot*, juillet 1956.
21. Elle traduira en 1964 des negro spirituals publiés sous le titre *Fleuve profond, sombre rivière* et publiera en 1974 un recueil de poèmes sous le même titre.
22. Jacques Réda, né en 1929, est amateur de jazz depuis l'adolescence. Après un premier article publié dans *Jazz hot* en janvier 1952, il collabore à *Jazz magazine* à partir de 1963. Il a publié plusieurs recueils de poésie et a été rédacteur en chef de la *Nouvelle Revue française* à la fin des années quatre-vingt.
23. *Action*, 23 mars 1948.
24. *Puissances du jazz*, cité dans *Jazz hot*, novembre 1953.

25. *Idem.*
26. Noël Arnaud, *Les Vies parallèles de Boris Vian*, cité dans Gilbert Pestureau, *Boris Vian, les amerlauds et les godons*, Paris, Union générale d'éditions, 1978, p. 383.
27. Gilbert Pestureau, *op. cit.*
28. Melville J. Herskovits, *Les Bases de l'anthropologie culturelle*, Paris, Payot, 1967, p. 248.
29. *Jazz hot*, numéro spécial 1948.
30. *Jazz hot*, mai 1949.
31. *Jazz hot*, avril 1955.
32. *Jazz hot*, mai 1955.
33. *Jazz hot*, avril 1955.
34. *Jazz magazine*, juillet-août 1955.
35. *Jazz hot*, mai-septembre 1958.
36. *Jazz hot*, mars 1957.
37. *Jazz magazine*, avril 1955.
38. *Jazz magazine*, août 1962.
39. *Les Lettres françaises*, 22 novembre 1962.
40. *Jazz magazine*, avril 1963.
41. *L'Express*, 23 novembre 1961.
42. *Jazz magazine*, janvier 1962.
43. *Actualités cinématographiques Gaumont*, mai 1963.
44. De nombreux amateurs de jazz sont aussi cinéphiles. Les deux passions présentent de nombreuses similitudes : même érudition passionnée, même purisme parfois ombrageux, même quête de légitimation d'une forme d'art jugée mineure, même type de sociabilité. La principale différence porte sur l'étendue du public touché, car le mouvement Hot club n'a jamais atteint, loin s'en faut, l'ampleur de celui des ciné-clubs.
45. *L'Écran français*, 13 janvier 1948. L'article « Une victime du cinéma américain : le jazz » est reproduit dans *Boris Vian : Cinéma-Science fiction*, Paris, Christian Bourgois, 1978, p. 45-48.
46. *Jazz hot*, novembre 1958.
47. *Jazz hot*, avril 1963.
48. *Idem.*
49. *Les Cahiers du cinéma*, juin 1959.
50. Jean Tulard, *Dictionnaire du cinéma (les réalisateurs)*, Paris, Robert Laffont, 1982, p. 550.
51. *Jazz magazine*, mai 1960.

CHAPITRE XIII

1. On se fonde ici sur les travaux d'Augustin Girard, qui estime qu'« un pratiquant régulier est un individu qui exerce une pratique au moins cinq fois par an ». Voir « Les enquêtes sur les pratiques culturelles », in Jean-Pierre Rioux et

Jean-François Sirinelli (dir.), *Pour une histoire culturelle*, Paris, Le Seuil, 1997, p. 302, note 5.

2. *Jazz hot*, juillet 1949.
3. *Combat*, 3 mars 1948.
4. *Arts*, 20 octobre 1954.
5. *Sud-Ouest*, 25 octobre 1958.
6. *Le Figaro*, 17 juillet 1958.
7. *Arts*, 25 février 1959.
8. *Les Lettres françaises*, 10 octobre 1963.
9. Cité dans *Jazz hot*, mars 1962 et *Arts*, 7 février 1962.
10. *Les Jeunes et le jazz*, série « L'avenir est à vous », réalisation Jean-Charles Lagneau, production RTF, 1956, fonds Vidéothèque de Paris.
11. Pascal Ory et Jean-François Sirinelli, *Les Intellectuels en France, de l'affaire Dreyfus à nos jours*, Paris, Armand Colin, 1986, p. 207.
12. Cité dans *Jazz hot*, mars 1962.
13. Gérard Vincent, *Les Français, 1945-1975 ; chronologie et structures d'une société*, Paris, Masson, 1977, p. 296, tableaux 12 et 13.
14. *Jazz magazine*, décembre 1964.
15. *Jazz hot*, avril 1946.
16. *Combat*, 23 octobre 1947.
17. *Combat*, 19 février 1948.
18. Gérard Conte, entretien avec l'auteur du 10 décembre 1994.
19. Jacques Souplet, entretien avec l'auteur du 26 janvier 1996.
20. *Le Monde*, 13 juin 1962.
21. *Jazz magazine*, novembre 1957.
22. Pierre-Jean Linon, lettre à l'auteur du 10 avril 1995.
23. *Jazz magazine*, avril 1961.
24. *Témoignage chrétien*, 6 janvier 1950.
25. « Les jeunes et le jazz », émission citée.
26. *Sondages, revue française de l'opinion publique*, n° 1, 1958.
27. *Jazz hot*, juin 1956.
28. Hugues Panassié, *Cinq mois à New York*, *op. cit.*, p. 134.
29. Hugues Panassié, *La Véritable Musique de jazz*, *op. cit.*, p. 41.
30. Hugues Panassié, *La Véritable Musique de jazz*, *op. cit.*, p. 41-42.
31. *Le Monde*, 22 février 1948.
32. *Jazz hot*, mai juin 1948.
33. *Paris-Presse*, 10 mai 1949.
34. *Le Figaro*, 14 avril 1950.
35. *Le Figaro*, 29 octobre 1958.
36. L'expression est d'Hugues Panassié, in *Douze années de jazz*, *op. cit.*, p. 267.
37. *Arts*, juillet 1960, semaine non précisée.
38. Georges Herment, « Mon festival », *Bulletin du HCF* sans numéro, 1948, cité par André Hodeir, *Hommes et problèmes du jazz*, *op. cit.*, p. 342.
39. *La Revue du jazz*, mars 1949.
40. *La Revue du jazz*, janvier 1950.
41. *La Revue du jazz*, janvier 1949.
42. André Hodeir, *Hommes et problèmes du jazz*, *op. cit.*, p. 342, ainsi que toutes les citations jusqu'à la fin du paragraphe.

43. *Paris-Presse*, 22 février 1948.
44. *Franc-Tireur*, 28 février 1948.
45. *Paris-Match*, 3 octobre 1953.
46. *Les Lettres françaises*, 1er octobre 1953.
47. *Le Figaro*, 14 mai 1949.
48. 20 octobre 1954.
49. *Le Figaro*, 2 février 1952.
50. *L'Aurore*, 10 juillet 1958.
51. *Jazz magazine*, janvier 1956.
52. *Jazz magazine*, juillet 1959.
53. *Jazz magazine*, octobre 1959.
54. *Jazz hot*, février 1955.
55. *Jazz magazine*, juillet-novembre 1959.
56. *Jazz magazine*, avril 1986.
57. *Paris-Journal*, 13, 14 et 15 mai 1959.
58. *Ici Paris*, 19-25 avril 1961, cité dans le *Bulletin du HCF*, juillet 1961.
49. *Jazz magazine*, octobre 1960.
60. *Jazz magazine*, janvier 1962.

CHAPITRE XIV

1. *Jazz hot*, avril 1956.
2. *Le Figaro*, 12 mars 1956.
3. *L'Express*, 28 septembre 1956.
4. *Jazz hot*, novembre 1956.
5. *Jazz hot*, octobre 1953.
6. *Combat*, 21 septembre 1953.
7. *L'Aurore*, 20 octobre 1955.
8. *Témoignage chrétien*, 28 octobre 1955.
9. *Bulletin du Hot club lyonnais*, mars 1948.
10. *Jazz hot*, janvier 1951.
11. *Le Monde*, 6 novembre 1956.
12. *Jazz magazine*, septembre 1959.
13. *Arts*, mai 1962, semaine non précisée.
14. *Jazz magazine*, janvier 1961.
15. *Le Figaro*, 20 mars 1961.
16. *Le Figaro*, 30 mars 1961.
17. *Le Monde*, 21 novembre 1961.
18. *Idem.*
19. *Le Monde*, 13 juin 1962.
20. *L'Express*, 26 octobre 1961.
21. *Le Monde*, 13 juin 1962.
22. *Les Lettres françaises*, 10 octobre 1963.
23. *Bulletin du Conservatoire*, octobre 1948.

24. André Lafosse, *Traité de pédagogie du trombone à coulisse*, Paris, Leduc, 1955.
25. *Arts*, 20 avril 1945.
26. *Jazz hot*, mai 1952.
27. *Arts*, 23 février 1945.
28. *L'Express*, 21 mai 1959.
29. *Les Nouvelles littéraires*, 20 novembre 1947.
30. *Le Figaro*, 13 mai 1948.
31. *Le Figaro*, 8 avril 1950.
32. *Franc-tireur*, 12 mai 1948.
33. *Action*, 11 mars 1948.
34. *Le Monde*, 22 juillet 1948.
35. *L'Humanité*, 19 septembre 1959.
36. *Le Monde*, 11 mai 1948.
37. *Action*, 21 mai 1948.
38. *Jazz hot*, avril 1949.
39. *Jazz hot*, septembre 1949.
40. *Jazz hot*, mai 1954.
41. *Combat*, 1er juin 1954.
42. *Jazz hot*, décembre 1956.
43. *Jazz hot*, janvier 1959.
44. *Le Figaro*, 26 mai 1961.
45. *Arts*, 6 mars 1963 et *Le Monde*, 13 mars 1963.
46. *L'Aurore*, 3 novembre 1956.
47. *Le Monde*, 6 novembre 1956.
48. *Jazz hot*, décembre 1956.
49. *Jazz hot*, janvier 1957.
50. *Idem*.
51. *France-Soir*, 14 février 1958.
52. *L'Express*, 13 janvier 1958.
53. *Le Figaro*, 12 février 1958.
54. *Jazz magazine*, avril 1958.
55. *Le Monde*, 13 décembre 1959.
56. *Jazz magazine*, janvier 1960.
57. Charles Delaunay, *Delaunay's dilemma*, op. cit., p. 263.
58. D'après Pascal Anquetil, responsable du Centre d'information du jazz (CIJ), entretien avec l'auteur du 11 janvier 1999.
59. Philippe Carles, Jean-Louis Comolli, André Clergeat (dir.), *op. cit.*, article « festivals ».
60. Pour une mise en perspective générale des mutations du mouvement associatif musical depuis 1945, voir Ludovic Tournès (dir.), *De l'acculturation du politique au multiculturalisme : sociabilités musicales contemporaines*, Paris, Librairie Honoré Champion, 1999, p. 18-34.
61. Chiffre donné par les organisateurs du festival. Voir le site internet consacré au jazz en France (http://www.jazzfrance.com/fr/), à la rubrique « festivals ».

62. Université de Toulouse-le-Mirail, Groupe de recherches socio-économiques, *Jazz in Marciac, un festival dans le Gers, étude socio-économique*, Toulouse, ADDOC Midi-Pyrénées, 1988, p. 18.
63. *Idem*, p. 79 sq.
64. *Ibid.*, p. 86.
65. Pour toutes ces informations, voir le site internet http://www.jazzfrance.com, rubrique « festivals », sous-rubrique « Jazz in Marciac ».
66. Université de Toulouse-le-Mirail, Groupe de recherches socio-économiques, *op. cit.*, p. 87.
67. *Jazz magazine*, mars 1994.
68. *Jazz magazine*, mars 1994.
69. On a repris ici l'expression forgée par Robert Frank, Marie-Françoise Lévy et Michèle Zancarini-Fournel, qui ont animé un groupe de recherche sur ce thème à l'Institut d'histoire du temps présent de 1995 à 1998. Les actes du colloque tenu en novembre 1998 paraîtront en 1999.
70. Pascal Ory et Jean-François Sirinelli, *op. cit.*, p. 206.
71. *Jazz hot*, mars 1967.
72. *Jazz hot*, juin 1967.
73. *Jazz hot*, décembre 1966 et mars 1967.
74. *Jazz hot*, mai 1967.
75. *Idem*.
76. *Jazz hot*, août 1967.
77. *Jazz hot*, novembre 1967.
78. *Jazz magazine*, avril 1966.
79. *Jazz hot*, août 1967.
80. *Jazz magazine*, avril 1966.
81. *Jazz hot*, mai-juin 1968.
82. *Jazz hot*, mai-juin 1968.
83. *Jazz hot*, octobre 1968.
84. *Droit et liberté*, février 1969.
85. *Jazz hot*, avril 1969.
86. *Jazz hot*, avril 1969.
87. Annette Léna, *Le Matin des Noirs*, Paris, Julliard, 1969.
88. *Free-jazz/Black power*, Paris, Champ libre, 1971.
89. *Jazz hot*, mai-juin 1968.
90. Christophe Bourseiller, *Les Maoïstes, la folle histoire des gardes rouges français*, Paris, Plon, 1996, p. 124.
91. *Jazz hot*, mars 1964.
92. *Jazz hot*, janvier 1966.
93. *Jazz hot*, septembre 1968.
94. *Jazz magazine*, septembre 1969.
95. Philippe Carles, André Clergeat, Jean-Louis Comolli (dir.), *op. cit.*, articles « Jazz Composer's Guild Association » et « Jazz Composer's Orchestra Association ».
96. *Jazz hot*, décembre 1968.
97. *Jazz hot*, mars 1972.
98. Réédité chez André Dimanche, Marseille, 1993.
99. *Jazz hot*, juillet 1972.

100. *Jazz magazine,* avril 1981.
101. Geoffrey Smith, *op. cit.,* p. 262.
102. *Arts,* 20 avril 1945.
103. *Jazz hot,* novembre 1947.
104. *Jazz hot,* octobre 1947.
105. *Jazz hot,* septembre-octobre 1946.
106. *Jazz hot,* novembre 1946.
107. *Jazz hot,* novembre 1964.
108. *Cahiers de l'animation musicale,* n° 32-33, juin-septembre 1984, p. 7. Ce numéro spécial consacré à l'enseignement du jazz donne un panorama de la diversité des associations pédagogiques.
109. On se donnera une idée du dynamisme de ce mouvement associatif et de l'importance de la pratique musicale amateur en feuilletant une revue telle que *Jazz dixie swing,* créée en 1994 par Raymond Fonsèque, et qui regorge d'informations relatives à la vie jazzistique sur l'ensemble du territoire, nettement moins bien mise en valeur par les grandes revues telles que *Jazz hot* ou *Jazz magazine,* qui se consacrent avant tout à l'actualité internationale.
110. Philippe Gumplowicz (dir.), *Doctor jazz ?,* Actes du colloque international « Pédagogies du jazz », Mulhouse, 28-30 septembre 1984, Paris, CENAM, 1985, p. 40.
111. *Cahiers de l'animation musicale,* n° 32-33, juin-septembre 1984, p. 50-57.
112. *Jazz hot,* janvier 1976.
113. *Jazz hot,* juin 1977.
114. Michael Paris, *La Politique du jazz (1981-1988),* mémoire de maîtrise, Université Versailles-Saint-Quentin-en-Yvelines, 1996, p. 73.
115. Philippe Carles, Jean-Louis Comolli, André Clergeat (dir.), *op. cit.,* nouvelle édition revue et augmentée (1994), p. 369.
116. *Jazz hot,* novembre 1984 ; expression reprise par Michael Paris, qui consacre dans son mémoire de maîtrise cité plus haut une partie à l'ONJ, à laquelle ce paragraphe doit beaucoup.
117. Michael Paris, *op. cit.,* p. 64.
118. *Jazz hot,* janvier-février 1986.

ANNEXE I

Chronologie indicative

On a indiqué ici un choix d'événements jazzistiques représentatifs, sans prétendre à l'exhaustivité.

1917

Avril : les États-Unis déclarent la guerre à l'Allemagne.
Juin : arrivée des premiers soldats américains en France.
11 décembre : première de la revue *Laissez-les tomber!* au Casino de Paris.
Erik Satie, *Rag-time du paquebot*.

1918

Février-mars : l'orchestre de James Reese Europe et ses Hellfighters effectuent une tournée en province.
28 juin : premier emploi du mot jazz dans la nouvelle revue du Casino de Paris, accompagnée par « The great american jazz band ».
Jean Cocteau, *Le Coq et l'Arlequin*.
Francis Poulenc, *Rhapsodie nègre*.
Igor Stravinsky, *L'Histoire du soldat* et *Ragtime pour onze instruments*.

1921

Février : ouverture du Gaya avec Jean Wiéner au piano et Vance Lowry au banjo.
6 décembre : premier concert de jazz, organisé par Jean Wiéner à la salle des Agriculteurs.

1922

Janvier : ouverture du Bœuf sur le toit.
Jean Wiéner, *Sonatine syncopée*.

1923

Darius Milhaud, *La Création du monde*.

1924

25 octobre : le *Concerto franco-américain* de Jean Wiéner est créé aux concerts Pasdeloup.
Parution en France des premiers disques de King Oliver.

1925

Octobre : la *Revue nègre* à Paris.
Maurice Ravel, *L'Enfant et les sortilèges*.

1926

23 janvier : première prestation publique du duo de pianistes Wiéner/Doucet.
2 juillet : l'orchestre de Paul Whiteman au Théâtre des Champs-Élysées.
André Schaeffner et André Cœuroy, *Le Jazz*.

1927

Décembre : l'orchestre de Jack Hylton au théâtre de l'Empire.

1928

Octobre : l'orchestre de Grégor et ses Grégoriens au Cirque de Paris.
Premiers enregistrements de l'orchestre de Ray Ventura and his Collegians.
Parution en France des premiers disques de Louis Armstrong.

1929

Juillet : fondation de *La Revue du jazz*.

1930

16 mai : Grégor et ses Grégoriens au théâtre de l'Empire.
Octobre : fondation de la revue *Jazz tango*.

1931

16 février : l'orchestre de Jack Hylton à l'Opéra.
Jacques Bureau anime une émission de jazz sur Radio L.L.
Maurice Ravel, *Concerto pour la main gauche* et *Concerto en sol majeur*.

1932

Octobre : fondation du Hot club de France.
Robert Goffin, *Aux frontières du jazz*.

1933

1ᵉʳ février : premier concert du Hot club de France.
8 juin : Ray Ventura et ses Collégiens salle Pleyel.
Juillet : Duke Ellington salle Pleyel.

1934

Novembre : Louis Armstrong salle Pleyel. Hugues Panassié publie *Le Jazz hot*.
2 décembre : premier concert du Quintette du Hot club de France.

1935

23 février : Coleman Hawkins salle Pleyel.
Mars : fondation de la revue *Jazz hot*.

1937

Juin : Exposition universelle à Paris. L'orchestre du Cotton club au Moulin rouge.
Octobre : parution des premiers disques Swing.
Première édition de la *Hot discography* de Charles Delaunay.

1938

Octobre : voyage d'Hugues Panassié aux États-Unis (jusqu'en février 1939).

1939

Avril : Duke Ellington salle Pleyel.
Août : tournée du Quintette du Hot club de France en Angleterre.

1940

1ᵉʳ octobre : enregistrement de *Nuages* par le Quintette du Hot club de France.
16 décembre : festival de jazz français salle Gaveau.
24 décembre-1ᵉʳ janvier : le Quintette du Hot club de France se produit salle Pleyel au cours d'une série de galas avec l'orchestre de Fred Adison.

1941

16 et 18 janvier : Alix Combelle et le Jazz de Paris, salle Gaveau.
2 février : festival de jazz salle Pleyel.
10 mai : concert de l'Orchestre symphonique de jazz de Robert Bergman.
15-30 septembre : le Quintette du Hot Club de France à l'Olympia.
21 septembre : deuxième festival Swing salle Pleyel.
11 octobre : Raymond Legrand et son orchestre salle Pleyel.

Novembre : Alix Combelle et le Jazz de Paris à l'Alhambra de Bordeaux.
28 décembre : tournoi des amateurs salle Pleyel.

1942

8 mars : André Ekyan et son swingtette salle Pleyel.
Mars : tournée de Gus Viseur en Allemagne.
4, 5 et 6 avril : l'orchestre belge de Fud Candrix salle Pleyel.
Avril : tournée du Quintette du HCF en Belgique et dans le nord de la France.
25 juin : Raymond Legrand, en tournée en Allemagne, passe à la radio de Berlin.
27 septembre : premier concert du cycle 1942-1943 des concerts de l'École normale de musique.

1943

Janvier : l'orchestre Raymond Legrand à l'Alhambra de Bordeaux.
28 mars : Aimé Barelli et son orchestre salle Pleyel.
12 septembre : Alix Combelle et son orchestre salle Pleyel.
26 septembre : Django Reinhardt salle Pleyel.
Novembre : tournée du Quintette du HCF dans le Midi.

1944

2 janvier : finale du septième tournoi amateur salle Pleyel.
7 mai : festival de jazz salle Pleyel.
16 mai : Léo Chauliac et son trio salle Gaveau.
26 novembre : Alix Combelle salle Pleyel.
Octobre-novembre : l'orchestre Glenn Miller arrive à Paris.

1945

9, 16 et 23 février : trois grandes Nuits du jazz organisées par le groupement de musiciens français au Coliseum.
18 février : concert de l'orchestre Glenn Miller à l'Opéra.
18 mars : Hubert Rostaing et son orchestre salle Pleyel.
18 novembre : 133e concert du HCF à l'École normale de musique.
16 décembre : l'ATC Band salle Pleyel avec Django Reinhardt.

1946

17 février : « Festival franco-américain de jazz blanc et noir » salle Pleyel.
31 mars : 140e concert du HCF à l'École normale de musique.
7 mai : Django Reinhardt et André Ekyan salle Pleyel.
13 octobre : Alix Combelle salle Pleyel.
15 décembre : Don Redman et son orchestre salle Pleyel.

1947

Octobre : scission du Hot club de France
Novembre : première tournée de la Fédération des Hot clubs français (FHCF).
16 novembre : le Quintette du HCF salle Pleyel.
5 décembre : Rex Stewart salle Pleyel avec son orchestre, puis tournée en province organisée par le HCF.
20 décembre : tournoi amateur et nuit du jazz à la salle Wagram.

1948

20 et 22 février : Dizzy Gillespie salle Pleyel, puis le 3 mars à Lyon.
22-28 février : festival de Nice.
2 mars : Louis Armstrong salle Pleyel.
22 mars : Mezz Mezzrow salle Pleyel.
10-16 mai : la Semaine du jazz au théâtre Marigny.
Juillet. : Duke Ellington salle Pleyel avec la chanteuse Kay Davis, Ray Nance, et le trio britannique de Malcolm Mitchell.
3 octobre : première de Jazz parade au théâtre Édouard-VII.

1949

Janvier-mars : tournée Bill Coleman organisée par la FHCF.
Avril-mai : tournée Jack Diéval dans le Midi organisée par les Jeunesses musicales de France sous le patronage de la FHCF.
8-15 mai : deuxième festival international de jazz à Paris, salle Pleyel.
Octobre : Buck Clayton à l'Olympia de Bordeaux.
3 novembre : Louis Armstrong salle Pleyel.

1950

Avril : Duke Ellington et son orchestre au théâtre de Chaillot.
8 juin : Benny Goodman et son sextette à Chaillot.
22 octobre : Bechet et Luter à l'Apollo. Tournée en province du 20 novembre au 1er décembre.
1-5 décembre : Ier Salon international du jazz à Paris.

1951

À partir du 9 février : Bechet et Luter à l'ABC pendant quatre semaines.
20 juillet-25 août : tournée Big Bill Broonzy.
17 août : mariage de Sidney Bechet à Juan-les-Pins.
Août-septembre : parution des premiers disques microsillons de longue durée en France.
Décembre : Mezz Mezzrow salle Pleyel, puis en province.

1952

29 mars-6 avril : IIe Salon du jazz.
13 octobre-19 novembre : tournée Bill Coleman.
25 et 26 octobre : Mahalia Jackson salle Pleyel. Le 27 à Lyon.
9-25 novembre : tournée Louis Armstrong.

1953

4 février : Mezz Mezzrow au Théâtre des Champs-Élysées.
9 février : Dizzy Gillespie salle Pleyel.
4 avril : au TNP à Chaillot, première audition du ballet de Sidney Bechet, *La nuit est une sorcière*.
16 mai : mort de Django Reinhardt.
16 juin : concert de jazz Nouvelle-Orléans aux arènes de Lutèce.
26 et 27 septembre : Lionel Hampton au palais de Chaillot.
20 septembre : Stan Kenton à l'Alhambra.

1954

29 janvier-11 février : Bechet-Reweliotty en attraction à l'Alhambra.
19 février : Tohama, Sidney Bechet, Claude Luter et Georges Brassens à l'Olympia.
5 mars : le Jazz at the Philharmonic (JATP) salle Pleyel.
29 mars-4 avril : Count Basie à Paris, Lyon, Bordeaux, Lille.
27 avril : Nat King Cole Trio salle Pleyel.
1-7 juin : IIIe Salon du jazz salle Pleyel.
Juillet : premier festival de Newport (États-Unis).
16 décembre : le Jazz groupe de Paris au palais de Chaillot.
Création de l'Académie du jazz.

1955

Janvier : les Nicholas Brothers, Mezz Mezzrow, Jacques Pills à l'Olympia.
10-21 février : Bechet-Reweliotty en vedette à Bobino avec Catherine Sauvage, Jacques Brel et Fernand Raynaud.
19 et 20 février : le JATP salle Pleyel.
Mars : mort de Charlie Parker.
31 mars-3 avril : Bechet-Reweliotty en province.
19 octobre : Bechet, Luter et Reweliotty à l'Olympia : concert gratuit organisé par Vogue pour fêter le millionnième disque vendu par Bechet.
29-31 octobre : premier salon du jazz de Lyon.
31 oct-30 novembre : tournée Louis Armstrong.

1956

Décembre 1955-mars 1956 : tournée Sammy Price organisée par les JMF (70 villes visitées).
À partir du 19 janvier : Lionel Hampton à l'Olympia, puis en province.
Janvier-mars : Bechet-Reweliotty à l'Alhambra, puis en province.
6-29 février : tournée Bill Coleman.
1-20 mars : Gerry Mulligan à l'Olympia.
10 mars : festival de jazz Nouvelle-Orléans au Vél' d'hiv'.
22-23 septembre : Kid Ory salle Pleyel.
29 septembre-13 octobre : Count Basie en France.
À partir du 12 octobre : Lester Young en trio pour trois semaines au Club Saint-Germain.
27 octobre-1er novembre : IIe Salon du jazz de Lyon.
Arrivée des premiers enregistrements de rock' n' roll en France.

1957

8 février : Stan Getz pour trois semaines au Club Saint-Germain.
8 juin : festival de jazz organisé par le Hot club de Beaune, en accord avec le comité d'organisation de la foire-exposition des vins.
Août : concert du trio Solal/Michelot/Clarke au deuxième festival de l'art d'avant-garde à Nantes.
14-28 octobre : Jay Jay Johnson au Club Saint-Germain.
20 octobre : le Jazz groupe de Paris au festival de musique contemporaine de Donaueschingen.
30 octobre-14 novembre : Bud Powell au Club Saint-Germain.
7 novembre : Jack Teagarden, Earl Hines, Cozy Cole, Max Kaminsky, Peanuts Hucko et Jack Lesberg à l'Olympia.
9-12 novembre : Count Basie à l'Olympia.
5-24 décembre : Errol Garner à l'Olympia.

1958

15 janvier-9 février : Sister Rosetta Tharpe à l'Alhambra.
11-12 février : le Modern jazz Quartet (MJQ) au Théâtre des Champs-Élysées.
15 mars : Max Roach à l'Olympia.
Mai : festival de jazz à Montpellier (organisé par le Jazz club du Sud-Est et l'association des étudiants de Montpellier) avec des formations régionales.
8-13 juillet : festival de Cannes.
21 octobre : Billie Holiday à l'Olympia.
29 octobre : Sonny Rollins à l'Olympia.
28-29 octobre : Ellington à Paris.
22 novembre : les Jazz Messengers à Paris.
Décembre : Nuit du jazz. Dernière apparition publique de Bechet.

1959

Janvier : les Jazz Messengers à Marseille.
À partir du 23 janvier pour trois semaines : Lester Young au Blue Note.
14 février : Horace Silver à l'Olympia, puis au Club Saint-Germain.
23-28 février : Sonny Rollins au Club Saint-Germain.
28 février : Count Basie à Paris.
15 mars : mort de Lester Young.
À partir du 18 avril : Thelonius Monk au Club Saint-Germain.
14 mai : mort de Sidney Bechet.
23 juin : mort de Boris Vian.
17 juillet : mort de Billie Holiday.
20-21 septembre : Duke Ellington salle Pleyel.
4 octobre : Kid Ory salle Pleyel.
6 octobre : Buck Clayton à Rouen.
10 décembre : le MJQ au Théâtre des Champs-Élysées.

1960

26 janvier : le Jazz groupe de Paris participe à l'exécution de *Au-delà du hasard*, œuvre de Jean Barraqué, au Domaine musical.
23 février : le JATP à l'Olympia.
Mars : tournée JMF de Raymond Fonsèque en province.
29 mars : Count Basie à l'Olympia.
6-14 juillet : premier festival d'Antibes.
19 novembre : Gerry Mulligan Big band à l'Olympia.
24 et 31 décembre : Louis Armstrong à Paris au Palais des sports.

1961

11 mars : Duke Ellington à l'Olympia.
13 mars : les Jazz Messengers à l'Olympia.
18 avril : Monk quartet à l'Olympia.
22 avril : Newport Dixieland jazz festival à l'Olympia avec l'orchestre de Buck Clayton.
25 avril : Mahalia Jackson à l'Olympia.
2-27 mai : Memphis Slim à Paris puis en province.
9 juillet : le trio Solal/Humair/Pedersen au festival classique de l'abbaye de Royaumont.
14-16 septembre : Eric Dolphy au Club Saint-Germain.
18 octobre : Coltrane à l'Olympia.
20-22 octobre : Ray Charles à Paris au Palais des sports.
15-31 octobre : tournée de Champion Jack Dupree.

1962

6 janvier : premier concert de l'association Interjazz au théâtre de l'Alliance française.
18 février : les Jazz Messengers salle Pleyel.
24 avril : Armstrong à l'Olympia.
5 mai : Count Basie à l'Olympia.
17-25 mai : Ray Charles à l'Olympia.
20 octobre : festival de blues à l'Olympia.
6 novembre : le Big band de Martial Solal au Club Saint-Germain. Puis tournée du trio Solal/Humair/Pedersen en novembre-décembre, organisée par les JMF (53 villes visitées).
9-10 novembre : festival de jazz à Rouen.
17 novembre : Coltrane à l'Olympia.
22-23 décembre : Cannonball Adderley à l'Olympia.

1963

Janvier : la revue Black Nativity au Théâtre des Champs-Élysées.
1-2 février : Ellington à l'Olympia.
19 janvier : Rollins à l'Olympia.
13-22 mars : tournée de Claude Bolling en province puis au Maroc avec les JMF.
23 mars : deuxième festival de jazz amateur de Saint-Leu-la-Forêt.
23 mars : tournoi amateur à Lille.
26-27 mars : deuxième festival de Caen.
22 juin : nuit de *Salut les copains,* place de la Nation (100 000 participants).
1er novembre : Coltrane salle Pleyel.
9 décembre 1963-29 avril 1964 : tournée JMF de Guy Lafitte.

1964

2 janvier : concert du premier groupe de free-jazz français à la Maison de l'étudiant, rue Saint-Jacques.
Avril : Charles Mingus salle Pleyel.
Novembre : première édition du Paris jazz festival.

1965

Été : Don Cherry au Chat qui pêche.
Octobre : création d'une section des musiciens de jazz au sein du syndicat des musiciens français.
4 novembre : Ornette Coleman à la Mutualité.
Publication du premier disque de free-jazz français.

1966

Mai : des musiciens *free* français participent à un concert pour la paix au Viêtnam à la Mutualité.

1967

Août : des musiciens *free* français participent à un concert pour la paix au Viêtnam à la Mutualité.
Novembre : Barney Wilen fonde le Free rock group.
Mort de John Coltrane.

1968

Mai : création à Paris du Comité Action Musique. Michel Le Bris devient rédacteur en chef de *Jazz hot*.

1969

Février : soirée « jazz, poésie et pouvoir noir » à l'université de Nanterre.
23 avril : concert de l'orchestre d'Alan Silva à l'université de Nanterre.
Juin : l'Art Ensemble of Chicago enregistre son premier disque à Paris.
Juillet : festival à Saint-Paul-de-Vence réunissant musique contemporaine et free-jazz.
Juillet-août : le nouveau label Byg enregistre vingt disques de free-jazz.
Octobre : festival « Actuel », organisé par Jean Georgakarakos, réunissant musiciens de free-jazz et de rock. Interdite à Paris, la manifestation se déroule à Amougies (Belgique).
Décembre : Michel Le Bris est exclu de *Jazz hot*. Il devient rédacteur en chef de *La Cause du peuple*.

1970

24 juin : concert au profit des Black Panthers à la Mutualité.

1971

Création du New Phonic Art par Michel Portal, Vinko Globokar, Carlos Alsina, Jean-Pierre Drouet.
Avril : festival de musique contemporaine de Royan.
Mai : festival pop et jazz à Paris.
Juillet : le festival d'Antibes se déplace à Nice.
Août : premier festival « Jazz à Châteauvallon ».

1973

Première édition de « Nancy jazz pulsations ».

CHRONOLOGIE

1975

Été : première édition des festivals de Dijon et d'Avignon.
Création d'un groupe de réflexion sur l'enseignement musical au secrétariat d'État à la culture.

1976

Août : réouverture du festival de Châteauvallon.
Première édition des festivals de Nîmes, Le Castelet et Saint-Rémy-de-Provence.
Création de l'IACP et du CIM.

1977

Août : première édition de « Jazz in Marciac » et d'« Uzeste musical ».
Création de l'ARFI.

1981

Création du Collectif national pour le jazz et les musiques improvisées (CNAJMI).

1982

Mai : première édition du festival « Jazz sous les pommiers » à Coutances.
Création de la Commission consultative pour le jazz et les musiques improvisées par le ministère de la Culture.

1984

Mars : première édition de « Banlieues bleues ».

1985

Création d'une classe de jazz au Conservatoire national supérieur de musique de Paris.

1986

Création de l'Orchestre national de jazz.

1987

Création du Certificat d'aptitude à l'enseignement du jazz.

1992

Création du département de jazz au Conservatoire national supérieur de musique de Paris.

ANNEXE II

Les musiciens américains en France : approche statistique

Le tableau qui suit, établi à partir d'un recoupement de sources diverses (presse spécialisée, presse générale, discographies, pochettes de disques, témoignages), comptabilise les séjours des musiciens américains en France entre 1944 et 1963. Il comporte une marge d'erreur inévitable, car les musiciens sont une population nomade et il n'est pas facile d'établir avec certitude la durée d'un séjour, même lorsque leur présence sur le territoire français est attestée à une date donnée : il n'est pas rare, par exemple, que dans la même semaine, entre deux concerts en France, un orchestre se produise en Belgique, en Suisse ou en Allemagne. On a néanmoins essayé de donner ici une évaluation aussi précise que possible de ce phénomène « d'immigration culturelle » qui contribue largement à expliquer l'implantation du jazz au sein du paysage artistique français ainsi que l'émergence d'un noyau de musiciens français formés par leurs collègues américains. Pour affiner l'analyse des vecteurs de l'acculturation du jazz en France, on a opéré une distinction entre séjours individuels et séjours d'orchestre, ainsi qu'entre quatre types de séjours : courts (de un à 30 jours), moyens (de 30 à 365 jours), longs (plus d'un an) et définitifs (lorsque le musicien s'installe en France). On obtient ainsi, en croisant les deux catégories, sept rubriques : orchestre-court (O. C.), orchestre-moyen (O. M.), individuel-court (I. C.), individuel-moyen (I. M.), individuel-long (I. L.), individuel définitif (I. D.). Les catégories orchestre-long et orchestre-définitif n'ont pas été prises en compte, aucun orchestre constitué n'ayant séjourné en France plus d'un an au cours de la période étudiée. Outre le caractère massif et durable de la présence américaine en France, cette typologie met en valeur les séjours individuels, qui sont un des facteurs essentiels de l'acculturation : entre 1944 et 1963, 152 orchestres ont visité la France, dont 136 n'ont effectué que des séjours courts. Dans le même temps, on compte 401 séjours individuels, dont 148 courts (soit 37 %), 134 moyens (33 %), 108 longs (27 %) et 11 définitifs (3 %).

La première colonne du tableau, exprimée en jours de séjours (de même que l'on compte des jours de grève pour évaluer leur impact sur l'activité économique), est obtenue en multipliant le nombre de musiciens ayant séjourné en France au cours de l'année par la durée de leur séjour. Une telle méthode permet de traduire en termes statistiques la différence entre les séjours d'égale durée d'un individu, d'un trio ou d'un *big band* de dix-sept membres ; elle permet aussi de mettre en valeur le poids des séjours individuels définitifs (365 jours de séjour par an et par musicien) : lorsque le nombre de ces derniers atteint son maximum en 1956, avec onze musiciens installés en France, ils totalisent 4 015 jours de séjour, soit près de la moitié du total. Si ce chiffre paraît disproportionné, eu égard au faible nombre de personnes concernées, il rend en fait bien compte de leur influence déterminante sur leurs collègues français, surtout lorsque certains d'entre eux (comme Sidney Bechet ou Kenny Clarke) comptent parmi les plus renommés mondialement dans leur spécialité. Quant aux autres colonnes du tableau, elles permettent de préciser la typologie en recensant le nombre de musiciens ou d'orchestres venus pour une période courte, moyenne, longue ou définitive (pour plus d'informations sur la méthode de comptabilité des séjours et l'explication des autres annexes, voir Ludovic Tournès, *Jazz en France (1944-1963) : histoire d'une acculturation à l'époque contemporaine*, thèse de doctorat d'histoire, Université Versailles-Saint-Quentin-en-Yvelines, 1997).

LES SÉJOURS DES MUSICIENS AMÉRICAINS EN FRANCE
*(la colonne « total » est à compter en nombre de jours,
les autres colonnes en nombre de séjours).*

	Total	O. C.	O. M.	I. C.	I. M.	I. L.	I. D.
1944	955	0	1	0	0	0	2
1945	2 747	1	1	1	6	0	3
1946	2 075	1	0	3	0	1	4
1947	3 543	1	0	3	4	3	4
1948	4 520	7	0	7	7	5	5
1949	5 758	4	1	8	12	4	6
1950	5 429	4	0	6	7	5	7
1951	4 544	0	0	6	4	7	7
1952	6 179	2	1	3	10	5	9
1953	6 674	6	0	8	10	5	9
1954	8 019	13	1	6	8	6	9
1955	6 812	3	3	0	8	7	9
1956	9 591	12	2	9	5	8	11
1957	7 734	8	0	10	3	9	11
1958	7 936	13	2	8	6	9	11
1959	7 743	13	2	15	6	8	11
1960	7 254	9	0	20	8	7	10
1961	6 766	14	2	11	9	6	9
1962	6 923	13	0	12	10	6	10
1963	7 906	12	0	22	11	7	10

ANNEXE III

L'affirmation des musiciens de jazz français

A. Les concerts

Le tableau qui suit, réalisé essentiellement à partir des annonces parues dans les revues spécialisées, recense l'ensemble des concerts de jazz ayant eu lieu sur le territoire métropolitain entre 1944 et 1963, et la participation respective qu'y ont prise les musiciens américains et français. Les concerts ayant eu lieu dans les clubs parisiens ont été exclus, en raison de la trop grande difficulté d'évaluation (difficulté de recension de tous les clubs, de leur durée de vie, de leur degré de remplissage, etc.). Dans les trois premières colonnes apparaît le total des concerts donnés chaque année toutes catégories confondues, accompagné de la proportion de concerts parisiens et provinciaux. Dans les trois suivantes, on a distingué les concerts donnés uniquement par des Américains (total A.), les concerts mixtes où Américains et Français jouent ensemble (total M.) et les concerts où seuls jouent les musiciens français (total F.). Les six dernières colonnes montrent les proportions de concerts américains, mixtes et français donnés respectivement à Paris (A. Pa, M. Pa et F. Pa) et en province (A. prov, M. prov et F. prov). Par concert mixte, on entend un concert au cours duquel l'orchestre est composé de musiciens des deux nationalités, ou bien une soirée au cours de laquelle se produisent des orchestres français et américains.

Ce tableau fait apparaître nettement deux faits majeurs : d'une part l'enracinement durable du jazz en province ; d'autre part, si ces données purement quantitatives ne sont pas une indication de la qualité du jazz français qui s'affirme au cours des années cinquante, elles montrent clairement que l'apparition d'un noyau d'artistes français de haut niveau analysée au chapitre IX est bien la traduction d'un mouvement de fond, et que malgré la dure concurrence américaine, les musiciens hexagonaux réussissent – difficilement, il est vrai – à trouver progressivement un public, comme le montrent la diminution graduelle des concerts mixtes et l'augmentation des concerts « français » dès la fin des années cinquante.

Les concerts donnés par des musiciens américains et français entre 1944 et 1963 (colonies exclues)

	Total	Paris	Prov.	Total A	Total M	Total F	A. Pa	M. Pa	F. Pa	A. prov.	M. prov.	F. prov.
1944	14	9	5	0	2	10	0	2	7	0	0	3
1945	14	13	1	1	0	13	1	0	12	0	0	1
1946	12	12	0	0	9	3	0	9	3	0	0	0
1947	25	12	13	8	3	14	1	3	8	7	0	6
1948	97	31	66	24	39	34	11	15	5	13	24	29
1949	63	40	23	4	52	15	3	35	2	1	17	13
1950	37	23	14	14	20	1	14	8	1	0	14	0
1951	37	9	28	4	33	0	3	6	0	1	27	0
1952	51	18	33	16	34	1	5	12	1	11	22	0
1953	64	30	34	30	38	0	22	8	0	8	26	0
1954	130	45	85	38	75	17	27	17	1	11	58	16
1955	61	12	49	25	34	2	4	6	2	21	28	0
1956	161	26	135	100	60	0	20	5	0	80	55	0
1957	41	23	18	34	19	18	15	7	0	1	13	4
1958	55	45	10	46	7	2	42	2	1	4	5	1
1959	43	28	15	35	4	30	23	5	0	12	0	3
1960	60	18	42	32	5	24	14	3	1	17	2	23
1961	84	28	56	54	14	15	24	3	0	29	11	15
1962	112	43	69	29	8	75	27	2	14	2	6	61
1963	101	27	74	26	11	64	16	3	8	10	8	56

B. Les séances de studio

Les tableaux qui suivent recensent les séances de studio réalisées par les trois principales compagnies de disques éditant des enregistrements de jazz dans l'immédiat après-guerre. Ils ont été réalisés à partir des discographies éditées par l'Association française d'archives sonores (Michel Ruppli, *Discographie Swing*, Paris, AFAS, 1989 ; Id., *Discographie Vogue*, Paris, AFAS, 1992 ; Id. et Jacques Lubin, *Discographie Blue Star-Barclay*, Paris, AFAS, 1993). Sources capitales pour l'étude historique des faits musicaux contemporains, les discographies permettent d'évaluer précisément les rapports de forces culturels en jeu dans l'implantation du jazz en France. Elles indiquent en effet, pour chaque séance, le lieu (sauf indication contraire, les séances ont lieu à Paris), la date exacte, le nom du chef d'orchestre, celui de tous les musiciens, ainsi que les titres des œuvres enregistrées. Afin de mettre en lumière les rapports de forces culturels, le total des séances indiqué en première colonne s'accompagne d'une typologie distinguant dans les trois colonnes suivantes les séances réalisées uniquement par des musiciens français (F) ou américains (A) et les séances mixtes (M), où se retrouvent des musiciens des deux nationalités. Pour affiner un peu plus l'analyse, on a distingué dans les colonnes 6 à 8 les séances mixtes où les Américains sont majoritaires (M. M), celles où les deux nationalités sont à parité (M. P) et celles où les Américains sont minoritaires (M. m). Enfin, les deux dernières colonnes mentionnent les séances où le chef d'orchestre (« leader ») est américain (A. L) et celles où il est français (F. L). La tendance d'ensemble qui se dégage de ces tableaux confirme celle mise en évidence par le tableau des concerts.

Les séances de la marque Swing entre 1944 et 1951

	Total	F	A	M	M.M	M.P	M.m	A.L	F.L
1944	7	6	0	1	0	0	1	0	7
1945	4	2	0	2	1	0	1	1	4
1946	25[1]	11	10	3	2	1	0	12	12
1947	11	6	0	5	2	1	2	2	7[2]
1948	19	12	1	6	1	1	5	3	15[3]
1949	11[4]	6	0	5	0	0	5	1	10
1950	26[5]	10	1	15	6	4	5	11	15
1951	5[6]	2	0	3	0	0	3	0	5

(1) 1946 : dont six séances aux États-Unis et une en Angleterre (non comptée dans les colonnes suivantes).
(2) 1947 : + deux séances sous un nom collectif.
(3) 1948 : + deux séances sous un nom collectif.
(4) 1949 : + dix-huit séances achetées sous licence aux États-Unis.
(5) 1950 : *idem.*
(6) 1951 : à partir de cette date, la marque Swing est absorbée par Vogue.

Les séances de la marque Vogue entre 1945 et 1963

	Total	F	A	M	M.M	M.P	M.m	A.L	F.L
1945	4	0	0	4	4	0	0	0	0
1946	2[1]	0	0	2	2	0	0	1	1
1947	6	6	0	0	0	0	0	0	6
1948	4	1	3	0	0	0	0	3	1
1949	23[2]	0	7	22	5	2	15	15	0
1950	23[3]	3	5	15	8	0	7	14	2
1951	21	8	2	11	1	1	9	8	7
1952	40[4]	17	8	25	0	2	23	15	16
1953	78[5]	27	7	44	14	6	24	34	35
1954	56[6]	21	12	23	10	0	13	20	31
1955	31	17	1	13	2	0	11	7	19
1956	32[7]	19	1	9	1	1	7	5	23
1957	12[8]	5	0	7	1	1	5	0	7
1958	11[9]	4	2	6	0	1	5	3	6
1959	6	5	0	1	0	0	1	1	5
1960	8	5	0	3	2	0	1	2	5
1961	8	3	3	1	1	0	0	4	4
1962	5	1	0	4	1	0	3	4	1
1963	2	1	0	1	0	1	0	2	1

(1) 1946 : les deux séances ont lieu aux États-Unis.
(2) 1949 : dont trois séances en Suisse + une achetée sous licence.
(3) 1950 : dont une aux États-Unis et une en Suisse.
(4) 1952 : dont deux en Suisse.
(5) 1953 : dont deux en Angleterre + quatre achetées sous licence.
(6) 1954 : dont six aux États-Unis, une en Angleterre, une en Allemagne + quatre achetées sous licence.
(7) 1956 : + deux achetées sous licence.
(8) 1957 : dont une en Argentine.
(9) 1958 : dont deux en Belgique.

Les séances de la marque Blue Star-Barclay entre 1945 et 1963

	Total	F	A	M	M.M	M.P	M.m	A.L	F.L
1945	8	3	0	5	0	0	5	2	6
1946	4	2	0	2	0	0	2	2	2
1947	22	9	0	13	6	0	7	9	13
1948	8	5	1	2	1	0	1	2	6
1949	3	0	0	3	1	1	1	3	0
1950	1	0	0	1	0	0	1	1	0
1951	1	0	0	1	0	0	1	1	0
1952	13	5	4	4	2	0	2	6	7
1953	5	2	0	3	2	0	1	3	2
1954	8	7	0	1	1	0	0	1	7
1955	16	6	2	8	1	0	7	9	6
1956	17	12	0	5	0	0	5	2	15
1957	24	12	1	11	1	0	10	9[1]	15
1958	48	17	4	27	0	1	26	20[2]	28[3]
1959	18[4]	0	4	14	1	0	13	14[5]	4[6]
1960	4[7]	0	3	1	0	0	1	4	0
1961	10	3	0	3	0	0	3	0	6[8]
1962	8	5	0	0	0	0	0	0	5
1963	2	0	0	2	0	0	2	0	2

(1) 1957 : dont cinq séances arrangées et dirigées par Quincy Jones mais parues sous le titre « Eddie Barclay et son orchestre ».
(2) 1958 : dont six arrangées et dirigées par Quincy Jones mais parues sous le titre « Eddie Barclay et son orchestre ».
(3) 1958 : dont quatre dirigées par un orchestre en majorité français mais parues sous le titre « Jack Melrose et sa trompette ».
(4) 1959 : dont deux aux États-Unis.
(5) 1959 : dont neuf arrangées et dirigées par Jimmy Mundy mais parues sous le titre « Eddie Barclay et son orchestre ».
(6) 1959 : dont quatre réalisées par « Jack Melrose et sa trompette ».
(7) 1960 : + une enregistrée au festival d'Antibes, regroupant des musiciens de toutes nationalités.
(8) 1961 : dont trois réalisées par « Jack Melrose et sa trompette ».

ANNEXE IV

La popularisation du jazz après 1945

Le premier tableau présente une estimation du nombre de concerts donnés en France entre 1944 et 1963, distinguant concerts de jazz *stricto sensu* et spectacles de music-hall où des artistes de jazz apparaissent à titre d'attractions. Le pourcentage de ces derniers par rapport au total met en évidence le rôle capital joué par le music-hall dans la diffusion du jazz au-delà des cercles d'amateurs chevronnés.

Le deuxième tableau présente une estimation de la fréquentation des concerts parisiens, distinguant aussi les concerts de jazz proprement dits et les spectacles de music-hall comprenant des intermèdes de jazz. Ce chiffrage a été obtenu à partir des capacités théoriques des principales salles parisiennes et du nombre de concerts annuels ayant lieu dans chacune d'entre elles. Diverses sources permettent de connaître la capacité des lieux de spectacles : leur gérant (lorsqu'elles existent toujours), la presse générale et spécialisée, mais aussi le précieux dictionnaire historique *Music-hall et café-concert* d'Andrée Sallée et Philippe Chauveau (Paris, Bordas, 1985), qui contient des notices historiques sur la plupart des grands music-halls parisiens, indiquant leur capacité et leur programmation presque complète depuis les origines jusqu'à leur disparition. Les chiffres donnés dans le tableau correspondent à un remplissage des salles à 100 %. Un chiffrage du public provincial selon cette méthode étant beaucoup plus difficile à réaliser, on s'est limité ici au public parisien, de loin le plus important. Les clubs de jazz n'ont cependant pas été inclus dans cette estimation car leurs capacités sont pour la plupart inconnues et la détermination d'un taux de fréquentation théorique tout à fait aléatoire.

Nombre de concerts de jazz en France entre 1944 et 1963

	Concerts de jazz	Attractions jazz dans des spectacles de music-hall	Total	% des attractions par rapport au total
1944	14	0	14	0%
1945	14	0	14	0%
1946	12	0	12	0%
1947	25	12	37	33%
1948	97	20	117	19%
1949	63	0	63	0%
1950	37	0	37	0%
1951	37	24	61	39%
1952	51	7	58	12%
1953	64	52	116	44%
1954	130	92	222	41%
1955	61	112	173	64%
1956	161	91	252	36%
1957	41	113	154	73%
1958	55	60	115	52%
1959	43	33	76	43%
1960	60	32	92	34%
1961	84	20	104	19%
1962	112	10	122	8%
1963	101	35	136	25%

La fréquentation des concerts parisiens présentant du jazz entre 1944 et 1963 (en nombre de spectateurs)

	Concerts de jazz	Spectacles de music-hall comprenant des attractions de jazz	Total
1944	7 200		7 200
1945	13 400		13 400
1946	10 200		10 200
1947	14 400	15 000	29 600
1948[1]	27 500	27 000	54 500
1949[2]	42 300		42 300
1950[3]	36 600		36 600
1951	7 700	26 800	34 500
1952[4]	78 800	5 400	84 200
1953[5]	52 500	60 000	112 500
1954[6]	153 800	176 800	330 600
1955	22 700	196 800	219 500
1956[7]	43 400	191 600	235 000
1957	43 500	234 000	277 500
1958	61 400	119 000	180 400
1959	49 300	70 000	119 300
1960	50 650	60 000	110 650
1961[8]	76 150	32 000	108 150
1962	52 000	20 000	72 000
1963	53 700	59 500	113 200

(1) Environ 10 000 personnes au festival de Marigny en mai.
(2) 21 000 spectateurs au festival international de mai.
(3) Nombre d'entrées inconnu au Ier Salon du jazz.
(4) 50 000 personnes au IIe Salon du jazz en mars-avril.
(5) 15 000 spectateurs au concert gratuit des arènes de Lutèce en juin.
(6) 90 000 spectateurs au IIIe Salon du jazz.
(7) 7 000 spectateurs au festival Nouvelle-Orléans du Vél' d'hiv' en mars.
(8) 35 000 spectateurs aux concerts Ray Charles en novembre.

ANNEXE V

Le jazz à la radio

Le tableau qui suit a été établi à partir de la page « radio » de *Jazz hot,* où sont recensées chaque mois à partir de février 1950 toutes les émissions de jazz audibles sur le territoire français. N'ont été comptabilisées ici que les émissions émises à partir de stations françaises. Leur augmentation rapide témoigne de l'installation du jazz dans le paysage médiatique après 1945.

NOMBRE D'ÉMISSIONS DE JAZZ PAR SEMAINE (1950-1963)

	Total	Paris	Province	Colonies
fév. 1950	8	8	0	0
juil. 1950	14	10	1	3
déc. 1951	9	5	3	1
nov. 1952	10	5	4	1
mars 1953	13	6	5	2
nov. 1953	13	6	3	4
mars 1954	18	5	6	7
juin 1954	21	8	6	7
fév. 1955	18	8	7	3
juin 1955	19	8	6	5
déc. 1955	23	14	6	3
juin 1956	26	14	7	5
mai 1957	25	14	7	4
nov. 1957	20	11	5	4
juin 1958	25	11	7	7
déc. 1958	27	17	10	0
juin 1959	25	15	10	0
nov. 1959	29	16	10	3
nov. 1960	28	16	12	0
avr. 1961	29	15	14	0
nov. 1961	38	24	14	0
mai 1962	41	31	10	0
déc. 1962	47	29	18	0
juin 1963	45	27	18	0
déc. 1963	43	26	17	0

ANNEXE VI

Le public du jazz

A. Une musique de jeunes diplômés

Les deux tableaux qui suivent sont parus dans *Sondages, revue française de l'opinion publique*, n° 1, 1958. Il est regrettable que la lisibilité de cette enquête soit altérée par l'absence, voulue ou non, des mineurs dans l'échantillon : signe que cette catégorie de population n'était pas encore considérée à l'époque comme un acteur social et culturel susceptible de faire l'objet d'enquêtes spécifiques. Une enquête réalisée par l'INSEE en 1962 auprès du public du jazz comblera cette lacune en prenant en compte la catégorie des 16-21 ans. Elle confirme les données contenues dans ces deux tableaux. On complétera ce panorama par l'enquête plus récente d'Olivier Donnat (*Les Pratiques culturelles des Français, 1973-1989*, Paris, La Documentation française, 1990, p. 66), selon laquelle 29 % des amateurs de jazz ont entre 15 et 24 ans et 16 % entre 25 et 34 ans. Cette augmentation de la moyenne d'âge depuis les années soixante confirme à la fois la poursuite de l'enracinement du jazz et la fuite du public plus jeune vers les nouvelles musiques apparues depuis cette période (rock, pop, techno, rap…).

Le jazz	21-29 ans	30-64 ans	65 ans et plus
plaît beaucoup	12 %	3	0
moyennement	29	18	18
déplaît moyennement	18	17	6
déplaît beaucoup	28	45	55
sans opinion	13	17	35

Le jazz	études primaires	études secondaires	études supérieures
plaît beaucoup	3 %	9	13
moyennement	15	25	26
déplaît moyennement	16	16	9
déplaît beaucoup	44	44	39
sans opinion	22	6	13

B. Classes moyennes

Le tableau ci-contre regroupe quatre enquêtes sociologiques réalisées entre 1948 et 1995. La première, publiée par *Jazz hot* (décembre 1948, février et mars 1949), est extraite d'un sondage mené par la compagnie discographique Polydor auprès des acheteurs de disques afin de déterminer la clientèle potentielle de chaque genre musical. La deuxième est réalisée par *Jazz magazine* (septembre 1959) auprès de ses lecteurs, dont 2 435 ont répondu à un questionnaire très détaillé. La troisième a été menée pour le compte du ministère de la Culture en 1988 (voir Olivier Donnat, *op. cit.*, p. 66). La quatrième est une enquête orale réalisée par l'auteur de ces lignes en 1995 auprès d'un échantillon de 62 personnes nées entre 1920 et 1943, dont près de la moitié ont répondu. On y a distingué la profession des parents des amateurs interrogés (P = père, M = mère) et celle des amateurs (A) eux-mêmes, entrés pour la plupart dans la vie active entre 1945 et 1963. Les deux dernières enquêtes ont utilisé la nomenclature des catégories socioprofessionnelles (CSP) établie par l'INSEE en 1950 et révisée en 1982. Afin de faciliter la comparaison avec les deux premières qui avaient leur propre classification (indiquée entre parenthèses dans les colonnes correspondantes), on a harmonisé l'ensemble à l'aide du CSP (colonne 1). Ces quatre enquêtes montrent le caractère relativement élitiste du public du jazz, constitué avant tout par la couche supérieure des classes moyennes. On assiste à une relative démocratisation dans les années cinquante, comme en témoignent en 1959 les 12 % d'amateurs « ingénieurs-techniciens », catégorie qui désigne pour les auteurs de l'enquête « la classe que l'on désigne usuellement sous le vocable de prolétariat » (*Jazz magazine*, septembre 1959). Même si cette démocratisation fut de courte durée en raison de l'arrivée à partir des années soixante d'autres musiques anglo-saxonnes qui captèrent une grande partie du public du jazz, on observe depuis cette période une très nette diversification du profil sociologique des amateurs, visible dans l'enquête d'Olivier Donnat en 1988.

CSP INSEE 1982	Enquête *Jazz Hot* 1948	Enquête *Jazz Magazine* 1959	Enquête O. Donnat 1988	Enquête orale 1995
1. Agriculteurs, exploitants			4%	P 8% M 8% A 0%
2. Artisans, commerçants, chefs d'entreprise	(commerçants) 7%	(industriels) 5%	14%	P 18% M 12% A 12%
3. Cadres, professions intellectuelles supérieures	(bourgeois) 34% (musiciens) 2% (collection-neurs) 4%	(enseignants) 9% (médecins) 7%	30%	P 40% M 9,5% A 50%
4. Professions intermédiaires			18%	P 18% M 9,5% A 20%
5. Employés	(employés) 22%	(employés de commerce) 15%	12%	P 9,5% M 12,5% A 8%
6. Ouvriers	(ouvriers) 26%	(ingénieurs-techniciens) 12%	16%	P 9,5% M 3% A 0%
7. Retraités			4%	
8. Inactifs (étudiants, chômeurs, militaires)	(étudiants) 4%	(étudiants) 40% (militaires) 8%	8%	

ANNEXES VII

Cartes

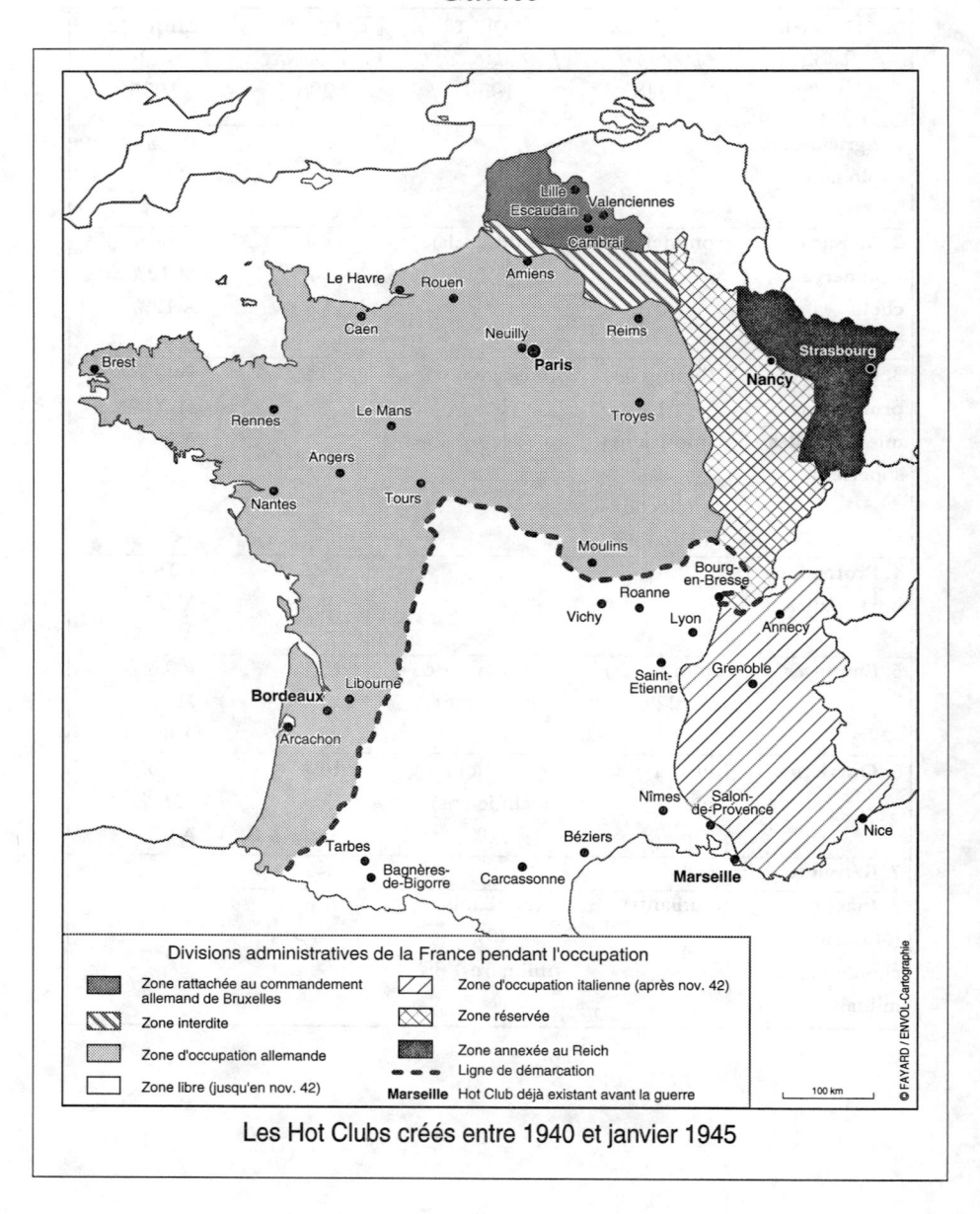

Divisions administratives de la France pendant l'occupation

- Zone rattachée au commandement allemand de Bruxelles
- Zone interdite
- Zone d'occupation allemande
- Zone libre (jusqu'en nov. 42)
- Zone d'occupation italienne (après nov. 42)
- Zone réservée
- Zone annexée au Reich
- Ligne de démarcation
- **Marseille** Hot Club déjà existant avant la guerre

Les Hot Clubs créés entre 1940 et janvier 1945

CARTES

Les Hot Clubs en septembre 1947

ANNEXES

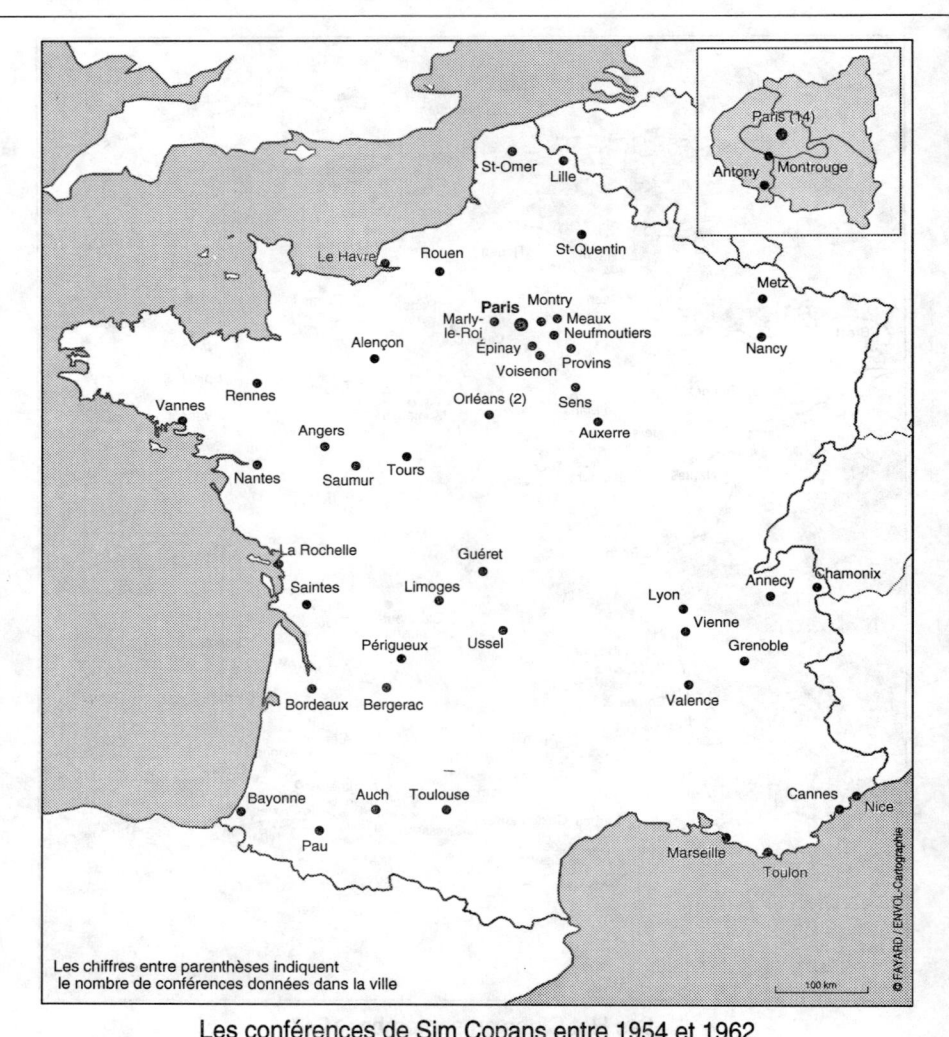

Les chiffres entre parenthèses indiquent
le nombre de conférences données dans la ville

Les conférences de Sim Copans entre 1954 et 1962

Orientation discographique

L'histoire du jazz en France est riche en témoignages sonores, dont on ne donnera ici qu'un échantillon. Il faut notamment signaler l'excellent travail mené depuis les années quatre-vingt par la compagnie EMI-France : celle-ci a réédité en disque compact, dans le cadre de la collection *Jazz time* dirigée par Daniel Nevers, une grande partie des catalogues Swing et Vogue, qui présentent un intérêt aussi bien pour l'amateur que pour l'historien qui a désormais à sa disposition de nombreuses archives musicales. Cette collection qui comporte plusieurs dizaines de titres vient s'ajouter aux enregistrements déjà disponibles dans le commerce, dont on donnera ici quelques exemples sans aucunement prétendre à l'exhaustivité. La liste qui suit a été divisée en deux rubriques : la première concerne les enregistrements réalisés par des musiciens américains en France, la deuxième les enregistrements de musiciens français. Dans les deux cas, on s'est limité aux enregistrements antérieurs aux années soixante. Pour les disques parus après cette date, nous invitons le lecteur à se reporter à des ouvrages discographiques spécialisés, et surtout à flâner chez les disquaires, notamment pour y découvrir les nombreux et talentueux musiciens français dont l'énumération serait ici fastidieuse et forcément subjective.

1. Musiciens américains en France

Americans in Paris, vol. 1, 1918-1935, 1989, EMI 251276-2 (*Jazz time* n° 8).
Americans in Paris, vol. 2, 1931-1940, 1989, EMI 251277-2 (*Jazz time* n° 18).
Americans in Paris, vol. 5, 1939-1949, 1992, EMI 799877-2 (*Jazz time* n° 54).
Baker, Chet, *In Paris, vol. 1*, 1988, rééd. CD Emarcy 837474-1 (1re éd. : 1955, Barclay).
Baker, Chet, *In Paris, vol. 2*, 1988, rééd. disque compact Emarcy 837475-2 (1re éd. : 1955, Barclay).
Bechet, Sidney, *Platinum for Sidney Bechet*, rééd. CD, 1984, Vogue VG 651.
Bechet, Sidney, *Le soir où... l'on cassa l'Olympia*, 1955, Vogue VG511 822004.
Bechet, Sidney et Luter, Claude (avec son orchestre), *Pleyel concert 1952*, 1985, Vogue 600090.
Bechet, Sidney et Price, Sammy, *Back to Memphis*, 1956, Vogue VG505, Jazz legacy B. JL 601.

Bechet, Sidney et Buckner, Teddy, *Parisian encounter*, 1958, Vogue VG651 600018, rééd. CD, 1983.
Bechet, Sidney et Solal, Martial, *When a soprano meets a piano*, Vogue VG505, jazz legacy B. JL 637. 1957, rééd. 1979.
Byas, Don, *Don Byas*, 1986, Vogue France, VG 505 702701 (1re éd. : 1952, 1953 et 1955).
Byas, Don, *Don Byas on Blue Star*, rééd. CD Emarcy 833405-2, non daté.
Clayton, Buck, *Olympia concert 1961*, 1961, Vogue, VG 505 B. Jazz legacy 604.
Clayton, Buck, *Buck Special*, 1992, Vogue 7432111532.
Davis, Miles, *Ascenseur pour l'échafaud* (musique du film), Paris, 1957, Philips-Fontana 660.213, rééd. CD 1988, 836305-2.
Garner, Erroll, *Erroll's a Garner*, 1948-1949, Vogue VG651 600110 (non daté).
Gillespie, Dizzy, *The legendary big band concerts (Pasadena-Paris)*, Original recording by GNP Crescendo (morceaux 1 à 8) – Vogue (9 à 13), 1987 compilation Vogue-GNP crescendo ; 1990 vogue VG 655612.
Haynes, Roy et Clarke, Kenny, *Transatlantic meetings*, 1992, Vogue 74321115122.
Jazz Messengers, *Olympia 1958*, 1959, Philips-Fontana 832859-2, rééd. CD non datée.
Jazz Messengers et Wilen, Barney, *Les Liaisons dangereuses* (musique du film), 1958, Philips-Fontana, rééd. CD.
Konitz, Lee et Brookmeyer, Bob, *Quintets*, 1992, Vogue 74321115032.
Mezzrow, Mezz, *In Paris, 1955*, 1990, EMI 252712-2 (*Jazz time* n° 32).
Pour ceux qui aiment le jazz, 1993, Carrere music CA805 50317 (compilation de l'émission de Frank Ténot et Daniel Filipacchi).

2. Musiciens français

Be-bop in Paris, vol. 1 : 1947-1950, 1992, EMI 780373-1 (*Jazz time* n° 59).
Be-bop in Paris, vol. 2 : 1947-1959, 1992, EMI 780373-2 (*Jazz time* n° 60).
Double six (les), *Les Double six*, Open OMD 1518 (non daté).
Hodeir, André, *Les Tripes au soleil*, Paris, Fontana 8360702, 1959 ; rééd. CD, distribution Polygram, 1988. [Contient aussi les œuvres *Jazz et jazz* et *Flautando*].
Jaspar, Bobby, *Memory of Dick*, 1988, rééd. CD Emarcy 837208-2, Polygram France (1re éd. : 1955 Barclay).
Jaspar, Bobby, *With friends*, Suisse, 1991, Fresh sound jazz records FSR-CD 166, Camarillo Music Ltd.
Jazz de scène, vol.1, 1928-1937, 1989, EMI 251278-2 (*Jazz time* n° 14).
Maîtres du jazz français, vol. 1, Trompettes, 1930-1941, 1988, EMI 251282-2 (*Jazz time* n° 16).
Maîtres du jazz français, vol. 2, Saxophones, 1937-1944, 1988, EMI 251280-2 (*Jazz time* n° 17).
Quintette du Hot club de France, *Special Quintette à corde du Hot club de France, vol. 1, 1936-1939*, 1989, EMI 251270-2 (*Jazz time* n° 4).
Reinhardt, Django, *1910-1953*, 1988, EMI, 7905602.
Reinhardt, Django, *War clouds 1940-1944*, 1992, EMI 7999912 (*Jazz time* n° 56).
Solal, Martial, *Live 1959-1985*, 1986, Pro arte media/INA 239963.

Solal, Martial, *Solal et son orchestre jouent Hodeir*, 1984, Musique française d'aujourd'hui, édition Carlyne Music 008.
Solal, Martial, *The Vogue recordings, vol. III*, 1993, Vogue-BMG 74321131112.
Solal, Martial, *Jazz et cinéma, vol. 1,* Paris, 1990, EMI 794249-2 (*Jazz time* n° 51).
Solal, Martial, *Vol. 2, 1960-62*, Paris, 1992 (*Jazz time* n° 52).
Swing et Occupation, 1941-1944, 1992, EMI 780350-2 (*Jazz time* n° 57).
Warlop, Michel, *Special Michel Warlop, 1934-1943*, 1989, EMI 251272-2 (*Jazz time* n° 6).
Wilen, Barney, *Un témoin dans la ville* (musique du film), 1959, Philips-Fontana, rééd. CD.

Index

A

Abadie (Claude), 61, 89, 92, 111, 300, 310
Adamov (Arthur), 316
Adderley (Cannonball), 455
Adison (Fred), 29, 62, 69, 449
Aldegon (Jean), 299
Allan (Lewis), 306
Allen (Fletcher), 51
Allier (Pierre), 62, 290
Alsina (Carlos), 456
Althusser (Louis), 389
Alvarez, 42
André (Jacques), 199, 219, 288, 289
André (Maurice), 372
Ansermet (Ernest), 16, 25
Anthony (Richard), 296, 402
Apicella (Victor), 301
Aragon (Louis), 17
Armstrong (Louis), 7, 34-37, 41, 45, 47-48, 58, 61, 83, 96, 109, 113, 120, 124-126, 130, 135, 145, 155-156, 159, 171, 176, 180-181, 183-185, 188, 196, 204-206, 216, 221, 225, 266, 289, 291-292, 302, 320, 324, 331, 335, 337, 340, 346, 353-358, 360, 366, 373, 449, 452, 454-455
Arnaud (Noël), 434, 435
Arnold (Billy), 20, 21
Arp (Hans), 41
Arquer (Huguette), 219
Artis (Pierre), 354

Arvanitas (Georges), 105, 410
Astaire (Fred), 93, 213
Astruc (Alexandre), 310
Attenoux (Michel), 228, 291
Aubray (Isabelle), 297
Audibert (Michel), 99
Auric (Georges), 19-20, 219, 311, 370
Auxenfans (Jacques), 40
Averty (Jean-Christophe), 212, 214, 331
Ayler (Albert), 395
Aznavour (Charles), 70, 286

B

Bach (Jean-Sébastien), 20, 52, 143, 235, 265, 370, 414
Badault (Denis), 420
Badini (Gérard), 410
Bailey (Mildred), 259
Bailey (Pearl), 346
Baker (Chet), 135, 153, 235, 323, 361
Baker (Joséphine), 11, 26, 35
Baquet (Maurice), 305
Barbieri (Gato), 400
Barclay (Eddie), 66, 72, 135, 199, 217, 222, 227, 233, 240, 256, 297-298, 300, 311, 464
Barelli (Aimé), 63, 75, 86, 231, 246, 257, 274, 291, 298, 303, 325, 351, 450
Barraqué (Jean), 270, 275-278, 375, 454

Barraud (Henry), 203
Barthélemy (Claude), 420
Barthes (Roland), 389
Bartok (Bela), 112, 116, 268, 276
Basie (Count), 8, 75, 97, 112, 135, 144, 155, 182, 211, 221, 224, 242, 261, 334, 337-338, 452-455
Bataille (Georges), 114
Baudelaire (Charles), 321, 322
Bauer (Frank), 158, 178, 219
Beauvais (Robert), 202, 219, 357
Beauvoir (Simone de), 310, 312, 439
Bécaud (Gilbert), 292
Bechet (Sidney), 16, 25, 57, 82, 105, 128, 131, 134-136, 138, 145, 150, 158, 163, 185, 203, 215-217, 224, 228-229, 238, 285-293, 312, 315, 319-320, 325, 327, 335-336, 340, 343, 357, 360-361, 365-367, 371, 379, 437, 451- 454, 459
Becker (Jacques), 219, 326, 348
Beckett (Samuel), 316
Beethoven (Ludwig von), 44, 143, 266, 313, 320
Beiderbecke (Bix), 35, 37, 39, 48, 61, 83
Bell (Graeme), 122, 127
Bellest (Christian), 62, 75, 86, 104, 122, 276, 298, 415
Belmondo (Jean-Paul), 329
Benedict (Ruth), 115, 259
Bennett (Benny), 240, 246
Bens (Jacques), 331
Bérard (Jean), 51
Berendt (Joachim-Ernst), 202
Berg (Alban), 264, 271
Berger (Daniel), 388, 393
Bergman (Robert), 64, 76, 449
Bergson (Henri), 186
Bérimont (Luc), 206
Berio (Luciano), 405
Bernard (Eddie), 321
Bernard (Henri), 42
Bernard (Tristan), 177
Bernard-Aubert (Claude), 328-329
Berry (Guy), 70
Besson (Pierre), 219
Betti (Henri), 304

Bianchi (Marcel), 231, 298
Bigard (Barney), 51
Bizet (Marie), 70
Bizot (Jean-François), 388
Bizouarn (Pee Wee), 229
Blakey (Art), 245, 246
Blanc (Yvonne), 379
Blanche (Francis), 70
Bleterry (Maurice), 212, 213
Bley (Carla), 386, 403
Bley (Paul), 403, 407
Blondin (Antoine), 192, 194
Bloy (Léon), 148, 176, 189
Bolan (Didier), 301
Bolling (Claude), 105, 122, 127, 137, 225, 229, 234, 246, 292, 297, 301, 306-307, 310, 312, 328, 372, 418, 455
Boncour (François), 219
Boucourechliev (André), 278
Boulanger (Nadia), 237
Boulez (Pierre), 264-267, 269-273, 275-278, 283, 316, 375, 405, 419, 436, 437
Boulogne (Jacques), 153
Bourdieu (Pierre), 389
Bourdin (Roger), 301
Bourgeois (Denis), 220, 434
Bourseiller (Antoine), 394
Bowie (Lester), 382, 403
Boyer (Jean), 190-191, 433
Braque (Georges), 131
Brassens (Georges), 246, 452
Braxton (Anthony), 402
Bréchignac (Vincent), 208, 299
Bredannaz (Robert), 153
Brel (Jacques), 286, 291, 452
Breton (André), 17, 317
Briac (Claude), 77
Bridgers (Aaron), 224
Briggs (Arthur), 49, 62, 219, 225, 415
Brochand (Christian), 434
Brookmeyer (Bob), 132, 322
Broonzy (" Big Bill "), 120, 132-133, 135, 155, 342, 451
Brown (Rapp), 395
Brown (Lawrence), 155
Brown (Marion), 407
Brun (Gaston), 42

INDEX

Brun (Philippe), 28, 35, 48, 50-52, 62
Bry (Michel de), 124
Buckner (Teddy), 357, 379
Buin (Yves), 388, 392, 395
Bunn (Teddy), 99
Bureau (Jacques), 41-43, 47, 51, 73, 448
Byas (Don), 46, 142, 228, 244, 312, 379
Byers (Billy), 306

C

Cabat (Léon), 216, 217
Calder (Alexander), 316
Calloway (Cab), 323, 324
Cameron (Jay), 228
Camus (Albert), 310
Candrix (Fud), 63, 69, 450
Canetti (Jacques), 42, 47, 50, 148, 220, 297, 301, 438
Carles (Philippe), 388, 396, 443, 444
Carmen (Jack), 240
Carné (Marcel), 326
Carter (Benny), 51, 72, 185, 399
Carter (Betty), 382
Cassavetes (John), 329
Cassenti (Frank), 331
Castella (Bob), 303
Cavanaugh (Ines), 312
Cayatte (André), 326
Cazauran (Jacques), 237, 405
Céléa (Jean-Paul), 406
Cendrars (Blaise), 24, 41, 177
Cérat (Claude), 246
Cerdan (Marcel), 254
Césaire (Aimé), 206, 311, 316
Chagall (Marc), 41, 131
Chaillou (Maurice), 35
Chaput (Roger), 49, 76, 315, 415
Chardon (J.), 65
Charles (Ray), 140, 209, 294, 296, 322, 336, 361, 367, 455, 467
Charlier (Henri), 177
Chateau-Jobert (colonel), 191
Chauliac (Léo), 70, 97, 292, 413, 415, 450

Chautemps (Jean-Louis), 235, 298, 400, 406, 407
Chavannes (Émile), 64
Cherry (Don), 391, 400, 407, 455
Chevalier (Maurice), 14, 19
Chevallier (Christian), 212, 213, 276, 329
Chiboust (Noël), 62, 231, 246, 290, 298, 303
Chopin (Frédéric), 371
Clarke (Garnet), 51
Clarke (Kenny), 122, 136, 224-228, 243-245, 267, 274, 299, 453, 459
Clarke (Stanley), 407
Claveau (André), 286
Clay (Philippe), 291
Clayton (Buck), 101, 120, 183, 228, 451, 454
Clergeat (André), 208, 219, 246, 443, 444
Cocteau (Jean), 11, 17-19, 22-23, 41, 109, 219, 275, 314, 447
Cœuroy (André), 29, 33, 85-86, 448
Cohanier (Edmond), 27
Colbert (Jean-Baptiste), 39
Cole (Cozy), 453
Cole (Louis), 47
Cole (Nat King), 198, 211, 218, 346, 452
Coleman (Bill), 51, 123, 135, 224, 228, 325, 357, 451-453
Coleman (Ornette), 392, 400, 455
Collins (Dick), 228
Colombier (Michel), 240
Coltrane (John), 8, 140, 211, 295, 392, 419, 454-456
Combelle (Alix), 27, 34, 52, 63, 70, 75, 86, 88, 105, 154, 231-232, 290, 298, 399, 449, 450
Comolli (Jean-Louis), 388, 393-394, 396, 443, 444
Condorcet (marquis de), 40
Constantin (Philippe), 388
Conte (Gérard), 345
Cook (Will Marion), 16
Cooper (Harry), 61, 84, 224, 228
Copans (Sim), 133, 164-166, 181, 200, 205, 214, 219, 337
Coquatrix (Bruno), 139, 290-292, 307

Corneau (Alain), 93, 388
Corneille (Pierre), 315
Corneloup (François), 387
Coty (René), 287
Coursil (Jacques), 402
Cousteau (Jacques-Yves), 327
Creuzet (Michel), 182
Criel (Gaston), 43
Crolla (Henri), 303-305
Cros (Charles), 219, 249, 261, 274
Cugny (Laurent), 420
Cullaz (Alby), 399-401
Cullaz (Maurice), 41
Cullaz (Pierre), 399
Czarbanyck (Stanislas), 298

D

Dali (Salvador), 178
Dalin (Olof von), 130
Daly (Géo), 234
Dameron (Tadd), 268
Daniel (Georges), 160
Daudet (Léon), 144
Daven (André), 24
Davis (Kay), 351, 451
Davis (Miles), 149, 152, 161, 170, 179, 194, 211, 241, 244-246, 313, 328, 335, 346, 372, 435
Davis (Nathan), 401
Davis (Sammy Jr), 346
Daydé (Josette), 70
Debussy (Claude), 14, 17, 21, 65, 199, 235, 277, 282, 370, 437
Defayet (Daniel), 235
Delannoy (Marcel), 370, 413
Delaunay (Charles), 12, 41-44, 51-53, 60-62, 68, 71-73, 75-77, 81-84, 88, 92, 94, 98, 102, 106-110, 112, 117, 123, 126-134, 136, 138, 140-143, 148, 153, 155, 157-158, 160, 162, 167, 169, 175, 178, 180-181, 205-206, 208, 216-219, 226, 233, 251, 253, 260, 285-287, 299-300, 304, 310, 314, 344, 360, 367, 379, 388, 397, 429, 432, 434, 436, 438, 443, 449
Delaunay (Robert), 72, 130

Delaunay (Sonia), 41, 72, 130, 315
Delcloo (Claude), 402
Delmas-Boussagol (Alphonse), 369
Delteil (Joseph), 41
Delvincourt (Claude), 413, 414
Delyle (Lucienne), 70
Demangeon (Albert), 54
Demêtre (Jacques), 133
Denjean (Jacques), 105, 122, 226, 236, 359
Déon (Michel), 194
Derrida (Jacques), 389
Deslys (Gaby), 14, 17
Désormière (Roger), 20
Destombes (Aris), 147-149
Diaghilev (Serge), 19
Diderot (Denis), 40
Diéval (Jack), 97, 123, 135, 137, 208, 236, 300, 415, 451
Dirats (Edwin), 40
Disney (Walt), 351
Distel (Sacha), 9, 225, 234, 297, 302, 306-307, 379
Dixon (Bill), 402-403
Dixon (Willie), 133
Dodds (Baby), 144
Dodds (Johnny), 113, 126, 145, 340, 356
Dœlnitz, 312
Doggett (Bill), 184
Dolphy (Eric), 391-392, 454
Domino (Fats), 295, 296
Dorham (Kenny), 245
Dorsay (Roland), 29
Dorsey (Tommy), 75
Dostoïevsky (Fédor Mikhaïlovitch), 320
Doucet (Clément), 20-21, 448
Doucet (Jacques), 315
Douglas (Louis), 25
Doutart (André), 143-144, 150, 182, 192-193, 194, 430, 431
Drouet (Jean-Pierre), 386, 406, 456
Drouin (Pierre), 125, 196, 201, 219, 247, 350, 374, 378
Dubois (Théodore), 235
Dubuffet (Jean), 130, 315
Duhamel (Marcel), 146, 305

Dumoulin (Georges), 177
Dunson (Claude), 226
Dupree (Champion Jack), 120, 133, 454
Dupuy (Henri-Jacques), 374
Durey (Louis), 18
Duruflé (Maurice), 235
Dutrieux (Marcel), 307
Duverger (Jean), 156
Duvernay (Anne-Marie), 299

E

Eckstine (Billy), 291
Edelhagen (Kurt), 235
Edison (Harry), 109, 314
Edwards (Fats), 224, 286
Ekyan (André), 27, 48, 52, 63, 66, 69, 231, 267, 290, 450
Eldridge (Roy), 102, 130, 243, 266, 379
Ellia (Michel), 72
Ellington (Duke), 8, 27, 34, 48, 51, 55, 61, 83, 92, 94, 97, 108, 120, 140, 154, 158, 161, 178, 183, 204, 206, 213, 216, 221, 224, 226, 240, 248, 254, 266, 280, 312, 317-318, 327, 340, 351-352, 371, 373, 439, 449, 451, 453-455
Éluard (Paul), 317
Escoudé (Christian), 399
Europe (James Reese), 7, 14, 447
Evans (Bill), 249
Evans (Gil), 419

F

Faith (Percy), 220
Fano (Michel), 213, 275, 375
Fanon (Franz), 389, 391
Fargue (Léon-Paul), 19
Fauré (Gabriel), 112, 199
Favors (Malachi), 403
Fayol (Lily), 294
Feather (Leonard), 108, 163, 180, 320

Feldman (Émile), 64
Feltin (cardinal), 190
Ferré (Boulou), 399
Ferreri (Albert), 76, 216, 232, 415
Ferret (Matelo), 399
Ferret (Pierre), 62
Ferret (Sarrane), 104
Filipacchi (Daniel), 138-140, 162, 169, 200, 208, 210, 296, 334, 357-361, 431
Fisbach (Roger), 298
Fitzgerald (Ella), 211, 361, 379
Fleuret (Maurice), 417
Fohrenbach (Jean-Claude), 101, 226, 238, 298-299, 310, 312
Fol (Hubert), 105, 122, 226, 234, 241, 246, 310, 312, 319
Fol (Raymond), 226, 239, 241
Fonsèque (Raymond), 137, 298, 415, 445, 454
Forest (Bobby), 299
Forest (Maud), 25
Foster (Pops), 57, 99
Fouad (Pierre), 75, 219
Foucault (Michel), 389
Foucault (Pierre), 287
Francis (André), 102, 150, 199, 202, 206-209, 219, 299, 316, 331, 334, 419
François (Samson), 250, 371
Frank (Pierre), 368
Frank (Robert), 444
Frost (Ritchie), 228
Fuentes (Luis), 298

G

Gahmson (Norbert), 381
Gaillard (Jimmy), 294
Gainsbourg (Serge), 301
Gallimard (Gaston), 312
Gandrey-Réty (Bernard), 204
Gardner (Buzz), 234, 273
Garner (Errol), 127, 225, 292, 371, 373, 453
Garros (Christian), 298
Gasté (Loulou), 28, 64, 66, 70
Gasty, 291
Gaudry (Michel), 96, 237

Gautier (Madeleine), 121, 132, 146, 154, 179, 191, 259, 336, 354
Gauty (Lys), 70
Gédovius, 206
Gentizon, 433
Georgakarakos (Jean), 402, 404, 456
Gérard (Fred), 104, 236, 298, 301
Gérardot (Pierre), 415
Gerber (Alain), 9
Gershwin (George), 20, 26, 60, 300
Getz (Stan), 152, 306, 407, 453
Gide (André), 19
Gillespie (Dizzy), 107, 112, 126-127, 131, 135, 140, 142, 163, 169, 176, 183, 196, 206, 221, 225-226, 232, 237, 239-241, 244, 246, 257, 265, 268, 296, 303, 311, 335, 350, 356, 360, 373, 376, 379, 392, 407, 435, 451, 452
Gilson (Jef), 242, 249, 401
Gilson (Paul), 205, 344
Ginibre (Jean-Louis), 208
Girard (André), 72
Giuffre (Jimmy), 306
Gladieu (Maurice), 75
Gleizes (Albert), 41
Globokar (Vinko), 456
Gobineau (Joseph Arthur, comte de), 258
Godard (Jean-Luc), 250, 329
Goering (Hermann), 193
Goffin (Robert), 23, 127, 196, 203, 206, 372, 448
Goléa (Antoine), 197, 278
Goodie (Frank), 228
Goodman (Benny), 221, 312, 451
Goraguer (Alain), 105, 301, 306
Gordon (Armand), 229
Gossez (Pierre), 298, 301
Gourley (Jimmy), 225, 306
Gousset (Claude), 229
Granz (Norman), 124, 131, 140, 211, 305-306, 326, 330, 361, 379
Grappelli (Stéphane), 9, 27, 34, 48-50, 52, 62, 64, 69, 74, 86, 243, 251, 267, 290, 292, 305, 410, 411
Gréco (Juliette), 313
Grégor, 28, 34, 48, 448

Grenu (Georges), 298
Grimaud (Yvette), 270
Grimault (Paul), 305
Gruyer (Jean), 161, 300
Guénon (René), 178
Guérin (Alain), 289, 292, 373
Guérin (Bernard), 400, 402, 407
Guérin (Roger), 237, 246, 249, 256, 276, 298, 379
Guérini (Alain), 416
Guétary (Georges), 70, 294
Guiot (Raymond), 281
Guitter (Jean-Paul), 218
Guitton (Jean), 197, 198, 207

H

Haden (Charlie), 391
Hadjo (George), 241
Haedens (Kléber), 194
Haley (Bill), 150, 295
Hall (Al), 306
Hall (Jim), 306
Hallyday (Johnny), 296, 326, 367, 369
Hampton (Lionel), 135, 151, 179, 192, 198, 224, 232, 291-292, 294, 331, 335, 354-356, 366, 452, 453
Hancock (Herbie), 404
Handy (William Christopher), 20
Hanin (Jeanine), 315
Hardy (Françoise), 369
Hargrove (Roy), 384
Harvey (Antony), 394
Hary (Charles), 415
Hausser (Michel), 379, 401
Hawkins (Coleman), 45, 47, 49, 52, 83, 127, 185, 228, 244, 300, 379, 449
Haynes (Roy), 382, 436
Hayworth (Rita), 314
Heath (Percy), 244
Hebey (Jacques), 380
Heidegger (Martin), 375
Hélian (Jacques), 26, 226-227, 231, 298-299
Hellis (Erb), 408
Henderson (Fletcher), 55, 99, 161
Hendricks (Jon), 245

Henri (Maurice), 219
Hentoff (Nat), 322
Hermann (Woody), 150
Herment (Georges), 43
Herskovits (Melville), 319
Hervé (Antoine), 420
Hess (Jacques), 114, 116, 200, 219, 298
Hess (Johnny), 9, 29, 68-70, 87
Heugas (Guy-Vincent), 219
Hiégel (Pierre), 206
Hilaire (Georges), 78, 193
Hines (Earl), 46, 120, 225, 235, 354, 356, 453
Hitchcock (Alfred), 325
Hodeir (André), 9, 23, 63, 107, 109-113, 115, 132, 143-152, 158, 161, 165, 187-188, 200-202, 208, 212, 213, 219, 226, 235, 237, 239, 243, 255, 257-258, 261, 263-264, 266-283, 286, 292, 300, 303, 320, 328, 355, 375, 377, 379, 388, 394, 401, 405, 415, 429-431, 437, 441
Hodges (Johnny), 155, 317
Holiday (Billie), 203, 322, 453-454
Honegger (Arthur), 18, 20, 370
Hooker (John Lee), 133
Hopkins (Claude), 25
Horn (Shirley), 384
Horne (Lena), 244, 323, 324
Horowitz (Vladimir), 372
Hubert (Henri), 208
Hucko (Peanuts), 453
Hugo (Victor), 198
Hulin (Bernard), 301
Humair (Daniel), 9, 249-250, 253, 299, 316, 406-407, 410, 454-455
Hussain (Zakir), 408
Hylton (Jack), 28, 47, 50, 448

I

Imbs (Bravig), 204, 205
Ingrand (Jean-Marie), 104
Ionesco (Eugène), 316
Itard (Jean), 258, 436
Izoard (Paulette), 64

J

Jackson (Mahalia), 133, 155, 347, 452, 454
Jacob (Max), 41
Jacobson (Roman), 389
Jacques (Frères), 9, 70
Jacques-Charles, 25
Jalard (Michel-Claude), 200, 295, 377
James (Harry), 187
Janneau (François), 9, 386, 400-401, 418, 419
Jarman (Joseph), 403
Jaspar (Bobby), 255, 272-274, 292
Jean XXIII, 184
Jeanmaire (Zizi), 301
Jean-Marie (Alain), 386
Jeffreys (Allan), 240
Jenny-Clark (Jean-François), 9, 254, 386, 401, 405
Johnson (Freddie), 47
Johnson (Hanzie), 99
Johnson (James P.), 57
Johnson (Jay Jay), 453
Jolivet (André), 370
Jonasz (Michel), 9
Jones (Elvin), 384
Jones (Jo), 379
Jones (Jonah), 139, 291
Jones (Leroi), 392-395
Jones (Quincy), 163, 211, 227, 239, 246, 291, 464
Jordan (Duke), 245
Jordan (Frankie), 367, 368
Josipovici (Jean), 287
Jospin (Mowgli), 201, 229, 364
Josse (Marcel), 235
Joyce (James), 320
Jullien (Ivan), 105, 240
Jumbo (Freddy), 68

K

Kafka (Franz), 320
Kagel (Mauricio), 405
Kahn (Claude), 372
Kaminsky (Max), 453

Kane (Dany), 414
Kant (Emmanuel), 178
Kélékian (Krikor), 27
Kemp (Robert), 199
Kent (Donald), 347
Kenton (Stan), 139, 213, 221, 232, 244, 249, 364, 452
Kessel (Barney), 408
Kirk (Roland), 404
Kœchlin (Philippe), 208, 295, 397
Konitz (Lee), 277, 407
Kopelowicz (Guy), 388, 390, 392
Kosma (Joseph), 304, 305
Kravtchenko, 153
Kühn (Joachim), 404

L

Labisse (Félix), 315
Labro (Maurice), 287
Labro (Philippe), 325
Laclos (Choderlos de), 325
Lacy (Steve), 382, 400
Ladnier (Tommy), 99, 145, 176
La Faro (Scott), 249, 391
Lafite (Guy), 137, 229, 242, 401, 455
Lafosse (André), 370
Lagrene (Birelli), 399
Lamartine (Alphonse de), 198
Lambert (Dave), 245
Lang (Jack), 417
Lanjean (Marc), 28
Lapie (Pierre-Olivier), 129
La Rocca (Nick), 300
Lasso (Gloria), 292
Laugerot (Gaston), 243
Laurence (Claude), 66, 110, 267
Laurent (Jacques), 194, 200
Laurore (Marc), 379
Lautréamont (Isidore Ducasse, comte de), 317
Laval (Pierre), 67, 193
Le Bris (Michel), 388-389, 394, 397, 456
Lebrun (Albert), 28
Lecarte (Irène), 297
Le Corbusier, 316

Le Dantec (Jean-Pierre), 397
Léger (Fernand), 19, 130, 315
Legrand (Christiane), 299
Legrand (Gérard), 9, 149, 155, 317
Legrand (Michel), 221, 237, 302, 305
Legrand (Raymond), 29, 64-66, 70, 76, 237, 449, 450
Leibowitz (René), 235, 264
Leiris (Michel), 114
Le Lann (Eric), 411
Lemarchand (Jacques), 312
Lemarchand (Pierre), 239
Lemarque (Francis), 301
Le Moël (Raymond), 215
Lena (Annette), 396
Le Querrec (Guy), 386
Lesberg (Jack), 453
Le Sénéchal (Raymond), 307
Lévesque (Jacques-Henri), 43
Lévi-Strauss (Claude), 348
Levitt (Al), 292
Lévy (Marie-Françoise), 444
Lewis (Charlie), 62, 228
Lewis (John), 243, 327, 376, 377-378
Liebermann (Rolf), 273
Liesse (Jean), 273
Lloyd (Charles), 411
Lockwood (Didier), 9, 410-411
Loewenguth (Alfred), 366, 371
Loisy (Alfred), 174
Long (Marguerite), 372
Longnon (Guy), 229, 311, 417
Longnon (Jean-Loup), 419
Lorrenzi (Arrigo), 400
Loubignac (Jean), 287, 325
Louis (André), 104
Louiss (Eddy), 386, 398, 410
Loussier (Jacques), 52
Louvier (Nicole), 286
Lovano (Joe), 384
Lowry (Vance), 19, 447
Lubat (Bernard), 399, 401, 409, 411
Luca (Francis), 64
Lunceford (Jimmy), 93, 97, 155
Luter (Claude), 103-104, 125-127, 134, 228-229, 238, 256, 287, 291, 310-312, 325, 327, 335, 364, 379, 451-452
Luther King (Martin), 390

M

Ma (Yo Yo), 372
Madiran (Jean), 176, 177
Magritte (René), 315
Maistre (Joseph de), 176
Malcolm X (Malcolm Little, dit), 390, 393
Malinowski (Bronislaw), 259
Malle (Louis), 9, 221, 313, 328
Malrieu (Jean), 43
Malson (Lucien), 66, 72, 98, 111, 113-115, 117, 148, 151, 158, 199-200, 202-203, 209, 211, 215, 219, 258-260, 316, 337, 348, 353, 367, 376, 388-389, 436, 439
Mantler (Mike), 403
Marais (Gérard), 382
Marais (Jean), 355
Marcellin (Raymond), 397
Marion (Georges), 76
Maritain (Jacques), 38-40, 45, 172
Marsalis (Branford), 384
Marsalis (Wynton), 7
Marshall (Thurdgoo), 346
Marx (Brothers), 350
Masselier (Alphonse), 101, 104, 226, 238, 298, 301, 310, 438
Masson (Diego), 406, 407
Masson (Jean-Robert), 200, 208, 321
Matisse (Henri), 9, 131, 315
Maulnier (Thierry), 54
Maurras (Charles), 36, 38, 54
Mauss (Marcel), 259
Mavounzy (Robert), 241
Maxence (Jean-Pierre), 54
McComb (Liz), 384
McGee (Willie), 186
McGhee (Howard), 127, 374
McLaughlin (John), 407, 410
McShann (Jay), 321
Mead (Margaret), 115, 259
Méchali (François), 382, 406
Médecin (Jean), 124
Medvedko (Jacques), 229
Mélé (Fred), 26, 27
Melrose (Jack), 464

Melville (Jean-Pierre), 329
Mengo (Jerry), 63, 66, 76, 231, 298, 415
Menuhin (Yehudi), 410
Merle (Maurice), 409
Merleau-Ponty (Maurice), 310-311
Messiaen (Olivier), 112, 264-265, 316, 370
Mezzrow (Milton " Mezz "), 34, 36, 57, 120, 124, 135, 144-147, 150, 161, 172, 176, 182, 196, 224, 229, 243, 292, 343, 349-350, 356, 366, 430, 451, 452
Mialy (Jean-Louis), 218
Michelot (Pierre), 226, 229, 239, 243-245, 247, 272-273, 401, 453
Migiani (Armand), 276
Milhaud (Darius), 11, 18, 20-24, 31, 116, 447
Miller (Henry), 146
Miller (Glenn), 93, 119, 204, 221, 450
Milza (Olivier), 435
Mingus (Charles), 248, 329, 380, 392, 407, 455
Misraki (Paul), 28-29, 304
Mistinguett, 14, 19, 27
Mitchell (Louis), 14, 16
Mitchell (Malcolm), 451
Mitchell (Roscoe), 403
Miti (Gjon), 330
Moerman (Ernest), 24
Mohr (Kurt), 149, 160, 218
Molinaro (Édouard), 245, 325, 327
Molinetti (Armand), 298
Mondrian (Piet), 130
Monk (Thelonius), 132, 140, 161, 295, 372, 374-376, 454
Montaggioni (Henri), 226
Montand (Yves), 9, 70, 219, 303-305, 311, 438, 439
Montassut (Guy), 161, 311
Monteverdi (Claudio), 112
Montoliu (Tete), 407
Moody (James), 130, 225, 228, 239, 243, 268
Moore (" Big Chief" Russell), 259
Morand (Paul), 186
Moreau (Jeanne), 313

Moreno (Dario), 297
Moretti (Raymond), 315
Morgantini (Jacques), 95-97, 99, 108
Morisse (Lucien), 210
Morton (" Jelly Roll "), 112, 161, 289
Motian (Paul), 249
Motta (Arthur), 122
Moufflard (Maurice), 231
Mougin (Stéphane), 27, 35, 48
Mouloudji, 286, 291, 301
Mouly (Raymond), 200, 212, 214, 296, 378
Mozart (Wolfgang Amadeus), 20, 44, 276, 414
Mule (Marcel), 235
Mulligan (Gerry), 132, 135, 139, 159, 246, 291, 294, 407, 453, 454
Mundy (Jimmy), 227, 464
Muréna (Tony), 70
Murray (Sunny), 395, 402
Mussolini (Benito), 433

N

Nance (Ray), 451
Netter (Michel), 208
Neurisse (Pierre), 330, 331
Newton (Huey P.), 395
Nicholas (Albert), 135, 229, 297, 379
Nicholas (Brothers), 324, 373, 452
Nichols (Red), 35
Nietzsche (Friedrich), 175
Nimier (Roger), 194
Noël (Magali), 301-303
Nohain (Jean), 286
Noone (Jimmy), 113, 145, 318, 356
Norvo (Red), 404
Nougaro (Claude), 9
Nourry (Pierre), 42, 47, 49, 51

O

Oliver (King), 58, 112, 126, 198, 220, 448
Ory (Kid), 113, 135, 220, 356, 364, 453, 454
Ory (Pascal), 434

P

Padovani (Jean-Marc), 382
Page (" Hot lips"), 171, 354
Painlevé (Jean), 326
Painlevé (Paul), 326-327
Panassié (Hugues), 12, 35- 45, 47-49, 51-59, 61, 73, 77-81, 83, 87, 93, 98-100, 106-116, 120-128, 133, 138, 141-159, 165, 169-192, 194, 202, 204-206, 213, 216, 233, 257, 259, 285, 296, 314-315, 331, 336, 347, 350, 353, 356, 388, 390, 429-433, 439, 441, 449
Paquet (Gérard), 407
Paquinet (Guy), 290
Paraboschi (Roger), 92, 301, 304, 439
Parker (Charlie), 8, 92, 107, 112, 128, 130, 142, 161, 169-171, 176, 194, 236, 241, 247, 265, 267-268, 277, 285, 289, 303-304, 312, 319-322, 360, 392, 435, 452
Pascal (Blaise), 178
Pasquali (Fred), 325
Peck (Nat), 228, 272, 276
Pedersen (Guy), 104, 239, 249-250, 253, 292, 298, 454-455
Pedersen (Niels Henning Ørsted), 419
Peiffer (Bernard), 101, 105, 226, 236, 246, 253, 261, 270, 329
Perito (Nick), 306
Perrin (Michel), 193-194, 201
Perrin (Mimi), 245
Persiani (André), 101, 226, 229, 246, 255
Pescheux (Jacques), 184, 259, 339, 430, 432
Pestureau (Gilbert), 318
Petit (Léo), 301
Petrillo (Cesar), 253
Petrucciani (Michel), 9, 384, 386, 411, 412
Pettiford (Oscar), 243
Peyrefitte (Alain), 209
Philippot (Michel), 270
Piaf (Édith), 70, 288, 292, 303
Picabia (Francis), 19, 177

INDEX

Picasso (Pablo), 19
Pie X, 174
Pie XII, 176
Pifarely (Dominique), 411
Piguilhem (Paul), 298
Pilcer (Harry), 14, 17
Pilcer (Murray), 14-16
Pills (Jacques), 452
Pineau (Gilbert), 214
Plume (Léonard), 180
Pochonet (Gérard), 105, 149, 256
Poimiro (Gérard), 400
Poiret (Jean), 291, 297
Pollet (Jean-Daniel), 327
Polo (Dan), 35
Pommier (Jean-Bernard), 372
Ponty (Jean-Luc), 401, 407, 410
Pornon (Jacques), 385
Portal (Michel), 9, 386, 401, 405-407, 417-419, 456
Postif (François), 199, 212, 218
Poulenc (Francis), 18, 21, 447
Pousseur (Henri), 278
Powell (Bud), 169, 244, 246, 380, 453
Presley (Elvis), 180, 296, 354, 369
Prévert (Jacques), 305, 312
Prévert (Pierre), 305
Price (Sammy), 135, 137, 453
Prokofiev (Sergueï Sergueïevitch), 199, 371
Proteau (Tony), 231
Purcell (Henry), 112

Q

Queneau (Raymond), 310, 312
Quercy (Alain), 214
Quignon (Roland), 287, 325

R

Ra (Sun), 404
Rainey (Gertrude " Ma "), 163
Ramadier (Paul), 178
Ramey (Gene), 321
Rampal (Jean-Pierre), 372

Raney (Jimmy), 306
Rank (Bill), 39
Ravel (Maurice), 20, 22, 65, 112, 199, 235, 371, 448
Ray (Johnny), 180
Raynaud (Fernand), 286, 452
Rebatet (Lucien), 70, 85, 193, 433
Réda (Jacques), 9, 317
Redman (Don), 119, 196, 223, 231, 233, 240, 372, 450
Reinhardt (Babik), 399
Reinhardt (Django), 9, 45, 47, 49-52, 63, 65, 67, 70, 74, 82, 86, 88, 93-94, 97, 106, 108, 178, 219, 232, 243, 251, 254, 261, 276, 290, 300, 304, 307, 399, 450, 452
Renard (Alex), 76, 231, 290, 298
Renaud (Henri), 113, 218, 255, 291, 372
Reverdy (Pierre), 52, 177, 316
Reweliotty (André), 105, 135, 229, 238, 287, 291, 310, 367, 379, 452-453
Rex, 154
Richmond (June), 297
Riebe (Petito), 239
Roach (Max), 140, 386, 453
Robert (Yves), 382, 409
Robinson (Bill), 323-324
Rocca (Nick La), 300
Rocca-Serra (Paul de), 72, 141
Roland-Manuel, 20
Rollet (Christian), 409
Rollins (Sonny), 140, 453-455
Romano (Aldo), 400
Romano (Marcel), 328
Roosevelt (Franklin D.), 192
Rosenberg (Hilding), 193
Ross (Annie), 245
Rostaing (Hubert), 62, 75, 88, 231, 276, 292, 298, 304-305, 319, 415, 450
Roujon (Guy), 41
Roussel (Albert), 20
Rousso (Henry), 60
Rovère (Gilbert), 401
Rovère (Paul), 105, 245, 249
Roy (Claude), 317
Roy (Jean-Claude), 325
Royal (Ernie), 226, 298

Ruppli (Michel), 435
Rush (Otis), 133
Rushing (James), 46

S

Sabbagh (Pierre), 215
Sablon (Jean), 48
Sabrou (Johnny), 300
Sadi (Fats), 298, 299
Sadoul (Georges), 327
Saint-John Perse, 317
Saint-Laurent (Cecil), 192
Salvador (Henri), 221, 236, 291, 300-302, 318, 438
Sam (Tricky), 154
Sartre (Jean-Paul), 109, 310-313, 315, 397, 439
Satchmo, 346
Satie (Erik), 17, 178, 447
Saudrais (Charles), 400
Sauguet (Henri), 219, 371
Saury (Maxime), 219, 225, 228, 287, 292
Saussure (Ferdinand de), 389
Sauvage (Catherine), 286, 452
Schaeffer (Pierre), 269-270
Schaeffner (André), 29, 31, 33-34, 85, 448
Schecroun (Raphaël), 105, 225-226
Schmidt (Sylvio), 64
Schoenberg (Arnold), 18, 20, 199, 264, 267, 271-273
Schuller (Gunther), 255
Schumann (Robert), 321
Sclavis (Louis), 9, 386, 409, 411
Seghers (Pierre), 109
Serrault (Michel), 291, 297
Shankar (Ravi), 408
Shaw (Arvel), 379
Shaw (Woody), 401
Shearing (George), 359
Sheen (Mgr Fulton), 176
Shepp (Archie), 332, 402, 403
Siégel (Maurice), 209
Signoret (Simone), 311
Silva (Alan), 404, 406, 416, 456

Silver (Horace), 140, 454
Sim, 368
Simmons (Art), 224
Simoens (Lucien), 76, 122
Sims (Zoot), 243
Sinatra (Frank), 205, 295, 300, 315
Siné, 388
Singleton (Zutty), 57, 145, 314
Siraudeau (Jean), 432
Slim (Memphis), 120, 133, 407, 454
Smith (Bessie), 163
Smith (Willie "the lion"), 97, 120, 225, 235
Solal (Martial), 9, 104, 132, 137, 246, 247-252, 256, 261, 263, 274, 276, 298, 316, 329, 371, 379, 401, 407, 419, 436, 453-455
Soudieux (Emmanuel), 62, 244, 304
Soupault (Philippe), 17, 24
Souplet (Jacques), 72, 129-132, 138, 148, 158, 162, 167, 218, 233, 330, 345, 380, 441
South (Eddie), 51, 399
Spanier (Muggsy), 36, 37
Spengler (Oswald), 54
Spiers (Pierre), 64
Staël (Nicolas de), 315
Staline (Joseph), 193
Stern (Bert), 331
Stewart (Rex), 51, 119, 121, 124, 181, 197, 225, 228, 235, 311, 335, 451
Stewart (Slam), 127, 241, 373
Stockhausen (Karlheinz), 270, 278, 375, 405, 406
Stoezel (Jean), 114-115, 259
Stone (Andrew), 323
Strauss (Johann), 65
Strauss (Richard), 65
Stravinsky (Igor), 18-23, 81, 113, 116, 151, 178, 199, 263, 269, 277, 282, 370, 437, 447
Strayhorn (Billy), 351
Suhard (cardinal), 190

INDEX

T

Tailleferre (Germaine), 18, 376
Tambour (Germaine), 73
Tambour (Annette), 73
Tamper (Bill), 224, 298-299
Tardieu (Jean), 102, 207
Tatum (Art), 247, 295, 372
Taylor (Cecil), 403, 406
Taylor (Freddy), 49
Taylor (Vince), 368
Tchaïkovski (Piotr), 372
Teagarden (Jack), 453
Telemann (Georg Philipp), 235
Ténot (Frank), 66, 72, 102, 106, 108, 111, 138-140, 142, 151, 155, 158, 162, 169, 198, 200, 205, 208, 210, 218-219, 232, 257, 261, 292, 296, 322, 334, 344, 358, 360-361, 434, 439
Terry (Clark), 411
Teschemacher (Frank), 83
Texier (Henri), 386, 398, 401, 407, 410
Tharpe (Sister Rosetta), 134, 380, 453
Thibon (Gustave), 177
Thollot (Jacques), 400
Thompson (Lucky), 142
Tizol (Juan), 317
Tohama, 452
Tomasi (Henri), 65
Top (Brick), 50
Toussaint-Samat (Maguelonne), 325
Trébert (Irène de), 70
Trenet (Charles), 9, 29, 68-70, 197, 288, 302, 303
Tronchot (Jean), 199, 218
Trumbauer (Franckie), 35
Turner (Joe), 51
Tusques (François), 400, 401
Twardzick (Dick), 323
Tyner (McCoy Alfred), 382, 419
Tzara (Tristan), 19, 41

U

Ulanov (Barry), 203
Ulmer (George), 291, 97
Urtreger (René), 105, 236, 246

V

Vadim (Roger), 213, 245, 273, 325, 327-328
Valéry (Paul), 53
Valton (Jean), 291
Vander (Christian), 410
Vander (Maurice), 292, 298, 410
Vannier (Jean-Claude), 240
Vartan (Sylvie), 296
Vasset (André), 147
Vasseur (Benny), 92, 101, 225, 236, 301, 310
Vauchant (Léo), 16, 27, 34, 48
Vaughan (Sarah), 336, 359
Vega (Claude), 291
Ventura (Ray), 27-29, 34, 64, 97, 104, 236, 301, 306, 448, 449
Vergès (Jacques), 388
Verlaine (Paul), 70, 322
Vestraete (Fernand), 298
Viale (Jean-Louis), 244, 246, 272, 307
Vian (Alain), 311
Vian (Boris), 9, 82, 109, 111, 125, 127, 144, 149, 155, 158, 165, 181, 185, 196-199, 201-203, 219-221, 297, 300-302, 309-313, 315, 318-319, 324, 345, 347, 374, 388, 435, 438-440, 454
Vian (Lélio), 311
Viganos, 291
Villers (Michel de), 105, 113, 208, 214, 226, 241
Vincent (Bruno), 388
Viseur (Gus), 62, 66, 70, 450
Vitet (Bernard), 105, 400-401, 407
Vivaldi (Antonio), 20
Vola (Louis), 48, 49
Volterra (Léon), 15, 19

W

Wagner (Richard), 17, 143
Wagner (Christian), 35, 62
Wagner (Jean), 388
Walker ("T. Bone"), 133
Waller ("Fats"), 36, 219, 289, 323
Wallez (Gus), 301

Walter (Jimmy), 300
Warlop (Michel), 34, 51, 64-66, 76, 88, 267, 290, 399
Waters (Muddy), 133
Weatherford (Teddy), 50
Webb (Chick), 56, 97, 187, 349
Webern (Anton von), 264, 267, 272, 281
Weil (Simone), 177
Wein (George), 379, 404
Wells (Dicky), 46, 51
Weston (Randy), 387
Whiteman (Paul), 27, 31, 35-37, 161
Wiéner (Jean), 19-21, 291, 370, 413, 447, 448
Wilde (Laurent de), 382
Wilde (Oscar), 177
Wilder (Alec), 197
Wilen (Barney), 9, 105, 245, 256, 325, 327, 404, 456
Williams (Cootie), 147-149, 154, 183, 257, 280
Williams (Mary-Lou), 132, 139
Williams (Spencer), 25, 47
Wilson (Garland), 47
Winock (Michel), 432
Wolfe (Bernard), 146
Wooding (Sam), 34
Woods (Phil), 410
Wright (Richard), 311

X

Xénakis (Iannis), 278
Xhoffer (Anny), 351

Y

Young (Lester), 152, 171, 322, 453, 454
Yourcenar (Marguerite), 9, 317

Z

Zancarini-Fournel (Michèle), 444
Zappa (Frank), 404, 410
Zedong (Mao), 404

REMERCIEMENTS

Je tiens à remercier vivement ici les personnes qui, à des degrés divers, ont favorisé la réalisation de ce livre :

Jean Nithart et les éditions Fayard qui ont permis la concrétisation éditoriale de ma thèse de doctorat ;

les chercheurs qui, par leurs remarques, suggestions et renseignements, m'ont permis d'approfondir ma réflexion : Pascal Ory, Jean-Yves Mollier, Danièle Pistone, Philippe Levillain, Jean-Pierre Rioux, Loïc Vadelorge, Jacques Prévotat, Nelcya Delanoë, Henry Rousso, Jean Astruc, Etienne Fouilloux ;

l'équipe du département audiovisuel de la Bibliothèque nationale de France, et tout particulièrement Anne Legrand, qui a inventorié le Fonds Charles Delaunay et m'a permis l'accès aux riches documents iconographiques qu'il contient ;

les témoins, amateurs ou musiciens, qui ont longuement répondu à mes questions et m'ont communiqué de nombreux documents : Pascal Anquetil, Michel Audibert, Alain Balalas, François Balzer, Jean-Marc Barbéro, Jacques Basmoreau, Bernard Bassié, Claude Bolling, Pierre Bonneau, François Bouleau, Jacques Bourgeois, Gaston Brun (†), Jacques Bureau, Jacques Canetti, Alain Carbuccia, Jean-Louis Chautemps, Michel Chouanard, André Clergeat, Gérard Conte, Sim Copans, Maurice Cullaz, Philippe Dagan, Michel Decroix, Bernard et Evelyne Dilly, André Doutart, Jean Duverger, Jean-Pierre Finet, Jean-Claude Fohrenbach, Raymond Fonsèque, André Francis, Fred Gérard, Michel Gaudry, André Hodeir, Jean-Paul Himber, Daniel Janissier, Jean-François Jenny-Clark (†), Jean-François Lafon, Gabriel Lalevée, Pierre-Jean Linon, Claude Luter, Jean-Marie Masse, Alphonse Masselier, Lucien Malson, Michel Netter, Gérald Nicolle, Jean

Osmont, Roger Paraboschi, Édouard Paraire, Guy Pedersen, Christian Pefourque, Jacques Pescheux, Michel Pfau, Jean Poinsot, Jean Siraudeau, Martial Solal, Jacques Souplet, Jean Suplice, Jacques Tailhefer, Frank Ténot, Jean-Claude Vartanian, André Vasset, Benny Vasseur ;

Solange Ancona, compositeur, et Bernard Pépin, artiste-musicien, pour leurs conseils techniques avisés ;

Anne-Laure, ma moitié, dont le soutien et les encouragements ont été constants.

Table

Introduction — 7
  Diffusion — 7
  Acculturation — 8
  Légitimation — 10
  Les étapes — 11

I
UNE MUSIQUE VENUE D'AMÉRIQUE

I. L'éphémère engouement des élites — 14
  Jazz-band et music-hall — 14
  Une expression de la modernité — 17
  Jean Wiéner et l'anoblissement du jazz — 19
  Jazz et musique classique — 21

II. L'amorce d'une popularisation — 24
  Le music-hall, lieu d'acculturation — 24
  Du jazz symphonique au jazz de scène — 26
  Les débuts d'une identification musicale — 29

II
VRAI ET FAUX JAZZ :
LES DÉBUTS D'UN MOUVEMENT PURISTE

I. L'origine du mouvement — 33
  Un premier noyau d'amateurs — 33
  Hugues Panassié et la naissance d'un discours critique — 35
  Les débuts du Hot club de France — 40

II. Le plan d'action	44
L'éducation des amateurs	44
Les concerts	46
Swing	51
L'Insurgé	53
La quête d'une pureté originelle	56

III
LE SWING DES ANNÉES NOIRES

I. Un succès inattendu	59
Le jazz fut-il interdit ?	59
L'explosion de l'automne 1940	61
« Musique de bastringue »	67
Jazz et musique de variétés	68
II. La structuration d'un milieu	71
L'essor des Hot clubs	71
Le mouvement amateur	73
L'organisation d'une profession	74
III. L'autochtonisation du jazz	77
Naissance d'une religion du jazz	77
Le jazz : une manifestation du génie français ?	81
Le jazz et l'Europe allemande	85
Les premiers bourgeons d'une culture jeune	87

IV
CROISSANCE ET CRISE DES HOT CLUBS

I. le bref âge d'or des Hot clubs	91
Les Américains débarquent	91
Une fédération centralisée	94
La formation des amateurs	96
L'orchestre du club	100
Les tournois amateurs	101
Un lieu de formation professionnelle	103

II. La fracture d'un milieu	106
Le conflit Panassié/Delaunay	106
Le coup d'État d'octobre 1947	108
Une nouvelle critique de jazz	110

V
LES DÉBUTS D'UNE INDUSTRIE CULTURELLE

I. Les tournées Hot clubs	119
Panassié…	119
… contre Delaunay	122
Les premières grandes manifestations	123
II. La professionnalisation de l'organisation des concerts	129
Quand le jazz tient salon	129
Blues et gospel	132
L'implantation en province	134
Coquatrix + Ténot/Filipacchi + Europe numéro 1 = Paris jazz concert	138

VI
LA GUERRE DU JAZZ

I. Les polémiques	141
Querelles d'érudits	141
Mezz Mezzrow : génie ou charlatan ?	144
« Vous êtes des fumiers »	147
Anti-intellectualisme et virilité	150
II. L'évolution de la pédagogie jazzistique	152
Le temps des purges	152
Panassié : le savoir venu d'en haut	154
Une politique active	157
Jazz magazine : un nouvel esprit	161
Un franc-tireur : Sim Copans	164
Le déclin d'une sociabilité	166

VII
L'INTÉGRISME JAZZISTIQUE
OU LA DÉRIVE D'UN DISCOURS CRITIQUE

1949 : « Le bop n'est pas du jazz »	169
Modernisme et progressisme	172
Trahison	174
Complot	178
Sabotage	182
L'impasse de l'antiracisme panassiéen	185
Jazz et eschatologie	189
L'historiographie panassiéiste	191

VIII
LA CONQUÊTE DES MÉDIAS

I. L'ÉCRIT	195
La découverte du jazz	195
Défense et illustration du jazz	197
Profession : critique de jazz	199
L'édition	202
II. L'AUDIOVISUEL	203
La guérilla des puristes	203
Des spécialistes à l'antenne	206
« Pour ceux qui aiment le jazz »	209
Le petit écran	212
III. LE DISQUE	215
Amateurs et hommes d'affaires	215
Boris Vian, directeur artistique	220

IX
L'AFFIRMATION D'UN JAZZ FRANÇAIS

I. LES PROFESSEURS AMÉRICAINS	223
Des Américains à Paris	223
Le professeur Kenny Clarke	224
New Orleans sur Seine	228

II. La naissance d'une profession   229
L'immigration des musiciens   229
Des musiciens français divisés   232
Un milieu hétérogène   234
La professionnalisation   238

III. Une maturation artistique   240
À l'ombre des Américains   240
Des musiciens français d'envergure internationale   242
Martial Solal : une nouvelle lecture du jazz   246
L'évolution du rapport de forces   251
Les Français aux États-Unis   253
La critique et le jazz français   256

X
JAZZ ET AVANT-GARDE :
ANDRÉ HODEIR OU LE MALENTENDU

I. Un parcours original   263
Le renouvellement du langage musical   263
Une période de bilinguisme   267
Dans le sillage de Pierre Boulez   270
Paradoxe   271

II. Symphonie pour un homme seul   275
Le jazz est-il d'avant-garde ?   275
Compositeur de jazz   279

XI
JAZZ ET VARIÉTÉ : UNE GREFFE RÉUSSIE

I. Un phénomène populaire   285
La Bechetmania   285
Jazz et music-hall   290
La réticence des amateurs   294

II. Le mélange des genres 297
    Les vases communicants 297
    Boris Vian, auteur-compositeur-interprète 300
    Yves Montand et Sacha Distel, deux itinéraires musicaux 302

XII
L'INFILTRATION DU PAYSAGE ARTISTIQUE

I. La rive gauche : un lieu de cristallisation 309
    Boris et Michèle Vian, maîtres de cérémonie 309
    Le bouillon de culture germanopratin 313

II. La littérature 316
    L'union du mot et du son 316
    Charlie Parker, le poète maudit 319

III. Jazz et cinéma, partenaires artistiques 323
    Banania, cocaïne et film noir 323
    Contrepoint 326
    Le film de jazz, un genre cinématographique ? 330

XIII
LA NAISSANCE D'UN PUBLIC

I. Qui sont les amateurs de jazz ? 333
    Où il est surtout question de chiffres 333
    Jeunes 336
    Étudiants 338
    Les couches nouvelles 340

II. L'émergence d'une culture jeune 344
    Génération jazz 344
    Les musiciens sous surveillance 349
    La « maladie du jazz » 352
    Dans l'intimité des vedettes 359

XIV
L'INSTALLATION DANS LE PATRIMOINE CULTUREL

I. L'ENRACINEMENT D'UNE MUSIQUE RESPECTABLE	363
Les amateurs se retrouvent entre eux	363
Des amateurs prestigieux	369
Du bon sauvage à l'artiste	372
Le Modern jazz Quartet ou la dignité du jazz	376
L'ère des festivals	378
II. LES ANNÉES 68 : DU FREE-JAZZ AUX MUSIQUES IMPROVISÉES EUROPÉENNES	387
La nouvelle critique de jazz et le problème noir	387
Free-jazz et révolution	391
Le free-jazz français	398
Éclatement des horizons, éclosion des talents	403
III. L'INSTITUTIONNALISATION	412
L'enseignement du jazz	412
L'ONJ	418
NOTES	423
ANNEXE I : Chronologie indicative	447
ANNEXE II : Les musiciens américains en France : approche statistique	458
ANNEXE III : L'affirmation des musiciens de jazz français	460
ANNEXE IV : La popularisation du jazz après 1945	465
ANNEXE V : Le jazz à la radio	468
ANNEXE VI : Le public du jazz	469
ANNEXES VII : Cartes	472
Orientation discographique	475
Index	479
Remerciements	493

Ouvrage composé en Baskerville
par Dominique Guillaumin, Paris

Impression réalisée sur CAMERON par
BRODARD ET TAUPIN
La Flèche

pour le compte des Éditions Fayard
en mars 1999